“LA VIE NORMALE DE L’HUMANITÉ”

"LA VIE NORMALE DE L'HUMANITÉ".

LA COOPERACIÓN INTELECTUAL Y LA GENEALOGÍA DE LOS ESTUDIOS INTERNACIONALES EN ESPAÑA TRAS LA GRAN GUERRA

José Luis Neila Hernández

El presente libro ha sido evaluado por el sistema de revisión por pares académicos.
Los dictámenes correspondientes están depositados en el seno de la editorial.

La editorial Sílex ocupa la posición n.º 6 del *Scholarly Publishers Indicators in Humanities and Social Sciences* (SPI) de 2022 en prestigio editorial en la disciplina de Historia con un ICEE de 84.

Esta publicación es parte del proyecto de I+D+i: "El proyecto de cooperación intelectual de la Sociedad de Naciones. Presencia española e iniciativas afines" (CISDNE), PID2022-141696NB-I00, financiado por MCIU/AEI/10.13039/501100011033/ y por FEDER, UE.
IPs: Álvaro Ribagorda (UC3M) y Leoncio López-Ocón (CSIC)

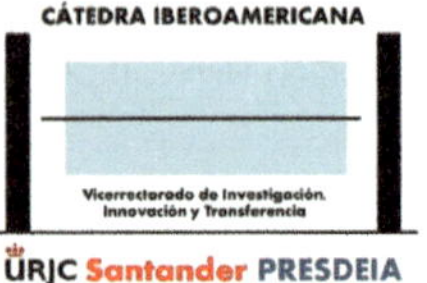

Editor: Ramiro Domínguez Hernanz

© Imagen de cubierta:

C/ San Gregorio, 8, 2, 2ª Madrid
España
www.silexediciones.com

ISBN: 978-84-10267-52-7
Depósito Legal: M-28136-2024
Colección: Sílex Universidad

Impreso y encuadernado en España

Sílex Universidad es una colección de Historia nacida

hace 20 años para publicar novedades historiográficas
y transportar una historia crítica, analítica
y rigurosa.

Colección Sílex Universidad

El presente libro ha sido evaluado por el sistema
de revisión por pares académicos.
Los dictámenes correspondientes están
depositados en el seno de la editorial.

La editorial Sílex ocupa la posición n.º 6 del *Scholarly Publishers Indicators in Humanities and Social Sciences* (SPI) de 2022 en prestigio editorial en la disciplina de Historia con un ICEE de 84.

Propuestas de publicación

Las propuestas de edición serán enviadas a:
gestion@silexediciones.com
en un archivo pdf. La colección se pondrá en contacto con
el remitente para informarle del proceso de revisión por
pares, las condiciones de edición y su potencial programación.

CONTENIDO

PRÓLOGO 15
José Manuel Azcona

1. UN PREÁMBULO EN DOS ESCENAS 21

PARTE I.
LA COOPERACIÓN INTELECTUAL Y LA GENEALOGÍA DE LOS ESTUDIOS INTERNACIONALES TRAS LA GRAN GUERRA

2. ORIGEN E INSTITUCIONALIZACIÓN DE LA COOPERACIÓN INTELECTUAL, LA DIPLOMACIA FILANTRÓPICA Y LOS ESTUDIOS INTERNACIONALES 37
2. 1. LA ORGANIZACIÓN DE LA COOPERACIÓN INTELECTUAL: DEBATES ESENCIALES 37
2. 2. LA DIPLOMACIA FILANTRÓPICA Y LA AMERICANIZACIÓN DEL CONOCIMIENTO SOCIAL Y DE LOS ESTUDIOS INTERNACIONALES EN LOS FOROS DE COOPERACIÓN INTELECTUAL 45
3. EL ESTUDIO CIENTÍFICO DE LAS RELACIONES INTERNACIONALES: NUEVAS MIRADAS SOBRE LOS ORÍGENES DE LA DISCIPLINA Y EL PRIMER DEBATE –IDEALISMO *VS.* REALISMO– 65
3. 1. LA *PAX ANGLOSAXONICA* Y LAS BASES DEL NUEVO ORDEN INTELECTUAL EN LA GENEALOGÍA DE LOS ESTUDIOS INTERNACIONALES 65
3. 2. UN TIEMPO DE TRANSFERENCIAS: DE LA HISTORIA DIPLOMÁTICA A LA HISTORIA DE LAS RELACIONES INTERNACIONALES 77
3. 3. EL MITO DE 1919 Y LOS DEBATES SOBRE LA GENEALOGÍA DE LOS ESTUDIOS INTERNACIONALES 87
4. LA CONFERENCIA PERMANENTE DE ALTOS ESTUDIOS INTERNACIONALES: UN ECOSISTEMA TRANSNACIONAL PARA EL DEBATE ENTRE EXPERTOS 101

PARTE II.
ESPAÑA, LOS ESTUDIOS INTERNACIONALES Y LA COOPERACIÓN INTELECTUAL EN EL SISTEMA INTERNACIONAL DE VERSALLES

5. LA JUNTA PARA AMPLIACIÓN DE ESTUDIOS COMO INTERLOCUTOR NATURAL DE LA PRESENCIA ESPAÑOLA EN LA ORGANIZACIÓN PARA LA COOPERACIÓN INTELECTUAL 119
5. 1. UNA COMISIÓN ESPAÑOLA DE COOPERACIÓN INTELECTUAL *SUI GENERIS* 120
5. 2. LA INTERLOCUCIÓN Y EL PROTAGONISMO DE LA JUNTA PARA AMPLIACIÓN DE ESTUDIOS EN LA COOPERACIÓN INTELECTUAL 125
6. CARTOGRAFÍA DE LOS ESTUDIOS INTERNACIONALES EN LA ESPAÑA DEL PRIMER TERCIO DEL SIGLO XX 157
6. 1. EL DERECHO INTERNACIONAL Y LA HISTORIA DIPLOMÁTICA COMO PILARES TRADICIONALES EN LOS ESTUDIOS INTERNACIONALES EN ESPAÑA DESDE EL SIGLO XIX 157

6. 1. 1. UNA PANORÁMICA GENERAL HASTA LA GRAN GUERRA....158
6. 1. 2. INERCIAS Y NUEVAS AGENDAS DE ESTUDIO....174
6. 2. LA DIPLOMACIA Y EL INSTITUTO LIBRE DE ENSEÑANZA DE LAS CARRERAS DIPLOMÁTICA Y CONSULAR Y CENTRO DE ESTUDIOS MARROQUÍES COMO FORO TRANSDISCIPLINAR....184
6. 3. LOS AIRES DE MODERNIZACIÓN E INTERNACIONALIZACIÓN EN LOS ESTUDIOS ECONÓMICOS EN ESPAÑA....194
6. 3. 1. EL HORIZONTE DEL INSTITUCIONISMO Y LA MODERNIZACIÓN GENERACIONAL DEL PENSAMIENTO ECONÓMICO EN ESPAÑA....196
6. 3. 2. LA PRENSA ESPECIALIZADA Y LA DIVULGACIÓN DEL PENSAMIENTO ECONÓMICO....206
6. 3. 3. LA CARTOGRAFÍA INSTITUCIONAL DE LA ENSEÑANZA Y LA INVESTIGACIÓN ECONÓMICA EN ESPAÑA....209
6. 4. EL ORIENTALISMO Y EL IMPERIO COMO REGENERACIÓN....214
6. 5. EL HISPANOAMERICANISMO COMO IMAGINARIO IMPERIAL PERIFÉRICO....223
6. 5. 1. LAS MATRICES TEXTUALES DEL HISPANOAMERICANISMO EN EL ENTORNO DEL REGENERACIONISMO Y DEL IMPERIALISMO....225
6. 5. 2. EL HISPANOAMERICANISMO ENTRE LA COOPERACIÓN INTELECTUAL Y LA DIPLOMACIA CULTURAL....231
6. 6. GEOPOLÍTICA Y PENSAMIENTO GEOESTRATÉGICO: EL EJÉRCITO Y LA ARMADA....241
7. LA FEDERACIÓN DE ASOCIACIONES ESPAÑOLAS DE ESTUDIOS INTERNACIONALES Y LA CONFERENCIA PERMANENTE DE ALTOS ESTUDIOS INTERNACIONALES: UNA CONVERGENCIA INTERRUMPIDA....255
7. 1. HACIA EL ASOCIACIONISMO A TRAVÉS DE LA COOPERACIÓN INTELECTUAL: LA FEDERACIÓN DE ASOCIACIONES ESPAÑOLAS DE ESTUDIOS INTERNACIONALES....255
7. 2. MADRID EN EL MAPA DE LA CONFERENCIA PERMANENTE DE ALTOS ESTUDIOS INTERNACIONALES....285
8. UNA CITA MALOGRADA CON LA HISTORIA: MADRID Y LA CONFERENCIA INTERNACIONAL PARA LA ENSEÑANZA DE LA HISTORIA....311
8. 1. LA ENSEÑANZA DE LA HISTORIA, LOS ESTUDIOS INTERNACIONALES Y LA PAZ DESDE LA COOPERACIÓN INTELECTUAL....311
8. 2. REMAR SIN ALCANZAR LA OTRA ORILLA: UN "PACTO KELLOGG DE LA CONCIENCIA HISTÓRICA"....321
9. "WEST SIDE STORY": UNA RELECTURA DESDE ESPAÑA DEL DEBATE EN TORNO A LA GENEALOGÍA DE LOS ESTUDIOS INTERNACIONALES....339
ANEXO. ASOCIACIONISMO Y PERFILES ACADÉMICOS DE LOS EXPERTOS ESPAÑOLES EN ESTUDIOS INTERNACIONALES....351
FUENTES Y BIBLIOGRAFÍA....357

Palabras en diáspora
sedientas de vuestra cómplice mirada

A Cris y Dani

PRÓLOGO

José Manuel Azcona
Catedrático de Historia Contemporánea de la Universidad Rey Juan Carlos

Son ya muchos los años que hace que conozco al catedrático de la Universidad Autónoma de Madrid, José Luis Neila. He leído una buena parte de su producción científica que siempre me ha interesado y que considero de altura y primer nivel académico. Sin duda, sus libros y artículos son referente en el ámbito de las relaciones internacionales de nuestro país y fuera de España, pero también de todo lo soñado y acontecido en el devenir de las naciones occidentales y sus implicaciones mundiales.

La honestidad intelectual es el nexo común de todos sus trabajos y el método de rigor hilvana toda su trayectoria académica. La erudición caracteriza su aporte a la comunidad científica y a la sociedad en general, siempre bajo un lenguaje cuidado, envolvente, que permite degustar el contenido de sus trabajos de una manera atrayente, sugestiva.

Este libro, que ahora tengo el honor de prologar, *"La vie normale de l'Humanité". La cooperación intelectual y la genealogía de los estudios internacionales en España tras la Gran Guerra*, reúne también estas características. Está dividido en dos grandes áreas temáticas que van desde la cooperación multilatina y la genealogía de los estudios internacionales tras la Gran Guerra (1914-1918) hasta la participación española en esta empresa intelectual y cultural tan significativa. Entre ambas incardinan una pléyade de reflexiones, datos y conclusiones parciales concatenadas que son de gran utilidad. Nos introduce en análisis esenciales de la organización de la cooperación intelectual o la diplomacia filantrópica y la americanización del conocimiento zonal. Me han resultado de interés los primeros debates de los orígenes de la disciplina del estudio de las relaciones internacionales y lo que traslada el autor como *pax anglo-saxonica*.

Así que, como el propio José Luis Neila sostiene, el nacimiento de las relaciones internacionales como disciplina científica y el primer debate –realismo *vs.* idealismo– se institucionalizó al calor de un relato canónico codificado plenamente tras la Segunda Guerra Mundial. La gravidez del giro culturalista y la rearticulación del *mainstream* en la teoría en torno al socio-constructivismo y el cuestionamiento del estatocentrismo a tenor de la perspectiva transnacional serían decisivos, entre otras aproximaciones críticas, en la revisión del relato tradicional en torno la genealogía de la teoría de las relaciones internacionales. Desde este prisma se suscitaría un cuestionamiento del relato tradicional sobre el nacimiento de la teoría de las relaciones internacionales; pero también una contextualización más rigurosa y compleja en el horizonte de la cooperación intelectual subrayando los elementos de continuidad y de conexión con otras disciplinas tradicionales y debates en el estudio de las relaciones internacionales; y una revisión que enfatiza el americanocentrismo dominante en la teoría de las relaciones internacionales en el curso del siglo.

El relato ortodoxo y canónico sobre los orígenes de la teoría de las relaciones internacionales lo vinculan con la Guerra del Catorce. Es habitual considerar que en 1919 tenía lugar la creación del primer departamento sobre política internacional en la Universidad de Aberyswyth, junto a otras Cátedras de estudios internacionales en la Universidad de Georgetown en 1919 o en la *London School of Economics*. En la narrativa tradicional, afirma José Ricardo Villanueva, la primera generación de intelectuales especializados en asuntos internacionales se adscribía a una escuela teórica denominada idealismo o utopismo –liberal–. En una de las obras de referencia de esta literatura *La crisis de los veinte años*, publicada por Edward H. Carr, afirmaba que en la etapa utópica de la disciplina los investigadores "han puesto poca atención a los hechos de la realidad o a los análisis de la causa y efecto; más bien, se han dedicado con entusiasmo a la elaboración de proyectos visionarios".

El debate entre idealismo y realismo está en la estructura no solo del arranque de la disciplina científica de los estudios sobre las relaciones internacionales, sino que ambas corrientes se manifiestan de manera estructural desde 1919. Porque, no tenemos la menor duda, el nuevo orden intelectual que surge tras la eclosión planetaria por la contienda bélica está incardinado a una mutación intelectual y metafísica bien significativa. Por ello, en el entorno de la Sociedad de Naciones surgirán iniciativas para intentar evitar la repetición de una tragedia de dimensiones hercúleas como la que acababa de acontecer. La creación de la Comisión Internacional de Cooperación Intelectual es una buena prueba de ello. Institución, por cierto, a la que el autor le dedica el arranque del libro.

La creación de un magno imperio como el británico que a la altura de 1930 llegó a dominar treinta y dos millones de kilómetros cuadrados y la aparición de Estados Unidos como potencia mundial en 1898 tras la derrota de España en la defensa de sus últimas colonias, propició que la gestación del nuevo sistema internacional tuviese marchamo anglosajón. Toda vez que el aporte al PIB mundial de Norteamérica tras la Segunda Guerra Mundial (1939-1945) será espectacular, llegando al 40% del total mundial. Lo que nos ayuda a entender su preponderancia en la construcción del relato internacionalista a partir de 1945. Todo ello sin contar, claro está, con la propia trayectoria que edificó el campo socialista para configurar su destino redentor a partir del marxismo liberador. A este lado del telón de acero, no obstante, la Dotación Carnegie y la Fundación Rockefeller tendrán un posicionamiento definitivo en lo que al discurso de las relaciones internacionales acontece. Y sustentado y agrupado en Cátedras de las Universidades inglesas de Oxford, Cambridge, Londres, la Escuela de Economía de Londres, su Imperial College o el King's College. A las que deberemos sumar las norteamericanas de Harvard, Boston, Columbia, Princeton, Stanford o Yale.

Pero, precisamente a partir de la década de los noventa del siglo xx con el fin de la Guerra Fría (1945-1990), esta forma de entender las relaciones internacionales desde la óptica anglo-norteamericana ha cambiado de forma sustancial. En nuestra opinión, con gran acierto. Y eso que en numerosas ocasiones nos olvidemos que el planeta político tiene otros designios que se alejan del mundo occidental. Es decir, hoy más que nunca con la invasión de Ucrania en 2022, la Federación Rusa y su ristra bien nutrida de aliados busca narrar su propia estructura de orden internacional al que los estudiosos de Occidente no suelen prestar atención.

Pero volviendo a nuestro análisis, hemos de constatar –como sustenta el profesor Neila– en primer término, el desciframiento del "americanocentrismo" dominante en la teoría de las relaciones internacionales en el curso del siglo en consonancia con la americanización del conocimiento y de la ciencia; en segundo lugar, el trazado de una cartografía del conocimiento en torno a los estudios internacionales más riguroso y contextualizado de modo que la gestación de la nueva disciplina de las relaciones internacionales se incardina en un espacio discursivo y de debate con otras áreas de estudios internaciones sin estar mediatizadas por un relato hegemónico y simplificador en torno a la teoría de las relaciones internacionales; y el cuestionamiento en sí mismo del primer debate, idealismo sobre realismo. Sí se ha entrado, a partir de 1990, en una dinámica que nosotros vemos como bien positiva y que ha redefinido los mapas de las relaciones internacionales. Pero también de los conceptos de aplicación a los elementos estructurales de la diplomacia. Todo ello al amparo de la fuerza del destino de los modelos imperiales a tener en cuenta y sus propias circunstancias. Así, la gravidez del imperialismo en las relaciones internacionales de finales del siglo XIX y la primera mitad del siglo XX se manifiesta en el protagonismo de las potencias vencedoras y dominadoras del orbe. El protagonismo del imperialismo en la cartografía interdisciplinar de los estudios multilaterales es patente. Es indudable que los intelectuales participaron en el debate formalizado sobre el imperialismo que se contempló en la posibilidad de una ciencia de las relaciones dominadoras, pero es indiscutible que el imperialismo fue una preocupación central en la política exterior en los medios políticos y académicos. La labor universitaria realizada por estos intelectuales estuvo orientada básicamente hacia las necesidades de la política exterior de sus respectivas naciones líderes en el orbe tras la crisis finisecular y a promover una conciencia internacional en la clase nacional. Todo ello tuvo una clara expresión en los foros de cooperación internacional. Y especialmente en la Conferencia Permanente de Altos Estudios Internacionales desde 1928. Porque en este organismo no solo se trataron cuestiones inherentes a la seguridad colectiva o a la crisis económica, sino que la enseñanza universitaria pasó a formar parte de sus preocupaciones. Estamos ante los orígenes, como tal, de una disciplina en creación y que, afortunadamente, en la actualidad y camino de la tercera década del siglo XXI, forma parte del elenco de estudios superiores de buena parte de los centros universitarios planetarios. Pero no solamente se proponía gestar una nueva forma de enfoque de estudios académicos. Había más, se pretendía –y nos parece del todo loable– que el estudio y su análisis pormenorizado de las relaciones internacionales, sirviera para evitar nuevos conflictos mundiales y llevar la paz y la quietud al mundo.

El panorama de los análisis científico-académicos de las relaciones internacionales y de la historia diplomática gozan de gran auge y mejor método. Sin embargo, siguen adoleciendo de una cierta (o elevada, según cada autor) emoción con lo que ocurre en el mundo anglosajón, especialmente norteamericano. No en vano, Estados Unidos es la principal potencia mundial por tres razones: porque es el país cuya I+D+i es más nutrido; porque tiene el mayor arsenal nuclear (junto con Rusia) del mundo; porque exporta las guerras. Mientras tanto, Inglaterra vive en la ensoñación de otros tiempos imperiales y dominadores pero no deja de tener fuerza media y menor aún tras su salida de la Unión Europea.

Todo ello sin dejarnos en el tintero cómo el discurso, la metodología y la propia estructura de las relaciones internacionales se han sustentado, en opinión de Barry Buzan y George Lawson, en torno a la presencia colonial de los países dominadores del mundo y la etnicidad o darwinismo social. Lo que ha provocado, como bien apuntó John Hobson y retrata con lucidez el autor de este libro, la sublevación de determinados países con respecto a su metrópolis a la hora de dar por bueno su discurso etnocéntrico sobre las relaciones internacionales. Por ello, el cuestionamiento del imperialismo liberal en el pensamiento internacional del periodo de entreguerras cayó en desuso hasta hoy. Así que cuestiones como el conocimiento social, el derecho internacional, la diplomacia, la geografía, la geopolítica, la antropología, la economía o el orientalismo, tal y como han sustentado entre otros Torbjorn Knutsen, Brian Schmidt o Lucian Ashworth, han de formar parte de la nueva metodología y del moderno enfoque a seguir.

Para el caso español, el profesor Neila despliega todo un ámbito de profesión investigadora, por lo que el libro llega a aspectos bien interesantes de la historia de las relaciones internacionales de nuestro país. Para empezar, se desarrolla todo un modelo de conocimiento desde la Junta para Ampliación de Estudios que fue la institución natural en el intercambio de ideas y modelos de actuación académica con la ya citada Organización para la Cooperación Intelectual. Y que llevará a cabo un modelo propio de entender los análisis y la dinámica de las relaciones internacionales, sin salirse del orden multilateral. Para ello, el profesor Neila, además, hace un mapa de todos los estudios internacionales de la España del primer tercio del siglo xx, que se torna de gran utilidad para el iniciado en estas cuestiones, para el historiador, en general. Muestra, asimismo, cómo estos autores pivotaron su conocimiento y su difusión en los avatares del derecho internacional y en la historia diplomática. No en vano, la proliferación de estudios de nuestros diplomáticos, desde el siglo xix, tiene que ver con esta tesitura. Algo que se ha mostrado afín al impulso institucional en ese siglo y en la primera mitad del siguiente para la creación de colecciones diplomáticas y textos similares.

En España, como sustenta el profesor José Luis Neila, los estudios sobre las relaciones internacionales deben verse, asimismo, en el marco de las luchas entre germanófilos y aliadófilos. Y, de otro lado, con la atmósfera regeneracionista y modernizadora de la Institución Libre de Enseñanza y de la Junta para Ampliación de Estudios. Todo ello bajo el fermento de la incuestionable vocación europeísta de ambas instituciones, a la vez que se hacían eco, las dos, de las ventajas científicas que llegaban de Norteamérica. De este modo y a pesar de las circunstancias singulares con las que en España se desarrollaba su proyección exterior, en este libro se trabaja con profundidad en la diplomacia, en el Instituto Libre de Enseñanza de las Carreras Diplomática y Consular y en el Centro de Estudios Marroquíes. Siempre bajo la perspectiva de foro transdisciplinar que, casi sin proponérselo, trajo aires de modernización e internacionalización no solo de los textos y conceptos de las relaciones internacionales, sino también de los análisis económicos de España y del resto del mundo. Así que, el pensamiento económico español también tiene cabida en este texto.

El autor expresa con claridad cómo se buscaba la homologación internacional de nuestros estudios y textos de referencia. Prueba de ello fue la creación del Instituto de Estudios Internacionales y Económicos y la celebración de la IX Conferencia de Altos Estudios Internacionales en Madrid, en mayo de 1936. Pero fue en este año del arranque de la Guerra Civil Española cuando se truncó esta interesante y potente trayectoria.

Siguiendo el relato del autor de este libro, en España la dinámica modernizadora en clave regeneracionista en que se embarcaron tanto la Monarquía de Alfonso XIII como la Segunda República y los círculos institucionalistas en aras a la reforma de la investigación y la enseñanza tendría lugar desde sus referentes internacionales, europeos y americanos fundamentalmente. Las dinámicas interestatales y transnacionales de la cooperación intelectual y de los estudios internacionales, en particular, permearían en la actividad, la presencia y las iniciativas adoptadas por las instituciones y las asociaciones españolas vinculadas con esta esfera del conocimiento. Desde las obvias singularidades de la sociedad y la historia de España y su condición semiperiférica en la cartografía del conocimiento en Europa y Norteamérica, en España los estudios internacionales –desde la preeminencia de disciplinas tradicionales como el derecho internacional y la historia, pero también desde la diplomacia, el pensamiento geopolítico, la economía o el orientalismo– acometieron el debate y la reflexión en torno a la naturaleza del sistema internacional –en especial de la Sociedad de Naciones– y el lugar de España en el mismo. A la vez que la pérdida del imperio colonial español en 1898 y la búsqueda de espacios de expansión territorial a partir de la Conferencia de Berlín de 1884-1885, influirían notablemente en la construcción de los relatos españoles sobre el campo exterior y el internacionalismo intelectual. Siempre de la mano de las potentes tesis del Regeneracionismo y de las Generaciones del 98, 14 y 27. Y aquí introduce apasionantes reflexiones sobre el orientalismo y el imperio como regeneración.

Encontramos en el libro, además, notables páginas sobre la prensa especializada y la divulgación del pensamiento económico junto al mapa preciso de la enseñanza y la investigación económica en España. Hispanoamérica se muestra como imaginario imperial periférico, pero sustentado entre la cooperación intelectual y la diplomacia cultural. Bien interesante la senda por la que nos hace transitar el profesor Neila en estas –en mi opinión– claves identitarias al amparo de países hermanos. El tramo final del libro desemboca en la enseñanza de la Historia bajo las cuestiones antedichas y otros vectores nuevos sobre renovación y modernidad así como debates epistemológicos de otro tiempo, tan de moda en la actualidad por cierto.

Termino ya, no sin antes hacer constar que el texto que a continuación viene es de gran altura, escrito con sosiego intelectual y con un manejo de la metodología científica inquebrantable. Y, a nuestro modo de ver, tiene otra virtud: que siendo un libro absolutamente analítico es útil para conocer todo lo soñado y acontecido, de manera prolija, en el campo de la cooperación intelectual y los estudios internacionales, con parada obligatoria en España. Una verdadera delicia.

Madrid, 17 de mayo de 2024

1.
UN PREÁMBULO EN DOS ESCENAS

ESCENA I

(toma la palabra Jack Lewis)

–Ladies and Gentleman.

–The United States doesn't want war any more than you do.

–On the other hand, neither do we want peace at any price because some prices, you may find are too outrageously high to pay. But let's not get into that now. We may have to soon enough.

–For the moment, let us rise our glasses to Lord Darlington in gratitude for his magnificent hospitality.

(primer brindis)

(Jack Lewis vuelve a levantarse y toma la palabra)

–Lord Darlington is a classic English gentlemen of the old school. Decent and honorable and well-meaning. So are all of you. All decent, honorable and well-meaning gentlemen.

–It's a pleasure and a privilege to visit with you here.

–But now, excuse me, I must say this you are, all of you, amateurs. And International Affairs should never be run by gentlemen amateurs. Do you have any idea of what sort of a place the world is becaming?

–The days when you could act out of noble instincts are over. Europe has become the arena of *Realpolitik*, the politics of reality. If you like, real politics. What you need is not gentlemen politicians, but real ones. You need professionals, or you're headed for disaster.

–So I propose a toast, gentlemen… to the professionals[1].

En la excelente adaptación de James Ivory a la gran pantalla de la novela de Kazuo Ishiguro *Lo que queda del día* en 1993 el segundo brindis que propone Jack Lewis –interpretado por Christopher Reeves–, el único estadounidense presente en aquella cumbre que a mitad de la década de 1930 reunía a eminentes hombres y mujeres de la política europea en la mansión de Lord Darlington para perseverar en la política apaciguadora británica en aras a la preservación de la paz en Europa, inocula una reflexión profundamente perturbadora

[1] *The reminds of the day*, Director James Ivory (1993), minutos 48 a 53 del metraje. Adaptación de la novela homónima de Kazuo Ishiguro publicada en 1989.

para las convicciones de aquellos europeos convencidos de las bondades del *savoir faire* del viejo continente frente a la emergente gobernanza de los expertos.

La mirada revisionista desde la reflexión en torno a la memoria que propone el escritor Kazuo Ishiguro sobre la mentalidad *appeaser* en los años treinta daba cabida en este pasaje a la creciente influencia de la americanización en el ámbito del conocimiento social y el poder, y en particular del papel de los expertos y la diplomacia filantrópica en un contexto de repliegue aislacionista y neutral de la política exterior estadounidense. Raymond Fosdick, figura central de la Fundación Rockefeller y promotor de una aproximación internacionalista a las ciencias sociales tras la Gran Guerra, advertía de que la complejidad de las relaciones internacionales requería del concurso de los expertos[2].

La incomprensión de los comensales ante la apelación al papel de los profesionales –los expertos– y la confianza en la razón científica de algún modo tiene su correlato con el componente inédito que supuso la diplomacia filantrópica y la réplica de ecos wilsonianos frente a la *realpolitik*. Este tiempo y este escenario acompañaron al surgimiento de la teoría de las relaciones internacionales y al primer gran debate en la gestación de la misma, el debate idealismo *vs.* realismo. Un debate indisociable de las tradiciones de pensamiento del pacifismo, sobre todo de corte liberal pero también marxista, muy arraigados en Europa y América desde finales del siglo XIX y fundamentales para comprender la diplomacia filantrópica estadounidense.

La escena ilustra, asimismo, las diferentes percepciones y concepciones sobre las relaciones internacionales, pero asimismo, la creciente interdependencia a un lado y otro del Atlántico, acelerada tras la Gran Guerra. El *American Century*, que luego evocaría Henry Luce el fundador del emporio mediático *Time-Life* Inc. durante la Segunda Guerra Mundial, verbalizaba un proceso de americanización creciente que ya recorría el siglo desde sus inicios y que se intensificaría tras la Gran Guerra.

Esta perspectiva de aproximación a la geocultura del sistema internacional de Versalles conforma el plano estructural de nuestro objeto de estudio. Un horizonte de referencia geocultural en el que se darían cita, en primer término, el orden intelectual en el que se fraguó el surgimiento de las relaciones internacionales como disciplina científica y el primer debate –realismo *vs.* idealismo–. Un proceso de gestación que, en un tiempo de profundas mutaciones en el sistema internacional flanqueado por dos guerras mundiales, se plasmaría en un relato clásico codificado tras la Segunda Guerra Mundial y cuyos mitos y prejuicios han sido objeto de un apasionante debate y revisión desde la década de 1990. En este sentido estudios pioneros como el de Torbjorn L. Knutsen[3] y aportaciones posteriores fundamentales para este debate como las de Barry Buzzan y George Lawson[4], el contro-

[2] K.E. RIETZLER *American Foundations and the 'Scientific Study of International Relations in Europe, 1910-1914*, University College London, 2009, p. 84.

[3] T.J. KNUTSEN *A History of International Relations Theory*, Manchester & New York, Manchester University Press, 1997.

[4] B. BUZAN-G. LAWSON *The Global Transformation. History, Modernity and the Making of International Relations*, Cambridge, Cambridge University Press, 2015.

vertido y apasionante trabajo de John M. Hobson[5] y de modo más reciente los estudios de Alberto Lozano Vázquez, David J. Sarquís Ramírez y José Ricardo Villanueva[6] o el propio Celestino del Arenal[7] desde planteamientos constructivistas suscitan: un cuestionamiento del relato tradicional sobre el nacimiento de la teoría de las relaciones internacionales y la propia entidad del debate realismo *vs.* idealismo; una contextualización más rigurosa y compleja en el análisis del discurso insertándolo en el cosmos epistemológico de los estudios internacionales subrayando los elementos de continuidad y de conexión con otras disciplinas tradicionales y debates en el estudio de las relaciones internacionales; y una revisión que enfatiza, como bien subraya Celestino del Arenal[8], el americanocentrismo dominante en la teoría de las relaciones internacionales en el curso del siglo.

Unos planteamientos que, a nuestro juicio, han de ser matizados a la luz de las aportaciones y la documentación en torno a la cooperación intelectual, especialmente a tenor de su sistematización e institucionalización desde la Comisión Internacional de Cooperación Intelectual –CICI– y el Instituto Internacional de Cooperación Intelectual –IICI–. Sería este un segundo elemento a considerar en el plano geocultural del sistema internacional de Versalles, y en particular el entorno de la Sociedad de Naciones. La cooperación intelectual en el marco referencial de la Sociedad de Naciones habilitaría, como brillantemente advierten Jean-Jacques Renoliet[9], Michael Riemens[10] o K.E. Rietzler[11], un foro institucionalizado inédito para el debate, la investigación y la enseñanza de los estudios internacionales, la Conferencia Permanente de Altos Estudios Internacionales.

Y un tercer elemento de análisis a considerar, la diplomacia filantrópica estadounidense a tenor de la confluencia y la extraordinaria relevancia que tendría en el plano general del conocimiento y de la ciencia en Occidente, especialmente a partir de la Guerra del Catorce, y en particular en el desarrollo científico de los estudios internacionales promovidos desde la Dotación Carnegie y la Fundación Rockefeller. De entre la amplia literatura existente en torno a la diplomacia filantrópica a la que haremos mención más adelante

[5] J.M. HOBSON *The Eurocentric conception of world politics. Western international theory 1760-2010*, Cambridge, Cambridge University Press, 2012.

[6] A. LOZANO VÁZQUEZ-D.J. SARQUÍS RAMÍREZ-J.R. VILLANUEVA LIRA-D. JORGE *¿Cien años de relaciones internacionales? Disciplinariedad y revisionismo*, Madrid, Siglo xxi, 2019.

[7] C. del ARENAL del "Revisando la génesis y desarrollo de las relaciones internacionales como disciplina", C. GARCÍA SEGURA-J.A. SANAHUJA-F.J. VERDES-MONTENEGRO *100 años de relaciones internacionales: una mirada reflexiva*, Valencia, tirant lo Blanch, 2020, pp. 25-47.

[8] C. del ARENAL "La génesis de las relaciones internacionales como disciplina científica", *Revista de Estudios Internacionales*, 2 (4), 1981, pp. 849-982; y en especial sus trabajos posteriores, entre ellos: *Etnocentrismo y teoría de las relaciones internacionales: una visión crítica*, Madrid, Tecnos, 2014; y "Americanocentrismo y relaciones internacionales: la seguridad nacional como referente", C. del ARENAL-J.A. SANAHUJA (coords.) *Teorías de las relaciones internacionales*, Madrid, Tecnos, 2015, pp. 21-60.

[9] J.-J. RENOLIET *L'UNESCO oublié. La Société des Nations et la coopération intellectuelle (1914-1946*, Paris, Publications de la Sorbonne, 1999.

[10] M. RIEMENS "International Academic Cooperation on International Relations in the interwar period: the International Studies Conference", *Review of International Studies*, vol. 37, issue 02, April 2011, pp. 911-928.

[11] K.E. RIETZLER *American Foundations and...*

merecen especial atención las investigaciones de Ludovic Tournés[12], K.E. Rietzler o más recientemente desde la historiografía española José Antonio Sánchez Román[13], que han sabido entretejer de manera sobresaliente el impacto de la diplomacia filantrópica en el proceso de americanización del sistema internacional y en la cartografía del conocimiento social, y en particular de los estudios internacionales.

Desde este marco estructural, la geocultura del sistema internacional de Versalles acrisolada desde la cooperación intelectual y la emergencia de la nueva ciencia de las relaciones internacionales, quisiéramos dar paso a nueva escena con el fin de incardinar a España como parte fundamental de la presente investigación.

ESCENA II

> En general, la opinión liberal en España desearía caminar hacia una organización eficaz de las relaciones entre los pueblos, sea por medio de arbitraje, sea bien por verdadera organización política. Pero la mayor fuerza de esta posibilidad depende de la vida interior: de que los individuos y los pueblos no hallen su ideal en la extensión del poder, territorio y grandeza, supremacía respecto de nadie, en vez de ponerlo en una vida cada vez más pura, espiritual y noble, ayudada por los medios necesarios, que no han de ser arrebatados a los demás por la conquista o la astucia[14].

Este fragmento de "La última cuartilla", publicada en la revista *España* a finales de febrero de 1915, escrito posiblemente por Bartolomé Cossío condensan el ideario krausista, kantiano e internacionalista de Giner de los Ríos al dictar una notas días antes de su fallecimiento. El pacifismo explícito del fundador de la Institución Libre de Enseñanza y de uno de los grandes impulsores de la Junta para Ampliación de Estudios y de la Residencia de Estudiantes mencionaba en este breve texto dos de las estrategias presentes en la organización de la vida internacional, ya antes de la Guerra del Catorce, el pacifismo jurídico y el pacifismo político-moral.

El legado regeneracionista de Giner de los Ríos institucionalizado, entre otros, en los mencionados centros capitalizaría el esfuerzo y la empresa reformista y modernizadora

[12] L. TOURNÉS, L. "La foundation Rockefeller et la naissance de l'universalisme philantropique américain", *Critique Internationale*, 35, 2007, pp. 173-197; *Science de l'homme et politique. Les foundations philantropiques américaines en France au xxè siècle*, Paris, Classiques Garnier, 2013; *Les États Unis et la Société des Nations (1914-1946). Le système internationale face á l'emergence d'une superpuissance*, Berna, Peter Lang, 2016; y como director de la obra colectiva *L'argent de l'influence. Les foundations américaines et leurs résaux européens*, Paris, Autrment "Mémoires/Culture", 2010.

[13] J.A. SÁNCHEZ ROMÁN "La Sociedad de Naciones y los orígenes del siglo americano", *Ayer*, n. 131, 2023, pp. 1-27, DOI: 10.5559/ayer/1489, (http://www.revistasmarcialpons.es/revistaayer/issue/view/avance-en-linea)

[14] F. GINER DE LOS RÍOS "La última cuartilla", *España*, año I, n. 5, 26 de febrero de 1915, reproducido por J. GARCÍA-VELASCO "El reencuentro con la modernidad. Estrategias y redes internacionales de la cultura española", J. GARCÍA-VELASCO (ed.) *Redes internacionales de la cultura española 1914*-1939, Madrid, Publicaciones de la Residencia de Estudiantes, 2014, p. 55.

que cimentaba la voluntad de cambio en la razón científica a través de la investigación y la pedagogía en un sentido eminentemente internacionalista. Así lo transmitiría en más de una ocasión José Castillejo desde la secretaría de la Junta para Ampliación de Estudios. La Junta se erigiría en la principal plataforma de internacionalización del conocimiento y de la ciencia en la España del primer tercio de siglo xx. La "vie normale de l'humanité" –recuperando una expresión suya en una propuesta defendida ante la Comisión Internacional de Cooperación Intelectual en 1932–.

Sus redes internacionales y la amplitud de radio de su actividad científica e intelectual harían de la Junta para Ampliación de Estudios, en muchos sentidos, el interlocutor natural en la cooperación intelectual internacional una vez que esta comience a institucionalizarse tras la Gran Guerra. La militancia en pro de la paz en la que se comprometieron a fondo múltiples intelectuales –Sigmund Freud, Albert Einstein, Henri Bergson o Marie Curie, entre algunos de sus más reconocidos promotores– tendría un profundo arraigo entre los institucionistas españoles. El movimiento de solidaridad entre los intelectuales se consolidaría tras la Gran Guerra y en España, afirma José García-Velasco, se desenvolvería en un "marco europeísta e internacionalista característico del krausismo". La Residencia de Estudiantes, pese a su vocación anglófila, se mantendría como la institución más "próxima a una postura de cooperación internacional, pacifista y antibelicista, frente a la división que se produce en la sociedad española entre 'aliadófilos y germanófilos'"[15].

Es bien conocida por la historiografía el amplio horizonte de actividades de promoción de la investigación y de formación, así como la vocación internacionalista de las instituciones vinculadas a la Junta para Ampliación de Estudios, ya sea en el ámbito de la ciencia y la medicina como en el de la cultura y el pensamiento[16]. Sin embargo, salvo menciones casi anecdóticas a la participación en el Instituto Internacional de Cooperación Intelectual y la Comisión Internacional de Cooperación Intelectual en el entorno de la Sociedad de Naciones, la participación de la Junta para Ampliación de Estudios[17] y en general de España en la cooperación intelectual en el tiempo de entreguerras es un terreno poco roturado hasta fechas bien recientes a raíz de las labores realizadas por el

[15] J. GARCÍA-VELASCO "El reencuentro con...", p. 56.

[16] De entre la amplia bibliografía sobre la Junta para Ampliación de Estudios y la Residencia de Estudiantes permítasenos mencionar algunos de los textos que han prestado especial atención a la dimensión internacional y transnacional de la actividad desempeñada por ambas instituciones, entre ellos: el libro catálogo de la exposición "Redes Internacionales de la cultura española 1914-1939" editado por Javier García-Velasco y al que ya se ha hecho mención; J.M. SÁNCHEZ RON (coord.) *1907-1987. La Junta para Ampliación de Estudios e Investigaciones Científicas 80 años después*, 2 vols., Madrid, CSIC, 1988; J.M. SÁNCHEZ RON-J. GARCÍA-VELASCO (eds.) *100 JAE. La Junta para Ampliación de Estudios e Investigaciones Científicas en su Centenario*, Madrid, Fundación Francisco Giner de los Ríos (Institución Libre de Enseñanza)-Publicaciones de la Residencia de Estudiantes, 2010 e inserto en esta obra coral en especial el texto de C. NARANJO OROVIO "Las relaciones internacionales de la JAE", pp. 293-313; y A. RIBAGORDA "El Comité Hispano-Inglés y la Sociedad de Cursos y Conferencias de la Residencia de Estudiantes (1923-1936)", *Cuadernos de Historia Contemporánea*, 2008, vol. 30, pp. 273-291.

[17] Tal sería el caso de la mención a la sesión de la Comisión Internacional de Cooperación Intelectual celebrada en la Residencia de Estudiantes en mayo de 1933 y bajo la presidencia de Marie Curie dedicada a "El porvenir de la cultura", organizada al amparo de la activa labor de Alberto Jimenez Fraud y José Castillejo (J. GARCÍA-VELASCO "El reencuentro con...", p. 64).

equipo de investigación dirigido por Alvaro Ribagorda y Leoncio López-Ocón Cabrera[18]. Fiel reflejo de este escaso conocimiento lo ilustraba la memoria de investigación realizada en 1974 por Francisco José Laporta San Miguel, quién al referirse a la actividad de la Junta para Ampliación de Estudios como comisión nacional española *de facto* ante la Comisión Internacional de Cooperación Intelectual, sentenciaba que "fue servicio este poco duradero y no de gran trascendencia política, pero al menos expresa muy significativamente el nivel de prestigio alcanzado por la Junta"[19]. El ayuno de conocimiento es casi total en la historiografía si se trata del análisis de la imbricación de las instituciones y especialistas españoles en los estudios internacionales en el marco institucional de la cooperación intelectual, en especial de la participación española en la Conferencia Permanente de Altos Estudios Internacionales. En este sentido muy poco es lo que se conoce de la labor, ciertamente efímera, de la Federación de Asociaciones Españolas de Estudios Internacionales o del Instituto de Estudios Internacionales y Económicos, creados durante la Segunda República[20]. Entidades en modo alguno ajenas a la Junta para Ampliación

[18] Alvaro Ribagorda y Leoncio López-Ocón Cabrera han sido directores del proyecto de investigación titulado "Desafíos educativos y científicos de la Segunda República: internacionalización, popularización e innovación en universidades e institutos" (PGC2018-097391-B-100 (2019-2022). El extraordinario trabajo del equipo de investigación tendría su continuidad bajo su misma dirección con "El proyecto de cooperación intelectual de la Sociedad de Naciones. Presencia española e iniciativas afines", (CISDNE), PID2022-141696NB-I00, financiado por MCIU/AEI/10.13039/501100011033/ y por FEDER, UE, bajo cuyo amparo ha cristalizado y llegado a su *estación termini* la investigación plasmada en estas páginas. Sirvan estas palabras para manifestar mi profunda gratitud por su generosidad. Más allá de estas referencias muy puntuales a la colaboración y la presencia española, en especial de la Junta para Ampliación de Estudios o de sus miembros en el entramado institucional de la cooperación intelectual, cabría mencionar la aproximación normativa de Patricia Zambrana Moral a la labor de la Segunda República española en el Instituto Internacional de Cooperación Intelectual en el ámbito exclusivo de la labor del Comité Experto en Archivos entre 1931 y 1933 (P. ZAMBRANA MORAL "El Instituto de Cooperación Intelectual de la Sociedad de Naciones (1931-1933) y la República Española. Un asunto de archivos", *Cuadernos* Republicanos, n. 48, 2002, pp. 13-22; y en el contexto general de la cooperación intelectual las explícitas menciones que se hace de los representantes españoles, la doctrina Casares o las modestas aportaciones presupuestarias de España en la obra ya mencionada de J.-J. RENOLIET *L'UNESCO oublié*... Una reciente aportación a la actividad de la Junta para Ampliación de Estudios en los foros de cooperación intelectual puede consultarse en J.L. NEILA "La Junta para Ampliación de Estudios como interlocutor privilegiado en la presencia española en la cooperación intelectual tras la Gran Guerra", A.M. MORAL RONCAL-E. URIA (coords.), *La historia contemporánea en perspectiva múltiple. Homenaje a Javier Paredes Alonso*, Editorial Universidad de Alcalá UAH, 2022, pp. 257-274. Y, asimismo, las investigaciones en curso de Jesús Manuel Bermejo en torno a una historia comparada de la actividad portuguesa y española en la cooperación intelectual.

[19] F.J. LAPORTA SAN MIGUEL *La Junta para Ampliación de Estudios e Investigaciones Científicas (1907-1936)*, v. 5, Madrid, trabajo inédito depositado en la Fundación Juan March, 1974, p. 152.

[20] Un ámbito historiográficamente desconocido pero que en fechas recientes ha concitado un emergente interés a partir de aportaciones sobresalientes como la realizada por Antonio Niño "Historiografía de las relaciones internacionales españolas en democracia", M. ORTÍZ HERAS-D.A. GONZÁLEZ (coords.) *La transición exterior. La asignatura pendiente de la democratización*, Granada, Comares Historia, 2022, pp. 3-34. Y a las que habría que sumar las modestas aporaciones del autor de estas páginas: "Americanización del conocimiento, cooperación intelectual y los estudios internacionales en España tras la Guerra del Catorce", J.C. MERCADO-C. AGUASACO (eds.), *España y Norteamérica en el corredor transatlántico. Relaciones internacionales, derechos humanos y cartografías de representación,* Madrid, Editorial Universidad de Alcalá, 2023, pp. 19-44; "Spain, Imperialism and the Genealogy of International Studies in the First Third of the 20th Century", M. MADUEÑO-A. GUERERO (eds.) *Examining Colonial War and Their Impact on Contemporary Military History*, Hersey PA, 2023, pp. 97-116; y "Los estudios internacionales en la II República española, la paz y la cooperación intelectual: reescribir el presente desde el tiempo perdido", J.M. AZCONA PASTOR-M.

de Estudios y conectadas, asimismo, con la inercia regeneracionista de principios de siglo por organizar de un modo moderno los estudios internacionales de acuerdo con las necesidades de un país que pretendía espantar los fantasmas del Recogimiento y el aislamiento internacional de la crisis finisecular. Tal sería el caso del Instituto Libre de Enseñanza de las Carreras Diplomática y Consular y Centro de Estudios Marroquíes creado en 1911 bajo el patrocinio de la Real Academia de Jurisprudencia y Legislación y el Ministerio de Estado[21].

Tampoco, salvo las recientes aportaciones de Antonio Niño y el autor de estas páginas, desde el ámbito de aproximación de los análisis sobre la teoría y la historia de las relaciones internacionales en España, las obras de Celestino del Arenal o Juan Antonio Sanhauja –desde el ámbito de la teoría– o de Víctor Morales Lezcano, Juan Carlos Pereira, Francisco Quintana, Susana Sueiro o Antonio Moreno –desde la historiografía–, se hace mención explícita a la participación en los debates y los trabajos, aunque fuera muy concreta y puntual, de los expertos españoles en el Instituto Internacional de Cooperación Intelectual y, en particular, en la Conferencia Permanente de Altos Estudios Internacionales.

Por último, el bagaje historiográfico de las aportaciones sobre la actividad y la presencia de España en la Sociedad de Naciones tampoco aporta novedades en este sentido. Así se puede concluir de los balances que realizamos en 2003 y 2004 sobre la historiografía española sobre España y la Sociedad de Naciones y acerca de la política exterior de la República[22]. En ambos textos y a raíz de la investigación que en su momento condujo a la tesis doctoral –*España república mediterránea. Seguridad colectiva y defensa nacional (1931-1936)* leída en 1994– se hacía mención explícita a la Federación de Asociaciones Españolas de Estudios Internacionales y al Instituto de Estudios Internacionales y Económicos, pero desde una perspectiva eminentemente intergubernamental y asociada a las reformas

MADUEÑO ÁLVAREZ (eds.) *Historia de la sociedad presente. El mundo y sus desvelos desde 1990*, Madrid, Dykinson-Universidad Rey Juan Carlos, 2024, pp. 295-316.

[21] Precedente inmediato de la Escuela Diplomática y que sería objeto de estudio monográfico en la obra de L.E. TOGORES-J.L. NEILA *La Escuela Diplomática: cincuenta años de servicio al Estado (1492-1992)*, Madrid, Escuela Diplomática, 1993. Recientemente se han realizado muy interesantes aproximaciones por parte de Carlos Sanz Díaz y Zorann Petrovici incardinando el desarrollo institucional del Instituto Libre de Estudios de las Carreras Diplomática y Consular y Centro de Estudios Marroquíes desde sus anclajes en el Ministerio de Estado y sobre todo en la Real Academia de Jurisprudencia y Legislación, uno de los centros de referencia en los estudios internacionales en la España del primer tercio del siglo xx. (Consúltese C. SANZ DÍAZ "Relaciones internacionales y formación para la diplomacia en torno a la Primera Guerra Mundial: un estudio de caso", A. LOZANO VÁZQUEZ-D.J. SARQUÍS RAMÍREZ-J.R. VILLANUEVA LIRA-D. JORGE *¿Cien años de relaciones internacionales? Disciplinariedad y revisionismo*, Madrid, Siglo xxi, 2019, pp. 285-300; Z. PETROVICI *Mundo nuevo, ¿diplomacia nueva?. La influencia de la Gran Guerra en las prácticas diplomáticas del Reinado de Alfonso XIII. Un estudio comparado con la diplomacia francesa* (tesis doctoral dirigida por el Dr. Carlos Sanz Díaz), Madrid, Universidad Complutense de Madrid, 2019 (ejemplar amablemente cedido por el autor) y del mismo autor "Un défi après la Grande Guerre: renouveler la diplomatie. Approche comparée des cas espagnol et français", *Relations Internationales*, n. 178, 2019, pp. 27-40.

[22] J.L. NEILA "España y la Sociedad de Naciones: un tránsito historiográfico inacabado", *Cuadernos de Historia Contemporánea*, n. extraordinario, 2003, pp. 49-67; y del mismo autor "La política exterior de la España republicana (1931-1936): excepcionalismo y normalidad historiográfica", *Studia Historica. Historia Contemporánea*, vol. 22, 2004, pp. 47-83.

emprendidas por la República en el ámbito formativo de la diplomacia y la voluntad modernizadora de las estructuras de la administración y la gestión de la política exterior.

Las investigaciones recientes sobre España y la Sociedad de Naciones más notables han devenido del ámbito del derecho internacional y de la historiografía. El núcleo central de las investigaciones llevadas a cabo por David Jorge en torno a la Sociedad de Naciones ante la Guerra Civil española gravitaron fundamentalmente sobre el ocaso de la seguridad colectiva, es decir sobre la dimensión política[23]. La seguridad colectiva y las implicaciones coloniales de la gestión mandataria de la Sociedad de Naciones constituirían el eje discursivo de la tesis doctoral recientemente defendida por Jesús Manuel Bermejo Roldán titulada *La política exterior portuguesa en la Sociedad de Naciones (1919-1939)* leída en 2020. Una investigación que proyectaba un estudio comparado en torno a la actividad de los Estados ibéricos en Ginebra. En un plano genérico no puede faltar la mención a la excelente investigación de José Antonio Sánchez Román en torno a la Sociedad de Naciones y la reinvención del imperialismo liberal[24], y su relevante aportación en el trabajo mencionado anteriormente la Sociedad de Naciones y los orígenes del siglo americano, al abordar el impacto de la diplomacia filantrópica. Una contribución inserta en un estudio coral sobre nuevas miradas sobre la organización internacional de Ginebra realizada bajo su coordinación[25]. A esta obra coral habría que sumar el dossier dedicado por la revista *IDEES* en 2022 sobre Cataluña y la Sociedad de Naciones desde cuyas páginas se citan diversas aproximaciones en las que se da cabida a la actividad transnacional y las iniciativas diplomáticas en aras a las aspiraciones identitarias de Cataluña[26]. Y, asimismo, el novedoso estudio en clave transnacional de José Ramón Rodríguez Lago sobre la figura de Salvador de Madariaga y el mundialismo[27]. Entre los historiadores, por último, cabría mencionar el trabajo de Agustín Sánchez Andrés indagando sobre el papel de la Sociedad de Naciones ante la Guerra Civil española entre los lienzos de la no intervención europea y la neutralidad continental americana[28].

Y desde el balcón disciplinar del derecho internacional destacarían las aportaciones de: Luis V. Pérez Gil, abordando desde una perspectiva normativa y política la trayectoria española desde su adhesión al organismo internacional hasta el final de la dictadura de Primo

[23] D. JORGE *Inseguridad colectiva. La Sociedad de Naciones, la Guerra Civil de España y el fin de la paz mundial*, Valencia, Tirant Humanidades, 2016.

[24] J.A. SÁNCHEZ ROMÁN *La Sociedad de Naciones y la reinvención del imperialismo liberal*, Madrid, Marcial Pons Historia, 2021.

[25] J.A. SÁNCHEZ ROMÁN (ed.) *La Sociedad de Naciones: Nuevas miradas*, dossier *Ayer*, n. 131, 2023.

[26] VV.AA. *Cataluña y la Sociedad de Naciones*, dossier revista *IDEES*, n. 58, 2022 (https://revistaidees.cat/es/seccio/catalunya-i-la-societat-de-nacions-es/)

[27] J.R. RODRÍGUEZ LAGO *World Citizen. Salvador de Madariaga y las redes pioneras del mundialismo (1927-1950)*, Madrid, Sílex, 2022.

[28] A. SÁNCHEZ ANDRÉS "La Sociedad de Naciones y la guerra civil española: entre la no intervención europea y la neutralidad continental americana", F. HERRERA LEÓN-Y. WEHRLI (coords.) *América Latina y el internacionalismo ginebrino de entreguerras: implicaciones y resonancias*, México, Dirección General del Acervo Histórico Diplomático Ciudad de México-Secretaría de Relaciones Exteriores México, 2019, pp. 159-197.

de Rivera[29]; el estudio de Pedro Alguacil Cuenca[30]; el trabajo de H. Domínguez Benito en torno a la gestación de la Sociedad de Naciones[31]; la amplia panorámica pincelada por Yolanda Gamarra Chopo desde los horizontes de cambio en el derecho internacional[32]; y por último, un estudio muy sugerente desde el plano general de la Sociedad de Naciones realizado por Bartolomé Clavero desde cuyas páginas se afronta la proyección colonial de la organización internacional a partir de la actividad mandataria desde una perspectiva crítica decolonial[33]. En ningún caso, suponen una novedad sustancial respecto al estudio de España, la cooperación intelectual y la genealogía de los estudios internacionales.

Desde estas dos escenas o planos de análisis se acrisola el presente objeto de investigación: de un lado, el sistema internacional de Versalles desde la dimensión geocultural de la arquitectura de poder focalizado en la cooperación intelectual y la genealogía de los estudios internacionales inmersos en la inercia del proceso de americanización; y la incardinación de España, y en particular de los ámbitos intelectuales, en las dinámicas de internacionalización –ya preexistentes en algunos casos– de la cooperación intelectual y los estudios internacionales tras la Gran Guerra. Desde estos dos planos se avanzan dos hipótesis de trabajo fundamentales:

En primer término, nos planteamos en el marco general de la cooperación intelectual ¿En qué medida la geocultura de la paz y la cooperación intelectual que se conformó con el nuevo orden internacional de Versalles y que cristalizaría orgánicamente en la Sociedad de Naciones fueron permeables, pese a su naturaleza transnacional, a las pasiones y tensiones geopolíticas de su tiempo, en particular a las fricciones entre defensores y díscolos con el nuevo *statu quo*, a las propias suspicacias entre las potencias demoliberales, a la impronta de la *pax anglosaxónica* del nuevo sistema internacional y a la inercia de la americanización a través de la diplomacia filantrópica? Y en el plano español ¿Hasta qué punto la participación española en la Organización para la Cooperación Intelectual proyectó la inercia modernizadora del institucionismo y del Regeneracionismo –tanto cultural y científico como político– a través de instituciones como la Junta para Ampliación de Estudios, que se convirtió en el interlocutor natural y cualificado en los foros de la cooperación intelectual? ¿Y en qué medida la labor internacional de estas instituciones fue permeable y sensible a la evolución política, las prioridades de la política exterior y

[29] L.V. PÉREZ GIL "El primer decenio de España en la Sociedad de Naciones (1919-1929)", *Anales de la Facultad de Derecho*, n. 15, 1998, pp. 175-218.

[30] P. ALGUACIL CUENCA "España: de la Sociedad de Naciones a Naciones Unidas", *Anales de Derecho*, Universidad de Murcia, n. 24, 2006, pp. 303-318.

[31] H. DOMÍNGUEZ BENITO "El mundo necesita otro Grocio": el desencuentro entre derecho y política en el intercambio de proyectos para la constitución de una Sociedad de Naciones", *Revista de Estudios Políticos*, n. 176, 2017, pp. 223-251.

[32] Y. GAMARRA CHOPO "La ilusión española de la Sociedad de Naciones", Y. GAMARRA CHOPO-C. FERNÁNDEZ LIESA (coords.) *Los orígenes del derecho internacional contemporáneo. Estudios conmemoriativos del centenario de la Primera Guerra Mundial*, Zaragoza, Institución Fernando el Católico, 2015, pp. 289-312.

[33] B. CLAVERO "España en la Sociedad de Naciones, 1920-1939", *Conversación sobre la Historia*, 2020, https://conversacionsobrehistoria.info/2020/02/09/espana-en-la-sociedad-de-naciones-1920-1939/ . Autor también de un estudio de corte más jurídico titulado "Derecho bajo asedio, 1936-1939. República española y Sociedad de Naciones en el escenario europeo entre constitucionalismo y dictadura", *Quaderni Fiorentini*, 47, 2018, pp. 257-315.

la diferenciada percepción y concepción de la Sociedad de Naciones para la Monarquía y para la República?

La segunda hipótesis la suscitamos desde los espacios de intersección entre la cooperación intelectual institucionalizada en el marco general de la Sociedad de Naciones y los estudios internacionales. La cooperación técnica y, en particular la intelectual, se erigiría en una de las vías de acción predilecta de la diplomacia filantrópica estadounidense y, en consecuencia, en uno de los agentes más dinámicos del proceso de americanización. La teoría de las relaciones internacionales hasta fechas recientes canonizó un relato respecto a la genealogía de las relaciones internacionales como disciplina científica cuyo nacimiento se localizaba en el tiempo de entreguerras y cuyo primer debate quedaba codificado en los términos de la dialéctica idealismo *vs.* realismo. La literatura revisionista ha cuestionado desde una aproximación constructivista los mitos narrativos en torno al nacimiento de la disciplina para incardinarlos y situarlos en el perímetro más amplio de los estudios internacionales desde finales del siglo XIX con el fin de indagar en las permanencias y los cambios. Y, asimismo, ha cuestionado la propia esencia y aún la existencia misma del debate. Ni la literatura clásica ni la literatura revisionista, salvo alguna excepción, consideraron la extraordinaria relevancia que en el ámbito de la cooperación intelectual desempeñó la Conferencia Permanente de Altos Estudios Internacionales en cuyo seno se sistematizó e institucionalizó una agenda, acorde al estado de las relaciones internacionales en la década de 1930 entre los problemas económicos y la crisis de la seguridad colectiva, y se estimuló la circularidad de ideas y los debates en torno a la naturaleza disciplinar e interdisciplinar de los estudios internacionales. Un ámbito, asimismo, que no quedó al margen del radio de acción de la diplomacia filantrópica estadounidense.

Si partimos del convencimiento de que la Conferencia Permanente de Altos Estudios Internacionales fue un foro clave para analizar los debates epistemológicos y ontológicos de los estudios internacionales y, por tanto, una aportación relevante al debate historiográfico, ¿En qué medida podemos incardinar la naturaleza y los estudios internacionales en España desde esta doble panorámica: la ponderación de una cartografía amplia de los estudios internacionales en España más allá de los ámbitos tradicionales del derecho internacional y la historia y la revisión de un relato en buena medida determinado por la gravidez de la teoría de las relaciones internacionales? En lugar de preguntarnos qué aportaron los estudios internacionales en España a la construcción de la teoría de las relaciones internacionales ¿no sería más pertinente analizar el ecosistema multidisciplinar en el que trascurrió la genealogía de los estudios internacionales en España con el telón de fondo del mundo académico europeo y occidental de la primera mitad del siglo XX? Y por último ¿Cómo la intensa, aunque breve, participación de las asociaciones españolas a través de la Federación de Asociaciones Españolas de Estudios Internacionales y el Instituto de Estudios Internacionales y Económicos ilustró su conexión con las redes de cooperación intelectual a través de su participación en la Conferencia Permanente de Altos Estudios Internacionales?

El texto que se vierte en estas páginas se vertebra a traves de la historia cultural de las relaciones internacionales. Una perspectiva en cuyo perímetro de acción confluía –tomando prestadas las palabras de Antonio Niño– el "estudio de la comunicación, en todas sus variantes, entre sociedades culturalmente diferenciadas, y los intercambios que se realizan de todo aquello que está cargado de sentido –productos y prácticas culturales– a través de las fronteras, políticas o no, que las separan"[34]. Y de modo más explícito en uno de sus usos, considerando las relaciones interculturales como una parte del estudio de las relaciones internacionales. En este sentido, el "factor cultural" se incorporaría al resto de las variables a las que tradicionalmente se ha recurrido para explicar la conducta internacional de los Estados.

Una mirada historiográfica que en el caso de los historiadores, como bien subraya en algunos de sus trabajos Robert Frank, siempre ha estado impregnada de una cierta sensibilidad constructivista a la hora de valorar los factores culturales y las mentalidades en el análisis y comprensión de la historia de las relaciones internacionales. Los historiadores –afirmaba– son constructivistas sin saberlo, antes de que el constructivismo fuera una teoría. En la historia de las relaciones internacionales, la problemática de las "fuerzas profundas" les había llevado a medir el peso de las mentalidades, de los estereotipos y de los imaginarios sociales que pueden influir en la percepción de la realidad. Desde hace mucho tiempo, los historiadores han comprendido que todo no es necesariamente lógico o racional en la vida internacional, sino que es también muy importante el peso de las subjetividades colectivas. Como los constructivistas, los historiadores eran muy conscientes de que "la 'réalité' tout n'est souvent qu'une réalité perçue, représentée, contruité"[35]. La historiografía de algún modo ya navegaba en el consenso que se ha ido instalando en la teoría de las relaciones internacionales en el curso del cuarto debate al naturalizar la aproximación constructivista.

El análisis de España en la cooperación intelectual y la genealogía de los estudios internacionales, por último, nos emplazan como agenda de investigación a una aproximación esencialmente transnacional. La naturaleza de los actores y de las interacciones entre los mismos, conectadas por supuesto con el cosmos de la acción de los Estados, presentes en la Comisión Internacional de Cooperación Intelectual, el Instituto Internacional de Cooperación Intelectual, la Conferencia Permanente de Altos Estudios Internacionales, la actividad de la Junta para Ampliación de Estudios, de la Residencia de Estudiantes y de instituciones y asociaciones profesionales y formativas en el ámbito de los estudios internacionales –como la Federación de Asociaciones Españolas de Estudios Internacionales y sus miembros o del Instituto de Estudios Internacionales y Económicos– son por su misma esencia transnacionales.

[34] A. NIÑO "Uso y abuso de las relaciones culturales en la política internacional", A. NIÑO (ed.) *La ofensiva cultural norteamericana durante la Guerra Fría*, *Ayer*, n. 75, 2009 (3), pp. 26-30.

[35] R. FRANK "Penser historiquement les relations internationales", *Annuaire Français des Relations Internationales*, volumen IV, 2003, p. 52; y del mismo autor "Histoire et théories des Relations Internationales", R. FRANK (dr.) *Pour l'histoire des relations internationals*, Paris, PUF, 2012, pp. 72-73.

Las relaciones internacionales acogen tanto las relaciones interestatales como las transnacionales. El marco de fondo desde el que emerge la visibilidad de las relaciones transnacionales estaría asociado históricamente al cuestionamiento del paradigma estatocéntrico en la concepción y en el estudio de la sociedad internacional. Considerando lo transnacional como una aproximación idónea "to qualify elements that developed across nation boundaries"[36], el término "está documentado entre los lingüistas de la academia alemana a mediados del siglo xix, aunque fue Randolph Bourne quien lo hizo famoso con la publicación en 1916 de su artículo *Trans-National America*"[37]. El propio Alfred Zimmern hacía referencia en 1931 al paso de unas relaciones internacionales en el que las interacciones entre los Estados dejaban paso a los flujos de relaciones entre los pueblos. Desde el siglo xix los movimientos obreros, pacifistas o feministas eran de naturaleza transnacional, del mismo modo en que lo fue el proceso de americanización o las tramas económicas del capitalismo y el imperialismo como pueden colegirse de la lectura de las novelas de Joseph Conrad, entre ellas *El corazón de las tinieblas*.

A comienzos de la década de 1970 Robert O. Keohane y Joseph S. Nye, dos de los teóricos más influyentes del institucionalismo liberal y la conceptualización de la interdependencia, acometían desde un enfoque transnacional su crítica a uno de los pilares del realismo al desnudar las limitaciones del estatocentrismo para estudiar una sociedad internacional en transformación, especialmente desde la década de 1960. En rigor preferían hablar de *World Politics* en lugar de relaciones internacionales. La proliferación de interacciones económicas, sociales y culturales en el mundo era tal que desbordaba el estrecho perímetro de unas relaciones internacionales recluidas al ámbito de las relaciones político-estratégicas preeminentes entre los Estados, tal como sostenía el paradigma realista.El final de la Guerra Fría (1989-1991) y el mundo que emergía de ella a tenor de la mayor visibilidad de la fractura Centro-Periferia o las dinámicas de globalización roturaba el camino a aproximaciones analíticas desafiantes al estatocentrismo en las relaciones internacionales. La Guerra Fría, en palabras de Pierre Grosser, fue:

> (...) concomitante de la montée en puissance des termes "mondialisation" et "globalisation", les relations inter-étatiques semblent désormais ballottées dans des flux, des réseaux, des forces interdépendances et de régionnalisation, etc. Le monopole de l'État sur les relations avec le monde est contesté, tandis que les interactions entre le mundial et le social "intérieur" d'État, et la politique meme. Le transnational devient contraintes et ressources pour des acteurs toujours plus divers[38].

[36] A. IRIYE-P.-Y. SAUNIER *The Palgrave Dictionary of Transnational History. From the mid-19th Century to the present day*, Palgrave Macmillan, 2009, p. 1049.

[37] F. PEYROU-D. MARTYKÁNOVÁ "Presentación", *Ayer*, n. 94, 2014 (2), número monográfico sobre la Historia Transnacional, p. 13.

[38] P. GROSSER "L'Histoire des relations internationals à l'épreuve des interactions transnationales", R. FRANK (dr.) *Pour l'histoire des relations internationals*, Paris, PUF, 2012, pp. 275-276.

Sería, por tanto, en este contexto en el que afloraría e institucionalizaría en el mundo académico el enfoque transnacional en la teoría y la historia de las relaciones internacionales, pues no se trataría tanto de una metodología como de una manera de mirar el mundo permeable y abierta a otros enfoques analíticos de la disciplina –entre ellos la teoría crítica de relaciones internacionales– y en su conjunto de las ciencias sociales y la historiografía. Así lo argumentan Florencia Peyrou y Darina Martykánová al enmarcar el transnacionalismo en una "tendencia general a desafiar el foco *estadocéntrico* que ha dominado durante mucho tiempo las ciencias sociales"[39]. En este sentido Akhil Gupta puntualiza que los movimientos, organizaciones y actividades transnacionales no suponen en si el "acta de defunción del Estado-nación". Si permiten sobre todo "desnaturalizar la nación como forma *hegemónica* de organizar el espacio y prestar atención a 'estructuras de sentimiento' que unen a personas a unidades geográficas mayores o menores que la nación"[40].

La historia transnacional "ha contribuido al debate historiográfico sobre la nación, cuestionando las narrativas prevalentes que interpretan el Estado-nación como la plasmación por excelencia de las naciones y explorando las posibilidades de considerar a las naciones como comunidades imaginadas, que no siempre tienen que estar vinculadas a la forma estatal"[41]. En un sugerente balance sobre la excluyente y exclusiva praxis historiográfica como práctica nacional, realizado por Carmen de la Guardia y Juan Luis Pan-Montojo, las perspectivas de la historia transnacional "arrancan de un mundo presidido por la transformación rápida de las identidades preexistentes, por el triunfo de la *metacultura* internacional que a la vez subraya las semejanzas, la fuerza homogeneizadora de la modernidad, y el derecho a la diferencia, a la diversidad cultural". Los procesos de "integración supranacional y el mestizaje cultural otorgan prioridad al redescubrimiento de espacios supra y subnacionales". En definitiva, apuntan hacia "la superación del proyecto moderno de historia como metarrelato nacional del progreso"[42]. La incidencia del "giro" transnacional entre los historiadores fue mayor entre los contemporaneístas. En Europa, afirma Pierre-Yves Saunier, el "idilio de los medievalistas y modernistas con el Estado fue siempre menor que el de los contemporaneístas"[43].

La visibilidad de las relaciones transnacionales a tenor del cuestionamiento del estatocentrismo desde las ciencias sociales y la historiografía, como espejo donde se ilustra la profunda transformación de la sociedad internacional en los últimos decenios, fluye y serpentea a través de nuevas miradas y enfoques desde la teoría y la historia de las relaciones internacionales. Esta pléyade de miradas –transnacional, cultural,

[39] F. PEYROU-D. MARTYKÁNOVÁ "Presentación...", p. 14.

[40] A. GUPTA "The Song of the Nonaligned World: Transnational Identities and the Reinscription of Space in Late Capitalism", *Cultural Antropology*, v. 7, 1, 1992, pp. 63-79.

[41] F. PEYROU-D. MARTYKÁNOVÁ, D. "Presentación...", p. 17.

[42] C. de la GUARDIA-J.L. PAN-MONTOJO "Reflexiones sobre la historia transnacional", *Studia Historica, Historia Contemporánea*, 16, 1998, pp. 27-28.

[43] P.-Y. SAUNIER *La historia transnacional*, Zaragoza, Prensas de la Universidad de Zaragoza, 2021, p. 65.

socioconstructivista y crítica– acrisolan las nuevas agendas de investigación sobre la Sociedad de Naciones reinterpretando el lugar secundario que tradicionalmente se había conferido a la cooperación técnica –entre ellas la cooperación intelectual– y los debates en torno a la genealogía de los estudios internacionales.

PARTE I.
LA COOPERACIÓN INTELECTUAL Y LA GENEALOGÍA DE LOS ESTUDIOS INTERNACIONALES TRAS LA GRAN GUERRA

2.
ORIGEN E INSTITUCIONALIZACIÓN DE LA COOPERACIÓN INTELECTUAL, LA DIPLOMACIA FILANTRÓPICA Y LOS ESTUDIOS INTERNACIONALES

La indagación sobre la cooperación intelectual y el impacto de la diplomacia filantrópica como un vector relevante del proceso de americanización del sistema internacional y del mapa del conocimiento introduce unas coordenadas fundamentales para ponderar e introducir nuevas claves en el debate historiográfico sobre los orígenes de la teoría de las relaciones internacionales y el primer debate de la disciplina: idealismo *vs.* realismo. En ese sentido, la inercia de sistematización e internacionalización de los estudios internacionales –como un ámbito más en el conjunto de las ciencias sociales– desde la Conferencia Permanente de Altos Estudios Internacionales supone una aportación significativa al debate historiográfico. Y es, asimismo, un marco estructural e indispensable en el que incardinar en su contexto internacional e intelectual los estudios internacionales de la España del primer tercio de siglo hasta el estallido de la guerra civil en 1936.

LA ORGANIZACIÓN DE LA COOPERACIÓN INTELECTUAL: DEBATES ESENCIALES

Al finalizar la Guerra del Catorce en medio de un clima intelectual de rechazo a la guerra y tras cimentarse en la Conferencia de Paz de París la futura organización internacional, la Sociedad de Naciones, avanzaría el proceso de institucionalización de la cooperación intelectual. En el texto fundacional de la Sociedad de Naciones –el Pacto– no se contemplaba la creación de ninguna agencia dedicada al trabajo intelectual, pese a que en aquel mismo contexto y como parte de todos los tratados de paz firmados en París se procedía a la creación de la Organización Internacional del Trabajo.

Los antecedentes de la cooperación intelectual internacional habría que remontarlos, tal como afirma Jean-Jacques Renoliet autor de una de las investigaciones más ambiciosas y globales sobre la cooperación intelectual y la Sociedad de Naciones[1], a finales del

[1] Entre los trabajos pioneros sobre la cooperación intelectual destacan los de F.S. NORTHEDGE *International intellectual co-operation within the League of Nations: its conceptual basis and lessons for the present*, PhD Thesis, University of London, 1953; PHAM-THI TU *La coopération intellectuelle sous la Société des Nations*, Genève, 1962; y J. KOLASA *International intellectual cooperation: the League of Nations experience and the beginnings of UNESCO*, Wroclaw, Zaklad Naradowy im Ossolinskich, 1962. El trabajo de Jean-Jacques Renoliet, que fue el resultado de su tesis doctoral y aborda la Organización de Cooperación Intelectual en el marco de la Sociedad de Naciones desde una perspectiva institucional y burocrática y gravitando sobre las inercias intergubernamentales de la cooperación internacional, especialmente la incidencia de Francia en el conjunto de las relaciones internacionales en la Sociedad de Naciones (J.-J. RENOLIET *L'UNESCO obluié...*). Entre las aportaciones

siglo xix en dos iniciativas: la proposición en 1885 para fundar un Consejo Permanente Internacional de Educación y la Organización Internacional y Colectiva del Trabajo Intelectual creada en 1894. Sin embargo estas tentativas naufragaron ya que los Estados consideraban la educación una materia sensible y reservada para que quedase enteramente en manos de los educadores. En torno a 1914 se contabilizaban más de medio millar de instituciones internacionales orientadas a facilitar la colaboración entre los intelectuales. Era un fiel reflejo de la toma de conciencia de los intelectuales sobre los problemas de las sociedades contemporáneas y uno de cuyos episodios más notables trascendería en Francia con motivo del *Affaire Dreyfus*. La más influyente de todas ellas fue la *Union of International Associations* –UIA– fundada en Bruselas en 1910 por Henri Lafontaine y Paul Otlet, que agrupaba en torno a si a 230 asociaciones y que pretendía desarrollar las relaciones entre los intelectuales con el fin de "l'élaboration d'une organization mondiale, fondée sur le droit, sur le progres scientifique et technique et sur la libre répresentation de tous les intérêts communs à l'humanité"[2]. En 1910 promovieron la creación en Bruselas del Palacio Mundial[3] –*Mundaneum*–, destinado a erigirse en un centro de documentación de todo el saber disponible en el mundo y bajo el convencimiento de que el conocimiento facilitaría la senda de la paz.

En la Conferencia de Paz de París la *Union of International Associations* elevaría en febrero de 1919 una propuesta de Carta Internacional de los Intereses Intelectuales orientado no tanto en un sentido profesional sino en aras a la coordinación de sus trabajos y objetivos comunes. En el mes de marzo el representante belga en la Conferencia de Paz, Hymans, defendió la cooperación intelectual como un elemento importante de la obra de la futura Sociedad de Naciones. Las iniciativas de la *Union of International Associations*

posteriores más notables merecen especial atención las de D. LAQUA (ed.), *Internationalism Reconfigured: Transnational Ideas and Movements between the World Wars*, London, I. B. Tauris, 2011, y "Transnational Intellectual Cooperation, the League of Nations, and the problem of order", *Journal of Global History*, 6, 2011, pp. 223-247. Su enfoque gravita sobre las interacciones entre las organizaciones internacionales y los actores no gubernamentales desde una prisma eminentemente transnacional, que enriquece otras perspectivas de aproximación como la de Akira Iriye al insertar la cooperación intelectual en el marco del internacionalismo cultural del periodo de entreguerras (*Cultural Internationalism and World Order*, Baltimore, MD, John Hopkins University Press,1997) o la de Michael J. Riemens sobre aspectos más puntuales de la cooperación intelectual en torno a los estudios internacionales tal como mencionabámos con anterioridad. Posteriormente se publicarían dos tesis doctorales en torno a la cooperación intelectual en la Sociedad de Naciones: la investigación de Juli GATLING BOOK *Utopian Dreams, National realities: Intellectual Cooperation and the League of Nations*, University of Kentucky, 2016, en cuyas páginas recorre la dialéctica entre los objetivos idealistas en torno a la paz de sus miembros a través de sus relatos y motivaciones y las tensiones nacionales en el seno de la Comisión Internacional de Cooperación Intelectual; y la de Martin GRANDJEAN *Les résaux de la coopération intellectuelle. La Société des Nations comme actrice des échanges scientifiques et culturels dans l'entre-deux-guerres*, tesis doctoral leída en la Universidad de Lausanne, 2018, orientada al análisis transnacional de la estructura de campo y las redes de sociabilidad establecidas por la Comisión Internacional de Cooperación Intelectual y el Instituto Internacional de Cooperación Intelectual. Para un cartografía actualizada de la agenda de investigación sobre la cooperación intelectual remitimos a la consulta de los resultados del Congreso realizado con motivo del centenario de la Comisión Internacional de Cooperación Intelectual en Ginebra en 2022 (M. GRANDJEAN (ed.) *Centenary of the International Committee on Intellectual Cooperation of the League of Nations*, Geneva, United Nations Library and Archives Geneva/University of Laussanne, 2022).

[2] J.-J. RENOLIET *L'UNESCO oublié...*, p. 11.

[3] D. LAQUA "Transnational intellectual cooperation...", p. 227.

proseguirían en este sentido y en su congreso de septiembre de 1920 celebrado en Bruselas propondría a la Sociedad de Naciones la convocatoria de una conferencia internacional encargada de elaborar una organización internacional del trabajo intelectual. Una idea ya acometida en la IV Conferencia de Asociaciones por la Sociedad de Naciones celebrada en Milán aquel mismo año.

Desde París se irían impulsando iniciativas también en este sentido como la emprendida por la Asociación Francesa por la Sociedad de Naciones en 1920 en la que el presidente de su comité ejecutivo, Paul Appell –rector de la Universidad de París–, transmitía al secretario general de la Sociedad de Naciones –sir Eric Drummond– el anhelo por establecer en un plazo breve una organización intelectual análoga a la Organización Internacional del Trabajo y le hacía entrega de un proyecto de convención para la creación de un organismo permanente para la colaboración internacional en las cuestiones de enseñanza y en las ciencias, las letras y las artes, en cuya redacción había desempeñado un lugar central Julien Luchaire –jefe del Gabinete del ministro de Instrucción Pública en Francia y pieza clave en la estrategia francesa de la cooperación intelectual en el curso de los años veinte–.

Por el contrario el delegado británico estimaba que la Sociedad de Naciones ya contaba con demasiados órganos técnicos y defendía que la cooperación intelectual debía seguir en manos de organizaciones privadas o en iniciativas individuales[4]. Comenzaban a delinearse posiciones que predefinirían algunas de las líneas fundamentales de debate una vez que se institucionalizase la cooperación intelectual en el entorno de la Sociedad de Naciones.

En la Asamblea General de la Sociedad de Naciones de septiembre de 1921 se daría un primer paso mediante la creación de la Comisión Internacional de Cooperación Intelectual, aun de modo provisional y consultivo. En sí mismo ilustraba la preeminencia de las tesis de París, partidarias de la creación de una entidad de nueva planta frente a quienes, entre ellos el Gobierno belga, defendían que la *Union of International Associations* deviniese en la nueva entidad de la cooperación intelectual al amparo de la Sociedad de Naciones.

La creación oficial de la Comisión Internacional de Cooperación Internacional el 14 de enero de 1922 fue, como advierte Jean-Jacques Renoliet–, fruto de la acción de los Estados, los cuales se habían alineado en torno a dos constelaciones: de un lado, Gran Bretaña y los Dominios reticentes a la creación de una organización del trabajo intelectual, a incrementar las cargas y las competencias de la Sociedad de Naciones y muy susceptibles a que Francia pudiera capitalizarla como un instrumento para potenciar su influencia cultural y política; y de otro, Francia y los países francófonos y francófilos, partidarios de la creación de una estructura que capitalizase la cooperación intelectual. El Gobierno francés desde mediados de 1921 acabaría por jugar a fondo la carta de la diplomacia

[4] Ibídem. Pp. 13-15.

cultural, defendida por el ministro de Instrucción Pública Bérard que terminaría por disipar las dudas del *Quai d'Orsay*[5].

La Comisión Internacional de Cooperación Intelectual, cuyo presidente sería el filosofo francés Henri Bergson y su vicepresidente el intelectual británico de origen australiano Gilbert Murray, tendría –según apunta Fabián Herrera León– tres cometidos fundamentales: la mejora de las condiciones materiales de los trabajadores intelectuales; fomentar las relaciones internacionales y los contactos entre ellos; y reforzar a través de su labor el afianzamiento de la paz[6].

En última instancia la designación de los doce miembros originarios de la Comisión Internacional de Cooperación Intelectual, pese a su reconocido prestigio, no fue ajena en modo alguno al criterio de la nacionalidad. El Consejo de la Sociedad de Naciones designó a once de los doce miembros[7], ya que el delegado estadounidense, Halle, sería nombrado días más tarde. Casi todas las naciones representadas en el Consejo de la Sociedad de Naciones estaban presentes y la posición de Francia, con cinco representantes de naciones francófonas o latinas, estaba bien consolidada. Las interferencias políticas serían evidentes y notorias en relación al ostracismo de la cultura y la ciencia alemana en la inmediata posguerra. En el seno de la Comisión Internacional de Cooperación Intelectual aflorarían actitudes ambivalentes respecto a la eficacia del Locarno académico a caballo entre el optimismo de Alfred Zimmern y el balance más crítico de la normalización académica de Alemania desde las voces de Gilbert Murray y del historiador y pacifista británico del King's College de Cambridge, Goldsworthy Lowes Dickinson[8].

El viraje político en Francia con el triunfo del cartel de izquierdas en 1924, cuyas repercusiones no se harían esperar en la política exterior francesa comprometida con la distensión que cristalizaría en el Protocolo de Ginebra y luego en el espíritu de Locarno, se trasladarían al ámbito de la Sociedad de Naciones pero siempre desde las premisas de seguridad –colectiva– de Francia. El giro estratégico hacia la Sociedad de Naciones y la seguridad colectiva irían acompañados de una elevación por la apuesta por la diplomacia cultural y la cooperación intelectual. El 24 de julio de 1924 el ministro de Instrucción Pública francés, François-Albert, informó al presidente de la Comisión Internacional de la Cooperación Intelectual, Henri Bergson, del ofrecimiento francés para crear en París un Instituto Internacional de Cooperación Intelectual. Julien Luchaire había comprendido antes que Henri Bergson que Francia no podía apropiarse de la Comisión Internacional de Cooperación Intelectual. De hecho la idea original fue de Henri Bergson

[5] Ibídem. P. 21.

[6] Véase F. HERRERA LEÓN "México y el Instituto Internacional de Cooperación Intelectual 1926-1939", *Tzintzum*, n. 49, enero-junio 2009.

[7] Estos once miembros fueron: el indio Banerjee, el francés Bergson, el noruego Bonnevie, el brasileño de Castro, la franco-polaca Marie Curie, el belga Destrée, el alemán Einstein, el británico Murray, el suizo Reynold, el italiano Ruffini y el español Torres-Quevedo (véase J.-J. RENOLIET *L'UNESCO oublié*..., p. 26).

[8] Véase D. LAQUA "Transnational intellectual cooperation...", pp. 234-235. Y véase, asimismo, B. SCHROEDER-GUDEHUS *Les scientifiques et la paix: la communauté scientifique internationale au cours des années 20*, Montreal, Presses de l'Université de Montréal, 1978.

y fue compartida en una carta a Coville escrita en enero de 1924 en la que se pretendía aprovechar y potenciar la imagen de París como ciudad intelectual bajo el patronazgo de la Sociedad de Naciones, precisamente en el momento en que se acababa de inaugurar la *Cité Universitaire* en la capital francesa, que había comenzado a diseñarse en 1919[9]. La creación de la *Cité Universitaire* cristalizaba la iniciativa del ministro de Instrucción Pública francés –André Honnorat– y del industrial alsaciano Émile Deutsch de la Meurthe, actualizando el eco de la tradición de los colegios universitarios medievales de la Sorbonne y creando un nuevo campus que sirviera de acogida a residencias nacionales. La nueva ciudad universitaria aspiraba a erigirse en una suerte de nueva Babilonia desde la que emergiesen nuevas élites cosmopolitas que favoreciesen el entendimiento internacional[10].

La inauguración del Instituto Internacional de Cooperación Intelectual se consumaba el 16 de enero de 1926 a cuyo frente en la dirección se situaba Julien Luchaire y como subdirector Alfred Zimmern, el eminente historiador y politólogo británico experto en relaciones internacionales[11]. En adelante la estructura institucional de la cooperación intelectual en el entorno de la Sociedad de Naciones se articularía en cuatro pilares: la Comisión Internacional de Cooperación Intelectual con sede en Ginebra, que se reunía una o dos veces al año y decidía sobre los proyectos más relevantes; el Instituto Internacional de Cooperación Intelectual con sede en París y órgano especializado en el estudio y la ejecución de las medidas de la organización internacional en materia de trabajo intelectual; las comisiones nacionales de cooperación intelectual; y por último, los delegados de los Estados cerca del Instituto Internacional de Cooperación Intelectual.

El juego de equilibrios entre la Comisión Internacional de Cooperación Intelectual y el Instituto Internacional de Cooperación Intelectual se haría más precario al agudizarse las tensiones ya existentes entre las dos constelaciones de Estados y que tenderían a cronificarse en el curso de los años siguientes. A las tendencias centralizadoras de Julien Luchaire en la gestión del Instituto se opondrían en la Comisión Reynold y Alfred Zimmern, quienes abogaban por una gestión descentralizada y autónoma. Estas tensiones conducirían a la creación de un Comité de Estudios en el verano de 1929 para explorar la reorganización de la cooperación intelectual. En la Comisión aflorarían las dos concepciones de la cooperación intelectual: la más próxima a las tesis de París, defendidas entre otros por el delegado español en la Comisión Internacional de Cooperación Intelectual –Julio Casares–, promotora de una cooperación intelectual firmemente comprometida con los propósitos políticos de la paz y las conexiones con la Sociedad de Naciones; y la concepción anglosajona –Gran Bretaña, los Dominios, Estados Unidos y los Estados escandinavos–,

[9] J.-J. RENOLIET *L'UNESCO oublié*..., pp. 44-46.

[10] G. TRONCHET-D. KÉVONIAN (eds.) *La Babel étudiante: la Cité Internationale universitaire de Paris (1920-1950)*, Rennes, PUR, 2013; y G. TRONCHET *André Honnorat: un visionnaire en politique*, Paris, Maisonneuve & Larose nouvelles éditions-Hémisphères éditions, 2020.

[11] Alfred Eckhard Zimmern (1879-1957) ocupó desde 1919 la cátedra Woodrow Wilson de política internacional en la Universidad de Aberyswyth y entre 1930 y 1944 desempeñó la cátedra de Relaciones Internacionales en la Universidad de Oxford. Fue subdirector del Instituto Internacional de Cooperación Intelectual entre 1926 y 1930 y fundador y director de la *Geneva School of International Studies*.

defendida por Reynold y muy influida por las posiciones de Gilbert Murray de concebir la cooperación intelectual como un fin, defender su apoliticismo y su carácter puramente técnico, abogar por su descentralización y evitar en su seno la propaganda pacifista de la Sociedad de Naciones. En términos geopolíticos pretendían neutralizar –tal como afirma Ludovic Tournés– el imperialismo cultural francés[12]. El informe final del Comité, que trataría de hibridar ambas tesis, formularía una definición de cooperación intelectual en virtud de la cual: "a pour objet la collaboration internationale afin d'assurer le progres de la civilisation générale et des connaissances humaines, notamment le développement et la diffussion des sciences, des lettres et les arts. Elle a pour but de créer un état d'esprit favorable à la solution pacifique des problèmes internationaux"[13]. El informe confirmaba la pertenencia de la Organización de la Cooperación Intelectual al sistema de la Sociedad de Naciones. De hecho tras la reforma de la cooperación intelectual en julio de 1931 la Organización de la Cooperación Intelectual fue reconocida como un órgano técnico de la Sociedad de Naciones.

Al comenzar la década de los treinta y plenamente insertos en los debates sobre la reorganización de la cooperación intelectual la estrategia francesa de minimizar los efectos sobre el Instituto Internacional de Cooperación Intelectual en sus relaciones con la Comisión Internacional de la Cooperación Intelectual y lograr una candidatura de consenso para la dirección del Instituto en la figura de Henri Bonnet es calificada por Jean-Jacques Renoliet como una victoria francesa[14]. Sin embargo, la tesis de Ludovic Tournés alienta una balance más crítico en este sentido al valorar la consolidación en el curso de la década de los treinta de las tesis anglosajonas en torno al universalismo de la cooperación intelectual. Y asimismo, la creciente gravidez de la influencia estadounidense que, obviamente, había sido muy sensible a las tesis británicas y que desde 1932, una vez disipada la desconfianza hacia la política francesa desde el Instituto Internacional de Cooperación Intelectual, se comprometerían más a fondo a tenor de su creciente presencia e influencia a través de la diplomacia filantrópica[15].

A medida que se agravó la crisis de la seguridad colectiva espoleada por los devastadores efectos de la crisis económica de 1929 se irían afianzando las tesis anglosajonas en torno a la naturaleza y la gestión de la cooperación intelectual, aunque los debates seguirían muy presentes en la Organización de la Cooperación Intelectual. A finales de 1933, argumenta Jean-Jacques Renoliet, la crisis económica y la crisis de la seguridad colectiva –con la retirada de Japón y de Alemania de la Sociedad de Naciones– obligó a la Organización de la Cooperación Intelectual a definir con más claridad la orientación de su actividad.

Los términos del debate, toda vez que las suspicacias hacia el imperialismo cultural francés se fueron diluyendo a medida que su influencia en la cooperación intelectual fue

[12] L. TOURNÉS *Les États Unis et la Société des Nations (1914-1946). Le système internationale face á l'emergence d'une superpuissance*, Berna, Peter Lang, 2016, p. 197.
[13] J.-J. RENOLIET *L'UNESCO oublié…*, p. 101.
[14] Ibídem. Pp. 112 y ss.
[15] L. TOURNÉS *Les États Unis…*, p. 209.

decayendo en el curso de la década y su dependencia fue cada vez mayor respecto a la política de *appeasement* británica, se fueron polarizando en torno a la militancia moral respecto a la paz en la Sociedad de Naciones en el ámbito del conocimiento social, de un lado, y el apoliticismo y el universalismo de la razón científica, por otro. En este sentido irían cristalizando posturas desde 1933 en el seno de la Organización de la Cooperación Intelectual. La primera, entre cuyos portavoces cualificados figuraban Léon Bourgeois –uno de los intelectuales franceses más comprometidos con la causa de la Sociedad de Naciones– y el escritor Paul Valéry, se asentaba en una concepción de la cooperación intelectual muy comprometida con la acción política al servicio de la Sociedad de Naciones y su ideal de paz, enarbolando la causa del "desarme moral" y la conformación de una conciencia internacional inspirada en la defensa de los principios universales de las democracias. La segunda, entre cuyos divulgadores se encontraban Reynold, Gilbert Murray o Marie Curie–, postulaba una concepción universal y en la medida de lo posible independiente de la política. Afirmaba Marie Curie que las organizaciones científicas debían evitar el error que habían cometido durante la Gran Guerra y debían procurar preservar la unión entre los intelectuales. El debate se polarizaría entre el apoliticismo y el compromiso ideológico.

La línea universalista y apolítica se erigiría en la concepción dominante en la cooperación intelectual en el curso de la década hasta el final de la Organización de la Cooperación Intelectual en 1939. Sus efectos se harían sentir en la propia dinámica funcional de la Organización, como la despolitización en las nominaciones de los miembros de la Comisión Internacional de Cooperación Intelectual y en las agendas de trabajo. Se interiorizaba una suerte de *realpolitik* que pretendía a través del apoliticismo y del universalismo preservar los puentes con Estados que habían abandonado la disciplina societaria como Alemania y Japón o recabar la participación de la Unión Soviética. En el caso español es sintomática la actitud defendida por el delegado español en la Comisión Internacional de Cooperación Intelectual, el secretario de la Junta para Ampliación de Estudios –José Castillejo–, al argumentar que la Organización de la Cooperación Internacional "ne doit pas se mêler de la politique intérieur des gouvernements"[16]. El contexto era bien distinto pero la postura de José Castillejo, más próxima a la razón científica y el lugar de las ciencias sociales planteada desde el ámbito anglosajón, marcaba una cierta distancia respecto al centralismo y la francofilia de las posiciones de su antecesor Julio Casares respecto a la cooperación intelectual.

De algún modo, tal como se desprende de los estudios de Jean-Jacques Renoliet y Katharina Elisabeth Rietzler, el afianzamiento de las tesis anglosajonas en pro de una actitud apolítica y un universalismo científico pretendía que el desarrollo de la cooperación intelectual se gestionase con mayor autonomía respecto a la Sociedad de Naciones y fuera impermeable en la medida de lo posible a la crisis de la seguridad colectiva. Esta línea dominante y creciente en el contexto de la crisis de la seguridad colectiva ilustraba en el

[16] J.-J. RENOLIET *L'UNESCO oublié*..., p. 121.

seno de la Organización de Cooperación Intelectual una suerte de *appeasement* intelectual[17], fiel reflejo del repliegue de las democracias respecto a los compromisos adquiridos en el Pacto de la Sociedad de Naciones. No es casual que a partir 1936, precisamente cuando la Asamblea de la Sociedad de Naciones abordó en una convocatoria extraordinaria el debate sobre la reforma del Pacto, se acelerasen los debates y los pasos que culminarán en la firma del Acta Internacional el 3 de diciembre de 1938, rubricada por 50 Estados –entre ellos España–, que consumaría la emancipación de la Organización de Cooperación Intelectual respecto de la Sociedad de Naciones. El Acta Internacional cristalizaba normativamente las tesis anglosajonas y, en particular, la noción defendida públicamente por el delegado estadounidense en la Comisión Internacional de Cooperación Intelectual, James T. Shotwell, el "rêve d'une organisation de la communauté mondiale où les cultures ne seraient plus influencées par la diplomatie et la politique et où les obstacles nationaux ne s'opposeraient plus au développement intellectuel du monde"[18]. De hecho, frente a la dimensión intergubernamental de la Comisión Internacional de Cooperación Intelectual proponía a comienzos de la década de los treinta que esta deviniese en un foro de científicos sociales que actuase como ente consultivo cerca de la Sociedad de Naciones.

El cuadro general pincelado por Jean-Jacques Renoliet gravita entre la historia institucional y una aproximación a la cooperación intelectual acomodada a una visión estatocéntrica de las relaciones internacionales. Investigaciones más recientes, como las ya mencionadas de Juli Gatling o Martin Grandjean, abundan en la dimensión transnacional de las redes establecidas entre los intelectuales. Este es el prisma desde el que Ludovic Tournés, profesor de historia en la Universidad de Ginebra, proyecta su mirada hacia la cooperación intelectual mediada por la irrupción de Estados Unidos como superpotencia intelectual y a través de la diplomacia filantrópica. Una esfera que pasa prácticamente inadvertida en el análisis de Jean-Jacques Renoliet en lo que concierne al papel de Estados Unidos en la Organización de la Cooperación Intelectual. Unas coordenadas que resultan fundamentales a la hora de analizar la nueva cartografía de las ciencias sociales y, de modo más explícito, de los estudios internacionales.

[17] Ibídem. P. 124. Y RIETZLER, K.E. *American Foundations and...*, pp. 198-199.
[18] J.-J. RENOLIET *L'UNESCO oublié...*, p. 131.

La diplomacia filantrópica y la americanización del conocimiento social y de los estudios internacionales en los foros de cooperación intelectual

Las perspectivas de aproximación más recientes a la Sociedad de Naciones desde la que se asoma Ludovic Tournés tratan de abordar desde su globalidad la historia de la organización internacional desbordando el perímetro hasta ahora predominante de la visión institucional y la primacía de su dimensión política –la seguridad colectiva– e intergubernamental. La consideración de la dimensión de la cooperación técnica y la naturaleza transnacional de estas prácticas, especialmente desde la panorámica de la presencia y la actividad estadounidense en el sistema de Ginebra alienta la revisión de los relatos clásicos y la propia cronología del organismo internacional. La periodización clásica atribuía a la década de los veinte el tiempo de gestación y de *belle époque* de la Sociedad de Naciones y una década de los treinta asociada al retorno de los nacionalismos y el declive de la seguridad colectiva y el internacionalismo[19]. En este relato el vaciamiento del alto perfil político de la Sociedad de Naciones al ritmo de la crisis de la seguridad colectiva interpretaba la pervivencia y la potenciación de la dimensión técnica de la cooperación desde mediados de la década de los treinta como una estrategia de supervivencia. Sin embargo, el autor lleva a cabo una relectura de la actividad de cooperación intelectual en el seno del organismo internacional poniendo en valor que el crecimiento de esta actividad en el plano económico y financiero, y en su conjunto en las secciones técnicas, y subrayando que el crecimiento de este "*credo* internationaliste" no fue meramente anecdótico sino que resultó crucial para la configuración del sistema internacional tras 1945[20]. La historiografía reciente en torno a la Sociedad de Naciones "conclude –en palabras de Katharina E. Rietzler– that some of expert personnel of the technical organizations did indeed develop a distinct identity, and the nationality played a subordinate role when it came to choosing certain policies"[21].

Esta nueva mirada cobra una nueva dimensión al insertarse en la dinámica del siglo americano y el proceso de americanización, fundamental y determinante en la evolución

[19] El internacionalismo es concecibo por K. Gram-Skjoldager y O. Tonnesson como una "liberal-inspired belief that is posible to establish a legally regulated system, based on sovereign states, in which peace and security will prevail, and that this can be achieved through the development of law, organization, exchange, and communication" K. GRAM-SKJOLDAGER-O. TONNESSON "Unity and Divergence: Scandinavian Internationalism, 1914-1921", *Contemporary European History*, 17, 2008, p. 303, citado en S. HULIKAL MURALIDHAR "Interwar Internationalism: Origins and Impact of a 'Scientific" Approach to the Study of International Relations", *Journal of Politics & Governance*, vol. 5, n. 3, 2016, p. 77. En un sentido más esencialista Akira Iriye interpreta las diferentes manifestaciones del internacionalismo como "an idea, a movement, or an institution that seeks to reformulate the nature of relations among nations through cross-national cooperation and interchange" (A. IRIYE *Cultural Internationalism and World Order,* London, The JohnHopkins University Press, 1997, p. 3).

[20] L. TOURNÉS *Les États Unis...*, pp. 6-7.

[21] K.E. RIETZLER "Experts for Peace: Structures and Motivations on Philantropic Internationalism in the Interwar Years", LAQUA, D. (ed.) *Internationalism Reconfigured: Transnational Ideas and Movements between the World Wars,* Londres, I. B. Tauris, 2011, p. 50. Consúltese asimismo en el ámbito de la reciente historiografía sobre la Sociedad de Naciones las aportaciones de P. CLAVIN *Securing the World Economy. The Reinvention of*

del orden internacional y la naturaleza del orden intelectual y la nueva cartografía de la ciencia y el conocimiento. "Estados Unidos –en palabras de José Antonio Sánchez Román– nunca fue miembro de la Sociedad de Naciones. Sin embargo, esto no significó un aislamiento con respecto a la organización internacional. A través de ciertos individuos, o de organizaciones filantrópicas, la potencia americana participó de manera regular en los comités 'no políticos' de la Liga"[22]. La política exterior estadounidense en el periodo de entreguerras se caracteriza por una implicación creciente, exceptuando en todo caso el repliegue aislacionista institucionalizado en las leyes de neutralidad entre 1935 y 1939. Pese a que el Tratado de Versalles no fue ratificado por el Senado existiría durante todo este tiempo una "courant internationaliste dans le monde politique et intellectuel américain qui milite activement pour la participation des États-Unis aux affaires mondiales". Esta implicación es especialmente intensa en la esfera de las cuestiones económicas y financieras, pero en absoluto ajena a la dimensión política de las conexiones con el sistema internacional y, en particular, con Europa. Los dirigentes estadounidenses, argumenta Ludovic Tournés, "ont compris que la prospérité de leur pays dépendait de celle de l'Europe", de modo que "États-Unis ont donc intéret à favoriser la pacification du continent européen, à soutenir sa reconstruction et à favoriser sa réintégration dans le commerce international". En definitiva, en el curso de la década de los veinte Estados Unidos está en el "cour du jeu européen" y ningún acuerdo relevante puede ser tomado en consideración sin su aval, tal como lo evidencia su presencia en todas las grandes conferencias organizadas por la Sociedad de Naciones[23]. Estados Unidos de algún modo asumiría en 1918 el papel de árbitro en los asuntos del continente que Gran Bretaña ejerció tras 1815.

La valoración del impacto de Estados Unidos en el sistema internacional de Versalles no solo ha de calibrarse desde la complejidad de su política burocrática en sus relaciones internacionales al socaire de una administración federal en pleno crecimiento en la que concurren numerosos departamentos en los asuntos internacionales –Departamento de Estado, de Comercio o del Tesoro, entre otros– confluyendo con intereses comunes y confrontados, o desde la propia naturaleza competitiva en la gestión de la política exterior entre la presidencia y el Congreso. En el análisis de la política exterior y las relaciones internacionales de Estados Unidos resulta fundamental no limitarse al análisis de los actores

the League of Nations, 1920-1936, Oxford, Oxford University Press, 2013; y en relación con Estados Unidos W.F. KUEHL-L.K. DUNN *Keeping the Covenant. American Internationalism and the League of Nations, 1920-1939*, Kent, The Kent State University Press, 1999.

[22] J.A. SÁNCHEZ ROMÁN "La Sociedad de Naciones y los orígenes...", p. 1. En su trabajo dedica una especial atención a la historiografía revisionista sobre la política exterior estadounidense del periodo de entreguerras y la propia naturaleza del aislamiento internacional. Entre estos autores destaca: P.O. COHRS *The Unfinished Pace after World War I. America, Britain and the Stabilization of Europe, 1919-1932*, Cambridge (UK)-New York, Cambridge, 2008; M.H. HUNT *The American Ascendancy. How the United States Gained and Wielded Global Dominance*, Chapel Hill, University of North Carolina Press, 2007; M.P. LEFFLER *The Elusive Quest. America's Pursuit of European Stability and French Security, 1919-1933*, Chapel Hill, University of North Carolina Press, 1979; F. COSTIGLIOLA "The Other side of Aislationism: The Establishment of the First World Bank", *Journal of American History*, 59(3), 1972, pp. 602-620; o E.S. ROSENBERG *Spreading the American Dream. American Economic and Cultural Expansion, 1890-1945*, New York, Hill and Wang, 1982.

[23] L. TOURNÉS *Les États Unis...*, pp. 7-8.

gubernamentales y extender el perímetro analítico al papel desempeñado por los actores no gubernamentales, los actores privados, cuya actividad cuenta con una larga tradición pero cuyo interés entre los científicos sociales y los historiadores ha ido emergiendo con la historia transnacional y el cuestionamiento del paradigma estatocéntrico. Y en este sentido resulta, en opinión del autor, fundamental que:

> (...) le rôle des acteurs non gouvernamantaux no doit pas être lu en simples termes d'"influence" sur les déciseurs, ce qui conduit à une perspective finalement aussi simpliste, en sens inverse, que la perspective réaliste classique. Il est bien puls intéresants de considérer la politique étrangère comme une coproduction résultant de l'articulation entre de multiples acteurs, publics et privés, dont il es souvent imposible de déterminer qui a eu l'influence la plus determinant[24].

Y entre estos actores privados, especialmente para nuestro objeto de estudio, desempeñan un papel crucial las grandes fundaciones filantrópicas –estadounidenses–, especialmente la *Carnegie Endowment for International Peace* –Dotación Carnegie– y la Fundación Rockefeller. Su actividad ilustra la dinámica expansiva de las élites estadounidenses que en defensa de sus propios objetivos políticos tratan de concertarse con la Administración Federal en una "synergie sans précedent dans l'histoire des relations internationales". Estas fundaciones "construisent en effet dès les années 1910 une diplomatie philantropique"[25]. Estas fundaciones son en esencia pragmáticas, utilitaristas, elitistas y tecnocráticas y tienen por finalidad "to invest in ideas and 'put knoweledge to work' to reform society, economy and politics at home and abroad". A tal fin destinan ingentes recursos con el propósito de "generating positivistic 'scientist' knowledge that would be of practical use to policymakers, urban planners, and state-builders"[26].

A diferencia de las aproximaciones teóricas gramscianas que enfatizan la dependencia estructural de las fundaciones respecto a la Administración federal, pero abogando por su desempeño estratégico en la "reproduction and production of cultural hegemony"[27], y de las liberales que abogan por su autonomía, lo cierto es, tal como argumenta Ludovic Tournés y en un sentido muy similar se pronuncia Inderjeet Parmar pero dentro de un marco teórico neogramsciano[28], que no existe una frontera definida entre la esfera de lo

[24] Ibídem. Pp. 11-12.
[25] Ibídem. Pp. 11-12.
[26] I. PARMAR "Foundations Networks and...", p. 3.
[27] Donald Fisher precisa desde su perspectiva gramsciana que la "cultural hegemony is those ideologies in the superestructure which disseminate the particular consciousness of the ruling class and organize the consensus of the masses to the existing social order". En suma, "the ideas are translated into structures and activities as well as values, attitudes, beliefs and morality that support the established order and the class interests which dominated it" (D. FISHER "The Role of Philantropic Foundations in the Reproduction and Production of Hegemony: Rockefeller Foundations and the Social Sciences", *Sociology*, May 1983, vol. 17, n. 2, p. 206).
[28] El planteamiento analítico de Inderjeet Parmar para el estudio de la diplomacia filantrópica procura un espacio de encuentro entre el marco neo-gramsciano, que procura una aproximación más flexible a las relaciones entre los actores privados y estatales y el poder a partir de las dinámicas de cooperación y el concepto de "elite network"

público y lo privado. En realidad, las fundaciones filantrópicas estadounidenses: "elles entretiennent avec eux une relations d'étroit intérdependence qui, à l'international se traduit par une coproduction de la politique étrangère américaine"[29].

En las décadas de 1920 y 1930 las fundaciones filantrópicas estadounidenses –la Dotación Carnegie y la Fundación Rockefeller– solían mantener estrechos contactos con el Departamento de Estado y las embajadas estadounidenses. Sus miembros solían formar parte de las delegaciones norteamericanas en conferencias intergubernamentales o ser destinatarios de consultas informales desde el Departamento de Estado. Los líderes de ambas fundaciones frecuentemente pertenecían a la "social elite which has been indentified as American foreign policy establishment". En esta dialéctica de coproducción de la política exterior, de cooperación y de competencia, no siempre el Departamento fue proclive a contar con las instituciones privadas y a depender de su actividad, tal como se advertía en un memorándum del Departamento de Estado elaborado en 1929. No obstante, participarían de un modo sustancial en la emergencia del poder americano. Los programas de acción de estas fundaciones, tal como argumenta Katharina E. Rietzler, "helped construct a narrative which emphasised American's positive role in international nongovernamental cooperation and portrayed the American nation as a desinteresed, modern and rational force in the world". Las fundaciones contribuirían a promover "a distinctively American style of conducting foreign relations which held that American cultural policies were qualitatively different from European cultural policies"[30].

Esta interdependencia es sumamente ilustrativa en la naturaleza de las interacciones entre Estados Unidos y la Sociedad de Naciones, especialmente en el ámbito de la cooperación intelectual. El wilsonismo fracasa en el Congreso pero pervive políticamente a través del movimiento internacionalista especialmente activo a través de las fundaciones

para indagar en la interpenetración entre la esfera de lo privado y lo público. Su tesis se fundamenta en que "elites networks, consisting of states officals and private citizens are powerfull means by which foreign policy shifts may be prepared, elite and mass opinion primed and mobilized, new consensus bilt, 'old' forces marginalized, and US hegemony constructed" (I. PARMAR ""Foundations Networks and American Hegemony", *European Journal of American Studies*, v. 7, n. 1, 2012, pp. 2-3). En los debates sobre el role de las fundaciones filantrópicas en la promoción de la hegemonía de las élites capitalistas –en Estados Unidos– Katharina E. Rietzler distingue entre: los enfoques gramscianos, de autores como Donald Fisher y Edward Bermar que gravitan sobre las dinámicas de los bloques de poder en el control social y subrayan la habilidad de las fundaciones para controlar las ideas y la cultura y perpetuar así estructuras de dominación tanto dentro como fuera de los Estados Unidos; y otros planteamientos más críticos con la influencia de las fundaciones como Martin Bulmer, quien considera exageradas la valoración de las conexiones entre estas y el desarrollo de las ciencias sociales, y de Barry Karl y Stanley Katz, quienes abundan en la dificultad para aplicar los planteamientos gramscianos por la singularidad de Estados Unidos (véase K.E. RIETZLER *American Foundations and...*, pp. 19-21). Para una aproximación más pormenorizada a las fundaciones filantrópicas estadounidenses remitimos, asimismo, a la consulta de: V. BERGHAHN "Philantropy and diplomacy in the American Century", *Diplomatic History*, 23-3, 1999, pp. 393-419; E. H. BERMAN *The Influence of the Carnegie, Ford and Rockefeller Foundations on American Foreign Policy: The ideology of philanthropy*, Albany, State University of New York Press, 1983; F.A. NINKOVICH *The Diplomacy of Ideas, US Foreign Policy and Cultural Relations, 1938-1950*, Cambridge, Cambridge University Press, 1981 y del mismo autor *The Wilsonian Century. U. S. Foreign Policy since 1900,* Chicago, The University of Chicago Press, 1999.

[29] L. TOURNÉS *Les États Unis...*, pp. 13-15.

[30] K.E. RIETZLER *American Foundations and...*, pp. 156-161.

filantrópicas. Esta dimensión de las relaciones internacionales estadounidenses permite una mejor comprensión del proceso de emergencia de Estados Unidos como gran potencia desde finales del siglo xix y el ciclo hegemónico estadounidense que recorre el siglo xx y, por ende el etnocentrismo americano dominante en las ciencias sociales y en los estudios internacionales. La "superpuissance amércaine naissante apparaît ainsi non pas comme la seule résultant de la puissance militaire, mais aussi de la profusión d'acteurs intéressés à faire acquérir aux États-Unis une position centrale dans l'organisation du monde, et ce, dans tous les domaines"[31].

Con la emergencia de Estados Unidos como poder imperial en el tránsito al siglo xx tras la guerra hispano-americana las necesidades de la "U.S. foreign policy-making became more complex and provided the international lawyers and lawyer-diplomats with an important role in the conduct of American foreign relations"[32]. En este proceso de despertar del poder mundial de Estados Unidos desempeñarían un papel relevante las fundaciones, a través de las cuales se construiría y se sostendría una compleja textura de cooperación social, intelectual y política entre actores clave e instituciones que apoyarían modelos específicos de pensamiento orientados a promover la hegemonía de Estados Unidos[33].

La emergencia de esta nueva diplomacia en la que concurren múltiples actores privados con los actores públicos o gubernamentales modela una política exterior de nuevo cuño. Una nueva diplomacia fundamentada sobre una permeabilidad, institucionalizada en la vida política estadounidense, entre las esferas gubernamentales y no gubernamentales, cuyas pasarelas son muy numerosas y fluidas. Su impacto no pudo ser mayor, dado que:

> Dans l'arène internationale dominée jusqu'à la fin du xixè siècle para les diplomates profesionneles, cette distribution des rôles est une nouveauté qui déstabilise les Européens, non seulemente parce qu'ils doivent trater avec une multitude d'acteurs qui ont des status, des pratiques et des objectifs différents, mais aussi parce que la politique étrangère est, aux États-Unis plus qu'ailleurs, soumise aux enjeux intérieurs que s'expriment en particulier à travers les votes du Congrès, ce dernier ayant dans le domaine extérieur des prérrogatives sans équivalent dans les autres parlements des grandes puissances[34].

En el ámbito de la Sociedad de Naciones y en el de la cooperación intelectual, en concreto, la participación estadounidense en las secciones técnicas de todo tipo, no solo en las

[31] L. TOURNÉS *Les États Unis...*, pp. 13-15.
[32] F.A. BOYLE *Foundations of World Order: The Legalist Approach to International Relations, 1898-1922*, Durham, Duke University Press, 1999, pp. 13 y 17-18, citado en K.E. RIETZLER *American Foundations and...*, p. 54. Y consúltese, asimismo, sobre el aprendizaje de la práctica del imperialismo en Estados Unidos J.L. NEILA *El destino manifiesto de una idea: Estados Unidos en el sistema internacional*, Madrid, UAM Ediciones, 2018, pp. 115-174.
[33] Véase I. PARMAR "Foundations Networks and...", p. 1.
[34] L. TOURNÉS *Les États Unis...*, pp. 13-15.

financieras y económicas, favorecería el protagonismo de los expertos. La emergencia de los expertos en el ámbito político e intelectual en Estados Unidos con el cambio de siglo era la consecuencia de la transformación en el ámbito de la producción de conocimiento y de las necesidades de cambio y de control social. Frente a las reticiencias generadas en el *establishment* por los reformadores progresistas, la nueva figura del experto consagraba un role cultural y social *ad hoc* al nuevo entorno caracterizado por la especialización, la profesionalización y el racionalismo productivo. Se imponía la primacía en la praxis del análisis sobre la reforma y del conocimiento científico sobre la acción política. Una tendencia que se explicitaría en tres disciplinas: la economía, la ciencia política y la sociología[35].

A nivel global esta política que tendería a sistematizar la "circulation d'hommes et des savoirs, typique des fondations américaines, se manifeste para la création de résaux transatlantiques dont les sections techniques de la SdN sont des points nodaux". La capacidad de los estadounidenses para insertarse en las redes internacionales, crear otras nuevas y ganarse una posición central con el fin de influir en la "production et l'utilisations du savoir, est l'une des facteurs qui contribuient à construiré la superpuissance intellectuelle américaine dès l'entre-deux-guerres". Era, en definitiva, el resultado de la magnitud de su capacidad logística, intelectual y científica sin precedentes en el mundo, cimentado en la existencia de hecho:

> (...) d'une système universitaire en pleine croissance, d'une ensemble d'instituts d'expertise privés ou semipublics qui produissent et appliquent un savoir, et des foundations qui jouen à la fois le role de financeurs, de médiateurs entre producteurs de savoirs venus du différents pays, mais ausi de pourvoyeuses d'idées et de directions générales de travail, et enfin de coordination à l'echelle internationale.[36]

Las fundaciones facilitarían el establecimiento de una densa red de lazos con actores gubernamentales y organismos internacionales y, a su vez, con entidades no gubernamentales tanto a nivel local como global[37]. La diplomacia filantrópica, una esfera fundamental de la política exterior y las relaciones internacionales de Estados Unidos en su conexión con

[35] Véase D. FISHER "The Role of...", pp. 208-210.

[36] Ibídem. Pp. 17-18. El análisis del internacionalismo, la diplomacia filantrópica y la emergencia del poder americano cuenta con aportaciones historiográficas de gran relieve para ilustrar su incidencia en el siglo americano. Entre estas aportaciones, algunas de las cuales ye hemos mencionados, destacamos: B.D. KARL-S.N. KATZ "The American Private Philanthropic Foundation and the public sphere 1890-1930" *Minerva*, verano 1981, Vol. 19, Issue 2, pp. 236-270; E.A. HARMON *The Transformation of American Philantropy: From Public Trust to Private Foundation*, Univerity of Michigan, 2017; I. PARMAR "The Carnegie Corporation and the Mobilization of Opinion in the United States' Rise to Globalism, 1939-1945", *Minerva*, 37-4, 1999, pp. 355-378; y del mismo autor *Foundations of the American Century: the Ford, Carnegie and Rockefeller Foundations in the Rise of American Power*, Columbia University Press, 2012, además de "Foundation Networks and..."; y L. TOURNÉS" La foundation Rockefeller et la naissance de l'universalisme philantropique américain", *Critique Internationale*, 35, 2007, pp. 173-197.

[37] Véase K.E. RIETZLER *American Foundations and...*, p. 8.

el sistema de Versalles, proyectaría una dinámica tendente a una suerte de gobernanza de expertos[38]. En sí mismo considerado es una proyección sobre el lienzo internacional del hábitat en que se desenvuelven las estrechas conexiones entre el mundo académico, el mundo de los negocios y el de la política en Estados Unidos.

Parece del todo punto pertinente insistir en la gestión de la política exterior de la Administración Wilson y el protagonismo que recaería en él mismo –recordemos que era jurista de formación, doctor en ciencias políticas y fue rector de la universidad de Princeton entre 1902 y 1910– y en el coronel House en detrimento del secretario de Estado Robert Lansing. La delegación estadounidense en la Conferencia de Paz de París estuvo compuesta más por expertos que por políticos, quedando al margen senadores y republicanos internacionalistas como Henri Cabot Lodge, Elihu Root o Charles Evan Huges. Su consejero especial fue el jurista David Hunter Miller a quien se considera uno de los artífices del *Covenant* de la Sociedad de Naciones. En otoño de 1917 creó el *Inquiry* concebido como un colectivo de más de 150 expertos y asesores dirigido por el periodista Walter Lippman y el geógrafo Isaiah Bowman, cuya finalidad era "recuillir des élements en vue de préparer les futures négotiations de paix et de favoriser la reconfiguration des relations internationales". En el *Inquiry* participaron expertos de múltiples disciplinas –entre ellas geografía, historia, economía, ciencia política o sociología–. Ya en París veintiuno de los miembros del *Inquiry*, como parte constitutiva de la delegación estadounidense, se erigieron en la práctica en una suerte de "petit Département d'État"[39]. Entre ese selecto grupo uno de sus miembros más activos y más influyentes con posterioridad en la cooperación intelectual y los estudios internacionales fue el historiador James T. Shotwell, cuya presencia en el *Inquiry* y luego en la delegación de paz personificaría de algún modo la vocación y la importancia que se confería a la investigación y las ciencias sociales en general en el proceso de reorganización del mundo concebido por Wilson. Más templado en sus planteamientos sobre el Pacto de la Sociedad de Naciones sus ideas ejercerían una notable influencia en las fundaciones filantrópicas estadounidenses en los debates que especialmente durante la década de 1920 polarizarían las expectativas y los lazos entre Estados Unidos y la Sociedad de Naciones. Pese a la fuerte oposición que encontró Wilson en el Senado en los debates sobre el *Covenant* conviene recordar la reflexión de Mary Nolan al argumentar que la mayor parte de las elites estadounidenses eran complices con la propia visión del presidente en virtud de la cual "la integración global, la prosperidad, y la cooperación dependían del liderazgo estadounidense, sobre todo en la propia Europa"[40].

[38] En la distinción entre "expertos" e "intelectuales", Alfred Zimmern en 1930 definía a los primeros como aquellos que "put specialist knowledge to practical use, while intellectuals deal in abstract thought" (A. ZIMMERN "Democracy and the Expert", *Political Quaterley*, v. 1, n. 1, 1930, p. 24 , citado en K.E. RIETZLER *American Foundations and...*, p. 9).

[39] L. TOURNÉS *Les États Unis...*, p. 38.

[40] M. NOLAN *The Transatlantic Century. Europe and America, 1890-2010*, Cambridge, Cambridge University Press, 2012, p. 76, citado por J.A. SÁNCHEZ ROMÁN "La Sociedad de Naciones y los orígenes...", p. 3.

Los debates en Estados Unidos fueron mucho más vivaces e intensos que en otros Estados como Francia y Gran Bretaña, donde también había una sólida tradición internacionalista y pacifista y cuya participación en las propuestas y discusiones para la creación de la Sociedad de Naciones fue fundamental. Estos debates al otro lado del Atlántico eran la consecuencia, sin lugar a dudas, de la arraigada tradición y de la secularización del pensamiento pacifista y el internacionalismo liberal en Estados Unidos desde finales del siglo XIX. A ambos lados del Atlántico desde la segunda mitad del siglo XIX el internacionalismo burgués se fue emancipando de sus orígenes religiosos y fue codificándose una respuesta humanista y secular a los desafíos de la creciente interdependencia económica, política y cultural entre los Estados. Publicistas cómo el estadounidense Paul S. Reinsch o el escritor británico Norman Angell interpretaron este proceso global como "a result of technological innovations and drew from it the imperative to campaign for international cooperation and the promotion of peace"[41]. Los nexos transatlánticos se fueron intensificando desde comienzos de siglo. Tal sería el sentido de la creación de *The Rotary Club* en 1905 en cuyo seno se potenciaría la amistad internacional en el Atlántico en ambas direcciones.

El internacionalismo en Estados Unidos –tal como afirma Srihari Hulikal Muralidhar– cristalizó al calor de una minoría, conformada en buena medida por académicos y fundaciones filantrópicas, cuya finalidad era asegurar la influencia de Estados Unidos a escala mundial[42]. El internacionalismo liberal en Estados Unidos en modo alguno puede recluirse en el wilsonismo. La idea en sí misma de crear una suerte de Sociedad de Naciones estaba presente en los movimientos pacifistas europeos y americanos desde la década de 1890 y en décadas precedentes habían surgido organizaciones que hacían proselitismo del arbitraje internacional como la *Société Française por l'Arbitrage entre les Nations* creada en 1867 y la *International Arbitration and Peace Association* que vería la luz en 1887. La conciencia en torno al desarrollo del derecho internacional y la paz y, en especial, el arbitraje tendría su expresión más ambiciosa y grandilocuente antes de la Gran Guerra en las Conferencias de La Haya de 1899 y de 1907, de las que emergería un primer sistema de reglas para la reglamentación de los conflictos internacionales. Con la aceptación del principio de arbitraje, propuesto como obligatorio en 1907, se llevaría a efecto la creación de un Tribunal Permanente de Arbitraje en La Haya que finalmente se establecería en el Palacio de la Paz en 1913 al amparo del millonario y filántropo Andrew Carnegie. Por aquel entonces 1914 se había erigido en la fecha para la celebración de la III Conferencia de La Haya, aplazada *sine die* cuando los cañones reemplazaron a las palabras en Europa. Convendría recordar que desde principios de siglo el movimiento pacifista estadounidense estaba nutrido especialmente por abogados y hombres de negocios.

En Estados Unidos el debate sobre la organización de un orden internacional estaba ya presente a comienzos del siglo XX. Las numerosas asociaciones internacionalistas

[41] K.E. RIETZLER *American Foundations and...*, p. 44.
[42] S. HULIKAL MURALIDHAR "Interwar Internationalism: Origins...", p. 80.

norteamericanas se alinearían en torno a dos tendencias dominantes: la legalista y la reformista[43]. La primera de ellas, la legalista o legal-sancionista fue la facción, pese a su heterogeneidad, más activista del pacifismo estadounidense hasta 1918. Desde posiciones enraizadas en algunos de los mitos de la cultura política internacional que se remontarían al famoso discurso de despedida de George Washington y la recomendación de *non-entanglement* se pronunciaban en pro de la universalización de los principios del sistema jurídico estadounidense. Entre las asociaciones y fundaciones comprometidas con estas tesis figuran la *American Society of International Law* (1906), la *World Peace Foundation* (1909) y sobre todo la *Carnegie Endowment for International Peace* (1910) cuyo presidente fue hasta 1935 Elihu Root –secretario de Guerra durante las presidencias de Mckinley y Theodore Roosevelt y luego secretario de Estado con este último–. Theodore Roosevelt y en especial Wiliam Taft serían, a su vez, los promotores en la creación de la *League to Enforce* Peace (1915).

El objetivo de la Dotación Carnegie sería "faire progresser le réglement des conflits internationaux par des voies pacifiques, en vue d'arriver à une abolition, au sens juridique du terme, de la guerre (*abolition of international war*)". Sería la primera fundación filantrópica con una misión explícitamente internacional y la primera en establecer oficinas fuera de Estados Unidos. La institución, a mitad de camino entre "corroie de transmisssion de la politique gouvernamentale, organisations productrice de savoir et groupe de pression" se organizó originariamente en tres áreas: la *Division of Intercourse and Education,* dirigida por Nicholas Murray Butler –luego premio Nobel de la paz en 1931–, era responsable de la promoción de los intercambios internacionales y la propaganda en pro de la paz; la *Division of International Law*, inicialmente dirigida por el jurista y fundador de la Facultad de Derecho de la Universidad de California, James Brown Scott, tenía por misión la publicación de los textos jurídicos relativos al arbitraje y la organización de seminarios orientados al desarrollo del derecho internacional; y la *Division of Economics and History*, dirigida por el economista John Bates Clark, era responsable de la promoción de estudios científicos sobre las causas de las guerras y los medios para evitarlas[44].

Su proyección internacional en el mundo atlántico tuvo como destinatario predilecto Gran Bretaña, especialmente entre los círculos políticos liberales, hacia la que se canalizarían los esfuerzos por promover una federación anglo-americana e incluso la proposición de una Liga de Paz en 1905. No obstante, los lazos transatlánticos serían permeables más allá del mundo anglosajón como revelan los nexos y la amistad entre el rector de la Universidad de Columbia, Nicholas Murray Butler, con el aristócrata y diplomático francés Paul Henri d'Estournelles, quienes celebraron su primer encuentro en la Conferencia de La Haya de 1899. Ambos compartían la convicción de que una

[43] L. TOURNÉS *Les États Unis...*, pp. 26 y ss. Katharina E. Rietzler sugiere esta división a la altura de la Gran Guerra entre el internacionalismo de la izquierda liberal y el internacionalismo conservador –critico con el wilsonismo– (K.E. RIETZLER *American Foundations and...*, p. 62).

[44] Ibídem. Pp. 26-30.

buena gobernanza, más que el reformismo social, es la mejor garantía para la paz. Ese camino solo podía roturarse a partir del derecho internacional y la práctica del arbitraje, además de la creación de una conciencia pública internacionalista. Este era, en definitiva, uno de los grandes anhelos de Nicholas Murray Butler, el establecimiento de las bases para el desarrollo de una "international mind", la cual definía como "that habit of thinking of foreign relations and business, and that habit of dealing with them, which regard the several nations of the civilized world as friendly and co-operating equals in aiding the progress of civilization, in developing commerce and industry and in spreading enlightenment and culture throughout the world". Por su lado, Paul Henri d'Estournelles, figura muy comprometida con la *Association pour la paix par le droit*, crearía su propia sociedad internacionalista, la *Conciliation Internationale* en 1905. El jurista y diplomático francés, y en ello coincidía con las aspiraciones de Nicholas Murray Butler[45], contemplaba a Estados Unidos como un modelo político y social para Europa. En el seno de la *Conciliation Internationale* se crearía una rama americana en la que participarían Elihu Root y Andrew Carnegie[46]. En 1912 tenía lugar la apertura de la oficina europea de la Dotación Carnegie en París bajo la dirección de Paul Henri d'Estournelles, cuya actividad se vería en breve interferida por la Gran Guerra.

La segunda vía dominante en el internacionalismo liberal estadounidense sería el reformismo o el wilsonismo[47]. Como en el caso anterior se trataba de una constelación heterogénea de agrupaciones de movimientos progresistas, iglesias evangélicas y medios feministas, pero compartían como común denominador su énfasis en la dimensión moral al definir la guerra como un crimen. Su objetivo, a diferencia de los legalistas que pretendían situar la abolición de la guerra en el plano del derecho, era la prohibición moral de la guerra y denunciar la amoralidad de la *realpolitik* europea. El reformismo canalizaría su expresión política a través del wilsonismo y el compromiso por establecer la Sociedad de Naciones. Precisamente una parte sustancial del debate en torno al nuevo orden internacional y la posición de Estados Unidos giraría en torno a la apuesta por el Tribunal Permanente de Justicia Internacional que se crearía tras la guerra y con sede en La Haya o por la Sociedad de Naciones.

La construcción de un orden internacional y un orden intelectual habría de fundamentarse, por tanto, sobre bases modernas, en un contexto cultural, artístico y científico de búsqueda de nuevos imaginarios de modernidad ante la crisis de la razón

[45] En una entrevista concedida en 1914 abundaba en las bondades del modelo federal estadounidense para Europa (N. MURRAY BUTLER "The United States of Europe: Interview with Nicholas Murray Butler", *New York Current History of the European War* 1, n. 3, 1914-1915, p. 571). Una apuesta por las virtudes del modelo americano que meses antes habían sido evocadas por Paul S. Reinsch, quién recordaba el esfuerzo estadounidense por trasplantar sus instituciones y el respeto por el derecho internacional desde la Conferencia de La Haya de 1899 (P.S. REINSCH *American Love of Peace and European Skepticism, International Conciliation*, n. 68, july 1913).

[46] Véase K.E. RETZLER *American Foundations and...*, pp. 46-62.

[47] Para una indagación crítica sobre el legado de Wilson consúltese la tesis doctoral de E.M. KENDALL *Liberal internationalism, the Peace Movement, and the Ambiguous Legacy of Woodrow Wilson*, Ohio, 2012. (https://etd.ohiolink.edu)

burguesa liberal decimonónica. En este horizonte de cambio acelerado por la Gran Guerra irrumpirían otros imaginarios, utopías y milenarismos en los que la ciencia y la razón científica, con múltiples matices y diferenciaciones, alumbraban la construcción del mundo moderno. Desde Estados Unidos y ungidos por los componentes providencialistas del Destino Manifiesto, la razón científica se erigiría en un poderoso elemento discursivo legitimador y universalista de la americanización, ya en marcha desde finales del siglo XIX. Las fundaciones filantrópicas estadounidenses y, en especial, la Dotación Carnegie y la Fundación Rockefeller capitalizarían la diplomacia filantrópica cuyos efectos se dejarían sentir profundamente en la cooperación intelectual y la nueva cartografía del conocimiento y de la ciencia.

Las fundaciones filantrópicas, las grandes fuerzas motrices del internacionalismo americano –en palabras de Ludovi Tournés–, estarían en primera línea del debate en torno al lugar de Estados Unidos en relación con la Sociedad de Naciones y en el desarrollo de la cooperación intelectual. La estrategia estadounidense en el ámbito de la cooperación técnica fue el resultado de una estrategia conjunta de los medios internacionalistas americanos, la Administración Federal y el Secretariado de la Sociedad de Naciones para sortear al Congreso, donde los sentimientos de oposición a la organización internacional seguían muy presentes, y a la opinión pública, en principio mayoritariamente aislacionista[48]. En el curso de la década de 1920 estas sinergías encontrarían un favorable ecosistema desde la Administración federal, particularmente impulsado por Herbert Hoover –primero como Secretario de Comercio y luego como presidente desde 1928–. El "político republicano –argumenta José Antonio Sánchez Román– creía que la solución a los problemas políticos internacionales pasaba por confiar su administración a los expertos. La suya era una mirada tecnocrática, en la que el enorme poder económico de Estados Unidos serviría para estabilizar las relaciones internacionales. El capitalismo estadounidense, al tiempo que se expandía, civilizaría el mundo". En la década de 1930 en pleno *New Deal* las conexiones entre la Administración Roosevelt y la esfera técnica de la Sociedad se intensificarían a través de la mediación de los expertos y la correa de transmisión de las fundaciones filantrópicas. Así se evidenciaría en los contactos entre el secretario de Estado, Cordell Hull, con Raymond Fosdick en 1933 o más adelante en plena crisis de la seguridad colectiva y en el contexto de la Guerra Civil española cuando "Roosevelt sugirió abiertamente a Arthur Sweetser transformar completamente la SDN, suprimiendo el Consejo y centrando sus actividades en las cuestiones técnicas. La creación del Bruce Committee, encargado de discutir los planes de reforma, fue en parte una respuesta a las sugerencias estadounidenses"[49]. De hecho, en 1940 la Fundación Rockefeller financiaría el traslado de los comités económicos de la Sociedad de Naciones a Princeton.

---

[48] L. TOURNÉS *Les États Unis...*, p. 109.

[49] J.A. SÁNCHEZ ROMÁN "La Sociedad de Naciones y los orígenes...", pp. 5-6 y 19-20. Arthur Sweetser fue un periodista estadounidense que desde 1919 formó parte de la Sección de Información de la Sociedad de Naciones y que previamente había recalado en el Departamento de Estado.

En el caso de la Dotación Carnegie su presidente Elihu Root orientó la hoja de ruta hacia el establecimiento del derecho internacional y proseguir el camino iniciado en La Haya en 1899 y 1907, la incardinación a Estados Unidos en el sistema de seguridad colectiva y la promoción de la reforma del Pacto de la Sociedad de Naciones. El camino a recorrer se diversificaba en tres itinerarios, a menudo concomitantes. En primer término, la Dotación Carnegie impulsaría al margen de la Sociedad de Naciones un acervo científico de los problemas internacionales cuya finalidad era establecer una "verité sur laquelle le développement pourra reposer". En segundo lugar, favorecer el desarrollo de un derecho internacional y su enseñanza. Y por último, roturar el terreno diplomático para integrar a Estados Unidos en el sistema de seguridad colectiva.

El derecho internacional se situaba en la estrategia de la Dotación Carnegie en el epicentro de los estudios internacionales pero en intenso diálogo e intercambio con otras disciplinas como la historia. Desde sus inicios la Dotación Carnegie se comprometió con:

> (...) la construction d'un droit sur bases scientifiques, et notamment sur des enquêtes de terrain permettant de donner des bases sûres à l'arbitrage en case de litige entre deux ou plusieurs pays. Le recours à l'expertise scientifique constitue donc d'emblée l'un des piliers de la démarche légaliste de la Carnegie. Alors que la sensibilité wilsonienne cherche à appuyer la paix sur un compromis de nature politique, le courant légaliste veut l'appuyer sur un règle qui será d'autant plus intangible qu'elle aura été édictée sur la base d'une recherche de la vérité permise, selon les promoteurs, par le travail scientifique.[50]

La fundamentación científica del conocimiento jurídico y las investigaciones sobre el terreno no pueden por menos que situarnos en el mapa de la filosofía de la ciencia en el giro estructuralista que tan profundamente determinaría el conocimiento social durante las décadas centrales del siglo xx. A estas premisas obedecerían la iniciativa asumida por John Bates Clark con la creación en 1911 de comités de universitarios, políticos y publicistas de once países para llevar a cabo una investigación colectiva sobre las causas de las guerras desde 1815 y, asimismo, la puesta en escena de una propuesta realizada a James T. Shotwell para dirigir una *historia económica y social de la guerra mundial*, uno de los grandes proyectos filantrópicos de los veinte. Un trabajo en sí mismo no muy distinto del que ya había coordinado James T. Shotwell en el *Inquiry*. Estas iniciativas evidenciarían tres fundamentos prácticos: en primer término, el trabajo de los expertos a través de la investigación académica; en segundo lugar, el aprendizaje sobre la experiencia de la guerra para evitarla; y finalmente, la movilización de medios internacionalistas en Europa en torno a la Dotación Carnegie, cuyo Centro Europeo en París creado en 1911

[50] L. TOURNÉS *Les États Unis...*, p. 70.

se acababa de reactivar en abril de 1919[51] y sobre cuya acción de proselitismo volveremos al analizar la teoría y la historia de las relaciones internacionales tras la Gran Guerra. El conflicto mundial sería crucial en el proceso de internacionalización de la actividad de las fundaciones filantrópicas estadounidenses.

La elección de París y más aún tras la Gran Guerra, donde más adelante establecería su propio centro la Fundación Rockefeller, era estratégica por múltiples motivos. Hasta el estallido de la crisis económica de 1929 el enorme poder económico de Estados Unidos y el aparente éxito de su sociedad convencerían a muchos europeos de las virtudes sociales de su modelo. Dos activos principales alimentarían las interacciones culturales interatlánticas: de un lado, el poder gravitatorio de la economía norteamericana, que acabaría por seducir la imaginación y los mercados europeos; y el proceso de americanización, contemplado no solo como proceso de modernización de la estructura productiva de los europeos sino también como penetración cultural. La cultura de masas americana parecía a ojos de los europeos como democrática y progresista. En este horizonte de fondo Estados Unidos atesoraría una reputación de autoridad moral que el Departamento de Estado trataría de aprovechar para promover la política exterior y los intereses de Estados Unidos. En 1929 la afluencia de turistas norteamericanos a París y el amplio número de residentes de la misma procedencia crearía una auténtica economía americana en París, donde se podían consultar tres periódicos americano-parisienses, asistir a juegos de hockey y veladas de boxeo, socializar su tiempo en bares americanos o recurrir a los servicios de un hospital americano, además de toda una red de escuelas e iglesias pertenecientes a *American Legion*, YMCA, *Cornell*, *Harvard* o *American Women's Club*. Una nueva industria, el cine de Hoollywood, atesoraría la vitalidad de la cultura americana en Europa y en otros lugares del mundo desde la Gran Guerra. El cine, argument F. Costigliola, "portrayed an image of life in fabulous America, the giant of the contemporary world and the pioneer of Europe's own future"[52]. El cine y la radio conjuntamente con bienes ilustrativos de la sociedad de consumo –la cultura del automóvil y los electrodomésticos, entre ellos– abonarían y extenderían el paisaje de la americanización y la extraversión de la frontera.

París se erigiría en un escenario privilegiado en las operaciones de las fundaciones filantrópicas. La *American Library* en París devino en un importante centro para promocionar las actividades de la comunidad académica y profesional estadounidense y poner en contacto a las comunidades epistémicas de ambos lados del Atlántico. Las fundaciones, como bien advierte Katharina E. Reitzler, desempeñaron un papel providencial en la expansión de la cultura impresa estadounidense entre los Estados europeos. La *American Library* ya había sido la sede de la *Library War Service* destinada a las necesidades de la fuerza

[51] Ibídem. Pp. 70-72. Y consúltese, asimismo, J. PRUDHOMMEAUX *Le Centre Européen de la Dotation Carnegie pour la Paix Internationale, 1911-1921*, París, Centre Européen de la Dotation Carnegie pour la Paix Internationale, 1921.

[52] COSTIGLIOLA, F. "U.S. Cultural Expansion in an Era o f Systemic Upheaval", D. MERRILL-Th.G. PATERSON. *Major Problems in American Foreign Relations*, vol. II, New York, Houghton Mifflin Company, 2000, pp. 104-113.

expedicionaria norteamericana. De entre las iniciativas más influyentes de la Dotación Carnegie en París destacaría, sin duda alguna, la creación de una publicación, *L'Esprit International* publicada entre 1920 y 1925, y las actividades de la cátedra Carnegie, entre cuyos conferenciantes figuraron el novelista alemán Thomas Mann o el paneuropeísta príncipe Karl Anton Rohan. Ambas inicativas abonaron los esfuerzos de reconciliación entre Francia y Alemania[53]. La complicidad de las fundaciones filantrópicas en esta tarea fue un fiel reflejo de la coralidad con los objetivos de la política exterior estadounidense.

La Fundación Rockefeller sería el otro gran protagonista de la diplomacia filantrópica en la cooperación técnica en la Sociedad de Naciones y en la cooperación intelectual. Era sin duda la estrategia para vincular a Estados Unidos *de facto* en las tareas de la Sociedad de Naciones e influir en la sala de máquinas del sistema de Versalles. Era una estrategia que pretendía evadir las suspicacias enraizadas en las tradiciones y la cultura internacional norteamericana en torno el debate sobre la implicación formal de Estados Unidos en la seguridad colectiva. Sus representantes, de igual modo que los de la Dotación Carnegie, anhelaban:

> (...) incardiner une nouvelle élite cosmopolite destinée à prendre la sucession de la vieille aristocratie européenne pour gére les affaires mondiales; mais contrairement à sa devancière, la nouvelle élite n'aura pas pour objectif le retour vers la passé d'Ancien régime mais la modernisation ainsi que l'universalisation des príncipes de la démocratie libéral, dont la diffusion será favorisé par les nouveaux moyen de communication, lesquels permettront égalmente l'apparition d'un état d'esprit mondial[54].

La Fundación Rockefeller se había significado en una acción filantrópica en numerosos países dedicada a la potenciación de la sanidad pública y la enseñanza y la investigación en el campo de la medicina. A partir de 1922 la Fundación se lanzaría bajo el impulso de Raymond Fosdick al estrechamiento de lazos entre el internacionalismo americano y la Sociedad de Naciones los cuales se intensificarían en el curso de la década de los treinta en el ámbito de la economía y los estudios internacionales. Raymond Fosdick, un wilsoniano ortodoxo, había sido miembro de la delegación estadounidense en la Conferencia de Paz de París y nombrado por Wilson subsecretario general de la Sociedad de Naciones junto a Jean Monnet, cargo que abandonaría en enero de 1920. Fue uno de los arquitectos de la Fundación Rockefeller, cuya presidencia asumió en 1936. Raymond Fosdick era un convencido reformista social que mostró desde bien temprano su vocación internacionalista. A diferencia de Elihu Root que se interesó principalmente por la dimensión jurídica de los problemas internacionales Raymond Fosdick concebía la Sociedad de Naciones como un todo. Esperaba que Estados Unidos participara en la Sociedad con el fin de garantizar su viabilidad y evitar que deviniese en un instrumento del imperialismo

[53] K.E. RIETZLER *American Foundations and...*, pp. 122-127.
[54] L. TOURNÉS *Les États Unis...*, p. 113.

francés o británico. Su pensamiento evolucionaría en el curso de la década de 1920 hacia posturas más próximas a las sostenidas por la Dotación Carnegie. Su ideario en buena medida quedaría impreso en su obra *The Old Savage and the New Civilization* publicada en 1928, en cuyas páginas se compilaban algunas de sus conferencias. Raymond Fosdick era muy consciente de la conciencia de ruptura provocada por la Gran Guerra y cómo este acontecimiento disolvió la creencia en un progreso continuo, tal como lo compartían muchos compatriotas suyos influidos por el evolucionismo del sociólogo británico Herbert Spencer. Según Raymond Fosdick el mundo contemporáneo se caracterizaba por un crecimiento exponencial de los descubrimientos científicos y el desarrollo de una civilización maquinista. Sin duda sus reflexiones no eran ajenas al taylorismo y fordismo dominante en el productivismo de su época. El gran desafío consistía en saber como el hombre, este "vieux savage" utilizaría el progreso científico característico de la civilización moderna. La solución, a su modo de ver, radicaba en la formación de una élite ilustrada que hiciera un uso consciente de la ciencia. Era, por tanto, indispensable forjar una "intelligence collective". Una internacional de expertos capaces de movilizar todos los recursos del saber y de la técnica y gestionarlos a escala mundial[55]. En 1930 en un *Memorandum on International Relations* Raymond Fosdick, sensible a las amenazas despertadas por la crisis económica, mostraba su convencimiento de que "in no other field was there such an urgent need as the development of a scientific approach to social problems" y de cómo la Fundación Rockefeller podía "'harness social intelligence' to the tasks that faced the international order"[56]. Una preocupación agitada por los efectos de la Gran Guerra y el advenimiento de la sociedad de masas y compartida por las élites liberales y reformistas tal como se pondría de relieve en muchas de las actividades de los foros de cooperación intelectual. Un reverso oscuro de la modernidad sobre el que proyectarían su sensibilidad crítica otros intelectuales, caso del escritor checoslovaco Carel Capek autor junto a su hermano Josef de la obra en tres actos *RUR* (Rusumovi Umeli Roboti) estrenada en 1921 y posteriormente de *La guerra de las Salamandras* publicada en 1936, el mismo año en que se estrenó el inolvidable largometraje escrito y dirigido por Charles Chaplin *Tiempos Modernos*. Un imaginario de modernidad abrazado al signo de la cultura material del maquinismo pero en alerta contra sus peligros, como años antes en 1927 también desde el celuloide Fritz Lang había plasmado en *Metrópolis*, inspirado en la novela homónima de Thea von Harbou de 1926.

En el marco de este discurso y de ese imaginario de modernidad elitista, científico y universalista cobrabarían una importancia capital las ciencias sociales. Desde finales del siglo XIX en Estados Unidos y en Francia emergería un horizonte en el que las ciencias sociales habrían de jugar un papel capital en la comprensión y la resolución de los problemas del mundo moderno. No obstante, habría que esperar a la clausura de la Gran

[55] Ibídem. Pp. 119-120; K.E. RIETZLER *American Foundations and...*, pp. 67-68; y J.A. SÁNCHEZ ROMÁN "La Sociedad de Naciones y los orígenes...", p. 15.
[56] FISHER, D. "The Role of...", p. 215.

Guerra para que se abordase realmente la institucionalización de las ciencias sociales. En Francia, como bien ilustra Ludovic Tournés, Maurice Barrès clamaba por la necesidad de organizar la investigación en todos los dominios del conocimiento para asegurar el desarrollo económico y el mantenimiento del rango internacional de Francia, tras haber constatado trágicamente la capacidad alemana durante la guerra para gestionar el desarrollo científico y técnico[57]. El problema de fondo devendría de las propias estructuras de generación de conocimiento y en particular la integración de la investigación y la universidad, así como el debate sobre el estatuto de las ciencias sociales en el mapa general del conocimiento. En el caso francés, en una circunstancia no muy lejana en este aspecto con otras universidades de la Europa continental, la universidad de la III República había sido concebida para expedir diplomas pero no para generar las condiciones del progreso del conocimiento científico, lo que impulsaría la búsqueda de otras vías como la creación de institutos universitarios a partir del decreto Honnorat de 31 de julio de 1920[58]. Al hilo del debate suscitado por Maurice Barrès el economista Charles Rist, con quién ya había entrado en contacto el *Laura Spelman Rockefeller Memorial*[59], abogaba en 1923 por la creación de institutos universitarios de ciencias sociales que formaran expertos que propiciaran la aplicación de los métodos científicos a la actividad económica.

En Estados Unidos la creciente influencia de las fundaciones filantrópicas en el ámbito del conocimiento estaba directamente vinculada a las transformaciones de las universidades estadounidenses, en las que las ciencias sociales se habían desarrollado con rapidez y se habían creado departamentos especializados diferenciados de los de humanidades. La interdependencia y las redes establecidas entre las entidades filantrópicas y las universidades se trasladaban al ámbito de sus estructuras organizacionales, pues las universidades se habían ido erigiendo en interlocutores privilegiados y destinatarios predilectos de sus inversiones. Estas reformas en el mundo universitario ilustraban la ambición del mundo filantrópico de participar con las universidades en "la production du savoir et à l'organisation de la recherche scientifique"[60].

La proyección y la incidencia de las plataformas filantrópicas sobre el conocimiento y, en particular, en el desarrollo de las ciencias sociales al otro lado del Atlántico serían

[57] L. TOURNÉS *Science de l'homme et politique. Les foundations philantropiques américaines en France au xxè siècle*, Paris, Classiques Garnier, 2013, pp. 208-209.

[58] Ibídem. P. 209.

[59] Entidad filantrópica dentro de la Galaxia Rockefeller creada en 1918 en memoria de la última esposa de John D. Rockefeller que desde 1920 orientaría su actividad hacia las ciencias sociales y el estudio de las relaciones internacionales (Véase K.E. RIETZLER *American Foundations and...*, pp. 71-72.

[60] L. TOURNÉS *Science de l'homme...*, p. 213. En torno a las conexiones entre las entidades filantrópicas y su incidencia en el desarrollo de las ciencias sociales remitimos a la consulta de las obras de: S. AHMAD "American Foundations and the Development of Social Sciences between the Wars: Comment on the Debate between Martin Bulmer and Donald Fisher", *Sociology*, august, 1991, vol. 25, n. 3, pp. 511-520; G. ALCHON "Foundations, Social Science, and Indicative Planning in the American 1920's", *Business and Economic History*, vol. 13, 1984, pp. 116-132; M. BULMER "Philantropic Foundations and the Development of the Social Sciences in the early Twentieth Century: A reply to Donald Fisher", *Sociology*, vol. 18, n. 4, 1984, pp. 572-579; D. FISCHER "The Role of..."; y J. PICÓ "El protagonismo de las fundaciones americanas en la institucionalización de la sociología (1945-1960)", *Papers*, 63/64, 2001, pp. 11-32, entre otros.

crecientes desde la década de 1920 y a este respecto el contraste en el modo de producción científica a un lado y otro del Atlántico, en especial en la Europa continental era sumamente ilustrativo. El director ejecutivo del *Laura Spelman Rockefeller Memorial*, Beardsley Ruml desempeñó un papel capital en el giro hacia el interés por las ciencias sociales a través de la mencionada entidad dentro de la galaxia filantrópica Rockefeller desde 1922. En el informe que elaboró en 1923 explicitaba su confianza en que la mejor ruta para avanzar hacia el bienestar humano era a través de la investigación científica y de acuerdo con esta premisa orientó "the job the progressive era's faith in the potential of the social sciences to solve society's problems". Desde análogas preocupaciones a las de Raymond Fosdyk, su diagnóstico sobre la producción de conocimiento en las universidades estadounidenses confirmaba su convencimiento acerca de la necesidad de superar las aproximaciones convencionales al conocimiento en las ciencias sociales para promover una investigación más empírica y objetiva. Al ponderar el resultado de las tesis doctorales defendidas en Estados Unidos entre 1918 y 1923 advertía de la escasa conexión entre el carácter mayormente especulativo de aquellos trabajos y su escasa proyección hacia una investigación científica empírica y objetiva. "The universities –concluía en su informe– did not organize programmes that were favourable to social research so that production from these institutions was (...) largely deductive and speculative". La misión del *Laura Spelman Rockefeller Memorial* "was to change the direction of this work not for academic reasons but because of its 'practical' interest increasing human welfare". No obstante, no cuestionaba en modo alguno que las universidades, pese a la eficiencia de las agencias externas a las mismas, eran el mejor medio para el desarrollo del trabajo científico[61].

A iniciativa de Beardsley Ruml un académico estadounidense, William Lingelbach, llevó a cabo una exploración sobre la situación de las ciencias sociales en Europa. En su informe, presentado en enero de 1926, se emitía una valoración muy crítica sobre el estado de las ciencias sociales en el viejo continente al estimarlas como demasiado especulativas y mediatizadas por un déficit de organización y coordinación como consecuencia de la dispersión y la escasa comunicación entre los investigadores en las facultades o en los institutos[62]. En un sentido muy similar se había pronunciado James T. Shotwell en una carta dirigida a Raymond Fosdick el 17 de enero de 1924 respecto al anacrónico sistema de investigación en las universidades alemanas y austriacas[63].

[61] FISHER, D. "The Role of...", pp. 210-212. En la crítica de Martin Bulmer a las tesis de Donald Fisher advierte de que las universidades estadounidenses ya habían acometido profundos cambios en el sistema de producción de conocimiento antes del apoyo a gran escala de las fundaciones filantrópicas al tejido universitario. Sus dinámicas eran el fiel reflejo de los cambios políticos, económicos y filosóficos de la sociedad estadounidense desde finales del siglo XIX (véase BULMER, M. "Philantropic Foundations and the Development of the Social Sciences in the early Twentieth Century: A reply to Donald Fisher", *Sociology*, vol. 18, n. 4, 1984, p. 576).

[62] L. TOURNÉS *Science de l'homme...*, p. 211.

[63] K.E. RIETZLER *American Foundations and...*, p. 149.

La actividad de las fundaciones filantrópicas, tal como se detallan en otros informes requeridos por Beardsley Rumhl, en la inmediata posguerra en Europa tendría lugar en un escenario agitado por las divisiones y los mutuos resentimientos generados por la Gran Guerra. El *modus operandi* de las fundaciones y, en particular de la Fundación Rockefeller, para establecer sus redes se desenvolvía según las siguientes premisas: "foundations officers took care to inform governments officials in the countries where they operated of their plans and cultivated political elites. So even while the foundations built up transnational network, the power of the nation state was ever-represent in their calculations"[64].

En Francia, caso de estudio en el trabajo de Ludovic Tournés, a la actividad desarrollada por la Dotación Carnegie desde su filial europea en París, orientada fundamentalmente al desarrollo del derecho internacional fundamentado en métodos científicos, se le sumaría a mediados de la década la actividad desplegada desde el *Laura Spelman Rockefeller Memorial.* Con la reorganización de la Fundación Rockefeller en 1929 y la nueva estrategia para la promoción de la investigación científica la absorción del *Laura Spelman Rockefeller Memorial* daría lugar a la creación de dos divisiones: la *Social Science Division* y la *Humanities Division*. Las iniciativas emprendidas por la Fundación en Francia, siguiendo con este caso de estudio relevante por el impacto que tendría el giro estructuralista en las ciencias sociales y en la radical apuesta historiográfica de *Annales* cuya creación tendría lugar precisamente en este contexto, se orientarían a la creación de una ciencia total del hombre[65]. La política de la Fundación, en este sentido, concebía desde un prisma holístico las ciencias sociales y las ciencias biológicas y médicas. Una estrategia en el mundo académico y de la producción de conocimiento que modificaría la cartografía de las ciencias sociales en el curso de los años treinta, promoviendo en la mayor parte de la investigación realizada en ciencias sociales la puesta en escena de un método de trabajo inspirado en las ciencias exactas, es decir, en un método de análisis basado en la cuantificación y el uso sistematizado de estadísticas[66].

En el curso de la década de 1930 y bajo la larga sombra de la Gran Depresión Estados Unidos se interesaría por la actividad de investigación realizada desde la organización económica y financiera creada en la Sociedad de Naciones en 1927. La Fundación Rockefeller se implicaría activamente en el apoyo de la organización económica y financiera, especialmente en su servicio de investigación económica. Sería una arista más de un proyecto más amplio desarrollado desde la Fundación consistente en la financiación de institutos de estudios sobre la coyuntura económica por todo el mundo. Como advertíamos con anterioridad el declive progresivo de la seguridad colectiva y la dimensión política de la Sociedad de Naciones fue inversamente proporcional a la efervescencia de su actividad de cooperación y, en especial, la actividad de la organización

[64] Ibídem. Pp. 152-153.

[65] Pese a desbordar nuestro perímetro cronológico parece inevitable traer a colación la creación en 1963 por Fernand Braudel de la *Maison des Sciencies de l'Homme* en París.

[66] L. TOURNÉS *Science de l'homme…*, pp. 214 y 224-225.

económica y financiera. En estos años la Administración demócrata en Estados Unidos apoyaría las tesis de la mencionada organización económica en favor del libre comercio y las críticas a las tendencias proteccionistas y autárquicas emprendidas por las grandes potencias. En los años veinte el *Laura Spelman Rockefeller Memorial* ya había lanzado un ambicioso proyecto para el desarrollo de expertos en economía a escala internacional financiando diferentes instituciones en países clave con el fin de crear una red mundial de especialistas y estudiosos de los problemas contemporáneos, en especial el legado de la Gran Guerra. En los años treinta la implicación de la Fundación Rockefeller en la promoción del estudio científico de los problemas económicos se intensificaría al amparo de los objetivos políticos y económicos del *New Deal*[67]. Se acentuaron los contactos entre medios americanos y europeos con el fin de favorecer la creación o el desarrollo de institutos de estudios de la coyuntura económica y organizar una división del trabajo con el fin de adquirir una panorámica de conjunto de los problemas económicos del mundo contemporáneo. En el curso de la década la Fundación Rockefeller financiaría 46 instituciones en América y Europa. El proyecto de organización económica y financiera que le interesaba a la Fundación era ciertamente muy similar al suyo, poner en marcha "un pilotage de l'économie mondiale"[68]. La infraestructura del sistema de la Sociedad de Naciones le permitía y le facilitaba a la Fundación Rockefeller la globalización de su estratégica de proyección. Las "ideas productivistas –argumenta José Antonio Sánchez Román– reforzaban la legitimidad de la consulta con los expertos procedentes del mundo empresarial". La Fundación Rockefeller actuaría como "correa de transmisión entre las autoridades estadounidenses y los comités técnicos de la Sociedad de Naciones"[69].

Las políticas y estrategias enfocadas a generar una suerte de gobernanza mundial de expertos también alcanzarían a un ámbito de estudio aún lejano al estado de formalización disciplinar de la economía como es el de los estudios internacionales. En este tiempo gestacional, fundamental en la genealogía del estudio científico de las relaciones internacionales del periodo de entreguerras, las fundaciones filantrópicas en su

[67] Las posiciones de partida de la políticia exterior del artífice del *New Deal*, Franklin D. Roosevelt, habían quedado explicitadas en un artículo publicado en 1938 desde las páginas de la revista *Foreign Affairs*. En su argumentación crítica hacia la política de aislamiento egoísta de las administraciones republicanas reivindicaba el legado de Woodrow Wilson y cuestionaba el mito del aislacionismo en la historia internacional de Estados Unidos. Su concepción de la política exterior estadounidense apuntaría a una cooperación más estrecha con la Sociedad de Naciones, pero sin contemplar su integración dada la fuerte división que esta cuestión había provocado en los círculos políticos y la ciudadanía. Un ideario político que gestionaría de modo pragmático una vez en la presidencia en el fragor de la Gran Depresión, las prioridades domésticas de los primeros años *New Deal* y las pulsiones aislacionistas en el seno el Congreso (F.D. ROOSEVELT "Our Foreign Policy: A Democratic View", *Foreign Affairs*, 4, 1928, citado por J.A. SÁNCHEZ ROMÁN "La Sociedad de Naciones y los orígenes...", pp. 17-18).

[68] L. TOURNÉS *Les États Unis...*, pp. 261-290.

[69] J.A. SÁNCHEZ ROMÁN *La Sociedad de Naciones...*, p. 321; y del mismo autor "La Sociedad de Naciones y los orígenes...", p. 16. Y consúltese, asimismo, D. FISHER "The Role of...", pp. 215-217, acerca de la confección de la agenda de la *Social Science Division* priorizando la investigación en economía, relaciones internacionales y administración pública, así como la deriva desde la preocupación acerca de la estabilización económica hacia la seguridad económica en el curso de la década de los treinta.

compromiso por la paz tras la Gran Guerra promocionarían transnacionalmente, en opinión de Srihari Hulikal Muralidhar, la investigación en torno a las relaciones internacionales, el intercambio de académicos y la educación de la opinión pública internacional. Las fundaciones operarían en estos años sobre una serie de convicciones: la viabilidad del estudio científico de las relaciones internacionales, el convencimiento de que la objetividad del trabajo de los expertos fomentaría el bienestar global, el axioma en virtud del cual el conocimiento científico favorecería la política racional y, por último y en consecuencia, la evitación de las políticas basadas exclusivamente en el interés nacional[70]. Un horizonte epistémico en gestación y cuyos orígenes ilustran el protagonismo del mundo anglosajón, especialmente de Estados Unidos, y en torno al que ha ido surgiendo en las dos últimas décadas un apasionante debate en torno a los mitos en el relato fundacional de la teoría de las relaciones internacionales. En toda esta literatura, salvo los trabajos de Michel Riemens y Katharina E. Rietzler entre otros, una llamativa carencia, el exiguo interés hacia la Conferencia Permanente de Altos Estudios Internacionales en el horizonte de fondo de los debates y la genealogía del estudio científico de las relaciones internacionales.

[70] S. HULIKAL MURALIDHAR "Interwar Internationalism: origins...", pp. 78-79.

3.
EL ESTUDIO CIENTÍFICO DE LAS RELACIONES INTERNACIONALES: NUEVAS MIRADAS SOBRE LOS ORÍGENES DE LA DISCIPLINA Y EL PRIMER DEBATE –IDEALISMO *VS.* REALISMO–

El privilegiado punto de mira desde el que la historia –la historia diplomática– y el derecho internacional observaban y conformaban una determinada visión de la realidad internacional hasta bien avanzado el siglo XX, fue dejando paso a un nuevo orden intelectual. Un nuevo orden en el conocimiento del medio internacional, propugnado ya en 1919 por D.P. Heatley en su obra *Diplomacy and the Study of International Relations*[1], que traducía la inquietud de círculos académicos y políticos por comprender y actuar sobre una realidad internacional en transformación. La emergencia de nuevos fenómenos sociales había de llevar consigo necesariamente la creación de inéditos instrumentos y métodos de análisis[2] y efectivamente, el ciclo de guerras mundiales en el transcurso del cual se fue cimentando y reconfigurando la sociedad internacional deparó una revolución de similar magnitud en el orden intelectual en su comprensión y su construcción. A su vez, la emergencia de las relaciones internacionales, como disciplina científica autónoma, no fue sino el reflejo de un proceso más amplio en el marco del conocimiento en torno al hombre como sujeto social, el tránsito del siglo de la historia al de las ciencias sociales. En el relato se fueron conformando mitos como el de 1919 en la genealogía de la teoría de las relaciones internacionales, los cuales se comenzarían a someter a un severo escrutinio desde finales del siglo XX abundando en un debate revisionista cuyos ecos siguen alcanzando la orilla del presente.

LA *PAX ANGLOSAXONICA* Y LAS BASES DEL NUEVO ORDEN INTELECTUAL EN LA GENEALOGÍA DE LOS ESTUDIOS INTERNACIONALES

El ascendiente anglosajón en la concepción y el desarrollo de la sociedad internacional en aquel contexto histórico se dejaría sentir en el origen y la consolidación de las relaciones internacionales como nueva disciplina científica. El inédito panorama académico fue, en palabras de T.L. Knutsen, un "fenómeno atlántico" incubado en el seno de los ideales ilustrados de la tradición atlántica e impulsado por el espíritu wilsoniano a la luz

[1] D.P. HEATLEY *Diplomacy and Study of International Relations*, Oxford, Clarendom Press, 1919.
[2] Confróntese G. PALOMARES "Hegemonía y cambio en la teoría de las relaciones internacionales", *Afers Internacionals*, n. 22, 1990, p. 19.

del cual se emprendió la construcción de la paz tras la Guerra del Catorce[3]. La nueva disciplina canalizaba desde el ámbito académico el compromiso por evitar el drama de una nueva contienda y la construcción de un marco de convivencia internacional que garantizase la paz a partir de los cimientos ideológicos del internacionalismo liberal. Para un testigo directo de aquellos acontecimientos como Edward Hallet Carr, desde sus planteamientos utópicos la naciente disciplina pretendía dar respuestas a ciertas necesidades sociales. El mismo "deseo de curar la enfermedad del cuerpo político" inspiró e impulsó a la ciencia política[4].

Las raíces anglosajonas, y más explícitamente americanas, de la nueva disciplina se explican, a su vez, por el menor arraigo de la historia y el derecho en el estudio de la realidad internacional y la emergencia de la ciencia política que ya había alcanzado cierta autonomía universitaria y que estaría estrechamente vinculada al mundo de la política. El papel hegemónico que la ciencia política asumió en las universidades norteamericanas determinaría, en opinión de Celestino del Arenal, no solo la forma en cómo los especialistas norteamericanos orientarían las relaciones internacionales, sino también la propia evolución de la disciplina, participando fielmente en los avatares teórico-metodológicos de la ciencia política[5]. Un liderazgo cultural estimulado e impulsado, obviamente, por el lugar central que habría de ocupar Estados Unidos en las relaciones internacionales en el curso del siglo.

Las relaciones internacionales alumbraban una disciplina en formación y no es casual, por tanto, que uno de los aspectos centrales del debate académico girase en torno a su configuración como ámbito de conocimiento nuevo y propio o la pervivencia de un espacio interdisciplinar y de concurrencia donde el derecho internacional, junto a otras disciplinas como la historia, la geografía y la geopolítica o la economía, ejercía un destacado protagonismo.

El efecto de la Gran Guerra y el horizonte de la Conferencia de Paz a la hora de dibujar el nuevo sistema internacional tendría obvios efectos sobre la actitud y las iniciativas epistémicas de los beligerantes, organizando –como oportunamente argumenta Antonio Niño– "grupos de expertos encargados de preparar los dossieres de las negociaciones". En estos "grupos se econtraron diplomáticos, responsables políticos e historiadores".

En el mundo anglosajón, en Estados Unidos ya hemos mencionado la profunda incidencia del *Inquiry* creado en septiembre de 1917, entre cuyos expertos figuraban Walter P. Lippman, James Brown Scott, James T. Shotwell o Isaia Bowman. Una iniciativa que se vería acompañada en 1919 del establecimiento de la *Hoover Library* que se erigiría en un importante centro de documentación sobre la historia reciente. En Gran Bretaña, entre tanto, en febrero de 1918 vería la luz el *Political Intelligence Department* en el *Foreign Office*, cuyas atribuciones no serían muy distantes a las del *Inquiry* y entre

[3] Véase T.L. KNUTSEN *A History of Internarional Relations Theory*, Manchester, Manchester University Press, 1997, pp. 211 y 214-215.

[4] E.H. CARR *The Twentieth-Year Crisis, 1919-1939*, New York, Harper and Row, 1964, p. 3.

[5] C. del ARENAL *Introducción a las relaciones internacionales*, Madrid, Tecnos, 1987, pp. 52-53.

cuyos expertos sobresalían el economista John Mayard Keynes, el diplomático e historiador Edward Hallet Carr, el historiador Arnold J. Toynbee o los internacionalistas Alfred Zimmern, Philipe Noel-Baker o Charles Webster. En no pocos casos acabarían siendo parte de la Delegación británica en París. Las autoridades francesas, en su caso, se dotaron en febrero de 1917 del *Comité d'Études à la Conference de la Paix*, del cual formaba parte el historiador Pierre Renouvin, cuya tesis doctoral había versado sobre la Revolución Francesa y que en este nuevo contexto viraría su interés académico hacia la historia diplomática. Para la ocasión se había creado aquel mismo año la *Bibliothèque et Musée de la Guerre*, consagrada a la misión de reunir la documentación y preparar los informes para los servicios del Estado". Estas entidades actuaron como los primeros *Think tanks* "encargados de preparar las decisiones sobre cuestiones internacionales, y de ellos salieron los especialistas que organizaron, poco después, el estudio académico de esos temas". La creación de una disciplina dedicada a las relaciones internacionales se debe entender:

> (...) por lo tanto, en el marco de una práctica de apoyo a la toma de decisiones que asoció de forma institucional a los expertos universitarios con quienes tenían responsabilidades diplomáticas. La conexión que se produjo entonces entre el saber académico y las necesidades de la administración cambio el rol social de aquellos historiadores y politólogos, impulsándoles a participar en el debate público sobre la forma de organizar la convivencia internacional[6].

Una consecuencia directa de esta movilización intelectual provocada por la Gran Guerra y las necesidades de la construcción de la paz, así como de la justificación y legitimación de las tesis defendidas por los diferentes Estados fue la publicación de acervos documentales que, en no pocos casos, tuvieron como incentivo los libros elaborados por los beligerantes aportando pruebas documentales que ampararan la legitimidad y la justicia de sus posiciones. Fuentes que alimentarán la polémica sobre las responsabilidades de la guerra y las posiciones políticas respecto a los tratados de paz y sus cláusulas. En Alemania, toda vez que la República de Weimar abjurase de los oficios del socialista Karl Kautsky que en un principio asumió tales tesis, sería el Ministerio de Asuntos Exteriores el núcleo desde el que se investigarían las responsabilidades de guerra publicando los 40 volúmenes de *Die grosse Politik der Europaïschen kabinette 1871-1914*. La respuesta británica y francesa cristalizaría en las publicaciones de documentos diplomáticos, encomendada en el caso británico a eminentes historiadores, como G.P. Goosch y H. Temperly, y en el francés a Pierre Renouvin bajo cuya dirección se publicaron los *Documents Diplomatiques sur l'origine de la Gran Guerre*. En Estados Unidos, sin embargo, la publicación de documentos diplomáticos era ya una práctica consolidada desde 1861 con la Administración de

[6] A. NIÑO "Historiografía de las...", pp. 9-10.

Abraham Lincoln y cuyas series se publicarían en la colección *Foreign Relations of the United States* (FRUS)[7].

Entre las fechas míticas en el nacimiento de la disciplina de las relaciones internacionales mencionadas por la historiografía clásica, Michael Riemens, recupera la del 30 de mayo de 1919. Aquel día tenía lugar la reunión de veintiocho expertos y técnicos miembros de la delegación británica y sus colegas estadounidenses en el hotel *Majestic* en París. El encuentro en sí mismo es un inequívoco síntoma de la sintonía y de las conexiones a ambas orillas del Atlántico entre académicos y políticos anglosajones. Curtis, uno de los miembros más activos del movimiento de los imperialistas británicos desde *The Round Table*[8] creada en 1909, sugirió que tras la Conferencia de Paz aquella cooperación informal se formalizase. Una nueva reunión se celebraría entre ambas delegaciones entre los días 7 y 9 de junio de 1919, entre cuyos temas se discutió la creación de un *Institute of International Affairs* y se lanzó un primer proyecto de investigación sobre la Conferencia de Paz de París. Aquellas primeras iniciativas y discusiones cristalizaban la idea de Curtis de que los "experts would establish an institute for research in international affairs, one branch in the UK and one in the US, where prominent scientists, politicians, bankers, industrialists, opinion leaders and officials would meet in person to discuss contemporary affairs in an objective and scientific way"[9].

Estas pasarelas se recorrían con el horizone de fondo de los debates y el asociacionismo en torno al proyecto de la futura organización internacional en el Atlántico anglosajón, de la *League of Nations Society* en Gran Bretaña –creada a comienzos de 1915 y en cuya membresía militaban internacionalistas liberales como Leonard Woolf, Henry Noel Brailsford, John A. Hobson o H.G. Wells– y de la *League to Enforce Peace* en Estados Unidos creada en el verano de aquel mismo año bajo la presidencia de expresidente William Howard Taft y entre cuyos promotores figuraba Elihu Root. Ambos grupos de presión influirían en las agendas gubernamentales y en los contactos al más alto nivel entablados en 1918, a partir de las iniciativas del subsecretario del Foreign Office, Robert Cecil, y del asesor de Woodrow Wilson, el coronel Edward M. House, con el fin de aproximar posturas respecto a la futura Sociedad de Naciones. No fue posible el acuerdo sobre el nuevo organismo internacional, pero aquellos contactos políticos e intelectuales roturaban un espacio de entendimiento común de cara a la paz y el mundo de posguerra por construir[10].

En Estados Unidos ya hemos hecho mención al fuerte arraigo del internacionalismo liberal y la extraordinaria relevancia de las entidades filantrópicas en el desarrollo de los estudios internacionales y su proyección exterior en el ámbito de la cooperación intelectual.

[7] Ibídem. Pp. 10-13.

[8] En su seno, donde también militaba Alfred Zimmern, se comenzaría a editar en 1910 *The Round Table Journal*, por aquel entonces denominada *A Quaterly Review of the Politics of the British Empire* (consúltese A. BOSCO "From empire to Atlantic 'system': the Round Table, Chatham House and the Emergence of a New Paradigm in Anglo-american Relations", *Journal of Transatlantic Studies*, v. 16, n. 3, 2018, pp. 222-246).

[9] M. RIEMENS "International Academic Cooperation...", pp. 913-914.

[10] Véase J.M. MANSON "Leonard Woolf as an Architect of the League of Nations", Clemson University L., 2007, pp. 4-6.

En 1920 tendría lugar un primer intento fallido por cristalizar la creación de un instituto especializado, el *American Institute of International Affairs*. Mejor fortuna correría El *Council on Foreign Relations*, fundado en Nueva York en 1921 y del que emanaría la prestigiosa revista *Foreign Affairs*, cuyo primer número se editaría el 15 de septiembre de 1922. Centrado eminentemente en la política exterior estadounidense entre sus empresas editoriales de mayor calado tendrían especial incidencia los anuarios: *Annual Survey of American Foreign Relations* y *A Political Handbook of the World*. El nuevo centro se erigió en una de las instituciones más prestigiosas e influyentes en el estudio de las relaciones internacionales y hasta mediados de los años treinta fue un interlocutor privilegiado con la Organización para la Cooperación Intelectual, en especial en las actividades desarrolladas desde la Conferencia Permanente de Altos Estudios Internacionales cuando se creó una comisión nacional que asumiera la representación oficial. El objetivo de la nueva institución sería "to develop, by scientific and impartial study, a better understanding of international problems and an intelligent American foreign policy"[11]. Nueva York era también la sede desde su creación en 1918 de la *Foreign Policy Association*, no tan elitista como sería el *Council on Foreign Relations* y con mayor vocación por llegar a un público de masas.

Tras la Gran Guerra los avances y la institucionalización de los estudios internacionales fueron muy fecundos. En 1919 la *Georgetown University* implantó el *Edmund A. Walsh School of Foreign Service*. En 1928 Wright y Hans J. Morgenthau fundaron el *Committee on International Relations* en la *University of Chicago*. En la década de 1930 cristalizarían otras iniciativas como la fundación de la *School of Public and International Affairs* en la *Princeton University*, la *Fletcher School of Law and Diplomacy* en *Tufts University* y el *Yeal Institute of International Studies*. Ya en plena guerra mundial, en 1943 tendría lugar la creación en Washington de la *School of Advanced International Studies*, que se incorporaría tras el conflicto en la *John Hopkins University*[12].

En el ámbito universitario la influencia de la Dotación Carnegie y de la Fundación Rockefeller fue de gran relevancia en el desarrollo de los estudios internacionales. Las fundaciones estadounidenses, afirma Ludovic Tournés, jugaron un papel central en la financiación desde comienzos de la década de 1920 de numerosas instituciones dedicadas al análisis de las relaciones internacionales. Estas fundaciones consideraban que:

> (...) la connaissance des mécanismes des relations internationales est un moyen d'arriver à une organisation rationnelle de la société mondiales en confiant le pilotage 'a un petit groupe d'experts qui, grâce à la science, doivent pouvoir surmonter "l'imprévisibiité de la diplomatie traditionnelle" (...) Fondé sur l'exactitude des faits

[11] M. RIEMENS "International Academic Cooperation...", pp. 914-915.

[12] I. RODRÍGUEZ MANZANO "La institucionalización de las Relaciones Internacionales y el 'mito' de 1919: ¿dónde están las mujeres?", C. GARCÍA SEGURA-J.A. SANAHUJA-F.J. VERDES-MONTENEGRO *100 años de relaciones internacionales: una mirada reflexiva*, Valencia, tirant lo Blanch, 2020, pp. 251-275.

et non la volatilité des opinions, la science leur apparait comme intrinsèquement apolitique; elle est donc génératrice de paix, l'analyse objective des problèmes permettant de réconcilier les intérêts divergentes autor de conclusions incontestables. L'étude des relations internationales doit donc permettre de fonder une nouvelle diplomatie[13].

Sobre esta base ambas entidades filantrópicas trataron de promover el estudio científico de las relaciones internacionales. Uno de sus más activos promotores, tal como mencionábamos con anterioridad, el canadiense James T. Shotwell, director de la *Division of Economic and History* en la Dotación Carnegie desde 1923 reemplazando a Jonh Bates Clark, devino de medievalista a experto en relaciones internacionales y contribuyó a introducir el estudio de las relaciones internacionales en la *Columbia University* donde ejercía su magisterio como historiador. Fue, asimismo, el responsable del desarrollo de las redes filantrópicas en Europa, además de la magna empresa que abordó dirigiendo y pilotando sobre el terreno los 152 volúmenes de la *Historia económica y social de la guerra mundial.* Una obra que ilustraría con nitidez su perfil entre los *progressive historien* –la *New History* en Estados Unidos– y su compromiso con una concepción de la historiografía como herramienta de cambio social[14]. Un proyecto coral que se concibió y ejecutó como un vasto "interdisciplinary Project that encompassed economics, politics, ethics, statistics, geography and the physical sciences"[15].

La Dotación Carnegie facilitó el establecimiento en 1919 de una red de clubs de relaciones internacionales en cooperación con el *Institut of International Education*, la cual había sido creada por la propia fundación en 1919 a iniciativa de Elihu Root y de Nicholas Murray Butler con el fin de fomentar el intercambio intelectual entre los países y contrarrestar las tendencias aislacionistas en Estados Unidos. El *Institut of International Education* apoyó los programas de intercambio entre los universitarios estadounidenses y favoreció el desarrollo de la enseñanza sobre las cuestiones internacionales, ya que hasta ese momento los currícula de historia y de derecho estaban exclusivamente centrados en Estados Unidos. El crecimiento del número de clubs de relaciones internacionales es sintomático del afianzamiento del interés por los estudios internacionales en el mundo académico, pasando de 79 en 1923 a 1.316 en 1940. La Dotación Carnegie también se embarcaría en proyectos de difusión del interés por el derecho internacional y los estudios internacionales[16].

---

[13] L. TOURNÉS *Les États Unis...*, pp. 292-293. Consúltense asimismo los estudios de: S. HULIKAL MURALIDHAR, S. "Interwar Internationalism: Origins...; M. RIEMENS "International Academic Cooperation..."; y K. RIETZLER, *American Foundations and...*; y de la misma autora"Experts for Peace: Structures and Motivations on Philantropic Internationalism in the United States and Europe", D. LAQUA (ed.) *Internationalism Reconfigured: Transnational Ideas and Movements between the World Wars,* Londres, I. B. Tauris, 2011, pp. 45-65.

[14] Véase K.E. RIETZLER "American Foundations and...", pp. 142-143.

[15] T. IRIS "Peace through History? The CIEP's Inquiry into European Schoolbooks, 1921-1924", *History of Education,* v. 45, n. 1, 2016, p. 47.

[16] Ibídem. Pp. 83-85.

La Dotación Carnegie y John D. Rockefeller Jr. financiarían también una iniciativa que tendría una notoria influencia en Estados Unidos y en el extranjero. En 1921 comenzaría la academia de verano del *Institute of Politics* en Williamstown –Massachusetts– reclutando entre sus docentes a expertos que habían participado en la preparación de la Conferencia de Paz como Archibald Cary Coolidge –del *Council on Foreign Relations*–, el experto en historia, ciencia política y derecho James Brown Scott, el diplomático, empresario y abogado Owen Young –vinculado a la Fundación Rockefeller– o el periodista y analista político Walter Lippmann. Los ciclos de conferencias estaban dirigidos no solo a académicos y hombres de negocios, sino también a periodistas, diplomáticos y miembros de las fuerzas armadas. Aquel Instituto devendría en el curso de la década en un simbólico transatlántico en el que se citarían importantes internacionalistas europeos –Paul Mantoux, William Rappard, el conde Carlo Sforza, Nicolas Politis o Arnold J. Toynbee, entre otros–[17].

El liderazgo internacional de Gran Bretaña, en visible declive en el ciclo de guerras mundiales, no solo fructificó en la construcción de la paz, especialmente tras la Guerra del Catorce, sino en sus iniciativas culturales para comprender y actuar sobre la realidad internacional. Si bien la conformación de las relaciones internacionales como ciencia política emergía con cierto retraso respecto a Estados Unidos, a raíz de su propia tradición científica y académica y ante el protagonismo de la historia y la sociología –y en menor medida del derecho– en los estudios internacionales, los medios intelectuales británicos participaron muy activamente en la consolidación de la nueva ciencia y en el primer gran debate –idealismo *vs.* realismo–, que transitó al socaire de la propia evolución del sistema internacional de Versalles y que determinaría los itinerarios de la nueva disciplina tras la Segunda Guerra Mundial por la senda del realismo. Las resistencias suscitadas desde el ámbito de la historia a aceptar la nueva disciplina[18], coexistían con críticas vertidas por algunos de los defensores del nuevo orden intelectual como D.P. Heatley, en cuya opinión la historia no hizo demasiado por promover la causa de la paz perpetua[19].

Fue, por tanto, en esta atmósfera en la que surgieron las primeras iniciativas académicas para promover una educación, unas corrientes de opinión y rigurosos estudios para promover la paz y analizar en su globalidad las relaciones internacionales. Londres, como también lo sería Nueva York, sería uno los escenarios de los primeros centros de investigación en relaciones internacionales *The Royal Institute of International Affairs* o *Chatham House* inaugurado el 5 de julio de 1920, desde donde se publicaría una de las revistas más prestigiosas de estudios internacionales *International Affairs*, cuya primera tirada apareció en enero de 1922 bajo su inicial denominación *Journal of British Institute of International Affairs*. El director de Estudios de Chatham House, Arnold J. Toynbee, emprendería a su vez la publicación de un anuario, *Survey of International Affairs*. El

[17] Véase K.E. RIETZLER *American Foundations and...*, p. 76.
[18] C. del ARENAL *Introducción a las...*, p. 56.
[19] Véase G. PALOMARES "Hegemonía y cambio...", p. 22.

nuevo centro nacía con la vocación de "advance the sciences of international politics, economics and jurisprudence, and the study, classification and development of the literature in these subjects, to encourage and facilitate the scientific study of international affairs, and the understanding of the circumstances, conditions and points of view of nations and peoples". Uno de sus primeros hitos editoriales a la estela de la mencionada reunión en el hotel *Majestic* fue la publicación de los seis volúmenes de *A History of the Peace Conference* entre los años 1920 y 1924[20]. El Instituto se erigiría en un interlocutor privilegiado entre el ámbito académico británico y los foros de la cooperación intelectual en el campo de los estudios internacionales.

En los campus universitarios aflorarían, asimismo, las primeras cátedras como la Woodrow Wilson de política internacional en el año 1918 en el *University College of Wales* –Aberystwyth– gracias a las donaciones del filántropolo galés David Davies, y cuyo primer destinatario sería el internacionalista Alfred Zimmern. Su finalidad era el recurso a las "ciencias políticas aplicadas a las relaciones internacionales para promover la paz entre las Naciones"[21]. A esta iniciativa pionera se le uniría en 1924 la *Ernest Cassel Chair of International Relations* en la *London School of Economic*, donde se establecería en 1927 el *Department of International Relations* –transformado en la *Montague Burton Chair* en 1936[22].

En la Europa continental, donde también había arraigado la literatura y el pensamiento pacifista tanto de cuño liberal como marxista, el creciente interés por los asuntos internacionales transitó dentro de los confines tradicionales del derecho, la sociología y la historia, además de otras disciplinas consolidadas como la geografía. En consecuencia, el predominio académico del derecho internacional y de la historia diplomática determinó la mayor parte de los análisis e interpretaciones de la realidad internacional, obstaculizando y aplazando la consolidación de las relaciones internacionales como disciplina autónoma, cimentada en la ciencia política. Aún con diferencias notables en cada comunidad nacional, el resultado ha sido, en opinión de Celestino del Arenal, de "escaso desarrollo de las relaciones internacionales como disciplina científica"[23], en un panorama académico en el que concurrían y competían no solo los saberes tradicionales –el derecho y la historia– sino también la sociología.

[20] Véase M. RIEMENS "International Academic cooperation...", p. 914.

[21] J. HASLAM *E.H. Carr. Los riesgos de la integridad*, Valencia, Universitat de València, 2008, p. 99. Consúltese, asimismo, I. JOHN-J.C. GARNETT-M. WRIGHT "International Politics at Aberystwyth, 1919-1969", B. PORTER (ed.) *The Aberystwyth Papers*, London, Oxford University Press, 1972.

[22] A diferencia del maridaje entre historia internacional y relaciones internacionales existente en Aberystwyth, en la *London School of Economics and Political Science* ambas permanecerían separadas, asumiendo en no pocas ocasiones posiciones antagonistas (Véase R. LANGHORNE-W. PARK "International History in Britain", VV.AA. *La historia de las relaciones internacionales: una visión desde España*, Madrid, CEHRI-Universidad Complutense de Madrid-Ministerios de Asuntos Exteriores-Ministerio de Educación y Ciencia, 1996, pp. 101-102; C. del ARENAL *Introducción a las...*, pp. 44-47; y E. BARBÉ *Relaciones Internacionales*, Madrid, Tecnos, 1995. p.31.

[23] C. del ARENAL *Introducción a las...*, pp.58 y 131-134. El autor coincide con Antonio Truyol al afirmar que la aproximación sociológica a las relaciones internacionales ha sido más europea que americana. Y véase, asimismo, T.L. KNUTSEN *A History of...*, p. 211.

Desde una perspectiva transnacional es menos conocida la incidencia de la *Union of International Associations* –Unión Internacional de Asociaciones– creada en Bruselas en 1907, bajo la denominación *Central Office of International Associations*, por Henry Lafontaine galardonado en 1913 con el premio Nobel de la Paz y por Paul Otlet. La historiografía tradicional –advierte Thomas Davies– limita el legado de esta organización no gubernamental a los estudios internacionales a su bagaje como base de datos sobre la "comunidad internacional" y sus aportaciones conceptuales en torno a términos, como la *mondialisation*, incorporado por Paul Otlet al tesauro de la lengua francesa en la materia, en el sentido que el término *globalization* era utilizado en el mundo anglosajón. Ensombrecida su actividad tras la Gran Guerra tras la pantalla de la cooperación intelectual vinculada a la Sociedad de Naciones, su bagaje tuvo trascendencia a tenor de las infraestructuras creadas para el estudio y la divulgación de los estudios internacionales. Entre ellas la revista *La Vie Internationale* fundada en 1912 y cuyas páginas servirían de tribuna para verter reflexiones conceptuales sobre la mundialización y la naturaleza interconectada del mundo moderno o sobre el principio de autodeterminación extensible más allá de los perímetros metropolitanos a las comunidades nativas de las periferias. La agenda de la revista, advierte Thomas Davies, muestra un radio de acción más próximo y holístico a los estudios internacionales que la revista estadounidense *Journal of Race Development* creada dos años antes y cuyos sumarios se orientan mayormente al progreso de las razas y la misión civilizadora. Fue "the first journal to consider 'the ideas, facts and organizations that constitute international life'a distinct field of study from 'international law, the pacifist movement... science and technology, commerce and industry, statistics and sociology"[24].

A esta dimensión divulgativa le acompañaría un ambicioso proyecto para la generación de foros de debate como la organización de congresos, los primeros entre 1910 y 1913, en cuya agenda se contemplaría un amplio abanico de problemas internacionales. Tras la guerra mundial se reanudarían hasta 1927. En la década de 1920 la *Union of International Association* se significaría en uno de sus más ambiciosos proyectos educativos, la creación de la primera universidad internacional cuyas primeras iniciativas cristalizarían en escuelas de verano que versaron sobre estudios internacionales. Pero su proyección entre 1920 y 1927 se diluiría ante la competencia de otras empresas educativas asociadas a la Sociedad de Naciones y otras entidades formativas amparadas en el músculo económico de las fundaciones filantrópicas. El proceso de profesionalización e institucionalización de los estudios internacionales desplazaría del foco a la *Union of International Associations.* Si "the pre-war study of international relations had been dominated by amateurs as Otlet and La Fontaine, following the First World War it was increasingly professionalized and dominated instead by endowed professorships in the field such as those occupied by

[24] Th. DAVIES "The Union of International Associations and the Development of International Relations Theory", D. LAQUA-W. VAN ACKER-Ch. VERBRUGGEN (eds.) *International Organizations and Global Civil Society. Histories of the Union of International Associations*, Bloomsbury Publishing, 2019, pp. 161-163.

Alfred Zimmern, the first Chair of International Politics at Aberystwyth in 1919-1921 and subsequently at Oxford from 1930-1944"[25].

Conviene no olvidar, sin embargo, la incidencia y la influencia que la diplomacia filantrópica ejerció en el proselitismo en torno a los estudios internacionales, comenzando con el derecho internacional bajo los auspicios de la Dotación Carnegie en Europa. Qué duda cabe que la cartografía de los estudios internacionales en Europa bajo el influjo de la americanización del conocimiento social es muy variada y que el gran oleaje en la promoción de los estudios internacionales en Europa no tendría lugar hasta mediados de la década de 1930 y que en muchos Estados la guerra anegaría muchos de aquellos avances, como fue el caso de España con motivo de la guerra civil.

La Dotación Carnegie se significaría desde la década de 1920 en su impulso al desarrollo y al estudio del derecho internacional desde una base científica a través de inciativas en mayor o menor medida vinculadas a la Sociedad de Naciones. Las subvenciones de la Dotación Carnegie harían posible la creación de la Academia de Derecho Internacional de La Haya en 1923, cuya lección inaugural fue pronunciada por John Brown Scott. Una institución concebida con la finalidad de asegurar el desarrollo y la divulgación del derecho internacional y estimular el espíritu internacional como cimiento de la paz. En París desde su filial, la Dotación Carnegie financiaría la creación en 1921 del *Institute des Hautes Études Internationales*. La nueva institución fusionaba dos iniciativas: el proyecto para la fundación de un instituto de derecho internacional para la Sociedad de Naciones en cuyos cursos se contemplaba la participación de juristas, historiadores y sociólogos, y la creación de un instituto de altos estudios internacionales en la Universidad de París. El nuevo instituto adquiriría un importante impulso desde 1926 con la participación del jurista André Tibal y el concurso de algunos de los juristas franceses de mayor reconocimiento académico como Georges Scelle, Gaston Jèze, Jacques Ancel o Boris Mirkine-Guetzévitch. Algunos de ellos serían habituales colaboradores en algunas de las revistas de la Dotación Carnegie –*Conciliation Internationale* y *L'esprit international*, esta última creada en 1927–. A este claustro de profesores habría que sumar la participación del historiador Pierre Renouvin. La Dotación crearía, asimismo, dos cátedras Carnegie, una en la Universidad de París y otra en la *Deutsche Hochschule für Politik* de Berlín en 1925 y 1928, respectivamente. La simbología, como bien advierte Ludovic Tournés, es evidente: "créer un enseignement de droit international dans les deux pays donc la rivalité a rythmé l'histoire de l'Europe au cours des dernières décennies"[26].

Por su lado la Fundación Rockefeller financió en Gran Bretaña a la *London School of Economics and Political Sciences* desde 1923, institución en la que se crearía una cátedra de relaciones internacionales en 1924 y un año más tarde dos más –una de derecho internacional y otra de historia internacional–. En 1927 vería la luz el Departamento de Relaciones Internacionales en cuyo seno ejercía la plana mayor de los internacionalistas

[25] Ibídem. Pp. 167-168.
[26] L. TOURNÉS *Les États Unis...*, pp. 81-83.

británicos, algunos de los cuales habían formado parte de la delegación británica en la Conferencia de Paz de París o habían intervenido en la Sociedad de Naciones –Philipe Noël Baker, Charles Manning o Charles Webster[27]. Los recursos de la Fundación Rockefeller también alcanzarían a otras instituciones de estudios internacionales fuera de Estados Unidos: el *Institut Universitaire des Hautes Études Internationales* de Ginebra creado en 1927 y financiado durante diez años; el *Deutsche Internationale für Politik* de Berlín –financiado entre 1929 y 1933-; la sección internacional del Instituto de Economía e Historia de Copenhague; el Instituto de Derecho Constitucional e Internacional de la Universidad de Lvov en Polonia, *The Royal Institute of International Affairs*; el *Canadian Institute of International Affairs* y el *Centre d'Étude de Politique Étrangère* de París creado en 1935, desde el que se publicaría la revista *Politique Étrangère* y en el que se seguirían las pautas de trabajos coordinados de grupos de investigación en línea con las estrategias de investigación promovidas desde la Fundación Rockefeller[28].

En el inmediato contexto de la primera posguerra mundial desde las fundaciones filantrópicas y las instituciones que crecieron bajo su amparo se trató de promover un mundo académico de carácter inclusivo y transnacional. Todo ello en un clima político y emocional tamizado por los deseos de reconciliación pero también de recriminaciones y tensiones fomentadas por las respectivas visiones nacionales respecto a la implementación de los tratados de paz. La cuarentena académica a la que fue sometida Alemania en aquellos primeros años de la década de 1920 agitaría, como apuntábamos con anterioridad, los debates en el seno de la Comisión Internacional de Cooperación Intelectual. El aislamiento intelectual del mundo académico alemán desde 1914 y la aguda crisis política y económica de la República de Weimar deterioró profundamente los medios humanos y materiales para el desarrollo de la actividad universitaria. A la corriente de solidaridad que emergió en el seno de la Comisión Internacional de Cooperación Intelectual le acompañaría, en el caso español, la Junta para Ampliacion de Estudios e Investigaciones Científicas que colaboraría desde 1924 con la Asociacion para el Socorro de la Ciencia Alemana" a través del intercambio de publicaciones extranjeras con bibliotecas alemanas[29].

En el curso de la década de 1920 junto a Gran Bretaña y Francia, la Alemania de Weimar se erigiría en el tercer destino predilecto de la actividad y de los recursos de la Dotación Carnegie y de la Fundación Rockefeller canalizados hacia los estudios internacionales. Alemania sería el principal receptor de ayudas tras Gran Bretaña del *Laura Spelman Rockefeller Memorial.* Conjuntamente con los intereses geopolíticos y geoeconómicos estadounidenses respecto a la República de Weimar –el peligro revolucionario y la

[27] Sobre los internacionalistas británicos de la *London School of Economics* consúltese la obra de M. SCOT *La London School of Economics and Political Science. Internationalisation universitaire et circulation des saviors en science socials 1895-2000*, Paris, PUF, 2011.

[28] L. TOURNÉS *Les États Unis...*, pp. 293-294 y del mismo autor *Science de l'homme...*, pp. 223-226.

[29] Véase F.J. LAPORTA SAN MIGUEL *La Junta para Ampliación...*, v. 5, pp. 151-152. El autor abunda en la germanofilia de muchos de los miembros de la Junta, quienes "durante la guerra europea se negaron a secundar la división maniquea del conflicto en términos ideológicos, llevados precisamente de su incondicional admiración por la cultura alemana".

necesidad de recuperar el pulso de la economía alemana, vitales para la paz en Europa–, serpentearían claves geoculturales que ilustrarían las motivaciones de las fundaciones filantrópicas estadounidenses. En opinión de Katharina E. Rietzler, Alemania era un país clave para estas fundaciones tanto por el prestigio de la cultura y la ciencia alemana como por la oportunidad estratégica de reintegrar a Alemania en la comunidad científica internacional.

En la Alemania de posguerra la joven república percibía la diplomacia cultural francesa como un modelo a emular. Como en el caso francés era una vía a partir de la cual compensar la pérdida de gravidez geopolítica en la arena internacional mediante la expansión científica y cultural. En 1920 tenía lugar la creación del Departamento de Relaciones Culturales en el Ministerio de Asuntos Exteriores con el fin de influir en los debates internacionales sobre las responsabilidades de guerra y de superar el aislamiento científico internacional de Alemania. No es de extrañar, por tanto, la receptiva acogida que la República de Weimar dispensó al proyecto de James T. Shotwell de la *Historia económica y social de la guerra mundial.* Un trabajo de dirección y coordinación con los diferentes equipos nacionales que brindaba a los académicos alemanes debatir en pie de igualdad con sus colegas de otras nacionalidades. La Dotación Carnegie y el *Laura Spelman Rockefeller Memorial* participarían en ambiciosas empresas institucionales para el desarrollo de los estudios internacionales. Entre 1926 y 1930 se comprometerían en la puesta en escena del *Institut für Auswärtige Politik* –Instituto de Política Exterior– en Hamburgo, cuyas referencias no son en modo alguno ajenas a la naturaleza del *Council on Foreign Relations* y *Chatham House.* Beardsley Ruml aspiraba a que el instituto alemán deviniese en una "house all of the social sciences". De mayor calado y duración sería la creación en 1920 del *Deutsche Hoshschule für Politik* –Escuela Alemana de Política– en Berlín. Si el instituto de Hamburgo había sido concebido desde un principio como un centro de investigación la entidad berlinesa inicialmente había orientado su labor hacia el ámbito educativo. El *Deutsche Hoshschule für Politik* no entraría en la categoría de instituto de asuntos exteriores, sino que sería realmente un heredero de la tradición educativa iniciada en Francia por la *École Libre des Sciences Politiques* creada en 1870. Los fundadores de la academia pertenecían a los círculos liberales, nucleados en torno a Friedrich Naumann, que apoyaban el consenso constitucional de la República de Weimar. En marzo de 1927 la Dotación Carnegie crearía una cátedra Carnegie para la historia y las relaciones internacionales. Como su homóloga en París la cátedra daría acogida a eminentes internacionalistas como el filólogo alemán Ernst Robert Curtius, el filósofo holandés Johan Huizinga, el geógrafo y escritor político francés André Sigfried o los internacionalistas británicos William Rappard y Alfred Zimmern. En el curso de los veinte se intensificarían sus contactos y la cooperación con otros centros internacionales, como *Chatham House* o el *Institut des Hautes Études Internationales* de París[30].

[30] K.E. RIETZLER *American Foundations and...*, pp. 148-149 y 163-175.

El nuevo orden intelectual desde el que se afrontó el estudio científico de las relaciones internacionales, tras el ciclo de guerras mundiales, fue cristalizando pese a las reservas que los saberes tradicionales en el viejo continente, fundamentalmente el derecho y la historia, manifestaron frente a las inéditas vías de aproximación hacia aquel campo de estudio de la realidad social, en particular el dinamismo de la ciencia política y su centralidad en los debates en el curso de los años veinte y treinta en torno a la conveniencia de la creación de una nueva disciplina para el estudio de las relaciones internacionales. Un debate propio de una disciplina en gestación en la que confluirían las perspectivas dominantes, como subraya Celestino del Arenal, en los estudios internacionales: de un lado, el enfoque normativo en torno al derecho internacional y su profunda incidencia en la articulación de la nueva organización internacional tras la Gran Guerra; y de otro, el enfoque descriptivo de los acontecimientos internacionales desde la historia diplomática[31].

Un derecho internacional cuyo desarrollo durante el periodo de entreguerras se vería influido, especialmente en el continente por la sociología en opinión del citado autor, y una historia diplomática que evolucionaría hacia la historia de las relaciones internacionales, sobre la que gravitamos nuestra atención.

Hemos tenido ocasión de incidir en el papel fundamental que el derecho internacional ha desempeñado en la reflexión teórica y su proyección empírico-normativa en la construcción del nuevo sistema internacional tras la Guerra del Catorce y de sus precedentes en el contexto del internacionalismo liberal y el pensamiento iusinternacionalista desde finales del siglo xix. La proyección filantrópica de la Dotación Carnegie se canalizó básicamente sobre el dominio del derecho internacional pero insistiendo en la necesidad de afrontarlo desde una sólida práctica científica.

Un tiempo de transferencias: de la historia diplomática a la historia de las relaciones internacionales

En aquel orden intelectual precedente, que nos remite al estudio clásico de las relaciones internacionales, la historia diplomática junto al derecho eran las disciplinas que prioritariamente convergían sobre aquella realidad social, determinando prismas bien diferenciados de estudio. Como creación intelectual típica de la modernidad europea, la historia diplomática refundó y adaptó a las nuevas circunstancias los conceptos y pautas de trabajo de la historia de los tratados. Surgida esta última en el siglo XVI al calor de las primeras colecciones de tratados, la obra de Jean Tillet[32] en 1577 es considerada tradicionalmente como el punto de partida de una perspectiva historiográfica que

[31] C. del ARENAL "Relaciones internacionales: una disciplina líquida", A. LOZANO VÁZQUEZ-D.J. SARQUÍS RAMÍREZ-J.R. VILLANUEVA LIRA-D. JORGE ¿Cien años de relaciones internacionales? Disciplinariedad y revisionismo, Madrid, Siglo xxi, 2019, pp. 52-53.

[32] J. TILLET *Recueil des guerres et des tratiés de paix, de trêve, d'alliance d'entre les Rois de France et d'Anglaterre depuis Philippe Ier., roi de France, jusqu'à Henri II*, Paris, 1577, citado por C. del ARENAL *Introducción a las...*, p.

alcanzaría su plena eclosión tras la Paz de Westfalia y la configuración del sistema de Estados Europeos. Determinada por su perspectiva jurídico-normativa, a tenor de las propias fuentes, la historia de los tratados expresaba una noción del mundo caracterizada por la primacía del Estado y su eurocentrismo, moldes desde los cuales emergería la historia diplomática desde el siglo XVIII.

A lo largo del siglo XIX y hasta el ciclo de guerras mundiales que convulsionó la primera mitad del siglo XX, la historia diplomática conjuntamente con el derecho de gentes y el naciente derecho internacional, fueron las disciplinas desde las que se hiló el conocimiento de un medio internacional caracterizado por la consolidación y extensión de los Estados-nación y la institucionalización de un sistema interestatal amparado en la noción de equilibrio de poder, que se proyectaría al mundo de ultramar desde el Concierto Europeo. El surgimiento de una conciencia y una ciencia históricas en la Europa del siglo XIX fue un fenómeno indisoluble a la configuración y consolidación del Estado-nación. Fue, por tanto, un instrumento capital en el sistema educativo para forjar las nuevas identidades nacionales. Expresiva la historia diplomática de los fundamentos esenciales del historicismo, como concepción dominante de la ciencia histórica de la Europa decimonónica, su profesionalización supuso la institucionalización de un modelo de pensamiento y práctica histórica que ha puesto un "especial énfasis en la singularidad e individualidad de los fenómenos históricos". Ya fuera desde el modelo originario del historicismo alemán, a tenor de los trabajos de Leopold von Ranke o de Treitschke, o desde su implantación en el resto de historiografías europeas, no sin matices en el caso británico, la propuesta, en palabras de Julián Casanova, abundaba en:

> Una historia centrada en el relato de acontecimientos políticos y militares, con especial énfasis en las relaciones internacionales entre Estados, que formuló métodos individualizadores-hermenéuticos como específicos de esa disciplina y que opuso resistencia a los supuestos generalizadores y abstractos de las ciencias sociales así como a la intromisión de cualquier dimensión social o económica para la comprensión de los hechos históricos. Una historia, en definitiva, política, al servicio de los poderes legitimados, que rechazaba la teoría y que tenía a la narrativa como hilo conductor[33].

La historia diplomática se articulaba en un patrón metodológico caracterizado por una narración basada en la reconstrucción de los acontecimientos políticos y diplomáticos de acuerdo con su curso cronológico, por un relato más descriptivo que analítico y por una fundamentación científica amparada en la objetividad del documento diplomático, principio y fin en la tarea del historiador. La primacía de lo político entre aquellos historiadores era un calco de la actitud y la visión del mundo propia de los diplomáticos

29. Véase, asimismo, el ensayo historiográfico de J.C. PEREIRA "De la historia diplomática a la historia de las relaciones internacionales: algo más que el cambio de un término", *Historia Contemporánea*, n. 7, 1992, p. 156.

[33] J. CASANOVA *La historia social y los historiadores*, Barcelona, Crítica, 1997, p. 15.

contemporáneos. La exclusión de los fenómenos y los procesos económicos en el discurso de los historiadores reproducía fielmente, en opinión de René Girault, el convencimiento de los diplomáticos de que las relaciones entre los Estados estaban regladas por negociaciones y decisiones políticas[34]. Su consideración, lo mismo que las formulaciones de la geopolítica, se hacían en todo caso desde la perspectiva de la política y de la propia acción gubernamental. La historia diplomática, escribía Pierre Renouvin, otorgaba una atención privilegiada al papel desempeñado por "los hombres –jefes de Estado, ministros y sus colaboradores o agentes-". El historiador parecía admitir que "la evolución entre los estados depende, sobre todo, de los puntos de vista personales de estos hombres, de sus caracteres, de sus habilidades o de sus errores. En resumen, toma el horizonte de las cancillerías"[35].

El historicismo, y en nuestro caso la historia diplomática, preservaron su *status* dominante en el panorama académico de la historiografía europea hasta el final del ciclo de guerras mundiales. Pero los profundos cambios que acontecieron en el devenir de la sociedad internacional y el nuevo horizonte intelectual en el que emergían las ciencias sociales convergían con la agitación que desde diferentes latitudes y desde finales del siglo XIX iba prendiendo en algunos círculos historiográficos frente al historicismo. A caballo entre un siglo y otro, fueron surgiendo sensibilidades y actitudes críticas hacia el encorsetamiento del discurso del historicismo. En el seno de la historiografía se comenzaba a abogar por una visión omnicrompensiva de la historia, en la que tuvieran cabida no solo los hechos políticos, sino también la vida económica, social y cultural. Frente al limitado vuelo de la narración, centrada en la reconstrucción de los acontecimientos ligados al devenir de las élites dominantes y los Estados, algunos historiadores alentarían el análisis de las estructuras sociales en que esos acontecimientos acaecían. Argumentos que apuntaban, en opinión de Julián Casanova, hacia una noción de historia como "ciencia social que examinaba los procesos sociales con la ayuda de teorías explícitas y un aparato conceptual que, no obstante, debía tener en cuenta la historicidad del contexto único en el que esos fenómenos ocurrían"[36]. Una nueva sensibilidad que se alimentaba del diálogo con otras ciencias sociales y predicaba el camino de la interdisciplinariedad.

Propuestas como las de Jules Michelet a mediados del siglo XIX o las de la historiografía radical británica en el último tercio del mismo por hacer una historia desde abajo, frente a la historia contada por y para las élites, así como las primeras formulaciones de una historia económica y social en el seno mismo de la escuela histórica alemana y del mito

[34] R. GIRAULT "Le difficile mariage de deux histoires. Économie et relations internationales dans le monde contemporaine", *Relations Internationales*, n. 41, 1985, pp. 14-15.

[35] P. RENOUVIN *Historia de las relaciones internacionales*, Madrid, Aguilar, t. I, v. I, 1967, p. IV. Consúltese, asimismo, para la valoración de la naturaleza de la historia diplomática los estudios de: G. CRAIG "The Historian and the Study of International Relations", *The American Historical Review*, vol. 88,n. 1, 1983, pp. 2 y 7; J.-B. DUROSELLE "De l'*histoire diplomatique* à l'*histoire des relations internationales*", *Mélanges Pierre Renouvin. Études d'histoire des relations internationales*, Paris, PUF, 1966, pp. 1-2; y Mª.D. ELIZALDE "Diplomacia y diplomáticos en el estudio actual de las relaciones internacionales", *Historia Contemporánea*, n. 15, 1996, p. 31.

[36] J. CASANOVA *La historia social...*, p. 22.

del Estado como unidad de estudio, como se desprende de la controversia Lamprecht, todo ello, a su vez, en un contexto animado por las aspiraciones cientifistas del marxismo y del positivismo como teoría social, fructificarían ya en el siglo XX en empresas historiográficas rupturistas con el historicismo y comprometidas con la construcción de una nueva historia. Aquellos nuevos aires soplaban a ambos lados del Atlántico aunque sobre escenarios sociales y académicos bien diferenciados en una a otra orilla. En Estados Unidos el brote de una nueva historia se formuló al calor de la *Progressive History*, en un marco académico especialmente receptivo a la aceptación de las nuevas teorías sociales. Las diferencias, a juicio de Julián Casanova, eran muy notables. Mientras en el viejo continente a la "historia se le suponían sus propios métodos y objetivos distintos de los otros campos del saber", en Estados Unidos "aparecía mucho más atractiva la opinión de que la historia era una ciencia social más y debía, por lo tanto, contribuir al descubrimiento de las leyes del desarrollo humano"[37].

En Europa la resistencia y la inercia de la historiografía tradicional fue, en consecuencia, mucho mayor y puesto que fue en el viejo continente donde se afianzó una centenaria tradición de historia diplomática y donde brotarían y se institucionalizarían nuevos caminos en el análisis y comprensión histórica de las relaciones internacionales, sobre este escenario historiográfico hilaremos primordialmente la transición en el discurso histórico.

La propuesta más radical y ambiciosa por construir una nueva historia en la Europa de la primera mitad de siglo se fraguó en los círculos académicos franceses. La construcción de la llamada *Nouvelle Histoire*, a raíz de los esfuerzos de Lucien Febvre y Marc Bloch y su bautismo fundacional con la creación en 1929 de la revista *Annales d'histoire économique et social*, evocaba un ideario en la antípodas del historicismo. Los *Combates por la historia* de Lucien Febvre tuvieron su particular episodio, su *pequeño combate por la historia* –en expresión de Jean-Pierre Aguet– frente a la historia diplomática tal como la entendían Albert Sorel y Émile Bourgeois[38]. Las meditaciones que Lucien Febvre llevó a cabo sobre dos obras de historia diplomática, la primera en 1930 y la segunda en 1946, servían de vehículo para denostar y desnudar las insuficiencias de la historia episódica, del simplismo de un relato fundamentado en el exclusivo uso del documento diplomático emanado de los hombres de Estado, los ministros y los diplomáticos y que, en definitiva, solo se preocupaba de la "corteza superficial de su globo, de su esfera político-diplomática". El *homo diplomaticus* no tenía por qué ilustrar necesariamente las ideas, voluntades e intereses de una sociedad. Frente a esa historia "superficial", Lucien Febvre oponía una historia como estudio científico de la sociedad, de la aspiración a abarcar la totalidad, planteando problemas e interpretando los indicios y las fuentes a la luz de la teoría y en constante diálogo con otras ciencias sociales. En palabras del propio Lucien Febvre:

[37] Ibídem. Pp. 22-23.

[38] J.-P. AGUET "Un *Combat pour l'histoire*: Lucien Febvre et l'histoire diplomatique", S. FRIEDLANDER-H. KAPUR-A. RESZLER *L'historien et les relations internationales*, Genève, Institute Universitaire des Hautes Études Internationales, 1981, p. 6.

> (...) una historia que se limita a comprender y hacer comprender en lo posible (...) los motivos reales, profundos y múltiples de estos grandes movimientos de masas (...) Ahora bien, es de sentido común que no hay que buscar estos motivos solamente en el humor, la psicología y los caprichos individuales de los *grandes*, ni en el juego contradictorio de las diplomacias rivales. Son geográficos, económicos, sociales e intelectuales, religiosos y psicológicos[39].

Aquellas críticas no fructificaron en una propuesta o programa específico de historia de las relaciones internacionales. En sus textos Lucien Febvre –afirma Jean Pierre Aguet– no fue más allá de las meras recomendaciones sobre la necesaria ampliación de la óptica de estudio, la cual no debería limitarse al análisis de los documentos diplomáticos sino acceder al campo de las dimensiones espaciales, masivas y múltiples del fenómeno de las relaciones internacionales entre colectividades humanas, nacionales y Estados[40]. En suma, situar la historia de las relaciones internacionales en las coordenadas de la historia social y como parte de su proyecto de historia total. Premisas sobre las cuales reformularía Fernand Braudel su tesis doctoral al desplazar el sujeto de su investigación de la figura del rey, Felipe II, al Mediterráneo. Publicada en 1949, *El Mediterráneo y el mundo mediterráneo en tiempos de Felipe II*, integraba la historia diplomática en su arquitectura general del tiempo, en el tercer escalón –el del tiempo corto, el del acontecimiento–, y en el esfuerzo por hacer una historia total.

La emergencia de una nueva historia científica, que cristalizaría tras la Segunda Guerra Mundial en la institucionalización de la historia social, y la conciencia, en amplios círculos de la comunidad académica, en torno a las limitaciones del historicismo, fue un fenómeno que, con lógicas diferencias y peculiaridades nacionales, caracterizó el decurso de las historiografías de Europa Occidental. Entretanto, los estudios históricos internacionales afrontarían un proceso de transición en que la historia diplomática tradicional fue sometida a una profunda revisión, al socaire de los cambios promovidos desde la historia científica y las ciencias sociales y a la estela de una sociedad internacional cuyas transformaciones habían desbordado los cánones del mundo decimonónico, hábitat natural en el que se había desarrollado la historia diplomática. El itinerario de aquella transición no culminó en una historia diplomática remozada sino en la emergencia de una nueva noción historiográfica, la historia de las relaciones internacionales. Pero, ¿qué supuso la historia de las relaciones internacionales en términos historiográficos?, y ¿cuál fue el alcance de la misma en la historiografía europea y estadounidense?

Una respuesta preliminar a la primera cuestión bien pudiera comenzar por la valoración que, en su momento, ya hiciera Jean-Baptiste Duroselle al comparar la línea de

---

[39] L. FEBVRE *Combates por la...*, p. 98. Las dos obras que son objeto de reflexión fueron la *Histoire diplomatique de l'Europe (1871-1914)* publicada en 1930 bajo la dirección de Henri Hauser y *La paix armée et les relations internacionales de 1871 à 1914* de A. Roubaud publicada en 1945, aunque fue terminada en 1940.

[40] J.-P. AGUET "Un *combat pour...*", pp. 19-20.

trabajo de Pierre Renouvin en los años cincuenta con la de Émile Bourgeois y concluir que el cambio era del tal magnitud como el paso de un "mundo en dos dimensiones" a un "universo en tres dimensiones"[41]. La transgresión y el desbordamiento de los límites de la historia diplomática ilustraban la consciencia que los padres de la historia de las relaciones internacionales tenían de los profundos cambios que se estaban consumando en la historiografía. En la década de los cincuenta Pierre Renouvin codificó aquellas innovaciones, aunque la "revolución renouviana" había comenzado a gestarse en el tránsito de los años veinte a los treinta. También desde la historiografía italiana, bien conocida por Pierre Renouvin, Federico Chabod alentaría sobre la necesidad de adecuarse a las nuevas corrientes historiográficas[42].

La incardinación y la aceptación de la nueva disciplina no transcurrieron sin reticencias y sin fricciones en un contexto científico dominado en aquellas décadas, como bien advierte María Victoria López-Cordón, por el papel y el análisis de las estructuras[43]. En Francia este camino se recorrió en una atmósfera historiográfica caracterizada por sus grandes oscilaciones y el afán rupturista auspiciado desde *Annales*. En cambio, en otras historiografías como la británica, la italiana y la alemana, persistió –en opinión de la citada historiadora– una "cierta fidelidad a la historia diplomática tradicional, progresivamente enriquecida con las aportaciones que llegaron desde otros campos y que afectaban más al sistema de análisis que al ámbito de la investigación"[44]. Todo ello permitió una renovación desde dentro más escalonada, no exenta de las propias peculiaridades nacionales. El viraje impulsado por Pierre Renouvin fue muy permeable al clima de agitación y renovación historiográfica de su tiempo, y en particular de *Annales*, sin embargo Lucien Febvre no solo ignoró el viraje de Renouvin sino que desacreditaría en 1931 la historia diplomática[45].

Aún considerando la entidad y la influencia de algunas historiografías en la historia de las relaciones internacionales, en especial de la francesa cuya irradiación y primacía resulta indiscutible en la década de los cincuenta y sesenta[46], es preciso valorar en todo momento la singularidad y la incidencia de otras, en concreto de la británica y de la italiana, en un espacio de tan fluidos intercambios culturales como lo es Europa. Una observación que ha de emplazar nuestra reflexión no en las coordenadas de una historiografía nacional

[41] J.-B. DUROSELLE "De l'*histoire diplomatique* à l'*historie des relations internationales*", *Mélanges Pierre Renouvin. Estudes d'histoire des relations internationales*, Paris, PUF, 1966, p. 4.

[42] Véase a este respecto la obra de F. CHABOD *Storia della politica estera italiana dal 1870 al 1896*, Bari, 1951, citado por Mª.V. LÓPEZ-CORDÓN "Bases sociales e ideológicas de la política internacional española", ASOCIAÇAO PORTUGUESA DE HISTORIA DAS RELAÇOES INTERNACIONAIS – COMISIÓN ESPAÑOLA DE HISTORIA DE LAS RELACIONES INTERNACIONALES (eds.) *I Encuentro peninsular de Historia de las Relaciones Internacionales*, Zamora, Ministerio de Asuntos Exteriores, Fundación Rei Afonso Henriques, Banco Espiritu Santo, 1998, p. 195; y consúltese, asimismo, P. MILZA "Mentalités collectives et relations internationales", *Relations Internationales*, n. 41, primavera de 1985, p. 95.

[43] Mª.V. LÓPEZ-CORDÓN "Bases sociales e..."", p. 195.

[44] Ibídem. P. 197.

[45] R. FRANK "L'historiographie des relations internationales: des 'Écoles' nationales", R. FRANK (dr.) *Pour l'histoire des relations internationales*, Paris, PUF, 2012, p. 9.

[46] Véase J.C. PEREIRA "De la Historia...", pp. 162 y 165.

u otra, sino a la dimensión europea, y por tanto, transfronteriza en la que se suscitaron, como prudentemente matiza Brunello Vigezzi, "esperanzas y ambiciones compartidas por muchos historiadores europeos de las relaciones internacionales" en un mundo conmocionado tras la Guerra del Catorce[47].

Los orígenes y los primeros indicios de renovación en los estudios históricos sobre las relaciones internacionales surgieron tras la Gran Guerra y en los años del periodo de entreguerras. El análisis del nuevo sistema internacional y la preservación de la paz animó a la creación del *Institute Universitaire des Hautes Études Internationales* en Ginebra por iniciativa de William Rappard y Paul Mantoux y las instituciones ya mencionadas en el ámbito anglosajón, así como al surgimiento de las primeras cátedras como: la Woodrow Wilson de política internacional en la Universidad de Aberystwyth, en la que se sucederían eminentes historiadores como Alfred Zimmern, Sir Charles Webster y Edward Hallet Carr; la cátedra de historia internacional dotada por el industrial escocés Stevenson en 1924 simultáneamente en *The Royal Institute International Affairs* y en la *London School of Economic and Political Science,* desempeñada en primer término por Arnold J. Toynbee, y luego desdoblada en 1932, lo que permitió la incorporación de Sir Charles Webster a esta última institución; y la dotación en 1930 por Montague Burton de una cátedra de relaciones internacionales en Oxford, asumida en aquellos primeros momentos por los historiadores Alfred Zimmern y Sir Llewellyn Woodward.

Desde estos círculos se emprendería, como en otras historiografías europeas, un ingente esfuerzo de investigación e indagación sobre las causas y responsabilidades de la Guerra del Catorce, como en los tres volúmenes de la *Cambridge History of British Foreign Policy*, publicada en 1922 y 1923 y en la que colaboró Charles Webster. Un obra orientada a la demostración de la coherencia de la política británica a partir del análisis de la personalidad de los ministros y los diplomáticos y de otros aspectos como el funcionamiento y la estructura del *Foreign Office*[48].

El debate sobre las responsabilidades y las causas de la guerra bipolarizó buena parte de los esfuerzos de la historia diplomática, tanto en Alemania para responder y desmantelar las tesis del Tratado de Versalles[49] como en Francia para legitimar los fundamentos de la paz. Es sintomático, en este sentido, la especialización de Pierre Renouvin durante aquellos años en la historia de la guerra desde la Universidad de la Sorbona y en la dirección de la *Revue d'histoire de la guerre mondiale*. Trabajos como el publicado en 1925, *Les origines inmédiates de la guerre,* se movían aún en la más ortodoxas pautas del historicismo[50]. Pero el interés que ya había ido mostrando por aspectos inéditos como

[47] B. VIGEZZI "Quelques remarques sur l'histoire des relations internationales en Italia: formation et perspective", *Relations Internationales*, n. 42, 1985, p. 192.

[48] Véase R. LANGHORNE-W. PARK "International History in...", pp. 97 y 100-102.

[49] Véase K.-J. MÜLLER "La situation dans la République fédérale d'Allemange", en *Relations Internationales*, n. 42, 1985, p. 146.

[50] Sobre la trayectoria de Pierre Renouvin en el periodo de entreguerras y las polémicas historiográficas con historiadores alemanes y los historiadores americanos revisionistas, consúltese J.-B. DUROSELLE "De l'*histoire*...", p. 3.

las fuerzas económicas y morales irían aflorando en la década de los treinta, perfilando una evolución en sus planteamientos que no cristalizaría y maduraría hasta después de la Segunda Guerra Mundial. No obstante, la publicación de obras como *La crise européenne et la Grande Guerre (1904-1918)* en 1934 y la creación del *Institut d'Histoire des Relations Internationales Contemporaines* en 1935 perfilaban algunas de las pautas sobre las que se emprendería, más adelante, una profunda renovación conceptual y metodológica.

En Italia, el profesor Brunello Vigezzi nos recuerda la sensibilidad evocada por la Nueva Escuela de Historia Moderna y Contemporánea, fundada en Roma a finales de la década de los veinte, en la que G. Volpe subrayaba la conveniencia de habituarse a considerar las relaciones internacionales, de modo que no se contemplase la política exterior como algo autónomo sino entrelazado con la cultura, con la economía y con toda la historia de los pueblos[51]. Aquella atmósfera de renovación que emergía en algunos círculos académicos se había explicitado, asimismo, en el VII Congreso Internacional de Ciencias Históricas, celebrado en Varsovia en 1933, en el transcurso del cual algunas intervenciones insistirían en las limitaciones de la historia diplomática para analizar y comprender la complejidad de los recientes fenómenos internacionales, como la Gran Guerra o la revolución bolchevique[52].

En la historiografía alemana el estudio de las relaciones internacionales se ha polarizado, en opinión de Hein Gollwitzer, hacia tres grandes ejes: la guerra y la paz; la razón de Estado y el poder; e ideas y modelos de orden en las relaciones internacionales. Sin embargo, el historiador alemán Klaus-Jürgen Müller concluía a mediados de la década de 1980 que Alemania es "*comme un pays sous-développé*" en lo que a la situación académica y cultural de la historia de las relaciones internacionales se refiere. Las razones son múltiples a tenor de la propia naturaleza del sistema educativo, tanto a nivel escolar como universitario, al promover la enseñanza de una historia excesivamente polarizada en lo alemán en detrimento del conocimiento de otros países y del propio sistema internacional, y de la situación académica e intelectual de las relaciones internacionales, donde la historia ha cedido el protagonismo a las ciencias políticas, cuyo frágil diálogo deviene a menudo en el antagonismo entre la historia y la teoría. Por último, el decurso histórico de Alemania y sus dramáticas cesuras han influido de forma decisiva en los registros y la naturaleza del discurso histórico. En el transcurso de los últimos cien años la fundación del Reich por Bismarck cristalizó en la desviación del historicismo rankeano, en cuya obra el estudio del sistema internacional había ocupado un lugar destacado, hacia una historia germanocentrista o germano-prusiana legitimadora de la nueva empresa política nacional[53]. El desenlace de las dos guerras mundiales y la frustración de las sucesivas empresas imperiales –la de la Alemania guillermina y

[51] B. VIGEZZI "Quelques remarques sur...", pp. 190-191.
[52] Véase J.C. PEREIRA "De la Historia...", p. 157.
[53] En 1872 el historiador suizo Jacob Burckhardt afirmaría que desde aquel momento la historiografía alemana se esforzaría por hacer depender la historia universal de los colores de la Prusia victoriosa (véase K.-J. MÜLLER "La situation dans...", pp. 145-146).

la nacionalsocialista– devino, especialmente tras la segunda posguerra, no solo en una peculiar percepción del sistema internacional sino en la primacía de lo interno en el debate historiográfico. La controversia Fritz Fischer en torno a las responsabilidades y los orígenes de la Guerra del Catorce, durante la década de los sesenta, transcurrió en unas coordenadas exclusivamente germánicas, ajenas a la estructura y la naturaleza del sistema internacional. Una agenda que, tal como hemos apuntado con anterioridad, enraizaba con las polémicas y proyectos historiográficos en torno a las responsabilidades tras la Gran Guerra.

En Estados Unidos los estudios internacionales están determinados por sus propias peculiaridades históricas en la construcción de la nación y su propio devenir en la sociedad internacional. La dimensión universalista de los valores modernos desde los que se fraguaron los Estados Unidos llevaba inserta su vocación internacionalista. Los estadounidenses han desarrollado una vertiente internacionalista que no es sino un producto derivado de su nacionalismo, que se puede rastrear en cuatro de sus tradiciones clásicas de pensamiento político: hamiltoniana, focalizada sobre la protección del comercio; jeffersoniana, de cuño radical o democrático; la jacksoniana, de claros componentes populistas y evocadores del poder militar; y la wilsoniana, fundamentada en la moralidad internacional. La legitimación de sus acciones en el exterior, incluidas como tales la expansión fronteriza, siempre ha gravitado sobre sus propios principios, los cuales son evocados como una causa universal.

Los componentes interpretativos en clave excepcionalista y su incardinación en los grandes procesos históricos de la sociedad internacional serpentearían en los grandes debates y tradiciones académicas de pensamiento sobre la política internacional de Estados Unidos. Jerel A.Rosati y James M. Scott distinguen tras planos académicos de aproximación al estudio y la reflexión sobre la política exterior estadounidense: desde la política, desde la historiografía y desde la teoría social. El primer prisma devendría de los profesionales de la política y la política exterior y sus análisis y su praxis pivotarían sobre los asuntos contemporáneos, enfatizando su atención prioritaria al presente y el futuro inmediato. Sus estudios a menudo recurrirían a las aportaciones realizadas desde los otros dos ámbitos de aproximación analítica. Entre ellos, la historiografía, desde la tradición de la historia diplomática y más delante de la historia de las relaciones internacionales –*world politics*–, promovería a partir del estudio científico y sistemático de las fuentes documentales el diálogo con otras ciencias sociales para la comprensión histórica de la política exterior de Estados Unidos. La historia de las relaciones internacionales en Estados Unidos, afirma Robert Frank, muestra una evolución similar a la de la escuela francesa, exceptuando su estrecha conexión con la ciencia política[54]. Y por último, habría que considerar el bagaje procedente de las ciencias sociales –antropología, economía,

[54] R. FRANK "L'Historiographie des relations internationales: les écoles nationals", R. FRANK (dr.) *Pour l'histoire des relations internationals*, Paris, PUF, 2012, p. 34.

psicología, sociología y, en particular, de la ciencia política que sería el semillero en que se fraguaría la teoría de las relaciones internacionales en el mundo anglosajón–[55].

La historiografía internacionalista en Estados Unidos, que surgiría junto a la teoría de las relaciones internacionales en el contexto de la Guerra de 1914, ha sido albacea y testigo comprometido en los grandes debates sobre la política exterior en torno a cuestiones clave como el expansionismo, el aislacionismo, el idealismo o el imperialismo. En la perspectiva de la historiografía de corte historicista, en la que se enmarcaría la historia diplomática, autores como Samuel Flagg Bernis o Dexter Perkins abundarían en la centralidad del Estado, el protagonismo de las grandes personalidades políticas y la vitalidad de los nexos con Europa. Un trabajo historiográfico siempre fundamentado sobra la sacralidad del documento diplomático y los archivos de las cancillerías. Desde finales del siglo XIX los historiadores progresistas como Frederick Jackson Turner o Charles Beard[56] acompañarían con un nuevo relato más permisivo a incorporar claves sociales, económicas y culturales, a la articulación de un discurso académico que entroncaba y renovaba el carácter excepcionalista en tiempos del surgimiento de la política imperialista en Estados Unidos. Su abordaje del estudio de las relaciones internacionales en Estados Unidos insistía en la importancia de las estructuras mentales e intelectuales, así como la influencia de las estructuras sociales y económicas internas en la elaboración de la política exterior.

El influjo de la escuela realista desde la Segunda Guerra Mundial y el origen de la Guerra Fría al hilo de las obras y el pensamiento de George F. Kennan y Hans J. Morgenthau proyectaría su atención sobre el papel del Estado y las élites decisorias en la política exterior, atendiendo especialmente a las preocupaciones por la seguridad y el equilibrio de poder en plena efervescencia de la hegemonía estadounidense.

En las páginas precedentes hemos prestado especial atención al modo en cómo las coordenadas anglosajonas, dominantes en la articulación del sistema internacional de Versalles, tendrían su proyección en la configuración de un nuevo orden intelectual y en particular en la nueva cartografía de los estudios internacionales. La proyección de la diplomacia filantrópica estadounidense sobre la cooperación intelectual ha permitido constatar el proceso de americanización en el ámbito del conocimiento y, en particular de las ciencias sociales y de los estudios internacionales. Su incidencia en el viejo continente sería muy notable especialmente en el curso de los treinta, aunque su alcance sería variable en la cartografía del conocimiento social a tenor de las propias circunstancias de cada comunidad académica. En el caso francés su impacto sería decisivo en la rearticulación del mapa de las ciencias sociales mientras que, por ejemplo, en el caso español su menor incidencia estuvo mediatizada por las coordenadas internas de su ecosistema académico y sobre todo por un itinerario histórico quebrado por la guerra civil o en el

[55] J.A. ROSATI-J.M. SCOTT *The Politics of United States Foreign Policy*, Boston, Wadsworth Cengage Learning, 2011, p. 7.

[56] Ch.A. BEARD-M.A. BEARD *America in Midpassage*, New York, The Macmillan Company, 1939.

caso de los países de Europa Central y Oriental por los efectos de la Segunda Guerra Mundial y la Guerra Fría.

Las relaciones internacionales, concluye Celestino del Arenal quién ha abundado en sus trabajos sobre el "americanocentrismo" de la disciplina, en los años treinta "se afirman como disciplina, paralelamente al desarrollo de nuevas concepciones en el campo del Derecho Internacional, que empieza a asumir una concepción sociológica, y de la Historia Diplomática, que evolucionará hacia la Historia de las Relaciones Internacionales". La gestación de las relaciones internacionales como disciplina es un fenómeno transatlántico y nucleado en torno a la ciencia política, cuya agenda pivotaría prioritariamente sobre el Estado y el poder. En el curso de los años treinta principalmente las relaciones internacionales "se desarrollarán, a pesar de la influencia del Derecho Internacional y de la Historia Diplomática, con una perspectiva predominantemente político-diplomática, y consecuentemente estatocéntrica, etnocéntrica, ideologizada, al margen e ignorando la dimensión de género y la dimensión económica de las relaciones internacionales y las fuerzas sociales que actúan en las mismas"[57].

La reflexión que lleva a cabo Celestino del Arenal desde el prisma del etnocentrismo estadounidense en la teoría de las relaciones internacionales bien podría ser una invitación a pensar sobre el contexto histórico y sobre las condiciones culturales desde las que se gestó el sistema internacional de Versalles y el orden intelectual que acompañó al mismo. Un sendero que nos conduce a contemplar las nuevas miradas y el revisionismo historiográfico que desde finales de la década de 1990 se cierne sobre los mitos fundacionales y el relato clásico en torno al nacimiento de la teoría de las relaciones internacionales.

El mito de 1919 y los debates sobre la genealogía de los estudios internacionales

El relato ortodoxo y canónico sobre los orígenes de la teoría de las relaciones internacionales lo vincula con la Guerra del Catorce a través de la creación de las cátedras, instituciones y revistas a las que hacíamos mención. El mito de 1919 se entretejería a partir de tres supuestos: el nacimiento de la disciplina de relaciones internacionales en 1919; el impacto del horror de la Gran Guerra y los esfuerzos idealistas por evitar una nueva contienda; y, finalmente, el debate fundacional de la disciplina entre idealistas y realistas[58]. Es habitual en esta literatura considerar que en 1919 tenía lugar la creación del primer departamento sobre política internacional en la Universidad de Aberystwyth, junto a otras cátedras de estudios internacionales en la Universidad de Georgetown en 1919 o en la *London*

[57] C. del ARENAL "Relaciones internacionales: una disciplina líquida...", p. 54; y del mismo autor ""Revisando la génesis y desarrollo de las relaciones internacionales como disciplina", C. GARCÍA SEGURA-J.A. SANAHUJA-F.J. VERDES-MONTENEGRO *100 años de relaciones internacionales: una mirada reflexiva*, Valencia, tirant lo Blanch, 2020, p. 32.

[58] B. DE CARVALHO-H. LEIRA-J.M. HOBSON "The Big Bang of IR: The Myths That Your Teachers Still Tell You about 1648 and 1919", *Millenium: Journal of International Studies*, 39(3), 2011, pp. 745-746.

School of Economics. En su conjunto se consideraban el horizonte del nacimiento de la disciplina de las relaciones internacionales. En la narrativa tradicional, afirma José Ricardo Villanueva, la primera generación de intelectuales especializados en asuntos internacionales se adscribían a una escuela teórica denominada idealismo o utopismo –liberal–. En una de las obras de referencia de esta literatura *La crisis de los veinte años* publicada por Edward H. Carr, miembro de la delegación británica en la Conferencia de Paz de Paris y en el momento de la edición de la obra director del Departamento de Política Internacional de la Universidad de Aberystwyth, se afirmaba que en la etapa utópica de la disciplina los investigadores "han puesto poca atención a los hechos de la realidad o a los análisis de la causa y efecto; más bien, se han dedicado con entusiasmo a la elaboración de proyectos visionarios". Asimismo, Edward H. Carr asociaba a aquellos primeros internacionalistas al apoyo *tout court* a la Sociedad de Naciones. El nuevo templo de la paz en Ginebra no era ajeno a los escritos de eminentes internacionalistas liberales como John A. Hobson *Towards International Government* (1915), Leonard Woolf *international Government* (1916) y *The Framework for a Lasting Peace* (1917) o Henry N. Brailsford *The League of Nations* (1917), activistas en el seno de la *League of Nations Society* y cuyas obras tuvieron una significativa influencia sobre Woodrow Wilson, especialmente la de Leonard Woolf que atrajo la atención del Foreign Office y estuvo muy presente en el Plan Phillimore[59]. En opinión de Edward H. Carr:

> La revelación de la base real de aquellos principios habitualmente profesados de manera abstracta en la política internacional es el aspecto más concluyente y más convincente de la denuncia de los realistas contra el utopismo. La naturaleza de la acusación frecuentemente es malentendida por aquellos que intentan refutarla. La acusación no es que los seres humanos son incapaces de vivir de acuerdo a sus principios (...) Lo que importa es que esos principios, supuestamente absolutos y universales, no son en absoluto principios, sino los reflejos inconscientes de una política nacional basada en una interpretación particular del interés nacional en un momento dado (...) El fracaso del utopismo reside no en sus fallos para cumplir con sus principios, sino en su incapacidad para proveer modelos, absolutos y desinteresados, para la gestión de los asuntos internacionales"[60].

Con posterioridad Hedley Bull al referirse a la obra de los idealistas, entre los que mencionaba a Leonard Woolf, Philip Noel Baker o Alfred Zimmern –primer director del

[59] J.R. VILLANUEVA "El primer gran debate en relaciones internacionales: ¿mito disciplinario?", A. LOZANO VÁZQUEZ-D.J. SARQUÍS RAMÍREZ-J.R. VILLANUEVA LIRA-D. JORGE ¿Cien años de relaciones internacionales? Disciplinariedad y revisionismo, Madrid, Siglo xxi, 2019, p. 196. Y véase, asimismo, J.M. MANSON "Leonard Woolf as...", pp 2-7.

[60] E.H. CARR *La crisis de los veinte años, 1919-1939*, Madrid, Los Libros de la Catarata, 2004. Citado por E. BARBÉ *Relaciones* internacionales, Madrid, Tecnos, 1995, p. 75. Sobre la obra de Edward H. Carr remitimos a la excelente biografía realizada J. HASLAM *E.H. Carr. Los riesgos...*

Departamento de Política Internacional de la Universidad de Aberyswyth– la calificaba de superficial y que "no vale la pena leer". Para aquellos primeros realistas, como Edward H. Carr o Hans J. Morgenthau, los idealistas habían sido muy ingenuos y argumentaban que en el estudio de las relaciones internacionales no se podía prescindir del análisis de aspectos tan fundamentales como el poder y las causas de la guerra. Aquel primer gran debate se escenificaría entre la década de 1930 y de 1950[61]. El relato canónico y mítico sobre la genealogía de la disciplina y su posterior evolución giraría –en palabras de Irene Rodríguez Manzano– en torno a:

> (...) una secuencia cronológica de grandes debates que, comenzando con el debate entre "idealistas" y "realistas", finaliza con un cuarto debate entre "positivistas" y "pospositivistas". De acuerdo con esta narrativa, los idealistas dominarían el periodo de entreguerras, una percepción que reforzará la emergencia –a finales de la década de 1930 y principios del decenio de 1940– del primer gran debate entre esta escuela de pensamiento y la teoría realista. En término "kuhnianos", una "anomalía" –la Segunda Guerra Mundial– se traduce entonces en una crisis del paradigma dominante –el idealismo– y su remplazo por un nuevo paradigma: el realismo[62].

El discurso en torno a una nueva era en las relaciones internacionales y el nacimiento de la teoría de las relaciones internacionales enmascaraba, en opinión de Barry Buzan y George Lawson, la presencia y las herencias del pensamiento internacional desde finales del siglo XIX y los nexos con el colonialismo y el racismo[63]. Este relato mítico construido desde la consolidación de la teoría de las relaciones internacionales en Estados Unidos tras la Segunda Guerra Mundial conduciría a John M. Hobson a cuestionar ciertos dogmas narrativos: en primer término, la revisión de la pretendida ruptura generada por el nacimiento de la teoría de las relaciones internacionales y reivindicar su continuidad e inserción con los estudios internacionales precedentes a la Guerra del Catorce; visibilizar, tras ese silencio en torno a los componentes racistas, imperialistas y etnocentristas de la teoría, la atmósfera de resistencia en las periferias respecto a las metrópolis, en un contexto de toma de conciencia de la decadencia de Occidente desde sus premisas eurocéntricas; el enunciado junto al discurso optimista en torno a la paz y la cooperación entre los Estados de la dimensión imperialista que subyacía en la política mandataria y el imperialismo explícito en algunos de los internacionalistas liberales, caso de Alfred Zimmern o Gilbert Murray, comprometidos con la causa del imperio británico como un pilar fundamental de la misión civilizadora; la polémica en torno al supuesto predominio del internacionalismo liberal en el pensamiento internacional del periodo entre las dos guerras mundiales; o

[61] J.R. VILLANUEVA "El primer gran...", pp. 196-197.
[62] I. RODRÍGUEZ MANZANO "La institucionalización de...", pp. 252-253.
[63] B. BUZAN-G. LAWSON *The Global Transformation. History, Modernity and the Making of International Relations*, Cambridge, Cambridge University Press, 2015, p. 52.

el cuestionamiento de la propia esencia del debate idealismo *vs.* realismo como primer gran debate de la disciplina[64].

Entre estos argumentos quisiéramos polarizar nuestra atención en la incardinación del origen de la teoría de las relaciones internacionales en el marco más amplio del pensamiento internacional desde finales del siglo XIX y, de modo especial, en los mitos y realidades del primer gran debate de la disciplina –idealismo *vs.* realismo– con el fin de reflexionar en torno a los términos lanzados en el debate académico revisionista sobre el mito de 1919 y recodificar y poner en valor la centralidad de la Conferencia Permanente de Altos Estudios Internacionales como foro transnacional e institucionalizado en la genealogía de este ámbito de conocimiento social en el ecosistema de la cooperación intelectual entre ambas guerras mundiales.

En el curso de las tres últimas décadas las miradas revisionistas y críticas sobre el origen de los estudios internacionales han corporeizado un apasionante debate, revisando el relato canónico en lo que Duncan S.A. Bell denominó "giro historiográfico", Benno Teschke interpretó como"giro histórico" o Stephen Hobden bautizó como "retorno histórico"[65].

La toma de conciencia en torno al mito de 1919, tal como advierten Benjamin Carvalho, Halvard Leira y John M. Hobson, siembra su semilla con la publicación de *The Aberystwyth Papers* en 1973, con motivo del 50º aniversario del establecimiento de la cátedra de política internacional en la Universidad de Gales. La primera consecuencia de este reconocimiento académico fue desplazar hasta 1919 el origen de la disciplina y visibilizar a aquella generación perdida de "idealistas", cuya labor había quedado soterrada bajo el discurso dominante del realismo. Con posterioridad a comienzos de la década de 1980 y en el marco del cuarto gran debate de la disciplina –debate interparadigmático– se comenzaría a codificar desde una perspectiva crítica el mito de 1919 y la naturaleza misma del debate idealismo *vs.* realismo. Con la clausura de la Guerra Fría en 1989 se intensificaría el interés académico –y político– por las teorías de relaciones internacionales previas a la Guerra Fría, espoleado por el auge de neoliberalismo. La consecuencia inmediata fue un despertar del interés por los teóricos "idealistas", "revealing a breadth and diversity of thought that had been completely glossed over by the myth of 1919"[66].

Frente a la narrativa tradicional, que eclipsaba todo bajo el foco del nacimiento de la teoría de las relaciones internacionales, autores como Torbjorn L. Knutsen[67], Brian

[64] J.M. HOBSON *The Eurocentric Conception of World Politics. Western International Theory 1760-2010*, Cambridge, Cambridge University Press, 2012, pp. 133-135.

[65] Véase I. RODRÍGUEZ MANZANO "La institucionalización de…", p. 253. Las obras de referencia mencionadas corresponderían a: D. BELL "International Relations: the Dawn of a Historiographical Turn?", *British Journal of Politics and International Relations*, 3 (1), 2001, pp. 115-126; S. HOBDEN, S. "Historical Sociology: Back to the Future of International Relations?", S. HOBDEN-J. HOBSON (eds.) *Historical Sociology of International Relations*, Cambridge, Cambridge University Press, 2002, pp. 432-62; y B. TESCHKE *The Myth of 1648: Class, Geopolitics and the Making of Modern International Relations*, London/New York, Verso, 2003.

[66] B. DE CARVALHO-H. LEIRA-J.M. HOBSON "The Big Bang…", pp. 746-747.

[67] T.J. KNUTSEN *A History of…*

Schmidt[68] o Lucian M. Ashworth[69] han destacado en sus trabajos el creciente interés en medios intelectuales, académicos y políticos hacia los asuntos internacionales, aunque obviamente la Guerra del Catorce contribuiría a acrecentar y divulgar el interés y los debates en torno a dichas cuestiones. En este sentido la gestación de las relaciones internacionales como disciplina científica se roturó en un contexto configurado por la concurrencia de diferentes dominios del conocimiento social que tradicionalmente se habían ocupado de las cuestiones internacionales –el derecho internacional y la historia diplomática, a los que ya hemos aludido, pero también la geografía y la geopolítica, la diplomacia, la antropología o el orientalismo– con todo el bagaje del pensamiento social e internacional occidental característico desde finales del siglo XIX –el eurocentrismo, el darwinismo social, el organicismo, el racismo, la biopolítica incardinada en las políticas eugenésicas o la dimensión patriarcal del mapa del conocimiento social–. Toda una cartografía del conocimiento que con sus obvios matices recorría el espectro de las grandes tradiciones ideológicas dominantes –el conservadurismo, el liberalismo, el radicalismo democrático y el marxismo-[70].

Aristas todas ellas en mayor o menor medida presentes en los debates sobre los estudios internacionales. ¿Pero qué hay realmente tras el primer gran debate de la disciplina? ¿Es un mito o una realidad? y de ser así, en este último caso, ¿quiénes son los interlocutores, cuál es la agenda y en qué medida esta agenda se nutre del pasado reciente y de las novedades inoculadas por el nuevo sistema internacional tras la Gran Guerra?

Una reflexión previa, apuntada por Benjamin Carvalho, Halvard Leira y John M. Hobson, apunta al hecho de que el mito de 1919 y el primer debate fue más bien la consecuencia de un relato transmitido desde las aulas, en las clases, que en los libros de texto. Sería más acertado, en realidad, considerar la circulación de varios debates entre diferentes aproximaciones hacia la política en general, más que la polarización discursiva canonizada por el realismo –triufante tras la Segunda Guerra Mundial– de aquella primigenia controversia con los internacionalistas liberales[71].

Uno de los argumentos esgrimidos por la historiografía revisionista son las limitadas interacciones entre los denominados idealistas y realistas clásicos. Autores como Peter Wilson[72], Brian Schmidt[73] o Cameron Thies[74] niegan la existencia misma del debate. En opinón de Peter Wilson el debate fue útil como instrumento pedagógico, pero es

[68] B. SCHMIDT *The Political Discourse of Anarchy. A Disciplinary History of International Relations*, Albany New York, SUNY Press, 1998.

[69] L.M. ASHWORTH *A History of International Thought. From the Origins of the Modern State to Academic International Relations*, London/New York, Routledge, 2014.

[70] Remitimos en este sentido a la consulta del excelente y polémico libro de J.M. HOBSON *The Eurocentric Conception...*, pp. 133-181.

[71] B. DE CARVALHO-H. LEIRA-J.M. HOBSON "The Big Bang...", pp. 745 y 748.

[72] P. WILSON "The Myth of the First Great Debate", *Review of International Studies*, 24 (5), 1998, pp. 1-13.

[73] B. SCHMIDT *The Political Discourse of Anarchy. A Disciplinary History of International Relations*, Albany New York, SUNY Press, 1998.

[74] C. THIES "Myth, Half-truth, Reality or Strategy?", C. THIES *International Relations and the First Great Debate*, New York, Routledge, 2012, pp. 118-132.

históricamente discutible. El primer debate fue en buena medida una crítica unidireccional de los realistas hacia los denominados idealistas –liberales–. Fue, a juicio de Brian Schmidt, "un mito disciplinario" aunque el debate adquiriera mayor corporeidad tras la Segunda Guerra Mundial. Sin embargo, como matiza José Ricardo Villanueva, lo cierto es que si existieron algunas interacciones entre estos intelectuales y académicos tal como se puede concluir por ejemplo de la reseña realizada por Norman Angell en 1940 sobre la obra de Edward H. Carr *La crisis de los veinte años* criticando su apoyo a la política de apaciguamiento del Gobierno británico y en otro texto del mismo año en el que criticaba el pesimismo de Edward H. Carr hacia la razón y las posibilidades de la cooperación internacional. En las tesis de Norman Angell, quién había sido uno de los promotores y editor en 1913 de la revista *War and Pace*, se pronunciarían en un mismo sentido otros autores "idealistas" como Alfred Zimmern, Arnold J. Toynbee y Gilbert Murray. A las críticas de Edward H. Carr también respondería Leonard Woolf[75]. Existieron, por tanto, interacciones pero no de la envergadura como para considerarlo un "gran debate". La obra de Edward Hallet Carr, concluye Katharina E. Rietzler, ha de considerarse no tanto como una cartografía de los estudios internacionales sino como una polémica política, cuyo eje vertebral son los alineamientos en torno a la política de *appeasement* y las críticas vertidas por muchos de aquellos internacionalistas liberales británicos hacia la política de Neville Chamberlain[76].

Otro de los problemas, afirma José Ricardo Villanueva, que deriva del relato tradicional devendría de la ambigüedad en el uso del término "idealista" puesto que es frecuentemente utilizado como sinónimo de internacionalismo o de utopismo liberal. Edward H. Carr, recordemos, juzgaba que los idealistas prestaban escasa atención a los hechos de la realidad, que se comprometían dogmáticamente con "proyectos visionarios" como la Sociedad de Naciones y que ignoraban la importancia del poder en el estudio de las relaciones internacionales. Hedley Bull enfatizaba la firme creencia en el progreso como uno de los distintivos de los idealistas. Asimismo, autores como Robert Jackson y Georg Sorensen[77] incorporaban a este retrato de los idealistas la atención privilegiada prestada por estos a la interdependencia y el derecho internacional. Al amparo de aportaciones como la realizada por Lucian Asworth[78] a través del análisis de cinco pensadores "idealistas" –Norman Angell, Leonard Woolf, Henri N. Brailsford, Philip Noel-Baker y David Mitrany–, José Ricardo Villanueva coincidía en afirmar que aquellos intelectuales eran erróneamente tildados de idealistas, pues a diferencia de lo que afirmaba Edward H. Carr prestaban especial atención a los hechos de la realidad internacional y en modo alguno subestimaban la importancia del poder en las relaciones internacionales. Lo mismo se

[75] J.R. VILLANUEVA "El primer gran…", pp. 198-199.

[76] Véase K.E. RIETZLER *American Foundations and…*, p. 36.

[77] R. JACKSON-G. SORENSEN *Introduction to International Relations Theories and Approaches*, Oxford, Oxford University Press, 2013.

[78] L.M. ASHWORTH "Where are the Idealists in interwar International Relations?", *Review of International Studies*, 32, 2006, pp. 291-308.

podría aducir respecto a otros intelectuales tradicionalmente identificados con los idealistas como John A. Hobson, cuya principal contribución al pensamiento internacional fueron sus escritos sobre el imperialismo[79] y que tan influyentes fueron en teóricos marxistas del imperialismo como Rosa Luxemburg, Nicolai Bujarin y Vladimir Lenin, pero también en otros internacionalistas como Henri N. Brailsford. Este último reconocería su deuda con John A. Hobson al partir también de la conexión entre la expansión imperialista, la ambición capitalista y el bajo umbral de consumo de los mercados nacionales. Es, por tanto, "difícil pensar que los internacionalistas, que consideraban al imperialismo en sus escritos, podrían haber ignorado al poder y a los hechos de la realidad internacional". En suma, "varios de los intelectuales del periodo de entreguerras no tienen las características teóricas de la denominada escuela idealista"[80].

En realidad, la mayor parte de los intelectuales de aquella primera generación de teóricos de las relaciones internacionales no se percibían a sí mismos como tales. John A. Hobson se consideraba dentro de la corriente del nuevo libertalismo o liberalismo social, desde cuyas posiciones se consideraba que ni el capitalismo ni el socialismo podían combatir satisfactoriamente los problemas económicos internacionales. Desde esta perspectiva alentaban la intervención del Estado para paliar las injusticias sociales. Otros intelectuales "idealistas" se identificaban con el socialismo fabiano, como era el caso de Henri N. Brailsford, H.G. Wells o el propio Leonard Woolf[81]. En definitiva, más allá del supuesto "idealismo, y el realismo clásico, los inicios de la disciplina tuvieron otras influencias teóricas, como el socialismo"[82].

Fuera del foco del relato clásico también transcurriría el trabajo académico de internacionalistas que bien podrían figurar en el arquetipo de los idealistas y que por razones de género y la gravidez de patriarcado en el ámbito académico de los estudios internacionales han permanecido en la invisibilidad. Algunas de estas académicas como Mary Agnes Hamilton, y las escritoras feministas Helena Swanwick y Emily Greene Balch –quien fuera la primera profesora de relaciones internacionales en Wellesley College– participaron con sus colegas en los debates sobre la seguridad colectiva. Desde un feminismo muy comprometido con la causa del pacifismo, las posturas de Helena Swanwick y Emily Greene Balch respecto a la seguridad colectiva fueron muy críticas con las analogías defendidas por algunos de sus colegas como Philip Noel-Baker entre la asociación de la vigilancia policial doméstica y las sanciones militares. En opinión de ambas, la "naturaleza de la guerra en un sistema sin autoridad no podía compararse con el uso de la fuerza coercitiva por parte de la policía en el ámbito doméstico. Con

[79] J.A. HOBSON *Imperialism. A study*, London, Nisbet, 1902.
[80] J.R. VILLANUEVA "El primer gran...", pp. 200-201.
[81] Su obra *International Government* respondió a un encargo de Sidney y Beatrice Webb, socialistas fabianos y miembros eminentes del Partido Laborista, realizado a finales de 1914 (J.M. MANSON "Leonard Woolf as...", p. 1.
[82] J.R. VILLANUEVA "El primer gran...", p. 202.

un evidente sentido empírico Helena Swanwick[83] distinguía entre la eficiencia de los mecanismos de la seguridad colectiva cuando era aplicada sobre los pequeños Estados y la dudosa efectividad cuando el infractor fuese una gran potencia[84]. Las aportaciones feministas de acuerdo con el relato canónico sobre los orígenes de la teoría fueron no solo marginales sino marginadas como fue el caso de la propia Helena Swanwick, autora de dos libros críticos con la seguridad colectiva a finales de la década de los treinta, y de Lucy Philip Mair, que fue una de las primeras académicas contratadas por el departamento de estudios internacionales de la *London School of Economics* y colaboradora en la revista *International Affairs*. Esta última, especialista en administración colonial acabaría encontrando acomodo en el área de antropología. Los "estereotipos de género – argumenta Hasmet M. Uluorta– impidieron que las mujeres en la academia pudiera participar en las áreas de investigación en crecimiento consideradas 'no-femeninas'"[85].

"¿Dónde están las mujeres?" se pregunta Irene Rodríguez Manzano en una excelente reflexión crítica en torno a los relatos tradicionales sobre la genealogía de los estudios internacionales y el mito de 1919. Su análisis indaga sobre las pasarelas entre el movimiento sufragista y el pacifismo, especialmente en el entorno de la Gran Guerra, la sustancial aportación intelectual y política al nuevo orden intelectual e internacional de la paz en construcción al terminar la contienda y su invisibilidad en ese nuevo(viejo) orden patriarcal. Entre sus hitos más mediáticos destaca el Congreso de La Haya celebrado en 1915, en cuya génesis compartieron protagonismo: la húngara Rozika Schwimmer, la holandesa Aletta Jacobs, las alemanas Anita Augspurg y Lida Gustava Heymann, y la británica Emmeline Pethick-Lwarence. Schwimmer y Pethic-Lwarence se desplazaron a Estados Unidos en otoño de 1914 con el fin de establecer conexiones entre asociaciones sufragistas a ambos lados del Atlántico para aunar sus esfuerzos contra la guerra y, asimismo, convencer al presidente Woodrow Wilson para la convocatoria de una conferencia de neutrales. El aliento de ambas fue clave para que la activista y reformadora estadounidense, Jane Adams, fundase en diciembre de aquel año la *Chicago Emergency Federation of Peace Forces* uno de cuyos propósitos era la elaboración de un plan constructivo de paz –*Continuous Mediation Without Armistice*, formulado por Julia Grace Wales. En el plan se proponía la celebración de una conferencia internacional, pero no bajo el perfil de una conferencia diplomática convencional sino una conferencia internacional de expertos. No fue el único plan presentado en Estados Unidos, pero si fue el más detallado y explícito. El plan contaría con el respaldo del *Woman's Peace Party* fundado en Washington en enero de 1915, en cuyo seno se adoptó por unanimidad el *Program for constructive peace*, inspirado mayormente en el plan de Wales. Aunque menos pormenorizado que el plan que emanaría del Congreso Internacional de Mujeres celebrado en La Haya en

[83] H.M. SWANWICK *Collective insecurity*, London, Jonathan Cape, 1937.
[84] Véase J.R. VILLANUEVA "El primer gran…", pp. 200-201.
[85] ULUORTA, H.M. "La teoría crítica de las relaciones internacionales: panorama histórico, revisionismo y escenarios futuros", A. LOZANO VÁZQUEZ-D.J. SARQUÍS RAMÍREZ-J.R. VILLANUEVA LIRA-D. JORGE ¿Cien años de relaciones internacionales? Disciplinariedad y revisionismo, Madrid, Siglo xxi, 2019, pp. 273-274.

abril de 1915, gran parte de sus propuestas –entre las que se concebía la creación de una organización internacional– preludiaban e influirían en el contenido del mensaje presidencial de Woodrow Wilson de los Catorce Puntos. En el Congreso de La Haya, al que asistieron 1.200 activistas procedentes de doce países y cuya presidenta fue Jane Adams, se aprobaron veinte resoluciones orientadas a la construcción de una paz permanente que precedieron e influyeron en los Catorce Puntos. Junto a reivindicaciones ya presentes en el movimiento sufragista como el derecho al voto o la protección de las mujeres como consecuencia de las agresiones perpetradas en tiempo de guerra, se incorporaban propuestas sobre las que había de fundamentarse la paz permanente –principio de autodeterminación de los pueblos, arbitraje y conciliación, la cooperación internacional a través de la implementación de una asociación de naciones o el tribunal permanente de justicia internacional en los que se reivindicaba la presencia de las mujeres. La labor de este movimiento, concluye Irene Rodríguez Manzano, repercutió:

> (...) positivamente en Wilson. Esta labor no solo contribuyó a mantener su interés en la mediación y su confianza en que una oferta oportuna de buenos oficios podría contribuir a dicha mediación, sino también a definir sus ideas sobre las reformas internacionales necesarias para transformar la naturaleza y la configuración del mundo de posguerra.
> (...) las mujeres tenían su lugar en la esfera pública internacional y capacidad para favorecer la diplomacia, contribuyendo a redefinir sus roles en relación con la paz y el orden mundial. En consecuencia, las situó en la corriente principal del pensamiento internacional sobre la reorganización de las relaciones internacionales[86].

No sería el único colectivo fuera del foco del relato canónico en torno al mito de 1919 ni la única aproximación crítica que fue diluida en la invisibilidad del silencio académico desde el *main stream*. Los componentes paternalistas, xenófobos e imperialistas que alimentaba la textualidad dominante en los estudios internacionales desde finales del siglo XIX se agitarían como fórmula disolvente de enfoques críticos respecto al pensamiento internacional predominante en la época. La revolución silenciada articulada en los trabajos teóricos y el magisterio de W.E.B. Du Bois o Alan Locke desde la *Howard's School* en abierto desafío a las teorías supremacistas ilustran también un desafío intelectual de gran calado. En un contexto intelectual pincelado por la gravidez del imperialismo en el pensamiento internacional de comienzos del siglo XX, Errol A. Henderson[87] restituye el papel de los miembros de la *Howard' School* –entre cuyos integrantes, además de los intelectuales ya mencionados, figuran R. Brunche, E. Franklin Frazier o Merce Tate,

[86] I. RODRÍGUEZ MANZANO "La institucionalización de...", pp. 261-275.

[87] E.A. HENDERSON "The Revolution Will Not Be Theorised: Du Bois, Locke and the Howard School's Challenge to White Supremacist IR Theory", *Millennium Journal of International Studies*, vol. 45, n. 3, 2017, pp. 492-510. El autor ealiza una valoración de las contribuciones teóricas de la *Howard' School* a partir de la obra de R. VITALIS *White World Order, Black Power Politics: the Birth of American International Relations*, Ithaca, Cornell University Press, 2015.

quien fuera la primera doctoranda afroamericana en relaciones internacionales y ciencia política– cuyas obras armaron un marco teórico crítico con el pensamiento internacional supremacista blanco. W.E.B. Du Bois participaría plenamente en los debates sobre el imperialismo. En su aportación "The African Roots of the War", publicada con anterioridad a la obra de Lenin *El imperialismo: fase ulterior del capitalismo* pero invisible en las antologías sobre relaciones internacionales, indagaba sobre la implicación del trabajo y el capitalismo en la opresión de los trabajadores no blancos en las colonias. Al teorizar sobre las raíces africanas de la guerra subrayaba la incidencia que las disputas imperiales habían tenido en la guerra mundial. El problema del siglo xx es el problema del color. El panafricanismo "was not only a plan for freedom, social justice, and prosperity, but global peace as well". Las tesis de W.E.B Du Bois tendrían una doble implicación en la teoría de las relaciones internacionales: de un lado, el reconocimietno de la prevalencia del imperialismo supremacista, reconociendo "a global hierarchy as opposed to the global anarchy imagined and theorised by realists and liberal/idealist IR theorists"; y en el marco del debate sobre el imperialismo, el enfoque de Du Bois enfatizaba el papel de los factores sociales y culturales que confluían en el racismo como determinante del imperialismo y la guerra, frente al énfasis de Lenin en los factores económicos y de John Hobson en los factores políticos. Sobre esta dimensión cultural y sociológica también alertaría Alan Locke, uno de los líderes del Renacimiento de Harlem. Su contribución teórica más importante al pensamiento internacional giró en torno al análisis que realizó de la raza y la cultura. La raza es una construcción sociológica no biológica o antropológica. Fue uno de los primeros académicos en proponer la raza como construcción social.

Al cuestionarse la naturaleza y la entidad misma del debate idealismo *vs.* realismo John M. Hobson indaga sobre las conexiones entre ambos polos formales, de modo que las analogías muestran puntos de encuentro fundamentales que, de algún modo, invitan a reflexionar sobre los términos y la propia agenda del debate. En este universo de intersección los consensos cristalizarían en torno a la hegemonía de Occidente, la convicción sobre la superioridad del hombre blanco, el mito del progreso y la identificación entre la superioridad de la norma y la gobernanza de las relaciones internacionales –positivada en el derecho internacional– como proyección de la civilización Occidental[88]. "The alternative to war is law", en palabras de Leonard Woolf[89]. Un relato de la disciplina que se constituye como una suerte de "West Side Story"[90].

En el balance que realiza José Ricardo Villanueva en torno al primer gran debate de la disciplina concluye que las discusiones fueron "muy limitadas" y que ciertamente existió otro debate más sustancial, con un mayor flujo de intercambios y polarizado en torno al imperialismo que se inició a principios del siglo xx y se prolongaría hasta 1935[91].

[88] J.M. HOBSON *The Eurocentric conception...*, pp. 135-136.
[89] J.M. MANSON *Leonard Woolf as...*, p. 3.
[90] B. DE CARVALHO-H. LEIRA-J.M. HOBSON "The Big Bang...", p. 750.
[91] J.R. VILLANUEVA "El primer gran...", pp. 203-208.

En este sentido cohabitaría con otros temas que confluirían en el debate de los expertos en estudios internacionales en el curso de la década de 1930.

El análisis del debate en torno al imperialismo desde los estudios internacionales permite introducir una perspectiva cronológica más amplia y proyectar un mapa en el que se aprecian mejor las inercias y las novedades en la agenda de los estudios internacionales tomando como ecuador la Gran Guerra. Afirma Brian Schmidt que "aunque los antecedentes de RI están típicamente identificados con el derecho internacional, la historia diplomática, los movimientos de paz, la filosofía moral, la geografía y la antropología, los historiadores revisionistas han incluido a la administración colonial y el análisis del imperio y del imperialismo"[92]. Autores como William C. Olson y A.J.R. Groom[93] afirman que la disciplina de las relaciones internacionales tuvo sus auténticos inicios con los estudios sobre el imperialismo y no sobre el orden mundial. Robert Vitalis[94] llegaría a argumentar que el imperio fue realmente el marco en el que surgieron los estudios sobre relaciones internacionales en Estados Unidos y de acuerdo con un contexto imbuido de la preocupación por el imperio, el imperialismo y el racismo. A los pioneros en el estudio de las relaciones internacionales en Estados Unidos les preocupaba "la posibilidad de una guerra racial que condujera hacia el fin de la hegemonía mundial de la raza blanca". Es sintomático, desde este prisma, el hecho de que *The Journal of Race Development*, la primera revista académica especializada en este ámbito fundada en 1910, sería rebautizada en 1919 como *The Journal of International Relations* al ser vendida al *Council on Foreign Relations*. En 1922 adquiriría su definitiva denominación *Foreign Affairs*. El propio Brian Schmidt, junto a David Long, en un trabajo publicado en 2005 enfatizaba el hecho de que el imperialismo y el internacionalismo eran "primordiales cuando el campo –relaciones internacionales– comenzó a tomar una forma reconocible a principios del siglo xx"[95]. Ambos eran fenómenos en estrecha interacción.

El origen de la "disciplina" se remontaría, de acuerdo con la tesis de Brian Schmidt, a 1880 con motivo de la fundación por parte de Burgess de la *School of Political Science* en el *Columbia College*. Un entorno en el que los estudios internacionales se abordaban desde una panorámica multidisciplinar. Sin embargo, la primera asignatura que se consagró explícitamente a la materia fue "Contemporary Politics", impartida por Paul S. Reinsch en la *University of Wisconsin* en el curso académico 1899-1890. Él mismo publicaría en 1900 *World Politics at the End of the Nineteenth Century*, la primera monografía en el campo de las relaciones internacionales, alentando un relato nacional imperialista en plena eclosión

[92] B. SCHMIDT "Revisando la historia temprana de las relaciones internacionales: imperialismo, colonialismo y raza", A. LOZANO VÁZQUEZ-D.J. SARQUÍS RAMÍREZ-J.R. VILLANUEVA LIRA-D. JORGE ¿Cien años de relaciones internacionales? Disciplinariedad y revisionismo, Madrid, Siglo xxi, 2019, p. 258.

[93] W.C. OLSON-A.J.R. GROOM *International Relations then and now: Origins and Trends in Interpretation*, London, HarperCollins, 1991.

[94] VITALIS, R. *White World Order...*

[95] B. SCHMIDT "Revisando la historia...", pp. 258-259; y véase G. LONG-B. SCHMIDT (dirs.) *Imperialism and Internationalism in the Discipline of International Relations*, Albany, State University of New York Press, 2005. Y consúltese, asimismo, I. RODRÍGUEZ MANZANO "La institucionalizacion de...", p. 257.

del imperio tropical en Estados Unidos[96]. En 1904 tenía lugar la creación de la *American Political Science Association*, disciplina predilecta desde la que emergió la teoría de las relaciones internacionales en Estados Unidos, designándose a Wolsey presidente de la Sección de "Derecho internacional y Diplomacia" y a Paul S. Reinsch como responsable de la Sección de Política, quién era una autoridad en colonialismo y administración colonial. En el contexto de la construcción del imperio tropical estadounidense Paul S. Reinsch sustentaba que el "estudio científico de la administración colonial debería tener como efecto práctico proveer a los políticos de conocimientos para diseñar mejores políticas coloniales". Unos estudios que transitarían entre los métodos de la historia comparada, como fórmula de aprendizaje de otras administraciones y experiencias coloniales –en especial la del imperio británico– y el excepcionalismo del Destino Manifiesto. El experto en asuntos coloniales Alpheus Henry Snow en la *George Washington University* propondría la creación de una "ciencia de las relaciones imperiales"[97].

El debate sobre el imperialismo, puntualiza José Ricardo Villanueva, comenzó en 1909 con la publicación de la obra de Norman Angell *La ilusión óptica europea*, que al año siguiente volvería a editarse pero bajo el título *La gran ilusión*. La controversia se iniciaría con la reseña que de la obra de 1909 hiciera Henri N. Brailsford en la que junto a sus alabanzas discrepaba de la suposición de que las guerras no proporcionaban ganancias a los vencedores. A la controversia se uniría el socialista Karl Kautsky rechazando la idea de que las guerras imperialistas no procuraban ganancias económicas. En 1919 Norman Angell argumentaba que la causa del imperialismo no eran los capitalistas, sino las ideas nacionalistas. La Guerra del Catorce introdujo nuevos elementos en el debate a tenor del propio resultado de la guerra y su incidencia en las periferias y en el ciclo revolucionario en Rusia. Conviene no olvidar en este sentido la política de la III Internacional hacia las periferias coloniales. En el debate participaría Leon Trotski y Harold Laski en contra de las tesis de Norman Angell y en una misma línea se escenificarían los escritos de Henri N. Brailsford en 1935 criticando a este por ignorar las ganancias de la clase burguesa como resultado del imperialismo. Al debate que se cerraría en 1935 su sumaría Leonard Woolf, quién adoptaría una posición templada en la controversia[98]. En el entorno a esta polémica no pueden ignorarse la incidencia del pensamiento geopolítico de Alfred T. Mahan, Halford Mackinder, James Fairgrieve o el eminente geógrafo estadounidense y miembro del *Inquiry*, Isaiah Bowman o del geógrafo político Derwent Whittlesey, participante en la Conferencia Permanente de Altos Estudios Internacionales en 1937.

[96] I. RODRÍGUEZ MANZANO "La instituicionalización de...", p. 257; y E.A. HENDERSON "The Revolution Will...", p. 493.

[97] B. SCHMIDT "Revisando la historia...", pp. 259-260.

[98] Para un resumen detallado del debate consúltese J.R. VILLANUEVA "El primer gran...", pp. 204-208; y sobre los fundamentos del paternalismo eurocentrista de Leonard Woolf y el imperialismo internacionalista de Norman Angell, en consonancia con la apología del imperio británico de Alfred Zimmern y Gilbert Murray, consúltese J.M. HOBSON *The Eurocentric conception...*, pp. 75-181.

Con la Guerra Mundial y con la organización de la paz y el nuevo sistema internacional el impacto del pensamiento internacionalista sería evidente, especialmente en los cenáculos del derecho internacional, tal como advertíamos con anterioridad, espoleados por la creación de la Sociedad de Naciones y los debates en torno a la seguridad colectiva. En estos debates participarían activamente los intelectuales internacionalistas liberales y socialistas a los que hemos hecho mención, muchos de ellos no solo desde sus cátedras y centros de estudio sobre las relaciones internacionales, sino también desde los foros de la cooperación intelectual. Y es precisamente en el marco de la Organización para la Cooperación Intelectual y, en particular, en el seno de la Conferencia Permanente de Altos Estudios Internacionales donde se canalizarán y sistematizarán en buena medida los debates académicos y la reflexión teórica y metodológica sobre los estudios internacionales. Un espacio y un foro de intercambio transnacional, no muy roturado por la historiografía pero que cuenta con sobresalientes aportaciones como las de Katharina E. Rietzler, Jo-Anne Pemberton o Michael Riemens, que resulta fundamental para analizar y valorar el rumbo y la naturaleza de los debates en un entorno institucionalizado y en un momento gestacional clave de los estudios científicos internacionales.

4.
LA CONFERENCIA PERMANENTE DE ALTOS ESTUDIOS INTERNACIONALES: UN ECOSISTEMA TRANSNACIONAL PARA EL DEBATE ENTRE EXPERTOS

En mayo de 1926 la Comisión Internacional de Cooperación Internacional encargó al Instituto Internacional de Cooperación Intelectual estudiar el problema de la organización de los estudios superiores con el fin de contemplar la creación de una federación de instituciones que en diversos países enseñasen materias indispensables para el conocimiento de las relaciones internacionales en el mundo contemporáneo. La Comisión interiorizaba la resolución aprobada en la V Asamblea de la Sociedad de Naciones en 1924 acerca de la trascendencia de familiarizar a la juventud con los principios y las actividades de la organización de Ginebra y la conveniencia de "training the younger generation to regard international cooperation as the normal method of conducting world affairs"[1]. La iniciativa de la Comisión Internacional de Cooperación Intelectual en sí misma reconocía "la necessité chaque jour plus urgente de créer un organismo d'étude et de documentation objectives au service des hommes d'État, des diplomats, des journalistes et d'une façon générale, de tous les personnes en contact avec la vie internationale"[2]. En su origen el plan apuntaba a la creación de una universidad internacional. El director del Instituto Internacional de Cooperación Intelectual, Julian Luchaire reformuló la idea y propondría el establecimiento de un sistema federal de institutos nacionales con una oficina central en París. Según afirma Katharina E. Rietzler desde la Dotación Carnegie se habría considerado la posibilidad de que la *École des Hautes Études en Sciences Sociales* se hubiera convertido en el centro de la nueva red, lo que podría haber atraído la aquiescencia del gobierno francés. En el seno del Instituto Internacional de Cooperación Intelectual Alfred Zimmern, responsable de la sección de Asuntos Generales, implementó la vaga propuesta de Julian Luchaire tras el urgente requerimiento de la Comisión Internacional de Cooperación Intelectual para que se convocase un encuentro entre expertos en estudios internacionales. Por aquel entonces, Alfred Zimmern había entablado contacto con la *Deutsche Hoschschule für Politik* y reclutó como conferenciante a Ernest Jäckh para las sesiones de 1926 de su *Geneva School of International Relations*. Para el instituto berlinés el contacto con el Instituto Internacional de Cooperación Internacional era un medio para consolidar su visibilidad internacional y se ofreció para ser anfitrión del encuentro entre expertos en estudios internacionales[3].

[1] M. RIEMENS "International Academic Cooperation...", p. 916.
[2] J.-J. RENOLIET *L'UNESCO oublié...*, pp. 315-316.
[3] K.E. RIETZLER *American Foundations and...*, pp. 202-203.

En marzo de 1928 tendría lugar una reunión internacional de expertos en Berlín cuyo resultado fue el establecimiento de la Conferencia Permanente de Altos Estudios Internacionales[4]. Cristalizaba así la creación de un "organe permanent de coopération, de liaison et de coordination entre les institutions nationales se consacrant à l'étude scientifique des affaires internationales. Son but essentiel est de développer la collaboration technique entre les institutions qui lui sont affiliées, et d'organiser des recherches collectives sur certains problems du domaine des relations internationales". La Conferencia alentaría desde un principio la creación en cada país de comisiones nacionales de coordinación de altos estudios internacionales que estaban llamadas a convertirse en los intermediarios entre la Conferencia Permanente y las instituciones internacionales, en el caso de que hubiera más de una, consagradas a los estudios internacionales. Se consumaba en 1928 la puesta en escena del "first transnational attempt which institutionalized academic cooperation in the field of international relations" y de un sofisticado mecanismo para el estudio y discusión multidisciplinar[5]. Aquella reunión fundacional concitó la presencia de delegados de *Chatham House*, del *Geneva School of International Relations*, del recientemente creado *Geneva Graduate Institute of International Studies*, de la Academia Internacional de La Haya, de la *École Libre des Sciencies Politiques*, además de varias universidades italianas. Los únicos respresentantes estadounidenses fueron además de la Dotación Carnegie, el Instituto de Política de Williamstown, aunque en breve sería el *Council on Foreign Relations* el que capitalizaría la representación en el nuevo foro.

En marzo de 1929 se celebraría en Londres la II Conferencia de Instituciones para el Estudio Científico de las Relaciones Internacionales. Allí se designaría un comité permanente y se promovería la realización de encuestas en diferentes países sobre los problemas cuya dimensión requiriese de una cooperación internacional o cuya complejidad aconsejase la coordinación entre diferentes disciplinas. La III Conferencia, celebrada en París al año siguiente y que reunió a delegados de once países y a cinco institutos internacionales –entre ellos el *Institut of Pacific Relations*–, ratificaba la apuesta por una investigación descentralizada e intermediada por las organizaciones nacionales[6]. En estas primeras conferencias las discusiones y los debates gravitaron en torno a su organización administrativa, aunque siempre conectadas con las actividades científicas de los participantes, en particular el intercambio de información y de concepciones en torno a los métodos de investigación y de trabajo, publicaciones y bibliografías[7]. Aquellas reuniones acogerían

[4] Nos atenemos en nuestro texto a la versión en francés de la Conferencia, "Conférence Permanente des Hautes Études Internationales". En su versión inglesa se conocería como "International Studies Conferences" que es la denominación que se institucionalizaría a partir del 1 de junio de 1933, tras la decisión adoptada en la Conferencia de Londres reemplazando a su expresión original "Conference of Institutes for the Scientific Study of International Relations" (véase J.-A. PEMBERTON *The Story of...*, v. 2, p. 106).

[5] K.E. RIETZLER "Experts for Peace: Structures and Motivations on Philantropic Internationalism in the Interwar Years", LAQUA, D. (ed.) *Internationalism Reconfigured: Transnational Ideas and Movements between the World Wars*, Londres, I. B. Tauris, 2011, p. 57, y K.E. RIETZLER *American Foundations and...*, p. 188.

[6] J.-J. RENOLIET *L'UNESCO oublié...*, pp. 315-316.

[7] M. RIEMENS "International Academic Cooperation...", p. 917.

también una cuestión fundamental en la genealogía de los estudios internacionales en este tiempo fundacional, como era el estudio y la comparación desde diferentes prismas nacionales de la investigación y la enseñanza de los estudios internacionales en el mundo universitario[8]. Una dimensión a la que prestaremos una especial atención atendiendo a la relevancia de su contenido y al privilegiado lugar que ocupó en la IX Conferencia Permanente de Altos Estudios Internacionales celebrada en Madrid en 1936.

La reunión del comité ejecutivo de la Conferencia en enero de 1931 resultó decisiva en el devenir de la misma. La participación de un abanico tan amplio de expertos procedentes de diferentes países podría facilitar la discusión sobre cuestiones internacionales de actualidad, rigurosamente preparadas a partir de textos elaborados por académicos y grupos de estudio[9]. Alfred Zimmern y F.B. Bourdillon –miembros de *Chatham House*– fueron los encargados de elaborar un informe sobre los métodos de estudio colaborativo en la materia, cuya tarea recaería sobre el joven economista neozelandés John B. Condliffe. El precedente del *Institute of Pacific Relations* creado en 1925 sería crucial, ya que sería adoptado como el modelo desde el que se inspiraría la Conferencia de Instituciones para el Estudio Científico de las Relaciones Internacionales. Este instituto, con sede en Honolulu, fue creado al amparo de los recursos de la Dotación Carnegie y la Fundación Rockefeller con el fin de servir de foro privado para la promoción del buen entendimiento entre las naciones de las orillas del Océano Pacífico[10]. El informe presentado por John B. Condliffe, miembro del *staff* del *Institute of Pacific Relations*, a la III Conferencia en París en 1930 trasladaba sus sólidas convicciones en pro de la democratización de la política exterior en un contexto de ebullición nacionalista. La cuestión de fondo radicaba en el modo en cómo triangular la conexión entre las masas, los expertos y los *policy makers* en el ámbito de la política exterior. La fórmula que proponía era la emulación del modelo del *Institute of Pacific Relations*. Tras su discusión en el comité ejecutivo de la Conferencia de principios de 1931 se delegó en Arnold J. Toynbee la preparación de un informe para la IV Conferencia que se celebraría en Copenhague, que sería decisivo en el decurso de los encuentros entre expertos en estudios internacionales en el marco de la cooperación intelectual. Arnold J. Toynbee, una de las figuras clave de *Chatham House* donde ejercía como director de estudios y responsable de los informes anuales que se publicaban sobre asuntos internacionales[11], defendía la adopción del modelo del *Institute of Pacific Relations*,

[8] En este sentido se había aprobado una resolución de la Conferencia de Instituciones para el Estudio Científico de las Relaciones Internacionales celebrada en París entre los días 12 y 14 de junio de 1930 (véase K.E. RIETZLER *American Foundations and...*, p. 204). Remitimos para una aproximación a las claves logísticas y funcionales de la Conferencia Permanente a la consulta de F. CHALMERS WRIGHT (ed.) *The International Studies Conference: Origins, Function, Organization*, París, IICI, 1937.

[9] M. RIEMENS "International Academic Cooperation...", p. 917.

[10] A mediados de la década de 1930 los consejos nacionales del Instituto estaban integrados por: Estados Unidos, Japón, China, Corea, Filipinas, Gran Bretaña y los Dominios, además de dos potencias imperiales del continente europeo –Francia y Holanda–. En aquel sistema de gobernanza no se desafiaba el orden imperial, pese a que actores no autónomos como Filipinas tuviese derecho a participar en los encuentros científicos (véase K.E. RIETZLER *American Foundations and...*, p. 205).

[11] Véase J. HASLAM *E.H.* Carr..., pp. 113-114.

de cuyas conferencias era un asiduo participante. El problema de fondo que emergía en el debate, un eco directo de las geoculturas en tensión presentes en la cooperación intelectual, apuntaba hacia la relación de dependencia con el Instituto Internacional de Cooperación Intelectual, por aquel entonces bajo la dirección de Henri Bonnet, y las tesis anglosajonas, especialmente estadounidenses como las sostenidas por James T. Shotwell, en pro de una mayor autonomía respecto a la órbita de la Sociedad de Naciones. Finalmente, el vínculo con el Instituto Internacional de Cooperación Intelectual perduraría y los encuentros entre expertos devendrían en un instrumento permanente para el estudio científico de las relaciones internacionales, la Conferencia Permanente de Altos Estudios Internacionales[12].

En el plano funcional y organizativo la Conferencia Permanente de Altos Estudios Internacionales se estructuraría en adelante en cuatro niveles: en primer lugar, el Comité Ejecutivo de la Conferencia Permanente que diseñaba y guiaba el programa; en segundo término, los institutos nacionales de expertos en el ámbito de la economía y/o de las relaciones internacionales, muchos de los cuales ya eran o serían financiados por la Fundación Rockefeller y a las que eran confiados las materias de la agenda decidida por el Comité Ejecutivo; en un tercer escalón, las comisiones nacionales de la Conferencia Permanente, la mayor parte en la Europa nórdica y en Europa Central y Oriental, pero también fuera del viejo continente –Japón, Australia, México o Brasil– fueron creados a partir de 1935 con los recursos de la Fundación Rockefeller; y por último, los investigadores a los que se había confiado los trabajos de acuerdo con la agenda marcada por el Comité Ejecutivo. El Instituto Internacional de Cooperación Intelectual intervendría como secretaría permanente de la Conferencia Permanente de Altos Estudios Internacionales, pero las reformas introducidas en los treinta dotarían de mayor autonomía a la Conferencia Permanente[13].

La Conferencia Permanente de Altos Estudios Internacionales, afirma Ludovic Tournés, fue uno de los principales proyectos puesto en marcha por la Comisión Internacional de Cooperación Intelectual y el Instituto Internacional de Cooperación Intelectual y desde un principio atrajo el interés de las fundaciones filantrópicas estadounidenses. La Dotación Carnegie participó en la creación de la Conferencia Permanente de Altos Estudios Internacionales en 1928 y en ella se implicaría a fondo la Fundación Rockefeller desde inicios de la década de 1930, coincidiendo con su viraje hacia una mayor complicidad con las ciencias sociales y los estudios internacionales. La intensificación de la diplomacia filantrópica estadounidense en la Organización para la Cooperación Intelectual devendría en el contexto de la reforma iniciada a finales de la década de 1920 y la incorporación como órgano técnico de la Sociedad de Naciones. Pese a que la diplomacia francesa pudo

[12] Frente a la concepción de James T. Shotwell tendente a establecer una red de institutos regionales siguiendo el modelo del *Institute of Pacific Relations*, Arnold J. Toynbee abogaba por una Conferencia de expertos más anclada en Europa, aunque fuera un foco abierto a expertos y naciones extra-europeas. En sus intervenciones eran explícitas la evocación de la superioridad de la cultura europea y Occidental (Véase K.E. RIETZLER *American Foundations and...*, p. 209).

[13] L. TOURNÉS *Les États-Unis et...*, p. 310; y J.-J. RENOLIET *L'UNESCO oublié...*, p. 316,

amortiguar el desgaste de los debates las tesis de los miembros anglosajones apuntarían a la descentralización de la gestión, en buena medida capitalizada desde París con el Instituto Internacional de Cooperación Intelectual, y desactivar el imperialismo cultural francés, tarea en la que asumieron una activa posición en los debates el subdirector del Instituto Internacional de Cooperación Intelectual, Alfred Zimmern y Gilbert Murray que reemplazaría como presidente de la Comisión Internacional de Cooperación Intelectual a Henri Bergson. El resultado final garantizaba un mayor equilibrio en la Comisión y el Instituto, entre Ginebra y París[14].

La Dotación Carnegie –argumenta Katharina E. Rietzler– ya había establecido lazos con el Instituto Internacional de Cooperación Intelectual antes de la apertura oficial de sus puertas. La Dotación Carnegie había sido invitada por el Instituto Internacional de Cooperación Intelectual a formar parte del *Comité d'Entente des Grandes Associations Internationales*, foro desde el que se intentó promover la cooperación internacional en el ámbito de la educación vinculada a los principios y valores de la Sociedad de Naciones. Julien Luchaire había cultivado unas cordiales relaciones con las fundaciones estadounidenses. En los veinte la Dotación Carnegie y el Instituto Internacional de Cooperación Intelectual colaborarían en diversos proyectos, entre ellos una investigación sobre los textos escolares de historia.

Las relaciones con la Fundación Rockefeller, mientras Julian Luchaire pilotó los destinos del Instituto Internacional de Cooperación Intelectual, no fueron tan estrechas como lo fueron con la Dotación Carnegie. Ni tan siquiera cuando la Fundación Rockefeller viró su atención hacia las ciencias sociales en 1929 desaparecieron estas suspicacias. La razón, como mencionábamos con anterioridad, radica en el estatus de Julien Luchaire dentro el Instituto Internacional de Cooperación Intelectual y la desconfianza hacia la monitorización de la actividad del mismo en aras a los objetivos del imperialismo cultural francés, junto a una concepción de la cooperación intelectual desde la Fundación más despolitizada y autónoma respecto a la Sociedad de Naciones. El Instituto era percibido cómo "a formidable competitor of private initiatives which were also interested in organizing international intellectual life"[15].

El gran impulsor de la presencia y la actividad estadounidense, en especial de las entidades filantrópicas, en la Conferencia Permanente de Altos Estudios Internacionales sería el historiador James T. Shotwell que desde julio de 1931 reemplazó a Millikan como representante estadounidense en la Comisión Internacional de Cooperación Intelectual. Fue el académico estadounidense más activo en el ámbito de los estudios internacionales y su promoción en los foros de cooperación intelectual. Su currículum así lo ilustra, si recordamos su presencia en el *Inquiry* y su protagonismo en la empresa coral de la *Historia económica y social de la guerra mundial*, atendemos a su participación en el *Institute of Pacific Relations* o su determinante influencia en los preparativos del Pacto Briand-Kellogg.

[14] Véase L. TOURNÉS *Les États-Unis et...*, pp. 296-298.
[15] K.E. RIETZLER *American Foundations and...*, pp. 193-195.

En la primavera de 1931 fue nombrado presidente del *Social Science Research Council* del *Advisory Committee on International Relations*, cuyo principal patrocinador era la Fundación Rockefeller. A lo largo del verano de 1931 realizaría un *tour* por varios países europeos –Austria, Hungría, Checoslovaquia y Polonia– con el fin de impulsar la creación de comités nacionales para el estudio de las relaciones internacionales[16].

Desde su nueva posición en la Comisión Internacional de Cooperación Intelectual trataría de llevar a la práctica las tesis que venía defendiendo desde 1919: una mayor presencia estadounidense en el sistema de la Sociedad de Naciones, el desarrollo de una especialización científica sobre los problemas internacionales y la descentralización del sistema societario a través de una mayor autonomía de las secciones técnicas. La reforma de la Organización para la Cooperación Intelectual pincelaba un horizonte más sensible a estas tesis. A su juicio la Comisión Internacional de Cooperación Intelectual había consagrado su esfuerzo en aquellos primeros años a explorar las diferentes formas de la cooperación intelectual a excepción de su dimensión política. La Comisión "should engage with social and political problems instead of pure science and literature"[17]. Llegaría a proponer que el *staff* de la Comisión debería "promote co-operation between men of science and scientific associations in the different countries, so that matematicians, physicists, librarian, and curators of museums are as much in place upon it as publicists". A su juicio, y sobre este argumento volvería a insistir en 1932, había que potenciar la presencia de las ciencias sociales en la cooperación intelectual. Era indispensable "connecter les activités intellectuelles avec la politique et de faire de l'Organisations de coopération intelectuelle un centre d'expertise sur les questions internationales". James T. Shotwell llegaría a condicionar la continuidad de la comisión americana en la Comisión International de Cooperación Intelectual a la aceptación de su proposición[18]. El compromiso final al que llegaron Nicholas Murray Butler y James T. Shotwell se asentaría sobre una transacción:

> Shotwell confirmed his nominations as new ICIC member, even if the composition of the committee remained unchanged otherwise. In return, the ICIC drafted a resolution to include the social sciences in its remit, acknowledging today's importance of the collaboration of men of thought and men of action for the solution of urgent problems pertaining to the current world situation[19].

Una de las grandes novedades, fiel reflejo de la americanización en el dominio del conocimiento y del influjo de las tesis defendidas por James T. Shotwell, fue la división internacional del trabajo científico enfocado a la creación de una red de expertos y a

[16] Ibídem. Pp. 194-199.

[17] Extracto de la correspondencia entre James T. Shotwell y Nicholas Murray Butler, el 27 de octubre de 1931, citado por K.E. RIETZLER *American Foundations and...*, p. 199.

[18] L. TOURNÉS *Les États-Unis et...*, pp. 299-300.

[19] K.E. RIETZLER *American Foundations and...*, p. 200. (Las siglas del texto original: ICIC –International Committee of Intellectual Cooperation)

orientar la producción intelectual de acuerdo con una agenda de cuestiones internacionales primordiales inspirada en los intereses perseguidos por las fundaciones estadounidenses como el análisis y la resolución de la crisis económica o la reflexión en torno a la seguridad colectiva. Cristalizaba su modo de entender la vía para internacionalizar las ciencias sociales. Estas habían desempeñado un papel determinante en la consolidación de los Estados nación, pero "it was the time for the social sciences to 'achieve for the community of nations what they have already achieved for the nation state'". Es preciso aclarar que James T. Shotwell no estaba abogando por la desnacionalización de la ciencia, sino por forjar un nuevo cosmopolitismo de la ciencia. Desde su elitismo liberal pretendía modelar "some instrument capable of educating public opinion in each of the countries concerned toward clearer thinking on international problems in which they are deeply concerned, while not yet interfering in any way with their own natural bent in culture, economic and politics"[20]. La Conferencia Permanente de Altos Estudios Internacionales habría de ser "a federated system of national institutes, each adjusted to its own native soil and yet with a purpose and program that would render it capable of articulation with similar institutes in other countries, to work out objectively and scientifically the problems which are common to them all"[21]. De igual modo que otros colegas de la Fundación Rockefeller, James T. Shotwell proyectaba y trataba de llevar a la práctica su versión europea del *Institute of Pacific Relations*. Una apuesta que se acrisolaba de modo paralelo al debate que fluía en el seno de la Fundación Rockefeller entre 1931 y 1932 respecto a la definición de su política hacia las relaciones internacionales. Tras aquellos años de transición en 1935 la "Social Sciences Division pursued three narrow fields, namely social security, public administration and international relations".

Conviene, asimismo, no olvidar en este contexto en relación con el estudio científico de las relaciones internacionales la iniciativa adoptada en 1930 por un grupo de estadounidenses establecidos en Ginebra y al amparo de la financiación de la Fundación Rockefeller con la creación del *Geneva Research Center*. En su origen su finalidad era asegurar la transmisión a Estados Unidos de la información y la documentación de la Sociedad de Naciones. Del nuevo centro emanarían dos publicaciones periódicas: *Geneva. A Monthly Review of International Affairs*, apoyada financieramente desde sus inicios por la Dotación Carnegie y orientada a las actividades de la Sociedad de Naciones; y *Geneva Special Studies*, desde cuyas páginas se editarían estudios de fondo sobre problemas internacionales. Sus publicaciones eran enviadas a las universidades y a la red de clubs de relaciones internacionales. A partir del otoño de 1936 el Centro fue reorganizado y devendría en un instituto de investigación especializado en cuestiones internacionales bajo la dirección de Malcom W. Davies y un comité director integrado por representantes

[20] Ibídem. P. 211.

[21] Extracto del "Scientific Method in Research and Discussion in International Relations –A proposal for Institutes of International Relations", memoria confidencial que circuló entre los meses de mayo y junio de 1931, citada por K.E. RIETZLER *American Foundations and...*, p. 212.

de la *Foreign Policy Association*, el *Royal Institute of International Affairs* de Londres y el *Centre d'Études de Politique Étrangère* de París[22].

Uno de los fines de las actividades de la Conferencia Permanente era facilitar los medios para que la producción de saberes tuviese una adecuada circulación en el seno de la red de expertos y fuese utilizada por los decisores políticos. Esta fue la lógica de fondo, argumenta Ludovic Tournés, del internacionalismo productivista y de gestión de la diplomacia filantrópica. La organización de los "affaires mondiales nécessite la mobilisation des connaissances et la gestión des hommes qui les produisent". Esta era la razón esencial por la cual las fundaciones filantrópicas invirtieron tantos recursos en las agencias especializadas de la Sociedad de Naciones. La Fundación Rockefeller, en especial, se erigió en una "machine à fabriquer et à faire circuler l'information" por los cinco continentes a través de la coordinación y circulación del enorme volumen de producción de conocimiento a escala mundial, la promoción de publicaciones y reuniones científicas que facilitasen el contacto y el intercambio entre los expertos. Era en su esencia la cristalización de "la diplomatie rockefellerienne de la porte ouverte" en conexión con la arraigada tradición estadounidense de la política de *open door*[23].

El incremento de la presencia estadounidense en el curso de los treinta fue paralelo al repliegue francés en los foros de cooperación intelectual. Tras la salida de Lucien Luchaire del Instituto Internacional de Cooperación Intelectual y las suspicacias hacia el imperialismo cultural del gobierno francés, "a grant to the Institute for the ISC became a much more attractive option to both the Rockefeller Foundation and the Carnegie Endowment"[24]. La mayor implicación financiera de la galaxia filantrópica estadounidense tendría inmediatos efectos no solo en el plano organizativo de la cooperación intelectual y, en particular, en la Conferencia Permanente de Altos Estudios Internacionales en 1931 y 1932, sino también en la agenda de trabajo y en los métodos. El impacto más obvio, como bien advierte katharina E. Rietzler, fue el financiero, en especial, de la aportación de la Fundación Rockefeller. Entre 1932 y 1938 la Fundación destino 180.000 $ al Instituto Internacional de Cooperación Intelectual para el desarrollo de la actividad de la Conferencia Permanente de Altos Estudios Internacionales. El análisis cualitativo de estos datos crea una imagen más providencial del impacto de la Fundación Rockefeller, cuya aportación fue crítica para el devenir del Instituto Internacional de Cooperación Internacional y de la propia Conferencia Permanente. En 1931, en plena tormenta de la Gran Depresión, la Sociedad de Naciones recortó en un 40% el presupuesto del Instituto Internacional de Cooperación Intelectual. Francia, hasta ese momento su principal donante, seguiría ese mismo camino al año siguiente. El retraimiento de las fuentes oficiales de contribución al Instituto fue compensado con un incremento de los recursos provenientes de la Fundación Rockefeller. "To both the Foundations and the

[22] L. TOURNÉS *Les États-Unis et...*, pp. 307-309.
[23] L. TOURNÉS *Les États-Unis et...*, pp. 311-312.
[24] K.E. RIETZLER *American Foundations and...*, p. 214.

IICI the International Studies Conference represented a big investment. For Rockefeller officers, the ISC was a flagship Project, and for the Institute failure or success of the ISC determined its survival"[25]. Salvo las partidas financieras destinadas al *Geneva Graduate Institute*, los recursos destinados a la Conferencia Permanente estuvieron por encima de cualquier otro programa de relaciones internacionales en Europa.

La diplomacia de redes se traduciría en el apoyo a la creación de al menos una veintena de comisiones nacionales de la Conferencia Permanente, en su gran mayoría europeas, nutridas en buena medida por antiguos y futuros becados de la Fundación Rockefeller. Las primeras comisiones se crearon en las grandes potencias europeas, en concreto en Gran Bretaña, Francia y Alemania. En Gran Bretaña ya existía, tal como explicitamos con anterioridad, una sólida estructura internacionalista con la creación del *Royal Institute of International Affaires –Chatham House–*, que capitalizaría en buena medida la comisión británica creada en 1935. En Alemania sería el *Deutsche Hoschschule für Politik* la entidad capital en torno a la cual se creó un comité nacional informal en 1932, aunque con la retirada de Alemania de la Sociedad de Naciones en octubre de 1933 se suspendería su participación en la Conferencia Permanente. No obstante, se continuaron manteniendo contactos con los antiguos becarios de la Fundación Rockefeller en instituciones alemanas. En el caso francés no se creó una institución de estas características hasta la década de 1930, precisamente cuando la Fundación Rockefeller se embarcó en el apoyo de una reestructuración y desarrollo general de las ciencias sociales en Francia. Estas negociaciones –recordemos– fructificarían en 1935 con la creación del *Centre d'Études de Politique Étrangère* que se convertiría en la sede del Comité Francés de la Conferencia Permanente.

La retirada alemana y la reciente puesta en escena francesa en materia de estudios internacionales convencieron, afirma Ludovic Tournés, a la Fundación Rockefeller de la conveniencia de no limitar su acción a Europa Occidental de modo que extendieron su radio de acción hacia Europa del Norte, Central y Oriental, aprovechando los lazos ya existentes con antiguos becarios de la Fundación –en su gran mayoría suecos, noruegos, daneses, holandeses y belgas y cuyas especialidades eran básicamente el derecho internacional, la economía y la historia–. Uno de los primeros fue el comité danés. En Copenhague se creó en 1927 un Instituto de Economía que pronto se integraría en la red de expertos económicos que trabajaban en conexión con la Sociedad de Naciones investigando sobre los ciclos económicos. Este centro se transformaría en 1936 en un instituto de investigación en economía y ciencia política centrado sobre las relaciones internacionales y en cuyo seno se creó un departamento dedicado a las relaciones internacionales bajo la dirección de un antiguo becario de la Fundación –Franz Wendt–. Su objetivo era federar a los investigadores que en otros centros académicos daneses se dedicaban al estudio de cuestiones internacionales. En Noruega, en cambio, no existía

[25] Ibídem. Pp. 215-216. (El significado de las siglas del texto original es: IICI –International Institute of Intellectual Cooperation– e ISC –International Studies Conference-). Una valoración de las aportaciones financieras de la Dotación Carnegie y de la Fundación Rockefeller puede consultarse en L. TOURNÉS *Les États Unis et...* pp. 301-302.

ninguna institución permanente dedicada a los estudios internacionales. En diciembre de 1935 se constituyó un comité nacional bajo cuyo paraguas se integraron dos representantes de las instituciones noruegas interesadas en el estudio de las relaciones internacionales –la Universidad de Oslo, la Academia Nobel, el Instituto Michelsen y la Escuela Superior de Comercio de Bergen–. El proceso sería muy similar en Suecia donde la creación del comité nacional tendría lugar en 1936. Desde finales de aquel año los comités de estos tres países discutieron en torno a la posibilidad de crear un comité escandinavo.

En Europa Central y Oriental la estrategia de la Fundación fue similar a la emprendida en Europa del Norte, es decir, entablando contactos con organismos ya financiados por la misma y estimulando la federación de diferentes investigadores orientados a los estudios internacionales en cada país, creando equipos *ad hoc* y ejerciendo, en consecuencia, una decisiva influencia en la recomposición de los respectivos paisajes nacionales en el ámbito de las ciencias sociales, especialmente en la economía y las relaciones internacionales. En Austria el Instituto de Estudios de los Ciclos Económicos de Viena establecido en 1927 acogería el comité nacional de la Conferencia Permanente desde principios de 1936. En Checoslovaquia se crearía ese mismo año su comisión nacional bajo la dirección de un antiguo becario de la Fundacion, Leipold Sauer. Sería también en la primavera de 1936 cuando fueron creados los respectivos comités nacionales en Hungría, Polonia y Yugoslavia y un año después en Bulgaria. Siempre al amparo de las finanzas de la Fundación. Del mismo modo que la Fundación Rockefeller procuró la convergencia de los comités de los países escandinavos en la Europa Central y Oriental trataría de llevarlo a cabo a través de proyectos transnacionales como el del estudio del comercio en los países danubianos en 1935 y que al año siguiente cristalizó en la creación de un grupo de estudios sobre los problemas danubianos.

Por último, la Fundación Rockefeller alentaría la creación de un Comité Americano cuyo papel en el seno de la Conferencia Permanente de Altos Estudios Internacionales se intensificaría desde 1938. La consolidada red de instituciones y universidades consagradas a los estudios internacionales en Estados Unidos quedaría bien reflejada en el hecho de que los expertos estadounidenses en relaciones internacionales aparecían entre los miembros fundadores de la Conferencia Permanente en 1928, representados a través del *Council on Foreign Relations* que designaría a los representantes de Estados Unidos en las sucesivas ediciones de la Conferencia Permanente de Altos Estudios Internacionales. Sin embargo el descontento entre las demás instituciones ante el privilegiado lugar del *Council on Foreign Relations* en este cometido comprometería a la Fundación Rockefeller a la creación de un Comité Americano para reforzar la presencia estadounidense en la Conferencia Permanente, presidido por James T. Shotwell hasta 1938. El Comité Americano integraría a las principales entidades consagradas al estudio de las relaciones internacionales: el *Institute of Pacific Relations*, el *Council on Foreign Relations* y la *American Commission of Intellectual Cooperation*, así como a los representantes de las universidades[26].

[26] L. TOURNÉS *Les États-Unis et...*, pp. 315-322.

La metodología y la agenda de trabajo de la Conferencia Permanente de Estudios Internacionales seguirían la hoja de ruta de acuerdo con las estrategias y objetivos alentados desde las fundaciones filantrópicas estadounidenses. Sus contenidos fueron extraordinariamente permeables a la agenda de las relaciones internacionales. Sobre esta conexión insistiría reiteradamente James T. Shotwell desde los primeros años treinta: "la Conference se donne pour objectif de servir de laboratoire de réflexion sur les grandes questions internationales, en particular celles issues de la crisis de 1929"[27]. Desde 1932 la metodología de trabajo de la Conferencia Permanente se plasmaría en la organización de grupos de trabajo temáticos y de investigaciones empírico-cuantitativas individuales y colectivas coordinadas por el informador general que se reunían anualmente, pero cuyas agendas se diseñaban bianualmente emulando las conferencias bianuales del *Institute of Pacific Relations.*

Evidentemente el seísmo provocado por la crisis económica de 1929 polarizaría la agenda de la IV edición de la Conferencia Permanente celebrada en Copenhague consagrada al análisis de las relaciones entre la política y la economía y con mayor énfasis en la V edición celebrada en Milán en 1932 y la VI celebrada en Londres en 1933, esta última en el contexto de la Conferencia Económica y Monetaria convocada por la Sociedad de Naciones en la capital británica[28]. Al término de las sesiones de la Conferencia Permanente celebrada en Londres el Comité Ejecutivo trasladó una memoria de síntesis de los documentos y los debates al secretario general de la Conferencia Económica y Monetaria con el fin de transmitir la opinión de los expertos que se habían pronunciado, en el mismo sentido que las secciones técnicas de la Sociedad de Naciones, a favor de la política de *laissez-faire* a tenor de la interdependencia de la economía internacional. La Conferencia Permanente sugeriría la puesta en marcha de "corps impartiaux et experts" con el fin de facilitar el arbitraje en los conflictos comerciales y la necesidad de disponer de un código de política moral en las relaciones comerciales internacionales.

Los desafíos protagonizados por las grandes potencias revisionistas –Japón, Alemania e Italia– al orden de la Sociedad de Naciones desplazarían la agenda de la Conferencia Permanente hacia la seguridad colectiva. La VII edición celebrada en París en 1934 y la VIII en Londres en 1935 girarían monográficamente sobre la seguridad colectiva procurando siempre, de acuerdo con la filosofía alentada desde las fundaciones filantrópicas de promover una rigurosa separación del discurso científico respecto de las aproximaciones políticas al debate. La agenda de ambas ediciones giró en torno al debate jurídico sobre la seguridad colectiva y la discusión sobre los procedimientos de la misma. Sin embargo, en París y especialmente en Londres, la sesión de síntesis de la VIII Conferencia Permanente advertía de los problemas derivados de la filtración en el debate académico y científico de las confrontaciones políticas, tal como se había puesto de manifiesto en las intervenciones de algunos de los académicos italianos como Francesco Coppola –profesor de derecho

[27] Ibídem. P. 322.

[28] Véase J.-J. RENOLIET *L'UNESCO oublié...*, pp. 316-317,

internacional de la universidad de Roma y de Roberto Forges-Davanzati –senador y antiguo secretario del Partido Nacional Fascista entre 1921 y 1925– en cuyas intervenciones denunciaron la "idée fausse" de un estatuto y una garantía universal denominada seguridad colectiva y advertían de la debilidad de la Sociedad de Naciones tras el abandono de Japón y de Alemania de la Sociedad de Naciones. Tesis que contaron con el asentimiento del profesor Fritz Berber del *Deutsche Hochschule für Politik* de Berlín. Esta fractura se escenificaría también en la discusión sobre los procedimientos de la seguridad colectiva al oponerse los académicos italianos y alemán a las sanciones militares como instrumento punitivo frente a la agresión.

La gravidez de la seguridad colectiva seguiría presente en la agenda de la IX Conferencia Permanente de Altos Estudios Internacionales celebrada en Madrid en 1936, sobre la que profundizaremos más adelante al analizar la actividad española en la Conferencia Permanente y en la que se dedicó una especial atención a la enseñanza superior de las relaciones internacionales, y de la X edición celebrada en 1937 en Londres, ambas en torno al tema del "cambio pacífico en las relaciones internacionales". Los delegados estadounidenses, especialmente en la reunión de Londres, manifestaron su preocupación y su crítica por la interferencia de las valoraciones políticas en los trabajos académicos y científicos sobre los que debía polarizarse el debate. El abogado John Foster Dulles, presente en la Conferencia Permanente celebrada en Londres, llamaba la atención sobre el hecho de que muchos participantes se comportaban como si de una negociación internacional se tratase, atrincherándose en las posiciones de sus gobiernos en detrimento de un análisis científico y riguroso de los problemas internacionales. Insistía en la necesidad de que la Conferencia Permanente "adopte à l'avenir une démarche plus scientifique en travaillant de manière empirique sur des sujets précis pour permettre de vrais débats et déboucher sur des propositions concrètes"[29]. La implicación de las fundaciones filantrópicas estadounidenses se haría más intensa sobre la Conferencia Permanente de Altos Estudios Internacionales a partir de la edición de 1938.

Estas controversias académicas que se intensificarían desde 1934, permeables a las tensiones internacionales que acompañaron a la crisis de la seguridad colectiva llevarían a Michel Riemens a afirmar que ilustrarían los primeros ecos del debate idealismo *vs.* realismo en la genealogía del estudio científico de las relaciones internacionales. En su intervención como relator general en la IX Conferencia Permanente de Altos Estudios Internacionales, Alfred Zimmern, "used the terms idealists and realists himself to distinguish between 'the men of study on the one hand, whether international lawyers,

[29] L. TOURNÉS *Les États-Unis et...*, pp. 324-326; y véase asimismo, J.-J. RENOLIET *L'UNESCO oublié...*, p. 317, y J-A. PEMBERTON *The story of...*, v. 2, pp. 399-400. Desde la Fundación Rockefeller se elaboró un memorándum relativo a la reunión de la Conferencia Permanente de Altos Estudios Internacionales celebrada en París en 1934 en la que se advertía, en un sentido muy similar, de las posiciones argumentadas por los expertos que representaban a gobiernos autoritarios a diferencia de "other coming from States where freedom of research still prevail" (Memorándun "International Institute of Intellectual Cooperation. Seventh Session of the International Studies Conference", 24 de mayo de 1934, citado por K.E. RIETZLER *American Foundations and...*, pp. 221-222).

historians, economists or sociologists, and those engaged in the practice of international affairs on the other". La reflexión de Alfred Zimmern en mayo de 1936 precedería en tres años a la famosa obra de E.H. Carr *The Twentieth Year's Crisis*. "This example shows that the terms were part of the regular discurse"[30], aunque las connotaciones semánticas son bien distintas pero con un mar de fondo común agitado por el debate político en torno al *appeasement* en la cultura política británica.

La agenda de trabajo de la XI edición celebrada en Praga en 1938 y la XII en Bergen a finales del mes de agosto de 1939 se orientaría al análisis del comercio internacional y la paz, a tenor de la incidencia de las políticas comerciales en la búsqueda de salidas a la Gran Depresión y la estabilización de la situación internacional. Las conclusiones de los expertos, publicadas en 1939 y 1940, insistían una vez más en la desacreditación del *laissez-faire* en el comercio internacional y que la cooperación internacional debía mejorarse potenciando el papel de las organizaciones internacionales. Días después de la reunión de expertos celebrada en Bergen la guerra mundial comenzaba en Europa. La última Conferencia Permanente había congregado a 31 miembros –seis de ellos eran instituciones internacionales y 25 delegaciones representantes de 13 países europeos y 12 no europeos, entre los que figuraban los Dominios británicos, China, India, Egipto, México, Chile, Argentina y Estados Unidos–.

A finales de la década de 1930 la Conferencia Permanente de Altos Estudios Internacionales fue valorada por el máximo responsable de la sede de la Fundación Rockefeller en Europa –Tracy B. Kittredge– en términos positivos en la medida de que representaba "a vigorous effort to improve the processed by which scientific knowledge of international problems can be increased, and this knowledge disseminated for the enlightenment of public opinión in all of these countries where public opinión still plays an effective role in the determination of foreign policy"[31]. Desde Nueva York el balance desde la dirección de la Fundación Rockefeller en la primavera de 1938 fue menos complaciente. La Conferencia Permanente de Altos Estudios Internacionales y el Instituto Internacional de Cooperación Intelectual suscitaban dudas acerca de sus posibilidades reales para impulsar la cooperación pacífica entre los Estatos. "We are rather afraid since the political tensión has so increased that the ISC will become less realistic and more academic"[32]. La Fundación Rockefeller "had lost all enthusiasm for a project it had embraced so wholeheartley just a few years before".

A modo de balance, argumenta Ludovic Tournés, la historia de la Conferencia Permanente de Estudios Internacionales muestra una doble constante: en primer término, la creciente influencia de los expertos estadounidenses en los trabajos de la Conferencia y la paulatina pérdida de incidencia en el decurso de la misma de los europeos, especialmente

[30] M. RIEMENS "International academic cooperation...", p. 921.

[31] Correspondencia de Kittredge a Walker, 6 de septiembre de 1937, citado por K.E. RIETZLER *American Foundations and...*, p. 231.

[32] Correspondencia de Walder a Kittredge, 13 de abril de 1938, citato por K.E. RIETZLER *American Foundations and...*, p. 231.

de los franceses que acabarían por dejar en un segundo plano la cooperación intelectual como una plataforma de proyección de su diplomacia cultural; y en segundo lugar, el proceso de descentralización y de mayor autonomía en la gestión general de la Organización para la Cooperación Intelectual auspiciados por los representantes anglosajones[33].

La conclusión de Katharina E. Rietzler acerca del compromiso de las fundaciones filantrópicas con la Conferencia Permanente de Altos Estudios Internacionales es más tibia que la de Ludovic Tournés. Las fundaciones estadounidenses "were not interested in technical collaboration at the expense of more 'political' projects". El relato de la Conferencia Permanente fue el de la politización de una organización internacional a través de una agencia externa, fundamentalmente la Fundación Rockefeller. La decisión de la Fundación de "engage in an intelectual struggle with the totalitarian powers made the ISC and also the IICI extremely vulnerable". Asimismo, respecto a la tesis del papel mediador de las fundaciones entre la organización internacional y los grupos locales, en su opinión, "the transformation of the conference mechanism also suggets that, rather mediating between the IICI and ISC member, the Rockefeller Foundation tried to undermine intergovernmental structures by taking over the IICI's coordinating functions. Thus, the Foundation became a transformative force rather than a mediator"[34].

En nuestra opinión, ambas dimensiones –mediadora y transformadora– estuvieron igualmente presentes y, en si mismas consideradas, no eran sino un perfil más en el proceso de americanización y en conexión con los objetivos globales de Estados Unidos. Una proyección que moldearía el entorno de la Conferencia Permanente de Altos Estudios Internacionales, la agenda de trabajo, los métodos y la propia dinámica organizativa de la misma al hilo de las estrategias alentadas desde las fundaciones filantrópicas estadounidenses.

La Conferencia Permanente de Altos Estudios Internacionales institucionalizaría un debate altamente formalizado sobre los estudios internacionales y de una escala verdaderamente internacional a través de las redes transnacionales impulsadas por la diplomacia filantrópica y vertebrada logísticamente desde la Conferencia Permanente. La sintonía anglosajona y, especialmente, el fordismo intelectual que alentaría el rumbo de la Conferencia Permanente agitarían un ecosistema académico que contrastaría con las inercias y prácticas preeminentes en la Europa continental, pero que inocularía y estimularía el debate epistemológico y ontológico sobre los estudios internacionales en un momento clave de su genealogía. Temas como la idoneidad de una teoría de las relaciones internacionales o la multidisciplinariedad, los métodos de trabajo científico o la dimensión de la moralidad en la construcción del conocimiento, entre otras cuestiones serían objeto de un apasionante debate que adquirió mayor visibilidad en la agenda de la Conferencia en las actividades y sesiones dedicadas a la investigación y la enseñanza de los estudios internacionales. Una problemática tratada en profundidad en la IX Conferencia Permanente de Altos Estudios Internacionales celebrada en Madrid y que en su

[33] L. TOURNÉS *Les États-Unis et...*, p. 331.
[34] K.E. RIETZLER *American Foundations and...*, p. 239.

conjunto trataremos con detalle más adelante. Es precisamente desde esta dimensión de la actividad de la Conferencia desde la que entendemos que ha de realizarse la reflexión y la recodificación, ya apuntada en alguna medida por Katharina E. Rietzler, Michel Riemens o Jo-Anne Pemberton, del debate académico en esta fase de gestación del estudio científico de las relaciones internacionales. La Conferencia Permanente concluía en su trabajo Katharina E. Rietzler:

> (...) had a scope that the discipline of international relations lacked after World War II. Its multidisciplinarity, for example, could have provided an alternative direction to the path the discipline took in the 1940s and 1950s. The interwar period, the international and interdisciplinary academic exchange offered by the ISC was truly unique. After 1945, American realist IR scholars, especially Hans Morgenthau, argued that the ISC should not be revived because IR was fundamentally a branch of political science (...)[35]

[35] K.E. RIETZLER *American Foundations and...*, p. 240.

PARTE II.
ESPAÑA, LOS ESTUDIOS INTERNACIONALES Y LA COOPERACIÓN INTELECTUAL EN EL SISTEMA INTERNACIONAL DE VERSALLES

5.
LA JUNTA PARA AMPLIACIÓN DE ESTUDIOS COMO INTERLOCUTOR NATURAL DE LA PRESENCIA ESPAÑOLA EN LA ORGANIZACIÓN PARA LA COOPERACIÓN INTELECTUAL

La participación española en la cooperación intelectual como foro emblemático de la geocultura de la paz aceleraría, como ya hemos tenido ocasión de analizar con anterioridad, tendencias intelectuales y políticas comprometidas con el internacionalismo y el pacifismo de preguerra, especialmente en Europa y América, las cuales convergirían, a su vez, con otras cuestiones como el imperialismo o la seguridad presentes en los debates y cenáculos académicos.

La incorporación española a los foros de la cooperación intelectual en el horizonte de la Sociedad de Naciones ilustraría la confluencia de la actividad de las dinámicas transnacionales de actores españoles comprometidos con los anhelos de modernización alimentados por el institucionismo y el Regeneracionismo –entre ellos la Junta para Ampliación de Estudios, la Residencia de Estudiantes o con sus peculiaridades en el plano de los estudios internacionales la Real Academia de Jurisprudencia y Legislación–, con la lógica de la política exterior y las instancias gubernamentales. Desde este doble prisma –transnacional e intergubernamental– la cooperación intelectual y los estudios internacionales en España fueron permeables a la realidad cambiante del sistema internacional y al propio devenir de la vida pública española y sus avatares políticos en el primer tercio del siglo. No es casual, a nuestro modo de ver, la permeabilidad que trasciende a las formas organizativas, la implicación y las iniciativas emprendidas en el ámbito de la cooperación intelectual respecto a la lógica subyacente a la política exterior y, en particular, a las diferentes concepciones que hacia la Sociedad de Naciones emanaron desde la Monarquía, incluido el periplo dictatorial del general Primo de Rivera, y desde la República. El trasfondo intencional del sentido instrumental que confirió la Monarquía a la Sociedad de Naciones en su política exterior y el compromiso finalista que le otorgó el régimen republicano desde 1931 permearía la propia actividad española en los foros de la cooperación intelectual. Sensibilidades que se trasladarían al debate político en torno a cuestiones nodales de la política exterior como la neutralidad o la seguridad colectiva y al ámbito académico e intelectual de los estudios internacionales. En última instancia la celebración de la IX Conferencia Permanente de Altos Estudios Internacionales en Madrid en 1936 nos proporcionaría una imagen tan fugaz como clarividente de la posición de España en la cartografía de los estudios internacionales.

UNA COMISIÓN ESPAÑOLA DE COOPERACIÓN INTELECTUAL *SUI GENERIS*

En enero de 1922 el Consejo de la Sociedad de Naciones nombraba a once de los doce miembros integrantes de la Comisión Internacional de Cooperación Intelectual, con sede en Ginebra. Su designación mostraba la hibridación entre la naturaleza transnacional de la cooperación intelectual, visible en las plataformas preexistentes como la Unión de Asociaciones Internacionales, y las pulsiones geopolíticas de los Gobiernos por proyectar su influencia en dichos foros. La propia concepción de lo que debería ser la cooperación intelectual fluiría en los debates y controversias de la Organización para la Cooperación Intelectual. El primer delegado español fue el ingeniero, matemático e inventor Leonardo Torres-Quevedo, una de las figuras de la ciencia y la tecnología españolas de mayor proyección internacional. Un nombramiento de prestigio para un foro al que concurrían intelectuales de primera línea como Henri Bergson, Albert Einstein o Marie Curie. El ingeniero responsable del *Spanish Aeorcar* sobre el río Niágara ejercería como delegado español en la Comisión Internacional de Cooperación Intelectual hasta 1925. En el puesto le sucedería el lingüista, músico y diplomático Julio Casares Sánchez[1] hasta su dimisión en noviembre de 1931, meses después de la proclamación de la República. Le reemplazaría en las funciones de representación el secretario de la Junta para Ampliación de Estudios, José Castillejo[2], quién ya había asumido diversos cometidos en el ámbito de la cooperación intelectual. Como representante español en la Comisión Internacional de Cooperación Intelectual permaneció hasta 1936 cuando hubo de exiliarse con motivo de la guerra civil, gracias a la intervención de Gilbert Murray por aquel entonces presidente de la Comisión Internacional de Cooperación Intelectual y a quién había conocido durante su estancia en Londres en 1917[3].

En 1926 cristalizaba la creación del Instituto Internacional de Cooperación Intelectual en París, en cuya constitución se contemplaba la presencia de delegados nacionales que más adelante con la reforma de la Organización para la Cooperación Intelectual serían suprimidos en 1929 dado que en buena medida duplicaban las labores ejercidas por las comisiones nacionales de cooperación intelectual. El propio Julio Casares se pronunciaría en este sentido en los debates sobre la reforma de la cooperación intelectual en los últimos años veinte[4].

---

[1] En su correspondencia epistolar Julio Casares le confirmaba el 23 de junio de 1926 su designación al director del Instituto de Cooperación Intelectual, Julien Luchaire (UNESCO AG 1-IICI-A-III-27. Carta de Julio Casares a Julien Luchaire, Madrid, 23 de junio de 1926).

[2] En torno a la figura de José Castillejos como reformador institucionista remitimos a la consulta de los trabajos de C. GAMERO MERINO "Castillejo a través de su correspondencia como secretario de la Junta para Ampliación de Estudios", *Historia de la Educación: Revista universitaria*, n. 5, 1986, pp. 375-400; de D. CASTILLEJO CLAREMONT *Los intelectuales reformadores de España. III. Fatalidad y porvenir (1913-1937)*, Madrid, Castalia, 1997-1999, y de L. PALACIOS BAÑUELOS *La España soñada. José Castillejo, un regenerador desde la Institución Libre de Enseñanza*, Ciudad Real, Diputación de Ciudad Real, 2019.

[3] Centro de Documentación de la Residencia de Estudiantes –Junta para Ampliación de Estudios–. Secretaría de la JAE. JAE/168/14. Carta de Gilbert Murray a José Castillejo, 16 de julio de 1917.

[4] Véase J.-J. RENOLIET *L'UNESCO oublié*..., p. 265.

En mayo de 1926 se establecieron contactos formales desde el Instituto Internacional de Cooperación Intelectual por la vía de la Embajada española en París con el fin de designar un representante español en el mismo. Sin embargo, la cuestión se dilataría como consecuencia de la crisis generada por la batalla diplomática emprendida desde Madrid para lograr un puesto permanente en el Consejo de la Sociedad de Naciones[5]. El estéril esfuerzo sería determinante, junto a otros factores concernientes a las aspiraciones españolas en la ciudad internacional de Tánger, en el anuncio de la retirada de España de la Sociedad. Solo tras su retorno en 1928 con el estatus de miembro semipermanente del Consejo se agilizaría la designación de un representante español en el Instituto. El 4 de febrero de 1928 Julio Casares transmitía a Julien Luchaire, director del Instituto Internacional de Cooperación Intelectual, la decisión adoptada por el Presidente del Consejo de desginar a Eugenio d'Ors como delegado de España en el Instituto[6]. El 24 de aquel mismo mes se enviaba desde la Secretaría del Ministerio de Estado la carta de nombramiento al director del Instituto[7]. Presentado en aquella misiva como publicista, profesor de la Escuela Social y miembro electo de la Real Academia Española, el filósofo y padre del *Noucentismo* coincidía con el alto perfil intelectual de los representantes españoles en la Comisión Internacional de Cooperación Intelectual. En su caso muy vinculado a los medios institucionistas, especialmente con las figuras de José Ortega y Gasset y habitual desde 1914 en las tertulias y actividades de la Residencia de Estudiantes, así como en las páginas de la *Revista de Occidente*. Desde la década de 1920 se intensificaría su proyección nacional e internacional cuando se intala en Madrid y más adelante en París. Su tolerancia hacia la dictadura de Primo de Rivera le facilitaría su incorporación a la Escuela Social de Madrid a instancias del ministro de Trabajo, Eduardo Aunós, y su designación al Instituto Internacional de Cooperación Intelectual[8].

Entre los lienzos de la representación española en la cooperación intelectual, por último, figuraría la comisión española cuyo trayecto dibuja una efímera existencia. En diciembre de 1923 la Comisión Internacional de Cooperación Intelectual solicitó a las comisiones nacionales que fueran lo más representativas de la vida intelectual de sus respectivos países y que adoptasen unos principios mínimos comunes en su organización. En 1927 la Comisión volvería a insistir sobre esas recomendaciones y aún volvería hacerlo a través de las dos conferencias generales de comisiones nacionales celebradas en julio de 1929 y en julio de 1937. Lo cierto, y es la razón de tal reiteración, es que la amplia libertad de que gozaron los Estados para organizar sus comisiones nacionales generó una enorme heterogeneidad constitutiva en las mismas. Como argumenta Jean-Jacques Renoliet:

[5] UNESCO AG 1-IICI-A-I-124. Institute International de Coopération Intellectuelle. Note pour le directeur, París, 18 de mayo de 1926.
[6] UNESCO AG 1-IICI-A-I-124. Carta de Julio Casares a Julien Luchaire. Madrid, 4 de febrero de 1928.
[7] UNESCO AG 1-IICI-A-I-124. Carta del Secretario General del Ministerio de Estado, Sr. Almeida, al director del Instituto Internacional de Cooperación Intelectual, Julien Luchaire. Madrid, 24 de febrero de 1928.
[8] Véase https://dbe.rah.es/biografias/7365/eugenio-d-ors-y-rovira (consultado el 25 de agosto de 2023).

(...) les unes sont des institutions officieles créées en exécution d'une lois ou d'un décret; d'autres sont dues à l'initiative d'un home, d'autres encore doivent leur existence à une société savante, à une académie, à une université, parfois à une impulsión du Ministère des Affaires étrangères ou du Département de l'Instruction publique. Le nombre des membres varie considérablement de pays à pays. Il oscile entre 5, 6, 50 et même 100 (....) Certaines commissions ont un statut, d'autres pas (...)[9].

Existía, por tanto, una extraordinaria variedad de perfiles alentada por la libertad conferida desde la Comisión Internacional de Cooperación Intelectual y de hecho en la conferencia de comisiones nacionales de 1937 se insistía sobre todo en la conveniencia de que las comisiones colaboraran con los responsables gubernamentales –políticos, intelectuales y periodistas, en especial– de sus países y con las asociaciones internacionales.

En España la constitución como tal de la Comisión Española de Cooperación Intelectual cristalizó en mayo de 1928. Con anterioridad José Castillejo ya había cursado la correspondencia con la Comisión Internacional de Cooperación Intelectual como secretario general del Comité Español de Cooperación Intelectual en marzo de 1927[10] y aún antes desde 1925 trasladando información sobre la Junta para Ampliación de Estudios. La sede de la Comisión española se estableció en la calle Almagro 26, la misma que la de la Junta para Ampliación de Estudios.

En aquel horizonte constitutivo afloraría la cuestión catalana. Ante las reiteradas recomendaciones de la Comisión Internacional de Cooperación Intelectual sobre las comisiones nacionales respondería por carta Julio Casares el 19 de mayo de 1927 al secretario de la Comisión. En su misiva le transmitía que se encontraba en fase de estudio la "formación de secciones regionales que, una vez constituidas, funcionarán formando un todo en cuanto a sus relaciones con la Comisión Internacional y con los demás organismos de la Sociedad de Naciones"[11].

La solución mostraba la lógica centralizadora en la línea de lo que había sido la política de la dictadura de Primo de Rivera respecto a la cuestión catalana, así como para otros regionalismos y nacionalismos periféricos. Esta mención explícita en la carta de Julio Casares a la unidad de representación de la Comisión Española era la respuesta política a las aspiraciones que desde Cataluña se habían albergado de crear una comisión catalana de cooperación intelectual. La respuesta era idéntica al modo en cómo la Monarquía de Alfonso XIII había respondido respecto a las aspiraciones catalanas cerca de la Sociedad de Naciones y la evocación wilsoniana del principio de autodeterminación y que en su momento dio lugar a la constitución de una Asociación Catalana pro Sociedad de Naciones[12].

[9] J.-J. RENOLIET *L'UNESCO oublié...*, p. 282.

[10] UNESCO AG 1-IICI-A-III-27. Carta del Jefe de la Sección de Información y de Documentación del Instituto Internacional de Cooperación Intelectual, G. Prezzolini, a José Castillejo, marzo de 1927.

[11] UNESCO AG 1-IICI-A-III-27. Carta del presidente de la Comisión Española de Cooperación Intelectual, Julio Casares, al secretario de la Comisión Internacional de Cooperación Intelectual, Madrid, 19 de mayo de 1928.

[12] Consúltese L.E. TOGORES-J.L. NEILA *La Escuela Diplomática: cincuenta años de servicio al Estado (1942-1992)*, Madrid, Escuela Diplomática, 1993, p. 121.

La organización de las comisiones nacionales de cooperación intelectual generó situaciones políticas delicadas a tenor de los problemas de minorías en Europa, dadas las aspiraciones de ucranianos, rusos emigrados, croatas, eslovenos y catalanes a constituir sus propias comisiones de cooperación intelectual.

El 9 de mayo José Castillejo le escribía a Juan Esterlich[13] con motivo de una misiva enviada por el director del Instituto Internacional de Cooperación Intelectual, Julien Luchaire, en la que se hacía alusión a la creación de una comisión catalana de cooperación intelectual. El tema había sido objeto de una conversación aquel mismo invierno entre José Castillejo y Juan Estelrich de modo privado y a modo de exploración, tal como explicita el propio José Castillejo. En Madrid no había constancia alguna de la documentación en torno a dicho proyecto y en aquella conversación el secretario de la Junta para Ampliación de Estudios le recomendaba a título personal que consultaran bien al vocal español en la Comisión Internacional de Cooperación Intelectual Julio Casares o al Gobierno español, de cuya administración central formaba parte la Junta para Ampliación de Estudios. En definitiva, pretendía así evitar cualquier malentendido en el sentido de que ningún documento de tales características había sido sometido al escrutinio de la Junta[14].

El 15 de julio de 1927 Juan Estelrich le indicaba a José Castillejo que Julien Luchaire le había instando a que se pusieran de acuerdo con la comisión de Madrid. Al juzgar Juan Estelrich que era una cuestión meramente cultural y ajena a lo político no habían cursado ningún permiso oficial y que se había entablado el contacto con José Castillejo

[13] En 1919 el periodista Joan Esterlich –mallorquí de nacimiento y residente en Barcelona– había propuesto la creación de *Expansió Catalana*, un órgano muy similar a la proposición realizada por aquel entonces de Puig i Cadafalch –presidente de la Mancomunitat– para crear la Institución de Propaganda de Cataluña. La fundación de *Expansió Catalana*, cuya red tendría una viva presencia en París, contó con la colaboración del escritor y periodista Alfons Maseras, autor de la obra *Pancatalanisme* desde cuyas páginas se arbitraba una estrategia de internacionalización de Cataluña. Su actividad prendió al amparo de Francesc Cambó y de Eugenio d'Ors. La fundación –argumenta Joan Esculies Serrat– tenía como propósito "internacionalizar Cataluña en el sentido de dar a conocer sus rasgos distintivos, y, de alguna manera, centralizar y organizar toda esa actividad propagandística". Los "catalanes –proseguía– tenían que asistir a todo tipo de congresos, asambleas y jornadas de cariz internacional; era necesaria la cooperación catalana en las revistas literarias de ámbito extranjero; tenía que incrementarse el intercambio de propaganda con las nacionalidades similares a Cataluña; y también buscar la simpatía de comunidades y figuras relevantes". Un año después Joan Estelrich promovería otra iniciativa para crear una Oficina de Relaciones Exteriores. En marzo de 1920 las líneas maestras de la paradiplomacia desplegada por Joan Estelrich fueron expuestas en una conferencia titulada "Per la valoració internacional de Catalunya", luego distribuida en panfletos. Esta labor paradiplomática se complementaría con la actividad desempeñada en Ginebra, en el seno de la Sociedad de Naciones, por Lluís Nicolau d'Olwer, miembro de la directiva de *Acció Catalana*, quién defendería la idea de una unión europea desde la *Revista Jurídica de Catalunya* en 1928. Eran, en suma, los artífices de la vía paradiplomática frente al radicalismo independentista defendido en aquellos años por Francesc Maciá. (Véanse J. ESCULIES SERRAT "¿Un relato internacional para la Mancomunitat?", revista *IDEES*,N. 58, 2022", https://revistaidees.cat/es/un-relat-internacional-per-a-la-mancomunitat-de-prat-de-la-riba/; M. MANONELLES I TARRAGÓ "Josep Puig i Cadafalch y los orígenes de una diplomacia de la Cataluña autónoma", revista *IDEES*, n. 58, 2022, https://revistaidees.cat/es/josep-puig-i-cadafalch-i-els-origens-duna-diplomacia-de-la-catalunya-autonoma-1917-23/; y A. BALCELLS "El catalanismo, la Sociedad de Naciones y las minorías nacionales", revista *IDEES*, n. 58, 2022, https://revistaidees.cat/es/el-catalanismo-la-sociedad-de-naciones-y-las-minorias-nacionales/)

[14] UNESCO AG 1-IICI-A-III-36. Carta de José Castillejo a Juan Esterlich, Madrid, 9 de mayo de 1927.

como representante de la comisión de Madrid. En el mes de marzo el arqueólogo Pedro Bosch Gimpera se entrevistó con el secretario de la Junta para Ampliación de Estudios y fruto de la misma le haría saber por carta a Juan Estelrich que "correspondía consultar al Sr. Casares, pero que por parte de V. estaría encantado que nuestra comisión se constituyese". En abril se procedió a la constitución de la comisión catalana o comisión de Barcelona de cooperación intelectual cuya presidencia recaería en Augusto Pi y Sunyer y la secretaría en Juan Estelrich[15] y mostraba su predisposición para tratar la cuestión tanto con Julio Casares como con la comisión de Madrid. Aquella iniciativa era un fiel reflejo del activismo de la "intelectualidad catala", la cual "recibió –en palabras de Manuel Manonelles i Tarragó– con interés y curiosidad el proyecto de la Sociedad de Naciones que –en varios aspectos– casaba bien con los postulados de modernidad y civilidad del *noucentisme*". Mas aún, "el fracaso del proyecto de Estatuto de Autonomía de 1919 –por la intransigencia del Estado y la compleja situación social del país– hizo pensar a destacados dirigentes políticos e intelectuales catalanes que la Sociedad de Naciones quizá podía ser un marco en el que encauzar los anhelos de autogobierno y libertad"[16]

Aquel mismo año en Ginebra en su intervención en la Comisión Internacional de Cooperación Intelectual Julio Casares trasladaba la posición centralista acorde a la posición oficial respecto a la cuestión catalana precisando que se buscaría una fórmula de carácter general con el fin de reglamentar la situación de las comisiones regionales. En esta línea haría una proposición en virtud de la cual "si une Commission régionale de coopération intellectuelle venait à se constituir dans un pays où il existe déjà une Commission nationale, il appartiendra à celle-ci de décider s'il convient que les personnalités de la Commission régionale soient reconnues para la [CICI] et de faire à cette dernière des propositions sur la nature des rapports à établir avec la Commission régionale". La tesis defendida por Julio Casares encontró sólidos apoyos en el delegado rumano Oprescu ante la perspectiva de la constitución de una comisión húngara en Transilvania y entre Gilbert Murray, Julien Luchaire y Marie Curie –aunque esta última se mostrase más sensible a reconocer las identidades culturales. La postura oficial de la Comisión Internacional de Cooperación Internacional en 1927 se encaminó en un sentido pragmático y de inequívoco realismo político. No podía contemplarse más de una comisión por Estado, aunque estos eran libres para organizarse internamente para dar cabida a sus realidades étnicas o regionales.

[15] Sus integrantes serían además de los citados: Esteban Terradas, Eduardo Fontseré, Pedro Bosch Gimpera, Joaquín Balcells, F. Vals Taberner, Lluís Nicolau d'Olwer, Carlos Soldevila, Jorge Rubió y M. Vidal y Guardiola (UNESCO AG 1-IICI-A-III-27. Carta de Juan Estelirch a José Castillejo, Barcelona, 15 de julio de 1927. En torno a la actividad de Lluís Nicolau d'Olwer remitimos a la consulta de Royakah NAVARRO GARCIA "Lluís Nicolau d'Olwer en la Sociedad de Naciones", revista *IDEES*, n. 58, septiembre de 2022 (https://revistaidees.cat/es/lluis-nicolau-dolwer-a-la-societat-de-nacions-2/)

[16] M. MANONELLES I TARRAGÓ "Prólogo: Cataluña y la Sociedad de Naciones", revista *IDEES*, n. 58, 2022, (https://revistaidees.cat/es/proleg-catalunya-i-la-societat-de-nacions/) En torno al problema de las minorías desde la realidad española remitimos a la consulta de las obras de X.M. NÚÑEZ SEIXAS "Nacionalismo y política exterior: España y la política de minorías de la Sociedad de Naciones (1919-1936)", *Hispania,* n. 189, 1995, pp. 229-265; y *Internacionalizant el conflicto. El Catalanisme i la qüestió de les minories nacionals a Europa (1914-1936)*, Valencia, Editorial Afers, 2010.

A partir de 1928 no se haría mención en las listas oficiales de comisiones nacionales a las comisiones catalana, croata o eslovena[17].

La mención al hecho regional en la carta de Julio Casares de 19 de mayo de 1927 en el contexto de la constitución de la Comisión Española de Cooperación Internacional no deja lugar a dudas, en nuestra opinión, de su voluntad política. La Comisión Española quedaba constituida por Julio Casares, como presidente, y Julio Palacios[18], como secretario, y quince vocales en su gran mayoría miembros de la Junta para Ampliación de Estudios o vinculados a la misma[19]. A efectos funcionales la Junta para Ampliación de Estudios seguía ejerciendo como interlocutor principal con la Organización para la Cooperación Intelectual.

La interlocución y el protagonismo de la Junta para Ampliación de Estudios en la Cooperación Intelectual

Hasta 1927 la Junta para Ampliación de Estudios, tal como detalla en una carta José Castillejo a Juan Estelrich el 9 de mayo de 1927, había desempeñando *de facto* "las funciones de Comisión nacional porque, por su Decreto constitutivo estaba encargada, antes de crearse la Sociedad de Naciones, del 'servicio de información extranjera y relaciones internacionales en materia de enseñanza'". En España, como en otros países caso de Gran Bretaña, este cometido había sido asumido por organismos ya existentes[20]. Desde la constitución de la Comisión Internacional de Cooperación Intelectual y del Instituto Internacional de Cooperación Intelectual la Junta para Ampliación de Estudios actuó provisionalmente como Comisión Nacional de Cooperación Intelectual. De hecho y con el fin de facilitar el despacho con estas instancias, en la Junta para Ampliación de Estudios se acordó el 31 de enero de 1928 la constitución de una subcomisión cuyo presidente y secretario serían por Julio Casares y José Castillejo, respectivamente, y para la que fueron designados como vocales José María Torroja, José María Plans, Fernando Álvarez de Sotomayor y Leopoldo Palacios. Su labor cesaría en breve una vez se constituyó en abril de

[17] J.-J. RENOLIET *L'UNESCO oublié...*, p. 283.

[18] En noviembre de 1930 se informaba a la Comisión Internacional de Cooperación Intelectual del nuevo secretario de la Comisión Española de Cooperación Internacional, José Subirá.

[19] De entre sus vocales, en el documento enviado a la Comisión Internacional de Cooperación Intelectual, seis aparecían como vocales activos de la Junta para Ampliación de Estudios –José Castillejo, María de Maéztu (única mujer de la Comisión Española), Ramón Menéndez Pidal, Luis Olariaga, José María Plans y José María Torroja– (UNESCO AG 1-IICI-A-III-27. Commission Nationale Espagnole de Coopération Intellectuelle). El resto de sus miembros: Fernando Álvarez de Sotomayor, Luis Bermejo, Ignacio Bolívar, Victoriano Fernández Ascarza, Manuel Fernández y Fernández Navamuel, Amalio Gimeno e Inocencio Jiménez, salvo Serafín Álvarez Quintero y Enrique Fernández Arbos, eran o habían sido miembros de la Junta, de acuerdo con la información transmitida por José Castillejo sobre la misma el 23 de febrero de 1927 al Instituto Internacional de Cooperación Intelectual (UNESCO AG 1-IICI-A-III-27. Carta del secretario de la Junta para Ampliación de Estudios, José Castillejo, a G. Prezzolini en el Instituto Internacional de Cooperación Intelectual, Madrid, 23 de febrero de 1927).

[20] UNESCO AG 1-IICI-A-III-36. Carta de José Castillejo a Juan Esterlich, Madrid, 9 de mayo de 1927.

1928 la Comisión Nacional de Cooperación Intelectual[21]. No obstante, la Junta seguiría atendiendo la "contestación a consultas e informaciones referentes a la vida intelectual y la colaboración con las Oficinas Universitarias de otros países, asistiendo a las reuniones periódicas celebradas en París el secretario de la Junta en representación de esta"[22].

La literatura sobre la Junta para Ampliación de Estudios es prolija y con aportaciones relevantes sobre la dimensión transnacional de su labor institucional, aunque es muy puntual y limitada la aproximación hacia su incardinación privilegiada en la cooperación intelectual y su incidencia breve pero reveladora en el ámbito de los estudios internacionales[23].

La Junta para Ampliación de Estudios no solo era la plataforma más activa e innovadora de la cultura y la ciencia españolas sino la que había establecido una red transnacional más

[21] Junta para Ampliación de Estudios e Investigaciones Científicas. *Memoria correspondiente a los cursos 1926-1927 y 1927-1928*, Madrid, 1929, p. 125

[22] Junta para Ampliación de Estudios e Investigaciones Científicas. *Memoria correspondiente a los cursos 1928-1929 y 1929-1930*, Madrid, 1930, p. 138.

[23] Entre las referencias bibliográficas más relevantes para abordar estos aspectos remitimos a la consulta de: P. ÁLVAREZ LÁZARO "La Institución Libre de Enseñanza y el universalismo masónico europeo", *Revista de Occidente*, n. 101, 1989, pp. 88-106; L.A. ARROYO ZAPATERO "Los juristas de la Junta para Ampliación de Estudios", S. REBOK *Traspasar fronteras: un siglo de intercambio científico entre España y Alemania*, Madrid, CSIC, 2010, pp. 267-290; P. AUBERT "¿A La Sorbona, a Marburgo o a la Alpujarra? La Junta para Ampliación de Estudio", *Circunstancia*, año V, n. 14, 2007, pp. 9-33; V. CACHO VIU *La Institución Libre de Enseñanza*, Madrid, Fundación Albeniz-Sociedad Estatal de Conmemoraciones Culturales, 2010; C. DOMÍNGUEZ DOMÍNGUEZ "La enseñanza de la geografía y la historia durante la II República", *Iber: Didáctica de las Ciencias Sociales, Geografía e Historia*, n. 19, 1999, pp. 5-20; J.M. FERNÁNDEZ SORIA "Fundar la ciudadanía, formar al hombre, construir la democracia: Europa como solución para las escuelas de España", *Revista de Educación*, n. extra 1, 2007, pp. 241-264; J. GARCÍA-VELASCO "La Junta para Ampliación de Estudios, la Institución Libre de Enseñanza y la modernización de la cultura", *Boletín de la Institución Libre de Enseñanza*, n. 63-64, 2006, pp. 13-40; A. JIMÉNEZ FRAUD *Historia de la universidad española*, Madrid, Alianza, 1971; M.J. LACALZADA DE MATEO "Concepción Arenal en la Institución Libre de Enseñanza", *Boletín de la Institución Libre de Enseñanza*, n. 16, 1993, pp. 57-72; F.J. LAPORTA y otros *La Junta para Ampliación de Estudios e Investigaciones Científicas (1907-1936)*, 6 vols., trabajo inédito depositado en la Fundación Juan March, 1980; L. LÓPEZ-OCÓN CABRERA "El cultivo de las Ciencias Humanas en el Centro de Estudios Históricos", *Revista Complutense de Educación*, v. 18, n. 1, 2007, pp. 59-76, y del mismo autor "Mobilizations and divisions of the scientific community in wartime", *Culture and History Digital Journal*, 3 (1), june 2014, pp. 1-9; P. MARSÁ VALCELLS *Concepción Arenal y la Institución Libre de Enseñanza*, Madrid, Torremozas, 1992; E. ONTAÑÓN "La Institución Libre de Enseñanza y Europa", *Boletín de la Institución Libre de Enseñanza*, n. 15, 1992, pp. 59-66; N. ORTEGA CANTERO "La Junta para Ampliación de Estudios e Investigaciones Científicas y la modernización de la geografía española", *Boletín de la Institución Libre de Enseñanza*, n. 63-64, 2006, pp. 153-174; G.H. PRADO "La Universidad de Oviedo, Rafael Altamira y la JAE: controversias en torno a la gestión de las relaciones intelectuales hispano-americanas (1909-1911), *Revista de Indias*, vol. 67, n. 239, 2007, pp. 33-58; A. RIBAGORDA "Una ventana abierta hacia Europa: la Residencia de Estudiantes y sus actividades culturales ((1910-1936)", *Circunstancia*, año V, n. 14, 2007, pp. 47-60, y del mismo autor "El Comité hispano-inglés y la Sociedad de Cursos y Conferencias de la Residencia de Estudiantes (1923-1936)", *Cuadernos de Historia Contemporánea*, vol. 30, 2008, pp. 273-291, y "La participación política de los intelectuales españoles. La proyección de la Gran Guerra, la Revolución Rusa y Versalles en la crisis de la Restauración", *Historia Contemporánea*, 69, 2022, pp. 469-504; J.A. RODRÍGUEZ ESTEBAN "La Institución Libre de Enseñanza y la Sociedad Geográfica de Madrid: la Geografía decimonónica en la regeneración interior y exterior de España", *Boletín de la Institución Libre de Enseñanza*, n. 19, 2006, pp. 33-44; J.M. SÁNCHEZ RON (coord.) *1907-1987: La Junta para Ampliación de Estudios e Investigaciones Científicas 80 años después*, 2 vols., Madrid, CSIC, 1988; J.M. SÁNCHEZ RON "En defensa de la JAE: la política científica de José Castillejo", *Boletín de la Institución Libre de Enseñanza*, n. 63-64, 2006, pp. 67-96; y del mismo autor "La Junta para Ampliación de Estudios e Investigaciones Científicas un siglo después", *Circunstancia: Revista de Ciencias Sociales del Instituto de Investigación Ortega y Gasset*, n. 14, 2007; y J. ZULUETA "Fernando de los Ríos y la Institución Libre de Enseñanza", *Boletín de la Institución Libre de Enseñanza*, n. 37-38, 2000, pp. 61-66. Una reciente aportación al papel

sólida y dinámica. El propio José Castillejo, miembro de la sub-comisión de relaciones interuniversitarias de la Comisión Internacional de Cooperación Intelectual, remitía una larga carta a la Comisión el 21 de mayo de 1927 a propósito de los cursos de verano en España, en la que explicitaba la filosofía y la naturaleza de la Junta para Ampliación de Estudios. Su creación en 1907 era parte de un movimiento pedagógico de reforma en la educación y la producción científica que pretendía paliar los errores de base de la política pedagógica en España: "a) The making of reforms in the regulations instead of reforming the teaching body; b) the carrying into public instructions of the instability and passions of political life, and c) the maintenance of isolation from the scientific and pedagogical movements in other countries". La Junta surgió con el fin de remediar tales defectos"[24].

En el nacimiento de la Junta convergían, en opinión de Rosario E. Fernández Terán y Francisco A. González Redondo, dos espíritus: la trayectoria socio-educativa del Instituto Libre de Enseñanza creado en 1876 y el Regeneracionismo[25]. La Junta para Ampliación de Estudios encarnaría la más ambiciosa expresión del "ideal reformista del liberalismo progresista del primer tercio de siglo XX español"[26]. La Junta asumiría en plenitud los ideales reformadores y modernizadores de la Institución Libre de Enseñanza, de tal modo, que "prolonga, y en ocasiones reduplica, o bien amplia, e inevitablemente modifica, el proyecto educativo de la Institución, su apuesta por transformar el país a través de una moral pública de carácter científico"[27].

Con el horizonte de fondo del Desastre del 98 y del Regeneracionismo, la guerra –como oportunamente advierte Paul Aubert, espoleó las dinámicas reformadoras sobre los cimientos del krausismo y del institucionismo. En Europa otros pueblos, como Prusia en 1807 o Francia en 1870 habían "superado su derrota mediante la reforma escolar". Francisco Giner de los Ríos "invitaba a una labor más modesta, aspiraba a una reforma de la sociedad partiendo, de la educación"[28]. En plena resaca del Desastre, su amigo y diputado por Pontevedra además de por aquel entonces presidente de la Asamblea Nacional de Amigos de la Enseñanza, Eduardo Vincenti Reguera, exponía en su diagnóstico con claras resonancias costistas que:

> Yo no cesaré de repetir que, dejando a un lado un falso patriotismo, debemos inspirarnos en el ejemplo que nos ha dado los Estados Unidos. Este pueblo nos ha vencido

de la Junta para Ampliación de Estudios en la cooperación intelectual, tal como apuntábamos en la introducción, puede consultarse en J.L. NEILA "La Junta para..."

[24] UNESCO AG 1-IICI-C-II-8. Carta –informe– titulada "Character and functions of the Board of Extension of Studies of the Ministry of Public Instruction in Madrid" enviada a la Comisión Internacional de Cooperación Intelectual, 21 de mayo de 1927.

[25] R.E. FERNÁNDEZ TERÁN-F.A. GONZÁLEZ REDONDO "La Junta de Ampliación de Estudios e Investigaciones Científicas en el centenario de su creación", *Revista Complutense de Educación*, vol. 18, n. 1, 2007, pp. 14-16.

[26] A. RIBAGORDA "Una ventana abierta...", p. 37.

[27] V. CACHO VIU "La JAE entre la ILE y la generación del 14", J.M. SÁNCHEZ RON(coord..) *1907-1987. La Junta para Ampliación de Estudios e Investigaciones Científicas 80 años después*, 2 vols., Madrid, CSIC, 1988, p. 4.

[28] P. AUBERT "¿A La Sorbona...", p. 10.

> no solo por ser más fuerte, sino también por ser más instruido, más educado; de ningún modo por ser más valiente. Ningún yanqui ha presentado a nuestra escuadra o a nuestro ejército su pecho, sino una máquina inventada por algún electricista o algún mecánico. No ha habido lucha. Se nos ha vencido en el laboratorio y en las oficinas, pero no en el mar o en la tierra[29].

Aquel ímpetu reformador no buscaba solamente la puesta al día con los avances científicos de la época, sino que ambicionaba contribuir activamente a ese proceso mediante la tarea investigadora realizada desde España en conexión con sus referentes europeos y norteamericanos. Emergía "una ideología –en palabras de Agustín Albarracín– que intenta fundamentar todos sus puntos de vista en la ciencia positiva, prescindiendo de las bases tradicionales. Ello explica el auge que disciplinas como el evolucionismo, la antropología, la psicología científica van a tener en España"[30].

La reforma de la instrucción pública –afirma Paul Aubert– "aparece como la única solución para regenerar el país". La primera iniciativa de gran calado en el país cristalizaría en 1900 con la creación del Ministerio de Instrucción Pública y Bellas Artes. "La amistad del segundo titular de dicha cartera, el conde de Romanones, con Francisco Giner de los Ríos llega a persuadir a las autoridades de que una verdadera reforma de la enseñanza pasa por una nueva formación del cuerpo docente". El Decreto de 18 de julio de 1901 asumía el ideario de Giner "sobre la necesidad de lograr una reforma moral –la expresión se ha puesto de moda desde la publicación en Francia en 1871 de la *Réforme intellectuel et morale* de Ernest Renan– mediante la 'formación de formadores'"[31]. Parecía desde luego sino la única si la mejor solución para afrontar la dramática sentencia de Miguel de Unamuno para quién "España era una 'alfabetocracia más que una democracia"[32].

A comienzos del siglo xx el sistema educativo seguía regido por la Ley Moyano de 1857, cuya norma establecía la enseñanza primaria obligatoria que se extendería en 1909 de los 9 a los 12 años. La teórica escolarización universal de la población infantil quedaba muy lejos de la realidad, tal como muestran las estadísticas del Ministerio de Instrucción Pública que cifraban el analfabetismo en torno al 66% de la población. El "Estado de la Restauración –afirma Antonio Niño– no había cumplido con la más elemental responsabilidad social" ni había intentado "una nacionalización efectiva de las masas populares". "Si el propio Estado renunciaba a utilizar el agente nacionalizador más importante de entonces: el sistema público de educación, era difícil que se generara en España un patriotismo popular consciente o una conciencia cívica generalizada"[33].

---

[29] M. SÁNCHEZ RON (coord.) (1988) *1907-1987: La Junta...*, v. 1, p. 3.

[30] A. ALBARRACÍN TEULÓN "Las ciencias biomédicas en España de 1800 a 1936", J.M. SÁNCHEZ RON (ed.) *Ciencia y Sociedad en España de la Ilustración a la guerra civil*, Madrid, El Arquero-CSIC, 1988, pp. 152-153.

[31] P. AUBERT "¿A La Sorbona...", p. 10.

[32], C. GAMERO MERINO "Castillejo a través de su correspondencia como secretario de la Junta para Ampliación de Estudios", *Historia de la Educación. Revista interunviersitaria*, v. 5, 1986, p. 377.

[33] La atención presupuestaria a la instrucción pública en torno a 1901 ilustraba con nitidez el abismo entre España y sus referentes de modernidad: Estados Unidos empleaba el 14% de su renta nacional, Alemania el 12%, Gran

En 1899 Joaquín Costa y Macías Picabea clamaban por el desolador panorama de la instrucción pública. La "educación se convirtió por un momento en la gran cuestión nacional", promovió el debate público y alentó la acción política que cristalizaría en la adopción de iniciativas gubernamentales de calado, entre ellas la creación del Ministerio de Instrucción Pública, la dotación en 1901 de la primera cátedra universitaria de Pedagogía en España ganada por el institucionista y director del Museo Pedagógico desde 1882 Bartolomé Cossío, las mejoras en las condiciones salariales de los maestros, la creación en 1909 de la Escuela Superior de Magisterio o la ola de reformas auspiciada por el institucionista Rafael Altamira al frente de la nueva Dirección de Enseñanza Primaria en 1911[34].

Una dialéctica reformadora en clave liberal que más adelante, desde el núcleo de la Generación de 1914 y bajo el liderazgo intelectual de José Ortega y Gasset, cristalizaría en octubre de 1913 en un movimiento pedagógico renovador, la Liga de Educación Política. Su finalidad, sería "fomentar la organización de una minoría encargada de la educación política de las masas" y superar la fractura de las dos Españas[35].

Desde su nacimiento la Junta se erigió en un entramado universitario de nivel internacional, una verdadera universidad al modo anglosajón, independiente de la red de universidades del reino y con autonomía para gestionar sus fondos públicos[36]. En la vida de la Junta confluirían dos personajes clave: su presidente Santiago Ramón y Cajal, cuya presencia fue más nominal que efectiva, y su secretario hasta el verano de 1935 José Castillejo. En su proceso de gestación –afirma Paul Aubert– fue determinante la colaboración entre el conde de Romanones y los institucionistas –Francisco Giner de los Ríos, Luis de Zulueta y en especial José Castillejo–. Nacido en Ciudad Real en 1877, José Rafael Claudio Castillejo y Duarte fue un intelectual liberal, pero fue un intelectual atípico –en palabras de Luis Palacios Bañuelos– que "al mismo tiempo, es hombre práctico y conocedor de la realidad; por ello es crítico con los intelectuales". Jurista de formación en 1905 obtuvo la cátedra de "Instituciones de derecho romano" en la universidad de Sevilla,

---

Bretaña el 10% y Francia el 8% frente al 1,2% en España (A. NIÑO "El protagonismo de los intelectuales en los proyectos de reforma educativa y modernización cultural", *Modernizar España. Proyectos de reforma y apertura internacional (1898-1914)*, Madrid, Biblioteca Nueva, 2007, pp. 208-209).

[34] Ibídem. Pp. 210-212.

[35] L. PALACIOS BAÑUELOS "José Castillejo Duarte", *Circunstancia*, año V, n. 14, 2007, p. 37. En la Liga de Educación Política militarían, entre otros, Manuel Azaña, Luis Araquistáin, Américo Castro, Ramiro de Maeztu, Fernando de los Ríos, Salvador de Madariaga, Manuel García Morente, Lorenzo Luzuriaga, Ramón Pérez de Ayala, Leopoldo Palacios, Luis de Zulueta, Antonio Machado y Pablo Azcárate.

[36] El director del Centro de Estudios Históricos,Ramón Menéndez Pidal, en una nota redactada el 5 de mayo de 1932 al ministro de Instrucción Pública, Fernando de los Ríos, argumentaba, a propósito de la preparación de un decreto para el desarrollo de la investigación científica, que la "organización y el fomento de la investigación científica han sido hechos en todos los pueblos en lo que va de siglo mediante una acción selectiva que desborda los sistemas nacionales de enseñanza y va formando institutos cuyos contornos se adaptan a las necesidades y al personal disponible en cada momento". En el último cuarto de siglo España se había embarcado en un esfuerzo encaminado en ese sentido. "La solución de máxima garantía ensayada ya en España, como en otros países, consiste en encomendar esa función delicada que requiere flexibilidad, continuidad y competencia, a organismos científicos y autónomos en esa esfera, pero fiscalizados y responsables ante el Poder público" (JAE/168/5 (documentación de la secretaría de la JAE). Nota de Ramón Menéndez Pidal a Fernando de los Ríos, Madrid, 6 de mayo de 1932).

puesto en el que permanecería hasta 1920 tras resolverse favorablemente un concurso de traslado a la Universidad Central de Madrid. Es, sin duda, significativo el hecho de que el propio José Castillejo, como otros institucionistas, fueran accediendo a cátedras de derecho que les permitiría irradiar su influencia desde la tribuna universitaria, como fue el caso de Adolfo Posada (1883), Melquiades Álvarez (1899), Aniceto Sela y Sempil (1888) o Rafael Altamira (1897). Sus contactos con Francisco Giner de los Ríos que se iniciaron con el comienzo de siglo le acabarían por orientar hacia su gran pasión, la educación[37]. De hecho, tras sus estancias en Gran Bretaña, cuyo modelo político y educativo admiraba, se doctoraría en Filosofía y Letras en 1915 por su investigación sobre la educación en Inglaterra. Su publicación hubo de aplazarse por el conflicto mundial hasta 1919. El libro, afirma Eugenio Otero Urtaza, era "un elogio a un modelo de educación que Giner había asumido progresivamente y que en aquellos momentos explicaba a los españoles cómo los valores que se transmitían en el sistema educativo inglés fueron la clave para entender su victoria bélica frente a la expansión alemana"[38]. En su correspondencia con María de Maeztu le detallaba el 13 de febrero de 1913 tras su viaje a Alemania que "la escuela inglesa forma al hombre; la escuela alemana, al especialista"[39].

El colectivo de profesores vinculado a la Institución Libre de Enseñanza, el "grupo institucionista", actuaría "como eslabón que permitió la continuidad entre las dos generaciones, la literaria del 98 y la más decididamente política del 14". No solo facilitó el enlace de la tradición krausista con la generación de José Ortega y Gasset y Manuel Azaña, sino que incorporó a otras personalidades de gran prestigio intelectual como Ramón y Cajal o Ramón Menéndez Pidal. Con la generación del 98, argumenta Antonio Niño, compartieron la experiencia del Desastre y participaron del espíritu crítico y reformista del Regeneracionismo. Figuras clave del Regeneracionismo como Joaquín Costa o Miguel de Unamuno mantuvieron una estrecha relación con la Institución Libre de Enseñanza. Con la generación del 14 "coincidían en la dedicación profesional al mundo académico, en vez de a la literatura o la publicística", a la vez que compartían "un mismo programa europeísta y creían más en las empresas colectivas que en la genialidad individual".

Fue "el único grupo intelectual que poseía un programa coherente de reformas". El "regeneracionismo de cátedra", encarnado por profesores institucionistas como Bartolomé Cossío, Rafael Altamira, Adolfo Posada, Anicento Sela y Sampil o José Castillejo, alentados por el liderazgo de Giner de los Ríos, mostraba unos rasgos propios. En primer término, su gran escepticismo respecto a los procedimientos directamente políticos para reformar el país. Confiaban más en iniciativas de tipo tecnocrático tendentes a modificar "las

[37] L. PALACIOS BAÑUELOS "José Castillejo Duarte...", pp. 35-38.

[38] E. OTERO URTAZA "El institucionismo en las redes internacionales de educación", J. GARCÍA-VELASCO (ed.) *Redes internacionales de la cultura española 1914-1939*, Madrid, Publicaciones de la Residencia de Estudiantes, 2014, p. 233.

[39] D. CASTILLEJO CLAREMONT *Los intelectuales reformadores de España. III. Fatalidad y porvenir (1913-1937)*, Madrid, Castalia, 1997-1999, p. 21; y consúltese, asimismo, C. GAMERO MERINO "Castillejo a través...", p. 378.

estructuras profundas de la sociedad". Siempre desde una actitud reformista. En segundo lugar, su confianza en Europa como paradigma de modernidad, de ciencia, de rigor y de civilización. Era el escaparate en el que inspirarse no para imitar sino para adaptarlo a la idiosincrasia española. Confiaban en las "virtudes terapéuticas del desarrollo científico", la confianza en el progreso y las virtudes de la razón. En tercer lugar, su convicción de que la clave del problema nacional era la educación. En consecuencia, la "política pedagógica" se erigió en su absoluta prioridad. Las "recetas pedagógicas eran el remedio de todos esos males y la esperanza, por tanto, de la deseada reactivación de la vida nacional". Y, por último, el grupo institucionista fue el único capaz de "inspirar las primeras reformas adoptadas por el Estado para modernizar la estructura educativa y científica del país, gracias a su capacidad de influencia sobre los poderes públicos"[40]. Este grupo de profesores reformistas institucionistas configuraban –concluye el citado autor– un nuevo tipo de intelectual: "identificado más por su cualificación profesional que por la brillantez de su literatura; habituados a visitar los establecimientos universitarios europeos, cuando no formados en ellos; apoyados en una base institucional que les permitía no depender exclusivamente del mundo editorial y la prensa, y de fuertes convicciones liberales en el sentido más profundo del término"[41].

En enero de 1906 el ministro de Instrucción Pública, Vicente Santamaría de Paredes, del gobierno de Segismundo Moret le había solicitado a José Castillejo que coordinase las pensiones que se concedían a las universidades y las relaciones con el extranjero. El día 5 de aquel mismo mes José Castillejo comenzaría a ejercer como agregado al servicio de información técnica y de relaciones con el extranjero en dicho Ministerio. A lo largo de aquel año los contactos entre Segismundo Moret y Francisco Giner de los Ríos fructificarían en un proyecto elaborado por el institucionista a comienzos del mes de junio en el que cobraban forma algunas de las premisas identitarias de la futura Junta, entre ellas la necesidad de desamortizar los grandes intereses nacionales de las políticas de partido. El "modelo de funcionamiento independiente que le recuerda Giner a Moret es la Comisión de Reformas Sociales, que él mismo creó". La "idea directriz es formar un organismo, independiente del poder político y de todas las estructuras universitarias (...) que facilitara la salida al extranjero de los candidatos seleccionados en cada rama por reconocidos especialistas"[42]. José Castillejo sería el responsable de la redacción del reglamento y la estructura organizativa de la Junta. Desde la secretaría de la Junta para Ampliación de Estudios se erigiría en su "verdadero impulsor". "Hoy –afirma Álvaro Ribagorda– sabemos con certeza que era Castillejo quien estaba detrás de todas las iniciativas de la Junta, y quien verdaderamente la dirigía, aunque permaneció siempre de forma intencionada en segundo plano, muy propio del espíritu institucionista, a la

[40] A. NIÑO "El protagonismo de...", pp. 205-208.
[41] Ibídem. P. 228.
[42] P. AUBERT "¿A La Sorbona...", p. 11.

sombra de un presidente más honorífico que activo, y en un puesto sin voto, en el que –por voluntad propia– no recibió sueldo alguno durante muchos años"[43].

La Junta para Ampliación de Estudios irrumpía en el escenario cultural, científico e intelectual español como una entidad autónoma, funcionalmente bajo la dependencia del Ministerio de Instrucción Pública y Bellas Artes y sin vínculos formales con la Institución Libre de Enseñanza, aunque nutrida en su sabia por los institucionistas. La Junta se componía de 21 miembros honorarios vitalicios, profesores y científicos eminentes, que representaban a un amplio elenco de esferas del conocimiento y donde tenían cabida diferentes sensibilidades políticas e ideológicas[44].

En el Real Decreto de 11 de enero de 1907, promulgado por el Gobierno liberal del Marqués de Vega Armijo, se especificaba entre sus funciones la de actuar como "servicio de información extranjera y relaciones internacionales en materia educativa" y se le reconocía la facultad para crear centros de actividad investigadora y residencias de estudiantes, entre otras atribuciones[45]. La cultura española, afirma José García-Velasco, volvía a integrarse en las redes internacionales, especialmente las europeas y americanas[46]. El propio decreto fundacional de la Junta lo enunciaba en los siguientes términos:

> El pueblo que se aísla se estaciona y descompone. Por eso todos los países civilizados toman parte de ese movimiento de relación científica internacional, incluyendo en el número de los que en ella han entrado, no solo los pequeños Estados europeos, sino las naciones que parecen apartadas de la vida moderna, como China, y aun la misma Turquía, cuya colonia de estudiantes en Alemania es cuatro veces mayor que la española, antepenúltima entre todas las europeas, ya que son solo inferiores a ella en número las de Portugal y Montenegro[47].

La Junta para Ampliación de Estudios –afirma Lorenzo Delgado– se "convirtió en plataforma de los sectores intelectuales que asociaban Europa a modernización y que situaban la educación, la ciencia y la cultura como los elementos dinamizadores que harían posible la progresiva homologación europea". A tal fin, debía "fomentarse la reforma

---

[43] A. RIBAGORDA "Una ventana abierta...", pp. 37-38; y véae asimismo, C. GAMERO MERINO "Castillejo a través...", p. 382.

[44] El cuadro directivo en 1910 estaba conformado por Santiago Ramón y Cajal, como presidente, José Castillejo como secretario, y como vocales: Adolfo Álvarez-Buylla, Gumersindo Azcárate, Ignacio Bolivar, Julián Calleja, José Casares Gil, José Echegaray, Victoriano Fernández Ascarza, José Fernández Giménez, Amalio Gimeno, Eduardo de Hinojosa, José Marvá, Ramón Menéndez Pidal, Marcelino Menéndez Pelayo, Julián Ribera y Tarragó, José Rodríguez Carracido, Vicente Santa María de Paredes, Luis Simarro, Joaquín Sorolla, Leonardo Torres Quevedo y Eduardo Vicenti (C. GAMERO MERINO "Castillejo a través...", pp. 388-389; y A. RIBAGORDA "Una ventana abierta...", p. 40).

[45] R.E. FERNÁNDEZ TERÁN-F.A. GONZÁLEZ REDONDO "La Junta de Ampliación...", pp. 14-16.

[46] J. GARCÍA-VELASCO "El reencuentro con la modernidad. Estrategias y redes culturales de la cultura española (1914-1939)", J. GARCÍA-VELASCO (ed.) *Redes internacionales de la cultura española 1914-1939*, Madrid, Publicaciones de la Residencia de Estudiantes, 2014, p. 29.

[47] Real Decreto de 11 de enero de 1907 creando una Junta para Ampliación de Estudios e Investigaciones Científicas (https://www.filosofia.org/hem/dep/boe/19070115.htm, consultado el 27 de abril de 2021)

educativa, el progreso científico, el desarrollo económico y la apertura política, con las miras puestas en construir un país moderno, culto, tolerante y dinámico, superando así el corsé oligárquico, atrasado y clerical de entonces"[48].

El director del Museo Pedagógico, Manel Bartolomé Cossío, insistía en lo fundamental que era la formación del profesorado y, en este sentido, la única solución para lograr la regeneración nacional era seguir la senda de Francia o Japón: "mandar masivamente a los futuros profesores y a todos lo que se destinan a la investigación científica, al extranjero"[49]. La Junta para Ampliación de Estudios a través de los pensionados –cerca de tres mil entre jóvenes estudiantes, licenciados y profesores[50] que acudieron a centros de referencia en Europa y Estados Unidos principalmente, para completar su formación, en unos casos, e iniciar sus investigaciones, en otros– se erigiría en un puente intelectual con los foros de la modernidad.

En 1910 se creó una red de centros de investigación y de educación que constituiría el entramado fundamental de la actividad de la Junta: entre ellos el Centro de Estudios Históricos –Real Decreto de 18 de marzo de 1910–, el Instituto Nacional de Ciencias Físico-Naturales –Real Decreto de 27 de mayo de 1910–, la Residencia de Estudiantes –Real Decreto de 6 de mayo de 1910– y la Escuela Española de Roma para estudios de arqueología e historia –Real Decreto de 3 de junio de 1910–. En 1915 se crearía la Residencia de Señoritas en las depedencias de la calle Fortuny, donde la Junta había alquilado los dos hoteles situados en los números 28 y 30, y cuya dirección recaería en María de Maeztu[51]. La labor de la Junta dotando de recursos a los pensionados en el extranjero se complementaría con las dotaciones concedidas por instituciones como la Fundación Rockefeller.

En la actividad desempeñada por la Junta para Ampliación de Estudios en los foros de cooperación intelectual y por su incidencia en el ámbito de los estudios internacionales y el conocimiento social dos de estas instituciones tendrían especial incidencia: el Centro de Estudios Históricos y, especialmente, la Residencia de Estudiantes. El Centro de Estudios Histórico estuvo bajo la dirección de Ramón Menéndez Pidal y se organizó en diferentes secciones, entre las cuales la de Historia fue dirigida por Rafael Altamira –una de las figuras centrales en el desarrollo de los estudios internacionales en España a la que más adelante haremos mención– entre 1910 y 1918. En 1929 las diferentes secciones,

[48] L. DELGADO GÓMEZ-ESCALONILLA *Un siglo de diplomacia cultural española: de la Junta para Ampliación de Estudios al Instituto Cervantes. Estudios internacionales y estratégicos*, Madrid, Instituto Elcano, 2014, p. 4; y consúltese asimismo: A. NINO "La europeización a través de la política científica y cultural en el primer tercio del siglo XX", monográfico sobre *Europa-España, en la perspectiva del siglo XX, Arbor*, n. 669, 2001, pp. 95-126; y del mismo autor "El protagonismo de los intelectuales en los proyectos de reforma educativa y modernización cultural", *Modernizar España. Proyectos de reforma y apertura internacional (1898-1914)*, Madrid, Biblioteca Nueva, 2007, pp. 199-230; y F. VILLACORTA *"Les espagnols et le défi européen au XXème siècle"*, GIRAULT, R. (dir.) *L'Europe des européens*, Paris, Publications de la Sorbonne, 1993, pp. 27-41.

[49] P. AUBERT "¿A La Sorbona...", p. 10.

[50] A. RIBAGORDA "Una ventana abierta...", p. 48.

[51] Remitimos en este sentido a la excelente aportación de Encarnación Lemus *Ellas. Las estudiantes de la Residencia de Señoritas,* Madrid, Cátedra, 2022

así como las oficinas de la Junta para Ampliación de Estudios, se trasladarían al Palacio de Hielo y el Automóvil en la calle Medinaceli, 4. La Residencia de Estudiantes, cuyo presidente fue Alberto Jiménez Fraud y cuyas dependencias se trasladarían desde la calle Fortuny a la calle del Pinar en 1915, se erigiría en uno de los centros más dinámicos y transnacionales de la actividad intelectual española. La Residencia se concibió emulando el modelo de los *colleges* británicos, en particular Oxford y Cambridge como un complemento fundamental a la formación universitaria a través de visitas, conferencias, bibliotecas, publicaciones y otros recursos[52].

La Junta para Ampliación de Estudios localizó su red de centros en Madrid como fiel reflejo de una "política educativa española general, asumida como normal, que concebía a la Universidad de Madrid como Universidad Central y a sus Facultades como las únicas en las que se podía investigar y realizar estudios avanzados"[53]. La capitalidad de Madrid había convertido a la ciudad en un poderoso polo de atracción para los intelectuales en España. Era, por supuesto, el epicentro político y administrativo del país y sede de los principales centros culturales, museos, bibliotecas y reales academias, además de disponer de la Universidad Central que era el único centro donde se podía obtener el grado de doctor[54]. Era asimismo un hervidero de la vida artística, literaria e intelectual. En torno a la puerta de El Sol, como bien detalla Álvaro Ribagorda, se localizaba toda una red de cafés literarios, "principal espacio de sociabilidad para los escritores en Madrid, que hacían de ellos su particular tribuna y los convertían en animadas tertulias". Entre ellos adquirirían especial notoriedad el café de Fornos –donde se reunían los escritores de la generación del 98–, el del Gato Negro, el Comercial, el Colonial, el café del Pombo –cuyas tertulias giraban en torno a la figura de Ramón Gómez de la Serna– o el café Myllares –junto al Retiro, donde se reunían algunos residentes como García Lorca, Pepín Bello o Celaya-[55].

Desde 1914 se aceleraría el proceso de internacionalización de la cultura y la ciencia españolas. Al comenzar la Gran Guerra aún coincidirían en vida Francisco Giner de los Ríos, Miguel Unamuno y José Ortega y Gasset, tres de los máximos exponentes de la tradición liberal española, cosmopolita y europeizadora. En la generación del 14 muchos de sus miembros eran destacados institucionistas –José Ortega y Gasset, Federico de Onís, Fernando de los Ríos, Luis de Zulueta o el propio Manuel Azaña que fue pensionado por la Junta para Ampliación de Estudios para realizar sus estudios de política militar en París[56]– y protagonizarían el primer gran debate entre intelectuales en España agitado por la Guerra del Catorce, la controversia entre aliadófilos y germanófilos. Si la reacción noventayochista fue eminentemente "ética y moral no política, con un alcance

[52] A. RIBAGORDA "El comité hispano-inglés...", p. 274.

[53] R.E. FERNÁNDEZ TERÁN-F.A. GONZÁLEZ REDONDO "La Junta de Ampliación...", p. 29.

[54] Véase P. AUBERT "Madrid, polo de atracción de la intelectualidad a principios de siglo", A. BAHAMONDE-L.E. OTERO CARVAJAL (coords.) *La sociedad madrileña durante la Restauración 1876-1931. Terceros Coloquios de Historia Madrileña*, Madrid, Consejería de Cultura CAM-Alfoz, vol. 2, 1989, pp. 101-138.

[55] A. RIBAGORDA "Una ventana hacia...", p. 51; y del mismo autor "Los cafés de Madrid y las primeras vanguardias", *Revista de Occidente*, n. 274, marzo de 2004, pp. 183-213.

[56] JAE-13624. Manuel Azaña (http://archivojae.edaddeplata.org/ consultado el10 de febrero de 2021)

limitado, como limitada era la audiencia de los escritores y artistas que adquirían el rango de intelectuales", la generación del 14 transformaría esas inquietudes individuales en proyectos colectivos y apuntalaría la conformación de un "cuerpo social del espíritu de la minoría intelectual concienciada". Se aglutinaría en torno a una "empresa exterior", un proyecto común, "la sincronía con Europa, a la que se asociaba con ciencia, cultura, modernidad y progreso"[57]. En palabras de Federico de Onís: "vivir con la mente en Europa y el corazón en España"[58].

Los acontecimientos nacionales –como los desafíos al régimen de la Restauración en 1917– e internacionales –como el ciclo revolucionario ruso de 1917 o la construcción del nuevo orden internacional en París, además de la propia guerra mundial– redimensionarían en España el impacto y la influencia pública de los intelectuales. Estos –argumenta Álvaro Ribagorda– se constituyeron:

> (...) en una *intelligentsia*, grupo que a partir de su talento y capacidad de persuasión pretendía influir en el rumbo de la política española para modernizar el país. Ante el descrédito general de las instituciones, los políticos, los gobiernos, el Parlamento y la monarquía, un nutrido grupo de intelectuales –como también estaba sucediendo en otros países cercanos– se arrogaron la responsabilidad de orientar el rumbo del país, participando ya de forma activa en la vida política española, y señalando a los políticos y a gran parte de la sociedad las direcciones que consideraban más apropiadas para modernizarlo, en busca de una homologación con Europa[59].

En su mayoría procedentes del mundo universitario –Miguel de Unamuno, José Ortega y Gasset, Julián Besteiro, Luis de Zulueta, Luis Simarro, Fernando de los Ríos, Luis Jiménez de Asúa, Adolfo Posada o Leopoldo Palacios, entre otros– su actuación en estos agitados años "supuso un claro precedente de la politización de los años treinta, y el primer punto álgido de un proceso que culminaría durante la Segunda República, de tal forma que la denominada República de los intelectuales podría ser considerada también una República de profesores"[60]. Espoleados por el deseo consciente de modernizar España y con matices diversos y complejos polarizados en la dialéctica europeización-casticismo, su radio de influencia social se iría ampliando a través de su presencia no solo en la prensa y las revistas generales sino por su irrupción en el espacio público de masas, a través de

[57] L. DELGADO GÓMEZ-ESCALONILLA *Un siglo de...*, p. 5; y véase asimismo A. NINO "La europeización a través..."

[58] F. de ONÍS *Ensayo sobre el sentido de la cultura española*, Madrid, Publicaciones de la Residencia de Estudiantes, 1932, p. 106.

[59] A. RIBAGORDA "La participación política...", p. 470. Y véase asimismo: P. AUBERT *Les intellectuels espagnols et la politique dans le premier tiers du XX siècle*, Lille, ANRT (Thèse de Doctorat d'État), 1996; S. JULIÁ "La aparición de 'los intelectuales' en España", *Claves de razón práctica*, n. 86, 1988, pp. 2-10; y del mismo autor *Historias de las dos Españas*, Madrid, Taurus, 2004; y C. SERRANO "El 'nacimiento de los intelectuales': algunos replanteamientos", dossier *El nacimiento de los intelectuales en España*, *Ayer*, n. 40, 2000, pp. 11-23.

[60] Ibídem. Pp. 470-471.

multitudinarios actos públicos. Los "intelectuales –nos recuerda Santos Juliá– hasta ese momento, si eran maestros reconocidos, ocupaban las tribunas preparadas en salones de instituciones culturales, como el Ateneo, las Academias, el Círculo de Bellas Artes o la Residencia, entre otras muchas. Si el intelectual había alcanzado la altura de una estrella se atrevía incluso a alquilar un teatro, como fue el caso de Ortega en el de la Comedia". Pero "¿una plaza de toros? ¿Un mitin en una plaza de toros convocado por una revista dirigida a minorías selectas?"[61], como aconteció en 1917 revelaba la nueva dimensión de la sociedad de masas. A tal punto había llegado la movilización y la polarización del debate intelectual y político entre aliadófilos y germanófilos, y la convergencia entre los intelectuales, los partidos políticos y la sociedad que aquel año la plaza de toros de Madrid se erigiría en escenario de un "acontecimiento extraordinario que mostraba como los intelectuales y la agitación derivada de la guerra habían puesto las bases para la creación de una nueva cultura política de masas"[62]. El primer mitin tuvo como protagonista central a Antonio Maura el 29 de abril de 1917 en clave germanófila, abogando por respetar a Alemania y preservar la neutralidad. Si Maura se había atrevido –afirma Santos Juliá– "¿Por qué no *España*? Y fue *España*, con el apoyo expreso del Ateneo, la que se encargó de convocar un acto de afirmación antigermanófila. El 27 de mayo de 1917 "repleta hasta la bandera", el mitin concitó a 25.000 asistentes[63].

Simpatizantes de la causa aliadófila la mayor parte de los intelectuales de primera fila, se pusieron del lado de Francia y Gran Bretaña en aquel tiempo de ruido de sables monitorizando aquella simpatía internacional en torno a la identificación con la democracia y el liberalismo hacia las aspiraciones de regeneración política, social y cultura de España. La aliadofilia integró a un "amplio espectro de intelectuales" no todos militantes o simpatizantes con las ideas progresistas, pero si les vinculaba la "búsqueda de la regeneración de España, para la que consideraban fundamental una victoria aliada"[64]. El epicentro del mundo aliadófilo en Madrid, como puntualmente subraya Santos Juliá, se localizó entre el Ateneo, la redacción de la revista *España* fundada por José Ortega y Gasset y la sede del Partido Reformista, los "tres situados a pocos metros en la misma madrileña calle del Prado"[65]. La aliadofilia militante hacia la causa de Francia y Gran Bretaña –que se

[61] S. JULIÁ "La nueva generación: de neutrales a anti-germanófilos pasando por aliadófilos", *Ayer*, n. 91, 2013 (3), p. 142.

[62] A. RIBAGORDA "La participación política…", p. 482.

[63] S. JULIÁ "La nueva generación…", p. 143.

[64] Entre los aliadófilos, precisa Álvaro Ribagorda, "se contaba todo tipo de intelectuales afines al reformismo como Zulueta, Azaña, Ortega o Pérez de Ayala; republicanos como Blasco Ibañez o Azcárate; catalanistas como Rovira i Virgili o Pompeu Fabra; socialistas como Araquistáin, Galdós o Besteiro; pero también algún carlista como Valle-Inclán; y conservadores como Armando Palacios Valdés, Alcalá Galiano, Julio Camba, Gaziel; e incluso un diputado conservador como Azorín; sin olvidar otras voces opuestas al canovismo partidarios de algún tipo de regeneración nacional como las de Unamuno, Maeztu o la plana mayor del institucionismo con Cossío, Castillejo, etc." (A. RIBAGORDA "La participación política…", p. 473).

[65] Un Ateneo profundamente renovado tras las elecciones de 1913 que encumbraría a la secretaría general a Manuel Azaña. En aquella misma candidatura figuraba Ramón Pérez de Ayala que ocuparía el puesto de bibliotecario. A la Junta se incorporarían José Ortega y Gasset, Salvador de Madariaga o Pedro Salinas ocupando la presidencia o la secretaría de diversas secciones de la entidad (S. JULIÁ "La nueva generación…", p. 126).

acentuaría en el curso de la guerra, especialmente a partir de 1917, acompañada de una intensificación de la propaganda y de los recursos de los beligerantes por influir en la opinión pública española y que determinaría el curso de la revista *España* bajo la creciente influencia de Manuel Azaña y Luis Araquistáin– no debe ocultar la complejidad de las posiciones y análisis en el seno de los aliadófilos. En este sentido, Santos Juliá advierte de los profundos sentimientos y nexos con la cultura y la ciencia alemana en figuras tan determinantes como Giner de los Ríos o el propio José Ortega y Gasset. Y es que:

> (...) Ortega, como todos los liberales españoles, desde la época de Sanz del Río, "eran hijos de Alemania, por la filosofía, las ciencias jurídicas, la pedagogía, la historia, la lingüística, los métodos experimentales, la medicina", según la explicación ofrecida por Rafael Altamira a los colegas franceses para que entendieran por qué una gran parte de españoles, durante cierto tiempo después del estallido de las hostilidades, no habían sabido a qué carta quedarse y habían permanecido en silencio, dando la impresión de ser todos ellos germanófilos, sin serlo en el sentido inmediato que adquirió ese adjetivo[66].

En un plano eminentemente historiográfico Rafael Altamira apuntaba en la misma dirección una década antes de la guerra mundial. "¿Quiénes –se preguntaba– pueden llamarse con más justo título maestros de la historiografía moderna sino esos alemanes a cuyas cátedras han ido a aprender los hombres nuevos de todas las naciones y cuyos métodos de trabajo prevalecen en el mundo entero? Nosotros –que en tantas cosas (más de las que creen los galófobos) somos hoy hijos intelectuales de Alemania"[67]. La generación del 14 –afirma Paul Aubert– fue la que realmente asimiló la cultura alemana. "El krausismo representaba en España, con el redescubrimiento del pensamiento de las Luces, la introducción del idealismo y del racionalismo alemán". Esta filosofía liberal "irradia hasta la Segunda Republica y se explica en gran parte por la filiación de la Institución Libre de Enseñanza con otros sectores del liberalismo español, tales como el socialismo democrático de Besteiro o De los Ríos, o con el liberalismo de Ortega y Gasset". En el seno de la Junta para Ampliación de Estudios Alemania fue uno de los destinos predilectos entre los pensionados. Además del propio José Castillejo, quién estudió derecho civil en Berlín en 1903, a las universidades alemanas acudirían pensionados otros intelectuales como Adolfo Posada, Manuel Núñez de Arenas, Julián Besteiro, Fernando de los Ríos, además de José Ortega y Gasset quién residió en la universidad de Marburgo entre 1905 y 1908. Gran Bretaña y Francia serían los otros dos destinos predilectos en Europa. Gran Bretaña sería un país que atraería principalmente a juristas, pedagogos y periodistas, entre cuyos pensionados figuraban Gumersindo Azcárate, Ramón de Pérez de Ayala, Ramiro de Maeztu o Salvador de Madariaga, además de José Castillejo, cuya admiración por la cultura, la política y el sistema educativo británico ya hemos mencionado. En el caso de

[66] S. JULIÁ "La nueva generación...", pp. 133-134.
[67] R. ALTAMIRA *Cuestiones modernas de Historia*, Madrid, Daniel Jorro, 1904, p. 213.

Francia –entre cuyos pensionados se encontraban Manuel Azaña, Julián Besteiro, Antonio Machado, Luis de Zulueta, Luis Jiménez de Asúa o Salvador de Madariaga– su influencia en España es "tanto técnica como intelectual y literaria". Casi todos los "movimientos ideológicos, excepto naturalmente el krausismo, vienen de Francia (incluso Hegel se leyó en España gracias a una traducción francesa). Cuando esta no es el modelo que hace falta imitar, sigue siendo el intermediario necesario". En gran medida –argumenta Paul Aubert– el "interés por Alemania" es una "reacción contra Francia y sus pretensiones hegemónicas"[68].

Con el fracaso de los "proyectos reformistas en la triple crisis del verano de 1917 en España" los intelectuales aliadófilos orientaron sus "esperanzas de democratización del país en el desenlace de la Gran Guerra, con el espíritu de Wilson y el proyecto de la Sociedad de Naciones como motores que forzasen la reforma constitucional de España". Elocuente expresión de este *leit motiv* sería la publicación desde la revista *España* del Manifiesto de la Unión Democrática Española para la Liga de la Sociedad de Naciones Libres. El texto era una "puesta en escena de una nueva organización política que aspiraba a encauzar los resultados del esfuerzo aliadólifo: la Unión Democrática Española, ubicada en la redacción de la revista *España* y con Azaña –como secretario-" y el creciente protagonismo de Luis Arquistáin, pero ya sin el concurso de José Ortega y Gasset[69].

Retornando al ámbito de la Junta para Amplación de Estudios durante estos convulsos años, en Nueva York el mecenas Archer M. Huntington haría posible la instalación definitiva de Federico de Onís en 1916. Desde su cátedra neoyorquina ejercería una determinante labor de impulso en pro de las relaciones científicas y culturales hispano-norteamericanas. Allí fructificaría la creación del Instituto de las Españas[70]. En Madrid estos contactos abrirían un nuevo capítulo a través de la colaboración que fructificó entre José Castillejo y Susan Huntington, a través del Instituto Internacional domiciliado en el número 8 de la calle Miguel Ángel. Pocos años antes, en 1913, había tenido lugar la fundación en Buenos Aires de la Institución Cultural Española, presidida por el doctor Avelino Gutiérrez. Con el apoyo de la colonia española la creación de este centro afianzaría Hispanoamérica como uno de los ámbitos predilectos de la acción de la Junta para Ampliación de Estudios, cuyos primeros pasos habían sido dados por Adolfo González Posada en 1910 con el fin de establecer relaciones científicas. Al viaje de Rafael de Altamira a Hispanoamérica en 1909 y 1910 le seguirían numerosos universitarios españoles, entre ellos Ramón Menéndez Pidal en 1914, José Ortega y Gasset en 1916 o Blas Cabrera en 1920 a Argentina. Al centro

[68] P. AUBERT "¿A la Sorbona...", pp. 23-26.

[69] A. RIBAGORDA "La participación política...", pp. 493-494. Y *España*, 7 de noviembre de 1918, "Un llamamiento de la Unión Democrática Española para la Liga de la Sociedad de Naciones Libres", integrada por: Miguel de Unamuno, Luis Simarro, Manuel B. Cossío, Adolfo A. Buylla, Luis Hoyos Sainz, Gregorio Marañón, Gustavo Pitalluga, Manuel Azaña, Juan Medinaveitia, Luis de Zulueta, Ramón Menéndez Pidal, Álvaro de Albornoz, Emilio Menéndez Pallarés, Luis Bello, Américo Castro, Ramón Pérez de Ayala, Manuel Pedroso, Manuel Núñez de Arenas, Luis G. Bilbao y Luis Araquistáin.

[70] Véase A. NIÑO "Las relaciones culturales como punto de reencuentro hispano-estadounidense", *España y Estados Unidos en el siglo xx*, Madrid, CSIC, 2005, pp. 57-94.

de Buenos Aires le seguirían otros en Montevideo en 1919, en Santo Domingo en 1924, en México en 1925 –el Instituto Hispano-mexicano– o en Cuba en aquel mismo año –la Asociación Hispanocubana de Cultura–. "Estos intecambios –concluye Paul Aubert– favorecieron en el nuevo continente la creación de institutos, departamentos, cátedras de lengua, cultura, historia y civilización españolas que siguieron el modelo organizativo y científico de la Junta"[71].

En la Residencia de Estudiantes los contactos establecidos, a su vez, entre científicos e intelectuales españoles a partir de la conferencia de Henri Bergson en 1916 inauguraría una etapa en la que se "multiplicarán las visitas a la Residencia de conferenciantes extranjeros, entre ellos Paul Valéry, Howard Carter, H.G. Wells, Marie Curie, Albert Einstein, Jean Piaget, Paul Claudel, Max Jacob, Teixeira de Pascoaes, Wilhem Worringer, John Mayard Keynes, Le Corbusier o Keyserling"[72]. En la agenda de estas conferencias se filtraría entre las cuestiones de ciencia, cultura y arte, el interés por los temas de la actualidad internacional como los temas económicos, que atraerían a la figura de John Mayard Keynes aleccionado por el embajador británico para evitar cuestiones que pudieran ser sensibles a la dictadura del general Primo de Rivera, o de política internacional, sobre la que versaría la intervención de H.G. Wells "Impresiones acerca de la Conferencia de Washington y los problemas de la postguerra" en 1922. Conferencias que convergerían con la presencia asidua en la Residencia de profesores y conferenciantes, que en ocasiones también se asomarían a la actualidad internacional como en las intervenciones de Salvador de Madariaga sobre la Sociedad de Naciones, de Julio Álvarez del Vayo sobre la Rusia soviética[73] e incluso de perfil africanista como el folleto publicado por la Residencia de Estudiantes en 1915 con motivo de la conferencia del diplomático Manuel González Hontoria *El protectorado francés en Marruecos. Sus enseñanzas para la acción española.*

Entre las actividades culturales emprendidas por la Residencia de Estudiantes en la posguerra mundial ocuparía un lugar destacado la creación del Comité hispano-inglés en 1923 para organizar actividades conjuntas a través del intercambio de estudiantes y conferencias de intelectuales ingleses. En 1924 tendría lugar la creación de la Sociedad de Cursos y Conferencias, más abierta ideológicamente y sensible a la participación de otros ámbitos culturales europeos, especialmente de Francia y de países centroeuropeos, lo que se traduciría en un abanico amplio y heterogéneo de conferenciantes –a los que acabamos de hacer mención en su conjunto– y de la organización en 1929 de la Exposición de Artistas Españoles Residentes en París –Picasso, Juan Gris, Joan Miró y Dalí, entre otros–. La herencia intelectual y moral de Giner de los Ríos –con sus raíces kantianas y

[71] P. AUBERT "¿A la Sorbona...", p. 26. Consúltense, asimismo, los trabajos de: J. FORMENTÍN IBAÑEZ–J.M. VILLEGAS SANZ *Las relaciones culturales entre España y América: la Junta para Ampliación de Estudios*, Madrid, Mapfre, 1992; C. NARANJO OROVIO-M.D. LUQUE-M.A. PUIG-SAMPER (eds.) *Los lazos de la cultura. El Centro de Estudios Históricos y la Universidad de Puerto Rico, 1916-1939*, Madrid, CSIC-Universidad de Puerto Rico, 2002; y C. DE ZULUETA *Misioneras, feministas, educadoras. Historia del Instituto Internacional*, Madrid, Castalia, 1984.

[72] J. GARCÍA-VELASCO "El reencuentro con...", pp. 61-62.

[73] Véase A. RIBAGORDA "Una ventana hacia...", pp. 53-55.

krausistas– estarían muy presentes, subraya José García-Velasco, en la labor que ejercerían "Castillejo, Jiménez Fraud y sus colaboradores en el movimiento de solidaridad entre numerosos intelectuales de todo el mundo por medio de los invitados a los que Jiménez Fraud llamó 'la cátedra de la Residencia', concebida desde un primer momento dentro de un marco europeísta e internacionalista característico del krausismo"[74].

Con la implantación de la dictadura de Primo de Rivera, argumentan Rosario E. Fernández Terán y Francisco A. González Redondo, se generaron algunas fricciones a tenor del intervencionismo del Gobierno imponiendo parte de los vocales de la junta directiva, aunque "poco se diferenciaban político-socialmente de aquellos a los que sustituían". La decisión más "beligerante fue la creación de una nueva dependencia, la *Junta de Relaciones Culturales* del Ministerio de Estado" en 1926 que terminaba con el monopolio de la Junta para Ampliación de Estudios "en lo que a los intercambios y embajadas culturales con el extranjero se refiere", aunque las "personas elegidas para esa función volvían a salir prácticamente de la misma elite intelectual burguesa" de donde procedían la Institución Libre de Enseñanza y la Junta para Ampliación de Estudios[75]. Por su lado, José Castillejo en sus funciones como secretario de la Junta trató de vadear las interferencias políticas actuando como era habitual en él en un segundo plano y tratando de alejar la institución de los vaivenes de la vida política. De hecho, en 1927 cuando la dictadura estableció la Asamblea Nacional y recibió notificación oficial para ser parte de la misma, José Castillejo le escribió una carta al dictador explicándole que "toda su vida había abjurado de la política y continuado el trabajo de la Junta para Ampliación de Estudios". La "educación y no la política era su preocupación"[76].

La Junta para Ampliación de Estudios, como ya apuntábamos al hacer referencia a las tareas de José Castillejo en torno a la enseñanza universitaria en el marco de la cooperación intelectual, se situaba en el epicentro de la conexión de España con el ferviente movimiento educativo transnacional "que quiere construir un mundo más democrático e igualitario"[77]. En esta sensibilidad internacionalista se embarcarían además del propio José Castillejo, Lorenzo Luzuriaga muy implicado en la Liga Internacional de Educación Nueva, Domingo Barnés, quien colaboraría en el marco de la Sociedad de Naciones en la redacción del Programa Mínimo para una Educación Internacional y, sobre todo, Rafael Altamira, quien desde 1921 era miembro del Tribunal Permanente de Justicia Internacional en La Haya y que previamente había sido director general de Enseñanza Primaria entre 1911 y 1913. En 1932 publicaría *Problèmes modernes d'enseignement en vue de la conciliation entre les peuples et de la paix morale*, desde cuyas páginas alentaba a la construcción de una ciudadanía y una mentalidad internacional basada en el rechazo a la guerra y la violencia.

[74] J. GARCÍA-VELASCO "El reencuentro con...", p. 56.
[75] R.E. FERNÁNDEZ TERÁN-F.A. GONZÁLEZ REDONDO "La Junta de Ampliación...", pp. 29-30.
[76] D. CASTILLEJO CLAREMONT *Los intelectuales reformadores...*, v. 3, pp. 594-595.
[77] E. OTERO URTAZA "El institucionismo en...", p. 232.

Funcionalmente la Junta para Ampliación de Estudios continuaría, por tanto, siendo el principal interlocutor español en el ámbito de la cooperación intelectual y tras la proclamación de la República el 14 de abril de 1931 su protagonismo no haría sino agigantarse. En la ola de euforia de la proclamación del nuevo régimen Fernando de los Ríos proclamaba que:

> Las ilusiones de los discípulos de Giner de los Ríos se injertaron en la organización pedagógica española en el mayor silencio. La Escuela Superior del Magisterio, la Junta para Ampliación de Estudios e Investigaciones Científicas, la Escuela de Criminología y hasta la Residencia de Estudiantes han sido los gérmenes de la Nueva España; estos son los gérmenes que han posibilitado el advenimiento de un Régimen nuevo[78].

Buena parte del corolario de valores y aspiraciones políticas y de modernización de la sociedad españolas evocados por los intelectuales aliadófilos hallarían precisamente con la proclamación de la República, la República de intelectuales, la oportunidad para llevarlas a la práctica en una suerte de revolución desde arriba y con una clara vocación elitista, reflejo del reformismo burgués de la mayor parte de los intelectuales institucionistas.

Parece del todo coherente deducir que el nuevo estilo y la nueva imagen internacional que el régimen republicano trató de divulgar y la plena homologación con los principios que alimentaron la creación de la Sociedad de Naciones repercutirían si no en un mayor compromiso con la cooperación intelectual si en una intensificación de las actividades e iniciativas emprendidas en el seno de la Organización para la Cooperación Intelectual. Desde la perspectiva de la Junta para Ampliación de Estudios –argumenta Francisco J. Laporta– la "mayoría de los políticos que ocuparon los varios cargos del Ministerio de Instrucción Pública provenían de esferas muy próximas a la Institución Libre de Enseñanza". La República "potenció por tanto la capacidad de acción de la Junta y de todas sus instituciones"[79].

En el curso de la vida política española cristalizarían, argumenta Francisco Quintana, dos concepciones en la formulación de la política exterior hacia Ginebra. De un lado, la Monarquía de Alfonso XIII, incluido su periplo autoritario bajo la dictadura de Primo de Rivera, escenificó durante la década de 1920 una *concepción utilitarista*. Para la diplomacia monárquica la Sociedad de Naciones fue básicamente un instrumento, útil en la medida en que pudiera servir a los intereses nacionales, ya fuera prioritariamente hacia su política mediterránea o en los designios de su política de prestigio y el afán por ser reconocida como una gran potencia. En cambio, en el recodo del periodo de entreguerras la Segunda República imprimiría un nuevo estilo a la política exterior en la que los deseos de europeizar, por parte de las nuevas elites dirigentes, confirieron un lugar privilegiado

[78] Palabras recogidas en el *Heraldo de Aragón*, 9 de febrero de 1932. Cita recogida en R.E. FERNÁNDEZ TERÁN-F.A. GONZÁLEZ REDONDO "La Junta de Ampliación...", p. 31.

[79] F.J. LAPORTA SAN MIGUEL *La Junta para...*, v. 1, p. 122.

a la política de paz en Ginebra. La Sociedad de Naciones fue concebida con un *carácter finalista*. La proclamación de la República en España –afirma Francisco Quintana– dio lugar a un cambio de:

> (...) rumbo a la política exterior española, el rumbo de la *España implicada*. El nuevo régimen, coherente con su voluntad reformista en el interior, se propuso romper con la tradición de aislamiento y lograr la plena inserción de España en el mundo. Esto significaba apostar por el sistema de seguridad colectiva, ponerse a tono con la Europa demoliberal de su tiempo y cumplir, en fin, el *deber imperativo* de implicarse en la construcción de la paz[80].

En aquella república de intelectuales –que ya en febrero de 1931 se habían organizado en torno a la Agrupación al Servicio de la República fundada por José Ortega y Gasset, Gregorio Marañón y Ramón Pérez de Ayala–, estos desempeñarían un inequívoco protagonismo. Los intelectuales que habían mostrado sus simpatías por la República aparecían como un capital de inestimable valor para representar al nuevo régimen en el exterior. Algunos de estos intelectuales dejarían una profunda huella en la política exterior como "embajadores políticos", caso de Ramón Pérez de Ayala en Londres, Salvador de Madariaga en Washington y París, así como delegado en Ginebra o Américo Castro y Luis Araquistáin en Berlín. En otros casos su protagonismo se haría sentir desde el núcleo duro de la política española, en labores de gobierno como sería el caso de Manuel Azaña como ministro de la Guerra y más adelante como presidente del Consejo de Ministros durante el primer bienio, Luis de Zulueta desde el Ministerio de Estado o Fernando de los Ríos desde los Ministerios de Instrucción Pública y de Estado.

Proyectar la nueva imagen y la nueva modernidad de la España republicana requería la dotación de nuevos recursos dialécticos a la cultura política exterior, lo que no implicaba en absoluto una ruptura con los puntos cardinales de la política exterior como Europa, el Mediterráneo o el mundo hispanoamericano.

La Residencia de Estudiantes sería el escenario de uno de los hitos republicanos en la cooperación intelectual. En la sesión inaugural de la reunión del Comité Permanente de Artes y Letras, el 3 de mayo de 1933, el ministro de Estado, Luis de Zulueta, ensalzaba el esfuerzo de la República española "para renovar y elevar la cultura de sus hijos y, que por otra parte, en los propios textos de la Constitución de la República ha grabado su adhesión decidida a la política de Ginebra". La política exterior española es "resueltamente" una "política de unión y de paz", en suma, de colaboración entre los Estados con el fin de evitar una nueva guerra[81]. Las palabras del ministro de Estados ilustraban

[80] F. QUINTANA "La política exterior española en la Europa de entreguerras: cuatro momentos, dos concepciones y una constante impotencia", H. de la TORRE (coord.) *Portugal, España y Europa. Cien años de desafío (1890-1990)*, Madrid, UNED, 1991, p. 59.

[81] AHD-MNE, Archivo Histórico y Biblioteca Diplomáticos de Portugal, S1. E18. P8/84683. Comité de Artes y Letras. Reunión de Madrid, 1933. Despacho n. 80 del embajador Portugués en Madrid, 3 de mayo de 1933. Y

la permeabilidad y los espacios de intersección entre la política exterior y el ideario de paz y de modernidad encarnado por los círculos políticos e ideológicos promotores de la República, de un lado, y la implicación de medios académicos e intelectuales en la cooperación internacional estimulados y alentados por el régimen del 14 de abril de 1931.

Desde las páginas de la revista *Tierra Firme*, Luis de Zulueta –liberado por aquel entonces de sus responsabilidades en la cartera de Estado–, se afanaba en 1935 por definir los términos que habían caracterizado la articulación de la política exterior del régimen alumbrado el 14 de abril. Su reflexión se suscitaba desde un terreno de común encuentro con otros intelectuales y políticos protagonistas en la articulación del proyecto modernizador de la República, la indigencia internacional de la España monárquica. La República, en palabras de Luis de Zulueta, se dotó de una política exterior "positiva, activa, fecunda manifestación adecuada del espíritu español", que era, en suma, "toda una política, definida en nuestra Constitución e iniciada por los primeros gobiernos republicanos"[82].

En idéntico sentido se había pronunciado Salvador de Madariaga, uno de los principales artífices en la formulación de la política exterior republicana, desde las páginas del diario *Ahora* el 20 de abril de 1931, al vaticinar que la política exterior debía ser la expresión de una filosofía concreta de la República. En octubre de 1932 volvería sobre la cuestión, al valorar la política española en la Sociedad de Naciones, afirmando que:

> -La primera idea que se me suscita en estos momentos es esta: la del contraste entre la Monarquía y la República en materia de política internacional. El contraste es de esta rudeza: la Monarquía no tenía política exterior, y la República la tiene. Para el régimen muerto, la única preocupación era asegurar su vida, *ir tirando* lo mejor que pudiera. La noción de esta agonía es lo único que llevaba a Ginebra (...)
>
> -Nuestra política exterior tiene que ser una prolongación de nuestra política interior. Ahora bien, ¿cuál debe ser esta? Una idea central la debe presidir, es decir, la preside ya: republicanizar España[83].

La crítica al pasado no era menos contundente en el discurso político de Manuel Azaña, presidente del Consejo de Ministros en los gobiernos del primer bienio. En su intervención en la sesión de clausura de la asamblea de Acción Republicana se dirigía a sus correligionarios en los términos siguientes:

> España era un Estado mediatizado no solo en el interior, sino en el exterior. No solo los españoles todos no teníamos derechos políticos, sino que el conjunto del ser español, el conjunto de la nación española, no eran conocidos ni respetados en el extranjero, sino

véase, asimismo, J. GARCÍA-VELASCO "El reencuentro con...", pp. 64-65; y J.-J. RENOLIET *L'UNESCO oublié...*, p. 317.

[82] L. de ZULUETA "La política exterior de la II República", en *Tierra Firme*, 3, 1935, pp. 5-27.

[83] S. de MADARIAGA "España en Ginebra por la paz de Europa", *El Sol*, 28 de octubre de 1932.

que eran solo unos siervos de intereses dinásticos (...) Así es que nosotros, los republicanos de todos los colores, y nuestros aliados los socialistas, cuando hemos tomado la gobernación del país, no solo hemos organizado un régimen libre, sino que, además, hemos emprendido la obra de restaurar el nombre de España en el mundo entero, con su autoridad moral y política, para situarla donde le corresponde por su masa y su historia[84].

L'Esprit International, una de las revistas más influyentes de la Dotación Carnegie, acogía en el número de octubre de 1931 un artículo de Rafael Altamira en el que reflexionaba sobre la incidencia internacional del establecimiento de la democracia en España y la ideología republicana. La instauración del régimen parlamentario, "dont la base est la démocratie et le respect des droits de la personnalité humaine et des citoyens", debía conducir a un cambio en las motivaciones de la política exterior española y a la aproximación a los regímenes democráticos en el escenario internacional[85]. Una empresa y un voluntarismo de la nueva elite político-intelectual gobernante que desde 1931 en la apreciación político-normativa del eminente jurista Boris Mirkine-Guetzévitch, profesor del *Institut des Hautes Études Internationales* de la Universidad de París, había cristalizado en la Constitución de diciembre de 1931. Era, por tanto, la más elevada expresión de la homologación de España con el sistema internacional de Versalles.

En el plano de la representación española en la Organización para la Cooperación Intelectual tras la proclamación de la República José Castillejo informaba a la Comisión Internacional de Cooperación Internacional el 14 de noviembre de 1931 de la dimisión de Julio Casares como presidente de la Comisión Española de Cooperación Intelectual. La Comisión Española, asimismo, había acordado dirigirse al nuevo gobierno para que se procediese a la reorganización de la misma[86]. Con la dimisión de Julio Casares su lugar en la Comisión Internacional de Cooperación Internacional sería ocupado por José Castillejo, donde permanecería hasta 1936 tras el estallido de la guerra civil española, circunstancia que le condujo a su exilio en Londres.

Un año después, el 16 de diciembre de 1932, el gobierno español aún no había adoptado ninguna resolución sobre la Comisión Española de Cooperación Intelectual y entre tanto la Junta para Ampliación de Estudios ejercería sus funciones. Era un retorno *de facto* a la situación previa a 1927 cuando la Junta ejercía, en virtud de su normativa de constitución, la representación y la canalización de toda la actividad en el ámbito de la cooperación intelectual.

[84] M. AZAÑA "La República como forma de ser nacional" (alocución pronunciada en la sesión de clausura de la asamblea del partido Acción Republicana, el 28 de marzo de 1932), en *Obras Completas*, vol. II, México, Oásis, 1967, p. 224.

[85] R. ALTAMIRA "Les répercussions internationales du changement de régime en Espagne", *L'Esprit International*, n. 20, octubre 1931, pp. 578-591.

[86] UNESCO AG 1-IICI-A-III-27. Carta de José Castillejo a la Comisión Internacional de Cooperación Intelectual, Madrid, 14 de noviembre de 1931.

En aquella misma misiva José Castillejo informaba al secretario del Instituto Internacional de Cooperación Intelectual de la creación por Decreto de 13 de julio de 1931 de la Fundación Nacional de Investigaciones Científicas y Ensayo de Reformas, de la que el propio José Castillejo era secretario, simultaneando el cargo con el de la secretaría de la Junta para Ampliación de Estudios. La nueva fundación precisaba entre sus propósitos el de potenciar la investigación científica "pure et appliquée". Asimismo, pretendía fortalecer las relaciones científicas con el extranjero, el intercambio de profesores y estudiantes, la colaboración internacional de laboratorios y la participación de España en los Congresos Científicos. Y, a su vez, poner en marcha reformas que favorecerían la implantación de nuevos sistemas destinados a mejorar la riqueza, la cultura y la administración del país[87].

La Fundación Nacional se propuso "complementar" a la Junta para Ampliación de Estudios en cuatro aspectos fundamentales: la conexión de la investigación con los intereses privados y con las grandes industrias con el fin de promover el progreso científico y tecnológico; el establecimiento de relaciones de colaboración científica con las universidades españolas y escuelas técnicas, a diferencia de la Junta para Amplicación de Estudios pese a que en su seno colaborasen profesores universitarios; la descentralización a diferencia del epicentrismo que había caracterizado el ecosistema institucional de la Junta; y el interés por cooperar con cualquier entidad ministerial, municipal o ciudadana, entre otras[88].

En un principio José Castillejo, que pretendía crear un *think tank* que ayudase a los gobernantes republicanos a "efectuar una renovación general basada en principios científicos y en técnicas modernas", entendía que sería más eficiente si hubiera sido adscrito a la Presidencia. Sin embargo, sería desde el Ministerio de Instrucción Pública y en concreto por su titular, Marcelino Domingo, la vía por la que cobraría vida la Fundación tal como reza el Decreto de constitución el 13 de julio de 1931 y confirmado en las Cortes por la Ley de 5 de diciembre de aquel mismo año[89]. No obstante, no comenzaría su andadura hasta que fue dotada financieramente y se organizó su estructura administrativa a partir de la Ley de 23 de julio de 1932 y el Decreto de 27 de agosto de aquel mismo año bajo el pilotaje de Fernando de los Ríos en el Ministerio de Instrucción Pública. Desde marzo de 1931 la oficina de la Fundación Nacional se localizaría en los locales de la Junta para Ampliación de Estudios en la calle Medinacelli número 4 y posteriormente, en marzo de 1935, se trasladaría provisionalmente al piso cuarto derecha del número 16 de la calle Serrano, donde se había instalado en régimen de alquiler el Instituto de Estudios Internacionales y Económicos.

---

[87] UNESCO AG 1-IICI-A-III-27. Carta de José Castillejo al secretario del Instituto de Cooperación Intelectual, Werner Picht. Madrid, 16 de diciembre de 1932. Y véase, asimismo, F.J. LAPORTA SAN MIGUEL *La Junta para...*, v. 1, p. 122.

[88] J. FORMENTÍN IBAÑEZ-E. RODRÍGUEZ FRAILE *La Fundación Nacional para Investigaciones Científicas (1931-1939)*, Madrid, CSIC, 2001, pp. 15-16.

[89] L. LÓPEZ-OCÓN "Blog JAEINNOVA. Cuaderno de investigación de Leoncio López-Ocón sobre las reformas educativas y científicas de la era de Cajal", 2016 (https://digital.csic.es/handle/10261/171025)

El horizonte de fondo del sistema de producción de conocimiento y sus conexiones con el ámbito del espacio público y de la gubernamentalidad en el mundo anglosajón, y en particular en Estados Unidos, no quedaba en absoluto lejos de las expectativas teóricas y prácticas de José Castillejo en la producción y aplicación de los saberes. Y en este marco cobraría especial relevancia la dilatada experiencia de contactos entre José Castillejo y la Fundación Rockefeller para subvencionar y respaldar muchas de las iniciativas de la Junta para Ampliación de Estudios. Estos contactos se remontaban a la primavera de 1919 con motivo de una visita de José Castillejo a Estados Unidos y que años después cristalizaban en la mayor donación privada que jamás recibiría la Junta. Una ayuda que, en línea con la actividad filantrópica de la Fundación en aquellos momentos, se capitalizó en el ámbito de la sanidad e higiene y que en la propuesta de 1919 proponía iniciar a "modesta escala" para establecer en Madrid "un centro científico de laboratorios, compuesto de cierto número de médicos americanos, y de médicos españoles educados en Universidades extranjeras, o que sean modernos en sus ideas y métodos". Desde 1924 se intensificaría la colaboración con la Fundación Rockefeller a través de la financiación de un nuevo laboratorio científico en Madrid, el Instituto de Física y Química. La creación de la Fundación Nacional de Investigaciones Científicas y Ensayos de Reformas se concibió desde este escenario nacional e internacional. La Fundación –estima David Castillejo– de haber podido disponer del suficiente tiempo, "hubiera formado un pequeño núcleo similar a la Fundación Rockefeller, dedicado a la preparación de personal capaz de organizar y mantener pequeños ensayos de reformas"[90].

La creación de la Fundación Nacional de Investigaciones Científicas y Ensayo de Reformas, pocos meses después del advenimiento del nuevo régimen, parecía toda una declaración de principios en el sentido de profundizar en el camino de reformas y modernización promovido desde la Junta para Ampliación de Estudios. La Fundación sería el cenáculo, y de ahí nuestro énfasis en la nueva Fundación, desde el que se crearía más adelante el Instituto de Estudios Internacionales y Económicos.

La contribución a la cooperación intelectual tuvo más atrevimiento con la República no solo en el ámbito de la Conferencia Permanente de Altos Estudios Internacionales sino también en el Comité Permanente de Letras y Artes, tal como acabamos de mencionar, que desde 1931 proseguiría la actividad de la subcomisión de Artes y Letras de la Comisión Internacional de Cooperación Intelectual. La finalidad era la reflexión y la cooperación en torno al porvenir de la cultura y la civilización. En Madrid en mayo de 1933, con la activa colaboración de Jiménez Fraud y José Castillejo, se celebraría una reunión del Comité Permanente de Letras y Artes en torno al tema "l'avenir de la culture".

El alto perfil desde el que se afrontó la cooperación intelectual en tiempos de la República se escenificó como una vertiente más del impulso que el nuevo régimen imprimió e institucionalizó a la cultura, la educación y la ciencia como baluartes estratégicos del proyecto reformista y modernizador. Desde las simientes, las prácticas y el entramado

[90] D. CASTILLEJO CLAREMONT *Los intelectuales reformadores*..., v. III, pp. 429-433, 528, 549-550 y 672.

institucional de la Junta para Ampliación de Estudios y la incipiente diplomacia cultural cimentada durante la Dictadura de Primo de Rivera, la República implementó un "programa de trabajo más sistemático" desde la Junta de Relaciones Culturales, además de procurar una mejor coordinación con la propia Junta. La implantación del nuevo régimen –argumenta Lorenzo Delgado– había sido "respaldada por los sectores intelectuales partidarios de modernizar el país y abrirlo plenamente a las corrientes innovadoras del exterior, circunstancia que tuvo su reflejo en la adopción de una postura más decidida en el terreno de la política cultural y su proyección internacional".

La diplomacia cultural, uno de cuyos principales pioneros fue el catedrático de Historia de la Lengua de la Universidad Central y vinculado al Centro de Estudios Históricos –Américo Castro–, acometería su proceso de institucionalización con la creación a sugerencia suya de la Oficina de Relaciones Culturales Españolas –ORCE– en noviembre de 1921, inspirado en el modelo francés, pero desde unas bases más modestas bajo la dependencia de la Sección Política del Ministerio de Estado. El tipo de relación que se estableció con ese Ministerio era muy similar a la que vinculaba la Junta para Ampliación de Estudios con el Ministerio de Instrucción Pública. No obstante, bajo la Monarquía, el trabajo de la Oficina, nutrida de intelectuales, no alcanzó las expectativas de autonomía ni los recursos contemplados para promover la acción cultural exterior –en la promoción de la lengua y la cultura españolas, la cobertura a las comunidades de emigrados hispano-parlantes, la donación de bibliotecas o la red de lectorados españoles en universidades extranjeras–. "Los diplomáticos veían con recelo el protagonismo de aquellos intelectuales que privilegiaban los fines culturales sobre las dimensiones políticas en un campo que consideraban privativo, como todo cuanto afectaba a la actuación del país más allá de sus fronteras". La capacidad de acción y la autonomía se vería afectada por la implantación de la dictadura de Primo de Rivera, que motivaría la dimisión de los intelectuales que habían dado contenido a la Oficina de Relaciones Culturales. En 1926 la Oficina dejaría paso a una Junta de Relaciones Culturales, conformada de acuerdo con la idiosincrasia de la dictadura, cuya acción se polarizó fundamentalmente hacia el ámbito hispanoamericano.

Con el advenimiento de la República la actividad de la Junta de Relaciones Culturales acabaría por institucionalizar la diplomacia cultural, con un radio más ambicioso y orgánico de actuación, heredero de las líneas de acción diseñadas por Américo Castro al crear la Oficina de Relaciones Culturales. Un agenda que se desplegaría a través de iniciativas como el nombramiento de agregados culturales –los primeros en Francia, Estados Unidos y Argentina–, el impulso y creación de centros españoles de alta cultura en Europa –la Academia de Bellas Artes de Roma y el Colegio de España en la Ciudad Universitaria de París que fue inaugurado en 1935 o el proyecto de apertura de otro colegio de España en Londres en 1936–, la organización de una red de lectorados que llegaría a una treintena, los cuales se localizarían especialmente en Europa o un ambicioso plan de acción orientado hacia el otro lado del Atlántico para el que se acometió el diseño de un "Plan de Acción Cultural en Hispanoamérica" y, asimismo, la creación en Sevilla en 1931 de un Centro de Estudios de Historia de América o el establecimiento de una Sección de Estudios Hispanoamericanos en el seno del Centro de Estudios Históricos–. Con el nuevo régimen la sintonía entre la Junta para Ampliación de Estudios y la Junta de Relaciones Culturales se vió favorecida por la "presencia, a veces común en ambas, de intelectuales y científicos de ascendiente institucionista". La Junta para Ampliación de Estudios "procuró a partir de entonces complementar sus actividades con la de Relaciones Culturales que (...) favoreció económicamente a los centros de aquella con mayor proyección internacional"[91]. A la altura de 1936 "existía –en palabras de Lorenzo Delgado– por fin una política cultural exterior por parte del Estado español". Su elaboración "correspondió básicamente a los intelectuales reformistas de procedencia institucionista, que había adquirido el protagonismo" en la Junta de Relaciones Culturales desde el advenimiento de la República[92].

Los aires renovadores y reformistas del mundo institucionista acabarían alcanzando a la universidad, en especial a la Universidad Central de Madrid, aunque fuera tímidamente. En el marco del Regeneracionismo y el debate central en torno a la educación como mantra de la modernización y la creación de un nuevo espíritu cívico, Ramón y Cajal vaticinaba en 1899 que España "no saldrá de su abatimiento mental mientras no reemplace las viejas cabezas de sus profesores (Universidades, Institutos, Escuelas Especiales), orientadas hacia el pasado, por otras nuevas orientadas hacia el porvenir". Solo "Europeizando al catedrático, europeizaremos al discípulo y a la nación entera"[93].

La universidad española a comienzos del siglo XX había quedado muy rezagada respecto al dinamismo de las universidades en el mundo anglosajón y en el continente europeo, en particular, en Francia, Alemania o Italia. La universidad española se regía aún por la Ley Moyano y como bien advierte Antonio Niño el único gran problema que había logrado resolver era la libertad de cátedra, lo que permitió la readmisión de los profesores krausistas apartados de la universidad. Una universidad inspirada en el patrón francés, un "modelo de enseñanza superior centralizado, burocrático, orientado a la formación de profesionales y a la expedición de títulos oficiales, pero completamente alejada de la investigación científica"[94].

Sería desde otros ámbitos como el Ateneo de Madrid y, en especial, la Institución Libre de Enseñanza desde el que se irían promoviendo iniciativas reformistas. El Museo Pedagógico, la extensión universitaria emprendida por la Universidad de Oviedo, inspirada en el modelo inglés de *Toynbee Hall*, y principalmente la Junta para Ampliación de Estudios ejercerían una notable influencia moral e intelectual. La figura de Giner de

---

[91] L. DELGADO GÓMEZ-ESCALONILLA "Las relaciones culturales de España en tiempo de crisis: de la II República a la Guerra Mundial", en *Espacio, Tiempo y Forma*, Serie V, Historia Contemporánea, t. 7, 1994, p. 263.
[92] L. DELGADO GÓMEZ-ESCALONILLA *Un siglo de...*, pp. 9-14.
[93] S. RAMÓN Y CAJAL *Los tónicos de la voluntad. Reglas y consejos sobre investigación científica*, Madrid, Gadir, 2005, pp. 232-233.
[94] A. NIÑO "El protagonismo de...", p. 218.

los Ríos resultaría primordial en la formulación de la reforma de la universidad desde el prisma institucionista. Tenaz crítico de la universidad española, a la que calificaba de "universidad instructiva" y consideraba una mera prolongación de la administración pública, su transformación se antojaba vital para "contribuir a la necesaria regeneración nacional formando al personal científico y educando al profesorado de todos los niveles de enseñanza". En sus escritos, observa Antonio Niño, distinguía tres tipos de universidades: "la alemana, cuyo objetivo principal era la investigación y el desarrollo científico; la inglesa, que se concentraba en la educación superior de las futuras elites; y 'la latina', la más estrictamente profesional y a la que respondía la universidad española de principios del siglo xx". Giner de los Ríos "abogaba por un modelo mixto que desarrollara una educación integral, disminuyendo el valor de la preparación puramente profesional, potenciando la investigación original, pero atendiendo simultáneamente al cultivo de la voluntad de los jóvenes"[95]. Giner insistía, asimismo, en la necesidad de "reformar completamente el doctorado", que por aquel entonces, tan solo servía como salvoconducto de acceso a la cátedra universitaria. Aspiraba a "organizar el doctorado en seminarios en los que se hiciera investigación". La propuesta que hiciera en 1902 para reformar el doctorado aspiraba a crear una escuela de altos estudios, inspirada directamente en la *École Pratique des Hautes Études* francesa, que en el país vecino había polarizado la investigación como una vía ajena a la universidad. El *Boletín de la Institución Libre de Enseñanza* se hacía eco frecuentemente de los artículos publicados en la *Revue Internationale de l'Enseignement*, sobre la reforma universitaria en el país vecino a tenor de la autonomía concedida a las universidades, la prioridad conferida a la creación de laboratorios y seminarios y los recursos dedicados a becas y viajes de estudio al extranjero[96].

A principios de siglo la universidad española no "favorecía la innovación en las disciplinas que se impartían ni promovía la investigación, ya fuera fundamental o aplicada" y seguía sometida al "dirigismo de los contenidos de la enseñanza desde el Ministerio de Instrucción Pública". En definitiva, "la universidad española cumplía con las funciones de los futuros funcionarios o miembros de las profesiones liberales, y supervisar la enseñanza secundaria, aunque no preparaba para las oposiciones como en la *agrégation* francesa". Sin duda, para los institucionistas, entre ellos Manuel García Morente –una figura capital en la reforma de la enseñanza superior– el modelo ideal de la época era la universidad germánica –la universidad científica–, pero la misión de la universidad no podía "reducirse exclusivamente a la producción de ciencia y a la formación de los futuros investigadores"[97]. La universidad española –precisaba Manuel García Morente– "tiene un ideal más amplio, más íntegramente humano, y no puede, no dejar desatendidas todas las demás actividades específicas del hombre: arte, creación de nuevos valores morales,

[95] A. NIÑO "La reforma de la Facultad de Filosofía y Letras y sus referentes internacionales", E. GONZÁLEZ CALLEJA-A. RIBAGORDA (eds.) *La Universidad Central durante la Segunda República. Las ciencias humanas y sociales y la vida universitaria (1931-1936)*, Madrid, Universidad Carlos III, 2013, p. 69.
[96] A. NIÑO "El protagonismo de...", pp. 220-223.
[97] A. NIÑO "La reforma de...", pp. 71-75.

técnicos, políticos"[98]. Construir la universidad humanista en España, de acuerdo con las expectativas de una educación integral, orientaba la mirada de los reformistas hacia el modelo inglés, el modelo de "universidad educativa", y sus iconos Oxford y Cambridge. Un formato ensayado con éxito en la Residencia de Estudiantes. Sin embargo, no era una alternativa factible para la universidad española atendiendo, entre otras exigencias al alto ratio de profesores/alumnos, en un contexto de incipiente masificación de las universidades en España. El modelo más próximo al que Manuel García Morente orientaba su mirada, era el francés tras las reformas introducidas en la universidad napoleónica desde finales del siglo XIX inspiradas en el modelo alemán, pero adaptadas a la realidad latina. De especial significación para las aspiraciones de los institucionistas en España fue la estrategia seguida en Francia, en la medida en que "la renovación de la enseñanza superior se efectuó primero y principalmente fuera de las facultades", con el fin de sortear las resistencias de las estructuras universitarias. La creación de la *École Pratique des Hautes Études* (1868) y la *École Libre des Sciences Politiques* (1871), así como de otros institutos surgidos tras la Gran Guerra, acompañaron a un dilatado proceso de reformas legislativas en el seno de la universidad. En España la creación de la Junta para Ampliación de Estudios escenificaba una estrategia similar pero mientras que en "Francia el proceso se completó con éxito, en España la JAE se fue desarrollando como una estructura paralela a la universidad, supliendo brillantemente muchas de sus carencias, pero sin capacidad para arrastrar a la institución universitaria en su proceso de innovación"[99].

La universidad, pese a la creciente presencia en su cuerpo docente de pensionados de la Junta para Ampliación de Estudios, fue menos permeable cuando no reacia por la autonomía y el reformismo irradiado desde la propia Junta. La Institución Libre de Enseñanza y la Junta para Ampliación de Estudios despertarían una fuerte hostilidad entre los círculos más conservadores del panorama político e intelectual español. La Junta se erigía en el "más directo competidor de la poderosa base católica y conservadora que dominaba aún en buena medida el sistema educativo español"[100]. Desde su nacimiento la Junta para Ampliación de Estudios –argumenta Luis Enrique Otero Carvajal– "tuvo que lidiar con la animadversión del conservadurismo español, tanto desde el Gobierno como desde la Universidad, que veían en ella un instrumento para poner en práctica el ideario de la Institución Libre de Enseñanza en la universidad española"[101]. En el recodo hacia la década de 1930 el estado de cosas en la universidad española –afirma Antonio Niño– no mostraba cambios sustanciales. La "actividad científica y la formación investigadora se realizaba fuera de las Facultades, especialmente en centros y laboratorios de la JAE, y casi

[98] M. GARCÍA MORENTE "La universidad", *Revista de Libros*, II, 1914, pp. 14-33, citado por A. NIÑO "La reforma de…", p. 75.
[99] A. NIÑO "La reforma de…", pp. 76-81.
[100] J.M. LÓPEZ SÁNCHEZ-H.M. CARPELLO-A.E. DE PEDRO ROBLES "Intelectualidad española en América. La Junta para Ampliación de Estudios y sus redes culturales", *Sociotam*, v. XVII, n. 1, 2007, p. 118.
[101] L.E. OTERO CARVAJAL "La Junta para Ampliación de Estudios y la Universidad Central", E. GONZÁLEZ CALLEJA-A. RIBAGORDA (eds.) *La Universidad Central durante la Segunda República. Las ciencias humanas y sociales y la vida unviersitaria (1931-1936)*, Madrid, Universidad Carlos III, 2013, p. 40.

siempre por profesores universitarios que dividían su tiempo entre la enseñanza oficial y la labor con sus discípulos, esta última al margen de la universidad". Una circunstancia habitual en instancias como el Centro de Estudios Históricos, lo que generaría no pocas tensiones con los rectores y decanos de las universidades[102].

El intercambio universitario se había erigido en una de las señas de identidad de la labor de la Junta para Ampliación de Estudios. Tras la proclamación de la República la Residencia de Estudiantes –afirma Isabel Pérez-Villanueva Tovar– "tendría una influencia decisiva, resultado de la sintonía existente entre sus responsables y los de instrucción pública de los primeros gobiernos republicanos, en la conformación de la Universidad de Madrid y en la apertura de centros residenciales en París y Londres". Se inciaba de este modo "la difusión e implantación del tipo de universidad al que respondía la Residencia de Estudiantes, concebido como una corporación autónoma de maestros y discípulos, con régimen colegial y organización tutorial, al modo anglosajón". Con la caída de la monarquía y el advenimiento del nuevo régimen se reorientarían los planes de construcción de la nueva Ciudad Universitaria de Madrid, cuyo proyecto fue aprobado en 1927. Los miembros de la Junta Constructora de la Ciudad Universitaria republicana, entre ellos el secretario José Negrín, quisieron:

> (...) introducir en el proyecto de la Moncloa las directrices institucionistas seguidas en la creaciones de la Junta para Ampliación de Estudios como la Residencia de Estudiantes, exactamente lo contrario de lo que pretendían sus fundadores, que la habían ideado en buena medida para contrarrestar la influencia de ese organismo, al que consideraban extranjerizante y al que reprochaban su carácter laico, además de su condición extrauniversitaria[103].

Desde un principio los círculos institucionistas recibieron con escepticismo el proyecto de la Ciudad Universitaria impulsado por la corona en 1927. Juzgaron aquella obra "severamente, por megalómana y desmesurada, pero sobre todo porque solo pretendía modernizar las instalaciones, no el funcionamiento interno de las Facultades". No alcanzaba a los "planes de estudio, al sistema pedagógico, la preparación de los profesores, la dignificación de las Humanidades y otros aspectos considerados más urgentes e importantes que levantar nuevos edificios". La desconfianza "aumentaba al comprobar que los encargados, en especial los miembros de la Junta Constructora de la Ciudad Universitaria,

[102] A. NIÑO "La reforma de..., p. 81.

[103] I. PÉREZ-VILLANUEVA TOVAR "Un lugar para la modernidad estudiantil. La educación universitaria integral, independiente y tolerante se ensayó en Madrid gracias a la Residencia de Estudiantes y la Residencia", *El Diario.es*, 23 de diciembre de 2021 (https://www.eldiario.es/sociedad/hogar-modernidad-estudiantil_130_8588278.html consultado el 30 de septiembre de 2023). Para un estudio en profundidad del sistema de residencias estudiantiles en la España de los treinta remitimos a la consulta del trabajo de A. RIBAGORDA "La Fundación del Amo y las residencias de la Ciudad Universitaria", E. GONZÁLEZ CALLEJA-A. RIBAGORDA (eds.) *La Universidad Central durante la Segunda República. Las ciencias humanas y sociales y la vida universitaria (1931-1936)*, Madrid, Universidad Carlos III, 2013, pp. 107-135.

eran personalidades sin vínculos ni con la ILE ni con los centros de la JAE, los más firmes promotores hasta entonces de la reforma universitaria". Sin embargo, como bien ilustra Antonio Niño, aquel proyecto no se limitó únicamente a edificar una arquitectura de nueva planta inspirada en los campus estadounidenses, sino que asumió otras iniciativas como un programa de becas de formación en el extranjero –tal como se aprobó por la Junta Constructora el 14 de noviembre de 1930– con el fin de "dotar a la futura universidad del personal científico necesario". La Universidad Central incorporaba una estrategia que hasta aquel momento había sido patrimonio de la Junta para Ampliación de Estudios, lo que "no facilitó el entendimiento entre ambas instituciones"[104].

Con el advenimiento de la República sería Alberto Jiménez Fraud, nombrado vocal de la Junta Constructora en 1931, a quién se le encomendó la transformación gradual de la Universidad de Madrid hacia un modelo residencial, comenzando por la armonización y organización de la "Fundación del Amo, una residencia de estudiantes en la Moncloa inaugurada en 1929, con la que él dirigía desde 1910". En un mismo sentido se orientaría el Colegio de España en la *Cité Universitaire* de París, cuya iniciativa se había adoptado en tiempos de la Monarquía. Con el nuevo régimen se incluyó a Alberto Jiménez Fraud también como vocal de la Junta de Relaciones Culturales. Respaldado por la labor ministerial de Fernando de los Ríos el nuevo Colegio se modelaría de acuerdo con los principios de la Residencia de Estudiantes. Esta red de centros daría lugar al establecimiento de una Federación de Residencias, bajo la dirección de Alberto Jiménez Fraud, que incluía a la Fundación del Amo, el Colegio de España en París y la propia Residencia de Estudiantes, a los que se sumaría el Colegio de España en Londres, cuya apertura estaba prevista para el curso 1936-1937[105]. Como parte de aquella red estuvo prevista también la construcción de una residencia para los estudiantes de la Facultad de Filosofía y Letras, el Colego de Córdoba, como una arista más de las reformas emprendidas desde dicho centro.

Muchos de aquellos jóvenes universitarios pensionados por la Junta, como bien advierte en sus trabajos Luis Enrique Otero, se erigirían en el curso de las décadas de 1920 y 1930 en la punta de lanza de la ciencia española del primer tercio del siglo xx y penetrarían en el tejido universitario hasta consumar, en muchos casos, su acceso a las cátedras universitarias, especialmente en la Universidad Central de Madrid. Una carrera académica que desarrollarían en conexión con su actividad en los "Centros, Institutos y Laboratorios" vinculados con la Junta para Ampliación de Estudios. Atendiendo a los datos del personal docente en activo en 1935 en la Universidad Central de Madrid, de los 125 catedráticos 94 –el 75,2%– habían tenido algún tipo de vínculo con la Junta bien por ser miembros de algunos de sus centros o por haber sido pensionados en el extranjero. Según las diferentes áreas de conocimiento la presencia de la Junta fue especialmente visible en la Facultad de Ciencias, donde 29 de sus 31 catedráticos –el 93,5%– habían tenido alguna conexión con la mencionada institución; en la Facultad de Derecho, 17 de

[104] A. NIÑO "La reforma de...", pp. 86-87.
[105] I. PÉREZ-VILLANUEVA TOVAR "Un lugar para..."

20 catedráticos –el 85%– presentaba análogas características; y en la Facultad de Filosofía y Letras, 24 de los 35 catedráticos –el 68.71%– habían establecido algún tipo de actividad con los ámbitos institucionistas. Unas cifras que se amplificarían, advierte el autor, si se ponderase la cuantificación de los profesores auxiliares, "encargados de las clases, muchos de ellos discípulos de los catedráticos vinculados a la Junta"[106].

La proclamación de la República y la labor de Marcelino Domingo y Fernando de los Rios al frente de la cartera de Instrucción Pública durante el primer bienio generaron un ecosistema desde el que implementaron las reformas de inspiración institucionista en el mundo universitario. "El nuevo régimen –precisa Antonio Niño– habría facilitado que aquellos hombres formados en las universidades alemanas y francesas, y que habían madurado como investigadores en los laboratorios y en los centros de la JAE, pudieran por fin conquistar la ciudadela universitaria que tanto tiempo se les había resistido". Sin embargo, este relato deja al margen pasajes fundamentales del proceso de modernización de la universidad, en la medida en que "el movimiento de reforma universitaria surgió realmente dentro de los propios claustros, no fue inducido desde fuera. Durante la Monarquía hizo varios intentos por introducir cambios, todos ellos frustrados, y finalmente aprovechó la ventana de oportunidad que proporcionó la República". Los intentos más ambiciosos acompañaron al Decreto de 21 de mayo de 1919 en virtud del cual se concedía finalmente a la universidades españolas "personalidad jurídica, autonomía en el orden económico-administrativo y, teóricamente, 'plena libertad para desenvolver iniciativas'". En este caldo de cultivo, Manuel García Morente, quién más adelante sería elegido decano de la Facultad de Filosofía y Letras, sucediendo a Claudio Sánchez Albornoz al convertirse en rector de la Universidad Central de Madrid en 1932, asumió un alto perfil en la elaboración de los Estatutos de la Universidad de Madrid de 1919 desde cuya formulación se trataba de "aunar todos los conceptos de la institución universitaria, el educativo, el científico y el profesional"[107]. El decreto de autonomía universitaria de 1919 fue anulado poco después de emprender su desarrollo pero prendió la mecha de un movimiento interno de reforma que puso en el centro el debate el modelo de universidad y cuyas inercias enlazarían con las reformas emprendidas por la República desde 1931.

En un sentido estricto, puntualiza Antonio Niño, la "República no tenía un proyecto propio de reforma universitaria, pero aplicó el que ya estaba definido y consensuado desde 1922 en la Universidad de Madrid. Lo hizo de forma experimental en las Facultades de Filosofía y Letras de Madrid y Barcelona, con gran éxito, y lo intentó aplicar al conjunto de la universidad en el proyecto de ley que se presentó ante las Cortes constituyentes"[108].

La República, retornando y concluyendo en el ámbito de la cooperación intelectual, no alteraría el estatus de la Junta para Ampliación de Estudios como interlocutor privilegiado

[106] L.E. OTERO CARVAJAL "La Junta para...", pp. 46-48.
[107] A. NIÑO "La reforma de...", pp. 82-85.
[108] En el microuniverso de la Facultad de Filosofía y Letras de la Universidad Central de Madrid, como punta de vanguardia de la reforma universitaria del nuevo régimen, la dinámica de cambio se vió favorecida por el desempeño de muchos de sus profesores vinculados a la Junta para Ampliación de Estudios –pensionados en el

con la Organización para la Cooperación Intelectual de modo que la Comisión Española de Cooperación Intelectual cesó *sine die* y, de hecho, las funciones de la secretaría serían reasumidas en su totalidad por la Secretaría de la Junta para Ampliación de Estudios[109]. Con la disolución de la Comisión Nacional Española de Cooperación Intelectual el 3 de noviembre de 1933, la Junta asumía en plenitud lo que de facto venía desempeñando desde la proclamación de la República, las labores de la mencionada Comisión. El intenso caudal de actividad en los foros de cooperación intelectual concitaría en el seno de la Junta la conveniencia de establecer una organización especial dentro de la secretaría para afrontar esa dimensión de su agenda internacional[110].

En virtud de la Orden Ministerial de 27 de febrero de 1935 José Castillejo cesaría en sus funciones de secretario de la Junta para Ampliación de Estudios –en un principio por un periodo de un año– para embarcarse plenamente en las tareas de la Fundación Nacional de Investigaciones Científicas y Ensayo de Reformas. Desde la primera reunión del consejo de Administración de la Fundación Nacional de Investigaciones Científicas celebrada el 24 de octubre de 1932 José Castillejo puso en conocimiento del ministro de Instrucción Pública la imposiblidad de "llevar al mismo tiempo la dirección administrativa de la Fundación, la Secretaría de la Junta para Ampliación de Estudios y la docencia en la Universidad de Madrid, donde desempeñaba la Cátedra de Derecho Romano"[111]. En su correspondencia con Ángel Establier, vocal de la Junta y compañero en el Instituto Internacional de Cooperación Intelectual, le confiaba que se había hecho "un tránsito suave dejando un periodo de un año" y que dejaba "flotando todavía el antiguo barco, en manos sensatas y nobles"[112]. El 17 de octubre de 1934 había fallecido Ramón y Cajal y su lugar en la presidencia de la Junta para Ampliación de Estudios sería desempeñado por Ignacio Bolívar Urrutia. Al año siguiente la secretaría de la Junta sería asumida por Ramón Prieto Barnés, miembro del grupo institucionista de Oviedo[113], quién permanecería en el cargo hasta su dimisión el 24 de agosto de 1936, siendo relevado en el cargo por el filólogo Tomás Navarro Tomás.

extranjero y comprometidos con la labor del Centro de Estudios Históricos–, caso de los catedráticos Ramón Menéndez Pidal, Américo Castro, Claudio Sánchez Albornoz, Asín Palacios, Manuel Gómez Moreno, Elías Tormo y José Ortega y Gasset–. El propio piloto de la renovación, Manuel García Morente, había sido colaborador de la Institución Libre de Enseñanza, además de ser discípulo de José Ortega y Gasset y amigo de Jiménez Fraud. Todos ellos habían accedido a la cátedra entre 1912 y 1925 y su labor se vería en este nuevo contexto reforzada con la incorporación de nuevos académicos afines como Pedro Salinas, Tomás Navarro Tomás, José Fernández Montesinos o José Gaos nombrados profesores "agregados". Y asimismo, con la creación de la Sección de Pedagogía se incorporaban a la Facultad figuras centrales del institucionismo, caso de Domingo Barnés y de Luis de Zulueta (Ibídem. P. 8 y 104).

[109] UNESCO AG 1-IICI-A-III-27. Carta del Dr. Sandmann al Director del Instituto Internacional de Cooperación Intelectual. Madrid, 21 de febrero de 1935.

[110] Junta para Ampliación de Estudios e Investigaciones Científicas. *Memoria correspondiente a los cursos 1933 y 1934*, Madrid, 1935, p. 204.

[111] J. FORMENTÍN IBAÑEZ-E. RODRÍGUEZ FRAILE *La Fundación Nacional...*, pp. 23-24.

[112] Carta de José Castillejo en Madrid a Ángel Establier en París, 27 de marzo de 1935, recopilada en D. CASTILLEJO CLAREMONT *Los intelectuales reformadores...*, v. III, p. 684.

[113] R.E. FERNANDEZ TERÁN-F.A. GONZÁLEZ REDONDO "La Junta para Ampliación...", p. 30.

Con la guerra civil la situación de provisionalidad generada por la contienda no modificó el papel central de la Junta para Ampliación de Estudios. La Junta asumiría formal y funcionalmente las funciones de la Comisión Nacional de Cooperación Intelectual, tal como lo explicitaba la Comisión Delegada de Instrucción Pública y Bellas Artes en Valencia en mayo de 1937[114]. La presidencia de la "Comisión Nacional de Cooperación Intelectual" sería ejercida por Manuel Márquez[115]. El último acto del que tenemos constancia, en este caso por la investigación de Jean-Jacques Renoliet, de modo oficial fue la participación de España en la firma del Acta Internacional el 3 de diciembre de 1938 que reformaba la Organización de Cooperación Intelectual[116].

[114] UNESCO AG 1-IICI-A-III-27. Carta de la Comisión Delegada de Instrucción Pública y Bellas Artes en Valencia al Director del Instituto Internacional de Cooperación Intelectual, Henri Bonet. Valencia, 14 de mayo de 1937.

[115] UNESCO AG 1-IICI-A-III-27. Carta del presidente de la Comisión Nacional de Cooperación Intelectual, Manuel Márquez, al Instituto Internacional de Cooperación Intelectual. Valencia, 12 de octubre de 1937.

[116] J.-J. RENOLIET *L'UNESCO oublié...*, p. 143.

6.
CARTOGRAFÍA DE LOS ESTUDIOS INTERNACIONALES EN LA ESPAÑA DEL PRIMER TERCIO DEL SIGLO XX

El estudio clásico de las relaciones internacionales en España a lo largo del siglo XIX y la primera mitad del siglo XX transcurrirá, como en otros ámbitos académicos y profesionales europeos y americanos, desde la tradición historicista de la historia diplomática y el dominio del derecho internacional. Inercias que perdurarían tras los profundos cambios que se precipitarían en la sociedad internacional posterior a la Guerra del Catorce, aunque el nuevo orden intelectual que emergió de aquellos cambios no dejaría de influir, aunque fuera tímida y fugazmente, en la formulación y la práctica de la política exterior española y en la sensibilidad y las iniciativas intelectuales que irían aflorando en la décadas de 1920 y de 1930 en el estudio de la realidad internacional. En el marco general del debate revisionista sobre el nacimiento de la disciplina de las relaciones internacionales el relato clásico en España también está moldeado desde el patrón genético del lance fundacional de la teoría de las relaciones internacionales que en el caso español se dilataría hasta mucho después de la segunda posguerra mundial. En nuestra opinión, es preciso introducir nuevas claves interpretativas que, en línea con esta literatura revisionista, nos permitan pincelar un lienzo en el que se analicen los estudios internacionales más allá de la gravidez del derecho internacional y la historia diplomática para dar cabida a otras aproximaciones a lo internacional. Y asimismo, incardinar la actividad de instituciones y asociaciones de estudios internacionales en España en el plano general de las relaciones internacionales, la dinámica modernizadora del país y su creciente conexión con las redes transnacionales en el marco de la cooperación intelectual.

EL DERECHO INTERNACIONAL Y LA HISTORIA DIPLOMÁTICA COMO PILARES TRADICIONALES EN LOS ESTUDIOS INTERNACIONALES EN ESPAÑA DESDE EL SIGLO XIX

Hasta mediados de la década de 1830, afirma Celestino de Arenal, no se retomará el interés por lo "internacional" en los círculos académicos[1], coincidiendo con la incardinación de España en la política europea a tenor de la conclusión de la Cuádruple Alianza en abril de 1834, junto a Gran Bretaña, Francia y Portugal. Un compromiso que fue, en esencia, el apoyo de Londres y París a la instauración de regímenes liberales tanto en España como en Portugal, y que pese a la igualdad formal de sus signatarios supondría un auténtico

[1] C. del ARENAL "El estudio de las relaciones internacionales en la España del siglo XIX", *Revista de Política Internacional,* n. 163, 1979, pp. 7-45.

protectorado sobre los Estados ibéricos. Quedaban atrás unas décadas marcadas por la zozobra de una menguada potencia mundial que había padecido una invasión extranjera y una cruenta guerra de "liberación" y el desleimiento de la casi totalidad de su imperio ultramarino americano-pacífico.

UNA PANORÁMICA GENERAL HASTA LA GRAN GUERRA

En 1836 el derecho natural y de gentes volvería de nuevo a ser una disciplina universitaria, tras haber sido suprimida en 1794. Pocos años después, en 1841 tendría lugar la publicación de la que podría ser considerada la primera obra próxima a los parámetros de historia diplomática, el libro de Manuel de Marliani *Reseña de las relaciones diplomáticas de España desde Carlos I hasta nuestros días, sacada de su obra titulada Historia política de la España moderna*. Sería, por tanto, desde las disciplinas del derecho y la historia, así como de la misma diplomacia, los ámbitos académico-profesionales desde los que se afrontó el estudio de la realidad internacional y se establecieron las bases teóricas y prácticas de su estudio hasta bien entrado el siglo XX.

Resulta "sorprendente y relevante", por utilizar los mismos calificativos empleados por Celestino del Arenal, la rapidez con que en España se generalizaría en las décadas de 1840 y de 1850 el término "relaciones internacionales" para designar las "relaciones diplomáticas", tanto entre tratadistas de derecho internacional como entre los historiadores[2]. De hecho, en la misma obra de Marliani se utilizaría muy a menudo la expresión de relaciones internacionales como sinónimo de relaciones diplomáticas.

Desde la panorámica del derecho internacional esta expresión, correspondiente a la inglesa *International Law* empleada por J. Bentham en 1780, sería introducida al castellano a través de las obras del limeño José María Pando y del caraqueño Andrés Bello en la década de 1840, generalizándose desde aquel momento, como en otros países europeos y americanos, el uso del término sustituyendo, en breve, a la expresión tradicional de derecho de gentes. En opinión de Celestino del Arenal, salvo la generalización del término y la expresión de relaciones internacionales en el sentido de relaciones interestatales, "nuestros contados iusinternacionalistas de mediados del siglo XIX, nada nuevo van a aportar al estudio de la sociedad internacional, limitándose a repetir lo que dicen los manuales publicados en el extranjero", dejándose llevar por la corriente positivista dominante en Europa[3].

La única excepción digna de mención, destaca el citado autor, fue la obra de Pedro López Sánchez *Elementos de Derecho Internacional Público, precedidos de una introducción a su estudio bajo los aspectos de su desarrollo histórico o positivo y de su teoría* publicada entre 1866 y 1877. El estudio, fundamentalmente concebido como una historia de las

[2] C. del ARENAL *La teoría de las relaciones internacionales en España*, Madrid, International Law Association (Sección Española), 1979, pp. 26-27.
[3] Ibídem. P. 32.

relaciones internacionales y del derecho internacional, fue formulado desde la perspectiva del iusnaturalismo católico. Partiendo del estado de crisis de la comunidad internacional, como consecuencia de la lucha de clases y del socialismo, su obra reivindicaba el legado de los clásicos de los siglos xvi y xvii y planteaba una superación de la noción de derecho internacional como una mera estructura formal para considerarlo como un estructura socio-histórica. Su aproximación científica al derecho internacional era indisociable del estudio de la (historia) de las relaciones internacionales, puesto que el derecho no nacía como algo abstracto, sino que derivaba de la naturaleza de la sociedad internacional como realidad socio-histórica. Un conocimiento científico, por último, inabarcable sin la necesaria interdisciplinariedad con otras ciencias sociales, "desde la filosofía de la historia, pasando por el derecho político, hasta la naciente sociología", y en cuyo análisis se desbordaba el perímetro de lo político para dar cabida al estudio de las ideologías, la religión, las fuerzas económicas o los movimientos sociales[4].

En una misma línea analítica se desenvolvería el trabajo de Concepción Arenal, que en 1879 publicaría un *Ensayo sobre el Derecho de Gentes*, preocupada por el afán pedagógico de hacer llegar al público las preocupaciones del derecho internacional. En su obra se daría cabida a otros actores, más allá del protagonismo de los Estados, como los movimientos culturales y científicos, las ideologías y los movimientos obreros. Su obra ejercería un gran influencia sobre Gumersindo Azcárate –quien prologaría su ensayo sobre el derecho de gentes– Giner de los Ríos, Rafael María de Labra y el propio Rafael Altamira. En su obra confluyen la dimensión científica y humanista. A finales del siglo xix, afirma Yolanda Gamarra Chopo, se iría imponiendo en el ámbito del derecho internacional la corriente positivista, nacida como una reacción a la corriente iusnaturalista imperante hasta entonces. La perspectiva positivista fundamentaba el consentimiento del Estado como "requisito necesario para considerar la obligatoriedad del Derecho Internacional, y decisivo en la configuración de las relaciones establecidas en el ordenamiento jurídico internacional". Una de las consecuencias del avance de la corriente positivista en el pensamiento normativo internacional fue "el establecimiento de relaciones de hegemonía y dependencia entre la cultura occidental (en particular, la europea) y otras culturas". A esta filosofía respondía la visión colonialista del derecho internacional de Lorimer en 1883 al dividir la humanidad entre: Estados civilizados, bárbaros –semicivilizados– y salvajes –no civilizados–. Concepción Arenal no llegó a interiorizar esa división, pero "consideró que los pueblos *civilizados* (cultos o cristianos) eran el modelo válido para aplicar sus ideas". Preocupada por la coexistencia entre los Estados su pensamiento jurídico tenía un nexo común: "condenar la guerra y sus efectos para construir un mundo más racional, armónico y civilizado"[5].

[4] Ibídem. P. 32-36.

[5] Y. GAMARRA CHOPO "Rafael Altamira (1866-1951): un defensor de los Derechos Humanos en el Tribunal Permanente de Justicia Internacional", Y. GAMARRA CHOPO-C.R. FERNÁNDEZ LIESA *Los orígenes del derecho internacional contemporáneo. Estudios conmemorativos del Centenario de la I Guerra Mundial*, Zaragoza, Instituto Fernando el Católico, 2015, pp. 332-333.

Imbuida de las inquietudes institucionistas y regeneracionistas la obra del político y jurisconsulto Rafael María de Labra abordaría diversas cuestiones internacionales y coloniales[6]. Cuando se creó la Institución Libre de Enseñanza en 1876 era el presidente de la Sociedad Abolicionista Española que se había fundado en 1865. Su activismo en las Cortes fue crucial para la aprobación de la Ley de Abolición de la Esclavitud de 22 de marzo de 1873. Estados Unidos inspiró su primera conferencia sobre derecho internacional que sería impartida en el Instituto Libre de Enseñanza el 1 de abril de 1877 bajo el título "Representación e influencia de los Estados Unidos de América en el Derecho Internacional". Aquella tribuna le serviría de foro para lamentarse del abandono de los estudios jurídicos internacionales en España, criticando el carácter periférico del país y su desfase en relación con el mundo[7].

Su actividad política e intelectual, como la de otros coetáneos, se orientó a la promoción de una conciencia pública en torno a los problemas internacionales y coloniales de España y a "sentar las bases de lo que debía ser la política de España para que esta saliera de la crítica situación en que se encontraba desde la crisis de fin de siglo". Asimismo, sus preocupaciones se orientaron, en opinión de Celestino del Arenal, hacia la divulgación de los estudios internacionales en España más allá de los restringidos círculos académicos y la extensión del derecho internacional "como forma de introducir un elemento de justicia en las Relaciones Internacionales"[8]. El camino hacia esos objetivos requería ineludiblemente la creación de centros de estudios internacionales, en los que al lado del derecho internacional habrían de tener cabida otras ciencias relacionadas con la sociedad internacional, "como único modo de poder llegar a entender esta y desarrollar una política internacional". En este sentido, instaba a que se incorporaran nuevas disciplinas a las actividades desarrolladas desde el Ateneo de Madrid, como la política comparada, la historia política contemporánea o la geografía política y comercial.

No obstante, desde 1883 –afirma María Victoria López Cordón– el estudio del derecho internacional, tanto público como privado, comenzaría a extenderse al conjunto de las universidades españolas y "de su mano penetran las nuevas ideas", entre estas las ideas y el sentimiento humanitario del derecho de gentes hacia la búsqueda de la paz a través del arbitraje. En la introducción de estos planteamientos y como divulgador de las ideas debatidas en la Conferencia de La Haya de 1899 Aniceto Sela y Sampil desempeñaría un papel relevante. Un año antes había logrado la cátedra de derecho internacional público y privado en la Universidad de Valencia y tres años después recalaría en la Universidad de Oviedo, de la que sería rector en 1900. Desde el curso 1898-1899 se iniciaría desde

[6] Entre sus trabajos destacamos: *Introducción a la historia de las relaciones internacionales de España*, Madrid, Imp. del Asilo de huérfanos del S.C. de Jesús, 1897; *La crisis colonial de España (1869-1898). Estudios de política palpitante y discursos parlamentarios*, Madrid, 1901; La *orientación internacional de España*, Madrid, Tip. de Alfredo Alonso, 1910; *La política exterior de España*, Madrid, Tip. de Alfredo Alonso, 1910; o *La personalidad internacional de España*, Madrid, Fortanet, 1912.

[7] Y. GAMARRA CHOPO "Rafael Altamira...", pp. 330-331.

[8] C. del ARENAL *La teoría de...*, pp. 40-41.

esta última universidad y a lo largo de doce años la "Extensión Universitaria" de acuedo con el ideario de la Institución Libre de Enseñanza, en virtud de la cual se pretendía la divulgación cultural hacia el pueblo. La Extensión universitaria se canalizaría a través de conferencias no solo en la propia universidad sino en otros foros como la Sociedad Obrera Industrial de Avilés o la Cámara de Comercio de Oviedo, por citar algún ejemplo. En ellas participarían destacados institucionistas como Rafael Altamira, Adolfo A. Buylla o Adolfo González Posada, entre otros. Aniceto Sela fue "no solo un estudioso del derecho internacional, sino también un eficaz propagandista de cualquier de sus manifestaciones positivas". Traductor de la obra de Neumann y prolífico autor, fue sobre todo "un buen pedagogo y un divulgador". En el curso académico de 1901-1902 dedicó buena parte del mismo al estudio de la Conferencia de La Haya de 1899[9].

Desde finales del siglo xix, afirma Celestino del Arenal, los estudios internacionales experimentarían un gran auge en España, consolidándose definitivamente la aceptación de la expresión "relaciones internacionales" para designar las relaciones interestatales, a la vez que la historia diplomática alcanzaría su plena madurez. No obstante, la producción de derecho internacional, pese a su aumento, "poco va a añadir, desde la perspectiva del desarrollo científico y autónomo de las Relaciones Internacionales". La valoración de Celestino del Arenal se hacía desde el prisma dominante en los estudios sobre el origen de la teoría de las relaciones internacionales. En realidad, como luego mostraremos, los juristas internacionalistas españoles en el debate general sobre los estudios internacionales tras la Gran Guerra nunca se pronunciaron a favor de la creación de una nueva disciplina sino que abogaron por la multidisciplinariedad.

La mayor preocupación por las cuestiones internacionales en el curso de entre siglos vendría determinada por variadas razones: el propio curso de la política exterior española, tras la crisis finisecular y el redireccionamiento de la política y la posición internacional de España; el redescubrimiento de las doctrinas de los teólogos y juristas clásicos del siglo xvi; una mayor preocupación teórica sobre el problema de la guerra, a tenor de la conflictividad internacional –en pleno auge de los imperialismos–, la recepción de las doctrinas clásicas de la guerra justa[10] y el propio contexto de las Conferencias Internacionales de La Haya de 1899 y 1907; y todo ello en la efervescencia político-intelectual que caracterizó el Regeneracionismo.

La actitud de los gobiernos españoles ante las Conferencias de La Haya, afirma María Victoria López Cordón, se caracterizó por su pasividad, pues se aceptó "la invitación más por cuestiones de prestigio y conveniencia que por convencimiento". Por otro lado, tampoco existía, salvo en círculos muy limitados del mundo académico y político, "un verdadero interés por el tema de la paz o por las grandes cuestiones del arbitraje y el desarme, quizá como consecuencia de que los movimientos pacifistas estaban poco

[9] Mª.V. LÓPEZ CORDÓN "España en las Conferencias de La Haya de 1899 y 1907", *Revista de Estudios Internacionales*, vol. 3, n. 3, 1982, p. 709.
[10] C. del ARENAL *La teoría de...*, pp. 38-39.

organizados, y, en general, la desconfianza ante los resultados de la Conferencia es total". Se apreciarían matices sustanciales en la actitud de los gobiernos y en la prensa en ambas conferencias. En 1899 el "Gobierno y los españoles están obsesionados por el problema de la garantía" y adoptarían una "actitud defensiva" y se sentían aislados. "Europa está muy lejos, y es más una necesidad que un deseo"[11]. Significativamente el gobierno español no envió ningún experto en derecho internacional, reflejo de la escasa relevancia que desde Madrid se confería a las cuestiones teóricas y su exclusiva lectura de la Conferencia en clave de seguridad, dada su indigencia estratégica. España fue, no obstante, uno de los trece firmantes íntegros del Acta de la Conferencia. Entre los representantes que designó en 1901 para el Tribunal Permanente de Arbitraje figuraba un profesor de derecho internacional –Manuel Torres Campo–, junto al duque de Tetuán, Raimundo Fernández Villaverde y Bienvenido Oliver[12]. En 1907, en cambio, la posición internacional de España había cambiado al amparo de sus vínculos con Francia y Gran Bretaña y el espaldarazo internacional de la Conferencia de Algeciras y los Acuerdos de Cartagena. La "alianza franco-inglesa –afirma la citada autora– proporciona seguridad; el trauma del desastre ha pasado, y se piensa sobre todo en nuevas aventuras: África está esperando". Se respiraba un ambiente más optimista en el Gobierno. España firmó nueve de las ocho convenciones y el Acta. En las Cortes si hubo alguna interpelación en el Congreso a propósito de la política mediterránea y los intereses coloniales. El propio Rafael María de Labra se felicitó del mantenimiento del *statu quo* en el Mediterráneo y el Atlántico. En la prensa las posiciones se modularon de acuerdo con la paleta ideológica, desde el optimismo de periódicos como *La Época* al calor de la Conferencia de Algeciras al discurso reticente a la aventura colonial desde las páginas de *El País*. Los medios militares, por último, no ocultaron sus reticencias hacia la firma de algunos convenios, opuestos a cualquier medida tendente hacia el desarme[13].

Sería, asimismo, en el ecosistema del derecho internacional donde prosperarían los vínculos asociacionistas con instituciones internacionales, como el Instituto de Derecho Internacional fundado en Gante en 1873 y reunido por primera vez en Ginebra en 1874. Entre sus miembros numerarios se encontraban Nicasio Landa –médico español quién fue uno de los pioneros de la Cruz Roja– y Rafael María de Labra. En 1911 tendría lugar la celebración en Madrid de la asamblea anual del Instituto de Derecho Internacional, contexto en el cual fueron nombrados miembros honorarios José Canalejas, Eduardo Dato y Manuel García Prieto –quienes habían sido presidentes de la Real Academia de Jurisprudencia y Legislación–. De entre los miembros numerarios y asociados, siete en total, tres de ellos eran reconocidos institucionistas –Gumersindo Azcárate, Aniceto Sela y Sampil y Rafael Conde y Luque. Asimismo el vicepresidente del Instituto de Derecho Internacional era el catedrático Ramón María de Dalmau y de Olivart –marqués del Olivart–.

[11] Mª.V. LÓPEZ CORDÓN "España en las…", pp. 755-756.
[12] Ibídem. Pp. 715-716.
[13] Ibídem. Pp. 745-748 y 756.

La permeabilidad en los círculos académicos iusinternacionalistas españoles respecto a los acontecimientos y procesos en marcha en la sociedad internacional, caso de las Conferencias de La Haya, la propia guerra mundial o el nuevo orden internacional que emergerá con la Paz en 1919 ilustran sobre la curiosidad y el impacto de lo contemporáneo en el desarrollo de los saberes. La moderna curiosidad sobre la contemporaneidad y el propio ámbito de la historiografía española es una escala previa ineludible a cualquier valoración sobre el germen y el desarrollo de la historia diplomática y los estudios internacionales en España.

El establecimiento de la historia como disciplina científica, desde los patrones del historicismo, no comenzaría a ser objeto de debate hasta finales del siglo XIX y su establecimiento y consolidación se proyectarían a lo largo del primer tercio del siglo XX. La práctica historiográfica en el ochocientos se desenvolvería desde las inquietudes y las aspiraciones del liberalismo y la agitación cultural del Romanticismo. La historia "de partido", como la denominara el marqués de Lozoya, discurriría entre el arte –literatura– y la ciencia, en la medida en que intentaba conmover la sensibilidad del lector y busca la verdad con la crítica de los documentos[14].

La historia de partido jugaría un papel destacado en las décadas centrales del siglo XIX en la empresa de los liberales por construir, del mismo modo en que procederían en otros países europeos, la identidad nacional, base de su reivindicación de la soberanía popular. En esta empresa asumirían un papel fundamental los liberales exiliados que regresaron a España en 1833. En sus estancias en Londres y París, exiliados como José María Blanco White o Antonio Alcalá-Galiano, tomarían conciencia del retraso en la construcción cultural de la nación. Allí entraron en contacto con las historias nacionales de otros países y con versiones foráneas de la historia de España –hasta una decena publicadas entre 1815 y 1845 en Francia, Inglaterra y los Estados alemanes–, en las que afloraban los estereotipos románticos sobre la bravura y la pasión del carácter español y el orientalismo de España, que venían a sumarse a otros tópicos como la decadencia ya modelados por Montesquieu o Voltaire[15]. Una imagen que les sorprendió y que en nada coincidía con la que habían forjado en su aprendizaje desde la infancia.

Un hecho, sin duda, sintomático y motivo de reflexión era que desde que a finales del siglos XVI se publicase la *Historia General de España* del jesuita Juan de Mariana no se había vuelto a llevar a cabo, pese a lo mucho escrito en el siglo XVIII, una obra general de esta entidad. Para estos intelectuales, la historia –escribe José Álvarez Junco– "se entendía en términos de enfrentamiento entre la tiranía y la libertad". Con posterioridad,

---

[14] Véase P. RUIZ TORRES "La renovación de la historiografía española: antecedentes, desarrollos y límites", Mª.C. ROMERO MATEO-I. SAZ, I. (coords.). *El siglo XX: historiografía e historia*, Valencia, Universitat de Valencia, 2002, p. 50.

[15] P. CIRUJANO-T. ELORRIAGA-J.S. PÉREZ GARZÓN *Historiografía y nacionalismo español, 1834-1868*, Madrid, CSIC, 1985; y J. ÁLVAREZ JUNCO "La nación en duda", J. PAN-MONTOJO (coord.) *Más se perdió en Cuba. España 1898 y la crisis de fin de siglo*, Madrid, Alianza Universidad, 1998, p. 427. La cuestión sería abordada en detalle, por este mismo autor, en *Mater Dolorosa. La idea de España en el siglo XIX*, Madrid, Taurus, 2001. Véase, asimismo, J.P. FUSI *España. La evolución de la identidad nacional*, Madrid, Temas de Hoy, 2000, p. 25.

sería precisamente la historia, como tarea colectiva, el "soporte crucial sobre el que se apoyó la construcción de la identidad española a lo largo del siglo xix". En 1850 tendría lugar, por fin, la publicación de la *Historia General de España* de Modesto Lafuente, cuya primera edición, compuesta por treinta volúmenes, se terminaría en 1867. A esta le seguirían sucesivas reediciones e incorporaciones de tractos cronológicos nuevos a cargo de Juan Valera, Andrés Borrego y Antonio Pirala. La empresa de Modesto Lafuente se convertiría en la gran obra de referencia hasta los años de la II República y la de mayor transcendencia en la conformación de la conciencia histórica nacional española, siendo fuente de inspiración desde los cuadros de historia de las Exposiciones Nacionales de pintura iniciadas en 1856 hasta los cromos culturales de la década de 1930. A la estela de la historia de Modesto Lafuente irían surgiendo otras empresas editoriales, como las historias de España de Patxot y Ferrer, Cavanilles, Aldama y García González, Gebardt y del Villar, Rosell y Zamora y Caballero, publicada en cuarenta y tres volúmenes entre 1857 y 1875, y en la década de 1890, las de Morayta, y el proyecto colectivo de la *Historia General de España* elaborada por la Real Academia de la Historia bajo la dirección de Antonio Cánovas del Castillo[16].

En las últimas décadas del siglo iría ganando terreno una historia patria, mediatizada por un nacionalismo más conservador en el que la defensa del catolicismo adquiriría un mayor protagonismo. Esta segunda etapa, como afirma José Álvarez Junco, en la construcción del estereotipo nacional incorporaría al discurso histórico la expansión imperial bajo los Habsburgo. Una interpretación que preconfiguraría la versión nacional-católica al calor de la cual se extendía la trayectoria áurea de la historia de España a la plenitud de los primeros Habsburgo[17]. Asimismo, se alimentaría bajo la consigna de la "cruzada" la socialización de empresas nacionales exteriores como la Guerra de África de 1859-1860, como manifestación de la política de prestigio de la Unión Liberal y que perduraría en la política marroquí de los Borbones tras el Sexenio Revolucionario. La historia dejaba de ser una escuela de moralidad, en abstracto, para convertirse en la escuela de "virtudes patrias"[18].

A finales del siglo xix comenzaría a aflorar la curiosidad y el debate en torno a la metodología histórica y la noción de historia como conocimiento científico. En 1884 el discurso de Marcelino Menéndez Pelayo de ingreso en la Real Académica de la Historia llevaba por título: "La Historia considerada como arte bella". Su intervención dejaría una impresión anacrónica entre los eruditos y los profesores y alumnos de la Escuela Superior de Diplomática, convencidos de la importancia del método como rasgo básico de la historiografía[19]. En opinión de Gonzalo Pasamar, "solo cuando los eruditos y los historiadores profesionales han descubierto la 'metodología histórica' se ha podido dar por

[16] J. ÁLVAREZ JUNCO *Mater Dolorosa. La...*, p. 201.
[17] J. ÁLVAREZ JUNCO "La nación en...", pp. 436-437.
[18] J. ÁLVAREZ JUNCO *Mater Dolorosa. La...*, p. 226.
[19] Vease G. PASAMAR "Los historiadores españoles y la reflexión historiográfica. 1880-1980", *Hispania*, LVIII/1, n. 198, 1998, p. 14.

concluido el viejo género de la preceptiva sobre las 'utilidades' de la historia y la 'manera de escribirla'"[20]. La superación, en definitiva, de la retórica y la vocación en buena medida literaria de la historiografía liberal decimonónica.

El establecimiento e institucionalización de la historia científica no tendría lugar, sin embargo, hasta el primer tercio del siglo xx. En 1900 el Ministerio de Instrucción Pública aprobaba la creación en diversas universidades españolas de una sección independiente de Historia en las antiguas facultades de Filosofía y Letras. En 1910, en plena efervescencia regeneracionista, tenía lugar –recordemos– la fundación del Centro de Estudios Históricos en Madrid, en el seno de la Junta para Ampliación de Estudios.

Una trayectoria que no difiere, en opinión de Julio Aróstegui, en su "morfología básica" de lo sucedido en otras historiografías nacionales europeas, aunque cristalizaría con retraso respecto a los modelos historiográficos que servirían de referencia a la constitución de la disciplina universitaria de la historiografía: el historicismo alemán y la escuela metódica francesa. La influencia alemana llegaría primordialmente, aunque no sería la única vía, a través de la difusión de la obra de Ernest Bernheim publicada a finales de siglo y más adelante la de W. Bauer. No obstante, la traducción al castellano de estas obras sería muy tardía, en 1937 la de Bernheim, mientras que la de Bauer vería la luz en 1940. La influencia francesa se filtraría a tenor de la divulgación de la *Revue Historique*, pero no comenzaría a ser significativa hasta que comenzaron a difundirse y traducirse, con mayor premura que la de sus colegas alemanes, las obras de Langlois y Seignobos, cuya *Introduction aux études historiques* de 1898 sería traducida al castellano por Domingo Vaca y editada en 1913[21].

Pero la implantación de la historia como disciplina científica en las universidades no solo se haría con retraso respecto a sus referentes alemán y francés, sino que no se sustentaba, como argumentan Pedro Ruiz Torres y Gonzalo Pasamar, en un modelo científico definido y ampliamente compartido por la comunidad de historiadores profesionales[22]. Las razones que confluyen en estas peculiaridades son de muy diversa índole.

De un lado, el retraso y las dificultades en el proceso de nacionalización como imperativo político, en virtud del cual la historia se convertía en un instrumento privilegiado de los poderes públicos y a cuyo cobijo lograría transformarse en una disciplina científica "en manos profesionales cuyo trabajo se desarrollaba en las universidades estatales". A diferencia de la prontitud y el padrinazgo que el Estado prusiano confirió a la historia y la política universitaria promovida por la III República francesa tras el trauma de 1870, en

[20] Ibídem. P. 14.

[21] J. ARÓSTEGUI "La teoría de la historia en Francia y su influencia en la historiografía española", B. PELLISTRANI (ed.) *La historiografía francesa del siglo xx y su acogida en España*, Madrid, Collection de la Casa de Velázquez, n. 8, 1980, pp. 368-371. Un excelente estudio sobre la incidencia de la historiografía francesa y el desarrollo del hispanismo francés se puede consultar en la tesis doctoral de A. NIÑO *Cultura y diplomacia. Los hispanistas franceses y España (1875-1931)*, Madrid, CSIC-Casa de Velázquez, 1988.

[22] Véase P. RUIZ TORRES "La renovación de...", p. 54; y G. PASAMAR *La historia contemporánea. Aspectos teóricos e historiográficos*, Madrid, Síntesis, 2000, p. 218.

España el liberalismo conservador manifestó un escaso interés por la educación pública y la universidad durante la mayor parte del siglo XIX[23].

De otro, la debilidad de la profesionalización de la historia en medios universitarios no sería ajena al escaso desarrollo de la ciencia española en el siglo XIX, así como la reducida presencia de las ciencias sociales en la universidad tal como habían denunciado los círculos más afectos al positivismo y desde el propio krausismo[24]. De hecho, muchos de los cultivadores de la historia científica buscaron, en su gran mayoría, la especialización profesional fuera de la universidad bajo el amparo del propio Estado. Tal sería el caso de la Escuela Superior de Diplomática, creada en 1856 hasta su supresión en 1900. La preocupación por formar personal especializado para la red de archivos, bibliotecas y museos nacionales, que asumiese la custodia, conservación y clasificación de los documentos constitutivos del patrimonio nacional, les convertiría en uno de los núcleos germinales preocupados por la recuperación científica del pasado[25].

Asimismo, a la escasa profesionalización de la historia habría que añadir una reducida vocación asociativa, más allá de la mera erudición local, y la ausencia de un órgano de difusión, relativamente estable y duradero. En este sentido, afirma Gonzalo Pasamar, las principales revistas de la Restauración –el *Boletín de la Real Academia de la Historia* y la *Revista de Archivos, Bibliotecas y Museos*– fueron, ante todo publicaciones eruditas y órganos oficiales. Revistas que entrarían en decadencia con la aparición de algunas de las revistas apadrinadas por la Junta para Ampliación de Estudios y el Centro de Estudios Históricos, como el *Anuario de Historia del Derecho*. Asimismo, algunos historiadores de talante regeneracionista como Rafael Altamira, Eduardo Ibarra y Julián Ribera impulsaron iniciativas editoriales como la *Revista Crítica de Historia y Literatura* y la *Revista de Aragón*, inspiradas en la *Revue Critique* y la *Revue de Synthése Historique*, respectivamente[26].

A este cúmulo de circunstancias convendría añadir una observación planteada por Julio Aróstegui al constatar la carencia en la historiografía española, en el tránsito del siglo XIX al XX, de "grandes definidores de la nueva ortodoxia de la disciplina, al estilo de Lamprecht o Bernheim, de los Monod o Seignobos, de los Croce, los Buckle o los Macaulay", aunque los historiadores y eruditos españoles no permanecerían ajenos a los debates y las pautas de la historia científica y la profesionalización de la disciplina[27].

La comunidad de historiadores, como bien subrayaba José Deleito en el discurso inaugural del curso 1918-1919 en la Universidad Literaria de Valencia, era un tanto heterogénea. Entre ellos, afirmaba, los "investigadores y eruditos son los más, o van siéndolo

[23] Véase P. RUIZ TORRES "La renovación de...", p. 53.
[24] Véase J. ARÓSTEGUI "La teoría de...", p. 368; y G. PASAMAR "Los historiadores españoles...", p. 14.
[25] Véase P. RUIZ TORRES "La renovación de...", pp. 50-51.
[26] G. PASAMAR *La historia contemporánea...*, pp. 218-219.
[27] J. ARÓSTEGUI "La teoría de...", p. 369. Para profundizar en el debate que se suscitó en España al hilo de la emergente nueva ciencia de la historia remitimos a la consulta de J.A. MARAVALL *Teoría del saber histórico*, Madrid, Revista de Occidente, 1968.

poco a poco, y pretenden también ser los mejores, los más modernos, los más científicos"[28]. Gonzalo Pasamar hace mención a tres fuentes de procedencia en la construcción de la historia científica en la España del primer tercio de siglo[29], presentes en mayor o menor medida en la actividad historiográfica del gremio.

En primer término, la "erudición profesional" que había asumido una posición preeminente en los medios universitarios, ocupando buena parte de las cátedras de reciente creación en las secciones de estudios históricos una vez disuelta la Escuela Superior de Diplomática[30]. Desde la década de 1890 la Real Academia de la Historia conferiría mayor atención al método histórico. La erudición profesional mostraría una tendencia a "identificar la historiografía con las normas de erudición profesional o con una visión restringida del método histórico (restringida a su vertiente técnica) que imponía una contraposición entre las 'ideas preconcebidas' o las 'hipótesis' y el ideal del 'establecimiento de los hechos con precisión". Encarnaba, en buena medida, el reflejo del historicismo alemán del xix en el ámbito historiográfico de la España de fin de siglo.

En segundo lugar, el influjo del positivismo filosófico, cuyas huellas historiográficas se manifestarían de forma muy dispersa –Barcelona, Sevilla o Zaragoza–, facilitaría la recepción de los debates franceses sobre el problema de la historia como ciencia. Un contexto determinado en el mundo latino, especialmente en Francia, por el nacimiento de la filosofía de la ciencia y el acomodo de las nuevas disciplinas sociales –sociología, antropología, lingüística o economía– en un ambiente de reticencia en los medios universitarios. En el caso español, constata Gonzalo Pasamar, a finales de siglo los historiadores ideológicamente liberales se mostraban como entusiastas defensores del método histórico y receptivos hacia la sociología, aunque rechazaban sus excesos naturalistas. La introducción de la sociología en España arraigaría en medios académicos regeneracionistas, de talante fundamentalmente liberal y republicano, aunque su difusión fue efímera. A pesar de las perspectivas de entendimiento entre la historia y la sociología vaticinados por el catedrático de la Universidad de Zaragoza Eduardo Ibarra o el apoyo a la sociología brindado por Manuel Sales y Ferré, las expectativas de desarrollo de las ciencias sociales en la universidad española se diluyeron entre los años que transcurrieron desde el cambio de siglo y el estallido de la Guerra del Catorce.

La conformación en España de la noción de ciencia histórica, afirma el citado autor, debería sus formulaciones más coherentes a los intelectuales krausistas, quienes se habían mostrado muy receptivos a las ciencias sociales y, en especial, a la sociología desde las postrimerías del siglo. Francisco Giner de los Ríos, en sus estudios de *Sociología y Filosofía* revelaba su curiosidad filosófica hacia la sociología, entendida como una filosofía social

[28] J. DELEITO Y PIÑUELA *La enseñanza de la historia en la universidad española, y su reforma posible*, Discurso leído en la solemne apertura del curso académico de 1918 a 1919 en la Universidad Literaria de Valencia, Valencia, Tipografía moderna a cargo de Miguel Gimeno, 1918, reproducido por P. RUIZ TORRES (ed.) *Discursos sobre la historia*, València, Publicacions de la Universitat de València, 2000.

[29] Véase G. PASAMAR "Los historiadores españoles...", pp. 15-26.

[30] Véase P. RUIZ TORRES "La renovación de...", p. 54.

pareja a la filosofía de la historia. Tanto para este, como para Gumersindo Azcárate, la paternidad de las ciencias sociales le habría correspondido a Krause y a la tradición idealista. Asimismo, en la década de 1890 se había hecho alusión en los trabajos de Adolfo Posada y de Rafael Altamira sobre la "historia social".

La obra de Rafael Altamira, en lo que concierne a la reflexión historiográfica y sobre quien volveremos más adelante desde su dimensión internacionalista, fue la de mayor calado en el ámbito académico español, delimitando los perfiles del "estatuto epistemológico de la naciente historiografía profesional española"[31]. Fue, sin duda, el historiador mejor informado sobre la historiografía coetánea europea y el de mayor presencia en foros internacionales. Influido por la obra de Gabriel Monod, Philippe Sagnac y sobre todo de Charles-Victor Langlois, su obra *Cuestiones modernas de historia*, publicada en 1904 y reeditada en 1935 es clave, en opinión de Julio Aróstegui, para la comprensión de su pensamiento historiográfico[32].

El pragmatismo y el eclecticismo que caracterizaría la obra de Rafael Altamira fue una actitud característica en el nacimiento de la historia científica en la España del primer tercio de siglo, como bien puede observarse en la obra de Ramón Menéndez Pidal o en escritos teóricos como los del jesuita Zacarías García Villada (*Cómo se aprende a trabajar científicamente. Lecciones de metodología y crítica históricas*, publicada en 1912) y de Pío Ballesteros (*Cuestiones históricas*, editada en 1913).

Retornando a las concepciones historiográficas de Rafael Altamira manifiestas en *La enseñanza de la historia*, publicada en 1891, y en *Cuestiones modernas de historia*, su pragmatismo y eclecticismo intentaría conciliar las tradiciones krausistas con la erudición y la metodología histórica. Su noción krausista de sociedad, como un organismo y un ente sometido a las mismas leyes de desarrollo que los individuos, estaría entre bastidores en su esfuerzo por renovar la propia concepción de "historia general" e "historia nacional". En este sentido apuntaría su idea de una historia fundamentada sobre la noción de historia de las civilizaciones. En su opinión:

> En una historia general (...) no puede suprimirse la historia política (...) como si el desarrollo de la personalidad jurídica, territorial y militar de los pueblos, no tuviese nada que ver con su civilización. Hay, por el contrario, que dar a esta parte de la historia un lugar propio y adecuado a su importancia (...) pero a condición de estudiarla conforme al proceso natural de su formación, es decir, empezando por su aspecto *interno* (elementos que concurren a crearla: ideas, clases sociales, etc.), para que se vea claramente la generación y el porqué del resultado *externo* (los hechos políticos, revoluciones, guerras, cambios de dinastía, etc.)[33].

[31] G. PASAMAR "Los historiadores españoles...", p. 23.
[32] J. ARÓSTEGUI "La teoría de...", p. 374.
[33] R. ALTAMIRA *Enseñanza de la historia*, Madrid, Akal, 1997, edición de Rafael Asín Vergara, p. 170.

El problema, tal como se había planteado en otros ámbitos historiográficos, remitía al lugar de la historia política frente a otras instancias de la sociedad, la civilización, en cuyo seno residían las actividades sociales, económicas y culturales. De esta forma, como precisa Julio Aróstegui, se iría concretando una diferenciación canónica en el pensamiento historiográfico de Rafael Altamira, entre la historia externa, o historia de la política, y la historia interna, de las instituciones, el derecho, la literatura o las costumbres, constitutivas de la civilización en su conjunto. La idea o corriente moderna sobre el "contenido de la historia es para Altamira la que potencia la historia de la civilización, la historia interna", en una línea discursiva próxima a las ideas de Gabriel Monod[34]. La historia de la civilización asumía el sentido orgánico de la sociedad. En correlación con estos planteamientos, abogaba por la idea de un "sujeto colectivo" –el pueblo, la masa de la nación– frente al protagonismo exclusivo del gran "personaje político" de la historia individualista y que había primado en los relatos de la historia política. Estas convicciones trenzarían el paisaje textual de corte regeneracionista de obras como *Psicología del pueblo español* y, en especial, de la *Historia de España y de la civilización española* en plena resaca del desastre finisecular.

La reflexión en torno a la historia externa e historia interna –intrahistoria– y el espíritu ecléctico sería también la impronta de otra de las grandes figuras de la historiografía del primer tercio del siglo, Ramón Menéndez Pidal, autor del último gran proyecto de la historiografía clásica por dar razón del proceso de la historia nacional desde las coordenadas de la tradición liberal, que en su caso no acabarían de diluirse en la posguerra civil. El ambicioso proyecto, canalizado desde la editorial Espasa-Calpe, se perfilaría en 1927 para iniciar la publicación de su primer tomo en 1936. La obra pidaliana enraíza con la tradición del padre Mariana, de Modesto Lafuente y de Cánovas del Castillo.

Intelectual, cuyas claves generacionales le incardinan en el 98 y la centralidad en torno a la reflexión sobre el problema de España, su obra reflejaba la confluencia de diversas tradiciones historiográficas: tradicionalismo, krausismo e institucionismo y positivismo–. Conocedor de la historiografía francesa, su formación se completó en la *Sorbonne* y en Toulouse, lo que verdaderamente define su quehacer historiográfico, en palabras de José María Jover, fue "la unidad interna en que tienden a fundirse los puntos de vista del filólogo, del crítico literario y del historiador". En este sentido, compartiría con su maestro, Menéndez Pelayo, y con su discípulo, Américo Castro, al advenimiento a la historia a través del análisis de la obra literaria y su formación filológica. Sería en el marco del Centro de Estudios Históricos desde donde fraguaría su escuela de Filología para fomentar el encuentro entre filólogos e historiadores. Pero su quehacer historiográfico no quedaría circunscrito al ámbito de la erudición y la rigurosa metodología en el estudio de las fuentes. Como advertiría José María Jover, desde "la encrucijada entre la filología, la literatura y la historia" proyectaría el rigor crítico de "un positivismo bien asimilado, atento a la erudición, a la depuración escrupulosa de la fuente y del dato. Pero, al mismo

[34] J. ARÓSTEGUI "La teoría de...", pp. 378-379.

tiempo, se encamina hacia una superación definitiva del horizonte historiológico del positivismo mediante una temprana y progresiva apertura a la historia del pensamiento"[35].

A lo largo de las décadas de 1920 y 1930 se afianzaría, en ciertos círculos, la construcción de una historia científica y la institucionalización de la historiografía en el panorama universitario, especialmente en las "cátedras de doctorado" de la Universidad Central, en la actividad del Centro de Estudios Históricos y el padrinazgo de la Junta para Ampliación de Estudios en la revistas especializadas del gremio[36]. En la década de 1930, afirma Pedro Ruíz Torres, iría cristalizando "un cambio importante en el modo de concebir la historia" que se fracturaría con la guerra civil. En las cátedras universitarias se "practicaba en general un tipo de historia que valoraba la erudición, la crítica de las fuentes y el rigor en los métodos de trabajo, al tiempo que rechazaba el lirismo acentuado, el exclusivismo de la historia política y la propaganda doctrinal apasionada y tendenciosa". Se iba, abriendo, asimismo, camino la idea de que la investigación histórica debía pasar de lo "particular a lo general, del análisis detallista a la síntesis"[37]. Se aprecia, no obstante, un retroceso en el interés por la reflexión historiográfica, tan solo visible en la revisión y la reedición de algunas de las obras de Rafael Altamira o en la obra de José Deleito Piñuela, uno de los pocos historiadores atento al espíritu interdisciplinar que avanzaba en el panorama académico francés[38].

Sería, precisamente, en el panorama historiográfico del primer tercio de siglo cuando aflorarían las primeras reflexiones sobre la historia contemporánea como categoría historiográfica. Algunos historiadores, entre ellos Rafael Altamira, reclamaban la atención por la historia contemporánea. En una conferencia pronunciada en 1922 aludía al desconocimiento del tracto más reciente de la historia de España, "la historia que han hecho nuestros abuelos y nuestros padres, la que a veces hemos recogido de palabra en recuerdos de la vida de unos y otros". Una historia que "jamás se nos ha dado en un conjunto sistemático que lleve a la masa de nuestro pueblo una idea definida de cuál fue la trayectoria que siguió España durante el tiempo recorrido desde el año 1808"[39]. En este marco confluirían la publicación de algunas obras de temática contemporánea como los trabajos de Melchor Fernández Almagro –*Orígenes del régimen constitucional español*, publicada en 1928, o la *Historia del reinado de Alfonso XIII*, editada en 1934, o la obra de Gabriel Maura Gamazo *Historia crítica del reinado de Alfonso XIII durante su minoría de edad bajo la regencia de su madre, doña María Cristina de Austria*, cuyos dos volúmenes fueron publicados en 1919 y 1925 y reeditados en 1929–. En 1930 tendría lugar la publicación del tomo V de la *Historia de España y de la civilización española* iniciada

[35] J.Mª. JOVER ZAMORA "Menéndez Pidal y la historiografía española de su tiempo", VV.AA. *El legado cultural de España al siglo XXI.I. Pensamiento, Historia y* Ciencia, Barcelona, Colegio Libre de Eméritos-Círculo de Lectores, 1992, pp. 51-53.

[36] G. PASAMAR "Los historiadores españoles...", p. 27.

[37] P. RUIZ TORRES "La renovación de...", p. 56.

[38] G. PASAMAR "Los historiadores españoles...", p. 27.

[39] R. ALTAMIRA "Direcciones fundamentales de la Historia de España en el siglo XIX", *Boletín de la Institución Libre de Enseñanza*, XLVII, 1923, p. 178.

por Rafael Altamira, en el que el catedrático de Historia Moderna y Contemporánea Pío Zabala y Lera abarcaba la *Edad Contemporánea (1808-1923)*. Una obra que, en opinión de Gonzalo Pasamar, puede ser considerada como el primer manual universitario de historia contemporánea española. Más tarde, en 1934-1936, se llevaría a cabo la edición de la *Historia de España. Gran Historia General de los pueblos hispánicos*, dirigida por el arqueólogo de la universidad de Barcelona Lluís Pericot, en cuyo texto se insertaban unos capítulos sobre historia contemporánea, elaborados por el propio Pericot y en los que se plasmaba una empatía mayor hacia las reformas liberales del siglo xix[40].

En el ámbito de la enseñanza, especialmente en la secundaria, en el primer tercio del siglo xx la reforma del plan de estudios de 1926 procuraba una mayor conexión entre la historia nacional y la historia de la civilización, tanto en el bachillerato elemental como en el universitario. En el informe elaborado por Rafael Altamira sobre la enseñanza de la historia en 1934 no precisaba el alcance cronológico de dichas asignaturas. Sin embargo, si se expresaba con mayor detalle al analizar la metodología de trabajo y el lugar de la historia en el Instituto-Escuela creado en 1928 por la Junta para Ampliación de Estudios. Este establecimiento, en el que se englobaba la enseñanza primaria y secundaria, incluía en el currículum de historia la proximidad a la contemporaneidad. En los tres grados preparatorios de la escuela –para alumnos entre los 8 y los 10 años– la asignatura "narraciones históricas", presente en todo el ciclo en el último cuatrimestre de cada año, se dedicaba a la parte más reciente de la edad moderna y a la edad contemporánea. En los 6 años organizados en tres ciclos correspondientes a la enseñanza secundaria se abordaba en conjunto la historia nacional y la historia universal. La elección de los manuales de historia ilustraba la influencia de la escuela metódica francesa. En el primer ciclo, consagrado a la historia universal el libro de texto era la *Historia universal* de Ernest Lavisse, cuya traducción había sido realizada por José Deleito Piñuela quién, asimismo, había desarrollado la parte relativa a España. En el segundo ciclo se estudiaba la historia de las instituciones, de la cultura, de las ideas y de las costumbres, a partir de la obra de historia universal de Charles Seignobos.Y por último, el tercer ciclo, dedicado explícitamente a la historia contemporánea se basaba en la obra de Albert Malet y Jules Isaac. En el caso de la Escuela Superior de Estudios de Magisterio, hasta su supresión en 1932 con motivo de la creación de la Sección de Pedagogía en la Facultad de Filosofía y Letras en la Universidad Central de Madrid, su organización de acuerdo con los decretos de 30 de agosto de 1914 y de 18 de septiembre de 1919 reservaba el último de los cuatros años para el estudio de la edad contemporánea[41].

En este marco historiográfico ha de insertarse el desarrollo de una tradición de historia diplomática en España en el horizonte amplio de los estudios internacionales. La historia diplomática desde el siglo xix, muy individualizada en sus aportaciones, no

[40] G. PASAMAR *La historia contemporánea...*, p. 221.
[41] R. ALTAMIRA *La enseñanza de la historia en las escuelas. V. 1. Introducción. Informe general. España. Repúblicas Hispanoamericanas*, Madrid, Museo Pedagógico Nacional – Imp. De E. Maestre, 1934, pp. 52-57.

impidió que, como subraya Celestino del Arenal, su legado a los estudios internacionales desde la historiografía fuera más significativo e importante que la emanada del derecho internacional en el siglo XIX[42]. Entre 1841 y 1848 el término "relaciones internacionales" pasaría a sustituir al de "historia diplomática", mucho antes –como afirma Juan Carlos Pereira– que en otros Estados europeos[43].

Los estudios históricos internacionales que se emprenderían desde el primer tercio del siglo XIX se caracterizarían: en primer término, por la contribución de los historiadores no solo en el desarrollo del estudio de las relaciones internacionales, sino también en el del derecho internacional; a continuación, la preeminencia conferida por los historiadores al estudio de las relaciones bilaterales, especialmente con Gran Bretaña y Francia; en tercer lugar, la estrecha colaboración, "intencionada o no, entre juristas e historiadores en la elaboración de un *corpus* documental de nuestras relaciones diplomáticas"; y por último, la elaboración de las primeras reflexiones en torno a los factores condicionantes en la elaboración y ejecución de la política exterior española en el pasado y la necesidad de incorporar nuevos planteamientos acordes a la realidad internacional[44].

En el plano terminológico la expresión "historia de las relaciones internacionales" ya aparecería en 1858 en la obra de Eusebio Alonso Pesquera, *Discurso sobre la Historia de las relaciones internacionales de España*, aunque la metodología y el contenido estarían caracterizados por los planteamientos clásicos de la historia diplomática.

Mayor interés suscita, por la propia noción de relaciones internacionales, la obra de Francisco Goñi, *Tratado de las Relaciones Internacionales de España*, publicado años antes –en 1848–. Un concepto concebido desde una perspectiva estatocéntrica y realista, al constatar el poder de la fuerza en la acción internacional de los Estados y la carencia de órganos centrales en la sociedad internacional, y una visión confiada y optimista del progreso y del desarrollo de las relaciones entre los pueblos. El desarrollo de las relaciones internacionales se habría visto impulsado por diversos factores: el nacimiento del derecho de gentes, la imprenta, el desarrollo prodigioso del comercio y el descubrimiento de nuevos medios de comunicación. En el estudio histórico de la política exterior de España con los demás "países civilizados" y las vías para salir de su postración internacional, se ponía de relieve una concepción de las relaciones internacionales que desbordaba el perímetro de lo que canónicamente sería la historia diplomática, basada exclusivamente en los documentos diplomáticos de los archivos de los ministerios de Asuntos Exteriores, incorporando un ángulo de estudio más amplio que las meras relaciones diplomáticas. Sin embargo, esta concepción no tendría, en opinión de Celestino del Arenal, continuidad hasta principios del siglo XX[45].

[42] C. del ARENAL *La teoría de...*, p. 26: Véase, asimismo, la primera parte del libro de J.C. PEREIRA *Introducción al estudio de la política exterior de España (siglos XIX y XX)*, Madrid, Akal, 1983.

[43] J.C. PEREIRA "De la historia...", p. 169.

[44] J.C. PEREIRA "Reflexiones sobre la historia de las relaciones internacionales y la política exterior española", *Cuadernos de Historia Moderna y Contemporánea*, n. 8, 1987, p. 271.

[45] Véase C. del ARENAL *La teoría de...*, pp. 30-31; y J.C. PEREIRA "Reflexiones sobre la...", pp. 271-272.

La primera definición expresa que se hiciera de las relaciones internacionales aparecería en la obra de P. Soler y Guardiola *Apuntes de historia política y de los tratados (1490-1815)*, publicada en 1895. Una obra de naturaleza eminentemente estatal intérprete de una noción de las relaciones internacionales focalizada desde los cauces de las relaciones diplomáticas.

Pero fue, sin duda, la obra y la personalidad de Jerónimo Becker y González la que mejor ilustraba el componente erudito y positivo de la historia diplomática en España y el compromiso intelectual y político, compartido por otros intelectuales de su generación y por la propia tradición jurídica e historiográfica de preocupación y denuncia de las carencias de la política exterior española. Pero su obra, que se dilataría hasta la década de 1920, sobre la historia de la política exterior es muy desconocida y, en algunos casos, de muy difícil acceso. Nacido en 1857 y de orígenes familiares modestos cursó Filosofia y Letras. Su ingreso en la administración no le impidió desarrollar una intensa actividad en la prensa nacional, especialmente de corte conservador – *La Regencia*, *El Clamor*, *El Nacional* o *La Época*, diario del que sería redactor-jefe hasta su muerte–. Admirador de figuras como Cánovas, Canalejas o Menéndez Pelayo, su ideología conservadora articularía una visión histórica de España defensora de los valores "patrios", en los que la idealización del catolicismo ocuparía un lugar cenital.

Su perfil de historiador muestra una formación similar a la de otros eruditos y profesionales de su época. Miembro del Cuerpo Facultativo de Archiveros, Bibliotecarios y Arqueólogos desde 1896, quedaría adscrito al Archivo y Biblioteca del Ministerio de Estado a principios de 1897, lo que le permitiría un privilegiado acceso a las fuentes documentales de la política exterior española, especialmente del siglo xix y del primer tercio del siglo xx. Sería, asimismo, nombrado miembro de la Real Academia de la Historia en 1913.

Entre la década de 1890 y la fecha de su muerte, 1925, llevaría a cabo un riguroso y extenso estudio de la historia diplomática de España. Su obra presenta[46], en este sentido, tres vertientes. En primer término, el interés por América, tanto hacia los Estados Unidos como América Latina en el siglo xix. En segundo lugar, su preocupación, como miembro de la Liga Africanista Española y secretario de la Junta Superior de Historia y Geografía de Marruecos, por la cuestión de Marruecos y la penetración española, que fructificarían básicamente en dos libros: *España en Marruecos. Sus relaciones diplomáticas durante el siglo xix* (1903) e *Historia de Marruecos. Apuntes para la historia de la penetración europea y principalmente de la española en el Norte de África* (1915). Y por último, la parte más sustancial, la obra dedicada al estudio de la historia de la política exterior de España. Una tarea que abordaría desde diferentes prismas: la investigación pormenorizada desde la panorámica de las relaciones bilaterales con Gran Bretaña, Francia y la Santa Sede, especialmente durante el siglo xix; la recopilación y estudios de documentos diplomáticos –una de las carencias más significativas de la historiografía internacionalista española–, a tenor de publicaciones como la *Colección de tratados, convenios y demás documentos de*

[46] Una valoración y exposición de su obra se puede consultar en J.C. PEREIRA "Reflexiones sobre la...", pp. 275-276.

carácter internacional firmados por España (1868-1874) (1907) y *Tratados, convenios y acuerdos referentes a Marruecos y la Guinea española* (1918); y, asimismo, un elenco de trabajos de reflexión en torno a los factores condicionantes de la acción internacional de España, entre los cuales destaca su análisis sobre las "Causas de la esterilidad de la acción exterior de España" (1925). En aquella conferencia, pronunciada en el Instituto Libre de Enseñanza de las Carreras Diplomática y Consular y Centro de Estudios Marroquíes –del que era profesor–, sistematizaba una punzante crítica en la que intentaba despertar la conciencia sobre los males de la política exterior española, atenazada por la inestabilidad política interna, la carencia de un ideal nacional que contase con un amplio apoyo popular y un mal sobre el que incidía recurrentemente, el desconocimiento de la historia diplomática de España como una de las principales causas de la esterilidad de la acción exterior.

Con todo, su principal legado cristalizaría poco antes de su muerte con la publicación de los tres volúmenes de la *Historia de las Relaciones Exteriores de España durante el siglo XIX (Apuntes para una historia diplomática)*. Una obra que metodológicamente se sustentaría sobre la rigurosa recopilación y análisis de los documentos diplomáticos, una narración sustantivada sobre el papel central de los Estados y las iniciativas y decisiones de los hombres de Estado.

De sus vínculos con el Instituto Libre de Enseñanza de las Carreras Diplomática y Consular y Centro de Estudios Marroquíes, cuya creación estuvo estrechamente unida a la figura de Rafael María de Labra, tendremos ocasión de volver de modo más pormenorizado cuando valoremos la aportación desde la diplomacia a los estudios internacionales.

INERCIAS Y NUEVAS AGENDAS DE ESTUDIO

En España los rasgos continentales, que caracterizarían el devenir del estudio de las relaciones internacionales tras la Guerra del Catorce nucleados en torno al derecho internacional y la historiografía, no solo se confirman sino que se agudizarían y prolongarían en el tiempo a la luz del indiscutible predominio del derecho internacional y la historia diplomática hasta la década de 1950, precisamente con la consideración de las relaciones internacionales como disciplina científica en la Facultad de Ciencias Políticas y Económicas[47]. Todo ello era reflejo de la hegemonía académica que había predominado en las Facultades de Derecho y de Filosofía y Letras, respecto a las Facultades de Ciencias Políticas y Sociología, y de la tardanza en la recepción de la eclosión de las ciencias sociales a mediados del siglo. Estas coordenadas académicas, junto al agitado panorama interno y la primacía del conflicto interior, en especial la falla de la guerra civil, y la tenue luz de una potencia secundaria que desde principios de siglo perseguiría un nuevo acomodo exterior a la estela de las grandes transformaciones del sistema internacional, depositarían

[47] En 1957 el profesor Antonio Truyol ocupaba la primera cátedra española de relaciones internacionales, con lo que tenía lugar el nacimiento formal de la disciplina. Véase C. del ARENAL *Introducción a las...*, p. 87.

prioritariamente sobre la perspectiva jurídica y la lógica estatocéntrica[48] la comprensión y el análisis de las realidades internacionales en el ciclo de guerras mundiales.

No obstante, la Guerra del Catorce y la irrupción del intelectual como fenómeno social, al hilo del debate entre germanófilos y aliadófilos, elevó a un primer plano la proyección internacional de España, la interpretación de la neutralidad ante la Guerra del Catorce y, al socaire de estos acontecimientos, la incardinación de aquella España neutral en el nuevo sistema internacional en construcción. Precisamente en este último plano devendrían las primeras aproximaciones teóricas y valoraciones políticas sobre la Sociedad de Naciones como eje vertebrador del sistema internacional.

El debate sobre la neutralidad en la arena política se confundiría a finales de 1918 con la definición de las posiciones respecto al nuevo sistema internacional en ciernes y la futura Sociedad de Naciones. Aquellas opiniones, expresión de los diferentes modelos en liza sobre el orden político y social en España, definirían las tendencias y las actitudes respecto a la nueva organización internacional en el curso de las dos próximas décadas. A pesar de la buena acogida general a la adhesión de España a la Sociedad de Naciones, las posiciones de las distintas fuerzas político-ideológicas presentaban una mayor riqueza de matices. Desde las posturas más maximalistas de socialistas, republicanos y liberales de signo progresista, entre los que se pronunciaron un buen número de intelectuales de la generación del 14, se asoció el ingreso en la Sociedad de Naciones con la paz y la necesaria homologación de las estructuras internas con aquellos principios liberales y democráticos. Así se pondría de manifiesto en el llamamiento de la aliadófila Unión Democrática Española para la Liga de la Sociedad de Naciones Libres, desde las páginas de la revista *España* en noviembre de 1918 y entre cuyos firmantes –recordemos– figuraban destacados intelectuales como Luis de Zulueta, Manuel Azaña, Luis Araquistáin o Ramón Pérez de Ayala. La democracia y la paz, desde la perspectiva de una nación neutral, eran mimbres indispensables para tejer su noción de España en el nuevo sistema internacional. Por aquel entonces la revista, que había nacido en 1915 vinculada al programa reformista y europeísta de la Liga de Educación Política y a los círculos ateneístas, había asumido un tono aliadófilo claramente antigermanófilo bajo la influencia de Luis Araquistáin y Manuel Azaña[49]. La homologación real habría de esperar más de una década con el advenimiento de la República, pero sus fundamentos conceptuales ya estaban plenamente formulados. En el centro del arco político, el Partido Liberal, no sin diferencias de matiz en su seno, apoyó firmemente la adhesión de España pero sin deducir la necesidad de cambios en el régimen político. Las reticencias eran más explícitas en el seno del Partido

[48] Véase C. del ARENAL *La teoría de...*, pp. 42-43.

[49] Véase S. Juliá "La nueva generación...", pp. 121-144. En los prolegómenos del texto hacía referencia al componente generacional de aquellos intelectuales azotados por la Gran Guerra en España en los siguientes términos: "En Madrid, en la calle del Prado y sus alrededores, se produjo a partir de 1913, la toma de conciencia de numerosos intelectuales como miembros de una nueva generación con un programa político de reforma del Estado y de europeísmo en su inspiración desde el exterior. Su centro fue el Ateneo; su primera y masiva manifestación el Teatro de la Comedia; su órgano de expresión, el semanario *España*".

Conservador, cuyos líderes Eduardo Dato y Antonio Maura acogieron la adhesión de España pero ensalzando la neutralidad española y la defensa de la soberanía nacional. Las fuerzas más reaccionarias, por su lado, como el Partido Carlista o la mayor parte del Ejército, manifestaron sus reservas hacia la viabilidad de aquel proyecto internacional[50].

Estas tendencias y percepciones respecto del sistema y las preferencias internacionales respondían, a su vez, a determinadas orientaciones interpretativas de la historia de España. Entre 1919 y 1939 se podían distinguir, según Denis de Rougemont, dos escuelas historiográficas: una optimista, continuadores de la tradición de las luces –la Ilustración–, de la ciencia y de la técnica prometeicas y que consideraba a Europa como un creación del Renacimiento; y otra, por contraposición, pesimista, que consideraba que la única y auténtica Europa era la de los grandes siglos –siglos XI al XIII– de la Edad Media católica[51]. Estas corrientes serían permeables en el panorama político-cultural español. De este modo, a una visión de una Europa libre pensadora, democrática y no unida al ideal religioso se aproximaban las convicciones de Manuel Azaña, Salvador de Madariaga o José Ortega y Gasset, mientras que en la concepción de una Europa medieval de cuño católico militarían intelectuales como Ramiro de Maeztu. Estas concepciones se proyectarían sobre la visión del mundo y de la Europa de entreguerras y la propia valoración de la posición y la misión que España debía desempeñar en el sistema internacional.

Desde el plano de la naturaleza del sistema internacional y de la homologación internacional de España las primeras aproximaciones teóricas[52], insertas en este universo social, emanarían primordialmente desde los círculos académicos jurídicos y desde la esfera de la reflexión política. La Guerra del Catorce, que en los Estados anglosajones determinaría la gestación y el inicio del debate en torno a las relaciones internacionales como disciplina científica autónoma, no tendría, en opinión de Celestino del Arenal, el mismo efecto en España. Los factores presentes serían muy diversos, de modo que a los graves problemas internos y el papel secundario de España en la arena internacional, habría que añadir otros como:

> (...) la consideración y desarrollo del Derecho Internacional como la ciencia que se ocupa por excelencia de las cuestiones internacionales y, por lo tanto, la potenciación de la perspectiva jurídica para encararse con los problemas derivados de la Primera Guerra Mundial, así como, desde otro ámbito, el cada vez más evidente tratamiento demagógico idealista de las cuestiones derivadas de la presencia internacional de España, serán

[50] Véase G. SOLÉ "La incorporación de España a la Sociedad de Naciones", *Hispania*, n. 132, 1976, Madrid, pp. 146 y ss.

[51] Véase D. de ROUGEMONT *Tres milenios de Europa. La conciencia europea a través de sus textos*, Madrid, 1968, citado por Mª. de los A. EGIDO *La concepción de la política exterior durante la II República*, Madrid, UNED, 1987, pp. 25-26.

[52] Para un estudio más pormenorizado de la cuestión consúltese: J.L. NEILA "España y el modelo de integración de la Sociedad de Naciones (1919-1939)", *Actas de las Jornadas "Cincuenta años de historiografía española y americanista, 1940-1989, Hispania*, vol. L/3, n. 176, septiembre-diciembre de 1990, Madrid, pp. 1373-1391.

algunos de los factores que imposibiliten el desarrollo del estudio de las Relaciones Internacionales en el sentido moderno que tiene[53].

Indudablemente la posición internacional de España durante la Gran Guerra y la aproximación a la construcción del nuevo orden internacional desde la neutralidad mantenida y consentida durante el conflicto incidiría en la tardanza y limitaciones con las que España participaba y se incorporaba a las preocupaciones epistemológicas y ontológicas de los estudios internacionales en este primer tercio de siglo xx. Como bien advierte Antonio Niño la neutralidad, la "ausencia de España del congreso de París de 1919, por la neutralidad mantenida durante la guerra, y su abstención en el gran proceso de reorganización internacional que allí se produjo, privó naturalmente a sus expertos de la oportunidad de participar en el gran cónclave internacionalista del siglo xx". Desde el ciclo de ambas guerras mundiales la ausencia del:

> (...) Estado español en las grandes conferencias internacionales que se celebraron para resolver los conflictos y organizar la paz explica que no tuviera necesidad de reunir a expertos en cuestiones jurídicas e históricas para asesorar a las delegaciones en esos congresos, ni tampoco necesitara historiadores especialistas en cuestiones contemporáneas e internacionalistas que informaran en los procesos de reconfiguración del mapa de Europa o el diseño de un nuevo sistema internacional[54].

Este cuadro no supone, en modo alguno, que a lo largo de estos años no se produjesen en España ciertas aportaciones, realizadas principalmente desde una perspectiva iusinternacionalista, al estudio científico de las relaciones internacionales, y algunas muy puntuales próximas al ámbito de la teoría y al debate entre idealistas y realistas –de acuerdo con el relato canónico– que caracterizaría este primer escalón en la construcción de la ciencia de la sociedad internacional tras la Guerra del Catorce. De hecho, las conexiones transnacionales y la circularidad de ideas y académicos en los foros de cooperación intelectual, especializados en el estudio científico de las relaciones internacionales desde finales de los años veinte, ilustrarían la incardinación y la plena participación –aún con las limitaciones propias de una potencia venida a menos– en los debates académicos en la genealogía de los modernos estudios internacionales en clave de normalidad, aún considerando sus singularidades, con sus referentes europeos y occidentales.

Ciertamente los medios académicos y jurídicos españoles, protagonistas directos, en unas ocasiones[55], y objeto de consultas, en otras, vivieron y modelaron desde la realidad cultural y política española, el gran avance que para la codificación del derecho internacional

[53] C. del ARENAL *La teoría de...*, pp. 42-43.
[54] A. NIÑO "Historiografía de las...", pp. 10-11.
[55] Tal fue el caso del diplomático y jurista Manuel González Hontoria en sus labores en la Conferencia de Paz de París en 1919.

supuso la creación y puesta en escena de la Sociedad de Naciones y la creciente interacción entre el derecho internacional y el derecho interno de los Estados. En este sentido, participarían intensamente en el debate doctrinal entre los defensores de la unidad esencial del ordenamiento jurídico y la supremacía del derecho internacional, los *monistas*, y las tesis tradicionales sobre la separación de ambos ordenamientos jurídicos, los *dualistas*[56].

En aquel horizonte histórico la cultura política y jurídica española, tanto en tiempos de la Monarquía como de la República, tendió a incorporarse a las transformaciones en curso en el ámbito del derecho internacional reivindicando la tradición jurídica española, que se remontaría más allá de Grocio hasta los teólogos juristas del siglo XVI, especialmente la obra de Francisco de Vitoria. Los puntos de contacto con algunos de los conceptos evocados en el Pacto de la Sociedad de Naciones, como el arbitraje o la "guerra justa", impulsaron no solo la reivindicación de la figura y de la obra de Vitoria, amén de otros como F. Suárez, A. Soto o G. Vázquez, sino también "revivir en un ambiente moderno" aquellas doctrinas. Aquel proceso cristalizó en la creación de entidades proselitistas, entre ellas la Asociación Francisco Vitoria, fundada en 1926 a iniciativa del que fuera ministro de Estado del Directorio Civil, José de Yanguas Messía[57]. Esta asociación y otras a las que prestaremos detallada atención más adelante mantendrían, a su vez, estrechos vínculos con la Federación de Asociaciones Españolas de Estudios Internacionales creada en octubre de 1932, a iniciativa de José Castillejo[58].

La *reflexión teórica*, desde el plano jurídico, se fue suscitando al hilo del debate en torno a la adhesión de España, de la experiencia acumulada por la nueva institución internacional y los nuevos mecanismos para la canalización pacífica de las relaciones internacionales, de las nuevas controversias doctrinales o del papel y la posición de España en Ginebra. Así se desprende de las obras, especialmente desde el ámbito del derecho internacional, del marqués del Olivart – R. de Dalmau–, C. Montoliú, A. Posada, J. de Orúe o de J. de Yanguas Messía[59]. Pero fue, sin duda, la figura del jurista e historiador Rafael Altamira

[56] Véase J.A. CARRILLO SALCEDO *El derecho internacional en perspectiva histórica*, Madrid, Tecnos, 1991, pp. 66-68.

[57] Véase Mª. de los A. EGIDO "Madariaga reivindicador de la figura de Vitoria como fundador del Derecho Internacional", S. de MADARIAGA *Exposición. Libro homenaje*, La Coruña, Ayuntamiento de La Coruña (imprenta Mundo), 1987, p. 108.

[58] Véase L.E. TOGORES-J.L. NEILA *La Escuela Diplomática: cincuenta años de servicio al Estado (1942-1992)*, Madrid, Escuela Diplomática, 1993, pp. 118-123.

[59] R. DALMAU (marqués del Olivart) *La Sociedad de Naciones*, Madrid, Imprenta Patronato de Huérfanos de la Intendencia e Intervención Militares, 1919; C. MONTOLIÚ "La Liga y la Sociedad de Naciones", *Nuestro Tiempo*, n. 245, 1919; J. ORÚE *La Sociedad de Naciones*, Madrid, Centro Editorial de Góngora, 1925; A. POSADA *La Sociedad de Naciones y el Derecho Político*, Madrid, Ed. Cario Raggio, 1925; y J. de YANGUAS MESSÍA *España y la Sociedad de Naciones*, Valladolid, s.e., 1919. Trabajos a los que se podrían añadir los de A. MERINO ÁLVAREZ *La Sociedad de Naciones. Antecedentes históricos*, Madrid, Imp. del Patronato de Huérfanos de la Intendencia e Intervención Militares, 1919; o de C. RIVERO GARCÍA *La Sociedad de Naciones. Su valor jurídico y positivo y el problema de la paz*, Madrid, 1927. A lo largo de estos años se irían realizando desde las Facultades de Derecho tesis doctorales sobre el nuevo organismo internacional, como las de L. MARTÍNRREY Y DEL YERRO *La Sociedad de Naciones*, Madrid, 1919; LAPSUS SANTOS *La cláusula "rebus sic stantibus" y el artículo XIX del Pacto de la Sociedad de Naciones*, Madrid, 1919 o del mismo J. de YANGUAS MESSÍA *La neutralidad. Su concepto, derechos y deberes de los neutrales*, Madrid, s.a. (consúltese el *Catálogo de tesis doctorales sobre geografía e*

la que alcanzó mayor notoriedad, no solo en el panorama cultural español sino también en su proyección internacional, por su labor divulgativa y pedagógica[60], así como por su experiencia como miembro del Tribunal Permanente de Justicia Internacional en La Haya. Una obra marcada por sus profundas convicciones democráticas y pacifistas.

Su dimensión humanista e institucionista es determinante para valorar con rigor su obra. Tras ganar la cátedra de Historia del Derecho en la Universidad de Oviedo Rafael Altamira coincidiría con destacados discípulos de Giner de los Ríos –Adolfo Alvarez de Buylla, Adolfo González Posada y Aniceto Sela y Sampil. Identificado con los valores humanistas de Concepción Arenal, Rafael María de Labra y Aniceto Sela y Sampil, construyó una teoría civilizadora "con el propósito de integrar a España en los estándares –europeos– de las naciones 'civilizadas'". Rafael Altamira, argumenta Yolanda Gamarra, volvió su mirada al siglo xvi, al siglo de oro, para "construir su historia de la civilización española en la que defender la igualdad de todos los nacionales ante la ley". Implícitamente recurrió al derecho como "instrumento civilizador de España en América con la idea de demostrar su carácter civilizado, al mismo tiempo que el papel civilizador de España con el propósito de justificar la integración de España en los estándares europeos de civilización del siglo xx". Su opuesto, en este sentido, la barbarie se proyectaba fuera del marco de Europa. En consecuencia, los "europeos consideraban que Europa había logrado llegar a la civilización y que esta debería expandirse al resto del mundo". Un proceso que, desde una inequívoca mentalidad moderna e ilustrada, debía conducir a la organización de una sociedad de Estados civilizados, tal como quedaría plasmado en el preámbulo del Pacto de la Sociedad de Naciones. Pero esta visión de Europa como emulsión de la civilización y su proyección universal estaba muy lejos de los planteamientos racistas de Lorimer. Rafael Altamira, de igual modo que Aniceto Sela y Sampil y Joaquín Fernández Prida, concebían la universalidad del derecho internacional a través de una "concepción amplia de los sujetos" y rechazaban la división de la sociedad internacional de Lorimer entre civilizados, bárbaros y salvajes[61].

En el entorno en que afloró la Sociedad de Naciones se fueron fraguando importantes novedades en la codificación del derecho internacional. Una nueva corriente denominada "iuspositivismo de valores", a tenor de la cual se iría abriendo paso una noción del orden internacional "que regulaba no solo la mera coexistencia, sino de igual forma los valores y normas que la informaban, así como la cooperación entre sus actores dotados de nuevos

---

historia que se conservan en el archivo de la Universidad Complutense de Madrid. 1900-1987, Madrid, Ades, 1988). Y véase, asimismo J.M. TRIAS DE BES Y GIRÓ "La organización internacional. Discurso leído en el acto de su recepción como académico de número por el Excmo. Sr. D. José María Trias de Bes y Giró y contestación del académico de número Excmo. Sr. D. José de Yanguas y Messía, Vizconde de Santa Clara de Avedillo, Madrid, Imp. Viuda de Galo Sáez, 1947.

[60] A su intensa actividad como conferenciante habría que añadir la divulgación de sus obras, en las que ocuparían un lugar destacado las dedicadas a la Sociedad de Naciones: *El Congreso de la Sociedad de las* Naciones, Madrid, Reus, 1919; El *proceso ideológico del proyecto del Tribunal Permanente de Justicia Internacional*, Madrid, s.e., 1921; y *La Sociedad de Naciones y el Tribunal Permanente de Justicia Internacional*, Madrid, Instituto de Derecho Comparado, 1931.

[61] Y. GAMARRA CHOPO "Rafael Altamira...", pp. 333-334.

derechos y obligaciones necesarios ante la nueva realidad". Rafael Altamira compartió –tal como afirma Yolanda Gamarra, junto al resto de juristas europeos y americanos la idea de proteger los derechos civiles, políticos y sociales como se infiere de su estudio "Una nueva Declaración de los Derechos del Hombre", publicado en *Almanaque de El Socialista* en 1929. Su pensamiento acompañaría a su praxis internacionalista. Miembro de la delegación española en la Conferencia de Paz en París y presente en el acto de inauguración de la Universidad de Estrasburgo en 1919 sus responsabilidades internacionales pronto le llevarían al Tribunal Permanente de Justicia Internacional en La Haya. Allí coincidiría con unos de los diplomáticos más influyentes en la acción de la España republicana en Ginebra, Julio López Oliván, ejerciendo labores de secretario en el Tribunal Permanente.

Rafael Altamira, defensor de un monismo moderado, concibió el derecho como el "reflejo de una 'conciencia jurídica' de los pueblos resultado de un proceso histórico, de una evolución social". Su concepción monista le llevó a:

> (...) defender la unidad del Derecho de la misma manera que había defendido una historia integral. Altamira mantuvo que el Derecho era una parte de la evolución histórica, que tanto el Derecho interno como el Derecho internacional eran en igual grado expresiones de la "conciencia jurídica" de una época dada. El Derecho público interno y el Derecho público internacional eran el producto de un mismo medio histórico[62].

Sus convicciones estaban muy próximas a las defendidas por Boris Mirkine-Guetzévitch, buen conocedor de la comunidad de juristas españoles y seguidor muy cercano del acervo jurídico y normativo de la Segunda República en su dimensión internacionalista. Ambos defendían que la unidad del derecho público descansaba sobre la unidad de la conciencia jurídica y sobre la unidad empírica de la evolución histórica. Estas tesis se proyectarían sobre cuestiones planteadas por los juristas en los foros internacionales como la noción de soberanía. Los "Estados –desde la perspectiva de Rafael Altamira– formaban parte de la comunidad universal, de manera que la soberanía no era un atributo de su propia naturaleza, sino una competencia conferida por el Derecho internacional". Así la filosofía de Vitoria, que partía de la solidaridad del género humano, "se identificaba con la doctrina monista de un solo orden jurídico, con primacía del Derecho internacional"[63].

En el ámbito del derecho internacional español el iusinternacionalista que mejor supo proyectar en los foros académicos internacionales la actualización de la tradición escolástica de la cultura jurídica española del siglo xvi fue Camilo Barcia Trelles. Las figuras de Vitoria, Suárez y Vázquez Menchaca fueron el motivo de sus tres cursos en la Academia de Derecho Internacional de La Haya en 1928, 1933 y 1939, respectivamente[64].

[62] Ibídem. Pp. 336-337.
[63] Ibídem. P. 338.
[64] GAMARRA CHOPO, Y. "La ilusión española de la Sociedad de Naciones", Y. GAMARRA CHOPO-C.R. FERNÁNDEZ LIESA (coords.) *Los orígenes del Derecho Internacional Contemporáneo. Estudios conmemorativos del Centenario de la I Guerra Mundial*, Zaragoza, Instituto Fernando El Católico, 2015, pp. 297-298.

El interés desde los medios institucionistas por el derecho internacional tendría su propia extensión en la política de pensionados de la Junta para Ampliación de Estudios. De entre los doce pensionados en la materia de un total de 106 en el ámbito del derecho, siete de ellos eran catedráticos, siete eran especialistas en derecho internacional público y otros cinco en derecho internacional público y privado. El interés por la Sociedad de Naciones sería el *leit motiv* principal de la labor de tres de los pensionados: Fernando María Castiella y Maíz, quien sería catedrático de derecho internacional y de historia del derecho internacional en 1935 y becario del Instituto de Estudios Internacionales y Económicos, estuvo en Cambrigde pensionado en 1931 y trabajando sobre la soberanía de los Estados y la Sociedad de Naciones[65]; Adolfo Miaja de la Muela, catedrático de derecho internacional desde 1934, disfrutó de una beca en Francia y en Holanda en 1932 donde estudiaría con George Scelle y Niboyet y trabajaría sobre cuestiones como la soberanía, el desarme y el paneuropeísmo; y César García y Fernández de Castañón, quién se dedicaría a la diplomacia con posterioridad, dispuso de una pensión en 1932 en París y cuya finalización culminó con una memoria sobre "Cómo se llegó a la elaboración del Pacto de la Sociedad de Naciones"[66].

Considerado en su conjunto el universo de los juristas en la España del primer tercio de siglo "los réditos de las estancias en el extranjero –en palabras de Sebastián Martín– financiadas por la Junta para Ampliación de Estudios desde 1908 comenzaron a tener consecuencias". Los juristas que habían llevado a cabo sus estancias en las "principales universidades europeas, y que se habían instruido con renombrados profesores, ante todo alemanes, regresaron a España, redactaron sus tesis doctorales, ganaron oposiciones a cátedra y comenzaron a marcar el tono del nuevo saber jurídico". Desde luego eran visibles y notorias las dos grandes corrientes que polarizaron el debate jurídico: de un lado, el sector "neocatólico, ortodoxo y conservador" de la ciencia jurídica española, dominante durante el tiempo de la Restauración; y de otro, una masa crítica de "pensamiento liberal (en términos políticos), democrática y pluralista en su mayor parte, socialista y materialista en su menor proporción", heredera de la vía heterodoxa del krausismo encarnada por

[65] Su formación internacionalista tras doctorarse en derecho en la Universidad Central de Madrid con una investigación sobre el origen, naturaleza y alcance de los dictámenes del Tribunal Permanente de Justicia Internacional, le llevaría al Instituto de Altos Estudios Internacionales de París y la Academia de Derecho Internacional de La Haya, además de su paso por Cambridge. Asimismo colaboraría temporalmente en Ginebra en la secretaría general de la Sociedad de Naciones (https://dbe.rah.es/biografias/11466/fernando-maria-castiella-y-maiz consultado el 2 de agosto de 2023).

[66] El resto de pensionados en derecho internacional fueron: Ernesto Amador Carrandi en Francia (1910-1911); Camilo Barcía Trelles en Alemania (1913-1914) realizando estudios sobre la guerra marítima y luego en Suiza en 1916; Nicolás Rodríguez Aniceto en Berlín (1913); José de Yanguas Messía en Francia y Bélgica (1913), donde trabajaría sobre la expansión colonial en África y el estatuto internacional de Marruecos y que culminaría su tesis doctoral en 1915 sobre "La neutralidad: su concepto, derechos y deberes de los neutrales"; Carlos González-Posada, hijo de Adolfo Posada, disfrutaría de una pensión en 1913-1914; Marcelo Ramos Bascán en Suiza (1915) donde realizaría trabajos sobre la conferencia naval de Londres de 1909; Luis Sela y Sampil, catedrático de derecho internacional público y privado desde 1930, fue pensionado en Francia (1924-1925); Andrés Rodríguez Ramón en Francia (1926-1928); y Juan Galván y Escutia también en este último país (1932) (Véase F.J. LAPORTA SAN MIGUEL *La Junta para...*, v. 3, pp. 73-97).

Giner de los Ríos, Gumersindo Azcárate y Adolfo Posada. Se trató ciertamente de un doble relevo generacional: los "descendientes de la cultura jurídica de la Restauración, nacidos en las décadas de los 1880 y 1890, comenzaron a ocupar las cátedras a finales de los años 1910 y principios de los 1920, o ya a comienzos de la República, en los casos más tardíos"[67].

En la *reflexión política* la política exterior española y la Sociedad de Naciones fueron objeto de atención por parte de destacados intelectuales, especialmente de la generación del 14, entre ellos Salvador de Madariaga, Manuel Azaña, José Ortega y Gasset, Fernando de los Ríos, Luis de Zulueta o Pablo Azcárate. Su influencia fue mayor en los foros políticos y en la modelación de una opinión política, cuyo interés –no lo olvidemos– siempre gravitó hacia los problemas internos. La obra y la experiencia profesional de Salvador de Madariaga no admite comparación alguna con sus coetáneos en lo que concierne al conocimiento y el compromiso con los principios de la Sociedad de Naciones. De su pluma emanaron algunas de las aportaciones más sugerentes desde la teorización política ya no solo en torno a la Sociedad sino sobre las relaciones internacionales. El idealismo y el filosocietarismo que se fraguaron al socaire de su experiencia como funcionario de la Sociedad de Naciones en la década de 1920 y como representante de la España republicana en Ginebra no pervivirían indemnes a la crisis de los años treinta. En su prolija obra, el utopismo explícito en obras como *Disarmament* (1929) fue cediendo espacio a una crítica en cuyo punto de mira se encontraban el sacrosanto principio de la soberanía de los Estados y sus efectos sobre la credibilidad de la Sociedad de Naciones. Una crítica presente en sus *Memorias*[68] y en su mayor aportación al pensamiento internacional *Theory and Practice in International Relations*, publicada en 1939[69]. Una obra con no pocos paralelismos con la de E.H. Carr *The Twentieth Year's Crisis*, también publicada por aquel entonces, al reflexionar sobre el lugar del poder en las relaciones internacionales. Fue, sin duda, la mejor expresión de la permeabilidad del primer gran debate en las relaciones internacionales como disciplina científica –idealistas *vs.* realistas– en el pensamiento internacional español del periodo. Mimbres conceptuales desde la que abordaría la reflexión histórica sobre la política exterior española tanto en sus *Memorias* como en su ensayo histórico sobre España[70].

El idealismo de Madariaga entroncaba en sus aspiraciones con la reflexión y la crítica jurídico-política de Fernando de los Ríos[71], intérprete del proceso de integración jurídica e institucional y de la inmadurez originaria de la Sociedad de Naciones. Desde

[67] S. MARTÍN "La modernización del discurso jurídico en la Universidad Central durante la Segunda República", E. GONZÁLEZ CALLEJA-A. RIBAGORDA (eds.) *La Universidad Central durante la Segunda República. Las ciencias humanas y sociales y la vida universitaria (1931-1936)*, Madrid, Universidad Carlos III, 2013, pp. 194-196.

[68] S. de MADARIAGA *Memorias. Amanecer sin mediodía (1921-1936)*, Madrid, Espasa-Calpe, 1974.

[69] Entre las obras de reflexión y ensayo político, textos que habitualmente redactaba en inglés, figuran: *Disarmament*, London, Oxford University Press, 1929; *Las ciencias morales y políticas y la sociedad internacional*, Madrid, Academia de Ciencias Morales, 1935; *Theory and practice in International Relations*, London, Oxford University Press, 1939; y *The World's Design*, London, Allen & Uniwin, 1940.

[70] S. de MADARIAGA *España. Un ensayo de historia contemporánea*, Madrid, Espasa-Calpe, 1979.

[71] F. de los RÍOS URRUTI *La 'Comunidad' internacional y la Sociedad de Naciones*, (Conferencia pronunciada en el Ateneo de Madrid el 19 de noviembre de 1935), Madrid, Imp. Madrid-Aragón, 1935.

planteamientos más realistas, y en consecuencia en sincronía con el estatocentrismo reinante en las relaciones internacionales, se proyectarían las argumentaciones que sobre la Sociedad de Naciones hicieron tanto Manuel Azaña[72] –ministro de la Guerra del Gobierno provisional de la República y presidente del Consejo de Ministros a lo largo del primer bienio– y Luis de Zulueta[73] –ministro de Estado en aquellos primeros años de la República–. La República –había afirmado Manuel Azaña– se "había tomado en serio a la Sociedad no solo por motivos altruistas sino porque incorporaba soluciones a los problemas fundamentales de la posición de España en el mundo". El sistema de seguridad colectiva ofrecía una solución atractiva para una "nación desarmada, débil económicamente, pero en vías de progreso y de reconstrucción interior". Sin embargo, la preservación de la independencia nacional no podía cimentarse únicamente en las garantías de Ginebra, sino que requería el adecuado desarrollo de una política de defensa nacional. Una línea de reflexión, aunque en un tono más liberal, que entroncaría con la consideración que tiempo atrás ya había llevado a cabo Niceto Alcalá-Zamora en 1925[74].

Conviene insistir en el hecho de que la política exterior, y en concreto la actitud hacia Ginebra, fue una de las esferas de acción que suscitó mayor consenso, no solo en el seno de la coalición gobernante durante el primer bienio, sino durante los años pacíficos de la República. La expresión más solemne del compromiso con Ginebra cristalizó en el texto de la ley fundamental de la República en diciembre de 1931, la Constitución más internacionalista de la historia de España. Un acontecimiento que, en opinión del profesor del *Institut des Hautes Études Internationales de l'Université* de Paris Boris Mirkine-Guetzévitch, evocaba la conciencia y la sensibilidad jurídica de los pueblos respecto al derecho internacional. La Asamblea constituyente de la naciente República española había sentido la necesidad de proceder a la adaptación del derecho interno a las nuevas circunstancias y la armonización del derecho constitucional con el derecho internacional[75]. Asimismo, el redireccionamiento y el repliegue realista de la política exterior republicana a partir de 1933 fue un terreno de común encuentro, pese a la retórica pacifista de los gobiernos frentepopulistas. No obstante, este consenso no ha de ocultar las diferentes sensibilidades ideológicas no solo entre las fuerzas políticas representadas en las Cortes, sino también en el seno de la coalición gobernante durante el primer bienio.

En el pensamiento de José Ortega y Gasset está también presente la dialéctica de la fragmentación, a tenor de las realidades nacionales, y de la integración, en el ámbito europeo en virtud del horizonte de la unidad europea, visualizado en el paneuropeísmo de la década de los veinte. A nivel internacional la organización mundial solo sería factible desde un cosmopolitismo intelectual. Consideraba utópicos los movimientos

[72] Las reflexiones sobre la política exterior y la actitud de España en la Sociedad de Naciones afloran a lo largo de toda su obra política (véase M. AZAÑA *Obras Completas*, 4 vols., México, Oásis, 1966-1968).
[73] L. de ZULUETA "La política exterior...", pp. 5-27.
[74] N. ALCALÁ-ZAMORA *Los intentos del pacifismo contemporáneo*, Madrid, Imprenta de Ratés, 1925.
[75] B. MIRKINE-GUETZÉVITCH *La technique parlamentaire des relations internationales*, Paris, Librairie du Recueil Sirey, 1937, p. 6.

internacionalistas y pacifistas, sobre los que se cimentaba la Sociedad de Naciones, al entender que el elemento fundamental de la realidad internacional era el Estado[76].

El discurso en el que se desenvolvía la política de paz de la República solamente era codificable en el ambiente de moralidad internacional sobre el que se cimentó el nuevo sistema internacional. La República española, por su condición de potencia moral en razón de su pasado, su cultura y carente de aspiraciones expansionistas, podía ejercer objetivamente como una fuerza moral en el foro de Ginebra.

La guerra civil cerraría abruptamente el decurso de la política exterior republicana a la vez que la crisis española escenificaría no solo la tragedia de una contienda civil sino la escenificación de un nuevo capítulo del fracaso de la seguridad colectiva y del sistema internacional de Versalles a lo largo de la década de 1930.

El radio de influencia del derecho internacional y de la historia diplomática son sin duda fundamentales en la comprensión del panorama de los estudios internacionales, pero es preciso afinar el gran angular para retratar un cosmos más complejo y habitado en el ámbito de los estudios internaciones, entre ellos la diplomacia, el pensamiento económico, el orientalismo –a propósito de la relevancia del imperialismo en el debate disciplinar de principios de siglo–, el hispanoamericanismo, y el pensamiento geopolítico y geoestratégico.

LA DIPLOMACIA Y EL INSTITUTO LIBRE DE ENSEÑANZA DE LAS CARRERAS DIPLOMÁTICA Y CONSULAR Y CENTRO DE ESTUDIOS MARROQUÍES COMO FORO TRANSDISCIPLINAR

La diplomacia como ámbito profesional teórico y práctico en el desarrollo de la política exterior es indispensable para cualquier aproximación a las formar de mirar y analizar las relaciones internacionales. Desde nuestro prisma de estudio la formación de los diplomáticos para el desempeño de su profesión, afirma Carlos Sanz en un excelente trabajo, "proporciona un observatorio privilegiado para comprender los cambios en las relaciones internacionales y su percepción por parte de los Estados en la medida en que tal formación queda regulada por métodos formales de selección y educación de matriz estatal"[77]. La creación en España del Instituto Libre de Enseñanza de las Carreras Diplomática y Consular y Centro de Estudios Marroquíes en 1911 es un fiel reflejo del Regeneracionismo que impregnó las iniciativas de modernización emprendidas por la Monarquía de Alfonso XIII y un eco del institucionismo que envolvía la atmósfera

[76] M. MEDINA "Notas para la historia del pensamiento internacional español: la teoría de las relaciones internacionales en Ortega y Gasset", *Anuario de Derecho Internacional*, 1976; y A. ELORZA *La razón y la sombra. Una lectura política de Ortega y Gasset*, Madrid, Anagrama, 1984. Y asimismo remitimos a la consulta de J. ORTEGA Y GASSET *Obras completas*, Madrid, Revista de Occidente, 9 vols., 1946-1964.

[77] C. SANZ DÍAZ "Relaciones internacionales y formación para la diplomacia en torno a la Primera Guerra Mundial: un estudio de caso", A. LOZANO VÁZQUEZ-D.J. SARQUÍS RAMÍREZ-J.R. VILLANUEVA LIRA-D. JORGE ¿Cien años de relaciones internacionales? Disciplinariedad y revisionismo, Madrid, Siglo xxi, 2019, p. 285.

educativa de la España del primer tercio de siglo. Fue, asimismo, un síntoma de la propia situación y de los desafíos de la política exterior de una pequeña potencia que pretendía desprenderse del ensimismamiento y reencauzar su lugar en el sistema internacional, tratando para ello de atender a la creciente complejidad de las relaciones internacionales y a las necesidades derivadas de sus necesidades de seguridad y sus aspiraciones coloniales en el imperio Xerifiano. El protagonismo del imperialismo en los debates y en el pensamiento internacional de principios de siglo y en la agenda de la política exterior española permearían la propia concepción de la nueva institución, consagrando una parte de la misma a la formación de especialistas en la administración colonial.

La creación del Instituto tenía lugar tras el desenlace de la segunda crisis marroquí, que se zanjó con el acuerdo franco-alemán de noviembre de 1911 y a cuya estela Francia establecería en 1912 el Protectorado en su zona de Marruecos. La reacción de Madrid se encaminaría activamente a reivindicar los derechos adquiridos a partir del canje de notas franco-británico de 1904 para establecer un protectorado en su zona, lo que cristalizaría tras el acuerdo hispano-francés de 27 de noviembre de 1912[78].

En la década de 1880 el Gobierno español se inspiró en el modelo francés del *grand concours* para determinar el acceso a las carreras diplomática y consular. El único requisito académico para presentarse a la oposición hacia 1900 era el título universitario de Derecho Civil o Administrativo, pero a comienzos de siglo parecía evidente que los "estudios de Derecho, como única credencial formativa de los jóvenes candidatos a la carrera, no ofrecían el nivel necesario para alcanzar el grado indispensable de los futuros servidores del Estado en la arena internacional"[79]. En 1910 en su obra *Orientación internacional de España* el escritor y político Rafael María de Labra hacía mención a la favorable acogida que el ministro de Estado, Manuel Allendesalazar dispensó a su recomendación de crear una escuela especial para diplomáticos y cónsules, en la que se privilegiasen los estudios sobre América Latina, Portugal y el Norte de África. No tardaría mucho tiempo en materializarse su iniciativa. El Real Decreto de 21 de diciembre de 1911, siendo ministro de Estado Manuel García Prieto y subsecretario Manuel González-Hontoria, creaba el Instituto Libre de Enseñanza de las Carreras Diplomática y Consular y Centro de Estudios Marroquíes y en virtud del cual se llenaba un "vacío" en la enseñanza oficial, en cuyos establecimientos se cursasen: "las materias científicas indispensables al desempeño de las mencionadas carreras, a la recta apreciación de las cuestiones internacionales y al conocimiento de la Geografía, la Historia y las instituciones políticas y jurídicas de los pueblos musulmanes"[80].

Sufragado con fondos del Ministerio de Estado y desde 1918 complementado con recursos de la Administración del Protectorado de Marruecos, las actividades del Instituto se llevarían a cabo en la Real Academia de Jurisprudencia y Legislación en el número 13

[78] Véase L.E. TOGORES-J.L. NEILA *La Escuela Diplomática...*, p. 77.
[79] C. SANZ DÍAZ "Relaciones internacionales y...", p. 287.
[80] *Boletín Oficial del Ministerio de Estado*, Madrid, 31 de diciembre de 1911, p. 148.

de la calle Marqués de Cubas en Madrid[81]. Desde su fundación el Instituto se concibió como un centro destinado a la formación de las elites funcionariales de la monarquía llamadas a desplegar su acción en tres ámbitos: la función diplomática, la consular y la administración colonial, pero a su vez devendría en una institución científica dedicada a la divulgación y el estudio de las relaciones internacionales[82].

La incidencia real de las enseñanzas impartidas en el Instituto fue limitada en la medida en que el paso por sus aulas no fue nunca un requisito obligatorio para acceder a las carreras diplomática y consular o desempeñar funciones en la administración colonial. Tampoco los certificados y títulos expedidos por el nuevo centro proporcionaban ventajas formales en la selección y promoción[83]. Pese a todo y a las discretas cifras de estudiantes en el curso de los veinte consolidó su prestigio como órgano formativo especializado de los futuros miembros de las carreras diplomática y consular. Las iniciativas de modernización y adaptación que emprendió la Dictadura de Primo de Rivera en la administración exterior alcanzaron también al Instituto, cuyo reglamento se reformó en 1926[84] y posteriormente en 1929 con motivo de la fusión de las carreras diplomática y consular emprendida en 1928. Aquellos cambios obligarían a modificar los planes de estudio procurando mantener:

> (...) en su conjunto y en sus líneas generales, el plan de estudios que hasta ahora venía rigiendo, pues no se puede olvidar que el Instituto no fue creado con el fin limitado y exclusivo de servir a la preparación de los candidatos a Diplomáticos y Cónsules, sino para el establecimiento de enseñanzas relacionadas con el desarrollo de los intereses internacionales de España y que no se cursan, o se estudian con finalidad distinta, en otros Centro docentes[85].

La finalización de la guerra en Marruecos abriría nuevas expectativas en la administración colonial, motivo por el cual la Junta de Gobierno de la Real Academia de Jurisprudencia y Legislación envió una propuesta para el presidente del Directorio Civil con el fin de que los estudios que se cursaban en el Instituto tuvieran cumplido reconocimiento para acceder a la administración colonial[86].

El declive del centro, rebautizado tras la última reforma como Instituto Diplomático y Centro de Estudios Marroquíes, devendría mayormente por la actividad de oposición a la dictadura de algunos de los miembros de la Real Academia de Jurisprudencia y

[81] AMAE R-246 exp. 1. Carta del presidente de la Real Academia de Jurisprudencia y Legislación al ministro de Estado, Madrid, 1 de enero de 1912.

[82] C. SANZ DÍAZ "Relaciones internacionales y...", p. 288; y L.E. TOGORES-J.L. NEILA *La Escuela Diplomática...*, pp. 77 y ss.

[83] L.E. TOGORES-J.L. NEILA *La Escuela Diplomática...*, pp. 90-102.

[84] Ibídem. P. 105.

[85] AMAE R-246 exp. 2. Proyecto de reforma elaborado por el Claustro de profesores del Instituto Libre de Enseñanza de las Carreras Diplomática y Consular y Centro de Estudios Marroquíes. Madrid, 17 de noviembre de 1928.

[86] AMAE R-246 exp. 2. Informe de R. Spottorno, Sección de Personal del Ministerio de Estado, Madrid, sin fecha.

Legislación. En 1929 la dictadura actuó contra la Real Academia, "asiento de rebeldías y apasionamientos políticos", procediendo a la disolución de la Junta de Gobierno y a la imposición de una Comisión directiva interina. Las actividades del Instituto quedaron temporalmente suspendidas. Lo cierto es que su actividad nunca llegaría a normalizarse a rebufo de la crisis final de la Monarquía y el camino hacia la proclamación de la República.

La cartografía de enseñanzas que se fue plasmando en los sucesivos planes de estudio desde la fundación del Instituto se proyectaron hacia tres ámbitos: el radio amplio del estudio de las cuestiones internacionales, la cualificación profesional en aras al desarrollo de las "diferentes aplicaciones o exigencias" en el desempeño de las funciones diplomáticas y consulares y, por último, la formación orientada al ejercicio de la administración colonial en Marruecos[87].

A partir del curso 1913-1914, año académico en el que el centro comenzó a funcionar en plenitud, los planes de estudio articulaban las enseñanzas en tres secciones –Diplomática, Consular y Estudios Marroquíes–. Las asignaturas impartidas eran Historia política de Europa desde la caída de Napoleón y de América desde la independencia; Evolución social y política de los estados asiáticos en los siglos xix y xx; Geografía económica y mercantil universal; Progresos del derecho internacional contemporáneo, público y privado; Geografía e historia de Marruecos; Colonización española y extranjera; y Legislación aduanera y de los transportes comparada. Estas materias se estudiaban con mayor extensión y profundidad en función de su lugar en el plan de estudios. El Centro de Estudios Marroquíes a título propio ofertaba las materias siguientes: Geografía e historia de Marruecos, Instituciones jurídicas de los pueblos musulmanes y especialmente del Imperio marroquí; Sistemas de colonización en África; y Lengua árabe, tanto vulgar como literaria[88]. El plan de estudios en sus tres secciones no solo proyectaba las preocupaciones y la agenda de la política exterior española sino que también ilustraba las disciplinas preeminentes en los estudios internacionales desde principios de siglo –derecho internacional, historia (de los tratados y diplomática), economía y geografía/geopolítica–, además de la dimensión práctica de la gestión diplomática, consular y colonial.

El Reglamento de mayo de 1917 modificaba el plan de estudios con el fin de adaptarlo al temario de las oposiciones a las carreras diplomática y consular, y para acomodarlo a las transformaciones y el impacto que la Gran Guerra estaba teniendo sobre las relaciones internacionales. En el nuevo diseño docente dos de las cuestiones de atención prioritaria en el Centro –América y Marruecos– acrecentarían su presencia con materias independientes de Historia Contemporánea de América y dos materias comunes en las tres secciones, aparte de los cursos propios de la sección de estudios marroquíes, sobre la Geografía e historia de Marruecos y sobre la organización del protectorado español, en comparación con los sistemas de colonización en África. En el plano de los estudios económicos se mantuvo el

[87] AMAE R-246 exp. 2. "Proyecto de organización y funcionamiento del Instituto Libre de Enseñanza de las Carreras Diplomática y Consular y Centro de Estudios Marroquíes". Madrid, 24 de agosto de 1912.
[88] L.E. TOGORES-J.L. NEILA *La Escuela Diplomática...*, p. 87.

curso sobre la Geografía económica y mercantil universal para las dos primeras secciones, pero en el segundo curso de la sección consular se sustituyó por una materia de nueva planta, Estudios especiales de Geografía económica de España, dirigida específicamente a los nuevos cónsules. En el dominio de la historia diplomática, una Historia de los tratados internacionales de España a partir de 1815 sustituyó a la antigua materia sobre los Progresos del derecho internacional. En las secciones respectivas se incluyeron sendos cursos de Derecho diplomático y de Derecho consular. Materias novedosas, como las incidencias de la política interior de los Estados sobre la política internacional y viceversa, el comercio o la penetración financiera de las repúblicas americanas por las potencias europeas, aparecían ya en los planes de estudio de naturaleza histórica, en particular las impartidas por Rafael Altamira[89], quién había obtenido la cátedra de Historia de las Instituciones Políticas y Civiles de América en la Universidad Central de Madrid en 1914 precisamente el mismo año que comenzó su actividad docente en el Instituto (Véase cuadro n. 1).

Cuadro n. 1

Plan de estudios del Instituto Libre de Enseñanza de las Carreras Diplomática y Consular y Centro de Estudios Marroquíes según el Reglamento de 1917		
Sección	Curso	Materias
Sección Diplomática	I	-Historia política contemporánea de los pueblos europeos y asiáticos -Geografía económica y mercantil universal -Geografía e historia de Marruecos -Legislación aduanera, de transportes marítimos y de emigración -Inglés o alemán
	II	-Historia política contemporánea de América -Historia de los tratados y relaciones internacionales de España a partir de 1815 -Organización del Protectorado español en Marruecos comparada con los sistemas de colonización en África -Derecho diplomático -Inglés o alemán
Sección Consular	I	(Las mismas asignaturas que en el primer curso de la Sección Diplomática)
	II	-Historia política contemporánea de América -Historia de los tratados y relaciones internacionales de España a partir de 1815 -Estudios especiales de geografía económica de España -Organización del Protectorado español en Marruecos comparada con los sistemas de colonización en África -Derecho consular -Inglés o alemán

[89] Ibídem. Pp. 98-100. *Programa de Historia Política Contemporánea de los pueblos europeos y asiáticos*, Madrid, Jaime Ratés, 1918; e *Historia Política Contemporánea de América*, Madrid, J. Cosano, 1925.

Centro de Estudios Marroquíes	I	-Legislación aduanera, de transportes marítimos y de emigración -Geografía e Historia de Marruecos -Árabe vulgar
	II	-Instituciones jurídicas de los pueblos musulmanes y en especial el Imperio marroquí -Organización del Protectorado español en Marruecos comparada con los sistemas de colonización en África -Árabe literario

(Fuente: L.E. TOGORES-J.L. NEILA *La Escuela Diplomática: cincuenta años de servicio al Estado (1942-1992)*, Madrid, Escuela Diplomática, 1993, p. 100)

En el excelente análisis disciplinar en torno al *cursus* formativo del Instituto realizado por Carlos Sanz y Zorann Petrovici –cuya tesis hemos mencionado con anterioridad– los pilares de los estudios internacionales eran el derecho internacional y la historia diplomática e historia de los tratados. El interés por el derecho internacional ya se había plasmado en el plan de estudios de 1913 en la materia de Historia del derecho internacional, con especial atención a los Tratados y relaciones diplomáticas de España a partir de 1815. Tras la Gran Guerra y durante la dictadura de Primo de Rivera las expectativas suscitadas por la Sociedad de Naciones como plataforma útil para la persecución de los objetivos de la política exterior española estimuló la potenciación de una formación jurídica internacionalista adaptada a las necesidades de la diplomacia multilateral y al nuevo marco de relaciones internacionales. La reforma de 1929 completaría, en última instancia, el énfasis sobre el derecho internacional y la organización de la sociedad internacional a través de asignaturas como Derecho internacional e Historia de los tratados, y Organización política y diplomática mundial[90], que se correspondían a una presencia privilegiada en el programa de la oposición a la carrera diplomática –reformada–.

El otro pilar lo constituían los estudios históricos y, en particular la historia diplomática. La historia que se enseñaba en el Instituto respondía a una finalidad práctica, en la medida en que debía procurar el conocimiento de los antecedentes de las cuestiones internacionales para permitir orientar una política exterior nacional coherente y eficaz, tal como formularía el historiador de la diplomacia Jerónimo Becker en su conferencia pronunciada en 1925 en la Real Academia de Jurisprudencia y Legislación[91]. Otros conferenciantes en el mismo foro, caso de Rafael Altamira[92] en 1916, R. Spottorno[93] en 1921 y C.A. Goicoechea[94] en 1922, coincidirían en reclamar una definición precisa de los objetivos

[90] L.E. TOGORES-J.L. NEILA *La Escuela Diplomática...*, pp. 107-109.
[91] J. BECKER *Causas de la esterilidad de la acción exterior de España*, Madrid, J. Cosano, 1925.
[92] R. ALTAMIRA *Cuestiones internacionales: España, América y los Estados Unidos*, Madrid, Jaime Ratés, 1916.
[93] R. SPOTTORNO *Consideraciones generales y de carácter histórico acerca de la Diplomacia*, Madrid, Ed. Reus, 1921.
[94] C.A. GOICOECHEA *La política internacional de España en noventa años (1814-1904)*, Madrid, Ed. Reus, 1922.

de la política exterior. Tras la guerra mundial Rafael Altamira, docente de la asignatura de Historia política contemporánea de América en el Instituto, abogaría en sus escritos por incluir en los textos y en la enseñanza de la historia el "espíritu internacional", dando cabida a conocimientos contemporáneos sobre la Sociedad de Naciones y el pacifismo[95].

A estos pilares, como apuntábamos con anterioridad, en el estudio de las relaciones internacionales se les sumarían los estudios geográficos y económicos como complemento a la formación de los estudiantes del Instituto. La enseñanza de la geografía, argumenta Carlos Sanz, se "vinculaba directamente a la pulsión regeneracionista que se alentaba en el Instituto". Esta "pulsión hacía del protectorado sobre Marruecos era una necesidad vital para España". El Centro de Estudios Marroquíes debía "paliar la carencia en el gobierno, la administración y la opinión pública de un conocimiento experto sobre temas africanos"[96]. La permeabilidad del discurso orientalista en clave africanista se canalizaba así en el marco genérico de los estudios internacionales a partir de las necesidades emanadas de la empresa colonial en Marruecos. En este sentido en el Instituto Libre de Enseñanza de las Carreras Diplomática y Consular y Centro de Estudios Marroquíes se incluyeron materias *ad hoc* a la acción colonial, en particular de la geografía, muy influida en este tiempo por la geografía política y determinista ratzeliana y por la concepción del Estado como "organismo territorial" –del que derivaría la noción de "espacio vital" acuñado por G. von Treitsche–. La influencia del pensamiento ratzeliano en España cristalizaría en el desarrollo un embrionario pensamiento geopolítico que, desde los últimos decenios del siglo XIX, procuraría un discurso legitimador de la práctica colonial potenciado por el ambiente regeneracionista[97].

La geopolítica de cuño ratzeliano se incorporaría a las enseñanzas del Instituto por medio del magisterio de Eloy Bullón y Fernández, quién comenzó a impartir clases en el Centro desde 1916. Eloy Bullón, quién participaría en la IX Conferencia Permanente de Altos Estudios Internacionales celebrada en Madrid en 1936, era titular desde 1907 de la cátedra de Geografía Política y Descriptiva de la Universidad de Madrid y fue el precursor de toda una generación de geógrafos como Gonzalo de Reparaz[98], E. Huguet del Villar[99] o L. Martín Echevarría[100] cuyas obras "justificaron con argumentos geográficos y políticos de raíz ratzeliana la penetración colonial española en África"[101].

Finalmente, la presencia de los estudios económicos respondió a la propia adaptación –iniciada antes de 1914– de la diplomacia a la evolución de las relaciones internacionales.

[95] ALTAMIRA, R. "Observaciones sobre la realidad internacional presente" (escrito en 1925), ALTAMIRA, Rafael *Cuestiones internacionales y de pacifismo*, Madrid, C. Bermejo, 1932.

[96] C. SANZ DÍAZ "Relaciones internacionales y...", p. 294.

[97] Consúltese A.T. REGUERA "Orígenes del pensamiento geopolítico en España. Una primera aproximación", *Documents d'analisi geográfica*, (17), 1990, pp. 79-104, citado por C. SANZ DÍAZ "Relaciones internacionales y...", p. 294.

[98] R. G. de REPARAZ *Política de España en África*, Madrid, Espasa-Calpe, 1924.

[99] E. HUGUET "El factor geográfico y el gran problema de España", J. VELARDE FUENTES *Lecturas de economía española*, Madrid, Gredos, 1969, pp. 82-98.

[100] L. MARTÍN ECHEVARRÍA *Geografía de España*, 3 vols., Barcelona, Labor, 1937.

[101] Véase C. SANZ DÍAZ "Relaciones internacionales y...", p. 294.

En el debate sobre el imperialismo que polarizó desde finales del siglo XIX los estudios internacionales en Europa y Estados Unidos, como ya hemos tenido ocasión de analizar, la dimensión económica desempeñaba un indiscutible protagonismo. La creciente presencia de materias de contenido económico y comercial en los planes de estudio traducía el peso cada vez mayor de estas materias en la labor cotidiana de los representantes diplomáticos y consulares. Ya desde 1891 el Ministerio de Estado había recomendado a las embajadas y legaciones españolas en el extranjero que dispensaran su apoyo a las empresas exportadoras del país. La interpenetración creciente entre intereses económicos y diplomáticos, así como entre la esfera interior e internacional, había influido en la propia reforma de las carreras diplomática y consultar de 1928. En 1930 tendría, a su vez, lugar la creación de un cuerpo específico de Técnicos Comerciales y Agregados Comerciales en el exterior[102].

El Instituto Libre de Enseñanza de las Carreras Diplomática y Consultar y Centro de Estudios Marroquíes fue, asimismo, un centro orientado a dar cabida a estudios científicos y promover la divulgación de los estudios internacionales entre la opinión pública. Para sus padres fundacionales, en especial para Rafael María de Labra, la regeneración del país requería el incentivo y la difusión del conocimiento de lo internacional y despertar el interés y la conciencia de la opinión pública. En 1901 Rafael María de Labra había defendido con "vehemencia la discusión pública y libre de las cuestiones de la política exterior, e incluso de los asuntos diplomáticos, adelantándose a uno de los elementos de la 'nueva diplomacia' conformada tras la Guerra del 14"[103]. En el seno del Instituto ambos fines se canalizarían a través de la biblioteca de la Real Academia de Jurisprudencia y Legislación, cuyas instalaciones se ampliaron para elevar la capacidad de plazas de lectura con la intención de atraer a políticos y diplomáticos que necesitaran de una biblioteca especializada. La biblioteca incrementaría, asimismo, sus fondos en parte gracias a la financiación del Ministerio de Estado a través del presupuesto del Instituto[104]. La confluencia de publicaciones de carácter histórico, geográfico, literario, económico, jurídico o de viajes favorecería un "ámbito propicio para la circulación de ideas y la intercomunicación entre distintas ramas del saber". La Real Academia de Jurisprudencia y Legislación devendría en uno de los centros, sino en el más activo, hasta la década de 1920 en la promoción de los estudios internacionales en España. El impacto de la guerra mundial, del mismo modo que ocurrió en otros Estados europeos y americanos, incidiría en un inusitado interés por las causas de la guerra y la conducción pacífica de las relaciones internacionales, especialmente desde el plano jurídico y moral. En 1918, poco después de la firma del armisticio con Alemania, se establecería en la Real Academia de Jurisprudencia y Legislación una "Biblioteca especial de la Guerra acerca de los

[102] Ibídem. P. 295.

[103] Ibídem. Pp. 295-296 y R.M. de LABRA *La orientación internacional de España*, Madrid, Tip. de Alfredo Alonso, 1910.

[104] L.E. TOGORES-J.L. NEILA *La Escuela Diplomática...*, p. 82.

problemas jurídicos planteados por la guerra y los que se han de suscitar y ser objeto de estudio con ocasión de la paz"[105].

Paralelamente la Real Academia de Jurisprudencia y Legislación organizaría ciclos de conferencias con el fin de divulgar el conocimiento y el interés por lo internacional. Desde 1918 el propio Instituto publicaría los textos de estas conferencias, lecciones inaugurales y otros textos con el fin de multiplicar su impacto y su difusión en la opinión pública.

La proclamación de la Segunda República el 14 de abril de 1931 marcaba el inicio de una renovación en las estructuras del Estado que quizás no pueda tildarse de revolucionaria sino más bien de una empresa reformista, donde el binomio cambio-continuidad fue una constante del proceso. Esta doble inercia estaría también presente en la administración exterior del Estado y en las pautas de modernización de la carrera diplomática y consular. Así, la República, aunque introdujo importantes cambios en la organización del servicio exterior, no opuso obstáculos al proceso de fusión de las carreras diplomática y consultar ya emprendido por la dictadura.

Las reformas en el servicio diplomático durante la Segunda República no se realizaron con la premura con que se llevaron a cabo en otros ámbitos del Estado, como el Ejército y la Marina. El primer intento de cierta envergadura se inició por Francisco Agramonte, que había sido nombrado subsecretario de Estado durante la etapa de Alejandro Lerroux en el Ministerio de Estado, como miembro del gobierno provisional. Francisco Agramonte había sido precisamente quien había elaborado un proyecto de reforma de las carreras diplomática y consular. En las nuevas bases propuestas por el subsecretario se tendría en consideración la especialización de la carrera diplomática respecto a otras ramas de la administración. Además de tratar de garantizar la fidelidad al nuevo régimen en el proceso de selección de los futuros miembros de la carrera se proponía sustituir el sistema de oposición tradicional por otro que obligara a los candidatos a seguir unos cursos de formación en una escuela que tuviera como base la del Instituto Diplomático y Centro de Estudios Marroquíes[106].

Los cambios reales no llegarían definitivamente hasta 1932, año en que se inició una política de reforma general de la Administración del Estado. Una Orden de 22 de abril instaba a los ministerios respectivos para que se procediera de inmediato al estudio de la reorganización de los servicios y de las normas que se estimasen pertinentes para elaborar un futuro Estatuto de Funcionarios. Sin embargo, el estimulo más inmediato para la aceleración de la reforma de la carrera diplomática, de igual modo a como sucediera en otros estamentos de la administración, fue el fracaso del intento de golpe de Estado del general Sanjurjo el 10 de agosto de 1932. Fue en este contexto en el que se aprobó un Decreto de 30 de agosto, siendo ministro de Estado Luis de Zulueta, en el que se establecían las nuevas normas de ingreso en la carrera diplomática. En su preámbulo

[105] C. SANZ DÍAZ "Relaciones internacionales y...", p. 296.

[106] M. CASANOVA "El ingreso en la Carrera Diplomática durante la II República", *Cuadernos de la Escuela Diplomática*, n. 1, junio 1988, pp. 130-131.

se aducía que era necesario proceder a una renovación tanto en los textos como en los hombres. No se trataba solo de tener:

> (...) acierto entre los futuros aspirantes, como si abundasen ya los que reúnen sobradamente las especiales condiciones y la formación intelectual que reclaman las realidades presentes en España y el mundo. Se trata, más bien que seleccionar a los ya preparados, de preparar debidamente, con una nueva orientación, aquellos jóvenes estudiosos, de cualquiera clases sociales, salidos recientemente de las Facultades de Derecho[107].

El Decreto en sí ponía en marcha un sistema sustancialmente distinto respecto al procedimiento de formación y selección del futuro personal de la Carrera, puesto que se establecía un sistema de oposición jalonado en pruebas y se instituyó posteriormente un proceso de formación dividido en dos cursos para los aspirantes a la Carrera. Se instituía, por tanto, esta fase después y no antes a la realización de la oposición.

La oposición se articulaba en un sistema de exámenes en la que el primer ejercicio eliminatorio consistía en una prueba de idiomas –donde francés e inglés eran obligatorios–, a la que seguirían un ejercicio escrito y otro oral sobre una serie de materias –Geografía Política y Económica, Historia Universal desde la Revolución francesa, Derecho Internacional Público y Cultura General. Se trataba de un temario muy reducido a diferencia del corolario del plan de estudios del Instituto Diplomático y Centro de Estudios Marroquíes, cuya desaparición se haría efectiva toda vez que el Ministerio de Estado decretó el 21 de septiembre la suspensión de la subvención del centro.

Los opositores que hubieran superado aquellos exámenes iniciarían una fase de formación que se articularía en dos cursos. El primero se realizaría en España y sería dirigido por una Comisión designada por el Ministerio de Estado. El curso en España comprendía: la ampliación de la cultura general, el estudio de documentos correspondientes a la Historia Moderna y Contemporánea de España, Estudios Superiores de Derecho Internacional y uso y estudio de recopilaciones de jurisprudencia de Tratados Internacionales, prácticas administrativas, diplomáticas y consulares, y finalmente Estudios sobre Política Económica y Comercial. La formación en este primer curso se complementaba con viajes por España con el fin de conocer la realidad política, económica y social del país. El segundo curso se realizaría en el extranjero. Sería dirigido por un director designado por el Ministerio y conllevaría la ampliación de estudios de idiomas, asistencia a conferencias y cursos, así como a reuniones internacionales. Esta actividad teórica se complementaría con prácticas realizadas en distintas embajadas, legaciones y consulados. La Comisión de Estudios de aquella promoción de 1933-1934, la única formada de acuerdo con el nuevo sistema, estuvo integrada por Antonio de Luna García, Américo Castro y Vicente Álvarez de Buylla.

[107] Decreto de 30 de agosto de 1932, *Boletín Oficial del Ministerio de Estado*, p. 1068.

LOS AIRES DE MODERNIZACIÓN E INTERNACIONALIZACIÓN EN LOS ESTUDIOS ECONÓMICOS EN ESPAÑA

La presencia de la economía en los planes de estudio de los cursos preparatorios para el ejercicio de las carreras diplomática y consultar, así como para el desempeño de las labores administrativas en el Protectorado español en Marruecos, adquiriría mayor gravidez desde la Gran Guerra. En España la atención al imperialismo en el contexto de su nuevo ciclo colonial africano afloró desde las necesidades prácticas de la nueva aventura colonial y las críticas hacia la ausencia de una auténtica política exterior en clave regeneracionista. La presencia de la economía en los planes de estudio del Instituto Libre de Enseñanza de las Carreras Diplomática y Consular y Centro de Estudios Marroquíes se abonó desde los sedimentos de la geografía económica y desde la dimensión normativa y administrativa de la actividad comercial y la reglamentación aduanera.

No obstante, la relevancia y el impacto de los problemas y las inercias de las políticas económicas en el ámbito internacional a tenor de las consecuencias económicas de la guerra y la paz o los efectos de la Gran Depresión de 1929 serían permeables a las inquietudes mostradas por los economistas españoles en el ejercicio de la docencia en sus cátedras universitarias, en sus investigaciones y en la magnitud de su actividad divulgativa, limitada en buena medida por las escasas publicaciones especializadas. Las polémicas suscitadas en torno al proteccionismo, el intervencionismo corporativo del Estado en la economía o la cuestión monetaria tratada en el famoso Dictamen sobre el patrón-oro en 1929 son inequívocamente síntomas de la interdependencia española con la economía mundial. La agenda económica internacional permearía las preocupaciones académicas de las instituciones consagradas en España a los estudios internacionales desde la década de 1920, a su escala qué duda cabe, en paralelo a los foros especializados de la cooperación intelectual.

En el caldo de cultivo del Regeneracionismo y los debates intelectuales en torno a la modernización de España el pensamiento económico retrataría con viveza la agitación que desde ciertos círculos, principalmente institucionistas, se proyectó sobre la enseñanza y la investigación como senderos predilectos del reformismo liberal. El retraso relativo de la economía española al cruzar el puente de entre siglos lo era también a efectos de sincronización con las rutas académicas en boga en el pensamiento económico occidental. "España –argumentaba Enrique Fuentes Quintana en una obra coral, brillante y esencial sobre los estudios económicos en la España del primer tercio del siglo xx– no sigue la renovación del pensamiento económico que se registrará a partir de 1870 con la llegada del marginalismo". En idéntico sentido tampoco "la crítica del historicismo al pensamiento clásico y sus métodos de investigación se conocerá en las fechas en que se registra en Alemania, y las interpretaciones del marxismo no alcanzaron en España ni un nivel aceptable de conocimiento ni la calidad necesarias, dominadas (...) por un marxismo vulgar"[108].

[108] E. FUENTES QUINTANA "Francisco Bernis: el tercer intérprete de la modernización de los estudios económicos en España", E. FUENTES QUINTANA (dir.) *Economía y economistas españoles. 6. La modernización de*

Este retraso, aislacionismo –en palabras de Francisco Comín–, de los economistas españoles entraría en una nueva dinámica en la década que inauguraba el nuevo siglo con el "restablecimiento en nuestro país de la circulación internacional de las ideas económicas". Una actualización que pasaría necesariamente, como en otras disciplinas de conocimiento, por la formación en centros extranjeros europeos y americanos que permitirían "poner al día las enseñanzas y la investigación de las materias económicas en España". El tiempo concernido entre 1900 y 1936 cuenta "con un amplio número de intérpretes, cuyos trabajos pueden ordenarse según distintas generaciones, pero caracterizadas todos ellas por una continuidad de propósitos". Y entre ellos, su cometido fundamental, servir "de fuente de inspiración de las enseñanzas de economía en la universidad española y como principio orientador de sus investigaciones". La tendencia dominante –prosigue Francisco Comín– de aquellas investigaciones:

> (...) realizadas por los economistas que interpretaron esa modernización de la ciencia económica española consistió en la realización de trabajos de economía aplicada en los que, contando con la inspiración de los principios de la ciencia económica vigente y el apoyo de la estadística y la investigación histórica, pudieran alcanzarse unas conclusiones que permitieran conocer mejor algunos de los principales problemas económicos de España, ofreciendo estas interpretaciones para su posible aplicación a la orientación de la política económica del país[109].

El radio de acción de aquellas generaciones de economistas fue amplio e influyente en medios académicos, profesionales y burocráticos, pero su traslación a la política económica no cristalizó en aquellos años. El balance de José Luis García Delgado y Juan Carlos Jiménez Jiménez es sumamente elocuente, en la medida en que:

> (...) más desde la razón que desde un poder que, con contadas excepciones, solo rozaron como asesores ministeriales, la influencia de los economistas españoles de este periodo ejerció como una espoleta de efecto retardado, tanto en lo que se refiere a la institucionalización de los estudios de economía (...) como en la práctica de la política económica, donde sus principios, los de apertura al exterior, mayor ortodoxia monetaria y reforma fiscal, expresivos de una posición contraria al casticismo económico en boga, triunfaron de la mano de sus discípulos, o de los discípulos de estos[110].

De la lectura atenta de la obra coral dirigida por Enrique Fuentes Quintana, nuestro interés gravita sobre tres planos interdependientes relevantes por su conexión con la

los estudios de economía, Barcelona, Galaxia Gutenberg-Círculo de Lectores, 2001, p. 345.

[109] F. COMÍN COMÍN "Album", E. FUENTES QUINTANA (dir.) *Economía y economistas españoles. 6. La modernización de los estudios de economía*, Barcelona, Galaxia Gutenberg-Círculo de Lectores, 2001, pp. III y XLIX.

[110] J.L. GARCÍA DELGADO-JIMÉNEZ JIMÉNEZ, J.C. "La llamada de la racionalidad económica", E. FUENTES QUINTANA (dir.) *Economía y economistas españoles. 6. La modernización de los estudios de economía*,

agenda de los estudios internacionales y el horizonte reformador del institucionismo: el regeneracionismo y la modernización generacional de los estudios económicos desde el horizonte intelectual del institucionismo; la aparición de medios de prensa especializada en torno a la economía y su recepción de los grandes debates en el pensamiento económico; y la malla institucional desde la que se canaliza la actualización y renovación de la enseñanza y la investigación económica, desde el epicentrismo de las facultades de derecho.

EL HORIZONTE DEL INSTITUCIONISMO Y LA MODERNIZACIÓN GENERACIONAL DEL PENSAMIENTO ECONÓMICO EN ESPAÑA

El ambiente cultural del Regeneracionismo espoleado por la crisis finisecular alentaría la vocación modernizadora en el pensamiento económico, en análogo sentido al de otras disciplinas, en aras a la conexión y circulación de ideas con el entorno académico occidental y el espíritu pragmático por promover una economía aplicada que afrontase el atraso relativo de España desde sus políticas económicas. Las palabras de Antonio Flores de Lemus sobre España son extraordinariamente ilustrativas en este sentido: "un pueblo atrasado, aquejado de severas insanias tanto políticas como sociales, pero progresivo y trabajador, un pueblo cuya valía es superior a la de sus dirigentes políticos"[111]. El tono regenerador se mostraba en plena sintonía con el de otros intelectuales de la generación del 98 como Joaquín Costa o Miguel de Unamuno. La escala generacional como hilo discursivo en la renovación del pensamiento económico español estratifica la aproximación panorámica de José Luis García Delgado y Juan Carlos Jiménez:

> Los economistas españoles del primer tercio del siglo XX, agrupados igualmente en las tres hornadas generaciones (…) son expresión casi calcada, en su ámbito, de un ambiente intelectual próvido de estímulos, aventado por el institucionismo y, a través de él, y de un fruto tan gineriano como la Junta de Ampliación de Estudios e Investigaciones Científicas, creada en 1907, al tanto de las grandes corrientes de pensamiento de la Europa de la época. Son también, por eso mismo, sinceros reformistas[112].

De entre aquellas tres generaciones –1898, 1914 y 1927– intérpretes y modernizadores del pensamiento económico en España, la primera de ellas desempeñó el "decisivo papel" de iniciar "la innovación de los estudios de economía, alterando radicalmente las ideas teóricas" dominantes en las dos últimas décadas del siglo XIX. Reformistas y europeizadores los economistas de la generación de 1898 –Francisco Bernis, Antonio Flores de Lemus y

Barcelona, Galaxia Gutenberg-Círculo de Lectores, 2001, p. 32.

[111] J. VELARDE FUERTES "Antonio Flores de Lemus: una revisión veinte años después", E. FUENTES QUINTANA (dir.) *Economía y economistas españoles. 6. La modernización de los estudios de economía*, Barcelona, Galaxia Gutenberg-Círculo de Lectores, 2001, p. 136.

[112] J.L. GARCÍA DELGADO-JIMÉNEZ JIMÉNEZ, J.C. "La llamada de…", p. 18.

José María Zumalacárregui– compartirían un sustrato común abonado, según concluye Francis Comín[113], al menos por cinco ingredientes o convergencias.

De partida su vínculo generacional en términos cronológicos, ya que los tres nacieron en la década de 1870 –Antonio Flores de Lemus (1876), Francisco Bernis (1877) y José María Zumalacárregui (1878)–, tendría también su expresión en la conclusión de sus licenciaturas y doctorados en las facultades de derecho en el tránsito de entre siglos y el acceso a sus cátedras en las asignaturas de Economía política y Hacienda pública en dichas facultades en las universidades de Barcelona en el caso de Antonio Flores de Lemus en 1904 –luego en Madrid en 1920–, de Valencia en 1903 en propiedad de José María Zumalacárregui hasta 1937– y su posterior desempeño de la cátedra en Madrid en 1940– y, por último, Francisco Bernis en Salamanca desde 1906 hasta 1922, tras permutarla con la de Santiago de Compostela.

Desde las facultades de derecho, que en la práctica capitalizaban la práctica de la docencia en materia económica, se promovería la renovación de los estudios económicos y se alentarían nuevas formas de enseñanza, acordes con las tendencias dominantes en el pensamiento económico occidental con las que se familiarizarían a través de sus viajes a universidades extranjeras –europeas y estadounidenses–, en la mayoría de los casos en este primer tercio de siglo al amparo de las pensiones concedidas por la Junta para Ampliación de Estudios. La influencia y las conexiones con el mundo institucionista, no solo de esta generación de economistas sino también de sus discípulos en las sucesivas, y la dimensión formativa de la estancia en universidades extranjeras, revitalizando la circulación de las ideas y el pensamiento económico internacional en España, condesarían –en opinión de Francisco Comín– un segundo punto común de convergencia.

El retorno de la "vieja tradición de salir al extranjero, si bien ahora por decisión propia, sin ser forzados, como había ocurrido en el primer tercio del siglo xix, por acontecimientos políticos" sería crucial en la formación posdoctoral de aquellos economistas españoles. Sus estancias les brindarían la oportunidad de "conocer los avances de la teoría económica y de otras materias, como la estadística y la política económica vigentes en su tiempo". La influencia del mundo institucionista, en mayor o menor medida, se trasladaría a través sus "ilustres mentores": Francisco Giner de los Ríos orientando a Antonio Flores de Lemus y a Francisco Bernis a realizar sus estancias en universidades alemanas; y Miguel de Unamuno alentando a José María Zumalacárregui a ampliar sus horizontes en Suiza y Alemania[114].

Tras estudiar en las universidades de Madrid y Granada, Antonio Flores de Lemus se licenciaría en derecho en Oviedo, donde había arraigado –recordemos– un influyente núcleo institucionista en el que Arturo Álvarez de Buylla ejercía su cátedra en materias de economía, en compañía de otros destacados juristas como Adolfo González Posada, Aniceto Sela y Sampil o Rafael Altamira. El "impacto de Oviedo" o del "Seminario de

[113] F. COMÍN COMÍN "Album…", pp. VII-XXXVIII.
[114] Ibídem. Pp. VII-VIII.

Giner de los Ríos" –advierte Juan Velarde Fuertes– se haría perceptible en el énfasis en tres premisas: la necesidad de conocer en profundidad la realidad social como paso previo a cualquier intento de cambio; el "reformismo como solución a los problemas nacionales"; y la preocupación social. Aspectos cruciales en la lógica reformadora del krausismo a través de la educación. De cualquier modo, no se puede etiquetar a Antonio Flores de Lemus, el más importante e influyente economista de la España del primer tercio del siglo xx, de "krausista, porque en aquellos tiempos el ser católico –y don Antonio siempre, y de modo muy explícito, lo fue– planteaba algunas incompatibilidades bien visibles con los primeros institucionistas". Sin embargo, "me parece ya hora – advierte Juan Velarde Fuertes, de que se ponga de relieve que la doctrina social católica que por entonces trataba de afianzarse tras la *Rerum Novarum* de León XIII y el espíritu social inherente a la línea de pensamiento de Kraus y Ahrens, tienen más parentesco de lo que unos y otros percibieron"[115].

Tras defender su tesis en la universidad Central de Madrid en 1899 sobre el Congreso de Amiens (1801-1802) su viraje hacia una agenda de estudio eminentemente económica se afianzaría al calor del consejo de Giner de los Ríos de realizar una estadía en las universidades alemanas de Tubinga, Berlín y Heidelberg entre 1900 y 1902, donde entraría en contacto con las enseñanzas de F.J. Neuman, Schönberg, Gustav von Schmoller, Ladislaus von Borkiewicz y del seminario de Ciencias Políticas y Estadística de Adolf Wagner. Antonio Flores de Lemus se erigiría en el principal transmisor de la escuela neohistoricista alemana en España, lo que uno de sus discípulos, Gabriel Franco, denominaba "escuela realista". Su esencia radicaba en "tomar como campo de trabajo el conjunto de los problemas económicos españoles y diagnosticarlos con la ayuda de la teoría y el análisis estadístico e histórico". En otros términos, "realizar investigaciones de economía aplicada para conocer mejor nuestra vida económica y financiera y, a partir del conocimiento teórico y empírico de los distintos problemas españoles, obtener un diagnóstico fundado y solvente"[116].

La investigación se erigiría en un canal fundamental de su actividad académica y profesional, estrechamente vinculada a la Junta para Ampliación de Estudios, a través de los seminarios, inspirados en los de las universidades alemanas, que realizaría primero en los seminarios de economía en la Escuela de Estudios Superiores del Ateneo de Madrid en 1905 y luego desde el Ministerio de Hacienda como Jefe de la Sección de Estadística entre 1907 y 1936 donde se formaron la mayor parte de sus discípulos, muchos de ellos becados por la Junta para Ampliación de Estudios –lugar desde el que ejercería "como encargado de la dirección de los pensionados españoles"[117] a partir 1914–.

Las universidades alemanas serían el destino de Francisco Bernis a sugerencia también de Francisco Giner de los Ríos, aunque sus estancias académicas posteriores, la colaboración

[115] J. VELARDE FUERTES "Antonio Flores de...", p. 118.
[116] F. COMÍN COMÍN "Album...", pp. XII-XIV.
[117] J.L. GARCÍA DELGADO-JIMÉNEZ JIMÉNEZ, J.C. "La llamada de...", p. 19.

con revistas internacionales especializadas como *The Economic Journal* o su participación en tareas técnicas y de representación en la Sociedad de Naciones le convertirían, sin duda, en el economista más cosmopolita de su generación.

Licenciado en derecho por la Universidad de Sevilla en 1898 sería allí donde entablaría contacto con un grupo de profesores krausistas y posteriormente en el curso del doctorado en la Universidad Central de Madrid recibiría el magisterio directo de Francisco Giner de los Ríos, figura crucial en sus años formativos. En su tesis doctoral "El concepto de economía política", leída en junio de 1900, definía y argumentaba su posición frente al debate que en el seno del krausismo se había polarizado entre las tesis de Francisco Giner de los Ríos y Gumersindo Azcárate, profesores ambos de Francisco Bernis en sus cursos de doctorado. Defensor, el primero de ellos, de la tradición primigenia y dominante en el krausismo en pro del modelo liberal clásico y del librecambismo, Gumersindo Azcárate, en cambio, había virado desde 1876 con la publicación de sus *Estudios económicos y sociales* hacia un historicismo y un socialismo de cátedra sobre cuyos fundamentos defendía un "extenso intervencionismo económico con el que afrontar los problemas sociales". La tesis de Francisco Bernis se alinearía con el liberalismo de Giner de los Ríos y desde sus páginas manifestaría "su crítica radical a las intervenciones asistemáticas y omnipresentes defendidas por el socialismo de la época"[118].

Por consejo de Francisco Giner de los Ríos inició por sus propios medios en 1903 un viaje de estudios por Alemania que prolongaría hasta septiembre de 1905 gracias a una beca de la Facultad de Derecho de la Universidad Central de Madrid. En Alemania se matriculó en la Universidad de Berlín, donde asistiría a los seminarios impartidos por Gustav von Schmoller y Liszt. En la memoria presentada por Francisco Bernis para solicitar la mencionada beca ilustraba su buen conocimiento no solo del estado de la ciencia económica en Alemania, especialmente del historicismo alemán, sino también de los economistas austriacos –como Menger, Emil Sax o Wieser– y de las aportaciones de los economistas ingleses del marginalismo. Meses antes de la finalización de su beca solicitaría permiso para trasladarse a Gran Bretaña y luego a Estados Unidos, alegando su curiosidad por el progreso de la ciencia económica en ambos países. En 1909 volvería a las islas británicas, tras obtener su cátedra, becado por la Junta para Ampliación de Estudios. Tras la Guerra del Catorce volvería a Gran Bretaña en 1920 con el propósito de estudiar los principales cambios económicos y financieros provocados por la contienda, lo que le llevaría a visitar también Alemania, Francia e Italia. Fruto de ese trabajo sería la publicación en 1923 de su obra *Las consecuencias económicas de la guerra*, cuya edición corrió a cargo de la Junta para Ampliación de Estudios. Al otro lado del Atlántico, su primera estancia académica en Estados Unidos tuvo lugar en la *Columbia University* en Nueva York – septiembre de 1905–. Según se desprende de su correspondencia con Giner de los Ríos los economistas que sellaron una huella más profunda durante su estancia

[118] E. FUENTES QUINTANA "Francisco Bernis...", pp. 347-348.

fueron John Bates Clark –uno de los principales representantes del marginalismo en aquella universidad–, Henry Ludwich Moore y Edwin R.A. Seligman[119].

A partir de 1922 Madrid devendría en su polo principal de actividad a tenor de sus responsabilidades como asesor en diferentes frentes como su participación en la elaboración de la Ley de Ordenación Bancaria, su nombramiento como secretario general del Consejo Superior Bancario en 1922 o su participación en la Comisión del patrón-oro en 1928, junto a Antonio Flores de Lemus entre otros economistas.

Desde un perfil más académico en el sentido más literal transcurriría el currículum de José María Zumalacárregui, como tercer principal exponente de los economistas de aquella generación. Fue el gran conocedor y divulgador del "planteamiento de los problemas económicos a través de la revolución marginal y los fundamentos del análisis del equilibrio"[120]. En palabras de Ramón Perpiñá i Grau fue el "primer catedrático introductor en España de la ciencia económica pura". Licenciado en filosofía y Letras en 1896 y en derecho en 1899 en la Universidad de Salamanca, su profesor de griego, Miguel de Unamuno, le comentó que "había quien aplicaba las matemáticas a la estadística y, ambas, a la economía"[121]. Tras doctorarse en la Universidad de Madrid en 1900 marcharía pensionado a estudiar a varias universidades en Francia, Suiza y Alemania, según comenta Francisco Comín por consejo de su antiguo profesor de griego. En la Universidad de Lausana entraría en contacto con las enseñanzas de Wilfredo Pareto, que había sucedido a Walras, cuya influencia fue fundamental en el aprendizaje del marginalismo y la teoría del equilibrio general[122]. Enseñanzas que en breve trasladaría a sus estudiantes una vez lograda la cátedra en la Universidad de Valencia en 1903. La figura de José María Zumalacárregui sería etiquetada por Gabriel Franco, en su estudio sobre la historia del pensamiento económico en España en la obra colectiva dirigida por Hans Mayer sobre la teoría económica contemporánea, como católico-social dentro de la escuela ético-social en la que integraba también a la rama racionalista asociada al krausismo[123].

Una pregunta, del todo pertinente, se hacía Enrique Fuentes Quintana en relación a la atracción que las universidades alemanas ejercieron sobre aquellos jóvenes estudiantes de economía de esta generación y aún entre sus discípulos: "¿Por qué preferir la universidad alemana a la Universidad de Cambridge, en Inglaterra, donde Alfred Marshall desarrolló sus enseñanzas y realizó sus investigaciones pioneras?". Más aún considerando que la "corriente británica de ideas económicas ha sido, con mucha diferencia, la dominante en los centros académicos estadounidenses".

---

[119] Ibídem. Pp. 350-354.

[120] F. COMÍN COMÍN "Album…", p. xxV.

[121] R. PERPIÑÁ I GRAU "Zumalacárregui (1879-1956): Del equilibrio económico estático a la econometría", E. FUENTES QUINTANA (dir.) *Economía y economistas españoles. 6. La modernización de los estudios de economía*, Barcelona, Galaxia Gutenberg-Círculo de Lectores, 2001, p. 273.

[122] F. COMÍN COMÍN "Album…", p. xxV.

[123] M. MARTÍN RODRÍGUEZ "Gabriel Franco: un economista del exilio del 39", E. FUENTES QUINTANA (dir.) *Economía y economistas españoles. 6. La modernización de los estudios de economía*, Barcelona, Galaxia Gutenberg-Círculo de Lectores, 2001, p. 433.

A partir de los trabajos de Joseph Dorfman[124], Enrique Fuentes Quintana ilustra sobre la enorme influencia del pensamiento alemán entre las décadas de 1870 y 1890. Las "universidades alemanas –recuerda– se convirtieron en centros de atracción para los estudiantes americanos con el propósito de realizar sus estudios de posgrado". Entre los activos de las universidades alemanas y, en especial, la de Berlín –la nueva Atenas– ejercería una poderosa capacidad de atracción el interés suscitado por los estudios de estadística, que adquirirían una importancia primordial en Estados Unidos, así como el atractivo generado por los seminarios de investigación organizados en aquellas universidades. Aquello seminarios "concedían a la investigación una importancia destacada como materia directa de la enseñanza, trabajando los profesores con sus alumnos en proyectos de investigación en conexión directa con los organismos oficiales responsables de los servicios a los que se referían las investigaciones realizadas". Y por último, la formación en "Hacienda Pública" que en las universidades alemanas se afrontaba dese un "planteamiento sistemático y unitario". Entre los estudiantes estadounidenses calarían estos baluartes de la escuela histórica, pero no así la justificación doctrinal y la praxis del intervencionismo estatal, precisamente en el tramo final del siglo xix momento en el que irrumpiría el nuevo paradigma económico del marginalismo. Esta "circunstancia no se produciría en España. Nuestros economistas, por consejo de sus tutores o maestros, siguieron acudiendo a universidades alemanas a partir de 1900, cuando la llegada de la era Marshall había convertido Cambridge en el centro de creación del pensamiento económico"[125].

El tercer rasgo, argumenta Francisco Comín, que compartieron los economistas de la generación del 98 fue la "realización de investigaciones que tomaron como referencia la economía aplicada al caso de España, utilizando las nuevas teorías y modelos de la ciencia económica vigente, las técnicas estadísticas aplicadas y la información histórica recogida en los archivos"[126]. Desde la asimilación de las ideas y teorías económicas preeminentes a través de sus estancias en universidades extranjeras su labor docente e investigadora, junto a su labor técnica cerca de organismos públicos y privados españoles e internacionales, afloraría una agenda de estudio que ilustraría la vocación por conectar los nuevos marcos teóricos desde la economía aplicada a la resolución de los grandes problemas económicos del país. Desde la perspectiva de la escuela realista o neohistoricista de Antonio Flores de Lemus sus temas predilectos de investigación serían: en primer término, la "inserción de la economía española en la economía internacional" orientando su aproximación crítica hacia la práctica del "proteccionismo integral" –de acuerdo con la terminología de su maestro Wilhem Lexis– cuyo radio impregnaba a todos los sectores frente a una

[124] J. DORFMAN "The Role of the German Historical School in American Economic Thought", *The American Economic Review*, XLV, n. 2, 1955, pp. 17-28.

[125] E. FUENTES QUINTANA "Flores de Lemus en el Ministerio de Hacienda", E. FUENTES QUINTANA (dir.) *Economía y economistas españoles. 6. La modernización de los estudios de economía*, Barcelona, Galaxia Gutenberg-Círculo de Lectores, 2001, pp. 168-172.

[126] F. COMÍN COMÍN "Album...", p. VIII.

práctica más racional y selectiva y, asimismo, la protección del mercado interno a partir de una política monetaria que sobrevaloraba la cotización de la peseta por encima del cambio real, cuya problemática abordaría junto a otros economistas en la Comisión del patrón-oro y el famoso Dictamen publicado en 1929; en segundo lugar, la "carencia de una política presupuestaria y una política monetaria capaces de garantizar la estabilidad del nivel de precios y el tipo de cambio de la peseta", en un país donde su política monetaria no había contado realmente con un patrón metálico que disciplinara la creación y multiplicación del crédito; a continuación, la crítica al intervencionismo estatal y el capitalismo corporativo, cuyas prácticas monopolísticas neutralizaban la "competencia necesaria para administrar la eficiencia de los recursos económicos; y por último, la "reforma del sector público"[127].

La prolífica agenda investigadora de Francisco Bernis podría agruparse, en opinión de Francisco Comín, en cinco grandes ejes: primeramente y coincidiendo con una de las temáticas predilectas de Antonio Flores de Lemus, la inserción de "España en los cambios internacionales", se pronunciaría en un sentido muy similar contra el proteccionismo integral; en segundo lugar, la valoración de la importancia de la exportación como factor clave en el desarrollo de la economía española; a continuación, el desarrollo del mercado interno y de su capacidad adquisitiva para el desarrollo económico; en cuarto término, su preocupación también alcanzaría al ámbito de la hacienda pública y en especial la necesaria reforma tributaria; y por último, un capítulo muy novedoso a tenor de su "intento por calcular para España las variables macroeconómicas con las que debería juzgarse la marcha de una economía nacional"[128]. Su análisis del atraso relativo y el problema del desarrollo de la economía española sería precisamente el motivo de una conferencia pronunciada en la Universidad de Bonn en 1925[129].

Finalmente, la agenda de investigación de José María Zumalacárregui también transitaría por los senderos de la economía aplicada, especialmente en torno a dos cuestiones: los problemas del transporte, colaborando en el estudio realizado desde el Ministerio de Fomento en tiempos de Francisco Cambó sobre el problema ferroviario; y la política social en el ámbito del trabajo, lo que le llevaría a representar a España en las actividades de la Organización Internacional del Trabajo[130].

Un cuarto común denominador entre los economistas de esta generación estribaría en el hecho de que muchas de "estas investigaciones en economía aplicada se realizaron como consecuencia de que esos economistas destacaron también por ser los más preclaros asesores de los ministros de Hacienda, Fomento y Trabajo del periodo que va de 1906 a 1936". La larga trayectoria de Antonio Flores de Lemus como jefe de Estadística en el Ministerio de Hacienda, la manifestación de sus simpatías hacia el maurismo en

[127] Ibídem. Pp. XIV-XVIII.
[128] Ibídem. P. XXIV.
[129] E. FUENTES QUINTANA "Francisco Bernis…", p. 291.
[130] F. COMÍN COMÍN "Album…", p. XXVI.

un sentido político muy próximo al de sus referencias académicas y políticas prusianas –bismarckianas, para ser más exactos–, su protagonismo en debates centrales como el de la Comisión del patrón-oro en 1928 o su participación como consejero del Banco de España gracias a la Ley Prieto de 1931, también tendrían su proyección en los trabajos desempeñados cerca de la Sociedad de Naciones desde 1928, año en el que intervino por mandato del gobierno español en la reunión convocada para tratar los problemas de la doble imposición y la evasión fiscal, su participación desde 1929 en el comité económico de la Sociedad o en 1933 como representante del gobierno republicano ante la Conferencia Económica y Monetaria celebrada en Londres a instancias de la Sociedad de Naciones[131]. El escaparate de Ginebra sería por aquellos mismos años un lugar asiduo de la actividad de Francisco Bernis, de cuya actividad técnica y asesora cerca de la administración pública y en ámbitos bancarios ya hemos hecho alguna mención, a lo largo de aquellos mismos años. Participaría en el Comité Consultivo Económico para aplicar las recomendaciones de la Conferencia Económica Internacional de Ginebra de mayo de 1927. Asimismo, fue parte de la comisión conformada para el estudio de la constitución de una Federación Europea espoleado por la propuesta de Aristides Briand en 1929, además de su presencia en la XII Asamblea General de la Sociedad de Naciones en 1931, entre otras intervenciones en Ginebra[132].

Un último rasgo compartido por aquellos economistas del 98 sería el hecho de "que la renovación por ellos propugnada y realizada no fue una cuestión momentánea, sino que perduraría a través de sus discípulos, integrantes de las generaciones siguientes, que asentarían definitivamente la modernización de los estudios económicos en nuestro país" Un legado que tendría su máxima expresión en el magisterio y la influencia académica y teórica de Antonio Flores de Lemus sobre un amplio número de discípulos, muchos de los cuales coparían la mayor parte de las cátedras de Economía política y Hacienda pública en las facultades de derecho y, en menor medida, de los discípulos de José María Zumalacárregui desde la universidad de Valencia cuyo papel sería clave en la "institucionalización de la economía como facultad independiente dentro de nuestra universidad" [133].

Los economistas de la generación de 1914 consolidarán el proceso de innovación y modernización iniciado por sus maestros, en especial de Antonio Flores de Lemus cuyo magisterio en influencia directa o indirecta sería determinante para la mayor parte de ellos. El primer núcleo de discípulos se formaría durante su breve desempeño de la cátedra de Economía política y Hacienda pública en la Universidad de Barcelona entre los años 1904-1906 y 1907-1909, mediando entre ambos periodos sus primeros vínculos con el Ministerio de Hacienda. A la estela de sus consejos proseguirían sus enseñanzas y su formación en universidades extranjeras como queda reflejado en los currícula de: José Vidal y Guardiola –quien cursaría tras licenciarse en derecho estudios en universidades

[131] Ibídem. Pp. XVI-XVIII.
[132] E. FUENTES QUINTANA "Francisco Bernis...", p. 390.
[133] F. COMÍN COMÍN "Album...", p. X.

alemanas entre 1907 y 1911 y que a su vuelta dirigiría la revista *Economía i Finanzes* y más adelante sería el primer director del Servicio de Estudios del Banco de España en 1931-; Manuel Raventós y Bordoy –que ampliaría sus estudios en las universidades de Berlín y Düsseldorf entre 1911 y 1914 contando con una beca de la Junta para Ampliación de Estudios entre 1912 y 1913, sería autor de obras de éxito como *Historia de la política económica de la posguerra* publicado en 1931, director general de Comercio con el primer gobierno de la República y asistente a la Conferencia Económica y Monetaria de Londres en 1933-; José María Tallada –cuya formación en universidades extranjeras las realizaría como pensionado de la Junta para Ampliación de Estudios-; y Jaime Algarra, quien ganaría en 1912 la cátedra de Economía política y Hacienda pública en la Universidad de Zaragoza y reemplazaría interinamente a Antonio Flores de Lemus en su cátedra de Barcelona desde 1914[134].

En Madrid se articularían tres grupos de discípulos, el primero de ellos plenamente identificado generacionalmente con la generación de 1914 como reformadores y europeizadores. El primero de ellos, discípulos muy cercanos a Antonio Flores de Lemus que "ocuparían las primeras cátedras de economía política y hacienda pública", realizarían "sus estudios posdoctorales en Alemania y auxiliarían a Flores en sus trabajos de investigación en el propio Ministerio de Hacienda". De entre ellos, los dos más próximos al maestro fueron: Gabriel Franco, quién disfrutaría de una pensión de la Junta para Ampliación de Estudios en 1920 donde asistiría a las clases de Sombart –por aquel entonces "el máximo referente del historicismo tardío"– y de Bernstein y que a su retorno lograría la cátedra de Economía política y Hacienda pública en la Universidad de Murcia en 1925, aunque luego sería trasladado a Zaragoza en 1928 y finalmente a Salamanca en 1930 tras su permuta con la cátedra de Enrique Rodríguez Mata[135]; y Agustín Viñuales, cuya formación posdoctoral también transitaría por las universidades alemanas becado también por la Junta y que a su vuelta a España ganaría la cátedra de Economía política y Hacienda pública en la Universidad de Granada en 1918. Este último formaría parte a sugerencia de su maestro de la Comisión del patrón-oro de 1928 y sería designado, junto a Antonio Flores de Lemus y Gabriel Franco como representantes del Estado en el Banco de España en cumplimiento de la Ley de Ordenación Bancaria de noviembre de 1931, además de ejercer como ministro de Hacienda con Manuel Azaña y participar como experto junto a Antonio Flores de Lemus en el Comité Financiero de la Sociedad de Naciones[136]. También Vicente Gay y José Álvarez de Cienfuegos proseguirían su periplo formativo posdoctoral por universidades alemanas, el segundo disfrutando de una beca del Centro de Estudios Históricos en 1922. Tras su retorno a España Vicente Gay opositaría con éxito a la cátedra de la Universidad de Valladolid y José Álvarez de

[134] Ibídem. Pp. XXVIII-XXXI.
[135] Véase M. MARTÍN RODRÍGUEZ ""Gabriel Franco...", p. 432.
[136] Véase E. FERNÁNDEZ CLEMENTE "Agustín Viñuales, un economista irreductible", E. FUENTES QUINTANA (dir.) *Economía y economistas españoles. 6. La modernización de los estudios de economía*, Barcelona, Galaxia Gutenberg-Círculo de Lectores, 2001, pp. 449-453.

Cienfuegos ganaría la de la Universidad de La Laguna en 1925, tras la que ocuparía la de Murcia en 1928 y Granada en 1933. También pensionado por la Junta para Ampliación de Estudios Ramón Carande completaría su formación como economista en Alemania entre 1911 y 1913 y trabajaría con su maestro en el Ministerio de Hacienda, pero su trayectoria posterior le llevaría por los senderos de la historia económica, lo que le llevaría de nuevo a empaparse de los maestros alemanes, entre ellos los historiadores Meinecke, Funke y von Bulow, entre otros[137].

De entre este grupo generacional el economista más destacado, estima Francisco Comín, fue Luis Olariaga. Su desembarco en las orillas del pensamiento económico fue más tardía y se iniciaría a partir de su actividad en el ámbito de la banca en Londres, donde conocería a su mentor, Ramiro de Maeztu, quién le aconsejaría que cursase los estudios de derecho que culminarían en la Universidad de Oviedo en 1914. Su formación se complementaría en las universidades alemanas al amparo de una pensión de la Junta para Ampliación de Estudios entre 1912 y 1913. Tras finalizar sus estudios de doctorado en Madrid en 1916 y al calor de los consejos de Antonio Flores de Lemus ganaría la cátedra de Política social y legislación comparada del trabajo que había quedado vacante tras la jubilación de Gumersindo Azcárate. Sería también por mediación de Ramiro de Maeztu la vía por la que Luis Olariaga conectaría con José Ortega y Gasset quién le invitaría a escribir en la revista *España* sobre el Banco de España, para evaluar críticamente su desempeño como banco central y quién le invitaría a participar desde las páginas de *El Sol* para escribir sobre el economía para el "gran público". Olariaga formaría también parte de la Comisión del patrón-oro en 1928 y en sus colaboraciones en prensa y en la realización de traducciones ilustraría sobre su gran conocimiento de la literatura económica de su época, especialmente de la obra de Friedrich Hayek y John Mayard Keynes[138].

Un segundo grupo de discípulos, tal como distingue Francisco Comín, conformado por Rodríguez Mata, Valentín Andrés Álvarez y José Castañeda, a diferencia del anterior manifestaría su preferencia teórica por modernizar los conocimientos de "economía a partir no del historicismo, sino del neoclasicismo"[139]. Aquellos "rebeldes críticos" –tal como se refiere a ellos Juan Velarde Fuertes[140]– y que podrían identificarse con la generación de 1927[141], tornarían su mirada hacia Alfred Marshall y los "intérpretes del equilibro general" –Walras y Pareto– para actualizar los estudios económicos en España. Los más

[137] Véase G. ANÉS Y ÁLVAREZ DE CASTRILLÓN "Ramón Carande. Historiador y humanista", E. FUENTES QUINTANA (dir.) *Economía y economistas españoles. 6. La modernización de los estudios de economía*, Barcelona, Galaxia Gutenberg-Círculo de Lectores, 2001, pp. 471-517.

[138] F. COMÍN COMÍN "Album...", pp. XXXVII-XL.Y véase, asimismo, G. PÉREZ DE ARMIÑÁN "El profesor Luis Olariaga y Pujana. Una aproximación a su vida y a su obra", E. FUENTES QUINTANA (dir.) *Economía y economistas españoles. 6. La modernización de los estudios de economía*, Barcelona, Galaxia Gutenberg-Círculo de Lectores, 2001, pp. 521-571.

[139] Ibídem. P. XXXVII.

[140] J. VELARDE FUERTES "Las cuatro escuelas de Flores de Lemus", E. FUENTES QUINTANA (dir.) *Economía y economistas españoles. 6. La modernización de los estudios de economía*, Barcelona, Galaxia Gutenberg-Círculo de Lectores, 2001, pp. 269-272.

[141] J.L. GARCÍA DELGADO-JIMÉNEZ JIMÉNEZ, J.C. "La llamada de...", pp. 21-22.

influyentes Valentín Andrés Álvarez y José Castañeda enraizarían su ADN formativo de modo más directo con José María Zumalacárregui.

Por último, un tercer grupo de discípulos de Antonio Flores de Lemus formado desde sus responsabilidades en la gestión de las pensiones en la Junta para Ampliación de Estudios desde 1917 del que formarían parte una nueva generación de jóvenes economistas entre los que figuran Jesús Prados Arrarte –cuya formación posdoctoral se desenvolvió en las universidades alemanas en 1933 y 1934 y también en Gran Bretaña en la *London School of Economics*–, Alberto Ullastres, José María Naharro o Mariano Sebastián[142].

La prensa especializada y la divulgación del pensamiento económico

La difusión del pensamiento económico y las polémicas en torno a la economía internacional y los problemas de la economía española, como segundo punto de interés en esta aproximación a la dimensión internacional del pensamiento económico español, adquiriría especial relevancia en un espacio de sociabilidad limitado, en el caso español, como fue el de las revistas especializadas.

La *Revista Nacional de Economía* cuya primera etapa comenzaría en 1916, en plena Guerra del Catorce, junto a la revista *Economía Española* alumbrada en 1933, serían los dos grandes foros de discusión, debate y divulgación del pensamiento económico español e internacional de la prensa especializada madrileña. El impacto de la Gran Guerra y la Gran Depresión tendrían un notable impacto en el interés despertado en la sociedad española y los círculos económicos. "En España –afirma Juan Zabalza– a pesar de la notable introducción de la economía en instituciones educativas en el periodo que precede a la I Guerra Mundial, no cabe duda que los avances en el ámbito especializado fueron limitados". Este retraso "en la profesionalización de la ciencia económica contribuye a explicar la demora en la aparición de revistas especializadas y académicas de economía". En el siglo xix serían las revistas culturales, al margen de las publicaciones vinculadas a los economistas librecambistas, el canal de divulgación más recurrido entre los economistas. En el "primer tercio del siglo xx, la proliferación de revistas dedicadas a cuestiones financieras y económicas, en concordancia con las transformaciones económicas que experimentaba el país, creó nuevos ámbitos de publicación para los economistas". Una inercia que se intensificaría en el curso de la década de 1930 especialmente en Cataluña, a tenor de las revistas *España Bancaria* y *Economía i Finanzes*, y en Madrid, en torno a tres publicaciones principalmente: *Revista de Economía y Hacienda*, *Revista Nacional de Economía* y *Economía Española*. Estos dos últimos órganos de prensa incorporarían un formato diferenciado en la medida en que incorporaban artículos de mayor extensión, una periodicidad mensual y daban cabida a artículos doctrinales, trabajos de economía aplicada en los que participaban "economistas" y "no-economistas" y una sección bibliográfica donde se daban cita recensiones de obras extranjeras de economistas de prestigio internacional, caso de Friedrich Hayek, John

[142] F. COMÍN COMÍN "Album…", p. XXXVII.

Mayard Keynes, Wassily Leontief o Joseph A. Schumpeter, entre otros. La revista *Economía Española* culmina, en palabras de Juan Zabalza, "la etapa preacadémica de las publicaciones periódicas de economía en España, en la dirección que había establecido durante la década de los 20 la *Revista Nacional de Economía*"[143].

La *Revista Nacional de Economía* fue fundada por el periodista, economista, político y empresario catalán Emilio Ríu Periquet en 1916, quién junto a su hermano Daniel había adquirido la *Revista de Economía y Hacienda* cuya irrupción en la prensa madrileña data de 1898. La Gran Guerra había estimulado la vía del nacionalismo económico, ya arraigada desde fin de siglo en los círculos de la oligarquía económica y política española. La revista prestaría su voz a sus defensores y formuladores frente a las posiciones claramente minoritarias del librecambismo. En sus páginas escribirían eminentes intelectuales del Regeneracionismo como Ricardo Macías Picavea, Ángel Ganivet, Joaquín Costa y los catedráticos Vicente Gay y Forner, Eloy Luis André o Antonio Flores de Lemus. La revista iniciaría una segunda etapa tras su adquisición por Abelardo Lacarrera y Juan Caralt Roca en 1925, incorporando nuevas firmas –entre ellas las de Ángel Ossorio y Gallardo, Antonio Goicoechea o el catedrático Germán Bernácer, junto a otros publicistas como Ramiro de Maeztu, Antonio Fabra Rivas y José María Semprún y Gurrea. El propósito de la revista, desde sus inicios, se orientó básicamente a la divulgación de los asuntos económicos desde "presupuestos objetivos y científicos", con "absoluta independencia de cualquier interés" que no fuera el nacional para promover una "fuerte y robusta economía nacional"[144]. El artículo editorial del primer número de la revista definía con nitidez la orientación de la revista al exponer algunas de las nociones esenciales del pensamiento económico nacionalista. Desde esta perspectiva se argumentaba que para el adecuado aprovechamiento de los recursos:

> (...) cada país establece, para lograr esta finalidad, las normas más apropiadas a su modo de ser y a sus peculiares condiciones; pero no es menos evidente que aquellas naciones cuya economía pública y privada se ha organizado mediante una acción continua y perseverante marchan a la cabeza de Europa y América, son estados nacionalizados, que solo piden al exterior lo que no pueden producir en su suelo, que emplean sus capitales y sus energías dentro de sus fronteras, no exportando más que lo que realmente sobra y en condiciones que ellos dictan, para conservar su autonomía más allá del límite de su soberanía[145].

La revista *Economía Española*, por su lado, se alumbró en plena República desde el Centro de Estudios de la Unión Económica, organización creada en 1931 con el fin de

[143] J. ZABALZA "Un observatorio de la ciencia económica en la II República. La revista *Economía Española* (1933-1936)", *Investigaciones de Historia Económica-Economic History Research*, 16, 2020, p. 36.

[144] https://hemerotecadigital.bne.es/hd/es/card?sid=25969013 (consultado el 4 de marzo de 2024).

[145] J.M. FERNÁNDEZ PÉREZ "La 'Revista Nacional de Economía' el nacionalismo económico", E. FUENTES QUINTANA (dir.) *Economía y economistas españoles*, v. 6, *La modernización de los estudios de economía*,

unificar las organizaciones empresariales españolas. Muy heterogénea en su constitución la filosofía editorial de la revista, tal como argumenta Juan Zabalza, pretendía un doble cometido: la creación de un "pensamiento orgánico", lo que "a la vista de los trabajos publicados en ella, sugiere la voluntad de formar un punto de vista unificado sobre la política económica española –aspecto que vino a ser altamente controvertido incluso entre los propios miembros de la *Unión Económica*"; y la defensa de "los principios del liberalismo económico así como del sistema capitalista". En el curso de su efímera existencia –su primer número salió a la luz pública en enero de 1931 y su última tirada fue en mayo de 1936– sus colaboradores y las secciones de la revista, especialmente las crónicas económicas y los debates internacionales estuvieron alentados por las tensiones generadas por la Gran Depresión. Frecuentes serían las intervenciones de expertos críticos con la teoría neoclásica, como los escritos de Germán Bernácer claramente influidos por la publicación de la obra de John M. Keynes *Treatise on Money* (1930), quién desde su pensamiento próximo al liberalismo social, manifestó una posición personal en su crítica al liberalismo económico pero también en su rechazo a la planificación económica, a través del escrutinio de las prácticas económicas del *New Deal*, el corporativismo en Alemania o la planificación económica en la Unión Soviética. Con mayor sintonía respecto a las teorías keynesianas y las políticas económicas del *New Deal* y las teorías de los economistas de Harvard como Wassily Leontief, Jesús Prados-Arrarte, formulaba su corpus de pensamiento crítico hacia el liberalismo austriaco de Ludwig von Mises o Friedrich Hayek. Otras voces autorizadas, en cambio, como la de Luis Olariaga, excelente conocedor de la obra de John M. Keynes a quién conoció en la Conferencia Económica de Génova en 1922 como enviado del diario *El Sol* y a quién entrevistaría en su visita a España en 1930, se erigiría con posterioridad en el gran divulgador de la teoría monetaria y del ciclo austriacas[146]. En 1936 sería el responsable de la traducción de la obra de Friedrich Hayek *La teoría monetaria y el ciclo económico* para la editorial Espasa-Calpe.

La revista *Economía Española*, concluye Juan Zabalza, haría una gran contribución a la progresiva introducción de la ciencia económica en la esfera pública española de los treinta, a la vez que proyectaría a un primer plano a los economistas como "un grupo social reconocido, que tenían sus propios canales de divulgación"[147]. Unos haberes que han de considerarse en un tiempo en que no existía unanimidad "a la hora de establecer un criterio para delimitar la profesión de economista", ya que no existió una "habilitación académica de economía antes de la Guerra Civil"[148].

Barcelona, Galaxia Gutenberg, 1999, p. 1047.
[146] J. ZABALZA "Un observatorio de…", pp. 36-39.
[147] Ibídem. P. 42.
[148] Ibídem. P. 36.

LA CARTOGRAFÍA INSTITUCIONAL DE LA ENSEÑANZA Y LA INVESTIGACIÓN ECONÓMICA EN ESPAÑA

Nuestro último foco de interés se proyectaría sobre el mapa de las instituciones y centros de enseñanza superior e investigación como espacios de dinamización y modernización de los estudios de economía en la España del primer tercio del siglo xx. Tres instituciones creadas en la década de 1930 capitalizarían a través de sus actividades, estudios e investigaciones su contribución a la renovación del pensamiento económico. La primera de ellas, tal como apunta Francisco Comín, sería el Servicio de Estudios del Banco de España creado el 2 de enero de 1931 con el propósito de: "recabar los datos estadísticos básicos sobre materias monetarias y financieras; analizar e interpretar la documentación en todas sus facetas; y difundir sus trabajos elaborando informes internos con destino al consejo del Banco y publicando los estudios para el conocimiento de todos los agentes que intervenían en el proceso económico". El entorno y la causa inmediata que alentó la creación del Servicio de Estudios del Banco de España fue "la depreciación del tipo de cambio de la peseta, que ha constituido históricamente la fuente principal de la preocupación y las decisiones del poder político en España". Fue en aquellos años cuando se polemizó y se proyectó la implantación del patrón-oro para lograr la tan deseada estabilidad del tipo de cambio. Una cuestión de reiterado interés en la política económica española desde los albores del siglo xx. La creación del Servicio de Estudios debería mucho a la labor precedente emprendida por varios consejeros del Banco de España en sus visitas al Banco de Inglaterra, el Banco de Francia y el Banco Internacional de Pagos de Basilea. El informe solicitado al director ejecutivo del Banco de Francia, François Quesnay proponía la creación de un Servicio de Estudios en el Banco de España.

Inicialmente el Servicio de Estudios comenzaría su andadura con dos subdirectores: José Larraz, quién había sido becario de la Junta para Ampliación de Estudios en la Universidad de Lovaina-: y el matemático y especialista en estadística, Olegario Fernández Baños–. Germán Bernácer, también pensionado por la Junta para ampliar sus estudios en el ámbito de los problemas monetarios y de cambio, sustituiría a José Larraz tras su dimisión. Su primer director efectivo fue el discípulo de Antonio Flores de Lemus, Vidal y Guardiola, quién dimitiría tras la proclamación de la República. De la actividad del Servicio de Estudios emanarían informes –*Balance de pagos internacionales para los ejercicios 1931-1934*, *Ritmo de la crisis española en relación con la mundial* y *Estudio sobre el cambio de la peseta*, realizado este último por Olegario Fernández Baños– que ilustraban como "las ideas y teorías vigentes de la ciencia económica en aquel tiempo se conocían con singular competencia, y se habían aplicado con habilidad y un conocimiento amplio del funcionamiento de la economía española"[149].

Dos instituciones más ejercerían una notoria influencia en aquella década en la divulgación de los estudios económicos: el Centro de Estudios Económicos Valencianos y el *Institut d'Investigacions Econòmiques*. Tras el primero de ellos afloraba el trabajo de

[149] F. COMÍN COMÍN "Album...", pp. XL-XLV.

Ramón Perpiñá i Grau, quién se licenció en 1916 con la primera promoción de la Universidad Comercial de Deusto y cuyos estudios de doctorado cursaría en Alemania en la Universidad de Kiel. En 1929 accedería a la secretaría del Centro de Estudios Económicos Valencianos, cuyo acopio de información estadística y cuyo archivo se pondrían al servicio de los intereses exportadores de los empresarios locales. Perpiñá impulsaría desde el centro la realización de estudios que abundaran en el papel que el sector exportador jugaba en el "equilibrio de la economía española", criticando los excesos del proteccionismo integral, la debilidad del mercado interno y la denuncia "de los grupos de presión por su defensa de los elevados derechos protectores de la industria y su búsqueda de rentas". Tesis que transmitiría en su publicación de 1936 *De economía Hispana*. El *Institut d'Investigacions Econòmiques*, por su lado, fue creado en 1930 por la Diputación Provincial de Barcelona y a cuyo frente se situaría José A. Vandellós. Licenciado por la Facultad de Derecho de la Universidad de Barcelona, ampliaría sus estudios de posgrado en Gran Bretaña e Italia, especialmente en el ámbito de la estadística. Interesado por el estudio de los movimientos cíclicos en la economía y la capacidad de previsión de la ciencia económica, la atención a la estadística sería uno de los grandes bagajes de la institución que se desarrolló bajo su dirección hasta que por razones políticas tuvo que emprender el camino del exilio por la guerra civil en 1936[150].

El cuadro general de la enseñanza superior de los estudios de economía estaba capitalizado preeminentemente en el seno de las facultades de derecho. En este sentido, aun con las obvias diferencias con los estudios internacionales dada la mayor formalización epistemológica y ontológica de la ciencia económica, la gravidez del derecho y, en particular, de las facultades de derecho era determinante en la España del primer tercio del siglo en los saberes concernidos por lo internacional.

Más allá de las facultades de derecho los estudios de economía desde mediados del siglo XIX tenían solo cabida en las escuelas de comercio –luego reestructuradas con el Real Decreto de 31 de agosto de 1922 como escuelas de altos estudios mercantiles–, y en las escuelas superiores de ingeniería –caminos, canales y puertos; arquitectura; minas y agrónomos– reguladas por el Plan Moyano de 1857. Mención aparte merece la Universidad Comercial de Deusto, cuyos primeros cursos se impartieron en octubre de 1916 y cuya vocación sería expuesta en una ponencia de quien fuera su prefecto de estudios, Luis Chalbaud sobre la "Necesidad de crear una universidad española de altos estudios económicos" presentada al Segundo Congreso de Economía Nacional en junio de 1917. Fundamentada sobre los valores morales del catolicismo y con un enfoque eminentemente práctico en sus enseñanzas su actividad cesaría en 1931 con motivo de la expulsión de los jesuitas[151].

---

[150] Ibídem. Pp. XLV-XLIX.

[151] J. VELARDE FUERTES "Los estudios superiores de economía de 1857 a 1936", E. FUENTES QUINTANA (dir.) *Economía y economistas españoles*, v. 6, *La modernización de los estudios de economía*, Barcelona, Galaxia Gutenberg, 1999, pp. 876-886.

El gran debate académico-institucional en el ámbito de los estudios económicos en la universidad española gravitaría sobre la instauración de una facultad de economía, lo que sin duda explicitaba el rango de autonomía como disciplina de estos estudios en España. En una entrevista concedida por John Mayard Keynes a Bermúdez Cañete para el diario *El Debate* con motivo de su visita a España en 1930 sentenciaba literalmente que: "Nothing more important for a country that the development of a strong school of economics"[152]. En el cuadro general de la universidad decimonónica –recordemos– las reformas emprendidas a mediados del siglo xix –especialmente el Plan Moyano de 1857– las enseñanzas universitarias sobre materias jurídicas, de acuerdo con los preceptos del modelo napoleónico, respondían a dos necesidades primordiales: ejercer como una "escuela de preparación de altos funcionarios de la Administración", luego seleccionados por el sistema de oposición; y nutrir al Estado y a la sociedad de "profesionales en cuestiones jurídicas" en un marco social y económico dominante, el "sistema liberal-capitalista"[153]. Un modelo que garantizaba el monopolio del Estado en la selección de los docentes y de los textos, situación fervientemente criticada por Francisco Giner de los Ríos.

La Ley Moyano desbarataría la dualidad hasta entonces reinante en las enseñanzas de los estudios de economía, cuya impartición era tanto patrimonio de las facultades de filosofía y letras como de las de materias jurídicas. En adelante, las "facultades de leyes, jurisprudencia y administración", denominación que precedería a la de facultades de derecho, se convertirían en el "albergue más importante de las cátedras universitarias de economía"[154].

En el plano más visible de la cúspide de la enseñanza universitaria en estudios económicos en la España del primer tercio del siglo xx la valoración de Gonzalo Pérez de Armiñán resulta sumamente esclarecedora, tanto del proceso de cambio impulsado por los economistas regeneradores del pensamiento económico como de las jerarquías de influencia y poder en la disciplina:

> Para quién pretendía dedicarse profesionalmente a la economía (...) las posibilidades eran escasas. La más clara era la cátedra universitaria en las facultades de derecho: una sola en cada una de las once facultades y dos (desdoblada en economía política y Hacienda pública) en la entonces universidad central. El camino para llegar a ellas pasaba por Antonio Flores de Lemus que, aunque catedrático en Barcelona excedente, tenía sentados sus reales en el Ministerio de Hacienda bajo una etiqueta equívoca: Sección de Estadística de la Inspección de Tributos[155].

Las tentativas y los debates en torno a la creación de una facultad *ad hoc* de economía sería permeable a esta realidad académica y aflorarían con viveza en la década de 1930. La

[152] J.L. GARCÍA DELGADO-JIMÉNEZ JIMÉNEZ, J.C. "La llamada de...", p. 33.
[153] J. VELARDE FUERTES "Los estudios superiores...", p. 854.
[154] Ibídem. P. 855.
[155] PÉREZ DE ARMIÑÁN, G. "El profesor Luis...", p. 529.

primera propuesta para crear una facultad de economía se enunciaría en la Universidad de Valencia en el discurso de apertura del curso 1919-1920 pronunciado por José María Zumalacárregui, como solución a la limitada presencia de los estudios económicos que ocupaban un lugar marginal en las facultades de derecho. Desde aquella misma universidad se emprenderían posteriores intentos, con el apoyo de las instituciones locales, pero con escaso impacto en la política educativa nacional[156].

Las iniciativas encaminadas a crear una facultad de economía en la Universidad Central de Madrid en los primeros compases de la República, en plena resaca de la Gran Depresión, no tuvieron excesiva fortuna. En el verano de 1931 el Ministerio de Instrucción Pública, siendo el titular de la cartera Marcelino Domingo, envió para su estudio a la Junta de la Facultad de Derecho de la Universidad Central de Madrid un anteproyecto de ley para la creación de una Facultad de Economía. Los ecos de esta iniciativa impregnarían las páginas de la *Revista Nacional de Economía* en su número 99 de aquel mismo año, donde se publicaron diferentes planes de estudio "debidos a la Facultad de Derecho, a la Escuela de Intendentes Mercantiles, el grupo integrado por Vandellós, Fernández Baños y Antonio de Miguel, y al propio Zumalacárregui". El plan del catedrático de la Universidad de Valencia, en palabras de Ramón Perpiñá i Grau, "formula toda la renovación de la universidad, como cuerpo orgánico científico, mostrando su profunda formación de pedagogo e investigador, a la par que conocedor crítico de las orientaciones y sistemas universitarios de los principales países europeos y de la moderna Norteamérica"[157]. Sobre aquellos argumentos volvería a insistir en un artículo publicado en la revista *Norma* en 1933, recuperado veinte años después por *Anales de Economía*[158].

En las observaciones realizadas en el seno de la Junta de la Facultad de Derecho en Madrid se advertía de que no explicitaba si el Ministerio pretendía la formación de "economistas (formación especulativa y técnica-científica) o más bien de personas capacitadas para la gerencia de empresas (formación técnico-práctica)". Desde la Facultad se entendía que "también podrían organizarse estudios mezclando ambos criterios, pero 'ello no respondía desde luego al espíritu de la Universidad Europea creadora de la cultura moderna'". De cualquier modo, desde la Facultad se contemplaba que la formación técnico-empresarial era un campo privativo de las escuelas técnicas y de comercio, de modo que se interpretaba que el espíritu de la propuesta ministerial tenía como finalidad la creación de una facultad para la formación de economistas. En las actas de la Junta del 15 de septiembre de 1931 se dictaminó que los estudios de economía debían "permanecer unidos a los de Derecho, por la conexión entre lo económico y lo jurídico y, por tanto debían formar parte del plan de estudios de las facultades de derecho". En el propio texto del Acta se argumentaba que la "ciencia económica, desde que adquirió plenamente

[156] F. COMÍN COMÍN "Album...", p. IV.

[157] PERPIÑÁ I GRAU, R. "Zumalacárregui (1879-1956)...", p. 277.

[158] M. VARELA PARACHE "Enseñanza y aplicación de la ciencia económica: el profesor Zumalacárregui", E. FUENTES QUINTANA (dir.) *Economía y economistas españoles. 6. La modernización de los estudios de economía*, Barcelona, Galaxia Gutenberg-Círculo de Lectores, 2001, p. 342.

rango de tal, fue una ciencia de las llamadas morales, y la materia que la sirve de objeto no vive aislada de una serie de relaciones humanas, simples y específicas, sino en una serie de relaciones complejas y sustancialmente jurídicas". El "rechazo a la creación de una Facultad de Economía por parte de la Facultad de Derecho" debió influir, concluye José María Puyol, en la congelación de la iniciativa[159].

El ecosistema de los estudios económicos en la universidad se mantendría al amparo de la privilegiada posición de las facultades de derecho. En la Universidad Central de Madrid el informe emitido desde la Junta de la Facultad, desde la posición dominante de sus catedráticos[160], se instaba a emprender una ambiciosa reforma de los planes de estudio. La Facultad de Derecho se comprometió a la creación de un "ambicioso proyecto de cursos económico-administrativos", cuya discusión y puesta en práctica ocuparía la atención de la Junta de la Facultad de modo constante hasta marzo de 1936. Aquellos cursos cristalizaban el modo en cómo Antonio Flores de Lemus trató de "encajar en el ámbito docente haciéndola emerger paulatinamente –como iba a suceder después en Francia– de las facultades de derecho". El diario *El Sol* se hacía eco de la inauguración de los cursos en 1932 reseñando las intervenciones de Antonio Flores de Lemus, Manuel Gascón y Marín, el rector de la Universidad de Madrid –Claudio Sánchez Albornoz– y por último el ministro de Instrucción Pública –Fernando de los Ríos–. Desde la Facultad madrileña se optaba por una vía que pudiera "llegar a desarrollar una enseñanza universitaria de economía, y no creando una facultad *ex novo*, como andaba por el proyecto de Zumalacárregui"[161].

Aquellas enseñanzas que comenzarían en el curso 1932-1933 y que proseguirían hasta 1936, habían generado un horizonte de expectativas en virtud del cual se había previsto para el curso 1936-1937 que derivasen en una "licenciatura en ciencias sociales en forma de sección de la Facultad de Derecho". En el curso 1935-1936 se impartieron once asignaturas y entre cuyos docentes figuraban: Ramón Carande, Gabriel Franco, Federico Reparaz, José Barinaga, Jesús Prados Arrarte, Luis Olariaga, Julio Tejero Nieves, José Castañeda, Enrique Rodríguez Mata o Valentín Andrés Álvarez. Desde un punto de vista metodológico –tal como concluye Juan Velarde Fuertes– era visible el amplio radio de influencia del neohistoricismo, presente en todas las cátedras de economía política de las facultades de derecho a excepción de la ocupada por José María Zumalacárregui. Sin embargo, en aquellos cursos sería bien visible la irrupción de la orientación ortodoxa neoclásica en las enseñanzas de José Barinaga, Jesús Prados Arrarte, Luis Olariaga, Julio

[159] J.M. PUYOL MONTERO "La Facultad de Derecho de la Universidad Central en sus actas (1931-1936)", E. GONZÁLEZ CALLEJA-A. RIBAGORDA (eds.) *La Universidad Central durante la Segunda República. Las ciencias humanas y sociales y la vida universitaria*, Madrid, Dykinson-Universidad Carlos III, 2013, pp. 301-321, pp. 309-310.

[160] Al proclamarse la república el 14 de abril de 1931 la Junta de la Facultad de Derecho estaba conformada en exclusiva por el decano, por aquel entonces Rafael Altamira, el vicedecano –Francisco Beceña– el secretario, Felipe Sánchez Román, y por el resto de catedráticos de la facultad: Adolfo González Posada, Antonio Flores de Lemus, Joaquín Fernández y Prida, José Castillejo, Eloy Montero, Luis Mendizábal, José Clemente de Diego, Quintiliano Saldaña, Galo Sánchez, Luis Jiménez de Asúa y Joaquín Garrigues (Ibídem. Pp. 304-305)

[161] J. VELARDE FUERTES "Antonio Flores de…", pp. 142-143.

Tejero, José Castañeda, Enrique Rodríguez Mata y Valentín Andrés Álvarez. "La relación de fuerzas había cambiado. Como explicación previa a lo que iba a suceder a partir del curso 1943-1944"[162] con el nacimiento de una nueva facultad que en adelante acogería los estudios de economía.

Ya en plena guerra civil la universidad de Valencia sería nuevamente el *locus* desde el que se volvería a reivindicar en 1937 la creación de una *Facultat de Ciencias Juridiques i Econòmiques*[163]. Tras la guerra civil, siendo José María Zumalacárregui presidente del Consejo de Economía Nacional, se consumaría la creación de la Facultad de Ciencias Políticas y Económicas en la Universidad de Madrid en 1944, entre cuyos catedráticos figuraban dos de sus discípulos valencianos –José Castañeda y Manuel de Torres–, además de su colega y amigo, Valentín Andrés Álvarez. La nueva facultad incorporaba a su plan de estudios las matemáticas, la teoría económica y la econometría contemporánea. Por aquel entonces la cartera de Educación había recalado en un antiguo alumno suyo de la Universidad de Valencia, José Ibáñez Martín. Se consumaba, en última instancia, una iniciativa que a decir de Ramón Perpiñá i Grau asumía el ideario y la vocación de Jose María Zumalacárregui[164].

La conclusión es bien distinta desde la lectura de José Velarde Fuertes. No nos resistimos a reproducir literalmente sus palabras como desenlace a este punto tan sensible a la institucionalización de los estudios económicos en España:

> Pasaron los que no se exiliaron –caso este de Manuel Sánchez Sarto, de Jesús Prados Arrarte, de Rodríguez Marta, de Gabriel Franco y de Agustín Viñuales–, a formar lo fundamental de la sección de economía del Instituto de Estudios Políticos, institución que es sabido dependía de la junta política del partido único, FET de las JONS. Tanta fuerza política tuvieron, que dinamitaron el proyecto de Zumalacárregui-Olariaga de la Facultad de Economía, apoyado por Ibáñez Martín y los elementos de la derecha –lo que después se llamaría nacionalcatolicismo–, de aquel gobierno de coalición de Franco y con el juego del enlace entre falangistas y liberales, que se inició por Dionisio Ridruejo y Pedro Laín Entralgo y que continuaba Castiella, dieron un cambio esencial al proyecto. Se convirtió así en Facultad de Ciencias Políticas y Económicas[165].

EL ORIENTALISMO Y EL IMPERIO COMO REGENERACIÓN

La dimensión del imperialismo en la política exterior y en el pensamiento internacional, sancionado en la propia naturaleza y las razones que condujeron a la creación del Instituto

[162] J. VELARDE FUERTES "Los estudios superiores...", p. 875.
[163] F. COMÍN COMÍN "Album...", p. IV.
[164] R. PERPIÑÁ I GRAU "Zumalacárregui (1879-1956)...", p. 277.
[165] J. VELARDE FUERTES "Antonio Flores de...", pp. 100-101).

Libre de Enseñanza de las Carreras Diplomática y Consular y Centro de Estudios Marroquíes, no puede disociarse de la fuerza textual del africanismo español.

El orientalismo español presenta unas especificidades subrayadas por el propio Edward W. Said, como consecuencia de las extremadamente complejas y densas relaciones entre España y el Islam en términos históricos y geográficos. En este sentido, y más que en cualquier otro lugar de Europa, el Islam formó "parte de la cultura española durante varios siglos, y los ecos y pautas que perduran de tal relación siguen nutriendo la cultura española hasta nuestros días". El orientalismo español, a diferencia del de otras potencias europeas –Gran Bretaña, Francia o Alemania– no se manifiesta exclusivamente como una relación imperial. El Oriente, en estos Estados, es creado por los "conquistadores, administradores, académicos, viajeros, artistas, novelistas y poetas" es "algo que está 'afuera'". En España, en cambio, la dimensión imperial –del que mira afuera– que indudablemente existe y nutre buena parte de la cultura emanada del orientalismo se encuentra entretejida por el hecho histórico de que el "Islam y la cultura española se habitan mutuamente en lugar de confrontarse con beligerancia"[166], una mirada desde dentro de la propia historia y cultura, así como la propia reflexión en torno a la identidad de los españoles.

Esta doble dimensión del orientalismo en el caso español se trasladaría el ámbito propio de la producción cultural y aún de la cultura política hacia Oriente –en particular hacia el mundo árabe y el Mediterráneo–. Los estudios árabes en España en época contemporánea, como oportunamente advierte Miguel Hernando de Larramendi, se desarrollan a partir del siglo xviii en paralelo a las necesidades de la política africana y mediterránea de Carlos III. Durante el siglo xix se consolidaría la escuela de estudios árabes, de fundamentación filológica, nucleada en torno al estudio de Al-Andalus. La "experiencia colonial española en el noroeste de África tuvo un impacto limitado en el desarrollo de los estudios árabes, que siguieron centrados en el estudio de su 'Oriente doméstico'". A diferencia de Francia y Gran Bretaña, los "arabistas universitarios españoles no se implicaron activamente en la aventura colonial". Serían los africanistas quienes, vinculados a la proyección hacia el ultramar próximo mediterráneo-africano, se convertirían en los artífices de la producción de la mayor parte de los estudios sobre el Norte de África –básicamente de Marruecos y el Sáhara Occidental-[167]. Este divorcio entre el arabismo y el africanismo se pondría de manifiesto en la aproximación bibliográfica al africanismo español realizada por Rodolfo Gil Grimau para el periodo 1850-1980, a la vez que ilustraba la preponderancia de la dimensión administrativa y militar sobre la actividad y la producción académica en el estudio de la historia colonial[168].

[166] E.W. SAID *Orientalismo*, Barcelona, Debolsillo, 2002, pp. 9-10.

[167] M. HERNANDO DE LARRAMENDI-B. AZAOLA"Los estudios sobre el Mundo Árabe y Mediterráneo contemporáneo en España", VV.AA. *Investigando el Mediterráneo*, monografías, Barcelona, CIDOB, 2006, pp. 87-147.p. 87.

[168] R. GIL GRIMAU *Aproximación a una bibliografía española sobre el norte de África: 1850-1980 I*, Madrid, Ministerio de Asuntos Exteriores, 1982.

La actitud oficial de la administración española influyó, en opinión de Vicente Moga Romero, en la escisión entre el "arabismo académico y el africanismo más militante con una cuña ideológica centrada en el determinismo étnico y religioso". Un legado que permanecería inalterable durante décadas[169].

El africanismo, tal como comenzó a utilizarse el término a mediados del siglo xix, estaría referido, según argumenta Federico Villalobos, a quienes, a título personal o en el marco de instituciones o grupos de opinión, reivindicaban "la existencia de intereses vitales para España al sur del Estrecho de Gibraltar –estratégicos, económicos, históricos e incluso morales– y propugnaban una actuación decidida, tanto por parte del Estado como de la iniciativa particular, en defensa y promoción de tales intereses". Desde este prisma:

> (...) la historia del africanismo español discurre, en efecto, entre las bienintencionadas exhortaciones de una minoría de intelectuales que creyó encontrar en la empresa africana una oportunidad para la regeneración nacional, y la contundente actuación de los jefes y oficiales de las tropas de choque del ejército colonial, a los que la dura experiencia de las guerras de Marruecos imbuyó de una peculiar mística que los llevó a arrogarse en 1936 el papel de salvadores de la patria[170].

Desde un plano historiográfico A. de la Serna explora en torno a las causas de la ignorancia y el desinterés suscitado hacia las cuestiones africanistas y, en particular, la cuestión de Marruecos al menos hasta fechas muy recientes y ayunas del revisionismo crítico que otras historiografías han desarrollado en relación a su experiencia histórica colonial. En su opinión:

> Los españoles han escrito, y mucho, sobre Marruecos en particular, y sobre el norte de África en general. Tenía que ser. Así consta, además, en las abundantes obras sobre bibliografía de la zona aparecida en lengua española o en otros idiomas. Pero sucede también que por una serie de razones –aislamiento y apartamiento de España de las grandes corrientes intelectuales de los tiempos modernos, incomunicación internacional, desconocimiento de nuestra lengua en el extranjero, carácter demasiado especializado y a veces anecdótico de nuestra producción bibliográfica, falta general de espíritu científico en nuestra manera de abordar el problema norteafricano, etc.– que, pese a su existencia, la bibliografía española sobre esta parte del mundo es casi desconocida en el extranjero. Y, lo que es peor y motivado por otras razones, igualmente mal conocida de los propios españoles, hoy en su mayoría ignorantes de los más elementales datos de la realidad marroquí, por ejemplo, y de la común historia reciente de Marruecos y España[171].

---

[169] V. MOGA ROMERO *La cuestión marroquí en la escritura africanista. Una aproximación bibliográfica y editorial española al conocimiento del norte de Marruecos (1859-2006)*, Barcelona, Bellaterra, 2008, p. 141.

[170] F. VILLALOBOS *El sueño colonial: las guerras de España en Marruecos*, Barcelona, Ariel, 2004, p. 55.

[171] A. de la SERNA "Prólogo", R. GIL GRIMAU *Aproximación a una bibliografía...*, 1982, p. 10; reproducido por V. MOGA ROMERO *La cuestión marroquí...*, p. 71.

El africanismo español –marroquísmo siendo más estrictos– sería el núcleo sociológico en torno al cual se articularía un discurso político, como expresión de la geocultura de la dominación propia del orientalismo. El africanismo, la "estrella del orientalismo español" –en expresión de Víctor Morales Lezcano– se desarrolló en la segunda mitad del siglo xix, espoleado por el colonialismo y el imperialismo europeo de la época. África se percibió "como una salida al encanijamiento de la historia peninsular del siglo xix".

La presencia francesa en el Noroeste de África constituyó, como bien afirma el citado autor, el "factor desencadenante del africanismo español, o sea, del intento hispano por salvaguardar sus derechos históricos y la seguridad de su frontera meridional con el continente vecino"[172]. En aquellas circunstancias –la derrota del sultán de Marruecos frente a Francia en la batalla de Isly en 1844– España aprovecharía para ocupar las islas Chafarinas en 1848 y colonizar las ciudades de Ceuta y Melilla –la "Puerta a África"–, conquistadas tres siglos antes. Aquel incipiente africanismo hacia 1850 fue del criterio de que una "intervención a tiempo en el Norte de África podría garantizar la seguridad y la imagen de España, convertida ya en pequeña potencia dentro del sistema europeo heredado del Congreso de Viena y de los reajustes que aquel experimentó hasta 1870". Con Francia en Argelia, Marruecos devino en el polo de las expectativas del africanismo español, espoleados en el marco de la guerra de África de 1859-1860. A lo largo de la segunda mitad del siglo xix:

> (...) los círculos colonistas españoles intentaron alertar a los gobiernos, a los intereses materiales y a la opinión pública del país sobre la ineluctable consumación del reparto del Norte de África en breve o en medio plazo. Los títulos jurídicos, los alegatos históricos, los imperativos de seguridad y de defensa del territorio peninsular y las aguas del Estrecho de Gibraltar desde los presidios (Ceuta, muy concretamente) la exigencia de restablecer un comercio exterior debilitado desde la pérdida del Imperio en América, y una difusa convicción de potencia civilizadora en África, nutrieron las páginas de la corriente de opinión denominada africanismo español en el fin de siglo[173].

Entre la celebración de la Conferencia de Madrid en 1880 y la Conferencia de Algeciras en 1906, los gobiernos españoles oscilaron entre la tesis de una intervención benévola en Marruecos –la "penetración pacífica" respetuosa del *statu quo*– y la intervención militar en los puntos neurálgicos próximos a los presidios y los enclaves de la costa atlántica de Marruecos, como Santa Cruz de la Mar Pequeña y Río de Oro.

El grupo de presión "neocolonial" español, en opinión de Sebastian Balfour, no era una camarilla o un grupo de presión organizado como el partido colonial francés, sino que era un abanico de intereses que promovían la penetración del capitalismo español en África, y en especial en Marruecos. Un africanismo auspiciado por destacados miembros

[172] V. MORALES LEZCANO *España y el mundo árabe: imágenes cruzadas*, Madrid, AECI, 1993, p. 20.
[173] N. AFFAYI-D. GERRAOUI *La imagen de España en Marruecos*, Barcelona, CIDOB, 2005, p. 52.

de las elites intelectuales regeneracionistas como Joaquín Costa y Ángel Ganivet, periodistas como Gonzalo de Reparaz, y políticos liberales como el conde de Romanones y José Canalejas, así como desde plataformas asociacionistas –la Sociedad Geográfica de Madrid (1876), la Asociación Española para la Exploración de África (1877) y otras creadas con posterioridad como la Sociedad Española de Africanistas y Colonialistas (1883)[174]. Tras un cierto languidecimiento del africanismo, el redireccionamiento de la política exterior española a principios de siglo y el privilegiado papel del Mediterráneo agitarían el ecosistema del africanismo español, a tenor de publicación de obras como la de Gonzalo de Reparaz *España en África*, la creación en 1904 de un Centro de Arabistas con vistas a la acción que España debía desempeñar en el Norte de África o la aparición en 1912 de la Liga Africanista[175]. A estos habría que añadir la actividad de grupos de intereses financieros, industriales y comerciales, como los industriales catalanes, las compañías navieras, compañías aseguradoras atraídas por el potencial negocio de las minas del Rif y la construcción de infraestructuras. Estos grupos actuarían cerca de las asociaciones citadas y promoverían la celebración de congresos africanistas –cuatro entre 1907 y 1910– para unir a los diferentes grupos de presión. Defendían un programa de penetración pacífica típicamente positivista, a caballo entre el liberalismo ilustrado y el darwinismo social[176].

La penetración militar iría afianzando, a su vez, un africanismo militar que se canalizaría a través de las empresas tipográficas de Ceuta, Melilla y Tánger, que adquiriría mayor notoriedad en la década de los veinte.

El dramático inicio de la penetración española en Marruecos a partir de 1909 y los sucesivos desastres militares de aquel año y de 1921 en Annual agudizaron el malestar social y pusieron en evidencia la impopularidad de la guerra de África[177]. Iría surgiendo una literatura, en muchos casos labrada en la propia experiencia marroquí de los autores, crítica hacia la presencia y la actividad española en Marruecos a tenor de los escritos de Giménez Caballero (*Las notas marruecas*, 1922), Giménez Fernández autor de *El blocao* o los textos más conocidos de Ramón J. Sender (*Imán*, 1931) y Arturo Barea (*La forja de*

[174] Véase V. MORALES LEZCANO "El Norte de África, estrella del Orientalismo español", *AWRAQ*, anejo al v. XI, 1990, pp. 17-34; y del mismo autor *Africanismo y Orientalismo español en el siglo XIX*, Madrid, UNED, 1989; así como las obras de E. HERNÁNDEZ SANDOICA *Pensamiento burgués y problemas coloniales en la España de la Restauración: 1857-1887*, Madrid, Ed. de la Universidad Complutense de Madrid, 1982; J.A. RODRÍGUEZ ESTEBAN *Geografía y colonialismo. La Sociedad Geográfica de Madrid (1876-1936)*, Madrid, UAM, 1996; y A. PEDRAZ MARCOS *Quimeras de África. La Sociedad Española de Africanistas y Colonialistas. El colonialismo español de finales del siglo XIX*, Madrid, Ediciones Polifemo, 2000.

[175] Véase J.U. MARTÍNEZ CARRERAS "España y Marruecos a comienzos del siglo XX", J.U. MARTÍNEZ CARRERAS (coord.) *Relaciones entre España y Marruecos en el siglo XX*, en *Cuadernos Monográficos. Asociación Española de Africanistas*, n. 4, 2000, pp. 18-19; y del mismo autor "El africanismo español", J.C. PEREIRA (coord.) *La política exterior de España (1800-2003)*, Barcelona, Ariel, 2003, pp. 361-362.

[176] Véase S. BALFOUR "España, Marruecos y las grandes potencias, 1898-1914», G. GÓMEZ-FERRER-R. SÁNCHEZ (eds.) *Modernizar España. Proyectos de reforma y apertura internacional (1898-1914)*, Madrid, Biblioteca Nueva, 2007, p. 9.

[177] Remitimos en este sentido a la extraordinaria obra de Andrée Bachoud sobre el rechazo a la intervención *Los españoles ante las campañas de Marruecos*, Madrid, Espasa Calpe, 1988.

un rebelde, 1946) e incluso pinturas alusivas en el contexto de Annual como la de Dalí sobre la batalla de Tetuán[178].

El orientalismo español –africanismo– codificaría un discurso a través del cual España proyectaría un imperialismo, consentido por las grandes potencias –Gran Bretaña y Francia– y a través del cual se escenificaba su nueva incardinación en el sistema internacional. Amparada en la superioridad de la Civilización europea/occidental, España proyectó, como un eje más de su regeneración, su convencida superioridad civilizacional sobre el ultramar cercano africano[179].

La cultura política de la España del primer tercio de siglo, exceptuando los planteamientos formales de las agrupaciones y movimientos revolucionarios de clase, y evidentemente el africanismo participaban del equipaje intelectual y de la epistemología de la dominación inherente al orientalismo. En este sentido, el propio pensamiento político de José Ortega y Gasset daba cabida al anhelo modernizador-europeizador a través del reformismo de la sociedad española y, a su vez, entendía que "España tenía el deber inexcusable de extender la civilización, dentro de sus posibilidades y sin salirse del campo de acción que Europa le había asignado"[180].

La lógica colonial, a la que no fueron ajenos en el caso español los imperativos de seguridad, entre España y el ultramar norteafricano generaría un alud de imágenes, muchas de las cuales conectarían con el pasado histórico de contactos entre un lado y otro del Estrecho de Gibraltar. La guerra de África de 1859-1860, como oportunamente advierte Víctor Morales Lezcano, desembocó en un "reconocimiento cultural del *Otro*". El otro ajeno "era el mundo musulmán, en este caso en versión marroquí; ajeno a Europa, a sus gentes y a su opinión pública". El orientalismo marroquista de España enfrentó al país con el hecho de la percepción nacional del vecino meridional a través, básicamente, de dos ópticas segregadas en el tiempo por el ciclo conflictivo en las relaciones mutuas entre 1909 y 1927[181].

En España, como sucedería entre otras potencias coloniales europeas, Marruecos encarnaba el mito de Oriente. Todos los investigadores europeos, afirman Noureddine Affaya y Driss Gerraoui, se muestran unánimes al considerar que "la imagen del marroquí en la mentalidad del europeo es sinónimo de rechazo. Propio del orientalismo, el marroquí era percibido siempre conforme a unas dicotomías que variaban según las épocas y las situaciones de enfrentamiento: salvaje/civilizado, infiel/creyente, colonizado/colonizador"[182].

En las primeras décadas del siglo xx tendría lugar el "despliegue de las fuerzas textuales del africanismo español". En el curso de estos años se divulgarían obras que permitirían:

[178] Véase V. MORALES LEZCANO *España y el mundo…*, pp. 67-69.
[179] Véase E. MARTÍN CORRALES *La imagen del magrebí en España. Una perspectiva histórica. Siglos xix-xx*, Barcelona, Bellaterra, 2002, p. 24.
[180] F. PUELL DE LA VILLA *Historia del ejército en España*, Madrid, Alianza, 1995, p. 167.
[181] V. MORALES LEZCANO *España y el mundo árabe...*, pp. 63-64.
[182] N– AFFAYA-D. GERRAOUI *La imagen de España...*, pp. 49-50.

de un lado, una aproximación al Marruecos desconocido, como las de Jerónimo Becker y R. Fernández de Castro, y de otro, una tipología de obras que "escenifican la codificación del imaginario colonial", en un discurso –como bien advierte Vicente Moga– descalificador: "Las tribus rifeñas han sido siempre las más levantiscas, las más refractarias a la civilización, las más celosas a su independencia y las que mayores trabas opusieron a la penetración europea"[183].

Durante el primer tercio de siglo, tal como se ilustra en el excelente estudio de Eloy Martínez Corrales, la prensa oficial y los portavoces de la colonización en España y la zona española de Marruecos fueron asumiendo el imaginario generado por el africanismo, en el que confluiría una imagen primitiva y salvaje, impregnada de paternalismo. La imagen de "simpatía de los 'moritos'" derivaría al calor de la penetración militar en una imagen negativa, cruel, salvaje y traidora, acentuada con los desastres militares de 1909 y 1921[184].

El sector africanista del Ejército tendería a ocupar un protagonismo mayor en el africanismo, a medida que la solución militar fue ampliando el espacio de acción del Ejército en la empresa colonial. A lo largo de la década anterior y la de 1920 se desplegarían las fuerzas textuales del africanismo y la codificación del imaginario colonial.

En el marco de las trágicas condiciones militares, políticas, económicas y humanas de la ocupación del Protectorado, la creación en Ceuta en 1924 de la *Revista de Tropas Coloniales. Propagadora de estudios hispano-africanos*, fundada bajo la dirección de Gonzalo Queipo de Llano, canalizaría la consolidación de las pautas de actuación y el ideario de los militares africanistas. Sus principales sostenedores serían, además del propio Queipo, los generales Millán Astray y Francisco Franco, quién dirigiría la revista en su segunda etapa desde 1925, desde entonces denominada *África. Revista de Tropas Coloniales*. La revista dejaba atrás la estela de la escritura ligada al periodo restauracionista y a las "andanadas románticas legadas por la guerra de Tetuán"[185]. En el primer número de la citada revista, Ramiro de Maeztu, inmerso en el discurso imperante entre la elite de la milicia africanista ensalzaba el papel del Ejército en la empresa africana. Frente a las críticas de Miguel de Unamuno hacia la guerra de Marruecos, Maeztu calificaba la guerra de Marruecos como guerra colonial, es decir, "civilizadora de un pueblo atrasado y para todo hombre de sentido histórico no habrá guerras más justificadas que las coloniales, pues merced a ellas ha sido posible llevar los bienes de nuestra civilización por toda la haz de la tierra"[186].

Por aquellos años, el Rif fue una auténtica obsesión para España –una frontera física, una frontera militar y política, pero también simbólica–. Una obsesión que se trasladaría al universo tipográfico a juzgar, como bien subraya Vicente Moga, en la literatura de época, en particular el desastre de Annual, en los trabajos del vizconde de Eza, Dámaso Berenguer, el general Franco (*Diario de una bandera*, 1922), Ernesto Giménez Caballero,

[183] C. LOBERA GIRELA *El problema rifeño*, Melilla, Telegrama del Rif, 1909, citado por Vicente Moga Romero *La cuestión marroquí...*, p. 26.
[184] E. MARTÍN CORRALES *La imagen del magrebí...*, pp. 99-144.
[185] V. MOGA ROMERO *La cuestión marroquí...*, pp. 31-33.
[186] R. DE MAEZTU "Con el ejército", *Revista de Tropas Coloniales*, n. 1, enero de 1924, pp. 4-5.

las obras del periodista y director de cine Rafael López Rienda y escritores como César González-Ruano, además de Ramón J. Sender –colaborador accidental del *Telegrama de Rif*– y Arturo Barea[187].

Bajo el paraguas simbólico e intelectual del orientalismo la imagen fue incorporando más matices, al hilo del proceso de penetración junto con Francia en el Imperio Xerifiano. Este proceso de penetración y dominación permitiría, en palabras de Noureddine Affaya y Driss Gerraoui, a los españoles tener "un conocimiento más profundo de los marroquíes (costumbres, hábitos, creencias) que fue utilizado por algunos escritores, periodistas, pintores y dibujantes para presentar una imagen caricaturizada de los 'salvajes', algo ingenuos y bonachones a los cuales, se pensaba, se iban a civilizar con el tiempo gracias a la potencia protectora". Sin embargo, las trágicas derrotas militares de Monte Arruit y Annual favorecerían el renacimiento de la imagen "más negra y peyorativa de los marroquíes"[188].

La magnitud de las derrotas españolas, inesperadas ante los mensajes y la propaganda que había pintado un fresco de la penetración en Marruecos como un paseo militar, causó una fuerte conmoción en la sociedad española, que mayoritariamente –como subraya Eloy Martín Corrales– se había pronunciado contra la aventura colonial. Con el fin de contrarrestar ese estado de opinión, desde instancias gubernamentales y militares, los partidos políticos y los medios de comunicación conservadores se embarcaron en una campaña orientada a la continuidad de las hostilidades. Con ese fin, "alentaron especialmente el afán de venganza y, casi sin excepciones, destacaron la naturaleza traidora de los marroquíes, juicio de valor que fue aceptado por la mayoría de los españoles independientemente de su posición social o ideología"[189].

Una imagen, por tanto, que se polarizaría al calor de la propia evolución de la presencia española en Marruecos, y en un marco más amplio en el propio escenario del Mediterráneo, donde se ventilaba no solo la empresa colonial sino la propia seguridad.

La Guerra Civil llevó al paroxismo las implicaciones emocionales con su ultramar africano porque el ultramar mismo se convirtió en un factor muy importante en el desarrollo del conflicto. La conspiración comenzó en el ultramar africano y el hecho de que los insurgentes, y en particular el general Franco, contasen con la lealtad de las tropas africanas, de largo las mejor preparadas y pertrechadas y con experiencia de guerra, se mostraría como un factor clave en un momento tan crítico como las primeras semanas de la Guerra Civil.

El reclutamiento de mercenarios marroquíes por el bando insurgente nutrió su fuerza militar de efectivos. Las tropas regulares indígenas formadas por mercenarios marroquíes reclutados en el Protectorado ascenderían a una cifra cercana a los 70.000 hombres, de los cuales 50.000 habían sido reclutados en los seis primeros meses de guerra.

---

187 V. MOGA ROMERO *La cuestión marroquí...*, pp. 34-37.
188 N. AFFAYA-D. GERRAOUI *La imagen de España...*, p. 52.
189 E. MARTÍN CORRALES *La imagen del magrebí...*, pp. 126.127.

La dimensión mediterránea y ultramarina de la Guerra Civil, atendiendo al componente orientalista-africanista de la contienda incidiría en el juego de espejos e imágenes sobre los marroquíes en la sociedad española rasgada por la guerra, provocando un reajuste sustancial, de acuerdo con las necesidades de ambos bandos. El africanismo español, que en buena medida se había ido polarizando a última hora al socaire del protagonismo de los militares –africanistas– en la empresa colonial, se erigiría en un eficaz instrumento de propaganda en manos de los insurgentes.

El africanismo –de guerra– proveería de los instrumentos y del bagaje intelectual para resemantizar la imagen del magrebí en función de las necesidades bélicas del bando insurgente. La Guerra Civil escenificaría una ruptura con la imagen negativa del magrebí, al que era necesario, por razones obvias, rehabilitar desde su condición de aliado para la causa insurgente.

Una operación ideológica que suponía enfrentarse a unos clichés y a una memoria colectiva que en el universo cultural de los círculos católicos tradicionales, formados en la idea de que la "identidad nacional hispánica se había forjado en la lucha secular contra el islam". Resultaba, por tanto, paradójico y complejo asimilar la participación de los "moros", hasta entonces considerados los enemigos de la fe, en la nueva cruzada del cristianismo en la guerra. En esta operación ideológica desempeñaría un papel central el arabista español, sacerdote y catedrático de la Universidad de Madrid, Miguel Asín Palacios[190]. Este sería el eje discursivo, en el que también desempeñaría una labor destacada Giménez Caballero, del que se serviría la propaganda insurgente tanto en España como en Marruecos.

Se recrearía la imagen del marroquí fundido en fraternal abrazo con el español en lucha contra el común enemigo de los sin-Dios. La idea y la expresión de la "hermandad hispano-marroquí" se convertiría en una de las imágenes más recurrentes utilizadas por los militares, caso del propio general Franco –en el famoso discurso de recepción a la delegación marroquí recibida el 2 de abril de 1937 en el salón de los Embajadores del Alcázar de Sevilla en el que haría mención a las famosos "rosales de la victoria"–. Se trataba, como bien advierte Eloy Martín Corrales, de una visión paternalista, muy propia de la tradición orientalista.

Muy propias de la esfera castrense se ensalzaban, asimismo, las virtudes militares de los marroquíes: "orden y disciplina, contrapuestas a la anarquía" de las tropas milicianas. El prestigio de lo marroquí fue evidente entre los insurgentes y manifiestamente visibles en gestos de alto contenido simbólico como la exótica Guardia Mora de Franco[191].

El arsenal conceptual del africanismo se pondría al servicio de los insurgentes. En la zona española de Marruecos se iniciaría la reestructuración de los estudios coloniales mediante la creación de instituciones especializadas, orientadas a la arabización de la enseñanza y la cultura, como: el Instituto Jalifiano "Muley el Hassan" de Estudios

[190] Véase V. MOGA ROMERO *La cuestión marroquí...*, p. 41.
[191] E. MARTÍN CORRALES *La imagen del...*, pp. 169-171.

Marroquíes en 1937, el Centro de Estudios Marroquíes y el Instituto "General Franco", ambos en 1938[192].

Desde Tetuán, residencia del Jalifa y del alto comisario, se proyectarían las primeras actuaciones institucionales, bajo el respaldo y la supervisión del africanista Juan Beigbeder, para promover la actividad editorial y cinematográfica como trascendería con el estreno de la película *Romancero Marroquí* en fecha tan señalada como el 17 de julio de 1939.

Por contra, los defensores de la República que habían promovido una imagen paternalista pero amable de los marroquíes, adoptarían al iniciarse la guerra el discurso tradicional conservador y católico, de afirmación de "lo español", y despectivo hacia el "moro" al haberse asociado con los insurgentes. El bando republicano, afirma Eloy Martín Corrales, no solo recuperó las imágenes peyorativas tradicionales respecto al "moro" sino que ampliaría su registro. Se apresurarían, asimismo, a exaltar la contradicción que representaba la participación de alemanes, italianos, portugueses y marroquíes refiriéndose a aquella alianza como una "nueva invasión", por lo que la contienda adquiría los tintes de una "guerra por la independencia".

La propaganda republicana se burlaba de que los marroquíes, al igual que los "alemanes e italianos, pudieran contribuir a civilizar algún pueblo, máxime cuando eran considerados bárbaros y salvajes". Más aún, incidían en la ironía de que los insurgentes pretendieran la "españolización" del país con semejantes socios.

Y, por encima de todo, la persistencia de los viejos tópicos orientalistas, presentando a los magrebíes como "salvajes, como seres sanguinarios que cometían toda suerte de crímenes, torturas y vejaciones con los republicanos que caían en su poder y con sus familias". En la mentalidad colectiva anidaban los pasajes de la guerra de Marruecos y la represión de la revolución de octubre de 1934 en Asturias[193].

Un juego de espejos y de imágenes que era un fiel reflejo del trágico desgarro de la sociedad española y de la propia interiorización de la experiencia colonial en el ultramar africano, distorsionada por los dramáticos acontecimientos de julio de 1936.

El hispanoamericanismo como imaginario imperial periférico

El desarrollo de una conciencia americanista y la articulación del hispanoamericanismo, como un elemento de identidad esencial en la comprensión no solo de la política española hacia las repúblicas de habla hispana del otro lado del Atlántico sino de sus relaciones internacionales, es inseparable de los efectos del desastre de 1898 y el desarrollo del Regeneracionismo que impregna todos los rincones de la vida española. Ciertamente el desarrollo de una conciencia americanista y del hispanoamericanismo era un proceso

[192] V. MOGA ROMERO *La cuestión marroquí...*, pp. 44-45.
[193] E. MARTÍN CORRALES *La imagen del...*, pp. 153-159.

en curso desde el último tercio del siglo xix[194], el cual convergía y competía con otras construcciones identitarias como el iberoamericanismo, el latinoamericanismo y el panamericanismo. Años después de la caída de la Monarquía en España y en el contexto de la guerra del Chaco, el embajador español en Chile –Ricardo Baeza– escribía 16 el de agosto de 1933 un despacho al entonces ministro de Estado, Luis de Zulueta. Su diagnóstico no podía ser más esclarecedor:

> (...) se dibujan ahora tres tendencias internacionales que se hallan claramente limitadas y definidas. De un lado, la tesis hispano-americanista, patrocinada por nosotros y débilmente por Portugal, tesis que tiene una sólida base de cultura y comunidad de origen y tradiciones que llega al fondo de los espíritus. Frente a esta tendencia, y muchas veces contra ella, aparece el panamericanismo, patrocinado a ultranza, por los EE.UU. que se esfuerzan en crear una coincidencia continental, disipando al mismo tiempo los recelos que inspira su actuación; y por último, el latino-americanismo, que propulsa Francia e Italia con gran energía y que trata de demostrar a estos países americanos que no puede considerarse como insignificantes sus aportaciones respectivas de cultura y población. Ninguna de estas tendencias, de diversa forma expansiva y de variado contenido espiritual, predomina exclusivamente sobre las demás (...)[195]

El documento evoca el hispanoamericanismo e Hispanoamérica como un objetivo activo, como efectivamente lo fue en tiempos de la dictadura de Primo de Rivera y luego con la Segunda República española. Sin embargo, la articulación de Hispanoamérica como un objetivo activo de la política exterior tardó en cristalizar a lo largo del reinado de Alfonso XIII. Habría que esperar realmente a la dictadura de Primo de Rivera, a partir de 1926 para que la atención hasta entonces esporádica y puntual del Estado se tornara en una voluntad política definida y en un objetivo activo, sobre el que se proyectó un notable esfuerzo humano y material desde la administración exterior. Una realidad que ilustra el carácter secundario que la política hacia Hispanoamérica había desempeñado en el universo de la política exterior de la España alfonsina, frente a la entidad y la gravidez de la política mediterránea. De cualquier modo, sea la vertiente ultramarina hacia el Mediterráneo y África o sea la proyección hacia Hispanoamérica reafirman las herencias de la política exterior del ochocientos en la medida en que la conexión con la política europea y los centros de poder internacionales se escenifica prioritariamente desde los canales periféricos. Una realidad estructural, sin duda, luego tamizada con los cambios

[194] El americanista Mario Hernández Sánchez-Barba sostiene que el hispanoamericanismo comienza a mostrar su tímido nacimiento en las "inciertos y difíciles años" posteriores a la Independencia y que alcanza su posibilidad de argumentación en los inmediatos del "desastre" (M. HERNÁNDEZ SÁNCHEZ-BARBA "Los orígenes sociales del hispanoamericanismo español a finales de la Modernidad", *Mar Océana*, n. 1, 1994, p. 124).

[195] AMAE R – 941 exp. 2. D. n. 89. Embajador de España a ministro de Estado. Santiago de Chile, 16 de agosto de 1933.

en la configuración del sistema internacional tras la Gran Guerra a tenor de la entrada en escena de la nueva organización internacional, la Sociedad de Naciones.

Si las fuerzas textuales del africanismo español articulaban un discurso inequívocamente imperialista y plenamente inserto en la dialéctica de la misión civilizadora de Europa y Occidente respecto de las periferias, las tramas textuales del hispanoamericanismo participaban de los aires del imperialismo metabolizados por el Regeneracionismo tras la crisis finisecular. Cierto es, qué duda cabe, que evocando la voluntad de un imperialismo más informal matizado, según sus coordenadas temporales y sus locus de enunciación, en sus trazas textuales y su praxis.

Las matrices textuales del hispanoamericanismo en el entorno del regeneracionismo y del imperialismo

La dinámica del "intercambio desigual" –argumentaba Lorenzo Delgado en 1988– era, y sigue siendo, una fuente no solo de "una dependencia económica o una sumisión política, sino también una manipulación de las señas de identidad de los pueblos, una impregnación de sus rasgos culturales que frecuentemente ha provocado fenómenos de aculturación más o menos intensos". Desde este prisma, la identidad cultural se erigiría para las "naciones abocadas a la subordinación internacional" en un "objetivo político del primer rango" en aras a la preservación de una "conciencia nacional autóctona". Así frente a la "intervención concurrente de las potencias dominantes, el recurso a la *diplomacia cultural* tuvo para algunos de estos países un carácter de *estrategia de independencia*". El caso español:

> (...) se ajusta en buena medida a este planteamiento, aunque presente una variable adicional. Su condición de antigua metrópoli colonial reducida con el tiempo a pequeña potencia, su triple dimensión geográfica –europea, americana y africana–, su estructura económica y demográfica y, en fin, el peso de su tradición histórica y cultural, le sitúan en un lugar intermedio dentro de lo que simbólicamente se ha denominado centro y periferia del sistema internacional[196].

La textura semiperiférica de la posición internacional de España en el primer tercio del siglo xx reasume inercias ya presentes antes del desastre colonial del 98. Desde el plano de la ciencia, la tecnología y el conocimiento la España del ochocientos podía "ser considerada –en palabras de María Luisa Ortega y Alberto Elena– fuera de toda duda como un buen ejemplo de *semiperiferia*". De modo que:

> Actuando como virtual periferia de los grandes centros científicos y técnicos del siglo (Gran Bretaña y Francia), de los que no era sino una completa sucursal tecnológica,

[196] L. DELGADO *Diplomacia franquista y política cultural hacia Iberoamérica, 1939-1953*, Madrid, CSIC, 1988, p. 16.

España no dejó sin embargo de albergar aspiraciones coloniales y de ejercer una cierta influencia científico-técnica en sus cada vez más menguados imperios. Desde el punto de vista de las relaciones entre técnica y poder la España del siglo XIX fue un caso especial de retraso en la incorporación al proceso de industrialización que conocía Europa y de fracaso paralelo en su obsesión por convertir su aventura colonial en el motor de la economía nacional. Y lo fue precisamente porque, en su calidad de semiperiferia económica y científico-técnica España acusó una fortísima dependencia tecnológica con el exterior: toda tentativa de reconstrucción de la aventura colonial en el siglo pasado habrá de partir de esta premisa[197].

La política hispanoamericana[198] se orientó fundamentalmente hacia el terreno "espiritual" y de propaganda –el ámbito cultural– ante las dificultades objetivas de España para competir con otras potencias en el terreno económico y político. Un lienzo sobre el que la sociedad civil, la iniciativa privada, había generado un caldo de cultivo sobre el que posteriormente se labraría la acción del Estado hacia las repúblicas hispanoamericanas.

El camino hacia el progreso y la modernización para los intelectuales españoles del primer tercio del siglo XX, desde las urgencias del Regeneracionismo, apuntaba hacia la europeización del país. Sin embargo, la "referencia americana –puntualiza Lorenzo Delgado– jugaba también un importante papel". América emergía como una palanca para mejorar su diezmada posición internacional. Se percibía como:

(...) un espacio alternativo de afirmación y expansión, sobre todo cultural y en menor medida económica. Resignarse exclusivamente a la dimensión europea implicaba

---

[197] J. ORDOÑEZ-A. ELENA "Técnica y Poder en la España del siglo XIX: la Aventura Colonial", Mª. L. ORTEGA-A. ELENA-J. ORDOÑEZ (eds.) *Técnica e* imperialismo, Madrid, Ediciones Turfan, 1993, pp. 51-52.

[198] De la amplia historiografía sobre el hispanoamericanismo, y en menor medida sobre la política hispanoamericana de la Monarquía de Alfonso XIII, remitimos a los siguientes títulos: J.E. ENGLEKIRK "El Hispanoamericanismo y la generación del 98", *Revista Iberoamericana*, II-4, 1940, México, pp. 321-325; M. HERNÁNDEZ SÁNCHEZ-BARBA "Los orígenes sociales..."; C. MARTÍN-Mª.R. MARTÍN-Mª.T. SOLANO "El hispanoamericanismo, 1880-1930», *Quinto Centenario*, 8, 1985, pp. 149-165; M. HUGUET-A. NIÑO-P. PÉREZ (coords.) *La formación de la imagen de América Latina en España, 1898-1989*, Madrid, OEI, 1992; J.C. MAINER "Un capítulo regeneracionista: el hispanoamericanismo (1892-1923)", *VII Coloquio de Pau, Ideología y sociedad en la España contemporánea. Por un análisis del franquismo*, Madrid, Edicusa, 1977; A. MARTÍNEZ DE VELASCO "Política exterior del Gobierno de Primo de Rivera en Iberoamérica", *Revista de Indias*, 149-150, 1977, pp. 788-798; A. NIÑO "L'expansion culturelle espagnole en Amérique hispanique (1898-1936)", *Relations Internationales*, 50, 1987, pp. 197-213; J.C. PEREIRA "Primo de Rivera y la diplomacia española en Hispanoamérica: el instrumento de un objetivo", *Quinto Centenario*, 10, 1986, pp. 131-156; J.C. PEREIRA-A. CERVANTES *Relaciones diplomáticas entre España y América*, Madrid, Mapfre, 1992; F.B. PIKE *Hispanismo, 1898-1936. Spanish conservatives and liberals and their relations with Spanish America*, Indiana, University of Notre-Dame, 1971; D. RIVADULLA *La "amistad irreconciliable". España y Argentina, 1900-1914*, Madrid, Mapfre, 1992; I. SEPÚLVEDA MUÑOZ *Comunidad Cultural e Hispanoamericanismo, 1885-1936*, Madrid, UNED, 1994; S. SUEIRO SEOANE "Retórica y realidades del hispanoamericanismo en la Dictadura de Primo de Rivera", *Mélanges de la Casa de Velázquez*, École des Hautes Études Hispaniques. Époque contemporaine, tome XVIII-3, Madrid, 1992, pp. 143-159; N. TABANERA-L. DELGADO (eds.) *España/América Latina: un siglo de políticas culturales*, Madrid, OEI, 1993; o E. ZULETA "La idea de América en el pensamiento español contemporáneo", *Boletín de Ciencias Políticas y Sociales*, 24, 1979, pp. 5-42, entre otros.

> la aceptación de una posición supeditada a los intereses de las potencias hegemónicas continentales. La dimensión americana se concebía como un estímulo para la modernización que en este caso se asociaba a la vitalidad y los recursos naturales aún por explotar de la región, suponía una apuesta por el futuro sin renunciar al pasado, un terreno donde encontrar afinidades en el proceso reformista, un espacio donde dotarle de un alcance supranacional al aportar un valor añadido a su proyección europea[199].

Más explícita es la reflexión de Aída Rodríguez Campesino en torno a las intenciones imperiales de España, y por supuesto de Estados Unidos, en sus relaciones con el hemisferio occidental. "Los casos español y estadounidense fueron manifestaciones de anhelos imperiales, dándole al concepto de 'imperio' su significado más amplio". España "pretendió consolidar un área de influencia en sus antiguas colonias americanas, como un espacio donde obtener ventajas económicas y prestigio internacional". El hispanoamericanismo decimonónico fue una "respuesta a la desintegración del imperio español". El proyecto, en efecto, no "buscaba reconstruir un imperio como había habido antes, sino crear un nuevo tipo de imperio informal a través del establecimiento de una especie de dominio espiritual sobre los hispanohablantes que estaban naturalmente unidos por sus vínculos de cultura y comercio"[200].

Pese al modo de concebir el acercamiento y la cooperación intelectual desde España hacia Hispanoamérica en clave de equilibrio, sin aires hegemónicos y alejado de cualquier paternalismo entre los intelectuales institucionistas como Rafael María de Labra, Rafael Altamira o Adolfo González Posada, en la práctica la labor de la Junta para Ampliación de Estudios evidenció un tono paternalista en su proyección y su actividad en la América hispana. De la actitud paternalista de la Junta para Ampliación de Estudios hacia las repúblicas hispanoamericanas no había la menor duda tal como concluyen José María López Sánchez, Héctor M. Capello y Antonio E. de Pedro Robles. La Junta "entendió que entre España y América", a excepción de Estados Unidos, "podía establecerse una relación análoga a la que pretendía que existiese entre España y Europa, pero reinterpretando la máxima de Ortega: '*América Latina era el problema y España la solución*'". En suma:

> (...) un profundo paternalismo determinó la manera de entender las relaciones que España podía establecer con estos países. La noción de vieja madre se mezcló con la idea de que las repúblicas americanas no podían aportar, en pie de igualdad, un intercambio científico que beneficiase a España, sino más bien al contrario, que era España la que podía mostrar a estos países lo mejor de la ciencia de aquella época. Esto quedó reflejado

[199] L. DELGADO *Un siglo de diplomacia cultural española: de la Junta para Ampliación de Estudios al Instituto Cervantes*, Madrid, Real Instituto Elcano, DT/12/2014, p. 6.

[200] A. RODRÍGUEZ CAMPESINO *España, Estados Unidos y Latinoamérica. Un triángulo (des)amoroso a través de las exposiciones universales del cambio de siglo*, Madrid, Biblioteca Benjamin Franklin, 2021, pp. 102 y 112-113.

en la ausencia de pensionados en Hispanoamérica, donde más que estudiantes que se formasen, había que enviar profesores capaces de formar[201].

El hispanoamericanismo como construcción cultural ha sido definido desde múltiples prismas. En unas ocasiones se insiste en su dimensión cultural a tenor de su afán por promover la unión espiritual de todos los pueblos hispanoamericanos y la revalorización de lo que tienen en común con España. En otras aproximaciones, en cambio, se enfatiza su dimensión gubernativa como la política de España hacia la antigua América Española[202]. La naturaleza transnacional desde la que trascendió el hispanoamericanismo, especialmente en sus lances fundacionales, serviría de sustrato para la definición de Isidro Sepúlveda, para quien fue "un movimiento cuyo objetivo era la articulación de una comunidad transnacional sostenida en una identidad cultural basada en el idioma, la religión, la historia y las costumbres o usos sociales, comunidad imaginada que reunía a España con el resto de las repúblicas americanas". Un imaginario desde el que España se concebía desde su condición de antigua metrópoli, en un "puesto al menos de primogenitura, cuando no de ascendente"[203]. En sintonía con la dialéctica centro-periferia Lorenzo Delgado argumenta que:

> En esa corriente definida por Labra como *intimidad hispanoamericana*, que comenzó a tener pujanza con la aurora del siglo XX, y cuyas reminiscencias son igualmente perceptibles en la actualidad, la mediatización del factor cultural estuvo constantemente presente. Apareciendo como nexo central de las formulaciones, o superpuesto a consideraciones de tipo religioso, histórico, económico, demográfico o racial, su papel socializador fue utilizado en repetidas ocasiones –por elección o por necesidad– como expediente cimentador de la cohesión nacional, actuando paralelamente como instrumento encubierto de captación ideológica y política al otro lado del Atlántico[204].

Desde una mirada muy próxima a la dialéctica centro-periferia y la configuración textual de una suerte de imperialismo informal, Aida Rodríguez Campesino se detiene en la

[201] J.M. LÓPEZ SÁNCHEZ-H.M. CAPELLO-A.E. DE PEDRO ROBLES "Intelectualidad española en América. La Junta para Ampliación de Estudios y sus redes culturales", *SOCIOTAM*, v. XVII, n. 1, 2007, pp. 126 y 136. Consúltese, asimismo, la sustancial aportación sobre los intercambios pedagógicos con Hispanoamérica de G. OSSENBACH-J.M. SOMOZA "Una aproximación al estudio de las relaciones e intercambios pedagógicos entre España e Hispanoamérica a través de la Junta para Ampliación de Estudios", F. SÁNCHEZ PASCUA et al. (coords). *Relaciones internacionales en la historia de la educación. Junta para Ampliación de Estudios e Investigaciones Científicas (1907-2007)*, XIV Coloquio Nacional de la Educación de la Universidad de Extremadura, 2007, t. II, pp. 125-141.

[202] Véase J.C. PEREIRA-A. CERVANTES *Relaciones diplomáticas entre...*, pp. 62-63.

[203] I. SEPÚLVEDA MUÑOZ *El sueño de la madre patria: hispanoamericanismo y nacionalismo*, Madrid, Marcial Pons, 2005, p. 13; y véase, asimismo, "La JAE en la política cultural de España hacia América", *Revista de Indias*, v. LXVII, n. 239, 2007, pp. 50-80.

[204] L. DELGADO *Diplomacia franquista y ...*, pp. 16-17. Véase, asimismo, la obra de E. GONZÁLEZ CALLEJA-F. LIMÓN NEVADO *La Hispanidad como instrumento de combate. Raza e imperio en la prensa franquista durante la Guerra Civil*, Madrid, CSIC, 1988.

evocación del rol de España como "madre patria", diferencialmente utilizado entre las fuerzas textuales del hispanoamericanismo. Las expresiones "madre patria" o "república hermana" corporeizan siempre "una alegoría femenina que simbolizaría un sentimiento de familiaridad y afecto, de proximidad emocional". Un imaginario en el que se entrelazan tres conceptos nodales: la raza, la lengua y el catolicismo.

La raza, en primer término, canalizaría –de acuerdo con los estudios de David Marcilhacy– la "esencia de una comunidad imaginada, de un artefacto cultural integrado por elementos como la lengua, la religión, la historia y las tradiciones"[205]. Al concepto de raza española difundido en las décadas de 1840 y 1850 en el contexto de la expansión territorial de Estados Unidos a expensas de México se le solaparía en el contexto de fin de siglo el de "raza latina" como discurso reactivo frente a los mensajes raciales y biológicos en boga en la Europa septentrional y en Estados Unidos. La noción de raza latina fue adoptada discursivamente para "reescribir en clave española la idea francesa de la *misión civilisatrice*". La deuda poscolonial, tras el ciclo imperial español, se "haría presente en la continuidad racial entre España y Latinoamérica"[206]. La promoción de la festividad del 12 de octubre como el día de la raza, propuesto en 1892 por Cánovas del Castillo y más adelante presentada por Antonio Maura y aprobada en las Cortes en mayo de 1918 cristalizaba simbólicamente, no sin reacciones críticas al otro lado del Atlántico, un gesto de inequívoco aroma imperial o al menos post-imperial, como una "fuerza moral" a la que se refería Salvador de Madariaga al asociar el prestigio internacional de España a su historia y su legado en América[207].

La lengua, y el monopolio sobre la gobernanza del castellano desde la antigua metrópoli, en segundo término, sirvieron de sustrato comunitario. La Real Academia Española alentaría desde 1870 la creación de academias de la lengua en la otra orilla del Atlántico, pero reservándose una posición de privilegio en el control del diccionario, la ortografía y la gramática y los estatutos. Más neutro que otros conceptos suscitaría un terreno de común encuentro entre diferentes sensibilidades en el seno del Hispanoamericanismo. La lengua se erigiría en un pilar fundamental en la cooperación intelectual entablada con las repúblicas hispanoamericanas, especialmente entre los institucionistas tras la creación de la Junta para Ampliación de Estudios.

El catolicismo, por último, que había sido una pieza capital en la legitimación imperial por vía de la evangelización desempeñaba un doble papel: por un lado, "constituía un eje vertebrador de las costumbres y actitudes culturales de la población", y por otro, "era el elemento fundamental en la supuesta 'misión' del pueblo español, elegido por

[205] D. MARCILHACY *Raza hispana. Hispanoamericanismo e imaginario nacional en la España de la Restauración*, Madrid, Centro de Estudios Políticos y Constitucionales, 2010, p. XIV; citado por A. RODRÍGUEZ CAMPESINO *España, Estados Unidos y...*, p. 103.

[206] J. GABILONDO "Genealogía de la 'raza latina': para una teoría atlántica de las estructuras raciales hispanas", *Revista Iberoamericana*, v. LxxV, n. 228, 2009, p. 811; citado por A. RODRÍGUEZ CAMPESINO *España, Estados Unidos y...*, pp. 104-105.

[207] Confróntese S. de MADARIAGA *Memorias (1921-1936). Amanecer sin mediodía*, Madrid, Espasa-Calpe, 1974, p. 608.

Dios para llevar a cabo la extensión de la religión católica y la evangelización al resto del mundo". La religión –argumenta Aida Rodríguez Campesino– concedía "un sentido providencialista a la interpretación histórica realizada desde el hispanoamericanismo, y también contribuía al establecimiento de una base común sobre la que construir la idea de la unión de todos los integrantes de la comunidad hispánica"[208]. El catolicismo adquiriría mayor énfasis entre las fuerzas textuales conservadoras del hispanoamericanismo.

Las manifestaciones culturales del movimiento americanista, en especial en la literatura regeneracionista no son, en consecuencia, uniformes sino que convergen diferentes sensibilidades y culturas políticas. En primer término, una concepción institucionista, liberal y modernizadora, explicitada en las obras de Rafael Altamira, Adolfo González Posada, Rafael María de Labra o Américo Castro. En los albores del siglo esta mirada hacia el hispanoamericanismo de cuño institucionista, firmemente identificada con la europeización y la modernización y convencida del potencial reformador de la educación y la investigación, imprimió su sello reformista y regenerador desde sus vínculos institucionales, pero siempre críticos con las inercias inmovilistas de la oligarquía y los valores tradicionales. Un modo de ver y concebir la proyección hacia Hispanoamérica que marcaría en buena parte el decurso de la política cultural durante la Segunda República.

En segundo lugar, una concepción conservadora y reaccionaria, que transitaría paralelamente, e incluso en ocasiones superpuesta, que compartía ciertos planteamientos como el "resurgimiento del país con el aporte americano, pero diferían en las claves del reencuentro". Así "la búsqueda de una tradición específicamente española segregada del proceso de modernización de otras sociedades occidentales, su apego al catolicismo frente a liberalismo, constituían dos de las principales señas de diferenciación de esta corriente"[209]. Desde la década de 1920, especialmente durante la dictadura del general Primo de Rivera, la codificación conservadora del hispanoamericanismo acompañaría a la puesta en escena de la diplomacia cultural a través de nuevos órganos como la Junta de Relaciones Culturales.

Dos núcleos doctrinales se pueden distinguir en la formulación reaccionaria del americanismo en la España de los años veinte y treinta: el católico-conservador y el falangista. Por un lado, el grupo conservador, católico y monárquico nucleado en torno a la revista *Acción Española* (1931-1937) y cuyo principal protagonista fue Ramiro de Maeztu. Su ideal de la hispanidad promovía un papel tutelar de España sobre los designios de la comunidad hispanoamericana, como un elemento indisociable de la identidad colectiva hispana. Y por otro, el mito de la hispanidad, respaldado por amplios sectores de la iglesia católica en España, adquiría una formulación más beligerante desde las manifestaciones y proyectos políticos del fascismo español de los años treinta. En opinión de Lorenzo Delgado, la variante teórica esbozada por los fascistas españoles –Ramiro Ledesma Ramos o José Antonio Primo de Rivera, entre otros– incorporaba abundantes préstamos del panegírico

[208] A. RODRÍGUEZ CAMPESINO *España, Estados Unidos y...*, pp. 105-108.
[209] L. DELGADO *Un siglo de...*, pp. 7-8.

nostálgico del pasado imperial formulado por Ramiro de Maeztu, ligándolo con el concepto de "unidad de destino" de cuño orteguiano. La Hispanidad quedaba ligada a la construcción de un futuro Estado nacional-sindicalista y la construcción del Imperio[210].

De un modo paralelo a la evolución de las fuerzas textuales del africanismo, que se deslizarían desde un discurso y una práctica reformista, civil e institucionista, en la propia concepción del Instituto Libre de Estudios de la Carrera Diplomática y Consular y Centro de Estudios Marroquíes y sus docentes, hacia un africanismo más conservador e imperialista desde la década de 1920, las fuerzas textuales del hispanoamericanismo se deslizan, con los obvios matices también durante los años de la Segunda República, desde una matriz liberal e institucionista hacia otra conservadora, católica y explícitamente imperial.

El hispanoamericanismo entre la cooperación intelectual y la diplomacia cultural

A comienzos del reinado de Alfonso XIII el balance de la política exterior hacia Hispanoamérica era poco alentador. Al margen de la normalización diplomática y la firma de algunos acuerdos internacionales, poco más se había avanzado en los vínculos comunes oficiales entre ambos lados del Atlántico. Asimismo, las escasas iniciativas que pretendían generar nuevos estímulos en las relaciones con aquellas repúblicas emanaron de la iniciativa privada, entre ellas la celebración en 1881 de un Congreso de Americanistas y la creación de la Unión Iberoamericana en enero de 1885. La finalidad de este último foro fue estrechar las relaciones sociales, económicas, científicas, literarias y artísticas entre España, Portugal y los países americanos. La prioridad conferida a las cuestiones comerciales cohabitaría con iniciativas en pro de la unión intelectual a través de intercambios universitarios. Para Rafael María de Labra, uno de los grandes promotores del hispanoamericanismo de fin de siglo, la misión de la Unión Iberoamericana era "generar un clima de opinión en España sobre la enorme importancia de América Latina, explicar su historia y sus circunstancias actuales y estudiar la manera de establecer medios económicos para estrechas las relaciones". A tal fin obedeció la creación de su órgano de prensa, la *Unión Ibero-Americana*. Rafael María de Labra, quién había promovido en el marco de la Institución Libre de Enseñanza la celebración a principios de aquella década de un Congreso pedagógico hispano-luso-americano y que desde mediados de la década de 1860 había sido editor-jefe de la *Revista Hispano-Americana*, era muy consciente de que España no estaba en condiciones de competir con Francia, Gran Bretaña, Alemania o Estados Unidos en el plano económico, pero si podía "reclamar el mérito de haber creado nuevas civilizaciones en las Américas que siempre estarían conectadas con su vieja metrópoli por la lengua, la religión, instituciones, raza y, de forma ideal, interés económico"[211].

[210] L. DELGADO *Diplomacia franquista y* ..., pp. 26-36.

[211] A. RODRÍGUEZ CAMPESINO *España, Estados Unidos y*..., pp– 111-112; y A. NIÑO "L'expansion culturelle...", p. 201.

La celebración del IV Centenario del Descubrimiento de América en 1892 devendría en el horizonte de la reciente puesta en escena del panamericanismo a partir de la Conferencia de Washington celebrada en 1890. Cánovas del Castillo, uno de sus principales impulsores, pretendía convertir a España "no solo en la protagonista del Descubrimiento, sino también en la gestora de la historia americana"[212].

La pérdida de las últimas colonias en América y el Pacífico, pese a su traumática vivencia en la antigua metrópoli, facilitaría la reconciliación con sus viejas colonias en un horizonte pincelado por la gravidez del imperialismo estadounidense y el discurso panamericanista. Desde las coordenadas del Regeneracionismo el programa de acción enunciado por Ángel Ganivet contemplaba la revitalización de la posición internacional de España, pero cimentada en una expansión cultural más que material. Cautivo del tiempo el antiguo esplendor y la dominación territorial imperial, solo cabía aspirar a la reconstrucción de los lazos con las repúblicas hispanoamericanas a través de la creación de una confederación intelectual y espiritual, una comunidad cultural hispana que restituyese el prestigio internacional de España[213].

Entre los días 10 y 18 de noviembre de 1900 Madrid sería el escenario del Congreso Social y Económico Hispano-Americano. Al amparo de la presidencia del marqués de Aguilar de Campo, ministro de Estado, se congregaron representantes de catorce países, muchos de ellos con destino a la Exposición Universal de París. La preocupación principal fue, como bien advierte Aida Rodríguez, la "reorganización el comercio y las relaciones económicas, aunque también se planteó una reflexión compartida sobre la conveniencia de articular un sistema interestatal que agrupara a las naciones del ámbito iberoamericano"[214]. Los gobiernos españoles, sin embargo, no asumieron el liderazgo para llevar a la práctica aquellas recomendaciones y la iniciativa continuó recayendo en agentes privados.

El despegue del nuevo ciclo en el que se embarcarían las relaciones con las repúblicas de habla hispana del otro lado del Atlántico y el desarrollo del hispanoamericanismo se proyectó desde dos canales –uno de vocación económica y comercial y otro de raigambre prioritariamente cultural e intelectual– y cuyos protagonistas serían la Casa de América en Barcelona y la universidad de Oviedo, respectivamente.

El hispanoamericanismo barcelonés prendió al calor de la actividad de los grandes empresarios catalanes con la pretensión de incentivar el respaldo del Estado y poder competir comercialmente con Francia, Alemania, Gran Bretaña, Italia o Estados Unidos. Tras el Congreso Social y Económico Hispano-Americano de 1900 tendría lugar la creación de la *Revista Comercial Iberoamericana Mercurio* en 1901 y a finales de la década se fundaron la Sociedad Libre de Estudios Americanistas en 1909 y el Club Americano un año más tarde. De la fusión de estas dos últimas emergería en 1911 la Casa de América, dirigida

[212] Ibídem. P. 112.
[213] A. NIÑO "L'expansion culturelle...", p. 202-203.
[214] A. RODRÍGUEZ CAMPESINO *España, Estados Unidos y...*, pp– 114-115.

por Rafael Vehils i Grau, desde la cual se organizó una delegación que en septiembre de 1911 emprendió un viaje por Uruguay, Argentina, Paraguay y Brasil[215].

La Universidad de Oviedo y el grupo de profesores institucionistas de su claustro – Rafael Altamira Crevea, Adolfo González Posada, Adolfo Álvarez de Buylla, Aniceto Sela y Sampil, Fermín Canella y Rafael María de Labra como uno de los grandes pioneros del americanismo en España, a los que habría que sumar el propio José Castillejo quién fue pensionado por la Universidad de Oviedo en 1903 para ir a Berlín– cimentarían unas sólidas bases para el desarrollo de un hispanismo de cuño cultural e intelectual. Ya en el Congreso Social y Económico Hispano-Americano de 1900 Rafael Altamira, Adolfo González Posada, Adolfo Álvarez de Buylla, Fermín Canella y Aniceto Sela, entre otros docentes de aquella universidad, presentaron diversas propuestas para potenciar las relaciones políticas, jurídicas, sociales, intelectuales y pedagógicas entre las repúblicas hispanoamericanas y la antigua metrópoli[216]. Dos protagonistas –Rafael Altamira y Adolfo González Posada– y dos viajes a la América hispana en 1909 y 1910 tejerían la malla desde el que se emprendió una prolífica cooperación intelectual a ambos lados del Atlántico y cuyo epicentro fue la Junta para Ampliación de Estudios.

Comisionado por la Universidad de Oviedo y por la Academia de Ciencias Morales y Políticas Rafael Altamira realizaría entre julio de 1909 y febrero de 1910 su viaje a América, visitando Argentina, Uruguay, Chile, Perú, México, Cuba y Estados Unidos. En su periplo a lo largo del cual pronunció cerca de trescientas conferencias entabló contacto con personalidades relevantes como Joaquín Vicente González, fundador de la Universidad de La Plata y con quien compartiría destino en el Tribunal Permanente de Justicia Internacional, y Archer Huntington de la *Hispanic Society of America* y el historiador de la *Columbia University* James T. Shotwell[217]. Su viaje –en opinión de Rafael Asín– marcaría un punto de inflexión en las relaciones culturales hispanoamericanas al contribuir, de un lado, a la normalización de los contactos a ambos lados del Atlántico y, de otro, pondría las bases para nuevas iniciativas e intercambios[218]. A su vuelta a España, Rafael Altamira fue llamado en marzo a palacio con el fin de informar al rey Alfonso XIII de las conclusiones de su viaje, cuyo relato publicaría en 1911 bajo el título *Mi viaje a América*. Las recomendaciones de Rafael Altamira –el envío de pensionados a estudiar los diferentes aspectos de la vida social, económica e intelectual de América, el intercambio de profesores y de recursos pedagógicos, la mejora del Archivo de Indias, la creación en Madrid de un centro oficial de relaciones hispano-americanas o el establecimiento de una sección americanista en la Universidad de Oviedo– pretendían forjar una nueva "imagen

[215] Ibídem. Pp. 118-119.

[216] De tales propuestas se da fe en la revista *Anales de la Universidad de Oviedo* en 1901. Véase T. RODRIGUEZ DE LECEA "Las relaciones culturales entre España y América Latina a través de la JAE", J.-R. AYMES-E.-M. GUERENA-J.-L. GUERENA (dirs.) *L'université en Espagne et en Amérique du moyen âge à nos jours,* I, Presse Universitaires François-Rabelais-Open Edition Book, 1991, p. 286.

[217] T. RODRIGUEZ DE LECEA "Las relaciones culturales...", pp. 286-287.

[218] R. ASÍN *Rafael Altamira (1866-1951)*, Alicante, Fundación Juan Gil-Albert, 1987, p. 90.

de España de cara al exterior, pero con repercusiones en el interior" e impulsar la unión del "tronco hispano" para potenciar el prestigio internacional de España". "Su proyecto reformista y secularizador –concluye Aida Rodríguez– era diferente al del panhispanismo, conservador y católico, que siempre reclamó para España una superioridad jerárquica y una proyección moral"[219]

No menos relevancia tendría el viaje realizado por el catedrático de sociología Adolfo González Posada a América –Argentina, Chile, Uruguay y Paraguay– desde el 26 de mayo de 1910 hasta comienzos del año siguiente, comisionado por la Junta para Ampliación de Estudios e invitado por la Universidad de La Plata. Su viaje trasladaba el contenido de la Real Orden de 16 de abril de 1910 en virtud de la cual se encomendaba a la Junta el fomento de las relaciones con Hispanoamérica mediante la concesión a estudiantes americanos de plazas en los centros de estudio e investigación dirigidos por la Junta, el envío a América de pensionados y delegados científicos para fomentar las relaciones interculturales, promocionar el intercambio entre profesores y estudiantes o facilitar el intercambio de publicaciones entre la Junta y otras entidades culturales americanas[220].

A su vuelta elaboró una Memoria, publicada en los *Anales de la Junta para Ampliación de Estudios e Investigaciones Científicas*[221], más adelante impresa en su libro *En América, una campaña*. La idea primordial de Adolfo González Posada era "establecer con Hispanoamérica una cooperación intelectual sólida que tuviese como base una cultura común y que abandonase los proyectos paternalistas de acudir en ayuda de América"[222].

En sus recomendaciones aconsejaba retomar la idea de Rafael Altamira acerca de la conveniencia de emprender iniciativas más allá del perímetro de la Junta para Ampliación de Estudios, como las que había adoptado la Universidad de Oviedo, a la vez que le aconsejaba a Rafael Altamira contactar con José Castillejo y aunar esfuerzos para que la Junta ejerciese el papel de "órgano de comunicación del movimiento científico, intelectual y pedagógico que entre ambos polos pudiese surgir" y a desarrollar en España y en América. Desde España la Junta para Ampliación de Estudios debía: canalizar desde sus servicios el intercambio de publicaciones y de propaganda con instituciones y centros americanos; ofrecer los servicios de su red de organismos, en especial el Centro de Estudios Históricos y la Residencia de Estudiantes; y fomentar las relaciones con los americanos que viniesen a España, invitándoles a visitar no solo los centros de investigación y docencia de la Junta sino también ofreciéndoles sus servicios de información. Y en América de entre las acciones que debía emprender la Junta las más urgentes eran el intercambio científico y el envío de profesores y científicos, así como el "envío de misiones científicas,

---

219 A. RODRÍGUEZ CAMPESINO *España, Estados Unidos y...*, pp. 117-118.

220 J.M. LÓPEZ SÁNCHEZ-H.M. CAPELLO-A.E. DE PEDRO ROBLES "Intelectualidad española en...", pp. 121-122.

221 A. GONZÁLEZ POSADA "Relaciones científicas con América (Argentina, Chile, Paraguay y Uruguay), *Anales de la Junta para Ampliación de Estudios e Investigaciones Científica*, t. III, 1911.

222 J. FORMENTÍN IBÁÑEZ-M.J. VILLEGAS SANZ *Relaciones culturales entre España y América: la Junta para Ampliación de Estudios (1907-1936)*, Madrid, Mapfre, 1992, p. 65.

con el fin de conocer su evolución económica, su historia y su naturaleza, pues era lo que más interesaba a España, con vistas a interpretar en un futuro mejor sus intereses en la zona"[223]. A tal fin recomendaba a la Junta aprovechar los nexos con las colonias de inmigrantes españoles y coincidía con Rafael Altamira en la necesidad de crear un centro oficial que organizase estas relaciones con Hispanoamérica.

La Junta para Ampliación de Estudios asumiría en adelante el protagonismo institucional en las relaciones culturales y científicas con Hispanoamérica, especialmente desde el Centro de Estudios Históricos, promoviendo y alentando un embrionario ecosistema académico orientado explícitamente hacia los estudios hispanoamericanos, de un lado, y canalizando la cooperación intelectual entre España y las repúblicas hispanoamericanas a través de una red de instituciones y centros creados en la otra orilla del Atlántico. Una actividad y una red de cooperación intelectual que habría de acometer la coordinación con los nuevos entes de la diplomacia cultural creados en la década de 1920: la Oficina de Relaciones Culturales y la Junta de Relaciones Culturales, y en cuyo diseño fue crucial la labor de Américo Castro, miembro del Centro de Estudios Históricos.

Desde el Centro de Estudios Históricos se iría fraguando –no sin discontinuidades en función de la propia evolución del Centro, el propio contexto histórico y el devenir de los académicos implicados vocacionalmente en este ámbito de conocimiento– un ecosistema académico de estudios hispanoamericanos.

Sin duda el protagonismo en la genealogía de los estudios hispanoamericanos no solo en el Centro de Estudios Históricos, sino también en la universidad y –recordemos también– en el Instituto Libre de Enseñanza de las Carreras Diplomáticas y Consultar y Centro de Estudios Marroquíes, recayó en Rafael Altamira. Su atracción por el conocimiento del mundo hispanoamericano ya había fructificado en la fundación de la *Revista Crítica de Historia y Literatura Españolas, Portuguesas e Hispanoamericanas* (1895-1902) y se plasmaría en los escritos sobre su viaje a América publicado en 1911 y en otras publicaciones posteriores como *La huella de España en América* en 1924. Su proyección americanista se había puesto de manifiesto no solo en el ámbito de la historiografía y la enseñanza de la historia sino también del derecho internacional, en particular a tenor de su participación en el Instituto Hispano-luso-americano de Derecho Comparado, fundado en 1906 y presidido por Rafael María de Labra y a quién sucedería en la presidencia.

En 1910, establecido ya el Centro de Estudios Históricos en el Palacio de Bibliotecas y Museos próximo a la Biblioteca Nacional y el Archivo Histórico, Rafael Altamira se haría responsable de la sección cuarta, titulada "Metodología de la Historia: trabajos de seminario", luego rebautizada como "Metodología histórica e historia de España" en la sección sexta a partir de 1914 y en donde colaborarían entre otros Lorenzo Luzuriaga y

[223] J.M. LÓPEZ SÁNCHEZ-H.M. CAPELLO-A.E. DE PEDRO ROBLES "Intelectualidad española en…", p. 123-125.

José María Ots Capdequí[224]. Este último año se incorporaría al claustro de profesores del Instituto Libre de Enseñanza de las Carreras Diplomática y Consular y Centro de Estudios Marroquíes, donde impartiría –recordemos– la asignatura de Historia política de Europa desde la caída de Napoleón y de América desde la independencia. Tras la modificación del plan de estudios del Instituto en 1917 adquirieron mayor presencia las materias en torno a Marruecos y América, impartiendo la asignatura Historia política contemporánea de América. La historia de América cobraba visibilidad en el marco de los estudios internacionales del Instituto, pero lejos de la atención de que sería objeto la enseñanza de los asuntos marroquíes en pleno proceso de penetración colonial para hacer efectivo el protectorado. Asimismo, en agosto de 1914 Rafael Altamira accedería a la cátedra de Historia de las Instituciones políticas y civiles de América, creada como materia exclusiva de doctorado en las facultades de Derecho y de Filosofía y Letras en la Universidad Central de Madrid. En esta cátedra, a la que fue dotando de una biblioteca especializada nutrida en buena medida con sus donaciones bibliográficas, se mantendría hasta 1936. En 1923 cuando se incorporó a sus responsabilidades en el Tribunal Permanente de Justicia Internacional en La Haya dimitió de sus cargos en la Junta para Ampliación de Estudios como vocal[225].

En el seno del Centro de Estudios Históricos desaparecieron la sección dirigida por Rafael Altamira y la sección de Historia de las instituciones medievales españolas, como consecuencia del fallecimiento de su director Eduardo Hinojosa. Desde 1924 Claudio Sánchez Albornoz, que sucedió a Eduardo Hinojosa en la cátedra de Historia del derecho, se haría cargo de una sección de Historia del derecho español, desde la que se comenzaría a publicar el *Anuario de Historia del Derecho Español*, donde colaboraría José María Ots Capdequí, que por aquel entonces ya ocupaba una cátedra en la Universidad de Sevilla[226]. En 1931 Sevilla acogería la creación de un Centro de Estudios de Historia de América bajo la dirección del propio José María Ots Capdequí. En plena efervescencia de la diplomacia cultural de la Segunda República, el reconocimiento explícito de los estudios hispanoamericanos en el seno del Centro de Estudios Históricos cobraría carta de naturaleza en septiembre de 1933, con motivo del establecimiento de una sección de Estudios hispanoamericanos cuya dirección recaería en Américo Castro, con una dilatada experiencia en el Centro de Estudios Históricos, y en la que colaborarían Ramón Iglesia, Raquel Lesteiro y Ángel Rosenblat[227]. Desde la nueva sección se acometería una prolífica

[224] Centro de Documentación de la Residencia de Estudiantes –Junta para Ampliación de Estudios–. *Memoria de la Junta para Ampliación de Estudios e Investigaciones Científicas*, 1910-1911, 1912-1913, 1914-1915, 1916-1917 y 1918-1919. Desde 1918 desaparecerá la Sección 6ª de Historia que en adelante se dedicará a Cursos para extranjeros.

[225] T. RODRIGUEZ DE LECEA "Las relaciones culturales…", p. 289; y https://www.rafaelaltamira.es/ (consultado el 11 de octubre de 2023)

[226] Consúltese para una aproximación panorámica a la enseñanza de la historia en el Centro de Estudios Históricos el trabajo de T. RODRIGUEZ DE LECEA "La enseñanza de la historia en el CEH: Hinojosa y Altamira", J.M. SÁNCHEZ RON (coord.) *1907-1987. La Junta para Ampliación de Estudios 80 años después*, Madrid, CSIC, v. II, 1988, pp. 519-534.

[227] Centro de Documentación de la Residencia de Estudiantes –Junta para Ampliación de Estudios–. *Memoria de la Junta para Ampliación de Estudios e Investigaciones Científicas*, 1933-1934, p. 219.

"empresa de investigación y edición de obras históricas y lingüísticas sobre el acervo colectivo de los pueblos hispánicos, reediciones de crónicas antiguas y la publicación de la revista *Tierra Firme*"[228].

Desde sus inicios esta sección acogería investigaciones sobre Hispanoamérica y en general sobre estudios históricos internacionales, ciertamente muy puntuales y limitadas si lo comparamos con la gravidez de los estudios de corte filológico liderados por Ramón Menéndez Pidal y los estudios de historia del derecho español y de historia medieval y, por supuesto, con la actividad docente y divulgativa desempeñada por el Instituto Libre de Enseñanza de las Carreras Diplomática y Consultar y Centro de Estudios Marroquíes, en la que concurrirían la labor académica e historiográfica de Rafael Altamira y de Jerónimo Becker. Entre las puntuales aportaciones realizadas desde el Centro de Estudios Históricos cabría destacar la dirección por Rafael Altamira de la investigación de José María Ots Capdequí y Sabater "Extranjeros en la América española y las instituciones de derecho privado en las colonias españolas de América"[229], las investigaciones de Enrique Seé sobre relaciones comerciales[230], de Erasmo Buceta sobre historia diplomática[231], de Eduardo Hinojosa desde la perspectiva del iusnaturalismo[232] o de hispanistas franceses como Alfred P.V. Morel-Fatio[233].

En el plano de la enseñanza de la historia uno de los problemas de los manuales españoles en la educación primaria era el etnocentrismo en torno a la historia nacional y una escasa conexión con la historia universal y la historia de la civilización. Un aspecto sobre el que habían mostrado especial atención desde la Institución Libre de Enseñanza

[228] L. DELGADO "Un siglo de...", p. 13; y L. LÓPEZ-OCÓN "La ruptura de una tradición americanista en el CSIC: la evanescencia de la revista *Tierra Firme*", *Arbor*, n. 631-632, 1988, pp. 387-411. Entre los trabajos en preparación tal como se detallan en la última memoria de la Junta (1933-1934) figuran: la edición crítica de la verdadera historia de la Nueva España de Bernal Díaz del Castillo a cargo de Américo Castro, Ramón Iglesia y Antonio Rodríguez Moñino; la bibliografía de las lenguas indígenas de América y estudios sobre las mismas de Ángel Rosenblat y Lázaro Sánchez Suárez; el estudio sobre los títulos jurídicos de la soberanía española en América por Manuel García Pelayo; los trabajos cartográficos sobre el descubrimiento y la conquista de América, de Juan Dantín Cereceda y Vicente Loriente; el estudio sobre la conquista española de América de Silvio Zavala; y la publicación, en colaboración con la Biblioteca Nacional, de una bibliografía de las obras impresas relativas a América en los fondos de la mencionada biblioteca (véase T. RODRIGUEZ DE LECEA "Las relaciones culturales...", p. 290).

[229] Centro de Documentación de la Residencia de Estudiantes –Junta para Ampliación de Estudios–. *Memoria de la Junta para Ampliación de Estudios e Investigaciones Científicas*, 1916-1917.

[230] E. Seé "Notas sobre el comercio francés en Cádiz y particularmente sobre el comercio de las telas bretonas en el siglo xviii", *Anales de Historia del Derecho Español*, II, 1925, pp. 179-195; "Algunos documentos sobre las relaciones comerciales entre Francia y España en el siglo xviii", *Anuario de Historia del Derecho Español*, V, 1928, pp. 218-226; y "Nota sobre el comercio franco-portugués en el siglo xviii", *Anuario de Historia del Derecho Español*, VI, 1929, pp. 214-219 (*Memoria de la Junta para Ampliación de Estudios e Investigaciones Científicas*, 1924-1926 y 1929-1930).

[231] E. Buceta "Contribución al estudio de la diplomacia de los Reyes Católicos", *Anales de Historia del Derecho Español*, VI, 1929, pp. 145-196; y del mismo autor en clave más próxima a la historia intelectual "El entusiasmo por España en algunos románticos ingleses", *Revista de Filología Hispánica*, X, pp. 1-25 (*Memoria de la Junta para Ampliación de Estudios e Investigaciones Científicas*, 1922-1924 y 1929-1930).

[232] Eduardo Hinojosa y Naveros "Los precursores españoles de Grocio", *Anales de Historia del Derecho* Español, VI, 1929 (*Memoria de la Junta para Ampliación de Estudios e Investigaciones Científicas*, 1929-1930).

[233] A. Morel-Fatio "Les allemands en Espagne du xv au xviii siècle", *Revista de Filología Hispánica*, IX, pp. 277-297 (*Memoria de la Junta para Ampliación de Estudios e Investigaciones Científicas*, 1922-1924).

a través de la acción de sus pedagogos y maestros y, en especial, en el plano de formación integral del Instituto-Escuela creado por la Junta para Ampliación de Estudios en 1918. En el ámbito de la enseñanza secundaria no sería hasta el plan de estudios de 1926 cuando se introduciría en el segundo año del bachillerato elemental una asignatura de historia de América. En el bachillerato universitario de aquel plan se impartía en el año común para los itinerarios de Letras y de Ciencias la historia de la civilización española en relación con la civilización universal[234].

La cooperación intelectual y la red articulada desde la Junta para Ampliación de Estudios y, en particular, desde el Centro de Estudios Históricos fue, sin duda uno de los grandes activos del hispanoamericanismo institucionista, liberal y pragmático del primer tercio de siglo. No sería hasta 1914 cuando la Junta para Ampliación de Estudios comenzase a desarrollar una actividad plena en Hispanoamérica, redefiniendo la naturaleza de sus relaciones con las repúblicas hispanoamericanas, privilegiando el intercambio y el envío de misiones y profesores. De acuerdo con las memorias de la Junta para Ampliación de Estudios del año 1916 la larga distancia y el alto coste suponía una enorme desventaja con respecto al envío de pensionados a Europa. Pero junto a este planteamiento pragmático, la Junta también tenía en consideración que "era en Europa y en los Estados Unidos donde mejor se podían emplear los recursos con el fin de llevar a cabo la ansiada renovación científica, mientras que la América española se presentaba como un territorio en el que los intelectuales españoles podían desplegar sus conocimientos"[235] y realizar una labor de siembra intelectual.

La piedra fundacional de la red establecida desde la Junta en Hispanoamérica se asentaría en Buenos Aires con motivo de la creación el 4 de agosto de 1914 del Instituto Cultural Español y posible gracias a las aportaciones de la colonia española. Su presidente fue Avelino Gutiérrez que actuó como eslabón de encuentro entre la Junta y la colonia española. A la obra del Instituto Cultural Español se vincularía la Universidad de Buenos Aires, que ofrecería una cátedra para el desarrollo de los cursos. El Instituto se dotaría de dos instrumentos: el sostenimiento de una cátedra con intelectuales españoles de diferentes ramas del saber, y el desarrollo de las actividades relacionadas con el intercambio intelectual entre España y Argentina. A Buenos Aires acudiría Ramón Menéndez Pidal en su lance inaugural en conmemoración de la obra y la figura de Ramón Menéndez Pelayo. En 1915 le sucedería José Ortega y Gasset. En 1920 asistiría Adolfo González Posada para impartir un curso sobre los problemas sociales y económicos de Europa. En 1922 se creó el Instituto de Filología en la Universidad de Buenos Aires, bajo la presidencia honoraria de Ramón Menéndez Pidal, pero cuya organización recayó en Américo Castro, uno de sus más cercanos colaboradores en el Centro de Estudios Históricos. En 1933 Claudio Sánchez Albornoz y posteriormente José María Ots Capdequí, invitado como director

[234] Véase R. ALTAMIRA *La enseñanza de...*, pp. 54 y ss.
[235] M. LÓPEZ SÁNCHEZ-H.M. CAPELLO-A.E. DE PEDRO ROBLES "Intelectualidad española en...", p. 126.

del Centro de Estudios de Historia de América de Sevilla, acudiría a Buenos Aires, en el caso de este último para impartir varias lecciones sobre la historia de la colonización española desde un prisma institucional[236].

El Instituto Cultural Español de Buenos Aires se erigiría en el modelo a implementar en la cooperación intelectual en Hispanoamérica. En agosto de 1919 Montevideo sería el escenario en el que se fundaría un nuevo Instituto Cultural Español. Como en el caso argentino resultó crucial el apoyo de la colonia española, en especial de su presidente Manuel Senra. En adelante Buenos Aires y Montevideo se erigirían en enclaves prioritarios del *tour* de los profesores designados por la Junta.

En torno a esta malla fructificaría en el curso de la década de 1920 un renacimiento cultural español entre las repúblicas hispanoamericanas. En aquellos años "se fortalecieron las relaciones con Hispanoamérica, y el Centro de Estudios Históricos desempeñó un papel destacado en estas, pues sus profesores iniciaron en gran medida esta labor"[237]. En este marco cristalizarían nuevos centros en la red de cooperación intelectual, entre ellos la constitución en agosto de 1925 del Instituto Hispano-mexicano de Intercambio Universitario, fruto de la colaboración entre la Junta para Ampliación de Estudios y la Universidad Nacional de México y, como en los casos anteriores, sostenido por la colonia española. Su presidente fue Alfonso Pruneda, rector de la Universidad Nacional de México. A su inauguración asistieron en 1926 Fernando de los Ríos y el físico Blas Cabrera y en 1927 les sucedería Luis de Zulueta, quién impartiría dieciséis lecciones sobre la educación en el siglo xix. En 1928 sería Américo Castro quién dispondría de un pensionado de dos años que desempeñaría en México y en La Habana para dirigir seminarios de estudios filológicos.

La Habana se incorporaría a esta red a raíz del establecimiento de la Institución Hispano-cubana de Cultura el 22 de noviembre de 1926, por iniciativa de la Sociedad Económica de Amigos del País, integrada por cubanos y emigrantes españoles. Allí estuvieron en enero de 1927 Fernando de los Ríos y Blas Cabrera tras su estancia en México y junto a ellos, María de Maeztu. Similar itinerario al que realizaría al año siguiente Luis de Zulueta.

Por último, la red dispondría de otro nodo en la Universidad de Puerto Rico en colaboración con el Centro de Estudios Históricos a tenor de la creación de un Departamento de Español en 1925, cuyo director efectivo fue Federico de Onís. Pieza clave en las relaciones de la Junta para Ampliación de Estudios con el mundo académico estadounidense, director del Departamento de Hispanismo de la *Columbia University* y director del Instituto de las Españas creado en octubre de 1920, fue el inspirador de la iniciativa adoptada en Puerto Rico. De vida efímera por sus carencias económicas fue

[236] T. RODRIGUEZ DE LECEA "Las relaciones culturales...", p. 294-298.
[237] M. LÓPEZ SÁNCHEZ-H.M. CAPELLO-A.E. DE PEDRO ROBLES "Intelectualidad española en...", p. 129.

la última de estas instituciones, la Institución Cultural Española de Santo Domingo creada en 1928[238].

La cooperación intelectual con Hispanoamérica y la participación española en los foros de cooperación intelectual en el marco de la Sociedad de Naciones tras la Gran Guerra gravitarían sobre las atribuciones, los recursos y la filosofía reformista e institucionista de la Junta para Ampliación de Estudios. La cooperación intelectual con Hispanoamérica trascendió en un universo propio, diferenciado de los foros de cooperación intelectual en Ginebra y París. Con la puesta en escena de la diplomacia y la política cultural durante la dictadura del general Primo de Rivera, la cual pivotaría prioritariamente sobre Hispanoamérica, y el impulso inyectado por la República a la dimensión cultural de su acción exterior recuperando las señas de identidad institucionistas y liberales cristalizaría una verdadera política cultural, cuya eficiencia pasaba por la adecuada sincronización de la labor irradiada desde la Junta de Relaciones Culturales y la actividad de la Junta para Ampliación de Estudios. Planos en los que convergería la malla transnacional tejida desde la Junta para Ampliación de Estudios con la actividad gubernamental promovida desde la Junta de Relaciones Culturales.

La diplomacia española, tanto la monárquica como la republicana, trató de capitalizar su ascendencia sobre las repúblicas hispanoamericanas en aras a proyectar y fortalecer su prestigio e imagen internacional. Episodios como la acción convergente de las repúblicas hispanoamericanas y España en la Asamblea de la Sociedad de Naciones de 1920 exigiendo la inclusión del español como lengua oficial, como ya lo eran el inglés y el francés, dado que suponían el 36% de los países miembros de la organización internacional, se aplazaría sin alentadores resultados a la Asamblea de 1921. La propuesta firmada por las repúblicas hispanoamericanas y España, tal como afirma Aida Rodríguez Campesino, favoreció el sentimiento de ser parte de un "referente cultural común", la comunidad hispanoamericana. Sin embargo, los "delegados españoles se esforzaban en presentarse como el enlace entre España y América Latina, mientras que a los representantes latinoamericanos les interesaba más mantenerse en un perfil independiente"[239]. La búsqueda de apoyos diplomáticos por parte de España entre aquellas repúblicas sería una práctica recurrente para asegurar su presencia en el Consejo de la Sociedad de Naciones, pero también causa de conflicto durante la batalla diplomática para lograr un puesto permanente en el Consejo en 1926 ante la concurrencia de otras candidaturas como la de Brasil. Y, por citar otros episodios, la convergencia hacia Hispanoamérica se materializaría también en la década de 1930 a partir de los oficios mediadores de los diplomáticos españoles desde la Sociedad de Naciones en la guerra del Chaco[240].

---

[238] T. RODRIGUEZ DE LECEA "Las relaciones culturales...", p. 299-300.

[239] A. RODRÍGUEZ CAMPESINO *España, Estados Unidos y...*, p. 130.

[240] Consúltese "España y el conflicto del Chaco en el marco de la Sociedad de las Naciones (1932-1935)", *Homenaje a los Profesores José Mª. Jover Zamora y Vicente Palacio Atard*, Madrid, Departamento de Historia Contemporánea de la Facultad de Geografía e historia de la Univ. Complutense de Madrid, 1990, pp. 677-699.

No hubo en los foros de la cooperación intelectual en la Sociedad de Naciones coordinación en la actividad entre los comités nacionales y los representantes españoles y de las repúblicas hispanoamericanas. Y mucho menos aún la hubo en foros más especializados como la Conferencia Permanente de Altos Estudios Internacionales. Que no hubiera coordinación en sus actividades no implica falta de interés según las motivaciones y las circunstancias. En la nota realizada desde la Federación de Asociaciones Españolas de Estudios Internacionales en 1935 de cara a la IX Conferencia Permanente de Altos Estudios Internacionales se priorizaba la posibilidad de estudiar en común entre diversas instituciones nacionales el problema de la redistribución de los mandatos internacionales y el deseo de entrar en contacto estrecho con el grupo americano en el seno de la Conferencia para tratar cuestiones sobre Hispanoamérica, con el marco de fondo de la guerra del Chaco y el conflicto de Leticia[241]. Ambas menciones revelan la gravidez de la proyección ultramarina en la política y las preocupaciones de la política exterior española.

La convergencia de intereses y sensibilidades fue más explícita en otros planos de la cooperación intelectual, como la preocupación por la enseñanza de la historia y el amplio radio de acción e influencia de la resolución Casares de 1925. Rafael Altamira advertía de la influencia en ciertas repúblicas hispanoamericanas de los pedagogos españoles especializados en metodología de enseñanza de la historia en la revisión de los manuales escolares para eliminar los pasajes susceptibles de herir las sensibilidades de otros países, en el sentido planteado por la resolución Casares[242].

GEOPOLÍTICA Y PENSAMIENTO GEOESTRATÉGICO: EL EJÉRCITO Y LA ARMADA

En los debates sobre relaciones internacionales en la primera mitad del siglo xx hemos podido constatar la importancia del pensamiento geográfico y geopolítico, además de las disciplinas consideradas centrales como el derecho internacional y la historia diplomática. En las controversias y discusiones académicas sobre el imperialismo, la seguridad o la naturaleza del orden internacional y la seguridad colectiva tras la Guerra del Catorce la referencia al pensamiento de Alfred T. Mahan, Halford Mackinder, Karl Haushofer, James Fairgrieve o Isaiah Bowman son sustanciales para la comprensión de los estudios internacionales. Es cierto que salvo alguna excepción, caso de Alfred T. Mahan, no es muy habitual la interacción entre militares y marinos con el mundo de los académicos,

[241] UNESCO AG-1-IICI-K 1935 Espagne. Conférence Permanente des Hautes Études Internationales. Les procedes de réglement pacifique de certains problèmes internationaux ("peacefull changes"). Responses au commentaire du rapportuer general. Federación de Asociaciones Españolas de Estudios Internacionales.

[242] Rafael Altamira mencionaba dos casos de textos de historia expurgados desde la cooperación académica: el manual de texto chileno de Amunátegui Solar por "errores que agraviaban a España"; y los textos de Eugenio Petit Muñoz y Orive en Uruguay (R. ALTAMIRA *La enseñanza de la historia en la escuela*..., pp. 47-48).

pero en la formulación y ejecución de la política exterior estas conexiones políticas y burocráticas son de lo más relevante.

En el caso español la gravidez de los problemas de seguridad desde comienzos de siglo, la militarización de la penetración colonial en Marruecos o las expectativas suscitadas por la seguridad colectiva y su incidencia en nociones como la neutralidad pusieron de relieve la necesaria conexión entre el ámbito político y los estamentos militares –Marina y Ejército, fundamentalmente–. Sin embargo, las conexiones académicas fueron poco relevantes por no decir casi inexistentes. En los planes de estudio y entre el claustro de profesores del Instituto Libre de Enseñanza de las Carreras Diplomática y Consular y Centro de Estudios Marroquíes no participaron ni oficiales ni jefes de la Marina y del Ejército, por citar un caso, del mismo modo las academias militares o las actividades organizadas por la Escuela Superior de Guerra (1893) o la Escuela de Guerra Naval (1925) fueron ámbitos exclusivos de los Estados Mayores de ambas armas.

¿Cuáles fueron los rasgos del pensamiento naval y militar y su implicación con la política exterior y los estudios internacionales en la sociedad española del primer tercio del siglo xx?

El peso y la posición internacional de un Estado están directamente relacionados con la dimensión de su *poder naval y militar* y el modo en cómo esos núcleos sociológicos –la Marina y el Ejército– influyeron en la vida política y en el curso de la política exterior como grupos de influencia.

El "poder marítimo", tal como lo define R. Cerezo Martínez, es la facultad de defensa de un espacio natural y su envergadura es el resultado de la interacción de tres componentes operativos: un componente móvil, que es la marina, tanto civil como de guerra; un componente de apoyo, concebido para proveer las necesidades del anterior –astilleros, puertos, bases, arsenales y servicios-; y, por último, el componente geográfico. Inserto en este marco, el "poder naval" encarna el componente militar dentro del "poder marítimo"[243]

Tras el desastre naval de 1898 la España monárquica emprendería desde principios de siglo una estrategia de regeneración naval, "rehacer la Marina", a partir de los nuevos planteamientos geopolíticos emergentes, y especialmente las ideas de Alfred Thayer Mahan, cuya obra *La influencia del poder naval en la historia* tendría su primera versión en castellano en 1910. Poco a poco sus teorías, muy críticas con el poder naval español, fueron seduciendo, no sin críticas, a los analistas y estudiosos navales españoles[244]. En la propagación de las tesis de Mahan en España se embarcaron principalmente dos figuras: el político conservador, Joaquín Sánchez de Toca, autor de la obra *El poder naval en*

[243] R. CEREZO MARTÍNEZ *España y el poder marítimo*, Madrid, Editora Nacional, 1975, pp. 76-78. Véanse, asimismo, las precisiones conceptuales realizadas en 1941 por L. CARRERO BLANCO *España y el mar*, vol. 1, Madrid, Instituto de Estudios Políticos, 1962, pp. 44-45.

[244] Véase J. SALGADO ALBA "Evolución estratégica de la Marina española entre las dos guerras mundiales", *Les armées espagnoles et françaises. Modernisation et réforme entre les deux guerres mondiales*, Madrid, Annexes au mélanges de la Casa de Velázquez, 1989, p. 136.

España y su política económica para la nacionalidad iberoamericana; y un oficial de marina, Fernando Navarrete, que divulgó sus conocimientos desde la *Revista General de Marina.*

En el marco del Regeneracionismo de la España alfonsina se suscitaron de inmediato los primeros intentos y manifestaciones en aras a la reconstrucción de la flota. Desde la tribuna política Francisco Silvela y Antonio Maura se pronunciaron desde un principio por la necesidad de reorganizar el poder naval. Silvela al prologar el libro de Joaquín Sánchez de Toca sentenciaba que "renunciar a tener Armada es renunciar a tener independencia nacional y porvenir en el mundo"[245].

El estado de opinión favorable a la reconstrucción del poder marítimo fue afianzándose en determinados círculos económicos y profesionales, como puede deducirse de la actividad de las cámaras de comercio, reunidas en Zaragoza en noviembre de 1898, la celebración del Certamen Naval de Almería en 1900, cuyo tema central giró en torno a la conveniencia o no de que España fuera potencia marítima, o la creación de la Liga Marítima en 1901, en cuya junta central figuraban Antonio Maura y Joaquín Sánchez de Toca, este último a su vez miembro de la Liga Africanista.

En aquel caldo de cultivo se crearía la Junta de Escuadra en enero de 1902, en cuyo seno figuraban además del propio Sánchez de Toca, Antonio Maura y Ferrándiz, y cuyo objetivo prioritario sería proponer el programa naval de reconstrucción[246]. En junio de aquel año tendría lugar la convocatoria en Madrid de un congreso para el fomento de la "España marítima".

La reconstrucción de la flota se antojaba como un instrumento esencial en aquel contexto de reinserción internacional. Sin embargo, las enconadas discusiones en las Cortes a raíz de las dificultades económicas fueron retrasando la aprobación del programa naval hasta 1907, al amparo del nuevo Gobierno de Antonio Maura y su ministro de Marina Ferrándiz. La Ley de Organización Marítima y Armamentos Navales Militares, aprobada en el mes de noviembre, consagraba –en su artículo 1– una de las conclusiones del Certamen de Almería sobre la conveniencia de una marina defensiva y los trabajos previos de la Junta de Escuadra[247]. España se dotaba de una modesta flota naval para hacer valer sus intereses y sus compromisos desde el entendimiento internacional con Londres y París. A su vez, emulaba el lenguaje y el estilo del imperialismo de la época, recurriendo a la política de la cañonera, como sucediera el 3 de junio de 1911 con el envío de una pequeña escuadra al puerto marroquí de Larache, pocas semanas antes de que Alemania utilizara similares procedimientos en Agadir[248].

[245] Véase M. FERNÁNDEZ ALMAGRO "Política naval de la España moderna y contemporánea. VI. Afanes de Maura", *Revista de Estudios Políticos*, vol. XII, año 4, 22-23, 1945, p. 39.

[246] Véase A. de la VEGA BLASCO-P. RUIZ FERNÁNDEZ *El resurgir de la Armada: Certamen naval de Almería (25 de agosto de 1900)*, Madrid, Editora Nacional, 1994.

[247] F. de BORDEJÉ *España, poder marítimo y estrategia naval*, Madrid, Ed. Naval, 1982, p. 144.

[248] Véase J.-M– DELAUNAY "La mer dans les relations franco-espagnoles au début du Xxè siècle", *Relations Internationales*, n. 60, hiver 1989, pp. 457 y 461.

El poder naval y la Marina irían adquiriendo un lugar preponderante una vez superada la fase de reconstrucción del poder naval propio de los primeros años del Regeneracionismo. Tras la Gran Guerra los tratadistas españoles intentaron incorporar los nuevos avances doctrinales y tecnológicos, en especial el uso del arma submarina y del arma aérea. En la España de los años veinte y treinta, el pensamiento estratégico naval fue, a juicio de Jesús Salgado Alba, obra de tres tratadistas: el almirante Francisco Moreno, fundador de la Escuela de Guerra Naval; el capitán de navío Carvia, protagonista de uno de los programas navales más ambiciosos de la primera mitad de siglo; y el futuro almirante Luis Carrero Blanco, autor de la obra *España y el mar*. En sus tesis, y en especial en las de Carrero Blanco, habían influido de forma muy notoria las convicciones geopolíticas del almirante francés Raoul Castex, cuya teoría del "pertubador continental" encontró un atractivo acomodo interpretativo en el símil casticista español de las corridas de toros[249].

A partir de la obra de estos tratadistas el pensamiento estratégico naval español en el periodo de entreguerras se podría concretar en los siguientes puntos:

> 1. Creación de una mentalidad marítima en España abandonando la condición continental para salir del aislamiento internacional y crear un Poder Naval adecuado a nuestros intereses.
> 2. Creación de una Fuerza Naval de composición equilibrada que contase con los tres elementos esenciales: acorazados como factor de dominio del mar; destructores para la protección de los acorazados y del tráfico marítimo, submarinos para atacar, en caso de conflicto, al tráfico enemigo y aviación naval para incorporar el poder aéreo a la fuerza naval.
> 3. Reforzar el componente logístico, es decir, los arsenales, para construcción y sostenimiento de la fuerza.
> 4. Definir, en el plano de la geoestrategia, las zonas marítimas de interés español para aplicar sobre ellas el Poder Naval[250].

En el planteamiento de esos navalistas se reiteraba, por tanto, la necesidad de promover en España una conciencia marítima que desplazase la mentalidad continental que había imperado en la clase política desde el siglo XIX. Ese objetivo junto a la potenciación de los medios navales y logísticos se concibieron en virtud de la idea imperante hasta el estallido de la Guerra Civil, consistente en ejercer el papel de "potencia equilibradora" en el Mediterráneo Occidental.

A lo largo de la Dictadura de Primo de Rivera el privilegiado lugar que ocupó la política mediterránea y la búsqueda de soluciones al problema de Marruecos, fue acompañado de

[249] Siendo capitán de corbeta Luis Carrero Blanco realizó el curso de Guerra Naval en *L'École de Guerre Navale* de París (Véase J. SALGADO ALBA "Evolución estratégica de...", p. 137). Para profundizar en el pensamiento estratégico de Raoul Castex remitimos a la consulta de la obra de H. COUTAU-BÉGARIE *La potencia marítima (Castex)*, Madrid, Ediciones Ejército, 1987.

[250] J. SALGADO ALBA "Evolución estratégica de...", pp. 138-139.

una "apreciable atención", utilizando la expresión de Fernando de Bordejé, a la Marina. A la altura de 1930, en opinión de Fernando de Bordejé, "España poseía unas fuerzas navales idóneas y con una preparación a la altura de las del resto de Europa, lo que contrastaba con la debilidad de medios y de la efectividad del Ejército e, incluso de la Aviación". Este trato privilegiado, según el citado autor, fue fruto bien de una compensación del dictador por la neutralidad de la Marina en los asuntos internos, o bien "porque el General estaba convencido de que en caso de conflicto, incluidos en una alianza, el único componente de cierto valor que podía aportar España sería el núcleo de las modernas unidades navales que estábamos a punto de conseguir"[251].

La línea de potenciación del poder naval prosiguió con el Gobierno de Berenguer, bajo cuyo mandato el ministro de Marina, el almirante Carvia, llevó a cabo un importante esfuerzo de racionalización y modernización de la Marina. Su aportación más notable fue erigir el Estado Mayor de la Armada como órgano superior de la Marina, ya que hasta entonces no había existido ningún servicio especializado para la preparación de la guerra, a pesar de que existiese nominalmente el Estado Mayor. Asimismo, Carvia elaboró un profundo estudio táctico, técnico y estratégico para la política naval española, que quedó plasmado en un proyecto, luego presentado al Gobierno y a las Cortes. El plan de Carvia respondía al temor "de que nuestra Marina, y por tanto España, quedase muy debilitada navalmente en la próxima década, precisamente cuando todo hacía presagiar que se iba a desarrollar una vertiginosa carrera armamentística por parte de todas las marinas del mundo"[252]. La flota, según el plan del ministro, había que evaluarla a partir de hipótesis derivadas de la situación de Europa en aquellos momentos y de la fuerza naval que, con arreglo a los tratados, podía tener un valor en el caso de participar en una alianza. En términos más concretos, se deducía que la futura flota española debía ser tal que sumada a la de Italia constituyera un conjunto superior a la francesa, o bien que unida a esta última fuese superior a la de Italia y Alemania juntas, ya que era imposible enfrentarse a Gran Bretaña, siquiera contando con la alianza francesa e italiana.

La política naval desarrollada por la Monarquía de Alfonso XIII a lo largo de este periodo, de acuerdo con sus imperativos estratégicos pero limitada por sus recursos materiales, se mantuvo al margen de acuerdos internacionales en la materia. A finales de la década de los veinte España no era una gran potencia naval, pero ocupaba un "lugar decoroso entre las potencias navales secundarias", con perspectivas de situarse en el cuarto lugar entre las potencias marítimas europeas, y en el sexto de las mundiales[253].

En relación al poder militar y al Ejército desde los inicios de la Restauración, su articulación doctrinal y operativa se había concebido a partir del modelo prusiano. En adelante este sería el modelo de referencia en el reformismo militar español del último tercio del

[251] F. de BORDEJÉ MORENCOS *España, poder marítimo...*, p. 145.

[252] F. de BORDEJÉ MORENCOS *Vicisitudes de una política naval. Antecedentes, desarrollo de la Armada entre 1898-1936*, Madrid, Editorial San Martín, 1978, p. 542.

[253] J.M. JOVER ZAMORA-G. GÓMEZ-FERRER-J.P. FUSI *España: sociedad, política y civilización (siglos XIX y XX)*. Madrid, Areté, 2001, p. 661.

siglo xix. La admiración por todo lo que representaba el ejército alemán se mantendría durante todo el régimen de la Restauración e incluso tras la Guerra del Catorce.

El Ejército de la Restauración es una herencia del de Narváez, permeable a los cambios de la política europea, y en particular el ascenso de Prusia y la reunificación alemana. Las reformas de Isabel II introdujeronn unas estructuras y una lógica de actuación que perdurarían hasta la transición a la democracia bajo el reinado de Juan Carlos I. Se configuraba una institución "de fuerte contenido nacionalista, orientada básicamente a la defensa de la integridad territorial y el mantenimiento del orden público"[254].

La concepción del papel del Ejército y de los fundamentos del nuevo orden político por parte de Antonio Cánovas del Castillo acrisolaría el monopolio de la gestión militar en la institución armada y la asunción por parte de esta del papel de garante del orden institucional. En palabras de Fernando Puell de la Villa, "favoreció que el ejército se erigiera en poder tutelar del Estado, toleró el desarrollo del pretorianismo durante el último cuarto del siglo xix y sentó las bases del militarismo que iba a presidir la vida pública española en los años centrales del siglo xx"[255].

La política de defensa canovista consistió en "combatir el *peligro interior*" y conservar la soberanía española sobre las provincias de ultramar. Asimismo, el hecho de que España no hubiera sufrido una amenaza externa real desde la Guerra de la Independencia en 1808 estimularía en la psicología colectiva de los españoles la noción de insularidad y de marginación respecto al conflicto externo. Todo ello tendería a desnaturalizar la función teórica o formal del Ejército, garantizar la soberanía y la integridad territorial del Estado frente a una amenaza externa. Así el militarismo que se desarrolló en la época, como sostiene Joaquim Lleixá, tuvo una clara vocación interior[256].

En el Ejército-corporación de la España alfonsina, sus cuadros de mando "profesaban ideologías nacionalistas y visceralmente militaristas, y mantenían una acrisolada lealtad al poder constituido. Al mismo tiempo, estaban muy despolitizados, y constituían el colectivo más cohesionado, profesionalizado y disciplinado"[257]. Pese a este carácter corporativo, la propia dinámica histórica de la España del primer tercio de siglo, iría configurando colectivos e intereses diferenciados. De hecho, en este periodo se podían distinguir tres grupos en el cuerpo de oficiales del Ejército: los africanistas, los burócratas y la oficialidad de provincias.

Desde una perspectiva vital, cualquier "análisis de la historia militar de España desde 1922 –afirma Gabriel Cardona– debe contar con la mentalidad y los intereses de la generación de 1915, como factor esencial. Es la generación de Franco y de los generales de la Guerra Civil"[258]. Los militares de la Generación del 15, como también sucedió aunque en menor medida entre sus compañeros peninsulares, participaron del pesimismo generacional

[254] F. PUELL DE LA VILLA *Historia del ejército en España*, Madrid, Alianza, 1995, p. 217.
[255] Ibídem. P. 108.
[256] J. LLEIXÁ *Cien años de militarismo en España*, Barcelona, Anagrama, 1986, pp. 21-22.
[257] F. PUELL DE LA VILLA *Historia del Ejército...*, p. 219.
[258] G. CARDONA *El poder militar en la España contemporánea hasta la Guerra Civil*, Madrid, Siglo xxi, 1983, p. 4.

de los hombres del 98 a raíz del Desastre. Destacadas figuras como el general Franco y el general Mola, reticentes hacia la creciente ola antibelicista de la sociedad española, tenían dos ideas fijas en su pensamiento: reparar el agravio inferido a España por el abandono internacional y la necesidad de devolver a los españoles la confianza perdida[259].

El nacionalismo conservador que proliferó en el Ejército proyectaría una creencia, casi metafísica, en la creación de un nuevo imperio en África, que compensara la pérdida del imperio colonial en América. El recurso al Ejército en 1909 para hacer frente a la crisis de Marruecos y la militarización definitiva del proceso de penetración acabaría por impulsar el "nuevo entusiasmo pretoriano por la guerra colonial"[260]. Un contexto que, como el de 1898 o la crisis de Melilla en 1893, pondría en evidencia la carencia de un ejército colonial adecuado a las circunstancias concretas de aquellos territorios. Tan solo a raíz de la crisis de la Semana Trágica y las protestas contra el servicio militar y del proceso de militarización de la ocupación de Marruecos se comenzaría a acometer la creación de unidades de voluntarios: primeramente, las unidades de Regulares, que Berenguer había proyectado en 1911 y más adelante la Legión, como fuerza de choque, en 1919[261].

El debate sobre la modernización del Ejército se suscitaría a la llegada de Maura al Gobierno en 1907 ante la conveniencia de perfilar el patrón más adecuado para atender a las necesidades militares del país, en el marco de la paz armada y la carrera armamentística que agitaba la política internacional. Como bien subraya, Fernando Puell de la Villa, parte de la opinión militar se declararía partidaria de conformar un Ejército con pocas unidades pero bien dotadas e instruidas y encuadrar al resto de la población en milicias territoriales, elementalmente entrenadas. Otros en cambio, se inclinaban por la organización de un gran ejército, capaz de participar en una guerra europea, con reservas movilizables constituidas por soldados veteranos[262].

El Ejército, afirma Manuel Espadas, vivió de forma muy intensa el dilema entre neutralidad e intervención, entre aliadofilia y germanofilia. Pero pese a la germanofilia dominante en la institución militar el criterio de la neutralidad se impuso también en el mando, consciente de las deficiencias y de la infradotación en que vivía el Ejército, así como de la absorbente atención hacia el problema marroquí[263]. De los 140.00 hombres en pie de armas, 76.000 estaban destinados en Marruecos.

Las ambigüedades en la definición de la misión del Ejército y la predilección de su proyección interior, amén de la aventura colonial en el Norte de África, se inocularían en la dificultad y la necesidad creciente de definir una coherente política de defensa nacional. Ramón Salas Larrazabal advertía que, pese a la indigencia defensiva de España,

[259] M. ESPADAS BURGOS *Franquismo y política exterior*, Madrid, Rialp, 1987, pp. 19 y ss.

[260] S. BALFOUR "España y las grandes potencias y los efectos del desastre de 1898", S. BALFOUR-P. PRESTON (eds.) *España y las grandes potencias en el siglo XX*, Barcelona, Crítica, 2002, pp. 10-11.

[261] Véase S. BALFOUR *El fin del imperio español (1898-1923)*, Barcelona, Crítica, 1997.

[262] F. PUELL DE LA VILLA *Historia del Ejército...*, pp. 125-127.

[263] M. ESPADAS BURGOS "La política exterior española en la crisis de la Restauración", *Historia de España y América*, vol. XVI, 2, Madrid, 1981, pp. 581-614.

la "política militar y la naval seguían por cauces totalmente independientes", pese a que Maura creara por Decreto de 30 de marzo de 1907 la Junta de Defensa Nacional como órgano consultivo al más alto nivel para aconsejar al Gobierno en materia de seguridad y defensa nacional. En el marco de la Guerra del Catorce el conde de Romanones la ampliaría, por Real Decreto de 23 de enero de 1915, para dar cabida a los ex-presidentes de Gobierno. Se trataba, así, de promover una "incipiente coordinación de las políticas militares de guerra y marina y a un intento de dar continuidad a la defensa nacional".

En lo concerniente a los vínculos con la política exterior en la concepción y la práctica de la defensa nacional en este primer cuarto de siglo, M. Aguilar Olivencia advertía de los escasos contactos entre militares y diplomáticos en la preparación de la defensa nacional[264]. C. Ellio Zoop es más concluyente a este respecto al juzgar que en España existía una desarticulación entre la política de defensa y la política exterior. Ambas podían considerarse de un modo independiente, pero en modo alguno podía hablarse de una concepción de la política de seguridad, en sentido moderno[265].

Del mismo modo que la formulación y ejecución de la política de guerra requería una política exterior con unos objetivos claramente delimitados, la política naval poco eficaz sería si no operase dentro de unas directrices definidas en la política exterior. A la luz de las consideraciones de algunos especialistas, como el teniente de Navío Pascual Cervera, la inadecuada política naval de España, si es que alguna vez la había tenido, era consecuencia de la "inestabilidad en que siempre se desenvolvió nuestra política exterior"[266].

El consenso entre los especialistas sobre este extremo es absoluto, aunque las preferencias por una determinada política exterior u otra en función de sus consecuencias en la política naval afloraron en ocasiones en la publicística naval de la época. A lo largo de 1931 el capitán de Corbeta Enrique Navarro Margati y el teniente de Navío Pablo Suanzes reiteraron la necesidad y la importancia de una política exterior definida, pero el primero de ellos lo hacía desde una valoración más positiva de la legalidad internacional y denostando el aislamiento internacional[267]. Por su lado, Pablo Suanzes, polarizando su atención a las condiciones mediterráneas de España, juzgaba indispensable potenciar los recursos navales para garantizar la neutralidad o fortalecer su posición en una hipotética alianza[268].

En medios militares, la Guerra del Catorce estimuló el reformismo militar en Europa. Tras la contienda se consolidarían en Europa dos modelos de ejército: el francés, de milicias y de mentalidad defensiva y victorioso en los campos de batalla, se convertiría en el principal modelo en que se inspiraron los Estados continentales, a la vez que expresaba

[264] M. AGUILAR OLIVENCIA *El ejército español durante la II República*, Madrid, Econorte, 1986, p. 267.

[265] C. ELLIO ZOOP "La sécurité nationale d'Espagne entre la politique et la diplomatie", Centre d'Études et de recherches sur l'armée. Rapport preparé pour la Table Ronde du Groupe Hispano-Française de Sociologie Militaire, Toulouse, 25-28 juin 1982, citado por M. Aguilar Olivencia *El ejército español...*,p. 267.

[266] P. CERVERA "El 'poder naval' y los 'acorazados'", *Revista General de Marina*, abril de 1930, pp. 567-568.

[267] E NAVARRO MARGATI "La política internacional del desarme y nuestro poder naval", *Revista General de Marina*, mayo de 1931, p. 724.

[268] P. SUANZES "Los submarinos y la estrategia naval de España", *Revista General de Marina*, septiembre de 1931, p. 380.

adecuadamente el creciente antimilitarismo de la época y la consideración inmoral de la guerra de conquista; y el alemán, reducido a su mínima expresión por las cláusulas de la Paz de Versalles, sería luego el embrión sobre el que Hans Von Seekt organizaría un ejército profesionalizado y de mentalidad ofensiva[269].

La introducción de las reformas doctrinales y orgánicas en los ejércitos, como bien subraya Gabriel Cardona, fue heterodoxa en los medios militares[270]. El modelo defensivo del ejército francés fue, como bien subraya Michael Alpert, el más aceptado y admirado en España[271], como asimismo sucedía en Polonia, Checoslovaquia, Yugoslavia y Grecia. Un Ejército donde predominaba el fuego sobre el movimiento y se confiaba en la rapidez de la movilización –la "nación en armas"– ante la agresión exterior. En España se editaron un buen número de trabajos sobre la organización militar francesa, mientras que el envío de militares españoles a las academias militares francesas se fue haciendo una práctica cada vez más habitual. Pero, sin lugar a dudas, el hecho que mejor ilustraba la influencia de la doctrina francesa en su cristalización en la española, fueron dos textos fundamentales: *El Reglamento para el empleo táctico de las Grandes Unidades*, y la *Doctrina para el empleo de las armas y servicios*, ambos editados en 1925[272].

Sin embargo, una vez que pasaron los iniciales momentos de aceptación sumisa de la doctrina francesa, la reflexión en torno a su eficacia para las exigencias defensivas españolas alimentó ciertas críticas. La pregunta era obvia, ¿hasta qué punto era adecuada la doctrina francesa para los imperativos defensivos de España? A pesar de la aceptación mayoritaria de la misma, algunas críticas se dirigieron hacia la excesiva confianza de los franceses en los avances técnicos, cuando en realidad el ejército español estaba deficientemente pertrechado. Otras críticas se orientaban hacia la vinculación que las reformas del ejército francés tenían con su acomodo en un sistema político democrático. Las opiniones más adversas surgieron, como cabía esperar, desde aquellos sectores que habían detectado la inconveniencia del modelo francés para las necesidades españolas, que a diferencia de Francia era una "isla"[273].

En medios político-intelectuales, liberales y progresistas, el debate sobre el problema militar alcanzó unas dimensiones bastante más modestas y este se desenvolvió a través del papel y la posición del Ejército en función del modelo de sociedad para afrontar el reto de la modernización y su funcionalidad para garantizar los intereses nacionales. Estas proposiciones reformistas convergían en el encuentro de dos planos: por un lado,

[269] M. ALPERT *La reforma militar de Azaña (1931-1933)*, Madrid, Siglo xxi, 1982, pp. 61-68; y J. DÍEZ DE VILLEGAS "La evolución de las doctrinas de guerra", *Memorial de Infantería*, t. 1, n. 5, noviembre de 1934, Madrid, pp. 206-207.

[270] G. CARDONA *El poder militar...*, pp. 81 y ss.

[271] M. ALPERT *La reforma militar...*, p. 74 y ss.

[272] Véase E. PARDO "La doctrina militar española después de la guerra de 1914-1918", *Memorial de Infantería*, t. 4, n. 1, enero de 1935, pp. 22-23.

[273] P. JEVENOIS "Nuevas orientaciones sobre organización militar", *La Guerra y su preparación*, marzo, abril y mayo de 1926, pp. 247-254, 339-348 y 451-458. El problema de la seguridad en el marco de la nueva legalidad internacional ya acaparó su atención con anterioridad en una obra titulada *El Ejército y la Sociedad de Naciones*, Madrid, Imp. "Alrededor del Mundo", 1920.

el clima regeneracionista y la preocupación por la modernización del país; y por otro, el reformismo militar suscitado por la Gran Guerra en los países europeos.

Como ya ocurriera en el estamento militar, estos proyectos surgieron tras la Guerra del Catorce. En 1919 tuvo lugar la edición de un libro de Niceto Alcalá-Zamora sobre ideología militar, pero en el que no se abordó el problema de la reforma militar[274]. El Conde de Romanones, por su lado, publicó un libro en 1920 titulado *El Ejército y la política*, donde insistía en el escaso interés hacia el problema militar entre los españoles y mostraba su pesimismo respecto a la desaparición de la guerra y de los ejércitos, a pesar de la Sociedad de las Naciones y el pacifismo militante de los movimiento obreros[275].

Los intelectuales de la generación del 14 no fueron impermeables a una cuestión tan capital como el Ejército a la hora de trazar las directrices de un Estado democrático. Las dos figuras que más se significaron sobre el problema militar fueron Ramón Pérez de Ayala y Manuel Azaña. El primero, considerado por Francisco Bravo Morata como el más importante antecedente de las teorías de Azaña, escribió dos artículos en el diario bonaerense *La Nación* en 1917 y 1918, criticando el pretorianismo[276]. No obstante, el gran teórico civil sobre el problema militar en la España de los veinte y treinta fue, sin duda, Manuel Azaña.

Aquel reformismo –civil– no fructificaría en la década de los veinte. Sería, finalmente, Primo de Rivera quien tratara de reformar el Ejército. Intentó vincularlo al Régimen. Su gestión no se significó, en opinión de Fernando Puell, por tratar de "modernizar el ejército"[277]. Era consciente de la imposibilidad de sostener las voluminosas Fuerzas Armadas españolas y deseaba reducirlas a cuatro divisiones bien equipadas con una aviación y una marina eficaces, pero tan solo logro reducir el servicio militar de 3 a 2 años.

Además del trato dispensado a la Marina, la Aeronáutica sería objeto de especial atención pero de inocuo alcance práctico. La aviación militar española había nacido al calor de la guerra de Marruecos en 1910. En 1921 el Servicio de Aeronáutica lo constituían un par de centenas de aparatos, cuya antigüedad los hacía obsoletos.

El desastre de Annual en 1921, clave en el desenlace autoritario de la Monarquía, percutiría profundamente en las divisiones corporativas del Ejército, peninsulares *vs.* africanistas. Unos y otros adoptarían actitudes diferentes respecto a las acciones a emprender en el Protectorado: de un lado, los peninsulares, alineados con las ya conocidas tesis abandonistas del general Primo de Rivera; y los africanistas, que exigían venganza y no se resignaban a abandonar el territorio, ni "tampoco estaban dispuestos a que los políticos civiles los desplazaran"[278]. En términos generales, como bien apunta Fernando

[274] N. ALCALÁ-ZAMORA *La crisis de las ideas en los fundamentos del ejército*, Madrid, s.e., 1919; y años más tarde publicaría *Los intentos del pacifismo contemporáneo*, Madrid, Imprenta de Ratés, 1925. Veánse, asimismo, sus *Memorias*, Barcelona, Planeta, 1977, p. 73.

[275] A. FIGUEROA Y TORRES, Conde de Romanones *El Ejército y la política*, Madrid, s.e., 1920.

[276] F. BRAVO MORATA *La República y el Ejército*, Madrid, Ed. Fenicia, 1978, pp. 20-24.

[277] F. PUELL DE LA VILLA *Historia del Ejército...*, p. 178.

[278] Ibídem. P. 167.

Puell de la Villa, los militares, como ya sucediera en 1898, reaccionaron a la crisis africana de 1921 responsabilizando al Gobierno y al parlamento de ser los principales causantes de su ineficacia, por no dotar de medios al Ejército[279].

En su conjunto, pese a los indudables éxitos cosechados con la clausura y la victoria militar en el Protectorado en 1927, el balance global de la política militar y de las reformas militares es muy limitado y muy pernicioso desde el punto de vista interno. La Dictadura, afirma Gabriel Cardona, "estimuló la idea mesiánica del militar árbitro de las disputas civiles". Confundió los "intereses de la dictadura, España y el Ejército". Desde un punto de vista operativo, la dictadura: "no había remediado la ineficacia militar y España carecía de un sistema de defensa, como en los últimos siglos. En 1930, únicamente estaban entrenadas las unidades de Marruecos, aunque tan desprovistas de material moderno que no eran comparables con las correspondientes de Europa occidental"[280].

La historiografía en torno a la reforma militar azañista, y en su conjunto de la historia del Ejército en España, apenas ha prestado atención a la política de defensa nacional y las interacciones a que esta dio lugar entre el ámbito internacional y el interno. Su interés se ha centrado en la naturaleza sociológica y el componente político-institucional del Ejército[281].

En España no existía una articulación orgánica entre la política de defensa y la política exterior. Ambas podían considerarse de un modo independiente y difícilmente podía hablarse de una concepción de la política de seguridad, en sentido moderno. En el caso específico de la España republicana, Mariano Aguilar argumentaba que:

> La orientación política de la República potenciaba la singular desconexión entre la defensa nacional y la política exterior española, manteniendo a militares y a diplomáticos dentro de una independencia absoluta y como consecuencia de ellas, incomunicados, unidos solo a base de contactos muy esporádicos y enormemente intrincados[282].

No obstante, si bien es cierto que la práctica y los resultados políticos evidencian esta desconexión y esa asincronía entre ambas, conviene introducir una serie de precisiones al estudiar la política de defensa nacional en la República: en primer lugar, si bien es verdad que no se tradujo en la práctica en una política global de defensa en sentido estricto, no menos cierto es que si se plantearon reflexiones y estudios de los técnicos-militares y de algunos políticos interesados en esta materia; en segundo lugar, aunque los contactos entre militares y diplomáticos no fueron demasiado continuos, estos si se produjeron

[279] Ibídem. P. 197.

[280] G. CARDONA *El problema militar...*, p. 149.

[281] Véase M. MUELA *Azaña. Estadista*, Madrid, Nueva Cultura, 1983, pp. 65 y ss.; y E. AGUADO *Don Manuel Azaña*, Madrid, Sarpe, 1986, pp. 246-247. S.G. Payne subraya el exclusivo interés de Manuel Azaña por lograr el control civil sobre el ejército como *leit motiv* de la reforma (véase S.G. PAYNE *Ejército y sociedad en la España liberal1808-1936*, Madrid, Akal, 1977, p. 381).

[282] M. AGUILAR OLIVENCIA *El Ejército español...*, p. 268.

a raíz de ciertas circunstancias y coyunturas determinadas –caso de la Conferencia del Desarme en Ginebra o de las conferencias navales-; en tercero, no es del todo cierto que la República no se plantease la conveniencia de crear un órgano desde el cual pudiera tratarse de forma global el problema de la defensa, puesto que la Junta Permanente de Estado acabó asumiendo la estrecha vinculación entre la política exterior y la defensa; y por último, los testimonios públicos y privados y la labor de personajes fundamentales de la República, como Manuel Azaña, muestran una concepción de la defensa nacional incuestionablemente moderna.

En la reflexión en torno a la reforma militar y la concepción de la política de defensa nacional, la obra intelectual y política de Manuel Azaña es un claro exponente del pensamiento y la literatura sobre el reformismo militar, y en particular entre los medios político-intelectuales de la España del periodo de entreguerras. La figura de Manuel Azaña es especialmente singular, por un lado, por la poco corriente aproximación intelectual a dicha cuestión en la sociedad civil española, y por otro, por su protagonismo en la vida pública española a partir de 1931, lo que le permitió trasladar al terreno de la praxis aquellas ideas y convicciones, desde el Ministerio de la Guerra y simultáneamente después desde la Presidencia del Consejo de Ministros.

La puesta en marcha de la reforma militar, y la formulación de la política de defensa nacional, fue un proceso simultáneo y estrechamente vinculado a la articulación y puesta en escena de la política de paz de la República.

En una intervención en Cortes en diciembre de 1932 proponía dos políticas perfectamente claras frente al problema de la defensa nacional. En primera instancia España podía recurrir a una "política de pacifismo radical", que habría de concretarse en un desarme inmediato y total, lo que implicaría la supresión de los presupuestos en materia de defensa. La opción, aunque audaz, era coherente si se tenía en consideración que la defensa nacional era costosa, los recursos de la Hacienda española eran exiguos, el país se encontraba en una época de transición social y económica y, además, existía un sentimiento nacional arraigado de rechazo a las aventuras bélicas. En cambio, dadas las condiciones del medio internacional constituía una "obligación nacional" atender la defensa de España dentro de los recursos que proporcionaba la economía nacional. España, proseguía:

> (...) no puede permanecer indefensa; España es un país pacífico, no solo porque lo hemos dicho en la Constitución, sino porque lo somos, que tiene más valor aún que lo que dice la Constitución; pero nadie es dueño de su paz, ni siquiera la Sociedad de las Naciones puede sernos a nosotros una garantía de paz –la experiencia lo prueba–, y España tiene que estar en condiciones tales que, en caso de conflicto, que no está en el horizonte, pero que es posible, en caso de conflicto pueda al menos, hacer respetar su propia paz[283].

[283] Véase M. AZAÑA "La defensa nacional, la política militar y el presupuesto del Ministerio de la Guerra" (Sesión de Cortes del día 18 de diciembre de 1932), *O.C.*, vol. II, p. 498.

Inspirado en el modelo militar francés que ya había sido objeto de su atención en 1917 en París con la cobertura de una pensión de la Junta para Ampliación de Estudios, la concepción azañista de la reforma militar expresaba los criterios defendidos por los republicanos de izquierda, especialmente los de su agrupación política, "Acción Republicana"[284]. Así se constató en su I Asamblea Nacional celebrada en Madrid a finales de mayo de 1931, en el transcurso de la cual se estableció su ideario, haciendo mención expresa a la política pacifista de la República en pro del "desarme, el arbitraje y la conciliación entre los pueblos" y la configuración de unas instituciones marciales que se redujesen "a lo necesario para la defensa nacional en el caso de una agresión". Eran, en consecuencia, los planteamientos de una media y pequeña burguesía progresista en la tarea de democratizar las instituciones fundamentales y la estructura del Estado.El objetivo esencial de la reforma militar era convertir el Ejército en un órgano eficaz al servicio de un Estado moderno. Acondicionar política y técnicamente el aparato militar de la Restauración a las exigencias de un Estado democrático, liberal y republicano, que, asimismo, se había comprometido por vía constitucional a ser un recurso de una política exterior que había renunciado a la guerra como instrumento de política nacional[285].

En el seno del estamento militar, en principio se aceptaron tácitamente las ideas y contenidos de la reforma, aunque no habría que esperar mucho tiempo para que aflorasen voces críticas[286]. En el Ejército se sentía la necesidad de una profunda reforma, pero las críticas entre los sectores más conservadores de la oficialidad, y entre ellos especialmente los africanistas, se desataron por el contenido político y, en concreto, el espíritu civilista de la reforma, amén de otras cuestiones como el pacifismo internacionalista[287] o la reducción de la presencia militar en el Protectorado español en Marruecos, a la que eran muy susceptibles estos últimos.

La desconexión entre los foros de pensamiento estratégico y doctrinal en los medios castrenses, especialmente vinculados con la actividad de los Estados Mayores, con el mundo académico se dejaría sentir en su posición marginal en la cartografía de los estudios internacionales en España y su nula presencia en la Conferencia Permanente de Altos Estudios Internacionales.

[284] Véase E. ESPÍN *Azaña en el poder. El partido de Acción Republicana*, Madrid, Centro de Investigaciones Sociológicas, 1980, pp. 181-182 y 316.

[285] Confróntese C. SECO SERRANO *Militarismo y civilismo en la España contemporánea*, Madrid, Instituto de Estudios Económicos, 1984, p. 378; M. MUELA *Azaña...*, pp. 65-66; y J. LLEIXÀ *Cien años de...*, p. 97.

[286] M. ALPERT *La reforma militar...*, p. 279.

[287] Véase P. A. FERNÁNDEZ CIENFUEGOS "La guerra inevitable", *Memorial de Infantería*, n. 230, t. 39, marzo de 1931, p. 187; y L. MANZANEQUE "La guerra futura (III)", *Madrid Científico*, n. 1.295, diciembre de 1931, p. 354.

7.
LA FEDERACIÓN DE ASOCIACIONES ESPAÑOLAS DE ESTUDIOS INTERNACIONALES Y LA CONFERENCIA PERMANENTE DE ALTOS ESTUDIOS INTERNACIONALES: UNA CONVERGENCIA INTERRUMPIDA

En 1926 la Comisión Internacional de Cooperación Intelectual –recordemos– encargó al Instituto Internacional de Cooperación Intelectual estudiar el problema de la organización de los estudios superiores con el fin de contemplar la creación de una federación de instituciones que en diversos países se dedicaran a la enseñanza de materias indispensables para el conocimiento de las relaciones internacionales en el mundo contemporáneo. Este fue el punto de partida de una posterior reunión internacional de expertos en Berlín en 1928 de la que emanaría la creación de la Conferencia Permanente de Altos Estudios Internacionales. La Conferencia, como argumentábamos con anterioridad, alentaría desde un principio la creación en cada país de comisiones nacionales de coordinación que habrían de actuar como intermediarios entre la Conferencia Permanente y las instituciones, en el caso de que hubiera más de una, consagradas a los estudios internacionales.

HACIA EL ASOCIACIONISMO A TRAVÉS DE LA COOPERACIÓN INTELECTUAL: LA FEDERACIÓN DE ASOCIACIONES ESPAÑOLAS DE ESTUDIOS INTERNACIONALES

El 29 de noviembre de 1927 Luis Roca de Togores se dirigía por carta al profesor Alfred Zimmern, en aquel momento Director del *Bureau d'Études Internationales de Genève*, en la que, atendiendo al consejo de Fernando de los Ríos, le solicitaba información sobre los métodos de enseñanza, los cursos y en general sobre la actividad del Instituto de Altos Estudios Internacionales de Ginebra. Las iniciativas adoptadas en el ámbito de los estudios internacionales por la Comisión Internacional de Cooperación Intelectual pincelaban el horizonte en el que el diplomático e historiador José Antonio Sangróniz y Castro, junto a otras personalidades, estaban trabajando en un proyecto para crear un instituto de estudios internacionales en España[1]. En aquel mismo año Fernando de los Ríos había impartido docencia en el mencionado instituto en Ginebra y en el curso siguiente lo haría en la *Columbia University* en Nueva York. Por aquel entonces comenzaría su actividad en el Seminario de Estudios Internacionales. En 1930 lograría la cátedra de Ciencia Política y Derecho Político en la Universidad Central de Madrid[2].

[1] UNESCO AG 1-IICI-K-IV-12. Carta de Luis Roca de Togores a Alfred Zimmern. Madrid, 29 de noviembre de 1927.

[2] Véase https://dbe.rah.es/biografias/5927/fernando-de-los-rios-y-urruti (consultado el 2 de agosto de 2023).

La iniciativa no cristalizaría en la práctica y las primeras conexiones que se establecieron desde el Instituto Internacional de Cooperación Intelectual, a propósito de la puesta en marcha de la Conferencia Permanente de Altos Estudios Internaciones tras las conferencias de Berlín de 1928 y la de Londres de 1929, serían con la Asociación Francisco Vitoria en aras de establecer un interlocutor desde España con la Conferencia Permanente. El Comité ejecutivo creado por la II Conferencia Permanente de Altos Estudios Internaciones había emprendido una serie de encuestas para recabar información en diferentes países con el fin de promover la cooperación entre instituciones dedicadas al estudio científico de las relaciones internacionales. El 23 de noviembre de 1929 Josep Plá, de común acuerdo con Alfred Zimmern, se dirigió al vicepresidente de la Asociación Francisco Vitoria para sondear la disposición de la misma a intervenir en la Conferencia Permanente[3]. A su afirmativa predisposición le sucedería una misiva del jefe de la Sección de Relaciones Universitarias del Instituto Internacional de Cooperación Intelectual, Werner Picht, del 6 de febrero de 1930 al vicepresidente de la Asociación Francisco Vitoria y ministro plenipotenciario de Uruguay en España, Benjamín Fernández y Medina, con el fin de solicitar información sobre la organización y la actividad de la Asociación Francisco Vitoria y sondear su disposición a colaborar con otras instituciones interesadas[4].

En la III Conferencia Permanente de Altos Estudios Internacionales celebrada en Copenhague en junio de 1931 el director del Instituto Internacional de Cooperación Intelectual, Henri Bonnet, trató de dar un nuevo impulso a los contactos con España de cara a la Asamblea de la Sociedad de Naciones en el mes de septiembre y establecer el contacto con el nuevo delegado español en la Comisión Internacional de Cooperación Intelectual, José Castillejo. El principio de actuación defendido por Werner Picht era que mientras la Conferencia Permanente se reservaba el derecho a decidir en torno a tales instituciones convendría admitirlas en su seno[5].

En septiembre tendría lugar el encuentro entre José Castillejo y Werner Picht. El delegado español, buen conocedor de la Asociación Francisco Vitoria, argumentó que "it would be quite imposible to admit Spain to these Conference through this association". El objetivo de la Asociación era "the study of the work of Francisco Vitoria and not the study of modern political problems". No existía –afirmaba José Castillejo– ninguna institución de esas características en España[6].

La Asociación Francisco Vitoria fue un producto y un fiel reflejo de la cultura política y jurídica española, tanto en tiempos de la Monarquía como de la República, que tendió a incorporarse a las transformaciones en curso en el ámbito del derecho internacional reivindicando la tradición jurídica española, que se remontaría más allá de Grocio hasta

[3] UNESCO AG 1-IICI-K-IV-12. Carta de Miss Hallsten-Kallia a Werner Picht, Instituto Internacional de Cooperación Intelectual, Ginebra, 23 de enero de 1931. Josep Plá ingresaría en la Asociación Francisco Vitoria en 1932.
[4] UNESCO AG 1-IICI-K-IV-12. Carta del jefe de la Sección de Relaciones Universitarias, Werner Picht, al vicepresidente de la Asociación Francisco Vitoria, Francisco Fernández y Medina. París, 6 de febrero de 1930.
[5] UNESCO AG 1-IICI-K-IV-12. Correspondencia con la Asociación Francisco de Vitoria.
[6] UNESCO AG 1-IICI-K-IV-12. Carta de Werner Picht a Miss Hallsten-Kallin, París, 19 de octubre de 1931.

los teólogos juristas del siglo xvi, especialmente la obra de Francisco de Vitoria. Los puntos de contacto con algunos de los conceptos evocados en el Pacto de la Sociedad de Naciones, como el arbitraje o la "guerra justa", impulsaron no solo la reivindicación de la figura y de la obra de Vitoria, sino también "revivir en un ambiente moderno" aquellas doctrinas. El programa de las materias para acceder a las carreras diplomática y consular plasmaba el interés por el derecho internacional y por la organización internacional. Los medios oficiales españoles intentaron capitalizar en este contexto la tradición de los teólogos juristas españoles como argumento legitimador de la posición internacional de España. La reivindicación de la obra de figuras como Alfonso Soto, Gabriel Vázquez y, especialmente, el dominico Francisco de Vitoria y el jesuita Francisco Suárez, entre otros teólogos y humanistas del siglo xvi, fue un recurso habitual en medios políticos e intelectuales durante los años veinte y treinta.

En aquel ambiente cristalizó la creación de entidades proselitistas, entre ellas la Asociación Francisco de Vitoria, constituida el 14 de agosto de 1926 a iniciativa del que fuera ministro de Estado del Directorio Civil, José de Yanguas Messía, Eduardo Callejo de la Cuesta y el diplomático uruguayo Francisco Fernández y Medina[7]. En abril de 1923 cristalizaría la propuesta para la creación de la Asociación con motivo de los actos celebrados en Madrid y en Salamanca para la concesión de las medallas de la Delegación de la Sociedad "Grotius" –radicada en Holanda– a la Real Academica de Jurisprudencia y Legislación y a la Universidad de Salamanca. Si en el acto de recepción en Madrid participaron Rafael Altamira y José de Yanguas Messía, en el paraninfo de la Universidad de Salamanca sería Benjamín Fernández y Medina el portavoz de la proposición[8].

En el acta fundacional y en sus estatutos la Asociación se definía como un ente de carácter científico, cuyo objetivo principal era "afirmar la existencia de una escuela jurídica española de Derecho Internacional", que fue la primera en "difundir y sostener doctrinas a que Grocio dio, sin duda, un desenvolvimiento más amplio y metódico". La Asociación integrada fundamentalmente por españoles, portugueses e hispanoamericanos, respondía a los siguientes fines: la publicación de la obra de Francisco Vitoria, el compendio y difusión de tratados jurídicos, teológicos, filosóficos y políticos de autores españoles, portugueses y americanos "que puedan considerarse como una contribución a la formación del derecho internacional"; la creación en la Universidad de Salamanca de la cátedra Francisco Vitoria; la cooperación "en todas las formas oportunas (cursos, conferencias, publicaciones, etc.) a establecer y difundir en las Universidades y Escuelas las ideas de Vitoria y de los grandes maestros de la raza, en relación con el Derecho Internacional"; y la contribución "a la obra

[7] Entre sus fundadores figuraban también: Camilo Barcia Trelles, Laureano Díez Canseco, Joaquín Fernández Prida, fray Luis G. Alonso Getino, Manuel González Hontoria y Ramón María de Dalmau y de Olivart –marqués de Olivart–, de entre los miembros españoles, y por último, el jurista y político cubano Antonio Sánchez de Bustamante (*Anuario de la Asociación Francisco Vitoria*, v. I, 1927-1928, p. 49). Véase, asimismo, el estudio de Mª. de los A. EGIDO "Madariaga reivindicador de la figura de Vitoria como fundador del Derecho Internacional", S. de MADARIAGA *Exposición. Libro homenaje*, La Coruña, Ayuntamiento de La Coruña (imprenta Mundo), 1987, p. 108.

[8] *Anuario de la Asociación Francisco Vitoria*, v. I, 1927-1928, pp. 11-12.

de la paz, a la propaganda a favor de la armonía de todos los pueblos y a la consagración de las leyes y de la vida internacional a los principios de justicia"; entre otras acciones como la edición del Anuario y la publicación de la revista de Derecho Internacional[9].

Menos visible en la actividad académica, divulgativa y editorial de la Asociación Francisco Vitoria resultaría la dimensión económica del corpus doctrinal de la Escuela de Salamanca y de los escolásticos españoles del siglo xvi, a los que Joseph Schumpeter se refería como los "escolásticos tardíos". Un reflejo, en nuestra opinión, del propio estado académico y el estatus universitario de los estudios económicos al amparo de las facultades de derecho, cuya condición de predominio en el mapa del conocimiento era incontestable y determinante en el ámbito de los estudios internacionales en España. Los escolásticos españoles del siglo xvi, en respuesta a la novedosa situación económica generada por el "descubrimiento y colonización de América" que propiciaría el triunfo de capitalismo comercial, "elaboraron nuevas teorías económicas que permitían justificar moralmente, en algunos casos, las ganancias obtenidas en los intercambios comerciales y monetarios". Los teólogos juristas de la Escuela de Salamanca, "que es ante todo una escuela de pensamiento teológico y jurídico, se ocupó de los fenómenos económicos porque planteaban problemas morales". La gran novedad, tal como advierte José Luis Paradinas, respecto a autores precedentes fue que en sus investigaciones para determinar si "las actividades económicas que se realizaban en su tiempo se ajustaban o no a la moral realizaron previamente un análisis de dichas actividades". "Fundadores" de la economía científica sus investigaciones acrisolarían la teoría cuantitativa del dinero, de un lado, y la teoría del intercambio del dinero basada en la paridad del poder adquisitivo, de otro[10]. Formulaciones doctrinales que emergieron de los escritos de Martín de Azpilicueta (*Comentario resolutorio de cambios*, 1556), del jesuita Luis de Molina (*De iustitia et iure*), de Domingo de Soto (*De iustitia et iure libri decem*, 1553) o del dominico Tomás de Mercado (*Tratos y contratos de mercaderes y tratantes*, 1569) y que en algunos casos, como la obra de Donmingo de Soto, fueron reeditadas y recopiladas desde la Asociación Francisco Vitoria[11].

La Asociación, según el Real Decreto de creación, contaría con el respaldo de los fondos del Ministerio de Instrucción Pública y Bellas Artes y una subvención otorgada por la Junta de Relaciones Culturales. Su composición mostraba un amplio espectro ideológico, aunque arraigó principalmente en círculos conservadores y católicos. Entre sus miembros figuraban juristas e intelectuales de prestigio como Rafael Altamira –figura vinculada a la actividad de la Junta para Ampliación de Estudios y al Instituto Libre de Enseñanza de las Carreras Diplomática y Consular y Centro de Estudios Marroquíes–, fray Luis G. Alonso Getino, Camilo Barcia Trelles, Augusto Barcia Trelles, Aniceto Sela y Sampil,

[9] *Anuario de la Asociación Francisco Vitoria*, v. I, 1927-1928, pp. 43-46; y v. II, 1929-1930, pp. 7 y ss. para la consulta de sus Estatutos.

[10] J.L. PARADINAS FUENTES "El pensamiento económico español y el descubrimiento de América. Las nuevas teorías de la Escuela de Salamanca", s.f., (https://fundacionorotava.org/media/web/files/page109__Paradinas.pdf)

[11] *Anuario de la Asociación Francisco Vitoria*, v. 5, 1932-1933, pp. 257-259.

José Gascón y Marín, Eloy Bullón y Fernández, Fernando de los Ríos y Urruti, Leopoldo Palacios Morini, Claudio Sánchez Albornoz, Julio López Oliván, Joaquín Fernández Prida o Manuel González-Hontoria, quién como el anterior había ocupado la cartera de Estado[12]. Miembros, la mayor parte de ellos, con estrechos vínculos con la Real Academia de Jurisprudencia y Legislación. La Asociación promovió desde sus inicios los lazos con Portugal e Hispanoamérica. Su vicepresidente sería el escritor y diplomático uruguayo Benjamín Fernández y Medina. Lazos que también se entablarían con Estados Unidos para cuyo objetivo contaron con la complicidad de James Brown Scott, presidente entre 1927 y 1931 del Instituto de Derecho Internacional y director de la sección de Derecho Internacional de la Dotación Carnegie, quién fue miembro de honor desde la fundación de la asociación. En noviembre de 1927 James Brown Scott participaría en la inauguración de la cátedra Francisco de Vitoria en la Universidad de Salamanca y en la apertura del primer curso del Instituto de Derecho Internacional Francisco Vitoria.

El presidente de la Asociación Francisco Vitoria, el jurista Aniceto Sela y Sampil, había mantenido el contacto con el Instituto Internacional de Cooperación Intelectual y había enviado los anuarios de la Asociación con el fin de instruirles sobre la naturaleza y actividades de la misma. El 30 de noviembre de 1931 le reiteraba a Henri Bonnet el deseo de la Asociación para que fuese inscrita en la lista de instituciones que colaboraban en el estudio científico de las relaciones internacionales. El perfil de la Asociación Francisco Vitoria se orientaba a "colaborer à la réforme, l'amélioration et la difusión de l'enseignement du droit international, ainsque qu'à contribuer à 'oeuvre de la paix, l'harmonie des peuples et la consécration des príncipes de justice dans les lois et dans la vie internationale"[13].

El comité ejecutivo de la Conferencia Permanente de Altos Estudios Internacionales deliberó sobre las pretensiones de la Asociación el 5 de febrero de 1932 pero no adoptó ninguna decisión respecto a la inclusión de la misma entre las instituciones aceptadas en la Conferencia Permanente, aunque apremió a la Asociación a que enviara un observador a la Conferencia Permanente de Altos Estudios Internacionales que se celebraría en mayo de 1932 y recabar de modo personal más información[14]. Sería Manuel Carrasco

[12] L.E. TOGORES-J.L. NEILA *La Escuela Diplomática...*, p. 109. De acuerdo con los datos de los miembros recogidos en los Anuarios de la Asociación entre 1929 y 1934 su número, incluyendo a los miembros de honor, se incrementaría de 101 a 110, respectivamente. El censo estuvo constituido mayoritariamente por miembros de nacionalidad española, junto a seis portugueses y dieciocho hispanoamericanos –procedentes de Argentina, Brasil, Chile, Colombia, Cuba, Guatemala, Méjico, Perú y Uruguay, además de Filipinas considerando todo el mundo hispanohablante–, y miembros de honor de nacionalidad estadounidense, francesa, holandesa e italiana. Un foro de hombres en el que encontrarían acomodo tan solo dos mujeres en calidad de miembros asociados: la doctora en Filosofía y Letras y autora de un texto en preparación de acuerdo con el Anuario de 1932-1933 sobre "La justicia y la paz de Juan de Santo Tomás", Cristina de Arteaga, y la doctora en Derecho, Carmen Cuesta del Muro (Véase *Anuario de la Asociación Francisco Vitoria*, v. I 1927-1928, v. II 1929-1930, v. III 1930-1931, v. IV 1931-1932 y v. V 1932-1933).

[13] UNESCO AG 1-IICI-K-IV-12. Carta del presidente de la Asociación Francisco Vitoria, Aniceto Sela y Sampil, al director del Instituto Internacional de Cooperación Intelectual, Henri Bonnet. Madrid, 30 de noviembre de 1931.

[14] UNESCO AG 1-IICI-K-IV-12. Carta del secretario del Instituto Internacional de Cooperación Internacional, Werner Picht, al presidente de la Asociación Francisco Vitoria, Aniceto Sela y Sampil. París, 16 de febrero de

y Reyes –rector del Real Colegio Español de San Clemente en Bolonia– el observador acreditado por la Asociación ante la VI Conferencia Permanente que se celebraría en Milán, dedicada al "Estado y la vida económica" desde el prisma de las relaciones económicas y políticas internacionales[15].

A iniciativa de José Castillejo –secretario de la Junta para Ampliación de Estudios y delegado español en la Comisión Internacional de Cooperación Intelectual– se fueron escalando los peldaños que conducirían a la creación de la Federación de Asociaciones Españolas de Estudios Internacionales, cuyo acto de constitución tuvo lugar el 28 de octubre de 1932[16]. En la reunión del comité ejecutivo de la Comisión Internacional de Cooperación Intelectual celebrada en la primavera de 1932 Werner Picht presentó toda la información que le había facilitado José Castillejo en torno a la Asociación Francisco Vitoria, además de otras tres instituciones españolas, que en opinión del delegado español, podían eventualmente constituir el comité nacional de coordinación como interlocutor privilegiado con la Conferencia Permanente de Altos Estudios Internacionales[17].

El 17 de mayo de 1932 las gestiones realizadas por Rafael Altamira apuntaban al acuerdo común entre diversas entidades españolas para constituir una Federación de Asociaciones Españolas de Estudios Internacionales. Según precisaba José Castillejo a Werner Picht estaría conformada por: la Asociación Francisco Vitoria, en aquel momento presidida por Aniceto Sela y Sampil –de la Universidad de Oviedo-; la Asociación Española de Derecho Internacional, presidida por Salvador Bermúdez de Castro –Marqués de Lema– y cuya finalidad era principalmente el estudio de los problemas internacionales y el mantenimiento de relaciones con otras asociaciones extranjeras similares, en particular el Instituto de Derecho Internacional; el Instituto Ibero-americano de Derecho Comparado, presidido por Rafael Altamira –de la Universidad de Madrid y miembro del Tribunal Permanente de Justicia Internacional; y el Seminario de Estudios Internacionales, cuyo rector era Fernando de los Ríos –de la Universidad de Madrid y por aquel entonces ministro de Instrucción Pública–, que congregaba a jóvenes graduados universitarios, muchos de ellos destinados a seguir la carrera diplomática, y que promovía la organización de conferencias, de lecturas y de debates sobre problemas de derecho internacional. El Seminario –cuyo rectorado estuvo conformado por José Antonio de Sangróniz, Gabriel Maura y Gamazo y Carlos Badía Malabriga– inició su andadura en julio de 1928, y contaría con el liderazgo de Fernando de los Ríos tras su regreso de la Universidad de Columbia. Sus actividades tendrían lugar en el número 8 de la madrileña calle Zurbano. Sus cursos no comenzarían a impartirse hasta el otoño de aquel mismo año. El Seminario, asimismo, acometería

---

1932.

[15] UNESCO AG 1-IICI-K-IV-12. Carta del secretario del Instituto Internacional de Cooperación Internacional, Werner Picht, al presidente de la Asociación Francisco Vitoria, Aniceto Sela y Sampil. París, 5 de marzo de 1932.

[16] UNESCO AG 1-IICI-K-IX-1 (carpeta 2). Laws of the "Federation of Spanish Associations for International Studies", 28 de octubre de 1932; y AMAE R-694 exp. 61. Carta de José Castillejo –Junta para Ampliación de Estudios– a Luis de Zulueta –ministro de Estado–, Madrid, 25 de febrero de 1933.

[17] UNESCO AG 1-IICI-K-IV-12. Carta de F. Chalmers Wright, secretaría del Instituto Internacional de Cooperación Intelectual, a José Castillejo. París, 16 de abril de 1932.

la organización de una biblioteca especializada, además de dotarse de un servicio de información, un archivo de prensa y la publicación de una revista[18]. Las tres primeras asociaciones habían solicitado una subvención al Ministerio de Estado, el cual habría puesto como condición el establecimiento de una Federación[19].

La Federación de Asociaciones Españolas de Estudios Internacionales estableció su sede en Madrid en la calle Medinaceli, 6, en el antiguo Palacio de Hielo. Su primer presidente fue Rafael Altamira, acompañado entre otros en la Junta de la Federación por Fernando de los Ríos, el marqués de Lema y Aniceto Sela y Sampil[20]. Los cargos de presidente, vice-presidentes, secretario, vice-secretario, bibliotecario y tesorero eran de carácter bianual y en la práctica eran rotativos entre sus miembros, en especial en la presidencia y las vice-presidencias que representaban a las distintas asociaciones integrantes. En diciembre de 1934 tuvo lugar la designación de un nuevo equipo directivo, cuya presidencia sería asumida por Aniceto Sela y Sampil –presidente de la Asociación Francisco Vitoria–. Tras su fallecimiento el 9 de mayo de 1935 su lugar, tanto en la Asociación Francisco Vitoria como en la Federación, sería ocupado por José Gascón y Marín[21]. Entre tanto la secretaría de la Federación, que había sido asumida por Ricardo Jaspe Santomá, quién había sido redactor jefe de la revista *La Conquista del Estado* dirigida por Ramiro Ledesema Ramos, sería sucedido en el cargo en 1935 por Román Riaza, que desempeñaba las labores de secretario en la Asociación Francisco Vitoria desde 1933[22].

Aquella Federación pretendía no solamente el estudio científico de las relaciones internacionales sino también la formación de especialistas entre los estudiantes post-universitarios. Los cometidos de la Federación, según reza en sus estatutos, serían:

> (...) formation d'une bibliothèque en commun avec les fonds des diverses associations, conférences, concession de bourses d'études, assistance aux conférences, réunions et

[18] "Nueva Asociación. El Seminario de Estudios Internacionales", *Heraldo de Madrid*, 25 de julio de 1928. De entre los temas abordados por Fernando de los Ríos en sus conferencias, junto a otros especialistas, en los primeros compases del Seminario figuraría "La superación del concepto de soberanía en la fundamentación del Derecho Internacional", impartidas entre los días 11 y 25 de enero de 1929 ("Conferencias en el Seminario de Estudios Internacionales", *La Voz*, 8 de enero de 1929).

[19] UNESCO AG 1-IICI-K-IV-12. Carta de José Castillejo a Werner Picht. Madrid, 17 de mayo de 1932.

[20] AMAE R-694 exp. 61. Carta de José Castillejo –Junta para Ampliación de Estudios– a Luis de Zulueta –ministro de Estado–, Madrid, 25 de febrero de 1933. En la composición de su junta también figuraban: Ricardo de Jaspe y Santomá, Santiago Magariños Torres –como secretario y vicesecretario, respectivamente– y como vocales Román Riaza y Martínez Osorio, José Gascón y Marín, Eloy Bullón y Fernández, Luis Marichalar y Monreal –vizconde de Eza– y Manuel Raventós Noguer (AMAE R-971 exp. 2. Manfiesto en contra de la guerra del Chaco y de Leticia, Madrid, febrero de 1933).

[21] El nombramiento de Manuel Gascón y Marín como presidente de la Federación de Asociaciones Españolas de Estudios Internacionales debía ser efectivo hasta 1937 (UNESCO AG 1-IICI-K-IV-12. Carta del secretario de la Federación de Asociaciones Españolas de Estudios Internacionales, Román Riaza, a Chalmers Wright, Instituto Internacional de Cooperación Intelectual. Madrid, 29 de mayo de 1935).

[22] El nuevo comité directivo estaría compuesto, además de Aniceto Sela y Sampil como presidente y que fallecería el 9 de mayo de 1935, por los vice-presidentes primero –Salvador Bermúdez de Castro–, segundo –Fernando de los Ríos– y tercero –Rafael Altamira–, el secretario –Román Riaza y Martínez Osorio–, el vice-secretario –Ricardo Jaspe y Santoma–, el tesorero –Santiago Magariños Torres–, el bibliotecario –Manuel Raventós y Noguer– y los miembros con derecho a voto –José Gascón y Marín, Eloy Bullón, Luis Marichalar y Antonio de Luna

congrès internationaux, rédaction de rapports sur la demande des autres associations internationales, le Gouvernement, etc., cours spéciaux sur les problèmes d'actualité et enfin, autres fonctions complémentaires qu'on ne peut encoré préciser[23].

Entre los cometidos de la Federación se incluía la creación de una biblioteca común especializada en derecho internacional, economía y política internacional[24]. La organización de cursos sobre diversas materias de relaciones internacionales en las que participaron prestigiosos especialistas como el economista, institucionista y doctor por la Universidad de Frankfurt en 1929 Ramón Perpiñá Grau o José de Yanguas Messía, bajo cuyas enseñanzas se formaron un buen número de jóvenes diplomáticos, se convertiría en una de sus actividades más influyentes. La organización de los cursos, tal como se explicitaba en el informe elaborado por la Federación sobre sus actividades para la IX Conferencia Permanente de Estudios Internacionales que se celebraría en Madrid en 1936, dependería de un comité de dirección conformado por Antonio de Luna García y José de Yanguas Messía –ambos docentes de derecho internacional en la Universidad de Madrid–, además de Ricardo Jaspe y Santomá como director de los mismos[25]. La finalidad con que la Federación organizó aquellos cursos, de acuerdo con sus preceptos estatutarios, se proyectaba:

> (...) atendiendo a las necesidades más apremiantes de la masa estudiantil post-universitaria que trabaja en materias de especialización internacional y guiados por la conveniencia de presentar científicamente las disciplinas exigidas para cuerpos y servicios del Estado, dentro del campo de aquellas materias[26].

En suma, la Federación proveía de los recursos para formar: por un lado, a especialistas en las disciplinas internacionales y, por otro, a futuros funcionarios del Estado en el ámbito de las relaciones internacionales, incluida la carrera diplomática. Con estos fines se diseñó un grupo de enseñanzas que se articulaban mediante cursos, seminarios y conferencias.

García– (UNESCO AG 1-IICI-K-IV-12. Carta del vicesecretario de la Federación de Asociaciones Españolas de Estudios Internacionales, Ricardo Jaspe, al secretario del Instituto Internacional de Cooperación Intelectual, Chalmers Wright, Madrid, 10 de diciembre de 1934). Consúltese, asimismo, en el Centro Documental de la Memoria Histórica (Salamanca) PS-MADRID 734,109 Carta de la Federación de Asociaciones Españolas de Estudios Internacionales firmada por Rafael Altamira y dirigida a Ángel Osorio, 1933.

[23] UNESCO AG 1-IICI-K-IV-12. Carta de José Castillejo a Werner Pitch, secretario del Instituto Internacional de Cooperación Intelectual. Madrid, 13 de enero de 1933.

[24] Entre las revistas españolas que se recibían en la Federación figuraban: *Revista Crítica de Derecho Inmobiliario, Anales del Instituto Nacional de Previsión, Revista de Ciencias Jurídicas y Sociales, Boletín de Información Bibliográfica y Parlamentaria, Boletín de Legislación y Documentos Parlamentarios y Extranjeros, Revista de Derecho Público, Información Comercial Española, Acción Española, Boletín Oficial del Ilustre Colegio de Abogados, Revista de las Españas y Revista de la Facultad de Ciencias Económicas, Comerciales y Políticas* (UNESCO AG 1-IICI-K-IV-12. Revistas españolas que se reciben en la Federación. 1934).

[25] UNESCO AG 1-IICI-K-IX-1 (carpeta 2). Rapport sur les activités de la "Federación de Asociaciones Españolas de Estudios Internacionales" présenté à la IXè Conférence des Hautes Études Internationales". Mayo de 1936.

[26] AED (Archivo de la Escuela Diplomática). Finalidad y planes de estudio de la Federación de Asociaciones Españolas de Estudios Internacionales. Madrid, sin fecha. Véase, asimismo, L.E. TOGORES-J.L. NEILA *La Escuela Diplomática...*, pp. 118-123.

Los cursos podían ser: "generales", comprendiendo el derecho internacional público y privado o la historia internacional, entre otros, que serían obligatorios para todos los matriculados y con los que se pretendía ofrecer una visión sintética y de conjunto de las materias básicas para una formación internacionalista; y "cursos especializados" sobre derecho, política y economía. Los seminarios se concebían con un sentido práctico y de especialización profesional (ver cuadro n. 2). Finalmente, las conferencias estuvieron a cargo de figuras destacadas en las diversas ramas científicas y representarían una extensión monográfica de las enseñanzas de los cursos. El primer curso se impartió entre los meses de enero y junio de 1935.

Para el curso 1935-1936 se rediseñó del plan de estudios, constatadas las dificultades del módulo de enseñanza semestral aplicado en el primer curso para abarcar mejor la complejidad de las relaciones internacionales. El nuevo curso se extendería desde el 5 de noviembre de 1935 hasta el 13 de junio de 1936 (véase cuadro n. 3).

El curso 1935-1936 se completaba, en el segundo año con un seminario sobre tarifas aduaneras y tratados comerciales y otro dedicado a trabajos prácticos en el Ministerio de Estado. El interés por los problemas coetáneos de relaciones internacionales se ponía también de manifiesto en el desarrollo curricular de algunas de las asignaturas, como en el caso de la asignatura de Política Internacional, impartida por Camilo Barcia Trelles, orientada en aquel curso hacia el estudio de la situación en el Mar Rojo y los problemas en el mundo árabe. La proximidad mediática de la guerra ítalo-etíope o las convulsiones nacionalistas en el mundo árabe eran evidentes. Lo mismo cabría argumentar del motivo que sirvió a la conferencia inaugural del curso el 4 de noviembre de 1935 pronunciada por José Gascón y Marín en torno a la evolución contemporánea del derecho internacional y el significado de la soberanía en su dimensión nacional e internacional. Se trataba, como más adelante mencionaremos, de una de las cuestiones sugeridas desde la Federación para la agenda de la Conferencia Permanente de Altos Estudios Internacionales[27].

[27] UNESCO AG 1-IICI-K-IX-1 (carpeta 2). Rapport sur les activités de la "Federación de Asociaciones Españolas de Estudios Internacionales" présenté à la IXè Conférence des Hautes Études Internationales". Mayo de 1936.

Cuadro n. 2

Cuadro de asignaturas y profesores de los cursos de estudios internacionales de la Federación de Asociaciones Españolas de Estudios Internacionales (1935)	
1. CURSOS GENERALES	Profesor
-Historia internacional	Gerhart Niemeyer
-Historia de las Ideas Políticas	Sanz Cid
-Problemas modernos de Derecho Público	
I. Derecho Administrativo Internacional	Manuel Gascón y Marín
II. Sociedad de Naciones	Fernando M. Castiella
III. Solución pacífica de los conflictos internacionales	Pedro Cortina
IV. Los Tratados Internacionales	Gaspar Bayón
-Problemas modernos de Derecho Internacional	
I. Sistemas modernos de Derecho Internacional Privado: Doctrinas nacionalistas, internacionalistas y universales	José de Yanguas
II. Conceptos fundamentales del Derecho Internacional	Werner Goldschmidt
2. CURSOS ESPECIALES	
A. Derecho:	
-Derecho Diplomático y consular:	
I. Derecho Diplomático	L. Soler
II. Derecho Consular	Climent
-Internacionalistas españoles del s. XVI	Román Riaza
-La Nacionalidad (teoría y legislación española)	Trías de Bes
B. Política:	
-Política internacional del mundo hispánico	Camilo Barcia Trelles
-Política del Mediterráneo	Carner
-Geo-política	Terán
C. Economía:	
-Geografía económica general	L. Moreno
-Intentos contemporáneos de economía dirigida	M. Sebastián
-Política económica general	L. Cuesta

(Fuente: L.E. TOGORES-J.L. NEILA *La Escuela Diplomática: cincuenta años de servicio al Estado (1942-1992)*, Madrid, Escuela Diplomática, 1993, p. 120)

Cuadro n. 3

Programa del curso 1935-1936 de la Federación de Asociaciones Españolas de Estudios Internacionales	
Primer año	1.Cursos generales
	-Historia internacional
	-Derecho internacional público. Introducción y conceptos fundamentales
	-Derecho internacional privado. Introducción y parte general
	2. Cursos especiales:
	A. Derecho
	-Derecho diplomático
	B. Política
	-Geo-política
	-Historia de las ideas políticas de Europa
	C. Economía
	-Geografía de las materias primas
	-El Estado y la vida económica
Segundo año	1.Cursos generales
	-Política internacional
	-Derecho internacional público. Instituciones:
	a) Sociedad de Naciones
	b) Tribunal Permanente de Justicia Internacional
	c) Organización Internacional del Trabajo
	c) Uniones administrativas y otros organismos internacionales
	-Derecho internacional privado:
	a) Derecho civil y comercial
	b) Procedimiento civil y criminal
	2.Cursos especiales
	A. Derecho
	-Nacionalidad
	B. Política
	-Política colonial de las grandes potencias
	C. Economía
	-Geografía política y económica. Las grandes potencias mundiales
	-Política comercial internacional

(Fuente: UNESCO AG 1-IICI-K-IX-1 (carpeta 2). Rapport sur les activités de la "Federación de Asociaciones Españolas de Estudios Internacionales" présenté à la IXè Conférence des Hautes Études Internationales". Mayo de 1936)

El currículum de ambos planes de estudio organizados por la Federación muestran de un lado la permeabilidad hacia las agendas de estudio y los debates en el seno de la Conferencia Permanente de Altos Estudios Internacionales –los problemas económicos internacionales, la seguridad colectiva y la organización internacional o la política colonial-; y de otro, los pilares disciplinares de los estudios internacionales en España –derecho internacional, historia diplomática, economía y geografía/geopolítica–, muy similares al cuadro general de estos estudios en la Europa continental más influidos en el curso de los treinta por los aires de renovación y debate interdisciplinar canalizados desde la Conferencia Permanente.

Se contemplaban dos tipos de estudiantes: los alumnos que debían ser licenciados en Derecho o en otras facultades o escuelas especiales, los cuales deberían realizar una prueba de admisión sobre temas de cultura general y lectura y traducción de un idioma a elegir entre francés, inglés y alemán; y los oyentes, que no necesitaban titulación especial, ni realizar ninguna prueba previa[28]. Al diploma de estudios se accedía finalmente tras superar los ejercicios finales de curso consistentes en una entrevista, una composición escrita, una exposición oral, conferencia o disertación, preparada en un determinado tiempo, y un trabajo o caso práctico para resolver. De algún modo acogía el legado del Instituto Diplomático y Centro de Estudios Marroquíes, pero fomentando el carácter internacionalista, ampliando su proyección académica y política y con un afán inequívoco por conferir mayor presencia a los problemas internacionales del mundo contemporáneo[29].

Por último, la Federación, además de las actividades realizadas en el seno de la Conferencia Permanente de Altos Estudios Internacionales, llevaría a cabo una notable labor de divulgación mediante la publicación de los cursos, de similar modo a como la Real Academia de Jurisprudencia y Legislación obraba con las conferencias. Hasta mayo de 1936 se publicaron los siguientes fascículos: *Problemas generales del derecho internacional privado* (Werner Goldschmidt) y *La crisis y el derecho internacional* (Ramón Perpiñá Grau). La previsión de la Federación incluía otros textos inéditos: *Teorías modernas de derecho internacional privado* (José de Yanguas Messía), *Historia internacional* (Gerhart Niemeyer) e *Intentos contemporáneos de economía dirigida* (Mariano Sebastián)[30].

Orgánicamente la actividad de las cuatro asociaciones federadas se desenvolvía con total autonomía para perseguir sus fines y desarrollar sus actividades, preservando su propia estructura organizativa.

La Asociación Francisco Vitoria, de cuyos antecedentes y naturaleza ya hemos hecho mención, en 1936 había elevado a la categoría de miembros asociados a Manuel Carrasco y Reyes –rector del Colegio Español de San Clemente en Bolonia–, Antonio de Luna García y Luis Quer Boule –organizador de la Asociación Francisco Vitoria en Costa

[28] La cuota de matriculación en los cursos, tras la prueba de admisión, era de 250 pesetas y 25 más por cada curso extra (Ibídem).

[29] L.E. TOGORES-J.L. NEILA *La Escuela Diplomática*..., p. 121.

[30] UNESCO AG 1-IICI-K-IX-1 (carpeta 2). Rapport sur les activités de la "Federación de Asociaciones Españolas de Estudios Internacionales" présenté à la IXè Conférence des Hautes Études Internationales". Mayo de 1936.

Rica–. Asimismo, entre sus nuevos socios figuraban Gaspar Bayón y Chacón –abogado y profesor agregado en la Universidad de Madrid–, Fernando María Castiella –profesor de derecho en la Universidad de La Laguna– y José Quero Molares –profesor de derecho en la Universidad de Sevilla–. Su labor divulgativa también se proyectaría en la política editorial, entre cuyos últimos títulos destacaban el tomo III de la obra dirigida por fray G. Alonso Getino las *Reflexiones teológicas de Francisco Vitoria* y la inminente publicación del tomo IV del *Anuario de la Asociación Francisco Vitoria.*

Entre sus actividades cobraba especial relevancia la cátedra Francisco Vitoria organizada por el Instituto de Derecho Internacional Francisco Vitoria creado por la Facultad de Derecho en la Universidad de Salamanca. En su seno la Asociación organizó cursos de otoño en torno a materias relativas al derecho internacional y teológico, sobre todo relacionados con los teólogos juristas españoles del siglo XVI, y problemas "actuales" de relaciones internacionales. En la tercera edición del curso de otoño en 1935 participaron los profesores españoles Wenceslao González Ontiveros, Manuel Lasala Llanas, Camilo Barcia Trelles, Luis Sela y Sampil, Nicolás Rodríguez Aniceto, Adolfo Miaja y Jesús Esperabé Arteaga. Y entre los académicos extranjeros invitados: los juristas franceses Louis Le Fur, Boris Mirkine-Guetzévitch, J.P. Niboyet o George Scelle y el austriaco Alfred von Verdros, muchos de ellos vinculados a las actividades de la Dotación Carnegie y sus medios de divulgación como las revista *Conciliation International* y *L'Esprit International*[31].

El Instituto Hispano-luso-americano de Derecho Comparado, también denominado Instituto Ibero-americano, fue creado en febrero de 1909, momento en el que la presidencia recayó en Rafael María de Labra y más tarde, tras su fallecimiento, en Rafael Altamira, cuyos nexos en el ámbito del derecho internacional y de la moralidad internacional ya hemos mencionado anteriormente. A Rafael Altamira le acompañaría como secretario Manuel Azaña. Su propósito inicial fue el establecimiento de relaciones estrechas entre las asociaciones y corporaciones de carácter jurídico existentes en España, Europa y

[31] Ibídem. El programa del curso de otoño de 1935 ilustraba nuevamente las conexiones entre la reivindicación del iusnaturalismo de tradición hispana del siglo XVI y los análisis y debates sobre los problemas del derecho internacional y las relaciones internacionales tras la Guerra del Catorce. La programación del curso en sus conferenciantes y temas incluyó el siguiente panel de materias: Nociones actuales de derecho internacional que se encuentran en germen en la obra de Vitoria (Louis Le Fur), La doctrina de la Revolución Francesa sobre la organización internacional (Boris Mirkine-Guetzévitch), El P. Luis Molina en el renacimiento internacionalista de la segunda mitad del siglo XVI ¿Fue de los que desviaron la corriente doctrinal de la Edad Media sobre la guerra? (Luis Izaga), Teoría de la colonización (Luis Sela y Sampil), Valor de la idea de "comunicación" en el derecho de gentes, en el público y en el privado, según la mentalidad española clásica: "Vitoria y Vives" (Wenceslao González Oliveros), La noción de reciprocidad en los tratados de derecho internacional privado (J.P. Niboyet), El problema de las fuentes del derecho de gentes en la doctrina de Vitoria y la jurisprudencia internacional (Alfred von Verdross), Las sanciones internacionales según las ideas de Vitoria y Suárez y Las sanciones internacionales en el cuadro de la Sociedad de Naciones (Manuel Lasala y Llanas), El derecho social en el Tratado de Versalles (Nicolás Rodríguez Aniceto), La nueva técnica del derecho internacional (Georges Scelle), La cuestión de Etiopía (Camilo Barcia Trelles), Las inteligencias regionales en Europa: el fracaso de paneuropa y las realizaciones de uniones restringidas. (Pequeña Entente, Uniones balkánica y báltica (Adolfo Miaja) y El orden jurídico y la concepción racionalista del derecho de gentes: la vuelta a Vitoria (Jesús Esperabé de Arteaga) (UNESCO AG 1-IICI-K-IX-1 (carpeta 2). Instituto de Derecho Internacional y Cátedra "Francisco Vitoria". Centro de Estudios Jurídico-internacionales. Curso de otoño. Noviembre de 1935).

América. Su comité directivo en 1936 estaba compuesto por personalidades notables del mundo de la diplomacia, del mundo del derecho y del ámbito académico, entre ellas –José Gascón y Marín –su secretario y a su vez secretario en funciones de la Federación–, Manuel Azaña –en aquel momento presidente de la República–, Augusto Barcia Trelles –ministro de Estado–, o el catedrático de derecho y sociólogo Adolfo González Posada. Entre sus empresas editoriales la más ambiciosa fue la puesta en marcha de un repertorio de fuentes de derecho comparado en España, en Portugal y en América[32].

La Asociación Española de Derecho Internacional y Legislación Comparada, por último, se había consitutido en Madrid a comienzos de 1928 y tenía entre sus principales cometidos el estudio de diferentes cuestiones planteadas al derecho internacional moderno y, al mismo, tiempo la divulgación del conocimiento sobre el derecho internacional al público no especializado. La Asociación Española, presidida por Salvador Bermúdez de Castro –marqués de Lema–, había establecido vínculos con otras organizaciones similares en el extranjero, especialmente con la *International Law Association* y con la Unión Aduanera Europea. Entre sus miembros más eminentes figuraban Manuel Raventós Noguer –quién ocupó el cargo de secretario–, José Gascón, Rafael Altamira o José de Yanguas Messía. La Asociación Española se había significado también por su interés por las cuestiones coloniales y de hecho había informado al Gobierno español sobre los límites de Ifni, territorio que había sido incorporado efectivamente por la República en 1934 cuando el coronel Osvaldo Capaz tomó posesión del territorio. Los problemas económicos tampoco serían ajenos al interés de la Asociación Española que en sus reuniones habían debatido sobre el problema del cambio, de los contingentes, de las ententes regionales y de la entente europea. Muestra inequívoca de este interés fue su participación en las reuniones internacionales sobre temas de derecho y de economía. Como parte integrante de la Federación de Asociaciones Españolas de Estudios Internacionales se envió una delegación presidida por Luis Marichalar, vizconde de Eza, al Congreso Económico de Bruselas. Por último, entre sus publicaciones, tal como se menciona en el informe de mayo de 1936 de la Federación se anunciaban las obras del Marqués de Lema *La política exterior española a principios del siglo XIX* y de Pío Ballesteros *Los principios internacionales del derecho tributario español*[33].

También de carácter oficial, pero orientada a la actividad española en la Sociedad de Naciones, era la Asociación Española pro Sociedad de Naciones constituida en 1920. Presidida inicialmente por Rafael Altamira, luego por el Conde de Romanones[34] y más tarde por Ramón Menéndez Pidal, la actividad de esta asociación subvencionada por el Ministerio de Estado fue muy lánguida. Con el advenimiento de la República se intentó reactivar, pero no fue hasta diciembre de 1933 cuando volvió a ofrecer síntomas vitales en paralelo con la actividad de la Federación de Asociaciones Españolas de Estudios

[32] Ibídem.
[33] Ibídem.
[34] AMAE R-1829 exp. 3. Prememoria para el subsecretario. Madrid, 31 de julio de 1924.

Internacionales. Se constituyó una nueva Junta Directiva bajo la presidencia de Salvador de Madariaga, a quién le acompañarían Adolfo González Posada, Leopoldo Palacios, José Castillejo, Antonio de Luna García, Pedro Sangro Ros de Olano o José Ruiz de Arana, entre otros[35]. Pero como había sucedido en ocasiones anteriores fue una cuestión política la que espoleó la reactivación de la Asociación Española con motivo del planteamiento de la cuestión de Tánger, en cuya administración internacional tenía ambiciones España, en el seno de la Unión Internacional de Asociaciones pro Sociedad de Naciones.

Junto a estas asociaciones surgieron otras, que si bien estuvieron vinculadas a medios académicos oficiales mantuvieron un carácter más privado en su gestión. Entre ellas el Grupo Español de la Unión Católica de Estudios Internacionales, vinculado a la Sociedad de Naciones, presidida por Pedro Sangro y Ros de Olano y cuyo secretario fue Alfredo Mendizábal Villalba. Entre sus miembros figuraban el jurista Antonio de Luna García –catedrático de derecho de la Universidad de Madrid–, Juan Moneva y Puyol –decano de la Facultad de Derecho de la Universidad de Zaragoza–, el escritor Melchor Fernández Almagro, José María Semprún y Gurrea –doctor en derecho, vicesecretario del Grupo Español y comprometido con la causa de la República desde sus convicciones conservadoras y católicas–, Luis Legaz Lacambra –profesor de la Universidad de Zaragoza–, Román Riaza –catedrático y vocal del Tribunal de Garantías–, el académico Luis Marichalar y Monreal, el abogado Manuel Raventós y Noguer y Alfonso García Gallo –profesor de la Facultad de Derecho de la Universidad de Madrid–, entre otros[36]. Sus estatutos fueron aprobados el 13 de julio de 1933. Se definía como una "asociación de carácter científico dedicada al estudio de las cuestiones internacionales e informada por los principios doctrinales del catolicismo". La mayor parte de sus miembros pertenecían al mundo universitario, especialmente procedentes de las Facultades de Derecho. Esta asociación mantendría, a su vez, estrechos vínculos con la Federación de Asociaciones Españolas de Estudios Internacionales en cuyas instalaciones celebró sus actos académicos durante sus primeros meses de existencia.

Tanto el Grupo Español de la Unión Católica de Estudios Internacionales como la Asociación Española pro Sociedad de Naciones, pese a no ser parte orgánica de la Federación de Asociaciones Españolas de Estudios Internacionales, desarrollaron una fluida colaboración utilizando habitualmente su sede social para celebrar sus reuniones y sus ciclos de conferencias[37].

En este contexto asociativo se creó, asimismo, la Sociedad de Estudios Internacionales y Coloniales el 18 de enero de 1934, fijando su primera sede en el Ateneo de Madrid.

[35] AMAE R-1829 exp. 3. Junta Directiva de la Asociación Española pro Sociedad de Naciones. Madrid, 4 de mayo de 1934.

[36] VV.AA. *Estudios Internacionales. Publicaciones del Grupo Español de la Unión de Friburgo*, I, 1935, pp. 195-196.

[37] UNESCO AG 1-IICI-K-IX-1 (carpeta 2). Rapport sur les activités de la "Federación de Asociaciones Españolas de Estudios Internacionales" présenté à la IXè Conférence des Hautes Études Internationales". Mayo de 1936. En 1935 el Grupo Español de la Unión Católica de Estudios Internacionales celebró un ciclo de conferencias en la que participaron: fray Luis G. Alonso Getino "Lo que Grotius toma de Vitoria", Francisco F. Jardón Santa Eulalia "La ideología de Vázquez de Menchaca", José María Semprún y Gurrea "Furió Ceriol en la cuestión de

Política e ideológicamente esta agrupación era de carácter católico, pero más conservadora y con menos vocación internacionalista que las anteriores. Desde su fundación la Sociedad estuvo gestionada por una comisión o junta directiva, denominada rectorado desde 1939. Su presidente durante el periodo republicano hasta el estallido de la guerra civil fue Gonzalo de Reparaz, siendo su secretario José Cordero Torres quien permanecería en el cargo tras 1939. Entre sus socios figuraban Antonio de Luna García, Manuel Raventós, Ramón Perpiñá Grau, José de Yanguas Messía, Rodolfo Barón Castro, José Gascón y Marín, Rodolfo Gil Benumeya y Fernando María Castiella. Entre ellos algunos eran miembros, a su vez, de la Federación de Asociaciones Españolas de Estudios Internacionales, lo que preservaría la conexión con las actividades de la misma y su participación en sus actividades tal como acontecería en la celebración de la IX Conferencia Permanente de Altos Estudios Internacionales en Madrid en 1936. El economista Ramón Perpiñá Grau, participante en la misma y defensor de las prácticas librecambistas, intervino además como conferenciante en las actividades formativas de los estudiantes de la Federación en 1935 pronunciando una conferencia bajo el título "Balance comercial de España y sus relaciones con el exterior"[38].

Sus estatutos establecían que la Sociedad "presta preferente atención a las cuestiones de interés práctico, preconizando con criterio propio el establecimiento de un justo orden internacional y colonial, la cooperación internacional de los países hispánicos y el cumplimiento de la misión universal de España[39].

Mención especial, sin duda, requiere el Instituto de Estudios Internacionales y Económicos. Aunque relacionado con la Federación de Asociaciones Españolas de Estudios Internacionales, el Instituto respondería a una orientación y una filosofía de trabajo científico estrechamente vinculado a la Junta para Ampliación de Estudios y a la visión y gestión de José Castillejo y su empatía y conocimiento de las actividades de la Comisión Internacional de Cooperación Intelectual y de la Conferencia Permanente de Altos Estudios Internacionales.

La Fundación Nacional para Investigaciones Científicas y Ensayos de Reformas, creada en 1931 aunque no comenzaría a funcionar hasta octubre de 1932, encomendó a José Castillejo –quién era director administrativo de la Fundación– estudiar la posible organización de un Instituto de Estudios Internacionales y Económicos. Esta institución, que se gestaría en 1933 y cuya sede se establecería en la calle Serrano 15, debía reunir a

Flandes y la conciencia histórica de España", fray Vicente Beltrán de Heredia "La doctrina de Vitoria sobre las relaciones entre la Iglesia y el Estado y las fuentes de este" y Eloy Bullón "El significado de Diego Covarrubias en la historia del derecho". Y la Asociación Española pro Sociedad de Naciones organizó una serie de conferencias sobre el funcionamiento y el espíritu de la Sociedad de Naciones, su papel en las relaciones internacionales actuales y su influencia sobre la política internacional de los Estados, pronunciadas por Salvador de Madariaga y el marqués de Lema.

[38] UNESCO AG 1-IICI-K-IX-1 (carpeta 2). Rapport sur les activités de la "Federación de Asociaciones Españolas de Estudios Internacionales" présenté à la IXè Conférence des Hautes Études Internationales". Mayo de 1936.

[39] SOCIEDAD DE ESTUDIOS INTERNACIONALES Y COLONIALES *Estudios Internacionales y Coloniales III*, Madrid, Imp. Hijos de V. Mas, 1954, p. 16.

investigadores españoles y extranjeros para estudiar cuestiones relacionadas con los intereses de España y preparar la actuación de la diplomacia española en las conferencias internacionales. El nuevo instituto, el único de nueva planta en la Fundación, junto al Centro de Investigaciones Vinícolas, respondía fielmente a los objetivos explicitados en el Decreto fundacional de la Fundación Nacional, de 13 de julio de 1931, de "coordinar y vigorizar las investigaciones científicas y, sobre todo, de cortar la emigración, ya alarmante de muchos de los cerebros, que no hallan en el país, después que este los ha formado y seleccionado, un lugar propicio donde aplicarse, y se ven tentados por las ofertas de pueblos más ricos o despiertos"[40]. La nueva empresa que emprendía José Castillejo –argumenta José Manuel Sánchez Ron– le imponía "retos nuevos: era más 'aplicado', más cercano a la vida diaria, a las necesidades socioeconómicas de la nación, y no tan 'pedagógico' como la Junta"[41].

A modo de antecedente, tras la creación de la Fundación Nacional el Consejo de Administración en su sesión de 7 de noviembre de 1932 estudio una serie de iniciativas, entre ellas una propuesta de José Castillejo, director administrativo de la Fundación, destinada a la creación de un Instituto de Investigaciones Económicas, Financieras y Sociales. José Castillejo, que ya había elaborado un anteproyecto en 1931, envió un resumen a Fernando de los Ríos y posteriormente a José Ortega y Gasset con el fin de recabar su opinión sobre su proyecto. En su propuesta se decantaría por el desarrollo del instituto en el seno de la Fundación, desechando otras opciones tales como su desarrollo independiente o su dependencia de la Junta para Ampliación de Estudios. Parece evidente la conexión con un contexto internacional agitado por la Gran Depresión, la cercanía de la Conferencia Económica de Londres, la agenda cultural y científica de las fundaciones filantrópicas estadounidenses y la propia programación de la Conferencia Permanente de Altos Estudios Internacionales. La finalidad del instituto concebido por José Castillejo era "el estudio de los factores de la vida económica española, de su sistema financiero, y sus crisis y peculiaridades sociales, tanto en sus antecedentes históricos y en sus problemas actuales como en su relación con la economía mundial". El centro tendría un carácter exclusivamente científico y estaría a disposición de las consultas y dictámenes solicitados por el "Gobierno, las corporaciones públicas, las empresas industriales o mercantiles y las instituciones de obra social". Los recursos del Instituto podían provenir: en primer término, de los Ministerios de Instrucción Pública, Hacienda, Agricultura, Industria y Comercio y Trabajo; en segundo lugar, de los bancos, empresas o corporaciones a cuyos intereses puedieran atraer los estudios del instituto; y por último, de la Fundación Rockefeller, que podría otorgar becas para la preparación del personal o algún auxilio inicial para los años de ensayo. En el mismo documento José Castillejo explicitaba que si "se organiza y dota la *Fundación Nacional para Investigaciones Científicas y Ensayos de*

[40] J. FORMENTÍN IBAÑEZ-E. RODRÍGUEZ FRAILE *La Fundación Nacional...*, p. 73.

[41] J.M. SÁNCHEZ RON "La JAE 80 años después", J.M. SÁNCHEZ RON (coord.) *1907-1987. La Junta para Ampliación de Estudios e Investigaciones Científicas 80 años después*, v. 1, Madrid, CSIC, 1989, p. 19.

Reformas creada por Decreto de 13 de julio confirmado por Ley de 5 de diciembre de 1931, ella podría tomar la iniciativa y seguir las negociaciones con los Ministerios, con el personal técnico y con la Fundacion Rockefeller, de modo que la creación respondiera a los elementos disponibles"[42]. El nuevo centro debería materializarse al amparo de un patronato o cuerpo directivo que tuviese "prestigio, autoridad moral, tacto organizador, permanencia e independencia de los vaivenes políticos". Se concebía, por tanto, desde las simientes fundamentales del institucionismo y de los cimientos fundacionales de la Junta para Ampliación de Estudios.

El 3 de febrero de 1933, según la estimación de Justo Formentín y Esther Rodríguez, recibió el encargo de redactar un proyecto de instituto en el "que tengan cabida los estudios internacionales" y en el que debía procurarse la "colaboración de los Ministerios de Hacienda y Estado, la de la Federación de Asociaciones Españolas de Estudios Internacionales, así como la de Bancos u otras empresas industriales". El nuevo centro quedaría oficialmente constituido en la sesión del Consejo de Administración de la Fundación Nacional de 27 de marzo de 1933. Aunque en un principio el nuevo instituto se implementó como "un arsenal de información, libros y otros elementos de trabajo (...) sobre aquellas cuestiones que parezcan más vitales en el campo de la economía nacional y de nuestras relaciones con otros países", a largo plazo devendría, tal como se describe en las *Memorias* del instituto, en "un seminario de formación para el personal, centro de información y consulta para la Administración Pública, el Parlamento y las Corporaciones o Empresas privadas y laboratorios, que prepare la publicación de series monográficas y, cuando los materiales acumulados lo justifiquen, obras de conjunto sobre los asuntos exteriores, la riqueza y las finanzas de España"[43].

En el informe de mayo de 1936 de la Federación se definía, en un sentido muy similar, el nuevo Instituto como un "centre d'investigation collective sur des matières économiques, sur celles du droit international et de Politique extérieur; c'est un centre de préparation de future investigateurs, de documentation et d'information sur ces dites matières". Aquel órgano, que debía coordinarse con el Ministerio de Estado, podría convertirse, en opinión de sus fundadores, en un foro donde la aportación de investigadores hispanoamericanos podría favorecer la búsqueda de intereses convergentes en aras al desarrollo de las bases para una futura acción común. La elección de la agenda de investigación estaría en "fonction de l'urgence et de l'utilité qu'ils présentent pour l'Espagne, et, si l'on tient compte de l'esprit de coopération internationale avec lequel ce centre fut crée, de ce qui intéresse spécifiquement aux autres pays dans l'activité scientifique de l'Espagne"[44].

En mayo de 1933 se aceptó en el Consejo de Adminitración de la Fundacion Nacional la organización del centro en dos grandes secciones: la Sección de Estudios Internacionales,

[42] D. CASTILLEJO CLAREMONT *Los intelectuales reformadores...*, v. III, pp. 673-675.

[43] J. FORMENTÍN IBAÑEZ-E. RODRÍGUEZ FRAILE *La Fundación Nacional...*, pp. 83-84.

[44] UNESCO AG 1-IICI-K-IX-1 (carpeta 2). Rapport sur les activités de la "Federación de Asociaciones Españolas de Estudios Internacionales" présenté à la IXè Conférence des Hautes Études Internationales". Mayo de 1936.

cuyo secretario sería el catedrático de derecho internacional público, Antonio de Luna García; y la Sección de Estudios Económicos, cuyo responsable sería el catedrático de la Facultad de Derecho de la Universidad de Sevilla, José Antonio Rubio Sacristán[45]. La sede del nuevo centro se localizaría en régimen de alquiler en la cuarta planta de la calle Serrano número 16, pero desde un principio una de las grandes preocupaciones fue la construcción de un edificio de nueva planta, cuyo emplazamiento sería en los terrenos que rodeaban a la Residencia de Estudiantes en los altos del Hipódromo y que pertenecían a la Junta para Amplación de Estudios. El nuevo edificio que iniciaría sus obras en 1936 y que albergaría las oficinas de la Fundación Nacional quedaría paralizado por la guerra civil.

En la puesta en escena y el desarrollo de las secciones del Instituto contrasta el rápido lanzamiento y contratación de la Sección de Estudios Internacionales con las dificultades que fueron surgiendo en torno a la Sección de Estudios Económicos, aunque las cuestiones de economía internacional siempre tendrían una acentuada presencia en los seminarios que comenzarían a impartirse desde mediadios de 1935. La contratación de expertos en Economía se vió lastrada por las dificultades para la incorporación del institucionista José Antonio Rubio Sacristán, quién entre 1920 y 1921 estudió en la Residencia de Estudiantes y fue pensionado por la Junta para Ampliación de Estudios entre 1928 y 1930 para estudiar la transformación económica en la época del nacimiento del capitalismo en Inglaterra y en Estados Unidos, en la *Columbia University* y en la *London School of Economic and Political Science*. Académico formado también en las universidades alemanas de Munich, Friburo y Brisgovia, a su retorno a Madrid en 1926 se incorporó al Centro de Estudios Históricos tras la obtención de su doctorado en Filosofía y Letras. Volvería a doctorarse en Derecho en la Universidad Central de Madrid en 1927 defendiendo su investigación sobre la economía según los fueros municipales de León y Castilla[46]. En 1931 obtendría una cátedra en la Universidad de Sevilla, centro en el que surgirían dificultades administrativas para su incorporación al Instituto de Estudios Internacionales y Económicos. Un problema recurrentemente tratado en el centro. De hecho, en noviembre de 1934 se adscribe el nombre de Antonio Rodríguez Matas, discípulo de Antono Flores de Lemus en los seminarios que desde el Ministerio de Hacienda impartía para los pensionados de la Junta para Ampliación de Estudios, para desempeñar la dirección de la Sección con escasos resultados. El propio José Castillejo se trasladaría a Londres con el fin de contratar expertos en estudios económicos por aquellas mismas fechas. Según consta en la investigación de Justo Formentín Ibañez y Esther Rodríguez Frails se data la contratación de dos economistas, ambos discípulos de Antonio Flores de Lemus, en calidad de becarios: Julio Tejero Nieves, profesor en la Facultad de Derecho de la Universidad Central

[45] En un principio y a la espera de la decisión ministerial se aprobó que la remuneración anual de cada director de sección fuera de 6.000 pesetas, luego elevada finalmente a 12.000 pesetas, siempre y cuando aceptasen la renuncia a cualquier otro cargo que no fuera el de su cátedra en la universidad (véase J. FORMENTÍN IBAÑEZ-E. RODRÍGUEZ FRAILE *La Fundación Nacional...*, pp. 84-85).

[46] Biografía de José Antonio Rubio Sacristán (https://dbe.rah.es/biografias/21770/jose-antonio-rubio-sacristan, consultado el 4 de febrero de 2024).

de Madrid desde 1930; y Jesús Prados Arrarte[47], pensionado, este último, en la *London School of Economic and Political Science* y doctor por la Universidad Central de Madrid en 1933, además de ser un colaborador habitual en la revista *Economía Española* desde cuyas páginas manifestaría sus posiciones keynesianas y su admiración por el *New Deal* y la labor de los economistas de Harvard como Wassiy Leontief y Joseph A. Schumpeter.

La creación del Instituto de Estudios Internacionales y Económicos despertó el interés del Instituto Internacional de Cooperación Intelectual. Como observa Chalmers Wright al secretario de la Federación de Asociaciones Españolas de Estudios Internacionales, Román Riaza, en marzo de 1935 tan solo tenían conocimiento del nuevo Instituto por su mención en la memoria de Actividades de la Federación preparada para la VII Conferencia Permanente de Altos Estudios Internacionales y noticias de una fuente oficiosa de que el Instituto era de algún modo el desarrollo del Seminario de Estudios Internacionales –uno de los integrantes de la Federación y bajo la dirección de Fernando de los Ríos–. La cuestión en ciernes era si el Instituto debía considerarse como parte de la Conferencia Permanente o como miembro indirecto[48]. Ciertamente el Instituto de Estudios Internacionales y Económicos no formaría parte orgánica de la Federación, pero si estaría vinculada a sus actividades y a la participación en la Conferencia Permanente de Altos Estudios Internacionales. De hecho, como explicita Antonio Niño, se firmaría un acuerdo de colaboración con la Federación, de la que Rafael Altamira era presidente y Antonio de Luna García secretario, además de director del nuevo instituto[49]. Antonio de Luna García –antiguo becario de la Junta para Ampliación de Estudios, formado en las universidades de París, Oxford y Friburgo y catedrático de derecho internacional público en la Universidad Central de Madrid desde 1932– con la dirección del Instituto de Estudios Internacionales y Económicos y la membresía en la Junta de Relaciones Culturales del Ministerio de Estado afianzaba su privilegiada posición en la red asociativa de estudios internacionales institucionalizada durante la República.

El Instituto de Estudios Internacionales y Económicos fue permeable a los modos de estudio científico de las relaciones internacionales auspiciado desde el mundo anglosajón, especialmente a través del impulso de la diplomacia filantrópica. La empatía y la admiración por el modelo de enseñanza y producción de conocimiento anglosajón, especialmente británico, por José Castillejo sin duda calaron en la concepción y el desarrollo del Instituto de Estudios Internacionales y Económicos. Una sinergia no solo visible en la propia denominación de la institución acorde con las preocupaciones presentes en la agenda de la Conferencia Permanente de Altos Estudios Internacionales y de las instituciones y centros apoyados por la Fundación Rockefeller y la Dotación Carnegie,

[47] Véase J. FORMENTÍN IBAÑEZ-E. RODRÍGUEZ FRAILE *La Fundación Nacional...*, p. 87-88.

[48] UNESCO AG 1-IICI-K-IV-12. Carta de Chalmers Wright, secretaría del Instituto Internacional de Cooperación Intelectual, al secretario de la Federación de Asociaciones Españolas de Estudios Internacionales, Román Riaza. París, 12 de marzo de 1935.

[49] A. NIÑO "Historiografía de las...", p. 19; y véase asimismo, A. TRUYOL SERRA "Don Antonio de Luna García (1901-1967)", *Revista Española de Derecho Internacional*, v. 21, n. 2, abril-junio de 1968, p. 159.

sino también en la metodología de trabajo, a tenor de la relevancia de la actividad de investigación colectiva tal como se realizaba en muchos centros estadounidenses y europeos. La creación del Instituto de Estudios Internacionales y Económicos corría paralela al establecimiento en París del *Centre d'Études de Politique Étrangère*, subvencionado por la Fundación Rockefeller. Lo que justificaba la existencia del Instituto no era el trabajo aislado de los investigadores sino la posibilidad que brindaba el nuevo centro para ofrecer "les moyens d'une organisations collective de travail qui permet d'aborder des tâches individuellement irréalisables et les simples travaux individuels mêmes, en les faisant benéficier de l'ambiance d'une communauté de travail"[50].

De la influencia del mundo anglosajón en el estudio científico de las relaciones internacionales, determinante en el decurso y la actividad de la Conferencia Permanente de Altos Estudios Internacionales, es fiel reflejo el viaje realizado por Antonio de Luna García a Londres en 1933 a *Chatham House* con el fin de que sirviese de modelo en la implementación del nuevo instituto madrileño. El 25 de abril de 1934 Antonio de Luna presentó ante el Consejo de Administración de la Fundación Nacional su primer proyecto de organización del trabajo del instituto a raíz del cual se desarrollarían dos líneas de actuación: la creación de un servicio de de documentación e información[51]; y la realización de trabajos de investigación tanto individuales como colectivos. En 1935 volvería a ser autorizado por el Consejo de Adminsitración para visitar la capital británica con motivo de su asistencia a la VIII Conferencia Permanente de Altos Estudios Internacionales, donde presentaría las actividades y los proyectos del Instituto de Estudios Internacionales y Económicos[52].

La curiosidad informativa en torno al Instituto de Estudios Internacionales y Económicos desde el Instituto Internacional de Cooperación Intelectual en marzo de 1935 coincidiría con otra gestión alentada desde la Comisión Internacional de Cooperación Intelectual. El director, Henri Bonnet, le escribía a José Castillejo el 12 de marzo de 1935 con el fin de ponerle en contacto con el doctor Leo Gross, un especialista austriaco de origen judío en derecho internacional y antiguo becado de la Fundación Rockefeller, que había sido "chaleuresement recommandé" por Tracy B. Kittredge, director de la Oficina parisina de la Fundación Rockefeller para realizar un viaje a Madrid. Leo Gross conocía ya la capital pues había trabajado recientemente allí bajo los auspicios del Comité de Emergencia para Académicos Extranjeros Desplazados. Posteriormente, durante la IX Conferencia Permanente de Altos Estudios Internacionales celebrada en Madrid sería el responsable

[50] UNESCO AG 1-IICI-K-IX-1 (carpeta 2). Rapport sur les activités de la "Federación de Asociaciones Españolas de Estudios Internacionales" présenté à la IXè Conférence des Hautes Études Internationales". Mayo de 1936.

[51] Una de las primeras acciones en este sentido sería la adquisición de la biblioteca de Gerhart Niemeyer, becario del Instituto, cuyos 3.200 volúmenes serían fichados y clasificados bajo la dirección de Antonio de Luna García y Federico de Castro (véase J. FORMENTÍN IBAÑEZ-E. RODRÍGUEZ FRAILE *La Fundación Nacional...*, p. 88).

[52] Véase J. FORMENTÍN IBAÑEZ-E. RODRÍGUEZ FRAILE *La Fundación Nacional...*, p. 88; y A. NIÑO "Historiografía de las...", p. 20.

del enlace entre las instituciones representadas en la Conferencia[53]. La finalidad de su viaje era encontrase con José Castillejo, por sugerencia directa de Henri Bonnet, con el fin de recabar información más precisa sobre el Instituto de Estudios Internacionales y Económicos y de otras instituciones españolas dedicadas a los estudios internacionales[54]. Una gestión que extendería también a Antonio de Luna García, como director del Instituto de Estudios Internacionales y Económicos[55], a José Gascón y Marín, como miembro de la Federación de Asociaciones Españolas de Estudios Internacionales y participante en la Conferencia Permanente de Altos Estudios Internacionales[56]. Desde París la secretaría del Instituto Internacional de Cooperación Intelectual contactó también con el secretario de la Federación Española, Román Riaza, para sondear la posibilidad de que el presidente Aniceto Sela y Sampil pudiera concertar una cita con Leo Gross[57].

En el mes de julio Tracy Kittredge recibiría a instancias del secretario del Instituto Internacional de Cooperación Intelectual, F. Chalmers Wright, un informe con cuatro anexos sobre la actividad de la Federación de Asociaciones Españolas de Estudios Internacionales, conjuntamente con otros dos informes: uno de ellos, con propuestas de la Federación para la organización y actividades futuras en el seno de la Conferencia Permanente de Altos Estudios Internacionales; y el otro, con una iniciativa de la Federación instando a la inclusión de "La integración internacional" en la agenda de trabajo de la Conferencia Permanente[58]. La dinámica presencia de la Fundación Rockefeller desde los prolegómenos de la Conferencia Permanente de Altos Estudios Internacionales, tanto en la provisión de sus subvenciones como en su implicación explícita en sus sesiones, tendría su continuidad en su IX edición en Madrid[59].

La actividad del Instituto de Estudios Internacionales y Económicos comenzaría a desarrollarse y planificarse desde mayo de 1935. En el informe elaborado por la Federación de Asociaciones Españolas de Estudios Internacionales en mayo de 1936 se detallaba un amplio marco de actividades en línea con los objetivos del Instituto. En primer término la celebración de seminarios, inspirados probablemente en los realizados por el Seminario de Estudios Internacionales, organizados en dos secciones: la de Estudios Económicos y la de Estudios Jurídicos. La primera acogió cuatro seminarios: el primero, en torno a "Problemas relativos al dinero" bajo la dirección de Enrique Rodríguez Mata –profesor de la Universidad de Zaragoza-; el segundo dedicado a "Los 'principios de economía

[53] J.A. PEMBERTON *The Story of...*, v. II, p. 522.
[54] UNESCO AG 1-IICI-K-IV-12. Carta de Henri Bonnet a José Castillejo. Ginebra, 12 de marzo de 1935.
[55] UNESCO AG 1-IICI-K-IV-12. Carta de Henri Bonnet a Antonio de Luna. Ginebra, 12 de marzo de 1935.
[56] UNESCO AG 1-IICI-K-IV-12. Carta de Henri Bonnet a José Gascón y Marín. Ginebra, 12 de marzo de 1935.
[57] UNESCO AG 1-IICI-K-IV-12. Carta de Chalmers Wright, Secretaría del Instituto Internacional de Cooperación Intelectual, a Román Riaza, secretario de la Federación de Asociaciones Españolas de Estudios Internacionales. París, 12 de marzo de 1935. Asimismo, el secretario del Instituto envió el día 13 una carta a Tracy B. Kittredge informándole de que le había hecho entrega a Leo Gross de cartas de presentación dirigidas a José Castillejo, Antonio de Luna García y José Gasón y Marín (UNESCO AG 1-IICI-K-I-4. Letter. F. Chalmers Wright to Tracy B. Kittredge. París, 13 de marzo de 1935).
[58] UNESCO AG 1-IICI-K-I-4. Letter. F. Chalmers Wright to Tracy B Kittredge. París, 25 de Julio de 1935.
[59] UNESCO AG 1-IICI-K-I-4. Letter. Henri Bonnet to Tracy B. Kittredge. París, 9 de abril de 1936.

política' de Ricardo", dirigido por el dr. Herbert Block, de la Universidad de Friburgo; el tercero, sobre "La teoría del equilibrio", una actividad orientada a principiantes, bajo la dirección de Ernst Peltzer –antiguo abogado y docente de la Escuela Superior de Ciencia Política de Berlín; y el último, titulado "Datos y formas modernas de la organización del comercio", consagrado al análisis de las prácticas proteccionistas y las bases formativas de las grandes unidades económicas, cerradas hacia el exterior, también bajo la responsabilidad de Ernst Peltzer. En la sección de Estudios Jurídicos se implementarían otros cuatro seminarios: las "Relaciones entre el derecho internacional y el derecho interno", dirigido por Antonio de Luna García; "La nacionalidad" analizada desde el plano del derecho internacional, del derecho español y del derecho comparado cuyo responsable fue el Dr. Gerhart Niemeyer –Universidad de Frankfurt-; y por último, "Derecho internacional y política exterior" abordado por Hans J. Morgenthau –quién había sido profesor de la Universidad de Ginebra– desde la perspectiva de la sociología del derecho internacional.

Junto a los seminarios la actividad del Instituto se volcaría sobre los trabajos, tanto colectivos como individuales. En las tareas colectivas se hacía mención a encargos en proceso de preparación, entre ellos un repertorio de tratados de España (1492-1930), una guía del derecho internacional convencional español (1815-1935) o un proyecto de ley española de derecho internacional privado. Y, asimismo, como preparación para la IX Conferencia Permanente de Altos Estudios Internacionales se habían realizado estudios –individuales– sobre las siguientes cuestiones: "El significado de una solución pacífica de los problemas internacionales, económicos, sociales y territoriales para la prevención de la guerra" por Hans J. Morgenthau; "El significado del derecho internacional para un enfoque práctico (*matérielle*) de las cuestiones internacionales económicas, sociales y territoriales" por Gerhart Niemeyer; "La posibilidad de un arreglo pacífico del *statu quo* internacional" por Antonio de Luna García; "Teoría de la sobrepoblación", por Herbert Block; "Efectos del proteccionismo" por Jesús Prados; y "Los problemas de los monopolios internacionales 'sobre las materias primas'" por Ernst Peltzer.

Y, finalmente, las tareas individuales que habían cristalizado en la publicación o ediciones en curso de trabajos de Fernando María Castiella sobre la naturaleza jurídica desde el punto de vista consultivo del Tribunal Permanente de Justicia Internacional, de Hans J. Morgenthau acerca del positivismo mal comprendido y la teoría realista del derecho internacional y sobre la teoría de las sanciones internacionales, y de Gerhart Niemeyer en torno a la integración internacional y sobre el método jurídico en el derecho internacional[60].

En la nómina del personal y los colaboradores del Instituto, además de la presencia de dos jóvenes becarios –Fernando María Castiella y Pedro Cortina Mauri, quienes serían

[60] UNESCO AG 1-IICI-K-IX-1 (carpeta 2). Rapport sur les activités de la "Federación de Asociaciones Españolas de Estudios Internacionales" présenté à la IXè Conférence des Hautes Études Internationales". Mayo de 1936. El informe detallaba, a su vez, las monografías en preparación: "El derecho internacional y la revisión de los tratados" y "El *usi posidetis*" a cargo de Fernando Arias; "El sistema monetario español" por Herbert Block; "España y la Sociedad de Naciones" de Fernando María Castiella; "La nacionalidad de España" y la "Legislación

ministros de Asuntos Exteriores en la dictadura del general Franco–, tendría una sustantiva presencia la ciencia jurídica alemana. Fue –argumenta Antonio Niño– una "muestra de la ambición y la apertura a las nuevas ideas que se respiraba en la Fundación, así como de las redes internacionales que había ido tejiendo Castillejo en su larga trayectoria como gestor de instituciones científicas. Todos ellos "jóvenes y brillantes académicos". Además del conocimiento y la experiencia formativa de Antonio de Luna García en la Universidad de Friburgo, de Federico Castro y Bravo que había sido pensionado de la Junta en Heidelberg y Berlín, se sumaba la presencia de un grupo de becarios entre los que se encontraban cuatro expertos alemanes: Herbert Block; Werner Goldschmidt, un judío expatriado de Alemania tras el ascenso del nazismo al poder y que fue, a su vez, miembro del Instituto Francisco Vitoria; Gerhart Niemeyer, otro expatriado de Alemania como consecuencia de su militancia de izquierdas y que tras el estallido de la Guerra Civil en España emigró a Estados Unidos donde desempeñaría su docencia en la Universidad de Princeton y ancló sus vínculos con el *Council on Foreign Relations* en Nueva York; y Hans J. Morgenthau, también expatriado judío y que por aquel entonces su obra giraba en torno a los problemas de la filosofía del derecho y del derecho internacional. La obra de Hans J. Morgenthau, más conocido en años posteriores como uno de los padres del realismo en la teoría de las relaciones internacionales, criticaba las teorías de Hans Kelsen y Carl Schmitt. En el contexto de la crisis de la Sociedad de Naciones y el desencanto alemán por las condiciones impuestas por el Tratado de Versalles cuestionaba que los tribunales, y por extensión el derecho, pudiera ser un instrumento adecuado para la paz. En buena medida –afirma José Antonio García Sáez– las principales teorías originadas en la República de Weimar surgieron como respuesta o como referencia las obras de Hans Kelsen. Como consecuencia de su origen judío decidió abandonar su país en 1932 convencido de que no podría encontrar plaza en la universidad alemana. Obtuvo una habilitación en el *Institut Universitaire de Hautes Études Internationales* en Ginebra antes de recalar en Madrid, desde donde recibió una oferta para enseñar a través del Comité de Emergencia para Académicos Extranjeros Desplazados, creado por el Instituto Internacional de Educación de Nueva York, con el que José Castillejo mantenía estrechas relaciones, y con el respaldo de las fundaciones filantrópicas estadounidenses. "Se trataba de un contrato de un año a tiempo parcial para ocupar un lugar que dejaba libre Leo Gross", quién había sido discípulo de Hans Kelsen. En Madrid impartiría un curso de derecho

uniforme en materia de cambio y de cheques" por Federico de Castro; "Las condiciones jurídicas del extranjero en España" de Pedro Cortina; "El derecho internacional procesal español" y "La ejecución de juicios a extranjeros en España" a cargo de Werner Goldschmidt; "El derecho internacional público en la Constitución de la República española" por Antonio de Luna García; "La aplicación de la ley extranjera en España en materia de divisas" y "Sociología del derecho internacional" por Hans J. Morgenthau; "La función política del derecho internacional" de Gerhart Niemeyer; "Los problemas del comercio exterior en España" y "La economía española durante la guerra" por Ernst Peltzer; "La exportación de hierro en España" de Jesús Prados Arrarte;"La comunidad internacional en Francisco Suárez" por Nicolás Ramiro; y "El comercio de exportación de frutas en España" a cargo de Julio Tejero. Un total de dieciocho títulos cuyas entregas se verían trágicamente interferidas por la guerra civil.

internacional público, entre cuyos estudiantes figuraba Antonio Truyol Serra. Allí en Madrid, donde su trayectoria quedaría quebrada por la guerra civil, trabó amistad con Antonio de Luna García y con Rafael Altamira[61].

La posición de José Castillejo respecto al problema de los inmigrantes desplazados como consecuencia de persecuciones políticas no podía ser más nítida. El 19 de abril de 1933 le escribía una carta a Fernando de los Ríos, por aquel entonces ministro de Instrucción Pública, en la que en aras a los "ideales de derecho y de fraternidad humana" no veía con simpatía "que se cierren a nadie las puertas ni se pongan dificultades para la entrada en España". A su juicio, "el beneficio que la gente extranjera nos trae es siempre superior al riesgo o molestia que causen". Suponía, sin duda, un "beneficio intelectual, de fermentos de ideas, de tolerancia, de conocimientos y de experiencia técnica". Esta actitud, le confesaba al ministro, había sido la "tradición en que creo que usted, y desde luego yo, nos hemos formado". En un contexto como aquel en que la "corriente general del mundo, fieramente conservadora y egoísta, nacionalista y desconfiada" levantaba barreras de aduanas y cerraba fronteras a los extranjeros.

Que España pudiera ser destino de científicos y profesores para hacer trabajos retribuidos por el Estado, debería guiarse –en palabras de José Castillejo– por un único criterio: "atender a nuestras necesidades científicas y por tanto aprovechar la actual crisis para proveernos de aquellos elementos que no sería fácil encontrar, o preparar rápidamente entre españoles". De la eventual selección de candidatos para desempeñar tales cometidos serían necesarios quizás "un par de personas para estudios internacionales, de Administración y de Economía y Hacienda", entre otras áreas profesionales como los estudios clásicos, la fisiología vegetal o ingenieros sanitarios[62].

La concepción del trabajo científico y la cooperación intelectual transnacional en José Castillejo, a diferencia de la sensibilidad más francófona y centralizadora de su antecesor en la Comisión Internacional de Cooperación Intelectual –Julio Casares–, era muy próxima a las tesis y posiciones anglosajonas en el seno de la Organización para la Cooperación intelectual, abogando por la descentralización y una mayor autonomía, además de plantearse como una estrategia orientada a contener el imperialismo cultural francés personalizado en la gestión de Julien Luchaire.

En una propuesta realizada por José Castillejo ante la Comisión Internacional de Cooperación Intelectual en Ginebra el 16 de julio de 1932 exponía su filosofía en torno al conocimiento científico, la cooperación intelectual y la paz. La cooperación intelectual había de servir a la ciencia y a la paz a través de la organización científica y la interdependencia de los pueblos. El intercambio de ideas, profesores y estudiantes permitía un mejor conocimiento de los pueblos entre sí. El objetivo era, por tanto, prevenir la

[61] A. NIÑO "Historiografia de las...", pp. 19-20 y J.A. GARCÍA SÁEZ "A propósito del paso de Hans J. Morgenthau por España: *Positivismo mal entendido y teoría realista del derecho internacional*", *Anuario de Filosofía del Derecho*, n. 30, 2014, pp. 217-225.

[62] JAE/166/34 (documentación de la secretaría de la JAE). Carta de José Castillejo a Fernando de los Ríos. Madrid, 19 de abril de 1933.

guerra mediante el fomento de la solidaridad aprovechando el componente reformador de la educación. Desde su concepción internacionalista liberal la ciencia y el progreso no sabían de fronteras, pero los Estados se afanaban en patrimonializar la ciencia. Los Estados –en aquel contexto mediatizado por la crisis económica y la pulsión nacionalista– procuraban proteger sus intereses frente a la concurrencia internacional y articulaban sistemas educativos *ad hoc* con las necesidades de cada pueblo. El nacionalismo y el sacro santo principio de la soberanía eran incompatibles, a su juicio, con "la vie normale de l'humanité". Frente a la nacionalización de la ciencia la solución debía ser una organización mundial de la investigación científica, es decir, federar la investigación científica. En este sentido sus planteamientos estarían en sintonía con la noción de gobernanza de los expertos. En su proposición sugería el establecimiento de instituciones de investigación científica gobernadas de forma autónoma en interacción con los países participantes. Contemplaba, asimismo, proyectar su noción federal al ámbito de la enseñanza superior, fundamentalmente a las universidades y a los centros de investigación. Una empresa que requería combinar "la démocratie et la technique". Era el momento de que las universidades como órganos superiores de la producción científica participasen del carácter universal que la ciencia tenía y en esa tarea el papel de la Comisión Internacional de la Cooperación Intelectual podría ser fundamental. Los instrumentos y las estrategias para canalizar la internacionalización de la ciencia, el conocimiento y la tecnología, desde dicha Comisión requerían del papel de institutos como los creados en París –Instituto Internacional de Cooperación Intelectual– y en Roma –Instituto Internacional de Cine Educativo–, de las misiones orientadas a la elaboración de proyectos con el fin de interconectar las instituciones científicas de distintos países y de la creación de corporaciones o establecimientos internacionales garantes de la cooperación intelectual internacional[63]. Esta propuesta la comentaría en febrero de 1933 en su correspondencia epistolar con Fernando María Castiella, vinculado a las labores de la Federación de Asociaciones Españolas de Estudios Internacionales en la Conferencia Permanente de Altos Estudios Internacionales. Su alegato en pro de la internacionalización de la cultura y la investigación científica, le confesaba, tan solo atrajo la atención de Mme. Curie. "No había ningún otro miembro de la Comisión resuelto a entrar por ese camino"[64].

Su concepción internacionalista en la construcción de ciencia y de conocimiento no solo la había manifestado en sus intervenciones en los foros de la cooperación intelectual sino que también la había plasmado en letra impresa en el boletín de *La Coopération Intellectuelle* en el número publicado el 15 de agosto de 1929. Su balance sobre "Les relations internationales dans la vie scientifique espagnole" despertaba con las siguientes palabras: "L'ideal de la coopération intellectuelle serait la suppression totale des frontières

[63] JAE/164324. Société des Nations. Commission de Coopération Intelectuelle. Proposition de M. Castillejo. Organization de la Coopération Intellectuelle. Ginebra, 12 de julio de 1932 (consultado en el http://archivojae.edaddeplata.org/jae, 20 de febrero de 2021).

[64] Carta de José Castillejo a Fernando María Castiella, Madrid, 12 de febrero de 1933, citada por C. GAMERO MERINO "Castillejo a través…", p. 386.

nationales pour la vie scientifique et artistique dont les conquêtes reviennet toujours, en définitive, au bénéfice de l'humanité entière". Por aquel entonces ponderaba la posición de España como no demasiado negativa, pese al repliegue acontecido en los años precedentes durante la dictadura del general Primo de Rivera. La panorámica que ofrecía en cuanto a la legislación, los recursos y las posibilidades para la homologación de los estudios, las titulaciones, los recursos y el ejercicio de las respectivas profesiones a los estudiantes extranjeros, más benévolas ciertamente para aquellos procedentes de las repúblicas hispanoamericanas, mostraba un cuadro en cuyo epicentro gravitaba la actividad y las redes de centros dependientes de la Junta para Ampliación de Estudios, especialmente la Residencia de Estudiantes. El texto servía, a su vez, para divulgar el horizonte de posiblidades fomentado desde la Junta para Ampliación de Estudios ya sea a partir de la programación de conferencias desde la mencionada Residencia, la labor educativa del Instituto-Escuela, la red de centros tejida en el continente americano, el activo de los pensionados en el extranjero o los contactos entablados con instituciones culturales internacionales en España –el Instituto Francés o la Casa de Velázquez, en el caso galo, el Centro de Intercambio germano-español o centros de enseñanza secundaria internacionales establecidos en Madrid, Barcelona y Sevilla–. "Grâce à initiatives nées dans les premières années du siècle, l'Espagne est entrée en contacto croissant avec la science universelle". El renacimiento científico de España había sido "fruit, en grande partie, de la coopération internationale depuis le debut de ce siècle"[65].

Esta misma sensibilidad internacionalista y la vocación por cimentar las bases de una cultura total humana a través de la cooperación para fomentar la paz y la imperiosa necesidad por el desarrollo del humanismo y la ética para paliar los excesos de la civilización mecanicista era objeto de evocación por Luis de Zulueta y Gregorio Marañón en sus intervenciones en el Comité de Artes y Letras celebrado en Madrid entre los días 3 y 7 de mayo de 1933[66]en las instalaciones de la Residencia de Estudiantes y en presencia de otros intelectuales españoles como Miguel de Unamuno, Salvador de Madariaga o Josep Plá. Madame Curie, miembro fundacional de la Comisión Internacional de Cooperación Intelectual y presidenta del Comité de Artes y Letras, recordaba en su intervención la misión del mismo: "el examen y discusión de los grandes problemas que plantean las necesidades y el porvenir de la Humanidad, para favorecer la formación de una Sociedad de Espíritus, según feliz expresión de M. Paul Valéry"[67]. A iniciativa del

---

[65] UNESCO AG 1-IICI-A-III-27. Carta del Jefe de la Sección de Información del Instituto Internacional de Cooperación Intelectual, J. Belime, al secretario de la Junta para Ampliación de Estudios, José Castillejo. París, 8 de octubre de 1929; y J. CASTILLEJO "Les relations internationales dans la vie scientifique espagnole", *La Coopération Intellectuelle*, 1929, pp. 481-487.

[66] AHD-MNE S1. E18. P8/84683. Comité de Artes y Letras. Reunión de Madrid, 1933. Despacho n. 80 del embajador Portugués en Madrid, 3 de mayo de 1933.

[67] "Reunión del Comité de Letras y Artes del Instituto Internacional de Cooperación Intelectual de la Sociedad de Naciones", *Revista Residencia*, n. 3, mayo 1933, pág. 108. En el transcurso de la estancia de los miembros del Comité de Artes y Letras en Madrid fueron agasajados el 4 de mayo con un banquete-homenaje en la finca "La Zarzuela" en El Pardo (*Ahora*, 5 de mayo de 1933).

mencionado comité desde 1931, con el trasfondo del debate sobre el desarme moral y la propia conferencia de desarme, había tenido lugar la publicación de la correspondencia cruzada entre Albert Einstein y Sigmund Freud, bajo el título de *Por qué la guerra*, y la edición de una serie de epístolas de autores como Paul Valéry, Salvador de Madariaga, Silbert, Murray, Henry Focillon, Ossorio d'Almeida, Alfonso Reyes y Tsa-Yuan-Pei en un volumen titulado *Para una sociedad del espíritu*[68]. Unos temores y un diagnóstico muy próximos a los que ya había advertido Raymond Fosdick, pieza capital de la Fundación Rockefeller, en la década de 1920 en sus conferencias, luego editadas bajo el título *The Old Savage and the New Civilization* (1928).

La Guerra Civil pondría fin a las actividades del Instituto de Estudios Internacionales y Económicos. La Orden de 18 de abril de 1940, en aplicación de las disposiciones de la Ley fundacional del Consejo Superior de Investigaciones Científicas de 24 de noviembre de 1939, disponía que se traspasasen al Consejo Superior de Investigaciones Científicas todos los servicios de las disueltas Junta para Ampliación de Estudios y Fundación Nacional. Antonio de Luna García fechaba el fin definitivo de las actividades del Instituto el 13 de agosto de 1937 con su expulsión del mismo, junto a otros colaboradores que respaldaron la sublevación contra la República. Al acabar la guerra fue designado director en funciones del Instituto y comenzó, de hecho, a preparar la reanudación de sus actividades. Antonio de Luna García realizó una primera valoración de la "afección al nuevo régimen" de los colaboradores del Instituto, que serviría para el "proceso de depuración incoado contra los miembros de la Fundación Nacional", que en el caso del Instituto su juez instructor fue el propio Fernando María Castiella. El Instituto, sin embargo, desaparecería como tal en 1940 al ser reemplazado por el Instituto Francisco Vitoria de derecho internacional, en el seno del Consejo Superior de Investigaciones Científicas, bajo la dirección de Antonio de Luna García hasta 1963. Aunque varios de sus antiguos integrantes desempeñarían cargos y tareas dentro del nuevo centro, pero "ni siquiera formando un grupo de investigación dentro del mismo". Justo Formentín y Esther Rodríguez concluyen que "no hubo, por tanto, ningún desmantelamiento material de todos esos centros tras la guerra civil, sin embargo no podemos olvidar la importante pérdida de capital humano"[69]. Queda fuera de toda duda esa continuidad material al cobijo del Consejo Superior de Investigaciones Científicas, pero la fractura de la guerra y el paraguas bajo el que se desarrolló en el régimen del general Franco tuvo un costoso peaje en el capital humano y en la filosofía y el horizonte cultural y reformista del institucionismo de la Junta para Ampliación de Estudios y la Fundación Nacional, una de cuyas señas de identidad más vitales fue la búsqueda de un espacio de acción científica, cultural e intelectual autónomas y alejadas de los vaivenes de la vida política.

[68] Ibídem. P. 108 y J.-A. PEMBERTON, *The Story of International Relations, Part Two, Cold-Blooded Idealists*, Cham. Palgrave Macmillan, 2019, pp. 156-158.
[69] J. FORMENTÍN IBAÑEZ-E. RODRÍGUEZ FRAILE *La Fundación Nacional*..., p. 14.

De las inquietudes y los contactos de José Castillejo con la Fundación Rockefeller respecto a la actividad de la Fundación Nacional y el propio Instituto de Estudios Internacionales y Económicos, en aquel contexto de proyección y dinamismo de la Fundación Rockefeller para fomentar la creación de instituciones y comisiones nacionales en Europa en el seno de la Conferencia Permanente de Altos Estudios Internacionales, es indicativa una nueva gestión a iniciativa de José Castillejo con la fundación estadounidense, de la que solo queda constancia en los archivos de la Fundación.

Semanas antes de la celebración de la IX Conferencia Permanente de Altos Estudios Internacionales en Madrid, el 8 de abril de 1936 mantuvo una reunión con Tracy Kittredge, jefe de la oficina de la Fundación Rockefeller para Europa en París desde 1924, en el curso de la cual le presentó un proyecto avalado por la Federación de Asociaciones Españolas de Estudios Internacionales para crear un futuro Instituto de Relaciones Internacionales. Tracy kittredge acogió favorablemente la idea y realizaría diversas entrevistas con el fin de valorar la posibilidad de conceder una partida presupuestaria para su financiación, de modo similar a la labor que la Fundación estaba realizando en otros medios académicos europeos. Entre los contactos entablados por Tracy Kittredge a tal fin su apuesta más firme fue la de Salvador de Madariaga.

La figura de Salvador de Madariaga contaba con el poderoso aval político de su acción diplomática en la Sociedad de Naciones y de sus embajadas en Washington y en París desde la proclamación del nuevo régimen, así como de excelentes conexiones con los círculos políticos, académicos y filantrópicos en el mundo anglosajón. De acuerdo con el excelente estudio de José Ramón Rodríguez sobre su actividad mundialista, la iniciativa de Tracy Kittredge en su reunión con el intelectual gallego en Ginebra el 15 de abril de 1936 acontecía en una conversación en el curso de la cual Salvador de Madariaga le hacía participe de su iniciativa para desarrollar una conciencia mundial y los fondos recaudados hasta aquel momento. Cuando el delegado de la Fundación Rockefeller le expuso el proyecto de José Castillejo y analizaron sus posibilidades, Salvador de Madariaga mostró su pleno apoyo a la propuesta y valoró la creación de dicho organismo como una "necesidad imperiosa". Asimismo, manifestó su disposición a presidir el futuro instituto y el comité ejecutivo de la Federación de Asociaciones Españolas de Estudios Internacionales, siempre que pudiera "contarse con una financiación adecuada para formar un equipo competente, a tiempo completo y profesionalizado"[70].

El curso de la conversación resulta un tanto sorprendente en la medida que el proyecto de José Castillejo avalado por la Federación perimetraba un núcleo de instituciones y especialistas, en su gran mayoría catedráticos de derecho internacional, que se habían consolidado en aquellos años como los interlocutores privilegiados con la Conferencia Permanente de Altos Estudios Internacionales. Si bien es cierto que Salvador de Madariaga

[70] ROCKARCH RG. 1.1, serie 100.S, caja 100, carpeta Salvador de Madariaga "Devolpment of Studies of International Relations in Spain". Kittredge a S. Walder, 22 de mayo de 1936; analizada por J.R. RODRÍGUEZ LAGO *World Citizen. Salvador...*, pp. 169-170.

había participado en el entorno de la Federación de Asociaciones Españolas de Estudios Internacionales y presidía la Asociación Española por la Sociedad de Naciones, además de haber ejercido desde que estableció la República como delegado ante la organización internacional, su posición no era central en el seno de la red asociativa cristalizada en los años precedentes en España sobre los estudios internacionales y su presencia en los foros de cooperación intelectual especializados en la materia.

De vuelta a París, Tracy Kittredge se entrevistaría con Arthur Sweester –miembro de la oficina de prensa de la Sociedad de Naciones, promotor de la Escuela Internacional de Ginebra y presidente de la Fundación Woodrow Wilson–, quién confidencialmente le informó de la delicada situación económica de Salvador de Madariaga ya que en aquel momento no recibía sueldo del Gobierno español. Emergía así una solución en la medida en que la subvención al Instituto sería un modo indirecto de asistirle y facilitar su presencia en las instituciones internacionales. En la valoración que hacía de estas gestiones Tracy Kittredge a la directora asociada del Departamento de Ciencias Sociales de la Fundación Rockefeller, Sydnor H. Walker, además de respaldar la candidatura de Salvador de Madariaga, añadía que:

> (...) la situación interna de la política española le parecía muy inestable y todo podía suceder. La 'revolución republicana' seguía su curso, pero necesitaría años para lograr la deseada estabilidad. Una pequeña ayuda a los grupos que trabajaban en Madrid por la internacionalización parecía más que justificada. Eran, además, grupos que incluían a representantes de diversas tendencias ideológicas y que parecían disfrtutar de cierta inmunidad pese a las volubles coyunturas políticas[71].

El interés por la obra de Salvador de Madariaga por parte de los tres gestores de la Fundación Rockefeller, concluye José Ramón Rodríguez Lago, "radicaba en las gestiones concretas que este pudiese realizar entre las instituciones internacionales, pero se mostraba más recelosa respecto a sus apelaciones al mundialismo que seguían contemplando como demasiado esotérico"[72].

Una semana antes de la inauguración de la IX Conferencia Permanente de Altos Estudios Internacionales en Madrid, Sydnor H. Walker advertía en un informe elaborado en Nueva York que:

> La relación de Madariaga con los promotores del futuro Instituto de Relaciones Internacionales en España se había visto sometida a imprevistas y delicadas circunstancias. Resultaba difícil ofrecer a Madariaga la ayuda que él necesitaba y ofrecer al mismo tiempo asistencia a la Federación de Asociaciones Españolas de Estudios Internacionales (...) Madariaga tenía sin duda un prestigio internacional mucho mayor que el

[71] J.R. RODRÍGUEZ LAGO *World Citizen. Salvador...*, p. 169.
[72] Ibídem. P. 169.

de cualquiera de los representantes españoles en la Conferencia, pero era conveniente obrar con prudencia ante la actual posición del gobierno español, presidido ahora por Santiago Casares Quiroga, un paisano de Madariaga con el que no parecían prevalecer buenas relaciones. En las actuales circunstancias, era imposible determinar el tipo y la extensión de la ayuda que el Instituto y Madariaga podrían recibir[73].

En la reunión de la Conferencia Permanente en Madrid el protagonismo de Salvador de Madariaga quedaría reservado al prestigio de la conferencia de clausura pronunciada el 30 de mayo de 1936 –su última conferencia en España como delegado de la Sociedad de Naciones– cuyo contenido giraría en torno al mundialismo[74]. En la entrevista concedida por el intelectual gallego al diario *El Sol* trasladaba su convencimiento de que "las normas de política internacional han de tender, sobre todo, a atemperar el sentimentalismo de los pueblos con el control de la razón y de la verdad. A esto tiende el Instituto Internacional de Cooperación Intelectual de París, entidad internacional autónoma, pero vinculada a la Sociedad de Naciones. Y a esto tiende la IX Conferencia de Altos Estudios Internacionales que ahora se celebra en Madrid". Ni el "Instituto ni la Conferencia ejercen funciones políticas: sus funciones son puramente científicas, y por consiguiente imparciales"[75]. Era también el último acto de la Federación de Asociaciones Españolas de Estudios Internacionales en la Conferencia Permanente de Altos Estudios Internacionales, cuya escenificación ha de remontarnos años antes con la efectiva incorporación de la Federación a las tareas de aquel foro de cooperación intelectual especializado en los estudios internacionales.

MADRID EN EL MAPA DE LA CONFERENCIA PERMANENTE DE ALTOS ESTUDIOS INTERNACIONALES

De modo casi inmediato a la constitución de la Federación de Asociaciones Españolas de Estudios Internacionales y a tenor de la propia correspondencia mantenida entre José Castillejo como miembro de la Comisión Internacional de Cooperación Intelectual, y los interlocutores de la Organización para la Cooperación Intelectual en París y Ginebra, el 18 de febrero de 1933 el secretario del Instituto Internacional de Cooperación Intelectual, Werner Picht, se pondría en contacto con el presidente de la Federación, Rafael Altamira, transmitiéndole la favorable acogida del comité ejecutivo de la Conferencia Permanente de Altos Estudios Internacionales a su constitución y a su inclusión como miembro de la misma de acuerdo con los propios estatutos de la Conferencia como comité de coordinación de las instituciones españolas. El comité ejecutivo trasladaba no

[73] "Informe sobre Programa de Relaciones Internacionales de España", Sydnor H. Walker a Tracy Kittredge, 20 de mayo de 1936; analizado por J.R. RODRÍGUEZ LAGO *World Citizen. Salvador...*, pp. 177-178.
[74] "Ayer se clausuró la Conferencia de Estudios Internacionales. Pronunció un discurso D. Salvador de Madariaga", *El Sol*, 31 de mayo de 1936.
[75] "Una conversación con don Salvador de Madariaga", *El Sol*, 30 de mayo de 1936.

solo esta invitación para convertirse en miembro de la Comisión Permanente sino que proponía que la Federación deviniese en el "Comité Español de Coordinación" de las instituciones españolas ante la Conferencia Permanente[76]. Hasta el estallido de la guerra civil en España la Federación actuó de hecho como Comité Español de Coordinación.

Como parte de la hoja de ruta de la incorporación a los trabajos de la Conferencia Permanente, cuyas primeras reuniones anuales entre 1928 y 1931 se habían orientado al desarrollo de la cooperación de las instituciones de estudios internacionales en el terreno práctico, se le proponía a la Federación de Asociaciones Españolas de Estudios Internacionales participar en la VI Conferencia Permanente de Altos Estudios Internacionales que se celebraría en Londres con una agenda ya determinada para el estudio de problemas internacionales explícitos, que en este caso versaría sobre "El Estado y la vida económica". En este sentido el comité ejecutivo de la Conferencia Permanente invitaba a la Federación a que enviase al menos dos delegados y que preparase una memoria sobre esta cuestión, la cual pudiera ser incluida en la documentación preliminar de la reunión de la Conferencia Permanente.

La colaboración entre la Federación de Asociaciones Españolas de Estudios Internacionales y la Conferencia Permanente de Altos Estudios Internacionales quedaría confiada a un comité constituido por José Gascón y Marín, como presidente, y por José de Yanguas Messía y Antonio de Luna García[77].

Con la Federación de Asociaciones Españolas de Estudios Internacionales más integrada en los mecanismos de la Conferencia Permanente, Henri Bonnet escribía al secretario de la Federación a finales de junio de 1933 para informarle de la agenda de las dos próximas reuniones anuales cuya temática, tras la gravitación en torno a las cuestiones económicas, se desplazaría al plano de la seguridad colectiva en plena zozobra con motivo del curso de la Conferencia de desarme y las retiradas de Japón y de Alemania de la Sociedad de Naciones. El enfoque del debate académico y las aportaciones de los miembros de la Conferencia Permanente debían abstenerse de proyectar las posiciones e intereses de los Estados respecto a la "seguridad colectiva: principios y métodos", sino plasmar una aproximación teórica y práctica. Asimismo se recomendaba dejar de lado el estudio histórico de las doctrinas para centrarse en los problemas internacionales del presente y los mecanismos "actuales" de la seguridad. Se instaba desde el comité ejecutivo de la Conferencia Permanente a que los miembros presentaran propuestas para articular el programa definitivo para el mes de octubre de 1933[78].

---

[76] UNESCO AG 1-IICI-K-IV-12. Carta del secretario del Instituto de Cooperación Intelectual, Werner Picht, al presidente de la Federación de Asociaciones Españolas de Estudios Internacionales, Rafael Altamira. París, 18 de febrero de 1933.

[77] UNESCO AG 1-IICI-K-IX-1 (carpeta 2). Rapport sur les activités de la "Federación de Asociaciones Españolas de Estudios Internacionales" présenté à la IXè Conférence des Hautes Études Internationales". 1936.

[78] UNESCO AG 1-IICI-K-IV-12. Carta de Henri Bonnet, director del Instituto Internacional de Cooperación Intelectual, a Ricardo de Jaspe, secretario de la Federación de Asociaciones Españolas de Estudios Internacionales. Ginebra, junio de 1933.

En la primera sesión celebrada por la Federación de Asociaciones Españolas de Estudios Internacionales tras el verano se debatió sobre el programa de la VII Conferencia Permanente. La Federación sugería una modificación en el programa para que se comenzase con el problema de la soberanía de los Estados en relación con la seguridad colectiva. Se trataba de una cuestión no solo suscitada entre los juristas españoles interesados por la Sociedad de Naciones, sino también presente en los debates políticos en torno a la seguridad colectiva y la neutralidad. De la interpretación de la soberanía, argumentaba Ricardo de Jaspe, dependía la interpretación de la seguridad colectiva. La "souveraineté ne peut pas être une liberté absolue parce que le droit international, commme tout droit, ne peut pas être fondé sur elle mais sur la solidarité qu'implique la soumission des libertés absolues à un ordre". En la mayoría de las organizaciones internacionales la irrupción "dans le monde international d'une unité universelle de decisión" es "incompatible avec la notion de souveraineté absolue".[79]

La intervención de los participantes españoles de la Federación en la VII Conferencia Permanente de Altos Estudios Internacionales celebrada en París en mayo de 1934 se orientó, precisamente en este sentido. El profesor de la Universidad de Madrid, Gaspar Bayón y Chacón argumentaba en la memoria que presentó sobre la "Révision des traités devenus inaplicables et des situations juridiques mettant en danger la maintien de la paix" en torno a la necesidad de resolver este tipo de litigios en la Asamblea de la Sociedad de Naciones. Y José Gascón y Marín, por su lado, abundaría en los argumentos ya sugeridos desde Madrid en torno a los problemas relativos a la soberanía a tenor de las divergentes concepciones nacionales y el derecho internacional. En su intervención enfatizaba la necesidad de incluir una mención especial a la neutralidad[80]. Una mención del todo relevante considerando el modo en cómo la crisis de la seguridad colectiva y, en particular, el fracaso de la Conferencia de Desarme fue estimulando el repliegue hacia la *realpolitik* en muchos Estados y la vinculación que se estableció por parte de España con otros neutrales, en la que desempeñó un destacado protagonismo el subsecretario del Ministerio de Estado, José María Doussinague, y que cristalizó en el "Grupo de Neutrales" en Ginebra.

Precisamente sería sobre el problema de la soberanía el asunto sobre el que Henri Bonnet en un viaje a Madrid trató con Ricardo de Jaspe de cara a la preparación de la VIII Conferencia Permanente en Londres y en torno a la cual la Federación proponía explícitamente la discusión sobre la prevención de la guerra[81]. El propio Henri Bonnet en

[79] UNESCO AG 1-IICI-K-IV-12. Carta de Ricardo de Jaspe, secretario de la Federación de Asociaciones Españolas de Estudios Internacionales, a Henri Bonnet, director del Instituto Internacional de Cooperación Internacional. Madrid, 14 de octubre de 1933.

[80] UNESCO AG 1-IICI-K-IV-12. "Note sur la participation de la 'Federación de Asociaciones Españolas de Estudios Internacionales' à la Conférence d'études sur la 'securité collective'". Octubre de 1934.

[81] El estudio de la prevención de la guerra se proponía a través de los siguientes parámetros: en primer lugar, los medios para asegurar el progreso del derecho y el respeto de la justicia al margen de la guerra; a continuación, el arreglo pacífico de disputas internacionales, y el respeto a los compromisos internacionales (UNESCO AG 1-IICI-K-IV-12. Carta de Chalmers Wright, secretaría del Instituto Internacional de Cooperación Internacional,

una carta enviada al presidente de la Federación de Asociaciones Españolas de Estudios Internacionales, Aniceto Sela y Sampil, el 7 de marzo de 1935 destacaba la "coopération très active des membres à la preparation" de la reunión de Londres y que sus aportaciones contribuirían en buena medida a "maintenir le caractère strictament scientifique de notre étude en commun sur la 'securité collective'"[82]. En el mes de mayo el presidente en funciones de la Federación, tras el fallecimiento de Aniceto Sela y Sampil, el marqués de Lema enviaba a Henri Bonnet tres memorias: "La solution pacifique des conflicts internationaux" elaborada por José Gascón y Marín y Pedro Cortina Mauri, "Respect des engagements internationaux, revisión des traités et des situations internationales", realizada por Gaspar Bayón y Chacón; y "La nature de la securité collective" redactada por Gerhart Niemeyer, para la reunión de Londres que se celebraría en el mes de junio[83].

La participación y el compromiso activo de la Federación de Asociaciones Españolas de Estudios Internacionales tendrían su gran momento con motivo de la celebración en Madrid de la IX Conferencia Permanente de Altos Estudios Internacionales entre los días 27 y 30 de mayo de 1936. En la reunión de Londres, los delegados José Gascón y Marín, quien había sido parte del comité organizador de la VIII Conferencia, y Antonio de Luna García presentaron la candidatura de Madrid para la celebración del IX encuentro. La Conferencia de Madrid y la que se celebraría al año siguiente en París continuarían gravitando sobre la seguridad colectiva, tratando el arreglo pacífico de los problemas internacionales. La reunión tendría lugar en la sede de la Federación de Asociaciones Españolas de Estudios Internacionales, en la calle Medinacelli n. 6. Para tan solemne ocasión se estrenaba el maestro Pablo Sorozábal como director de la banda municipal en el acto de recepción organizado por el Ayuntamiento de Madrid el día 28[84]. El miércoles 27 de mayo la sesión inaugural subiría el telón con las intervenciones del Presidente de la Federación –José Gascón y Marín–, el ministro de Estado –Augusto Barcia Trelles–, el informe del profesor Maurice Bourquin sobre "Les Procédés de Règlement pacifique des problèmes internationaux" y la intervención del director del Instituto Internacional de Cooperación Intelectual –Henri Bonnet–. El núcleo de las sesiones se vertebró en tres ejes: las reuniones administrativas que se celebraron la tarde del 27 y la mañana del sábado 30; la doble sesión del jueves 28 sobre los procedimientos de arreglo pacífico de los problemas internacionales; y la doble sesión del viernes 29 consagrada a la enseñanza universitaria de las relaciones internacionales[85]. Sobre esta última focalizaremos nuestra atención para analizar las intervenciones de los delegados

a Ricardo de Jaspe, secretario de la Federación de Asociaciones Españolas de Estudios Internacionales. París, 13 de noviembre de 1934).

[82] UNESCO AG 1-IICI-K-IV-12. Carta de Henri Bonnet a Aniceto Sela y Sampil. París, 7 de marzo de 1935.

[83] UNESCO AG 1-IICI-K-IV-12. Carta del marqués de Lema, presidente en funciones de la Federación de Asociaciones Españolas de Estudios Internacionales, a Henri Bonnet, director del Instituto Internacional de Cooperación Intelectual. Madrid, 13 de mayo de 1935.

[84] *Ahora*, 29 de mayo de 1936.

[85] UNESCO AG-1-IICI-K-IX-1 (carpeta 1). IXè Conférence des Hautes Études Internationales, Madrid, 27-30 mai 1936. Programme.

españoles en los debates sobre la enseñanza universitaria de las relaciones internacionales, un tema inédito en la agenda introducida en la VIII Conferencia de Londres y reflejo del alto grado de institucionalización del debate en el seno de las disciplinas concernidas en los estudios internacionales.

La lista de delegados y participantes ilustra la movilización de recursos y de capital humano de la Federación de Asociaciones Españolas de Estudios Internacionales[86], encabezada por su presidente, José Gascón y Marín, y con la participación de los presidentes y directores de las asociaciones y entidades integrantes de la misma, junto a otros centros estrechamente vinculados a las actividades de la Federación como el Instituto de Estudios Internacionales y Económicos –cuyo director era Antonio de Luna García– y el Instituto Francisco Vitoria de Derecho Internacional de la Universidad de Salamanca. En el informe elaborado por Alfred Zimmern[87] presentado en la conferencia sobre la enseñanza universitaria de las relaciones internacionales se hacía mención al *Spanish Institute for Colonial Studies* formalmente conocida como Liga Africanista como miembros de la Federación, lo que no era preciso en términos formales aunque algunos de sus miembros si pertenecían a la Federación. Suponemos que el instituto que se menciona ha de ser la Sociedad Española de Estudios Internacionales y Coloniales.

Las dos sesiones del día 28 de mayo estuvieron consagradas a la agenda sobre la seguridad colectiva bajo el título "Procédés de Règlement pacifique des Problèmes Internationaux", presididas por el historiador estadounidense James T. Shotwell y cuyo relator fue el profesor Maurice Bourquin, que en conferencias anteriores había ejercido en este sentido en los temas de seguridad colectiva. Estos trabajos habían dispuesto de los recursos de la Dotación Carnegie y de la Fundación Rockefeller para su publicación y divulgación[88]. La agenda del debate se desgranó en torno a las cuestiones demográficas, materias primas, mercados, cuestiones coloniales, cuestiones nacionales y étnicas y, finalmente, cuestiones relativas a la región del Danubio[89]. Muchos de estos temas figuraban en la agenda de las

[86] La lista de delegados y participantes españoles estuvo compuesta por José Gascón y Marín que ejerció como presidente de la IX Conferencia y presidente de las reuniones administrativas en calidad de presidente de la Federación de Asociaciones Españolas de Estudios Internacionales y Obdulio Matilla Fernández como secretario de la IX Conferencia. Como delegados en las reuniones administrativas estuvieron presentes: Antonio de Luna García y Román Riaza. El secretario de prensa fue Ricardo de Jaspe. El censo de miembros de la Federación estuvo integrado por: Salvador Bermúdez de Castro –marqués de Lema–, Fernando de los Ríos, Rafael Altamira, José de Yanguas Messía –vizconde de Eza–, José Jorro y Miranda –conde de Altea–, Camilo Barcia Trelles, Gaspar Bayón y Chacón y Manuel Raventós. Y por último designados como participantes en las sesiones sobre el Procedimiento de arreglo pacífico de ciertos problemas internacionales y la enseñanza universitaria de las relaciones internacionales: Ramón Perpiñá Grau, Antonio Martínez Román, Pedro Cortina Mauri, Ildefonso Cuesta y Jesús Prados Arrarte. Dieciocho miembros en total entre los que participaba la plana mayor de la Federación (UNESCO AG-1-IICI-K-IX-1 (carpeta 1) Liste des delegués et participants espagnoles. IXè Conférence des Hautes Études Internationales. Madrid, 27-30 de mayo de 1936).

[87] UNESCO AG-1-IICI-K-IX-1 (carpeta 2). Rapport "University Teaching of International Relations", by sir Alfred Zimmern. Mayo de 1936, p. 13.

[88] UNESCO AG-1-IICI-K-IX-1 (carpeta 2). IX International Studies Conference. Report on the Administrative Meetings by sir Alfred Zimmern. Madrid, 27-30 de mayo de 1936.

[89] UNESCO AG-1-IICI-K-IX-1 (carpeta 1). IXè Conférence des Hautes Études Internationales. Compte rendu analytique de la 3ème seance consacrée au peaceful change. Madrid, 30 de mayo de 1936.

actividades de enseñanza e investigación de la Federación de Asociaciones Españolas de Estudios Internacionales –y sus entidades integrantes– y del Instituto de Estudios Internacionales y Económicos, como hemos tenido ocasión de explicitar con anterioridad. Y, asimismo, habían sido sugeridos en la respuesta de la Federación de Asociaciones Españolas de Estudios Internacionales a los comentarios del informador general, Maurice Bourquin, en el marco preparatorio de la IX Conferencia en 1935. Desde la Federación se priorizaba la posibilidad de estudiar en común entre diversas instituciones nacionales el problema de la redistribución de los mandatos internacionales y el deseo de entrar en contacto estrecho con el grupo americano en el seno de la Conferencia para tratar cuestiones sobre Hispanoamérica, con el marco de fondo de la guerra del Chaco y el conflicto de Leticia. Amba menciones revelan la gravidez de la proyección ultramarina en la política y las preocupaciones de la política exterior española. En aquel documento se volvía a insistir sobre la importancia de la definición del sujeto para avanzar en una solución pacífica de los conflictos internacionales de una manera objetiva. Cualquier aproximación a esta problemática requería el análisis de dos cuestiones preliminares: en primer término, los tipos de causas de la guerra –materiales y psicológicas-; y en segundo lugar, la noción de *statu quo*. Unas preocupaciones ya presentes en las aportaciones precedentes desde la Federación a la agenda de la Conferencia sobre la seguridad colectiva y afrontadas desde una perspectiva eminentemente pragmática y desde cierta vocación *appeaser* acorde con la filosofía dominante en los foros de cooperación intelectual en los treinta. Una sentencia del propio texto de la Federación ilustra explícitamente esta sensibilidad: "La simple justice d'une ordre juridique n'a jamais empêché les actes de violence des sujets qui y sont soumis et auxquelles la justice ne suffisait pas"[90].

Atención especial merece la sesión del 29 de mayo, la primera de las dos dedicadas a la enseñanza universitaria de las relaciones internacionales, por el propio objetivo de nuestra investigación, por la novedad que suponía en la agenda de la Conferencia Permanente de Altos Estudios Internacionales y la escena dinámica que retrata del debate interdisciplinar sobre los estudios internacionales en un foro altamente institucionalizado y transnacional en un contexto en el que los estudios de esta naturaleza contaban con el respaldo decidido de las entidades filantrópicas estadounidenses. Y, asimismo, resulta sumamente ilustrativo de la toma de posición de los académicos y especialistas españoles

[90] En la lista de temas propuestos desde la Federación para la IX Conferencia Permanente de Altos Estudios Internacionales figuraban: los tipos de causas de la guerra –materiales y psicológicos–, la noción de *statu quo*, la *uti posidetis juris* en los conflictos territoriales hispano-americanos, formas y propósitos de una política tendente a fortalecer las relaciones culturales y económicas entre países con escasas dependencias coloniales y sus emigrantes, la colonización interior como remedio a la sobrepoblación, las expectativas para asegurar el acceso a las materias primas a los países desprovistos de medios para la participación de sus capitales para la explotación de nuevos territorios y, por último, el eventual control internacional de ciertas materias primas muy localizadas y que son de vital interés en caso de guerra (UNESCO AG-1-IICI-K 1935 Espagne. Conférence Permanente des Hautes Études Internationales. Les procedes de réglement pacifique de certains problèmes internationaux ("peacefull changes"). Responses au commentaire du rapportuer general. Federación de Asociaciones Españolas de Estudios Internacionales).

en estudios internacionales en los debates disciplinares sobre la materia en el plano de la cooperación intelectual.

La puesta en escena de la Conferencia de Instituciones para el Estudio Científico de las Relaciones Internacionales como foro institucionalizado para el debate y trabajo colaborativo entre expertos en estudios internacionales fue roturando un espacio en su agenda para abordar la problemática de la enseñanza superior –y la investigación– de los estudios internacionales desde comienzos de la década de 1930.

Desde el Instituto Internacional de Cooperación Intelectual –como se detalla en la investigación de Jo-Anne Pemberton– se había enfatizado la importancia de las guías de estudio sobre las relaciones internacionales en relación a la actividad desempeñada por la Conferencia de Instituciones para el Estudio Científico de las Relaciones Internacionales. El delegado estadounidense James T. Shotwell –quién ejercía además como presidente del Comité Estadounidense de Coordinación de Altos Estudios Internacionales– había realizado de acuerdo con las recomendaciones de la Conferencia una encuesta sobre el estudio de las relaciones internacionales en Estados Unidos, bajo los auspicios del Comité Nacional Americano de Cooperación Intelectual. En 1932 ya había realizado un primer borrador emulando el modelo de la guía de educación que había sido preparada bajo los auspicios de la *World Peace Foundation,* en cuya introducción había participado, y aún antes en 1927 había emprendido un primer proyecto de esta naturaleza a instancias del *American Social Science Research Council.* En el seno del *Institute of Pacific Relations*, en cuyas actividades participaba regularmente, se había enfatizado la necesidad de elaborar estas consultas con el fin de coordinar los estudios en este ámbito de conocimiento[91]. En 1935 tenía lugar la publicación de la obra colectiva dirigida por James T. Shotwell sobre los estudios internacionales en Estados Unidos. Un trabajo en el que se analizaban las ciencias sociales –derecho, ciencias económicas y políticas, historia o geografía, entre otras– e investigaciones sobre "relaciones internacionales". La obra mostraba una cartografía completa de los centros públicos y privados existentes en Estados Unidos sobre la materia, los métodos de investigación, los campos de estudio explorados y la enseñanza de las relaciones internacionales.

La Comisión y el Instituto Internacional de Cooperación Intelectual estimaban el gran valor de este trabajo y animaron a las diferentes comisiones nacionales de cooperación intelectual a realizar estudios de similar naturaleza en torno a la investigación y la enseñanza de los estudios internacionales en sus respectivos países, entre ellos España[92]. Se trataba de un balance muy útil no solo para la Conferencia Permanente de Altos Estudios Internacionales al disponer de una información más pormenorizada del estado de los estudios internacionales a nivel global, sino también para la Dotación Carnegie

[91] J.-A. PEMBERTON *The Story of...*, v. 2, pp. 92-93.

[92] UNESCO AG 1-IICI-K-IV-12. Carta del director del Instituto Internacional de Cooperación Internacional, Herni Bonnet, al presidente de la Federación de Asociaciones Española de Estudios Internacionales, Aniceto Sela y Sampil. París, 8 de marzo de 1935.

y la Fundación Rockefeller, precisamente cuando estaban intensificando su actividad y sus recursos para promover los estudios internacionales, apoyándose en la logística global de la cooperación intelectual.

El trabajo realizado por James T. Shotwell era consecuencia directa de las acciones emprendidas en el seno de la Conferencia de Instituciones para el Estudio Científico de las Relaciones Internacionales en la sesión del 12 de junio de 1930 celebrada en París. En una carta de Anne Hallstein-Kallia, miembro de la Sección de Cooperación Intelectual de la secretaría de la Sociedad de Naciones, a Werner Pitch le comunicaba que sería de lamentar que el ámbito de la educación estuviera al margen de los métodos y resultados de las investigaciones en el campo de las relaciones internacionales. Con este fin la Conferencia de Instituciones para el Estudio Científico de las Relaciones Internacionales había enviado una resolución para que la Subcomisión de expertos sobre la Educación de la Juventud de la Sociedad de Naciones se interesase por promover unas conexiones más estrechas entre la instrucción pública y el estudio científico de las relaciones internacionales. Uno de sus integrantes fue Alfred Zimmern, quién desde 1931 había prestado su apoyo a los encuentros entre profesores de relaciones internacionales que él mismo organizaba bajo los auspicios de la *Geneva School of International Studies* y que tenían lugar simultáneamente a las sesiones anuales de la Asamblea de la Sociedad de Naciones[93].

Fruto directo estas iniciativas fue la creación de una Comisión Mixta de seis miembros pertenecientes a la mencionada Subcomisión y a la Conferencia de Instituciones para el Estudio Científico de las Relaciones Internacionales, cuyo primer encuentro tendría lugar en la IV Conferencia de Copenhague en junio de 1931. Era la primera vez que oficialmente se establecía un contacto entre el estudio científico de las relaciones internacionales y la instrucción pública mundial. Esta inquietud cristalizaría en una resolución de la Comisión Internacional de la Cooperación Intelectual respalda por el Consejo y la Asamblea de la Sociedad de Naciones de 1932. En virtud de aquella resolución se elaboró un cuestionario y se invitaba a los comités nacionales de cooperación intelectual a elaborar un informe sobre el alcance, la naturaleza y la organización de los estudios internacionales[94].

El Comité de Coordinación Británico sería uno de los primeros en articular una respuesta. Sería Stanley Hartnoll Bailey, *assistan lecturer* en relaciones internacionales en la *London School of Economics and Political Science* el responsable de la elaboración de un extenso y pormenorizado informe, que cubría todo el radio de la enseñanza superior de los estudios internacionales en Gran Bretaña en 1931-1932[95]. En opinión de Bailey no

---

[93] A. ZIMMERN (ed.) *University Teaching of International Relations*, 1, citado por J.-A. PEMBERTON *The Story of…*, v. 2, p. 514.

[94] Ibídem. P. 95; y véase, asimismo, M. RIEMENS "International Academic Cooperation…", p. 922.

[95] En Gran Bretaña tal como se detallaba en el informe existían dos departamentos independientes especializados en Relaciones Internacionales: el Departamento de Política Internacional en Aberystwyth College en la Universidad de Gales y el Departamento de Estudios Internacionales en la *London School of Economics and Political Science* de la Universidad de Londres. Otras universidades se habían dotado cátedras y lectorados de relaciones internacionales tal como sucedería en las universidades de Oxford, Birmingham o la *University College of South-West England.* Y por último en otros núcleos universitarios estas materias se impartían de modo incidental

era suficiente para una adecuada síntesis y coordinación en el nuevo campo de estudio. Su modelo ideal para el estudio de las relaciones internacionales requería las siguientes subdivisiones:

> (i) International History –based in Modern World History and whit special emphasis upon diplomatic relations. (ii) Economics and the Theory of International Trade, incluiding Currency and Banking. (iii) The Structure of International Relations, or of the Great Society –a composite study of geographical, economic, social, psychological, ethnical, political, and other factors influencing international conduct. (iv) The History, Philosophy, and Principles of Public International Law. (v) The Growth, Structure, and Practice of National and International Institutions for the conduct of international relations –in short, a study of what has been called "the technique of peace"[96].

Un modelo muy lejos de la práctica real, dado que tan solo algunas universidades en Gran Bretaña disponían de los recursos para proveer del estudio de la historia, la economía y el derecho internacional sin introducir cambios considerables en sus estructuras curriculares.

El informe Bailey, publicado por la Universidad de Oxford en 1933 bajo el título *International Studies in Great Britain*, alentó al Comité Nacional Británico a convocar una reunión informal en *Chatham House* de expertos en educación para discutir sobre el estudio de las relaciones internacionales en Gran Bretaña. Asimismo, el estudio de Bailey devino en el seno de la secretaría de la Sociedad de Naciones en el modelo a seguir y así se haría constar en las copias enviadas a todos los comités nacionales e institutos.

El Secretariado de la Sociedad de Naciones recibió otros informes, caso de la *World Peace Foundation* en el que se incidía en la escasez de cursos sobre asuntos internacionales en los *colleges* norteamericanos. Tras la guerra, como argumenta Michel Riemens, la flexibilidad del sistema universitario estadounidense le confirió una gran capacidad de adaptación acorde a su posición e influencia mundial. Las cuestiones internacionales "were treated by the universities as a normal extension of domestic and national interests". Los estudiantes estadounidenses podían seguir a la altura de 1931: 1.600 cursos sobre historia de Europa, del Imperio británico y de las relaciones exteriores de Estados Unidos, 480 cursos sobre derecho internacional público en conexión con los asuntos internacionales; y solo 75 dedicados a la Sociedad de Naciones y las organizaciones internacionales. En algunos informes, como el elaborado por Comité Nacional Americano de Cooperación Intelectual se constataba el desarrollo de las relaciones internacionales al amparo de la ciencia política[97].

---

en relación con la historia, la economía, el comercio o la filosofía, como en las universidades de Cambridge, Bristol, Manchester o Glasgow (Véase M. RIEMENS "International Academic Cooperation...", pp. 922-923).

[96] M. RIEMENS "International Academic Cooperation...", p. 923.

[97] Ibídem. Pp. 923-924.

Fuera del marco de la Conferencia Permanente de Altos Estudios Internacionales se celebrarían encuentros entre académicos de diversos países para debatir sobre los problemas de método en la enseñanza de las relaciones internacionales, derecho internacional y disciplinas próximas. En opinión, de Alfred Zimmern, aquellas conferencias "had given impetus to efforts to conduct further and more elaborated discussions of the university teaching of international relations within the framework of the ISC"[98]. De entre estos foros de expertos destacaba la importancia de las reuniones de profesores de derecho internacional y de relaciones internacionales celebradas en Estados Unidos y, de modo más explícito, a la Conferencia Internacional sobre Enseñanza de Derecho Internacional y Relaciones Internacionales que se convocó en la *John Casemir University* en Lvov–uno de los centros más activos en pedagogía y educación en el mundo académico polaco– en junio de 1934 bajo la presidencia de Ehrlich.

En la VIII Conferencia Permanente de Altos Estudios Internacionales de Londres en 1935 se abriría un ciclo que llegaría a su ecuador en la IX Conferencia celebrada en Madrid en 1936 y que se clausuraría en la XI Conferencia de Praga en 1938 en cuyas agendas ocuparía un lugar primordial la reflexión teórica y académica sobre la investigación y la enseñanza de los estudios internacionales. Un ciclo que ilustraba el alto grado de institucionalización del debate en el seno de los estudios internacionales en un foro transnacional articulado desde la cooperación intelectual. Michel Riemens afirma que en su seno las principales cuestiones de debate fueron: la naturaleza, el alcance y la metodología del sistema de estudio de las relaciones internacionales; las relaciones entre lo viejo, la disciplina tradicional del derecho internacional, y la nueva disciplina académica de las relaciones internacionales; y la enseñanza académica de las relaciones internacionales, en especial la dificultad de organizar un sistema efectivo en un entorno académico fragmentado[99]. En nuestra opinión, habría de considerarse una agenda más amplia de cuestiones para valorar el alcance del debate sobre la genealogía de los estudios internacionales y en qué medida se establecen los pilares para la institucionalización de la teoría de las relaciones internacionales. Partiendo, en nuestro caso, de la IX Conferencia Permanente de Altos Estudios Internacionales de Madrid en 1936 como epicentro de este ciclo dedicado de modo explícito a la enseñanza e investigación de los estudios internacionales, entendemos que la agenda de estas discusiones y debates se precipita hacia las siguientes cuestiones: la definición ontológica de las relaciones internacionales como objeto de estudio; la naturaleza epistemológica de los estudios internacionales entre la razón científica y la dimensión moral del conocimiento; la encrucijada epistemológica en torno a la complejidad y la multidisciplinariedad de los estudios internacionales y la anglo-americanización del conocimiento social; los debates sobre la institucionalización de las bases metodológicas del estudio científico de las relaciones internacionales; y la

[98] J.-A. PEMBERTON *The Story of…*, v. 2, p. 514.
[99] M. RIEMENS "International Academic Cooperation…", p. 924.

problemática de la enseñanza superior o universitaria de los estudios internacionales en un entorno académico fragmentado y pluridisciplinar.

La IX Conferencia Permanente de Altos Estudios Internacionales celebrada en Madrid en 1936 sería la primera ocasión en que la agenda de dicho foro dedicaba una jornada plena y específica a la "University Teaching of International Relations". No obstante, en la VIII Conferencia Permanente de Altos Estudios Internacionales reunida en Londres en 1935, a instancias de la decisión del Comité Ejecutivo de la Conferencia Permanente reunida en diciembre de 1934, se incluirían en su agenda dos cuestiones relativas a la enseñanza y la investigación de los estudios internacionales: "the determination of the subject matter of international relations and the question of its place in the field of the social and political science"[100]. Los debates celebrados en Londres nos sitúan en la antesala de las discusiones y conclusiones de la reunión de Madrid.

En el informe introductorio presentado por Alfred Zimmern en la VIII Conferencia Permanente de Altos Estudios Internacionales en 1935 tomaba como base de definición de las relaciones internacionales, desde un plano ontológico, la asumida en los *Examination Statutes* de la Universidad de Oxford, cuyo objeto "comprendre l'Étude des relations qui existent entre les governements et les peuples, et des principes que régissent leurs développement". Alfred Zimmern, puntualizaba, que "le mot 'peuple' est vague, car il peut appliquer soit uniquement aux citoyens ou sujets administrés par la Governements dont il a été question plus haut, soit aussi bien à d'autres groupements sociaux sans limitations très déterminée existant à l'interieur des États ou débordant les frontières de ces États et de leurs Governements"[101]. Igualmente vago es el término "principes" en la medida en que puede estar referido a "l'idée de géneralisation scientifique" o a "une valeur normative". Pese a la gravidez del estatocentrismo en las relaciones internacionales no ignoraba la dimensión transnacional de las interacciones en la arena internacional.

En este debate nominalista, James T. Shotwell entendía las relaciones internacionales como "the relations between the nations themselves. It does not included the incident contact of individuals from different nations (...) It is the overlapping and interpenetration of national activities beyond the frontiers of the country of origin"[102]. En el curso de aquella sesión celebrada en Londres en torno a la naturaleza de las relaciones internacionales y su lugar en el horizonte de las ciencias sociales, las intervenciones del presidente de la Federación de Asociaciones Españolas de Estudios Internacionales, José Gascón y Marín, y del director del Instituto Internacional de Cooperación Intelectual, Henri Bonnet, verbalizaban la centralidad de los pueblos en el estudio de las relaciones internacionales[103]. Otras intervenciones, como las de Paul Mantoux y Vranek coincidían

[100] Ibídem. P. 515.

[101] A. ZIMMERN "Rapport Introductif", *Coopération Intellectuelle*, n. 57-58, 1935, p. 504. Y véase, asimismo, J.-A. PEMBERTON *The Story of...*, v. 2, p. 515.

[102] K.E. RIETZLER *American Foundatios and...*, p. 211.

[103] "L'enseignement universitaire des relations internationals. Réunion tenue à Londres le 7 juin 1935", *Coopération Intellectuelle*, n. 57-58, 1935, pp. 485 y 502.

en apreciar, desde un prisma eminentemente estatocéntrico, que el objeto de estudio de las relaciones internacionales debería restringirse fundamentalmente a las relaciones políticas, económicas y legales entre los Estados, sin obviar la incidencia de diversas organizaciones internacionales en las relaciones entre los Estados[104].

La propia diversidad terminológica en la denominación más adecuada para los estudios internacionales, en un contexto formativo a caballo entre quienes abogan por una nueva disciplina y quienes postulan un horizonte de concurrencia multidisciplinar, emergería en el devenir de la sesión. Stephan Verosta, agregado a la Cancillería federal del Ministerio de Asuntos Exteriores austriaco, aludía en este sentido a que "nous ne sommes pas aussi favorisés que nos amis britaniques, qui se servent d'un terme assez neutre (International Relations); nous devons traduire cela en française par 'politique internationale' et en allemande 'Internationale Politik'". En ambas tradiciones culturales el término "politique" es susceptible de ser intepretado más como un arte que como una ciencia. En su intervención propondría como denominación más precisa "Foreign Relations"[105]. Sobre esta misma cuestión se había pronunciado Louis Eisenmann en el discurso de apertura de la VIII Conferencia Permanente de Altos Estudios Internacionales en Londres[106].

El núcleo de los debates celebrados en Londres gravitaría sobre el horizonte epistemológico de los estudios internacionales. Un objeto de estudio complejo que, tal como contemplaba Alfred Zimmern en su informe introductorio, no debería encorsetarse en un único campo del conocimiento humano. Las relaciones internacionales "ne constituent évidemment pas, à proprement parler, un sujet. Elles ne nous fournisset pas une matière assez coherente pour s'appliquer à l'enseignement. Il est imposible d'en condenser suffisamment les elements pour les faire tenir dans un manuel ou un programme d'examen". Las relaciones internacionales contemporáneas "embrasse un champ de connaissances qui va des sciences naturelles jusqu'à la philosophie de la morale et peut-être plus loin encoré". En su intervención observaba que los estudios internacionales no podían evadirse de la filosofía moral o los principios religiosos, evocando el ejemplo del pensamiento internacional de Francisco Vitoria. Las relaciones internacionales pueden ser analizadas desde la sociología, en el sentido más amplio del término, o desde la perspectiva de la historia, al hacer mención explícita a la obra de Arnold J. Toynbee *The Study of History.* En el primer caso, mientras que la sociología se afana en "découvrir une unité sociale", las relaciones internacionales, en cambio, pretendían abordar "la diversité des gropus d'humanité et l'influence qu'ils ont les uns sure les autres". En relación con la historia, esta –a juicio del historiador inglés– se orienta a la "description des avatars, du développement et d'interpénétration des diverses civilizations". Es preciso puntualizar que mientras la historia "se donne pour mission d'étudier le movement des sociétés et les

[104] Ibídem. Pp. 486 y 490. Y véase, asimismo, J.-A. PEMBERTON *The Story of...*, v. 2, p. 517.

[105] "L'enseignement universitaire des...", p. 500.

[106] "Allocution pronounce par le professeur Louis Eisenmann à la Séance d'Overture de la VIII Conférence des Hautes Études Internationales, Londres, le 3 juin 1935", *Coopération Intellectuelle,* n. 57-58, 1935, p. 510.

transformations auxquelles elles sont assujeties", las relaciones internacionales, en cambio, "veulent examiner l'action qu'ont ces sociétés les uns sur les autres, dans quelque époque que ce soit". El estudio del "monde des affaires publiques contemporaines" en el que concurren múltiples disciplinas –derecho internacional, ciencia política, historia o geografía, entre otras– requería su adecuada coordinación en la enseñanza universitaria a partir de una aproximación y una orientación común. Alfred Zimmern, en virtud de esta sensibilidad multidisciplinar, advertía de que el ejercicio de las nuevas cátedras de relaciones internacionales requería de académicos que en modo alguno se considerasen "comme les uniques spécialists en la matière". En suma, "the study of international relations should be approached via an extensión of the field of vision of already existing disciplines: it was a 'branch of studies'" [107]. En confluencia con este mismo sentir, el especialista, advertía Louis Eisenmann en su discurso de apertura de la Conferencia, no debía enclaustrarse en una torre de marfil sino que debía cultivar una mirada abierta a otros "domaines voisins du sien"[108].

En cambio Charles A.W. Manning, catedrático de Relaciones Internacionales en la *London School of Economic and Political Sciences*, apostaría firmemente por la creación de una ciencia de las relaciones internacionales, aunque coincidía con Alfred Zimmern al juzgar que las relaciones internacionales formaban parte de un "ensemble of social phenomena" y, en consecuencia, requería del concurso y del recurso a diferentes fuentes de conocimiento: derecho, ciencia política o psicología, entre otras[109]. Similares convicciones en torno a la codificación de la nueva ciencia de las relaciones internacionales eran compartidas por Ludwik Ehrlich –profesor de la Universidad de Lvov y presidente del Comité Central de Instituciones Polacas de Ciencias Políticas–. Indudablemente la nueva ciencia existía, aunque "elle en est encoré aux premiers stades de son développment". Una nueva disciplina sobre la que habían de converger diferentes saberes, puesto que el estudio de las relaciones internacionales requería desbordar el propio perímetro de lo político. Con el concurso del método jurídico y del histórico, entre otras disciplinas, las relaciones internacionales debían abordarse desde una perspectiva y una práctica estrictamente científica. La creación de cátedras de relaciones internacionales, de igual modo en cómo ya había ocurrido en el pasado con otras ciencias, conducirían a la creación de una nueva ciencia de las relaciones internacionales. La cristalización de la nueva ciencia devendría desde diferentes temporalidades y *locus* de enunciación. "Tous les pays n'ont pas la chance de posséder à la fois un Manning et un Zimmern. Il será difficile de trouver quelqu'un qu'on puisse mettre en avant comme un grand spécialiste, et par suite, il pourrait être aussi bon, et bien meilleur marché, d'avoir pour diriger cet ordre d'études divers spécialistes choisis en se référant aux divers aspects de cette science"[110].

[107] A. ZIMMERN "Rapport Introductif...", pp. 504-506.
[108] "Allocution pronounce par...", pp. 510-511.
[109] J.-A. PEMBERTON *The Story of...*, v. 2, p. 517; y J. HASLAM *E.H. Carr...*, p. 113.
[110] "L'enseignement universitaire des...", pp. 488-489.

Partiendo de un común horizonte multidisciplinar en el debate predominaron posiciones más eclécticas, en la línea del informe de Alfred Zimmern, y que en determinadas intervenciones como las del historiador y fundador del Instituto de Altos Estudios Internacionales en Ginebra en 1927, Paul Mantoux, y del profesor de la Universidad de Padua, Ferrari delle Spade, no se avenían a considerar las relaciones internacionales como una nueva ciencia, sino como un conjunto de conocimientos convergentes que ilustraban la complejidad de las mismas. Tres disciplinas –afirma Paul Mantoux– eran fundamentales en el estudio de los hechos internacionales: el derecho internacional, la política internacional y la economía internacional. Las cuales debían afrontar su complejo objeto de estudio a partir de tres métodos: el jurídico, el historiográfico y el económico. El estudio de las mentalidades colectivas, emergía como un posible campo, pero a su juicio el factor psicológico no estaba suficientemente sistematizado como ámbito disciplinar para el estudio de las relaciones internacionales[111].

La complejidad y la naturaleza multidisciplinar de los estudios internacionales eran un terreno de común encuentro entre los participantes en el debate. Las intervenciones de Jiri F. Vranek –miembro de la Sección de Política Internacional del *University College of Wales*–, de J. Henry Harrison –profesor de la *Queen's University* en Ontario– o de José Gascón y Marín, en representación de la Federación de Asociaciones Españolas de Estudios Internacionales, abundaban en torno a la indispensable convergencia entre diferentes disciplinas –el derecho internacional, la ciencia política, la economía, la geografía o la historia– para cartografiar el lugar de las relaciones internacionales entre las ciencias sociales y humanas. El énfasis en torno a la relevancia de la historiografía en los estudios internacionales se haría explícito en las tesis defendidas por el diplomático holandés Willem J. Oudendijk, en cuya opinión el estudio de las relaciones internacionales debería comenzar por la historia y la garantía de un saber objetivo que contribuyera "à améliorer le monde et les relations entre les États"[112]. El recurso a la historia era también capital en la perspectiva presentista alumbrada por Charles K. Webster, profesor de la *London School of Economics and Political Sciences* de la Universidad de Londres, en la medida en que "les antécédents historiques de la situation international d'avant-guerre a été l'une des causes de la Grande Guerre". Y, por último, la argumentación defendida por José Gascón y Marín sobre la historia y los estudios internacionales sintonizaban por entero con tesis claramente identificadas con los presupuestos institucionistas y las concepciones historiográficas de Rafael Altamira. El estudio y la enseñanza de las relaciones internacionales requerían gran amplitud de radio. Los cursos de historia:

> (...) dans les universités se bornaient à une examen des faits externes, à une relation de la succession des rois, à la vie de quelques personnages, à certains faits, surtout des batailles. On a fini par s'apercevoir qu'il fallait modifier la portée de cet enseignement

[111] Ibídem. Pp. 490-491.
[112] Ibídem. P. 493.

> de l'histoire, qu'il fallait faire de l'histoire interne, comprenant le développement des institutions et des sociétés.
>
> Dans l'enseignement des relations internationales, si l'on se borne à l'histoire externe, on ne fera rien: il importe de souligner en même temps les différents aspects de ces relations et même de comprendre dans cet enseignement des matières que les gouvernements souhaiteraient peut-être de n'y point voir (...)
>
> On dira que ce n'est là ni du droit international, ni de l'histoire des relations internationales, mais nous allons au fond des choses: pour comprendre les relations internationales, il ne faut pas envisager seulement les point de vues politiques, il faut examiner les relations des peuples dans le domaine économique, social et les différentss aspects de la vie.
>
> Je tâcherai d'obtenir un jour d'adhésion de la Conférence, pour dire que dans l'enseignement des facultés de droit et des lettres, dans les études juridiques et sociales, nous ne devons pas seulement nour préoccuper du côté international, mais aussi de divers aspects nationaux pour comprendre le monde et éviter les difficultés que l'on rencontré dans la vie contemporaine[113].

Su intervención delataba las conexiones entre la historia interna y la historia externa, como un aspecto central de la reflexión metodológica e historiográfica de Rafael Altamira y el énfasis institucionista en la necesidad de implementar un modelo curricular, desde las primeras fases del sistema educativo, donde cristalizase un plan de estudios que desbordase el perímetro de la historia nacional para enmarcarse en la historia universal y superar los estrechos cauces de una historiografía cautiva de la gravidez historicista de lo político, lo diplomático y lo militar.

La naturaleza compleja de los estudios internacionales y la indispensable interdisciplinariedad, como un aspecto consustancial al giro estructuralista en la ciencia social del primer tercio del siglo xx, alentaría un espacio de reflexión común ¿cómo articular una formación de base adecuada para los estudios internacionales no solo en el ámbito universitario sino también en la enseñanza secundaria? Que emergiese esta inquietud al reflexionar sobre el lugar de las relaciones intenacionales en la cartografía de las ciencias sociales era, desde luego, una consecuencia lógica de la concepción científica desde la que se afrontaban los estudios internacionales y la finalidad moral y pedagógica que perseguían para construir un espíritu internacional. El afán formativo de los estudios internacionales había de canalizarse hacia la creación de una élite y una opinión pública –así lo explicitaban el profesor de la Universidad de París Henri Hauser y el secretario del *American Council of Learned Societies* de Washington Waldo G. Leland– y cultivar una conciencia en los estudiantes que –en opinión del profesor de la *London School of Economics and Political Sciences*, Charles A.W. Manning, y del profesor de la Universidad

[113] Ibídem. P. 485.

de Leeds y director adjunto del *Bureau d'Études Internationales* en Ginebra, J. Henry Richardson– les permitiese conocer el mundo en el que habían de desenvolverse.

La conveniencia en torno a la institucionalización de una base formativa o preparatoria para los especialistas en estudios internacionales era un a priori en el que coincidían tanto entre quienes abogaban por una ciencia de las relaciones internacionales –en construcción– caso de Ludwig Ehrlich y Charles A.W. Manning, como entre aquellos que entendían su estudio como un campo de concurrencia multidisciplinar cuya orientación debía focalizarse hacia el análisis y aprendizaje sobre lo internacional, tal como manifestaron en aquella sesión Jifi R. Vranek, W.E.C.Harrison, Henri Hausser, Ferrari dalle Spade o el profesor de la Universidad de Pretoria Gey van Pittius. Entre las disciplinas formativas que debían construir una malla de conocimientos previos al estudio de las relaciones internacionales el derecho internacional, la historia, la geografía, la ciencia política y la economía conformaban una cesta de conocimientos sobre la que concurría un inequívoco consenso. A estas disciplinas Jifi R. Vranek y W.E.C. Harrison incorporaban otros estudios, entre ellos las lenguas vivas. En su intervención Jifi R. Vranek proponía que "la connaisance de la géographie et des langues vivantes fût la condition *sine qua non* de pareille étude. L'étudiant devrait commencer par étudier les sciences politiques, l'histoire et le droit international, avant d'aborder la sphère dite des relations internationales"[114]. Como disciplinas matrices en este itinerario formativo, Charles A.W. Maning, insistía en el papel de la historia y del derecho. "Porquoi le droit? Parce que le droit international joue un rôle considérable dans les questions internationales, et dans cette mesure, il faut avoir compris la droit pour comprendre le droit international; il faut avoir compris les sciences politiques; il faut avoir compris la psychologie, en particulier la psychologie des mases, pour comprendre les collectivités nationales"[115]. J. Henry Richardson era aún más explícito en cuanto a la organización de los estudios formativos. El objetivo fundamental del estudio de las relaciones internacionales es cultural en la medida en que pretende dotar a los estudiantes de los recursos necesarios para la comprensión del mundo moderno. "C'est vers la fin de son séjour à l'université plutôt qu'au debut que l'étudiant devrait entreprendre l'étude synthétique des Relations Internationales. Des études préparatoires au cours d'une première et d'une seconde année fourniront une assise aux cours spéciasés qui exigent une intelligence múrie"[116].

La enseñanza secundaria sería a juicio de algunos de estos expertos – W.E.C.Harrison, Gey van Pittius y Henri Hauser– la escala educativa más conveniente para incorporar estudios orientados al conocimiento de las relaciones internacionales. Una preocupación que en las reflexiones y la experiencia de Gey van Pitius se proyectaba en la tarea formativa desde la *London School of Economics and Policital Sciences* del profesorado especializado en relaciones internacionales. El perímetro de reflexión en la intervención de Henri

[114] Ibídem. P. 487.
[115] Ibídem. P. 499.
[116] Ibídem. P. 501.

Hauser desbordaría el ámbito propio de la Conferencia Permanente de Altos Estudios Internacionales al incorporar al debate un escenario más explítico en la agenda de las actividades del Comité Internacional de Ciencias Históricas, como eran las investigaciones realizadas sobre la enseñanza de la historia en los estudios de secundaria en todo el mundo[117]. Una preocupación intelectual y moral, sobre la que más adelante prestaremos puntual atención, en modo alguno ajena a la agenda de la Comisión Internacional de Cooperación Intelectual y el Instituto Internacional de Cooperación Intelectual.

Otra de las cuestiones a debate en las sesiones de la VIII Conferencia giraría en torno a la extensión cronológica de los estudios internacionales. El presentismo de la Gran Guerra fue determinante en las posiciones defendidas por algunos expertos, como fue el caso de Vranek para quien los tratados de paz que pusieron fin a la Gran Guerra habían supuesto un histórico punto de inflexión y que dada la intensidad y la frecuencia de las relaciones entre los Estados desde entonces le llevaban a proponer que 1919 "should be the starting point". En esa misma lógica cronológica se pronunciaría Paul Mantoux. Otros, en cambio, caso de Charles Webster remontaba el tiempo de estudio de las relaciones internacionales a 1814 o mucho más atrás en el tiempo, hasta los tiempos prehistóricos como proponía Arnold J. Toynbee[118].

Las intervenciones de los expertos en Londres acertaban a coincidir en que desde fechas recientes los estudios internacionales habían iniciado un proceso de institucionalización en Gran Bretaña, Estados Unidos y Europa. No obstante, Alfred Zimmern advertía del negativo efecto que tendrían unos estudios internacionales bajo el monopolio de Occidente. No podían quedar confinadas en un selecto club de Estados, sino que debían adquirir un verdadero radio mundial, incluyendo a las viejas civilizaciones de Oriente o a las "Young African races"[119].

Entre las conclusiones de la VIII Conferencia Permanente celebrada en Londres cristalizó un acuerdo general respecto a la finalidad de los estudios internacionales: "the preparation of an educated élite for a sympathetic understanding of other cultures, civilizations (...) and the reinforcement of public opinión against appeals to prejudice"[120]. A modo de clausura de la sesión, la intervención del director del Instituto Internacional de Cooperación Intelectual, Herni Bonnet, enfatizaba la oportunidad brindada desde aquel foro al debate sobre la enseñanza de los estudios internacionales, en los siguientes términos:

> Je peux dire que jamais encore une discussion aussi approfondie et groupant autant de compétences n'avait été conduite à propos de l'enseignement universitaire des relations internationales, tout à moins au sein de l'organisation de Coopération Intellectuelle qui,

[117] Ibídem. P. 494.
[118] Véase J.-A. PEMBERTON *The Story of...*, v. 2, pp. 518-519.
[119] Ibídem. P. 519.
[120] Ibídem. P. 519.

> à plusiers reprises, cependant, avait essayé de provoquer de pareils débats. C'est vous dire l'importance qui s'attachera aux suites de cette reunión et l'intérêt qui présentera la Conférence administrative de l'an prochaine où, sur la base de vos suggestion actuelles, et après les études préparatoires nécessaires, la même sujet será remis en discussion[121].

Meses después durante la celebración de la XVI Asamblea de la Sociedad de Naciones el informe presentado por Édouard Herriot sobre la cooperación intelectual dedicaba puntual atención a la obra emprendida desde la Conferencia Permanente de Altos Estudios Internacionales. Sus palabras introductorias eran sumamente elocuentes: "L'Étude, la science, peut-on dire, des relations internationales qui s'est plus particulièrement développée depuis la guerre, participe de l'histoire contemporaine, du droit international, de la sciencie économique et financière, de la sociologie". En modo alguno ajenas a la proximidad temporal de la VIII Conferencia Permanente, la vitalidad de la labor desarrollada en aquel foro desde su creación en 1928 había cristalizado bajo el impulso de la cooperación intelectual y la proliferación de instituciones nacionales consagradas a los estudios internacionales en Gran Bretaña y Estados Unidos principalmente, pero también y de modo más reciente en otros países como Italia, España, Francia, además de los Estados escandinavos y de Europa Central, así como los *Dominions* fuera de Europa[122].

El día 29 de mayo de 1936 Madrid sería el escenario de dos sesiones, tal como había propuesto Alfred Zimmern al finalizar la reunión de Londres, dedicadas a la enseñanza universitaria de las relaciones internacionales bajo la presidencia de Ludwik Ehrlich – presidente del Comité Central de Instituciones Polacas de Ciencias Políticas y profesor de derecho internacional y ciencias políticas en la Universidad Jean Casimir de Lvov. El relator del exhaustivo informe con el que se abría la sesión fue Alfred Zimmern[123]. Sus palabras pincelaban la situación general de los estudios internacionales a tenor de los informes emitidos por los diferentes comités de coordinación nacionales y diversas instituciones internacionales, así como por la información recabada a través de visitas de representantes del Instituto Internacional de Cooperación Intelectual a Austria, Bélgica, Checoslovaquia, Dinamarca, España, Francia, Gran Bretaña, Holanda, Hungría, Noruega, Rumanía, Suecia y Suiza.

El informe en sí es un extraordinario atlas de los estudios internacionales en América, la Commonwealth y Europa, atendiendo especialmente a la organización de dichos estudios y a los métodos de investigación, además de otras cuestiones como las publicaciones y los programas de investigación en marcha.

La organización de los estudios internacionales, en un sentido amplio, presentaba grandes diferencias de acuerdo con el ecosistema de los estudios y la enseñanza de las

[121] "L'enseignement universitaire des…", p. 502.

[122] "Extrait du rapport de M. Édouard Herriot à la XVI Assemblée de la Société des Nations", *Coopération Intellectuelle*, n. 59, 1935, pp. 534-535.

[123] UNESCO AG-1-IICI-K-IX-1 (carpeta 2). Rapport "University Teaching of International Relations", by sir Alfred Zimmern. Mayo de 1936, p. 33.

relaciones internacionales en cada país, así como diferentes estadios en el desarrollo de esta nueva rama de las ciencias sociales. En algunos países la investigación y la enseñanza de las relaciones internacionales había cristalizado como una "independent discipline", constituyendo facultades para su enseñanza y creando institutos de relaciones internacionales dentro y fuera de las universidades. En otros países, la enseñanza de las relaciones internacionales era parte del currículum de un abanico más amplio de disciplinas –ciencias económicas y políticas, derecho internacional. En estos países algunos de los departamentos de investigación en relaciones internacionales estaban integrados en institutos de economía, derecho internacional o historia. Por último, en otros espacios académicos nacionales la investigación en relaciones internacionales era incidental en el contexto más amplio de los estudios de ciencia económica, ciencia política o alguna otra rama de las ciencias sociales.

Entre las instituciones representadas en la Conferencia Permanente un reducido grupo se consagraban en exclusiva a la enseñanza y la investigación de las relaciones internacionales particularmente en el mundo anglosajón y en menor medida en Francia y Suiza[124]. En este elitista grupo podría incluirse la *Geneva School of International Studies* y la Academia de Derecho Internacional de La Haya, cuyo currículum conectaba el derecho internacional con otras disciplinas. En este rango se incluiría, asimismo, la *Carnegie Endowment for International Peace (European Center)* en París que en sí mismo no es un centro de investigación o de enseñanza de las relaciones internacionales pero promocionaba dichas actividades en todos los países con el fin de estimular el desarrollo del espíritu internacional a través de una "objective and scientific information".

Las instituciones que estaban parcialmente comprometidas con el estudio y la enseñanza de las relaciones internacionales se tipificaban en tres grupos: en primer término, aquellas de alcance regional – caso del *Institute of Pacific Relations* en Honolulu, el *New Zeeland Branch of the Institute of Pacific Relations* en Wellington o el *Comité d'Étude des Problèmes du Pacifique* en París-; en segundo lugar, aquellas que aún dedicándose a otras actividades estaban interesadas por el ámbito de las relaciones internacionales –entre estos el Instituto Social Rumano y la *Konsularakademie* de Viena; y por último, centros interesados en aspectos especiales de las relaciones internacionales en el sentido más amplio del término –como el Instituto de Economía e Historia de Copenhague o el Instituto de Estudios Internacionales y Económicos en Madrid–.

En otros casos existen instituciones que formal y nominalmente no se dedicaban a la enseñanza y la investigación en relaciones internacionales pero que incluían en sus actividades problemas de relaciones internacionales, como sucedía en el caso del *Netherland Institute for Economics* o el *Colonial Institute* de Amsterdam. Y, finalmente en algunos

[124] Entre estas: *The Royal Institute of International Affairs* en Londres, *The Department of International Politics* en la Universidad de Gales –Aberystwyth–, *The Montague Burton of Internacional Relations* en la Universidad de Oxford, el *Centre d'Études de Politique Etrangère* en París; *The Canadian Institute of International Affairs* en Toronto, *The South African Institute of International Relations*, en Ciudad del Cabo; *The Australian Institute of International Relations* en Sydney o *The Graduate Instituty for International Studies* en Ginebra (Ibídem, p. 4).

países como Noruega, Suecia o Suiza no existían instituciones o grupos de instituciones que por la naturaleza de sus actividades académicas no cumplían los requisitos para formar parte de la Conferencia Permanente, pero en cuyos claustros había académicos que habían realizado aportaciones sustanciales a los estudios internacionales.

Los métodos de investigación permitían, asimismo, cartografiar el paisaje heterogéneo en torno a los estudios internacionales a tenor de una tipificación que diferenciaba entre el método de investigación individual y el método de investigación colectiva. La primera era llevada a cabo por los miembros de una institución o bien por académicos externos que actuaban de acuerdo con la orientación y la asistencia de los miembros de la institución. Casi todas las instituciones afiliadas a la Conferencia Permanente recurrieron a uno de estos dos métodos de investigación individual. *The Royal Institute of International Affairs* solía recurrir a académicos que trabajaban bajo los auspicios y la orientación de un director de estudios. En otros casos, como el Instituto de Estudios Internacionales y Económicos de Madrid o el Instituto de Economía e Historia de Copenhague los académicos forman parte de la institución. Estos académicos, lejos de trabajar aisladamente, lo hacían en el seno de un grupo de expertos, cada uno dedicado a un campo específico de estudio pero cooperando con sus colegas. Las relaciones internacionales entrañaban una enorme complejidad dada su naturaleza interdisciplinar, pues a menudo requería tanto de conocimientos económicos y estadísticos como de historia y de derecho internacional, además de otras disciplinas como la sociología y la psicología. En virtud de esta complejidad interdisciplinar era frecuente que en los departamentos de relaciones internacionales hubiese expertos en diferentes ámbitos del conocimiento social.

La complejidad de las relaciones internacionales se podía abordar desde otros métodos de trabajo, en grupo o de forma colectiva. Se trataría del trabajo llevado a cabo por diferentes especialistas de diversos campos de las ciencias sociales vinculados por un mismo proyecto de investigación. Una práctica en su esencia transnacional. Este método de trabajo había sido adoptado por numerosas instituciones, entre ellas el *Canadian Institute of International Affairs* en aquel momento con tres grupos de estudio en activo, el *Centre d'Études de Politique Étrangère* con siete grupos activos, *The Royal Insititute of International Affairs* con seis y el *Council on Foreign Relations* con cuatro grupos. Las agendas de trabajo eran muy amplias y en buena medida determinadas por el radio de intereses de los diferentes Estados y la propia naturaleza de sus comunidades académicas. Desde los años veinte el centro europeo de la Dotación Carnegie impulsó la creación de grupos de trabajo, convencidos de sus virtudes para promover el debate y el conocimiento científico. En el informe sir Alfred Zimmern detalla el método de trabajo colectivo en el seno del *Royal Institute of International Affairs*:

> A subject for study having been selected by the Council (of the Royal Institute of International Affairs) on the advice of the Study Groups Committee, the first step is the appointment of a group chairman, not necessarily an expert on the subject, and of

> a group secretary. It is a then the business of the group secretary, under the direction of the Secretary of the Study Groups Department and in consultation with the Chairman of the Group, to collect the relevant material available on the subject. At this point individual experts are consulted, and with their help and advice a preliminary draft is drawn up. An advisory committee is then formed. This Committee, which is the nucleus of the Group, examines the preliminary draft at a series of meetings, and as a result of these discussions the Council proceeds to constitute the Group, taking into account the desirability of arranging that all important points of view are presented. The Group now prepares a first draft of its Report. When this draft has been approved by the Group it is sent for criticism to a number of other authorities both in Great Britain and abroad. In due course the Group meets to consider the comments received and, after these have been fully discussed, a second draft is prepared, and is once more submitted to the Group for revision and approval before publication[125].

Este procedimiento presentaba en opinión de Alfred Zimmern dos ventajas: la primera, permitía concitar la convergencia de distintas actitudes, experiencias y conocimientos de un amplio número de especialistas; y la segunda, favorecía un trabajo final más justo y equilibrado como consecuencia de la confrontación y el debate.

En el caso del *Centre d'Étude de Politique Étrangère,* a diferencia del caso anterior en el que el presidente o el director del grupo no tenía por qué ser un experto, en París este sí debía serlo en la materia objeto de estudio y, asimismo, los trabajos estaban siempre en manos de los expertos, quienes tenían experiencia como investigadores individuales e independientes.

El objetivo de la Conferencia Permanente era potenciar los métodos de coordinación de las investigaciones realizadas por las instituciones miembros de la misma tanto en el plano nacional como internacional con el fin de optimizar la creación y la circulación de conocimiento en torno a las relaciones internacionales.

El orden del día de la reunión del 29 de mayo sobre la enseñanza universitaria de las relaciones internacionales se articuló en torno a dos puntos: la naturaleza y la extensión de la enseñanza de las relaciones internacionales y el lugar de esta enseñanza entre las disciplinas científicas; y la organización técnica de esta enseñanza.

La sesión comenzó con la intervención de Alfred Zimmern, una vez aprobado el informe, en el que destacó las aportaciones recibidas para su informe de los representantes de Dinamarca, Italia, Estados Unidos, España y Polonia. Una de las primeras cuestiones abordadas en el debate devino de la reflexión en torno a si las relaciones internacionales era un estudio del conjunto del mundo, es decir, una sociología internacional ¿Era posible analizar las relaciones internacionales de un modo aislado, como un saber específico?

La intervención de José de Yanguas Messía, abriendo el debate sobre esta cuestión, juzgaba en nombre del grupo español que las relaciones internacionales podían

[125] Ibídem. Pp. 15-16.

efectivamente ser objeto de una enseñanza, pero esta era demasiado compleja como para que pudiera ser ciertamente "réuni en une seule chaire". Una primera cuestión a considerar era si el estudio de las relaciones internacionales debía circunscribirse a la investigación y a la exposición de los hechos o si, por el contrario, debía tomar partido y articular juicios de valor. A su juicio esta segunda dimensión era relevante y así lo argumentó al reivindicar las tradición española, "qui s'appuie sur les forces morales, celle de Suárez et Vitoria montre que l'on peut parfaitement émettre des jugements tout a fait objectifs". En suma, los "principes de cet enseignement nouveau doivent être tirés pour partie des faits masi aussi des grandes règles et traditions humains". Por otro lado, en lo concerniente a la extensión de la enseñanza de las relaciones internacionales la posición del grupo español era partidaria "d'une enseignement universal, qui ne se bornerait pas aux peuples membres de la Société des Nations. Il craint néasmoins que la diversité des organisations à l'intérieur des différents pays ne constitue un lèger obstacle à la diffusion de l'enseignements. En tous cas, celui-ci ne saurait se limiter au cadre universitaire; il devrait fair apel, également, aux diverses institutions extra-universitaires[126]. En el transcurso del debate volvería sobre sus argumentos con el fin de matizar que la apelación a estas fuerzas morales en modo alguno debía interpretarse como la imposición de una ortodoxia, a modo inquisitorial. La enseñanza y la investigación en relaciones internacionales requería que "chacun conserve toute liberté de jugement en la matière".

La cuestión de fondo en palabras del profesor Vladesco-Racoassa –del Instituto Social Rumano– era si se podía hablar de una ciencia de relaciones internacionales. La pregunta en sí revelaba el núcleo del debate de una disciplina en construcción y sobre la que convergían múltiples tradiciones académicas y metodologías de trabajo. En su opinión, se trataría de una ciencia de carácter sociológico y como tal no podía limitarse a una simple relación de hechos. Y hechos que clasificaba en cuatro grupos: económicos, políticos y administrativos, sociológicos e intelectuales y espirituales. Coincidiendo con los argumentos de José de Yanguas Messía no contemplaba que un solo profesor pudiera cubrir el conjunto de la materia, de modo que convendría organizar la colaboración de un cierto número de materias y expertos. Una enseñanza que transmitiese a los estudiantes la interpenetración de diversas disciplinas en el estudio de las relaciones internacionales. En un sentido muy similar transitó la intervención del profesor polaco Komarnicki al concebir las relaciones internacionales como una ciencia positiva utilizando el método descripitivo y que, en consecuencia, podía denominarse sociología internacional. En este sentido el derecho internacional desempeñaría el mismo papel que el derecho constitucional en la teoría general del Estado.

El profesor Charles A.W. Manning –miembro del Comité Británico de Coordinación– sostenía, por su lado, que la enseñanza de las relaciones internacionales debía ser

[126] UNESCO AG-1-IICI-K-IX-1 (carpeta 2). Summary of first metting on the university teaching of international relations. IX International Studies Conference. Madrid, 29 de mayo de 1936.

positiva y no normativa. A diferencia de Alfred Zimmern, como profesor de filosofía, Manning, como profesor de ciencias sociales, era partidario de excluir los valores en el estudio de las relaciones internacionales. Era un firme partidario de no mezclar el derecho internacional con las relaciones internacionales. Estas debían mantenerse separadas de otras disciplinas. En cambio Charles Webster –miembro también del Comité británico– advertía del peligro de caer en cualquier forma de dogmatismo y la inevitable conexión entre la universidad y el medio político y normativo en la que esta ejerce su actividad. Asimismo, se mostraba, por el contrario, partidario de las conexiones en el estudio de las relaciones internacionales con la ciencia política y con la ciencia económica.

La intervención de José Gascón y Marín fue más explícita que la de José de Yanguas a la hora de enfatizar las dificultades para reunir "en une seule discipline les diverses branches de l'ensignement des relations internationales". El establecimiento de la enseñanza de las relaciones internacionales era, a su juicio, indispensable pues la naturaleza de su objeto de estudio no podía ser abordada en su totalidad en los programas de ciencias jurídicas, economía y política. No se podía descartar de ningún modo cualquier colaboración. La "nouvel enseignement devra comprendre des notions a la fois économiques, juridiques et politiques". On pourrait, d'ailleurs, concevoir une modification dans la manière d'enseigner les diverses matières. C'est ainsi, par example, que la géographie se transformerait en 'géopolitique'".

El debate a tenor de las palabras del miembro de la Academia de Derecho Internacional, Van Kleffens, ilustraba una realidad evidente. El estudio de las relaciones internacionales estaba más avanzado en los países anglosajones que en el resto del mundo académico. Quizás una de las razones fuera una organización más flexible de la enseñanza o el carácter tan conservador de muchas de las universidades del continente. Era, por tanto, indispensable ejercer una labor de proselitismo para la extensión de la enseñanza de las relaciones internacionales.

La segunda sesión giraría en torno a la organización de la enseñanza de las relaciones internacionales. La apertura de la sesión recuperaba el debate en torno a la concepción de las relaciones internacionales como una ciencia positiva y sus relaciones con otras ciencias. El profesor de la *Geneva School of International Studies* –Henry J. Richardson– volvía sobre el dilema acerca de si era factible en el estudio de las relaciones internacionales el análisis y la inclusión de juicios y opiniones –morales–. La enseñanza de las relaciones internacionales no debía ser de ningún modo dogmática. Un dilema sobre el que volverían a intervenir los profesores Manning, Alfred Zimmern y el propio José de Yanguas Messía para puntualizar, en su caso, que nunca había pretendido dar a entender que la enseñanza de las relaciones internacionales pudiera ser "quasi-confessionnel" sino que tan solo quería enfatizar la importancia de la moralidad.

La interdisciplinariedad en la enseñanza de las relaciones internacionales de acuerdo con la complejidad del mundo sería de nuevo evocada en las intervenciones de Charles

Webster al enfatizar las conexiones de las relaciones internacionales con la historia y la economía, así como del propio Manning al incluir también el derecho internacional para cualquier aproximación a la "science of international relations". Un marco de interdependencia disciplinar en cuyo contexto José de Yanguas expondría el programa de estudios del Instituto Francisco Vitoria.

En este punto del debate las conexiones entre el derecho internacional y las relaciones internacionales concitarían la intervención de Antonio de Luna García, en cuya opinión el papel del derecho internacional en las relaciones internacionales aún no había sido precisado[127], y de Henri Bonnet que entendía que el derecho internacional no era sino el aspecto jurídico de las relaciones internacionales.

En su recta final el debate canalizó el sentido de las intervenciones hacia la organización de la enseñanza de las relaciones internacionales. Alfred Zimmern volvía sobre una de las reflexiones de la sesión matinal, las diferencias en la investigación y la enseñanza de las relaciones internacionales en el mundo anglosajón y en el continente europeo. El profesor S.H. Bailey, miembro del Comité británico de coordinación, era partidario de armonizar el estudio de las relaciones internacionales mediante: la reflexión sobre la metodología y la delimitación de las materias de estudio, extendiendo la enseñanza de las relaciones internacionales a los diferentes niveles del sistema educativo.

La intervención de James T. Shotwell sirvió para precisar el estado de las relaciones internacionales en Estados Unidos. Las relaciones internacionales en el mundo académico debían ser inevitablemente una ciencia, la cual debía proveer a los estudiantes de una visión y una concepción amplia. Estados Unidos fue uno de los países pioneros en el estudio de las relaciones internacionales y en su origen estuvo determinada por su aislamiento internacional. Los estadounidenses comenzaron estableciendo lazos entre las relaciones internacionales y el derecho internacional. Así fue cristalizando un concepto de estudio basado en una lógica de organización federal. Esa inercia federal se extendería hacia la historia y la economía. Coincidía, a su vez, con Bailey al argumentar que "there was need for expert aid more especially in organizing the study of international relations at the different levels of primary and secondary education". "In the social sciences the scientific spirit is shown, not by the body of knowledge, but by the method of approach"[128].

En cambio, frente a las tesis anglosajonas más sensibles y convencidas de la necesidad de crear una ciencia de las relaciones internacionales, el profesor Louis Eisenmann, miembro de la comisión francesa, abogaba por evitar la creación de una facultad especial para la enseñanza de las relaciones internacionales. En la universidad francesa –en París, Nancy,

[127] En el seno de la representación española Antonio de Luna García participaba de la convicción en torno al necesario diálogo e intercambio entre el derecho y otras ciencias auxiliares. En el plano del derecho internacional, tal como lo proponía, su concepción se localizaba "deliberadamente en la órbita de análisis de las relaciones internacionales".Tesis que había defendido en su *Memoria presentada a las oposiciones a la cátedra de Derecho internacional público en la Universidad de Madrid* (1932) (Véase S. MARTÍN "La modernización del...", pp. 206-208).

[128] UNESCO AG-1-IICI-K-IX-1 (carpeta 2). Summary of second meeting of the university teaching of international relations. IX International Studies Conference. Madrid, 29 de mayo de 1936.

Estrasburgo y Lyon– existía un movimiento que tendía a eliminar las barreras entre las diversas facultades y a desarrollar una colaboración entre los profesores de las diferentes disciplinas. En este punto en particular el profesor Cuesta, miembro de la Federación española, subrayaba el espíritu de colaboración que unía en España la universidad con las escuelas especiales.

El ciclo dedicado a la enseñanza y la investigación de los estudios internacionales desde este foro se consumaría con la XI Conferencia Permanente de Altos Estudios Internacionales celebrado en Praga en 1938. Al finalizar la Conferencia de Madrid se creó una comisión de quince expertos entre quienes figuraban José de Yanguas Messía y Gaspar Bayón y Chacón, junto a otros académicos como James T. Shotwell y Alfred Zimmern. Ausentes los delegados españoles como consecuencia de la traumática guerra civil que sucedió en pocas semanas a la celebración de la Conferencia Permanente en Madrid, en la fase preparatoria de la reunión de Praga el informador general, Alfred Zimmern, sugirió que la discusión girase en torno al perímetro epistemológico de las relaciones internacionales. Desde su perspectiva contemplaba un núcleo duro de disciplinas fundamentales: ciencia política, economía, derecho internacional, geografía, historia, sociología y filosofía política y moral. Pero no era suficiente para la visión ecléctica de Alfred Zimmern. ¿Por qué no abrir el radio a otras disciplinas de conocimiento como la psicología, los aspectos generales del derecho, biología, geología y demografía? En su aproximación sintética acariciaba la idea de que el estudio de las relaciones internacionales debería ser el estudio de los asuntos mundiales –"study of world affairs–.

Su ponderación de los debates precedentes sobre la enseñanza y la investigación de los estudios internacionales se hilaría con una de las conclusiones evocadas en la Conferencia Permanente de Madrid, el estudio de las relaciones internacionales estaba mucho más desarrollado en las universidades estadounidenses que en cualquier otra parte del mundo, donde "it had progressed there extremely rapidy since the Great War"[129]. Los participantes en la XI Conferencia Permanente de Altos Estudios Internacionales en Praga recibieron una copia del nuevo libro de Bailey, titulado *International Studies in Modern Education* en el que se sancionaban en buena medida muchos de los debates y de las conclusiones de la Conferencia de Madrid y en su conjunto de los trabajos realizados en los años precedentes. En sus páginas Bailey coincidía con Alfred Zimmern al afirmar que el desarrollo de las relaciones internacionales había sido mayor en Estados Unidos y Gran Bretaña que en el resto de Europa. Esta diferencia:

> (...) was due to the far greater development in the Anglo-saxon world of the academic study of the social sciences. American and British universities and institutions of university standing were characterized by a far more flexible departmental or faculty organization, which encouraged original research into subjects that were on the border of several branches of the social sciences. On the European continent the academic

[129] M. RIEMENS "International Academic Cooperation...", p. 924.

study of the social sciences were far less developed. Universities of the French type, as he called them, were generally more conservative and their faculty organization would seem less adaptable for such studies. Economic studies, for instance, were in America and England provided for by a separate department or even an independent faculty, whereas most of the time on the continent, they were associated and often subordinated with the Faculty of Law. Similarly, in the US and Great Britain the study of policial science and government was firmly established in the academic tradition of numerous universities. However, Bailey showed how universities on the continent were slowly starting to respond, within their existing faculties to the growing interest in international affairs and the need for its systematic study[130].

[130] Ibídem. Pp. 924-925.

8.
UNA CITA MALOGRADA CON LA HISTORIA: MADRID Y LA CONFERENCIA INTERNACIONAL PARA LA ENSEÑANZA DE LA HISTORIA

La intervención del presidente en la clausura de las sesiones consagradas al estudio de las relaciones internacionales en la IX Conferencia Permanente de Altos Estudios Internacionales en Madrid, Ludwik Ehrlich, pretendía condensar el espíritu de ambas sesiones:

> (...) considère qu'il n'est pas impossible d'obtenir la colaboration des diverses facultés ou écoles susceptibles d'apporter leur concours à l'étude des relations internationales. Il conviendrait, en outre, de faire appel à des personnalités qui, san savoir la qualité formelle de professeurs pourraient donner aux étudiants des notices pratiques sur les question qu'ils connaissent par profession. L'orateur estime que s'il n'est pas utile de faire cette étude une matière spéciale des programmes de l'enseignement secondaire, il est cependant indispensable que les professeurs d'histoire soient à même d'orienter leurs élèves en ce sens[1].

A modo de un espacio adyacente a las preocupaciones y la agenda de la Conferencia Permanente de Altos Estudios Internacionales, tanto en sus debates teórico-metodológicos como en la reflexión colectiva sobre la enseñanza –y la investigación– de las relaciones internacionales, trascendería el ámbito de la historiografía, especialmente implicada en la construcción de los nuevos pilares culturales del orden internacional que emanaría de la Gran Guerra. La superación de las graves secuelas provocadas por la contienda mundial en aras de la cultura de la reconociliación, el compromiso por la paz desde el que se institucionalizó la cooperación intelectual y el carácter pluridisciplinar de los estudios internacionales ilustrarían la relevancia de la historiografía en la articulación de una cultura de paz, la promoción del desarme moral y la forja del espíritu internacional, en torno al cual se codificó buena parte del discurso y los objetivos de la diplomacia filantrópica.

LA ENSEÑANZA DE LA HISTORIA, LOS ESTUDIOS INTERNACIONALES Y LA PAZ DESDE LA COOPERACIÓN INTELECTUAL

La atención prestada desde la Conferencia Permanente de Altos Estudios Internacionales a la enseñanza de las relaciones internacionales, especialmente desde la VIII Conferencia

[1] UNESCO AG-1-IICI-K-IX-1 (carpeta 2). Summary of second meeting of the university teaching of international relations. IX International Studies Conference. Madrid, 29 de mayo de 1936.

celebrada en Londres en 1935 y que sería uno de los ejes de la agenda de la IX Conferencia escenificada en Madrid en mayo de 1936, tal como acabamos de analizar, nos mostraría un panorama incompleto si obviáramos el respaldo que desde la Organización de Cooperación Intelectual se dispensó a la labor de los historiadores y los esfuerzos por promover foros de debate y participación común para fomentar el espíritu internacional desde la enseñanza de la historia. En este sentido Madrid y la dinámica de cooperación intelectual alentada desde la República española interpretarían su singular combate por la historia y la causa de la paz, en clave transnacional, en una cita malograda, los preparativos de la III Conferencia Internacional para la Enseñanza de la Historia que debía celebrarse en 1937.

El camino que conduciría a la celebración de una conferencia internacional para la enseñanza de la historia en el curso de la década de los treinta se transita desde un itinerario modelado por pasarelas y cruces entre: la propia actividad de la Conferencia Permanente de Altos Estudios Internacionales y los foros de cooperación intelectual en relación con los debates y preocupaciones sobre la enseñanza de la historia, de un lado; y las plataformas transnacionales corporativas de la historiografía, en especial, el Comité Internacional de Ciencias Históricas y de modo más explícito la Conferencia Internacional para la Enseñanza de la Historia, de otro.

En el panorama interdisciplinar desde el que trascendían los estudios internacionales en el seno de la Conferencia Permanente de Altos Estudios Internacionales y el propio debate en torno la creación de una disciplina explícita en aquel horizonte de sucesos ¿Cuál era el lugar de la historiografía en los estudios internacionales? Y ¿en qué medida la labor de la Conferencia Permanente de Altos Estudios Internacionales resultaba relevante para los historiadores? Interrogantes cuya respuesta era indisociable del compromiso que desde los foros de cooperación intelectual se mostró hacia la enseñanza de la historia como lienzo textual ineludible para conformar el espíritu internacional tan anhelado desde el internacionalismo –liberal– y la diplomacia filantrópica tras la Gran Guerra. Abonar el terreno, en consecuencia, para avanzar hacia un "Pacto Kellogg de la conciencia histórica", en referencia obvia al Pacto Briand-Kellogg de 1928, tal como se sugeriría en la I Conferencia Internacional de la Enseñanza de la Historia en 1932.

Entre los días 28 de agosto y 4 de septiembre de 1938 Zurich acogería el VIII Congreso Internacional de Ciencias Históricas. De entre todas las intervenciones, una acapara especialmente nuestra atención, la de Margareth Rothbarth, en representación del Instituto Internacional de Cooperación Intelectual. En su informe desgranaba con precisión el compromiso adquirido desde sus orígenes por la institución hacia la enseñanza de la historia. Margareth Rothbarth había sido delegada por Henri Bonnet años antes, en abril de 1932, para participar en nombre del Instituto en la I Conferencia Internacional para la Enseñanza de la Historia que se celebró en el verano de aquel año en La Haya[2].

La agenda y los debates impulsados desde la Conferencia Permanente de Altos Estudios Internacionales y, en particular, las discusiones de orden epistemológico y ontológico sobre

[2] UNESCO AG-1-IICI-DD. Carta de Henri Bonnet a Rafael Altamira. París, 12 de abril de 1932.

el estudio científico de las relaciones internacionales ilustraban el privilegiado lugar de la historiografía. La reflexión colectiva sobre la enseñanza universitaria de las relaciones internacionales a tenor de su naturaleza transdisciplinar y enciclopédica:

> (...) embrasse de nombreuses matières comme le droit international, l'économie politique, la sociologie, la géographie, la démographie, la statistique, les sciences politiques, la philosophie politique et moral et aussi l'histoire qui y occupe une place de premier plan. La méthode historique y est jugée très important, parce que les phénoménes des relations internationales contemporaines ne peuvent être étudiés et expliqués d'une façon adéquate qu'après une étude approfondie de l'histoire moderne. L'histoire (comme la géographie, la géologie ou la démographie) ne joue naturallemente que le rôle d'une science auxiliaire dans le domaine de l'enseignements des relations internationales, mais, parmi les sciences auxiliaires, elle est une des plus importantes[3].

En materias como el derecho internacional –prosigue Margareth Rothbarth– los estudios debían estar precedidos por un análisis histórico. La moderna curiosidad y la gravidez del tiempo vivido no quedarían al margen de sus apreciaciones al afirmar que "la connaisance de l'histoire depuis 1914 est un base indispensable à celui qui s'occupe d'une façon scientifique des relations internationales".

Su intervención advertía, asimismo, del interés que para los historiadores suponía la propia actividad de la Conferencia Permanente de Altos Estudios Internacionales al abordar en su agenda cuestiones políticas y jurídicas de actualidad como las sesiones y las publicaciones emanadas de los trabajos en torno al cambio pacífico –*peaceful change*–, en las que se habían coordinado las comisiones nacionales parcipantes en la Conferencia y que habían cristalizado en obras como las de: C.R.M.F. Crutwoll *A History of Peaceful Change in the Modern World*; Staley *Raw Materials in Peace and War*; S.H. Bailey *International Studies in Great Britain*; y del mismo autor *The Pursuit of International Studies in Modern Education*[4].

En el radio más amplio de la actividad del Instituto Internacional de Cooperación Intelectual desde sus orígenes la enseñanza de la historia y, de modo más explícito la revisión de los manuales escolares, habían ocupado un lugar privilegiado. El Instituto había impulsado investigaciones con el fin de revisar y mejorar los manuales escolares, elaborado procedimientos para su revisión, redactado declaraciones aprobadas por el Consejo y la Asamblea de la Sociedad de Naciones y publicado trabajos diversos sobre esta cuestión.

La revisión o el expurgo de los manuales había sido objeto de debate antes de la Gran Guerra, pero no sería hasta la conclusión de la misma cuando esta adquirió mayor

[3] UNESCO AG-1—IIGI-DD-XI-3. Communication présenté au Congrès International des Sciences Historiques (Zurich, 1938). L'Institute International de Cooperation Intellectuelle et l'enseignement de l'histoire.

[4] Ibídem. Y UNESCO AG-1—IIGI-DD-XI-3. Rapport pour le Congrès International des Sciences Historiques. Le travail de l'Institut International de Coopération Intellectuelle en matière d'histoire. Margareth Rothbarth. 17 de marzo de 1938.

notoriedad en el horizonte más amplio de la construcción del nuevo orden internacional y la cimentación de la paz. La revisión de los manuales escolares –advertía Margareth Rothbarth– obedecía a varias razones: en primer término, a la divulgación de las ideas del internacionalismo, en razón de las cuales era preciso evitar que en los manuales escolares se incluyeran pasajes que pudiera ser lesivos para el amor propio de otros pueblos y dañar los cimientos de la paz mundial; en segundo lugar, la revisión de los textos escolares debía servir indirectamente a la entente de los pueblos, de modo que se debía eliminar todo juicio parcial o erróneo sobre la historia de otros pueblos aunque fuera en detrimento del orgullo nacional; y por último, la revisión de los manuales debía primar el interés hacia la historia de las relaciones entre los países, mostrando tanto las confluencias como las discrepancias en el tiempo histórico entre los pueblos. Una empresa que debía tener como premisa fundamental la "verité historique".

En la atmósfera reinante en la posguerra mundial y la preocupación por las fragilidades de la paz esta cuestión concitaría la atención de los expertos y del mundo académico. En efecto:

> (…) beaucoup de manuels parus après la guerre étaient tout imbus de haine et d'inimité, attitude qui persista encore pendant quelques années. Heureusement, la plupart des éducateurs et des hommes politiques se rendirent bientôt compte de l'influence deplorable qu'un enseignement, basé principalement sur les sentiments de chauvinisme, devait avoir sur l'esprit des enfants[5].

Sería, por tanto, en la inmediata posguerra cuando se alentaría una cultura de la desmovilización en la que asumieron un inequívoco protagonismo la Sociedad de Naciones y entidades filantrópicas como la Dotación Carnegie. La fragilidad de la reconciliación tras la guerra era directa consecuencia de la persistencia de culturas de vencedores y de vencidos y la perdurabilidad, por tanto, de los relatos del tiempo de guerra. La Dotación Carnegie sería la primera gran organización internacional que emprendería una investigación sobre los manuales escolares de la posguerra mundial.

Desde comienzos de la década de 1920 la Dotación Carnegie promocionó toda una serie de iniciativas cuyo objetivo era promover la paz mediante la reconciliación cooperando con actores no gubernamentales con el fin de impulsar una cultura de la desmovilización, una cultura de desmovilización de las mentes. El historiador francés Henri Lichtenberger, un hombre de frontera como ilustra su origen alsaciano, identificó y teorizó sobre la necesidad de la desmovilización de las mentes. Experto en la historia y la cultura alemana, como bien advierte Tomas Irish, la Dotación Carnegie le patrocinaría en 1922 un viaje por Alemania para elaborar un informe sobre la precaria situación política y económica de la República de Weimar. Su balance fue esclarecedor en la medida en

[5] UNESCO AG-1—IIGI-DD-XI-3. Communication présenté au Congrès International des Sciences Historiques (Zurich, 1938). L'Institute International de Cooperation Intellectuelle et l'enseignement de l'histoire.

que mostraba su preocupación por la persistencia, y no solo en Alemania, de los modos de pensamiento de tiempos de la guerra. La desmovilización intelectual era un requisito fundamental para avanzar en la reconciliación franco-alemana[6]. Todo ello en un contexto tensado por la crisis de posguerra y la difícil aplicación de las cláusulas de los tratados de paz, en especial el de Versalles y su capítulo de reparaciones que conducirían en 1923 a la medida de fuerza franco-belga de la ocupación del Rhur. Este entorno dificultó la reconciliación, más aún teniendo en cuenta las dificultades para sortear y superar la cuarentena a la que se vieron sometidos los académicos y la ciencia alemana en la inmediata posguerra y las dificultades económicas de la República de Weimar. A modo de ejemplo, en el V Congreso Internacional de Ciencias Históricas que se celebró en Bruselas en 1923 no pudieron asistir los colegas de las antiguas potencias centrales como consecuencia del veto franco-belga[7].

La historia, y en especial su enseñanza, ocuparían un lugar central en las discusiones sobre el legado de la guerra. Así trascendería en 1922 con motivo de la celebración en Ginebra del III Congreso Internacional de la Educación Moral entre los días 28 de julio y 1 de agosto. Tras los congresos celebrados en Londres en 1908 y en La Haya en 1912[8], en esta ocasión el gran reto era cómo reconciliar el espíritu internacional y la enseñanza de la historia nacional en plena posguerra mundial. Un desafío complejo en el que había que escenificar diferentes estrategias en la promoción de la paz en países donde existían diferentes tradiciones en la política educativa, caso de la tradición centralista en Francia o el modelo más descentralizado en Gran Bretaña o Alemania. La "educación moral –argumenta Joan Soler– se había situado en el primer plano de las preocupaciones pedagógicas y el congreso se planteó como una oportunidad para construir de nuevo y no únicamente para rehacer lo que la guerra había destruido desde un punto de vista moral"[9].

Desde la convocatoria del I Congreso en Londres en 1908 en España, el Ministerio de Instrucción Pública y la Junta para Ampliación de Estudios mostraron un activo compromiso con los desafíos educativos de los "Gobiernos de todo el mundo civilizado"[10]. En 1922 la composición del comité español mostraba un perfil institucionista. Encabezado por el presidente del Senado, Joaquín Sánchez de Toca, la secretaría fue desempeñada por Domingo Barnés, por aquel entonces secretario del Museo Pedagógico. El resto de

[6] T. IRIS "Peace through History? The CIEP's Inquiry into European Schoolbooks, 1921-1924", History of Education, v. 45, n. 1, 2016, p. 41.
[7] Ibídem. P. 48.
[8] A estas ediciones le seguirían la IV en Roma (1926), la V en París (1930) y la VI en Cracovia (1934).
[9] J. SOLER "Internacionalismo y solidaridad. La participación española en el III Congreso Internacional de la Educación Moral (1922)", X.M. CID FERNÁNDEZ-Mª.V. CARRERA FERNÁNDEZ (coords.) *Identidades, internacionalismo, pacifismo y educación (siglos XIX-XX)*, Ourense, SEDME, 2019, p. 471.
[10] La delegación española designada para el Congreso de Londres estuvo liderada por José del Perojo, quién fue miembro del Comité general del Congreso, Alejandro San Martín y Eduardo Sanz y Escartín –consejero, este último, del Ministerio de Instrucción Pública y miembro de la Real Academia de Ciencias Morales y Políticas. En el transcurso del Congreso Eduardo Sanz y Escartín y Gumersindo Azcárate ocuparían dos vicepresidencias. La Junta dotaría una serie de pensiones de dos meses para estudiar la sección pedagógica del Congreso (E. SANZ Y ESCARTÍN *La educación moral. Memoria. Primer Congreso Internacional de la Educación Moral*, Madrid, *Anales*, t. 1, Madrid, Junta para Ampliación de Estudios e Investigaciones Científicas, 1909).

la representación española recayó en Manuel Bartolomé Cossío –director del Museo Pedagógico–, Adolfo Buylla San Martín –decano de la Facultad de Filosofía y Letras de la Universidad Central– y Juan Zaragueta –profesor del Seminario Consular y de la Escuela Superior de Magisterio–. La agenda de Ginebra gravitó sobre el espíritu internacional, la enseñanza de la historia y las relaciones entre la solidaridad y la educación. Precisamente la enseñanza de la historia fue objeto de una memoria presentada por Pau Vila, bajo el título "L'Internationalisme et le nationalisme dans l'enseignement de l'histoire", en el que se analizaba la problemática de las naciones sin Estado y se presentaba un esbozo de programa para superar la oposición entre nacionalismo e internacionalismo. Una aproximación desde la que afloraban los graves problemas identitarios de la España del primer tercio de siglo, agitados por los principios wilsonianos que desembarcaron en la conferencia de paz en París[11].

La Dotación Carnegie emprendería una consulta sobre los libros escolares de la posguerra mundial, sensibles a la fragilidad de la reconciliación y la perdurabilidad de la mentalidad de tiempos de guerra. Su proyecto pretendía reconducir este problema mediante el análisis de los libros escolares en los principales Estados beligerantes e identificar como se habían perpetuado estas narrativas del odio. La educación era un instrumento capital para edificar los pilares de la paz. El proyecto de la Dotación Carnegie, organizado desde su centro en París, se focalizaría, como otras iniciativas de la Dotación en promover la reconciliación franco-alemana. En el verano de 1921 se acometería el proyecto para investigar sobre la enseñanza de la historia en los libros de texto bajo la dirección de Jules Prudhommeaux –historiador francés que había luchado en la guerra y secretario del centro de la Dotación Carnegie en París. El proyecto daría sus primeros frutos en 1924 con la publicación del primer volumen de la consulta realizada sobre los libros escolares de la posguerra. La publicación gravitó principalmente sobre los textos franceses y alemanes y su interpretación del conflicto, considerando las raíces de las tensiones entre ambos vecinos desde el último medio siglo. En 1927 se publicaría un nuevo volumen focalizado en los países que permanecieron neutrales ante la guerra.

En Francia, como otros países europeos, la enseñanza de la historia había sido cincelada para inculcar los valores de la lealtad a la patria y a la República. Libros como el de Ernest Lavisse *Histoire de France* subrayaban la injusticia de la pérdida de Alsacia y Lorena en 1870[12]. Durante la Gran Guerra el gobierno francés instruyó a los maestros para movilizar las mentes de los estudiantes para apoyar la guerra patriótica y alimentar el odio al enemigo. El balance que realizaba del caso francés Jules Prudhommeaux ilustraba que en los textos franceses normalmente se incumplían las máximas en la enseñanza de la historia –la verdad, la objetividad y no instigar el odio–. Perduraba la interpretación de los mitos

[11] Junto a esta memoria se presentaron dos comunicaciones: la de Mercedes Rodrigo y Pedro Roselló en la sección de aspectos pedagógicos y escolares titulada "Ce que les enfants espagnols pensent de la guerre"; y la de Ramón Rucabado que versó sobre "L'idée de solidarité et l'éducation de la chasteté", en la sección dedicada a filosofía y moral (ibídem. P. 473).

[12] T. Iris "Peace through History?..., pp. 44-45.

como hechos y una imagen de hostilidad hacia Alemania. En Gran Bretaña –concluía en su informe Clementine Matthews, una profesora inglesa establecida en París– los textos posteriores a la Gran Guerra eran más democráticos, humanitarios y menos insulares. En Gran Bretaña emergió una intensa controversia en torno a la dimensión moral de la enseñanza, en especial sobre el pacifismo y el alineamiento con la Sociedad de Naciones. En Alemania, por último, en los libros escolares en la República de Weimar perduraba –según el informe elaborado por el pacifista Fritz Röttcher– el lenguaje de guerra y la efusividad nacionalista previa a 1914. La controversia en torno a la representación de la guerra y la cuestión de las responsabilidades seguiría muy presente en los libros de texto de historia en la década de 1930[13].

Los dos volúmenes publicados por la Dotación Carnegie no escaparon a las críticas. De hecho el segundo fue retirado poco después de su aparición. La propia organización filantrópica estaba persuadida de que el método empleado no era siempre objetivo. Tras aquellas iniciativas la Dotación Carnegie "elle ne veut plus s'identifier avec ce travail"[14] y mantendría un perfil bajo respecto a esta cuestión.

El internacionalismo y el impulso que en esa misma dirección pudieran imprimir la revisión de los manuales escolares, entre las razones antes mencionadas en el informe de Margareht Rothbarth, sensibilizarían a la Sociedad de Naciones que por mediación de la Comisión Internacional de Cooperación Intelectual incorporó esta preocupación a su agenda de trabajo. Tareas y debates que culminarían con la aprobación de la resolución presentada en 1925 por el representante español ante la Comisión Internacional de Cooperación Intelectual, Julio Casares. En el seno de los debates de la Comisión sobre la naturaleza de la cooperación intelectual, el representante español, la concebía como "l'effort commun des peuples pour créer et maintenir, par la moyen de l'intelligence, les sentiments et l'esprit de collaboration internationale capables d'empêcher à l'avenir toute possibilité de guerre"[15]. Julio Casares entendía la cooperación internacional como un medio para alcanzar un propósito político, la paz, e insistir en el papel de la educación en este sentido. La "Resolución Casares" establecía un principio y un método para la revisión de los manuales de historia con el fin de que sirvieran al contacto amistoso entre los comités nacionales de la Cooperación Intelectual y fomentar así la toma de conciencia sobre la interdependencia entre las naciones. La resolución pretendía modificar o eliminar pasajes que pudieran generar incomprensión y prejuicios hacia otros países.

El radio de acción de los comités nacionales para examinar los textos escolares no quedaría tan solo circunscrito a los manuales de historia sino que se extendería a otros campos como la historia de las civilizaciones, la geografía, la formación cívica y moral, los textos etnográficos, los atlas de geografía y los diccionarios, así como las antologías

[13] Ibídem. Pp. 49-56.
[14] UNESCO AG-1—IIGI-DD-XI-3. Communication présenté au Congrès International des Sciences Historiques (Zurich, 1938). L'Institute International de Cooperation Intellectuelle et l'enseignement de l'histoire.
[15] J.-J. RENOLIET *L'UNESCO oublié...*, p. 101.

y libros de lecturas utilizados en la enseñanza tanto pública como privada. Cuando un comité nacional detectaba un texto que considerara lesivo y reclamaba una rectificación se dirigía directamente al comité nacional del país donde se utilizaba la obra, incluyendo las citas textuales objeto de atención[16]. La Comisión Internacional de Cooperación Intelectual ofrecía sus buenos oficios en aquellos casos en los que los comités nacionales fueran incapaces de alcanzar un acuerdo. A tenor de la valoración retrospectiva de Margareth Rothbarth:

> Si, au dégut, la Procédure Casarès (sic) n'a pas donné de résultats considérables, quelques commissions nationales ont réussi, surtour ce deux dernières années, à l'appliquer avec un succès notable. Il fallait un certain temps pour la constitution des comités spéciaux, comprenant toujours des délégués des associations pédagogiques ou historiques, pour l'établissemente des listes de manuels, leur échange et, surtour, leur étude approfondie par des historiens et des pédagogues. Pendant ces dernières années, ce sont surtout les Commissions nationals française, italienne et polonaise qui on étudié des manuels allemands, anglais, espagnols, française, lettons, néerlandais, polonaise, roumains, russes, suédois, suisses, thécoslovaquies, etc. et qui sont parvenus, dans la plupart des cas, à résoudre à l'amiable des questions délicates[17].

Al amparo de la Resolución Casares el Instituto Internacional de Cooperación Intelectual monitorizaría la realización de una amplia encuesta sobre la revisión de los manuales escolares a cargo de los gobiernos y las asociaciones internacionales, regionales y nacionales de historiadores y de educadores. Sus resultados fueron publicados en dos libros: el primero en 1932, *Révision des manuels scolaires contenant des passages nuisibles à la compréhension mutuelle*; y el segundo en 1933, *School Text-Book Revision and International Understanding*, luego revisado y ampliado este último en su edición francesa. Desde entonces, el Instituto Internacional de Cooperación Intelectual publicaría regularmente en su boletín *Coopération Intellectuelle* las novedades en materia de revisión de manuales escolares y enseñanza de la historia. Aquella llamada a "l'action positive" para la redacción de manuales inspirados en un espíritu de concordia internacional llevaría a la Comisión Internacional de Cooperación Intelectual a encargar en 1934 al Instituto Internacional de Cooperación Intelectual la invitación a los comités nacionales a designar los manuales

[16] A título de ejemplo el presidente de la Comisón Española de Cooperación Internacional se dirigía el 12 de mayo de 1929 por carta a su homólogo de la comisión Francesa para presentar una protesta formal, luego elevada a la Comisión Internacional de Cooperación Intelectual, por el libro publicado por Maurice Grigaut *Geographie générale et économique* por ciertos pasajes lesivos para la imagen internacional de España. Entre estos pasajes se podían leer juicios como el siguiente: "Les petites rivières du nord qui vont à l'Atlantique et, au sud, le Guadalquivir... ont seuls de l'eau en tout temps; des autres, on peut dire qu'ils ressemblent à l'anncienne université de Salamanque: qu'ils ont quatre mois du cours et huit mois de vacances (...) (p. 138)" (UNESCO AG 1-IICI-A-III-27. Carta del presidente de la Comisión Española de Cooperación Internacional, Julio Casares, al presidente de la Comisión Francesa de Cooperación Intelectual, Madrid, 12 de mayo de 1929).

[17] UNESCO AG-1—IIGI-DD-XI-3. Communication présenté au Congrès International des Sciences Historiques (Zurich, 1938). L'Institute International de Cooperation Intellectuelle et l'enseignement de l'histoire.

empleados en las escuelas de su país que se habían concebido de manera objetiva. Siete comités nacionales, entre ellos cinco de de los países neutrales durante la Gran Guerra –Dinamarca, Finlandia, Noruega, Países Bajos y Suecia– además de Francia y Estados Unidos, participarían en la investigación, cuyos resultados fueron publicados en el número 84 del boletín *Coopération Intellectuelle*[18].

Los resultados a la luz de la lectura de aquellos informes –en palabras de Margareth Rothbarth– "ont abouti à un si faible résultat, en comparison aux efforts déployés por ce travail". Apenas existen organizaciones internacionales o nacionales que se ocupen de la paz y la enseñanza de la historia con el fin de concienciar sobre la importancia de disponer de manuales de historia objetivos. Tan solo y, especialmente, en el seno de la Sociedad de Naciones, se habían emprendido iniciativas como la creación de la asociación *Norden*, que reunía a los países escandinavos y había establecido un procedimiento especial para actuar colectivamente sobre los manuales de historia y de geografía[19], o la inclusión de estas cuestiones en la agenda de la Conferencia Balcánica. Asimismo, algunos Estados habían concluido acuerdos bilaterales en referencia a la revisión de los manuales escolares, caso de Polonia y Rumanía o Suecia y Checoslovaquia, ambos en 1936.

En el ámbito americano se concretarían, asimismo, algunos avances. El propio Rafael Altamira informaba al director del Instituto Internacional de Cooperación Intelectual, Henri Bonnet, el 3 de agosto de 1931, de sus gestiones al otro lado del Atlántico, particularmente en México en relación con la revisión de los manuales escolares[20]. Entre los días 20 y 27 de agosto tuvo lugar en Montevideo un Congreso de Inspectores de Enseñanza primaria en el que se llegaría a una serie de conclusiones en torno a las acciones a adoptar contra la guerra: la conveniencia de una propaganda intensa y permanente a favor de la paz en las escuelas; el compromiso de los estamentos gubernamentales consagrados a la educación en las repúblicas americanas para impulsar en los centros escolares una campaña contra el espíritu de la guerra; la traslación a los libros de texto de los horrores provocados por la guerra; la prohibición explícita para la creación de batallones infantiles ataviados con uniformes militares; el estudio de la obra de la Sociedad de Naciones; la reorientación de las tendencias belicosas en los pueblos hacia luchas o competiciones científicas, artísticas y deportivas; y por último, la revisión de los textos de historia para eliminar los pasajes de contenido "guerrero" –militaristas y belicistas-[21]. El 10 de octubre de 1933

[18] Ibídem; y UNESCO AG-1—IIGI-DD-XI-3. Rapport pour le Congrès International des Sciences Historiques. Le travail de l'Institut International de Coopération Intellectuelle en matière d'histoire. Margareth Rothbarth. 17 de marzo de 1938.

[19] En respuesta al informe presentado por Édouard Herriot ante la XVI Asamblea de la Sociedad de Naciones en 1935, el representante noruego, Khot, puntualizaba respecto a las labores emprendidas para la revisión de los manuales para la enseñanza de la historia que: "Dans les pays scandinaves, le príncipe de la révision mutuelle a donc été adopté et toutes les erreures de faits sont corrigés car il est évident que lorsque les faits son correctement présentés, la compréhension mutuelle devient plus facile. D'autre part, le principe a été aussi adopté que les manuels d'histoire, en relatant un conflit entre deux États doivent exposer non seulement le point de vue national, mais encoré celui de l'autre partie du conflit" ("Extrait du rapport...", p. 547).

[20] UNESCO AG-1—IIGI-DD-XI-3. Lettre. Rafael Altamira à Henri Bonnet. La Haya, 3 de agosto de 1931.

[21] UNESCO AG-1—IIGI-DD. Lettre Julián Nogueira à Margareth Rothbarth. Ginebra, 29 de mayo de 1933.

Brasil y Argentina concluyeron un acuerdo, en este sentido, al que luego se adherirían otros Estados como México y Uruguay. Estos precedentes sirvieron de modelo para el establecimiento de la Convención Panamericana sobre la enseñanza de la historia en la Conferencia Panamericana de Montevideo celebrada en 1933, en cuyo texto se contemplaba la creación de un Instituto Panamericano para la Enseñanza de la Historia, uno de cuyos cometidos debía ser la revisión periódica de los manuales escolares. Esta inercia proseguiría con la Conferencia Interamericana para el Mantenimiento de la Paz que se celebró en Buenos Aires en 1936, en el curso de la cual se aprobó una Resolución sobre la Revisión de los Manuales Escolares. Todas aquellas iniciativas al otro lado del Atlántico ilustraban la influencia de la actividad desarrollada desde el Instituto Internacional de Cooperación Intelectual y el amplio eco alcanzado por la Resolución Casares[22].

Con anterioridad a la cita de Zurich, en la Comisión plenaria de la Cooperación Intelectual celebrada el 20 de julio de 1935 se aprobó una resolución relativa a la revisión de los manuales escolares. El texto de la resolución vino precedida por la exposición de los antecedentes a tenor de los trabajos emprendidos por el Instituto Internacional de Cooperación Intelectual y de otras iniciativas adoptadas en este mismo ámbito por comisiones nacionales, organizaciones nacionales e internacionales de historiadores y organizaciones de maestros y educadores. El Instituto Internacional de Cooperación Intelectual se situaría en el epicentro de la coordinación de la actividad de las diferentes instituciones y foros concernidos por la enseñanza de la historia y el contenido de los manuales escolares. En la sesión plenaria se aprobaría una resolución, luego sometida a la Asamblea de la Sociedad de Naciones, tendente a intervenir sobre los manuales escolares en aras a mejorar las relaciones entre los países con el fin de revisar los pasajes que pudieran ser nocivos para otros pueblos en dichos textos. Al amparo de la Resolución Casares se establecían unas pautas de actuación que daban cabida a comisiones nacionales y comités de expertos para revisar los textos, promover la inclusión de la historia de otros países en los manuales escolares –nacionales– y potenciar una enseñanza de la historia en clave de interdependencia[23].

Asimismo, en 1937 se aprobaría por parte del Consejo de la Sociedad de Naciones una Declaración abierta a la firma tanto de Estados miembros como de no miembros de la institución de Ginebra sobre la base de la proposición de Emil Borel, quién había sometido a la deliberación de la Comisión Internacional de Cooperación Intelectual un

[22] UNESCO AG-1—IIGI-DD-XI-3. Communication présenté au Congrès International des Sciences Historiques (Zurich, 1938). L'Institute International de Coopération Intellectuelle et l'enseignement de l'histoire. Rafael Altamira advertía de la influencia en ciertas repúblicas hispanoamericanas de los pedagogos españoles especializados en metodología de enseñanza de la historia en la revisión de los manuales escolares para eliminar los pasajes susceptibles de herir las sensibilidades de otros países, en el sentido planteado por la resolución Casares. Mencionaba dos casos de textos de historia expurgados desde la cooperación académica: el manual de texto chileno de Amunátegui Solar por "errores que agraviaban a España"; y los textos de Eugenio Petit Muñoz y Orive en Uruguay (R. ALTAMIRA *La enseñanza de la historia en la escuela...*, pp. 47-48).

[23] "Documents. Résolutions adoptées par la Commission Plénière de Coopération Intellectuelle lors de la Séance du 20 juillet 1935", *Coopération Intellectuelle*, n. 57-58, 1935, pp. 515-516.

proyecto de acuerdo bilateral para la revisión de manuales escolares. Tras su entrada en vigor en noviembre de aquel año sus primeros signatarios fueron la República Dominicana y Bélgica. Con posterioridad se adherirían Afganistán, la Unión Sudafricana, Chile, Egipto, Estonia, Grecia, Irán, Noruega, los Países Bajos y Suecia. Esta Declaración apelaba a las autoridades competentes para que los textos escolares dedicaran una mayor atención a la historia de otras naciones y fomentar el aprendizaje de la historia universal y una mayor sensibilización hacia la interdependencia entre las naciones[24].

Otros proyectos ambiciosos, como el de la elaboración de un manual internacional, que había sido contemplado en diferentes foros internacionales, entre ellos el Comité Internacional de Ciencias Históricas, acabaron siendo descartados. El contexto internacional en el que se desenvolvió el Congreso Internacional de Ciencias Históricas en Zurich en 1938 acabaría filtrándose en el epílogo del informe de Margareth Rothbarth:

> Vous n'ignorez pas que, dans le monde bouleversé d'aujord'hui, où règne une telle tensión entre les différents États, notre travail que nous avions comencé avec beaucoup d'optimisme et d'élan, est bien autrement compliqué qu'au debut. Mais d'autre part, bien qu'il puisse donner, en ce moment, beacoup de résultats tangibles et que nour vivions dans une atmosphère politique trouble, nous en déduisons l'obligation de le continuer pour être prêts quand des temps meilleurs nous permettront de lui donner toute l'ampleur désirable[25].

REMAR SIN ALCANZAR LA OTRA ORILLA: UN "PACTO KELLOGG DE LA CONCIENCIA HISTÓRICA"

La crisis de la seguridad colectiva y las crecientes tensiones internacionales anegaron las ya difíciles expectativas para promover un manual internacional de historia y, en definitiva, por avanzar hacia una "world-historical imagination" cuyos contornos habrían comenzado a aflorar en los prolegómenos del siglo xx en los primeros congresos internacionales de historia. Sin embargo, la tempestad de los años treinta descargaba sobre inercias estructurales que obstaculizaron y orillaron lecturas y aproximaciones internacionalistas y globales de la historia.

El proceso de profesionalización de la historiografía en Europa y en Occidente había avanzando bajo el paraguas del estatocentrismo y de la mitología y el relato en torno al Estado-Nación. El historicismo que había consagrado la narración, el acontecimiento, los grandes sujetos históricos y el Estado-nación como piezas totémicas del relato canalizaron el *mainstream* en el seno de la comunidad historiográfica. Las miradas y los relatos sensibles hacia una historia universal e interconectada y un diálogo transnacional entre

[24] UNESCO AG-1—IIGI-DD-XI-3. Communication présenté au Congrès International des Sciences Historiques (Zurich, 1938). L'Institute Internatioinal de Cooperation Intellectuelle et l'enseignement de l'histoire.
[25] Ibídem.

historiadores recorrieron itinerarios secundarios y marginales. Los congresos internacionales de historia celebrados en Roma (1898), París (1900) o Berlín (1908) cartografiaron, como bien advierten Matthias Middell y Katja Naumann, estas jerarquías en la comunidad epistémica de historiadores. Permeables aquellos congresos a la inercia favorecida por las exposiciones universales en otras áreas de conocimiento como la antropología o la sociología, "the logistics of the individual congresses remained in the hands of local organizers, who mobilized funding from local universities and national governments". Y en aquellos foros de inicios de siglo "historiens trusted more in the proximity to national politics (and funding opportunities) than in any international cooperation"[26].

En París y Berlín tan solo una minoría priorizó los intercambios académicos transfronterizos y alentaron la concepción de una historia universal. En una agenda en buena medida polarizada por la controversia Lamprecht y el caldo de cultivo desde el que irrumpiría la historia económica y social –la nueva historia– y las conexiones con otras disciplinas alentadas por Henri Berr desde las páginas de la *Revue de Synthèse Historique* o la colección de la Evolución de la Humanidad en la que participaría Lucien Febvre, se visibilizarían los debates en torno a la historia universal. En este desigual juego de miradas entre historiadores nacionalistas e historiadores cosmopolitas, admitiendo un amplio abanico de matices entre ambos polos, cuando los historiadores "turned their occupation into an academic profession and established history as a scientific discipline, many concentrated on one aspect of the past, the formation and growth of the (mainly Western) nation state, sideling other dimensions of social and cultural organization". No solo marginalizaron "the world at large, long-distance interactions and exchanges, as well as the global condicions", sino que cuestionaron su propio estatus epistemológico al estigmatizarlos cómo "amateurism"[27].

Las alternativas al historicismo dominante se manifestarían básicamente desde tres prismas. El primero, modularía la concepción de una mirada historiografica minoritaria reivindicadora de una tradición de historia mundial –"world history"–, cuya génesis se remontaría a la Ilustración y en cuyo itinerario transitaron figuras como Thomas Buckle o Lord Acton, además de historiadores como Karl Lamprecht o el sociólogo Henry Berr en el camino hacia la conformación de una "new world history". El segundo, concitaría la convergencia de diferentes disciplinas de las ciencias sociales y la historiografía, amén de otras ramas como la antropología, desde las que se alentaría el estudio de los imperios y la expansión colonial. Y por último, historiadores más sensibles a una reinterpretación de la historia nacional proyectando el Estado-nación hacia "the broader theatre of global connections and competitions, using implicit comparison to create/invent patterns of superiority and inferiority". En el debate sobre la naturaleza global del mundo se

[26] M. MIDDELL-K. NAUMANN "Historians and International Organizations: the International Committee of Historical Sciences", D. LAQUA-W. VAN ACKER-Ch. VERBRUGGEN (eds.) *International Organizations and Global Civil Society. Histories of the Union of International Associations*, Bloomsbury Publishing, 2019, pp. 133-135.

[27] Ibídem. P. 139.

manifestaron, no obstante, desde una trinchera cultural crítica frente a los "world historiens" y el "field of world history"[28].

No es, por tanto, de extrañar que a la luz de estas tendencias dominantes en el estatocentrismo historiográfico de comienzos de siglo el asociacionismo internacional no fuese un objetivo primordial y que la mayoría de los miembros de la comunidad historiográfica estuviera lejos de la agenda internacionalista de la *Union International of Associations*, creada en 1910 por Paul Otlet y Henri La Fontaine. "The most prominent representatives of the historical profession saw international congresses primarly as a platform for staging national superiority"[29]. El impacto de la Gran Guerra y los desafíos de la construcción de la paz alentarían una toma de conciencia entre no pocos historiadores sobre los excesos y los efectos del nacionalismo historiográfico. La cultura de la reconciliación y la proliferación de las redes y los foros de cooperación intelectual incentivarían el asociacionismo internacional en la comunidad de historiadores.

La participación del Instituto Internacional de Cooperación Intelectual en el Congreso Internacional de Ciencias Históricas con motivo de su implicación y compromiso con la enseñanza de la historia, tanto en su dimensión académica dada su relevante posición en la cartografía de los estudios internacionales como en su proyección moral y política en aras de la construcción del espíritu internacional, revela las dinámicas de vecindad y de convergencia con los foros corporativos y profesionales internacionales de la historiografía. No obstante, esta coordinación no se escenificaría hasta la década de 1930, cuyos primeros años todavía evidenciaron ciertas lagunas comunicativas en las actividades promovidas desde la Comisión Internacional de Cooperación Intelectual y el Comité Internacional de Ciencias Históricas. Todo ello pese a que este último desde su creación tenía domiciliada su sede en el Palais Royal, en la rue de Montpensier número 2, es decir, en el propio Instituto Internacional de Cooperación Intelectual.

El 15 de mayo de 1926 tenía lugar la creación del Comité Internacional de Ciencias Históricas en el Gran Salón del Palacio de Atenea en Ginebra, en el mismo lugar en el que se había fundado la Cruz Roja en 1863. Su gestación había tenido lugar durante el V Congreso Internacional de Ciencias Históricas celebrado en Bruselas en 1923 a partir de una propuesta del historiador estadounidense James T. Shotwell. Desde entonces los Congresos Internacionales de Ciencias Históricas, cuya primera edición aunque con otra denominación se había celebrado en París en 1900, se dotarían de una estructura permanente. El *bureau* organizador del Congreso de Bruselas, presidido por el historiador belga Henri Pirenne, se constituiría en comité provisional, cuyo secretario fue Waldo G. Leland –miembro de la Dotación Carnegie– y cuya mediación fue determinante para que la Fundación Rockefeller, a través de la *American Historical Association*, liberase los fondos necesarios para la reunión que en Ginebra cristalizó en la creación del Comité Internacional de Ciencias Históricas y cuya ayuda posterior fue vital para el desarrollo

[28] Ibídem. P. 140.
[29] Ibídem. P. 136.

de sus actividades. En el Comité provisional participaría Michel Lhéritier, delegado de la *Société d'Histoire Moderne* de París y profesor en misión en el Instituto Internacional de Cooperación Intelectual, quien devendría en secretario del Comité Internacional de Ciencias Históricas. En el discurso inaugural de la reunión de Ginebra a la que asistiron historiadores de 19 países, Henri Pirenne se referiría al nuevo Comité como la "Internacional de los historiadores", el cual debía participar estrechamente con la Sociedad de Naciones. El primer presidente del *bureau* del Comité fue H. Koht. Las tareas del nuevo comité serían: "organe de liaison et d'information, il devait promouvir aussi les études historiques dans le monde et, pour ce faire, procurer aux historiens les instruments de travail qui leur faisaient encoré défaut et organiser les grands congrès quinquenaux où ils se retrouveraient".

Desde el Comité se impulsaría la realización de ambiciosas investigaciones sobre la organización de los estudios históricos, que en un primer momento se ejecutarían en el interior de los países miembros y cuyos resultados se publicarían en el *Bulletin of the International Committee of Historical Sciences.* La primera de aquellas investigaciones abordó la organización de los estudios históricos en cada uno de los 27 países miembros. Desde 1930 se emprendería otra investigación sobre las modalidades de la enseñanza de la historia en cada país en las escalas primaria, secundaria y universitaria, bajo la dirección de Gustave Glotz, presidente de la Comisión de Enseñanza de la Historia del Comité Internacional de Ciencias Históricas que se constituyó en la Asamblea de Oslo en 1928[30]. La finalidad con la que fue concebida la Comisión era dar a conocer "en cada país, *objetiva y a base de textos*, cómo se enseña la Historia en las demás naciones, de modo que proporcione a cada cual la posibilidad de comprobar por sí mismo la exactitud de su particular punto de vista comparado con los ajenos, y también con los más recientes resultados de la investigación científica". Se trataba, de dar a conocer en cada país "los *programas* de enseñanza de los otros; de proporcionar a los autores manuales, y a petición de estos, los medios útiles para completar su información, acudiendo a historiadores de las diferentes naciones". Y, en consecuencia, "de proceder eventualmente no a la elaboración de un Manual internacional, ni a la revisión de los Manuales existentes, sino a un estudio comparado y científico de lo que contienen aquellos libros"[31]. Precisamente en este punto radicaba la gran diferencia con las acciones emprendidas desde los foros de cooperación intelectual y la Sociedad de Naciones, dado que uno de sus objetivos primordiales era la revisión o expurgo de los manuales de historia.

A propósito de los trabajos auspiciados desde los foros de cooperación intelectual en torno a la revisión de los manuales escolares, el 1 de octubre de 1930 el presidente de la Comisión de Enseñanza de la Historia en el Comité Internacional de Ciencias Históricas, Gustave Glotz, se dirigía al secretario de la Comisión Internacional de Cooperación

[30] Comité des Sciences Historiques: https://www.cish.org/index.php/fr/page-2/archives-et-histoire/ (consultado el 12 de septiembre de 2023).
[31] R. ALTAMIRA *La enseñanza de la historia en la escuela*..., p. 7.

Internacional, G. Oprescu. Gustave Glotz se había manifestado ante el secretario de la Sociedad de Naciones advirtiendo de la necesidad de entablar contacto con los representantes de la Comisión de Enseñanza de la Historia. En su misiva transmitía su inquietud ante las noticias de que la Comisión Internacional de Cooperación Intelectual había decidido iniciar una investigación sobre los manuales escolares. Le recordaba que la Comisión que él presidía había emprendido un trabajo, ya casi concluido en lo que concernía a la organización de la enseñanza de la historia, que debía extenderse al estudio de las materias enseñadas y el espíritu de la enseñanza. "Vous ne jugerez donc pas ma démarche indiscrete, si je demande que votre Commission ne nous tienne pas en dehors de ses travaux, nous qui représentons les professseurs d'histoire de quarante pays et n'avons d'autre souci que la vérité". En tales circunstancias se veía obligado a pedir que se les tuviera al corriente de las labores de la Comisión Internacional de Cooperación Intelectual en este sentido[32]. El 8 de octubre el secretario de la Comisión Internacional de Cooperación Intelectual, G. Oprescu, contestaba a Gustave Glotz con el fin de transmitirle la favorable disposición de la Comisión para colaborar con el Comité Internacional de Ciencias Históricas. En su carta le ponía en antecedentes al informarle de que la única acción emprendida en este sentido por la Comisión fue encargar al Instituto Internacional de Cooperación Intelectual la presentación de un informe sobre el estado actual del problema[33].

El 1 de abril de 1931 el presidente de la Comisión de Enseñanza de la Historia, Gustav Glotz, y el secretario de la misma, Otto Brandt, le remitían al presidente de la Comisión Internacional de Cooperación Intelectual, Henri Bergson, un informe sobre la genealogía y las actividades de la Comisión de Enseñanza de la Historia. Desde su constitución en 1928 esta Comisión se consagró a "faire prévaloir dans l'enseignement de tous les pays les droits de la vérité, dans toute la mesure où il est posible d'atteindre et d'enseigner la vérité en matière historique". La propia gobernanza de la Comisión ilustraba el espíritu *appeaser* y locarniano al optar por la designación de un presidente de nacionalidad alemana y un secretario de procedencia francesa.

La Comisión de Enseñanza de la Historia estaba plenamente embarcada en una investigación sobre los métodos y el espíritu de la enseñanza de la historia en la escuela primaria y la educación secundaria. A comienzos de 1929 se decidió encargar a M. Capra –inspector-general de enseñanza primaria en Francia– la elaboración de un informe general sobre la organización y los métodos y, más adelante, en 1930 un segundo informe general sobre el espíritu de la enseñanza de la historia que sería discutido en la sesión que la Comisión iba a celebrar en Budapest en mayo de 1931[34].

[32] UNESCO AG-1—IIGI-DD-XI-3. Lettre Président de la Commission de l'Enseignement de l'Histoire, Gustave Glotz, à Secretaire de la Commission de Coopération Intellectuelle, Oprescu. París, 1 de octubre de 1930.

[33] UNESCO AG-1—IIGI-DD-XI-3. Lettre Secretaire de la Commission de Coopération Intellectuelle, Oprescu, à Président de la Commission de l'Enseignement de l'Histoire, Gustave Glotz. Ginebra, 8 de octubre de 1930.

[34] UNESCO AG-1—IIGI-DD-XI-3. Lettre. Présidente et Secrétaire de la Commission de l'Enseignemente de l'Histoire (Comité International des Sciences Historiques) à Président de la Commission Internationale de Coopération Intellectuelle. Paris-Erlangen, 1 de abril de 1931.

La Comisión de Enseñanza de la Historia tenía que pronunciarse, por aquel entonces, sobre un ambicioso proyecto que se discutió en la sesión de 1930 celebrada en Cambridge-Londres, cuya finalidad era constituir una biblioteca de manuales, que los miembros de la Comisión pudieran examinar con historiadores competentes. Este paso era esencial para poder revisar las obras.

En el curso de la V Asamblea del Comité Internacional de Ciencias Históricas reunido en Budapest entre los días 20 y 23 de mayo de 1931 la Comisión de Enseñanza de la Historia informó de que los 39 informes –entre ellos el remitido por Rafael de Altamira por España[35]– recibidos sobre la enseñanza de la historia en las escuelas primarias de diferentes países habían sido publicados en el n. 13 del boletín del Comité en 1931. Asimismo, esta publicación acogería los informes elaborados sobre la enseñanza secundaria, a la que hasta aquel momento habían respondido 32 países. Estaba previsto, por último, plantear una tercera investigación, en este caso sobre la enseñanza superior, en el futuro Congreso Internacional de Ciencias Históricas previsto en Varsovia. La Comisión, por último, se dirigía a las comisiones nacionales con el fin de lograr su participación y promover que "l'enseginement de l'histoire dans les écoles, et spécialement les manuels scolaires soient de plus en plus animés de la vérité et de l'esprit scientifique" y que sean cada vez más "un instrument de compréhension mutuelle entre les peuples"[36].

Un paso significativo en la coordinación de la información y de algunas de las actividades desarrolladas desde el ámbito de la cooperación intelectual, la Sociedad de Naciones y el Comité Internacional de Ciencias Históricas se consumaría en la VI Asamblea de este último, celelebrada en La Haya entre los días 4 y 8 de julio de 1932. La Comisión para la Enseñanza de la Historia constituyó un subcomité consultivo, integrado por Glotz, Brandt, Domanovsky, Friis, Handelsman, Van Kalken, Lunatcharsky y Volpe–, para tabajar coordinadamente con el Comité de Expertos creado por la Sociedad de Naciones y con la Conferencia Internacional para la Enseñanza de la Historia[37].

En torno a la Conferencia Internacional para la Enseñanza de la Historia que se comenzaría a gestar en 1930 alentada por los trabajos que se fueron impulsando en este ámbito desde la Comisión Internacional de Cooperación Intelectual, el Instituto Internacional de Cooperación Intelectual y el Comité Internacional de Ciencias Históricas, cristalizó una comunicación y una cooperación más fluida.

[35] UNESCO AG-1—IIGI-DD-XI-3. Lettre. Rafael Altamira a Henri Bonnet, La Haya, 3 de agosto de 1931. Texto incluído íntegramente en la publicación editada en 1934 por el Museo Pedagógico Nacional, R. ALTAMIRA *La enseñanza de la historia en la escuela…*

[36] UNESCO AG-1—IIGI-DD-XI-3. Comité International des Sciences Historiques. Communiqué du 20 juillet 1931.

[37] UNESCO AG-1—IIGI-DD-XI-3. Comité International des Sciences Historiques. Compte-rendu succint des travaux de la Sixième Assemblée du Comité International des Sciences Historiques, Le Haye, 4-6 juillet 1932. En la correspondencia entre Henri Bergson y Rafael Altamira, aquel le había informado el 5 de agosto de 1931 que el informe elaborado por el Instituto Internacional de Cooperación Intelectual sobre la revisión de los manuales de historia sería sometida a la Comisión de Expertos de la Sociedad de Naciones que se constituiría en 1932 (UNESCO AG-1—IIGI-DD-XI-3. Lettre. Henri Bergson à Rafael Altamira. París, 5 de agosto de 1931).

Fue durante la celebración del V Congreso Internacional de la Educación Moral en París en 1930 cuando se presentó una propuesta a cargo del secretario del Comité Internacional de Ciencias Históricas, Michel Lhéritier, acompañada del respaldo de Rafael Altamira, J. Gould y Jean Louis Claparède, con la que se perseguía la colaboración "en tout indépendance" de organizaciones y personalidades comprometidas con la problemática de la enseñanza de la historia. En el texto de aprobación del Congreso se explicitaba que:

> Le Ve Congrès international d'Éducation Morale se déclare favorable à la reunión prochaine d'un Congrès international spécial pour l'enseignement de l'histoire, congrès qui aurait pour but non seulement de confronter les points de vue en présense, mais d'établir le plus posible de coordination dans les travaux des organisations qui s'occupent de cette question[38].

El 1 de enero de 1932 se envió una circular a un conjunto de organizaciones y personalidades con el fin de invitarles a una reunión preparatoria que se celebraría en París. La circular reunía la firma de 19 historiadores y educadores, encabezados por Rafael Altamira y entre los que figuraban J. Gould y Jean Louis Claperède, además del propio Michel Lhéritier, como pioneros de la proposición[39]. Las actividades y conclusiones alcanzadas en diferentes congresos, asambleas y otros encuentros nacionales e internacionales en los que se habían examinado las cuestiones concernientes a la enseñanza de la historia en relación con la educación moral y con el desarrollo del espíritu internacional en la infancia y la juventud habían impulsado a la adopción de aquella iniciativa. En la circular se enfatizaba la responsabilidad que sobre estas cuestiones recaía en los moralistas, internacionalistas, pedagogos e historiadores. La invitación a participar en los trabajos preparatorios para la Conferencia Internacional para la Enseñanza de la Historia tenía por finalidad la organización del trabajo en común de los diferentes actores e iniciativas que hasta entonces se habían significado en torno a esta problemática[40].

Desde un principio la preparación de la Conferencia Internacional para la Enseñanza de la Historia contaría con el activo concurso del Instituto Internacional de Cooperación Intelectual. A raíz de una carta enviada por Rafael Altamira a Henri Bonnet desde La Haya el 27 de octubre de 1931, en la que le informaba previamente y le adjuntaba una copia de

[38] UNESCO AG-1—IIGI-DD. Conférence International pour l'Enseignement de l'Histoire. Convocation pour la première Session qui se réunira à La Haye du 30 juin au 2 juillet 1932.

[39] Los firmantes de la circular fueron: R. Altamira (España), Bouglé (Francia), P. Bovet (Suiza), O. Brandt (Alemania), J.L. Claparède (Suiza), H.T. Colenbrander (Países Bajos), B. Dembinski (Polonia), A. Dospch (Austria), A. Friis (Dinamarca), G. Gallavresi (Italia), G.Glotz (Francia), G.P. Gooch (Gran Bretaña), J. Gould (Gran Bretaña), H. Koht (Noruega), R. Levillier (Argentina), W.G. Leland (Estados Unidos), M. Lhéritier (Francia), F.S. Marwin (Gran Bretaña) y R. Petersen (Alemania). En este último caso es muy posible que se trate de un error pues tenemos constancia en otros documentos de que se trate en realidad de Peter Petersen de la Universidad de Jena. (UNESCO AG-1—IIGI-DD. Conférence International pour l'Enseignement de l'Histoire. 18 de febrero de 1932).

[40] UNESCO AG-1—IIGI-DD. Premier Congrès International pour l'Enseignement de l'Histoire. La Haya, 1 de enero de 1932.

la mencionada circular, le transmitía el deseo de Gustave Glotz, J. Gould, M. Lhéritier, J.L. Claparède, además del suyo propio, de poder contar con la adhesión del Instituto[41]. El 23 de noviembre, en ausencia de Henri Bonnet de viaje oficial por el Lejano Oriente, A. Rossi de *motu proprio* se adelantaba a mostrar la adhesión del Instituto Internacional de Cooperación Intelectual y a ofrecer sus recursos para la realización de la Conferencia Internacional para la Enseñanza de la Historia[42]. Bien entrado el mes de enero de 1932 sería el propio Henri Bonnet quién le agradecía a Rafael Altamira la asociación del Instituto Internacional de Cooperación Internacional con los organizadores de la Conferencia y ofrecía la propia sede del Instituto en el Palais Royal para acoger las sesiones preparatorias[43].

La reunión preparatoria se celebraría los días 1 y 2 de febrero concitando la presencia de 27 organizaciones e instituciones internacionales, entre ellas: la Comisión Internacional de Cooperación Intelectual de Ginebra, el Instituto Internacional de Cooperación Intelectual de París –que ejercía de anfitrión–, la Oficina Internacional del Trabajo, el subcomité de expertos para la enseñanza de las metas y las actividades de la juventud de la Sociedad de Naciones, el Comité Internacional de Ciencias Históricas –y de modo explícito dos de sus comisiones la Comisión Internacional para la Enseñanza de la Historia y la Comisión Internacional de Historia Colonial–, la Unión Católica de Estudios Internacionales, el Consejo Internacional de Mujeres, la Liga Internacional de Mujeres por la Paz y la Libertad o el *Centre International de Synthèse*, entre otras entidades. De entre las 30 organizaciones e instituciones nacionales allí presentes siete eran españolas: El Colegio de Doctores, la Sociedad de los Amigos del Niño, el Instituto de Estudios Catalanes, la Universidad de Madrid, la Academia de Historia de Madrid y la Confederación Nacional de Maestros[44]. La reunión contó asimismo con la adhesión del historiador Claudio Sánchez-Albornoz, por aquel entonces rector de la Universidad de Madrid, y del pedagogo y profesor José Deleito y Piñuela de la Universidad de Valencia, pensionado de la Junta para Ampliación de Estudios en 1914, discípulo de Rafael Altamira, colaborador con Manuel Azaña en el tomo correspondiente a Felipe IV de la *Historia de España* que dirigía Ramón Menéndez Pidal y miembro del *Centre International de Synthèse* de París.

El propósito de la reunión era la constitución de un *bureau*, para cuya presidencia fue elegido Rafael Altamira y entre cuyos miembros figuraban Michel Lhéritier, Gustave Glotz o Jean Louis Claperède[45], y la elaboración de la agenda de trabajo de la I Conferencia Internacional para la Enseñanza de la Historia. A partir de la propuesta de Rafael Altamira

---

[41] UNESCO AG-1—IIGI-DD. Lettre. Rafael Altamira à Henri Bonnet. La Haya, 27 de octubre de 1931.

[42] UNESCO AG-1—IIGI-DD. Lettre. A. Rossi à Rafael Altamira. París, 23 de noviembre de 1931.

[43] UNESCO AG-1—IIGI-DD. Letrre. Henri Bonnet à Rafael Altamira. París, 23 de enero de 1932.

[44] UNESCO AG-1—IIGI-DD. Rapport. Conférence Internationale pour l'Histoire. 18 de febrero de 1932.

[45] El *bureau* de la Conferencia quedaría constituido por: Rafael Altamira (España) como presidente; M. Babcock (Estados Unidos), Pierre Bovet (Suiza), H.T. Colenbrander (Países Bajos), Gustave Glotz (Francia), J. Gould (Gran Bretaña), como vicepresidentes; y M. Carlgren (Suecia), Van Kalken (Bégica), Mouzafer bey (Turquía), como asesores; y Michel Lhéritier del Comité Internacional de Ciencias Históricas, Jean Louis Claparède de la Oficina Internacional de Educación de Ginebra y Lapierre de la *Fédération International d'Instituteurs*, como secretarios. (Ibídem)

la agenda atendería a cinco cuestiones explícitamente orientadas a la enseñanza de la historia en la escuela primaria y la educación secundaria: en primer término, en razón de los fines de la educación moderna y la enseñanza de la historia de la civilización y sus diferentes ramas, ¿cuál debería ser la materia para los diferentes periodos de la historia, con especial énfasis en la "historia contemporánea", en ambos niveles?; en segundo lugar, ¿en qué orden de preferencia deberían ser presentadas en la enseñanza de la historia, la historia nacional y la historia universal? y ¿de qué modo puede favorecer a la enseñanza de la historia los estudios de geografía?; a continuación y a partir de las conclusiones alcanzadas en estas cuestiones preliminares ¿cuál debería ser el contenido ideal de los libros escolares en ambos niveles educativos?; en cuarto lugar, ¿cómo abordar la supresión en los manuales escolares de los errores y los contenidos "contraires à la verité historique" con la finalidad de proporcionar un conocimiento integral de los hechos principales de la historia de los pueblos y sus buenas relaciones entre ellos?; y por último, en relación con la infancia y en aras a una enseñanza de la historia eficaz desde el punto de vista educativo, se suscitaban dos preocupaciones –los medios auxiliares en las tareas de los maestros tales como las imágenes, colecciones documentales o el cine, entre otros, y la forma más comprensible para la transmisión de conocimientos a los estudiantes a través del recurso a anécdotas, biografías o la visita a museos y lugares históricos[46]. Los precursores de la Conferencia recomendaban a los participantes, tanto asociaciones e instituciones como personalidades relevantes que asistieran al evento, la elaboración entre otros trabajos preliminares de una nota lo más precisa posible sobre los principios y conclusiones de sus opiniones acerca de las cuestiones precisadas en la agenda, de modo que facilitase la constatación de acuerdos de principio o analogía de opiniones entre los diferentes asistentes.

El protagonismo de Rafael Altamira en la puesta en escena y el devenir de la Conferencia Internacional para la Enseñanza de la Historia vendrían avalados por la dimensión internacional y transnacional de su labor como intelectual, jurista, internacionalista e historiador. Con anterioridad hemos prestado atención a su perfil en el ámbito del derecho internacional y en su dimensión como historiador y su preocupación por potenciar el estudio del mundo contemporáneo. Su preocupación por la metodología y la enseñanza de la historia, capitales para entender su legado en la historiografía, le situaban en el epicentro de las redes e iniciativas transnacionales en torno a la enseñanza de la historia y la construcción del espíritu internacional. Preocupación plasmada en la obra que publicó en 1932 *Problèmes modernes d'enseignement en vue de la conciliation des peuples et la paix morale* y en la que concurría con el historiador francés Jean Louis Claperède autor del libro *L'Enseignement de l'Histoire et l'Esprit International* publicado en 1931, también en París.

[46] UNESCO AG-1—IIGI-DD. Conférence Internationale pour l'Enseignement de l'Histoire. Convocation pour la première Session qui se réunira à La Haye du 30 juin au 2 juillet 1932.

La agenda de trabajo propuesta por Rafael Altamira para la I Conferencia Internacional para la Enseñanza de la Historia aglutinaba aspectos fundamentales de sus preocupaciones metodológicas y pedagógicas sobre la enseñanza de la historia que se remontan a finales del siglo XIX desde sus convicciones institucionistas y sus responsabilidades posteriores en el ámbito de la enseñanza primaria en el Ministerio de Instrucción Pública a comienzos del nuevo siglo. Sus cuadros generales sobre la enseñanza de la historia en España son verdaderamente una *rara avis* en el ámbito editorial. En 1891 se publicaba la primera edición de la *Enseñanza de la historia* y una segunda en 1895, desde cuyas páginas se divulgarían las "doctrinas metodológicas modernas y la concepción integral de la Historia, sobre la base de la incorporación de la Historia de la Civilización a la antigua historia puramente política". La exposición del plan y del método de la Institución Libre de Enseñanza fue presentada por el propio Rafael Altamira, aunque redactado por Bartolomé Cossío, en el Congreso Internacional de Historia de Roma en 1903 y luego impreso en *Cuestiones modernas de la Historia* en 1904. El núcleo del cuestionario presentado por Rafael Altamira para la agenda de la Conferencia Internacional para la Enseñanza de la Historia de 1932 ya había sido explorado en muchos aspectos en 1913 en el primer curso de perfeccionamiento para los maestros que impartió en Madrid, siendo director general de primera enseñanza: "¿Historia general o Historia nacional? ¿Historia política o Historia de la Civilización? ¿Historia moderna o Historia antigua? Finalidad de la educación de la enseñanza de la Historia"[47]. Lecciones que se recopilarían en su libro *Ideario pedagógico* publicado en 1923. En 1934 saldría a la luz un informe tan ambicioso como su cuadro de 1891 sobre la enseñanza de la historia en la "mayoría de los pueblos cultos" bajo el padrinazgo del Museo Pedagógico Nacional, del que fue secretario, bajo el título *La enseñanza de la historia en las escuelas*, donde se incluía en su primer volumen el informe que sobre España se publicó en el boletín n. 13 del Comité Internacional de Ciencias Históricas de 1931 y que contaría con el permiso de Lhéritier para seleccionar y traducir las memorias publicadas sobre otros países acerca de la primera y de la segunda enseñanza[48].

A finales del siglo XIX era bastante inusual la aplicación de la pedagogía y la metodología moderna en la enseñanza de la historia en España, especialmente en el mundo rural. El Instituto Libre de Enseñanza emergía como un manantial cuyas aguas alcanzaban espacios aún muy localizados en el mundo urbano que comenzarían a adquirir mayor incidencia en el contexto del Regeneracionismo y el debate que sobre la enseñanza prendió en medios políticos y académicos con el comienzo del siglo. La moderna pedagogía y metodología para la enseñanza de la historia debía perseguir los siguientes fines: en primer término, "crear en el alumno la conciencia histórica del papel representado por el pueblo al cual pertenece y transmitirle la conciencia de las aportaciones nacionales a la obra de la Civilización universal"; en segundo lugar, el "conocimiento de la obra realizada por

[47] R. ALTAMIRA *La enseñanza de la historia en las escuelas*..., pp. 49-50.
[48] Ibídem. P. 9.

los otros pueblos en beneficio de la civilización; y por último, ilustrar acerca de cuáles son "los problemas *nacionales* resultantes de la historia patria y cuáles son los problemas *humanos* de qué es o debe hacerse solidario por encima de su particularidad nacional". Y desde el ámbito de la metodología de enseñanza de la historia esta debía fundamentarse en una serie de principios: un conocimiento histórico que no se cimente únicamente en la memoria; el recurso a dos métodos para explicar los hechos históricos –el contraste y el parecido–, "tanto entre los sucesos como entre las naciones y las épocas"; la promoción de una "enseñanza realista" e intuitiva recurriendo a la excursión a los museos o la utilización de cuadros, grabados y proyecciones, las visitas a lugares históricos o la rememoración del pasado a partir de fechas simbólicas y efemérides; la construcción de relatos más "vivos y calurosos", sin perjuicio "de la objetividad e imparcialidad esenciales de la historia"; y por último, la contextualización de la historia nacional en el horizonte más amplio de la historia universal[49].

La literatura escolar en España se encontraba –afirma Rafael Altamira– muy por detrás de la práctica pedagógica. Ciertamente existían textos teóricos de pedagogía y manuales de metodología sobre la historia en línea con los planteamientos historiográficos modernos, pero los manuales de historia para los estudiantes de la enseñanza primaria estaban muy alejados de estos cánones y, además, era habitual que los maestros en los primeros años fueran desfavorables al uso del "libro en los primeros pasos de la enseñanza histórica". Las características generales de estos libros eran: "un solo libro para todos los grados de enseñanza; ausencia total o parcial de la Historia de la Civilización; redacción por preguntas y respuestas, lo que quiere decir enseñanza memorística; nada de mapas históricos, sino malos grabados y muchas veces de pura fantasía"; ausencia de una "concepción determinada de libro escolar"; "corto número de libros y de lecturas históricas"; o "redacción muchas veces inocente y otras fuera del alcance de los alumnos"[50].

A excepción de las cuestiones pedagógicas en España no se había planteado aún el debate sobre la enseñanza de la historia. Dos rasgos destacaba Rafael Altamira en torno a los manuales de historia en la enseñanza primaria en torno a su perfil patriótico. De un lado, los libros "escolares españoles son de una moderación admirable". Se privilegian los "aspectos favorables de la historia nacional, los grandes éxitos militares, literarios, científicos, morales, etc.; pero es muy raro que contengan palabras agresivas contra otros pueblos ni desprecio hacia el extranjero". En todo caso, las excepciones a esta práctica textual podrían encontrarse en los libros que se dirigen a la infancia. Los "alumnos de las escuelas españolas no pueden, pues, hacerse 'patrioteros'". Los maestros se mantenían siempre dentro de los "límites de la Historia y de los problemas internos". De otro, sin embargo, la historia que se enseñaba en los manuales escolares españoles "carece de alcance, en cuanto a la Historia general de la Humanidad". Faltaba, en consecuencia,

[49] Ibídem. Pp. 51-52.
[50] Ibídem. Pp. 44-45.

"en lo concerniente a la enseñanza, un libro de Historia nacional que exponga esta como una parte de la Historia humana". En conclusión:

> (...) podría decirse que, para la mayoría de los profesores españoles y de los autores de los libros escolares, el objeto principal de la enseñanza histórica es dar a conocer a los alumnos el desenvolvimiento y el progreso gradual de España hacia un plano cada vez mayor de poder y de civilización, progreso suspendido por el periodo llamado de decadencia y reanudado después de un esfuerzo enérgico que ha producido el renacimiento actual[51].

Tras la evocación del acervo académico y metodológico de la obra y el pensamiento de Rafael Altamira sobre la enseñanza de la historia, no nos resistimos a prestar atención a la reflexión suscitada por el historiador de la Universidad de Jena Peter Petersen extraordinariamente sugerente desde el plano historiográfico en el marco de las intervenciones de la reunión preparatoria en París. La historiografía moderna –afirmaba– obedecía al ideal de objetividad histórica. Estas tendencias muestran que:

> (...) l'histoire de l'historiographie elle-même reflète l'esprit de l'époque positiviste avec sa foi en l'autorié des procédés exacts, avec son application des méthodes des sciences de la nature aux sciences spéculatives telles que psychologie, sociologie, étique, en résumé avec son espoir de trouver un équivalent adéquat à la realité-même. Quant aux problèmes de la compréhension globale d'un texte interpreté, et à celui de la représentation des faits-mêmes, elle les traitait presqu'on problèmes périphériques, car on connaissait le danger que court le savant que ne puet éviter le danger d'un trop grand subjectivisme. Chacun savait que ces dangers augmentent encoré quand on traite des époques, des questions, des personnalités, jouant un certain rôle dans le présent-même[52].

Desde esa preocupación por la mirada desde el presente y la gravidez de lo contemporáneo, el análisis de la historia de la historiografía concitaba, a su juicio, las siguientes consideraciones: en primer lugar, la obra del historiador atestiguaba que más allá de su estilo personal persistía una pátina de subjetividad y un modo personal de considerar las cosas tanto en su disposición como en sus juicios y sus tendencias; asimismo, siempre que acontecía una convulsión política en un país venía acompañada de una revisión de la historia, de modo que los nuevos gobiernos se entregaban a la divulgación de sus ideas y de sus opiniones sobre la historia en las escuelas del país con el fin de afianzar su prestigio; en tercer lugar, la cohabitación de una historiografía crítica de los académicos, entendida como una ciencia cimentada sobre la objetividad, y de una "historiographie quasi vivante", que en

[51] Ibídem. Pp. 46-49.

[52] UNESCO AG-1—IIGI-DD. Thèse énconcées à l'occasion de la conférence préparatoire en vu du premier congrès international de l'enseignement de l'histoire. Peter Petersen. Jena.

lugar de servir a la "vérité" sirvía a la "réalité actuelle", al combate de las pasiones y se erigía en un instrumento político; a continuación, si la historiografía de los siglos XVI al XVIII habían servido a los príncipes en "l'heure actuelle" servían a las naciones como constructora de mitos; y por último, desde el plano de la ciencia que servía a la "vérité et à l'objectivité", esta nueva historiografía era infinitamente más peligrosa.

El historiador alemán apelaba a tener muy en consideración estas cuestiones para quienes hacían de la objetividad una exigencia y a quienes habían adoptado los principios fundamentales de la tolerancia en un presente convulso a mitad de camino entre dos épocas históricas. En no pocas naciones los métodos y las doctrinas de la historiografía subsitían en medio de una fuerte crisis, agitadas por la convulsión del presente. "Qu'est-ce que l'histoire?" –se interrogaba Peter Petersen–. "Il s'agit du *présent*, arène du choc des passions humaines et par consequent scène de l'histoire (...) Car l'histoire se renouvelle chaque fois dans le *présent* au service des luttes et des passion des vivants". Era, en consecuencia, urgente que la futura Conferencia Internacional para la Enseñanza de la Historia abordase en conjunto "le tableau de la *situation actuelle* de la science historique elle-même". Una tarea en modo alguna exclusiva de los historiadores sino que exigía el concurso de filósofos, sociológos y pedagogos. Y una empresa cuya puesta en escena no requería solo del concurso de la escuela y de los maestros. "Le écoles sont des instruments de l'État et les gouvernements démocratiques tiendront tous plus ou moins à purger les libres de clases de toute déformation grossière des faites historiques, obéissant en cela à une règle générale de courtoisie humaine et internationale". En aquel tiempo, en la era de la rebelión de las masas –tal como habían mostrado Oswald Spengler y José Ortega y Gasset–, "Que signifie à côté de tout cela l'influence des maîtres dans les differents États?".

La Conferencia Internacional para la Enseñanza de la Historia debería abordar el estudio de las fuentes de "l'histoire vivante" –partidos, periódicos, novelas políticas o folletos, entre otros recursos– y reflexionar sobre el papel de la enseñanza de la historia atendiendo al estado –actual– de la historiografía y la importancia de una enseñanza de la historia cimentada en una verdadera base internacional[53].

La Haya sería el escenario de la I Conferencia Internacional entre los días 30 de junio y 2 de julio de 1932, presidida por Rafael Altamira y que concitó la presencia de un centenar de asistentes, en su mayoría representantes de asociaciones y organizaciones afiliadas a la Conferencia desde el 1 de febrero.

El relator de la primera cuestión, el historiador alemán Schmidt, en torno a la relevancia de la enseñanza de la historia de la civilización en los diferentes niveles educativos advertía de la dificultad para establecer unas reglas idénticas para todos los pueblos a tenor de sus particulares idiosincrasias, "les nations latines s'interessent à l'aspect politique de l'histoire, tandis que les peuples germaniques accordaient plus d'attention aux questions religieuses et économiques".

[53] Ibídem.

En los debates de la segunda cuestión de la agenda, en torno a las prioridades en la enseñanza de la historia, la historia nacional y la historia universal, en el informe se enfatizaba la propuesta realizada por el historiador alemán Kern y el historiador francés, conde de Pange, al someter a la Conferencia un proyecto de redacción de un libro sobre las relaciones entre Francia y Alemania desde sus orígenes hasta el "presente", que sería confiada a la colaboración entre historiadores franceses y alemanes. La propuesta enlazaba con la cultura de la reconstrucción de posguerra y con el posterior espíritu *appeaser* de los Acuerdos de Locarno. El propio Kern hablaba de su proyecto como un "pact Kellogg de la conscience historique". Pese a no ser propiamente una propuesta para un manual escolar sino un libro para adultos, fue aprobado por la Conferencia e incluso sirvió de estimulo para propuestas de similar índole, como la realizada por el historiador polaco Halecki para la conclusión de una publicación similar de las relaciones germano-polacas. En nombre del *Comité d'Entente des Grandes Associations Internationales*, el profesor Waltz, propuso la inclusión en todas las escuelas alemanas de un libro de lectura sobre Francia y proceder del mismo modo en las escuelas francesas con un libro alemán en aras a un conocimiento más imparcial de la historia de ambos vecinos.

Los debates en torno al tercer y el cuarto punto de la agenda, que versaban sobre los contenidos de los manuales escolares y la supresión en los textos de los errores y los pasajes comprometedores de la verdad histórica, los miembros alemanes de la Conferencia asistidos por el apoyo de los académicos italianos presentes, se pronunciaron a favor de la aplicación de la Resolución Casares "dans sa forme élargie doit être considerée comme utile et applicable", en los diferentes países, en la comisiones nacionales de la cooperación intelectual y en sus subcomisiones. Una línea de trabajo que efectivamente se iría consolidando en el curso de la década desde los foros de la cooperación intelectual.

La I Conferencia Internacional para la Enseñanza de la Historia como concluía Michel Lhéritier en su informe final instituiría la Conferencia como un órgano permanente para preservar los contactos entre historiadores y pedagogos, moralistas y pacifistas, así como entre la "science et l'opinion" y entre los protagonistas llamados a liderar la reforma de la enseñanza de la historia. Con esta finalidad se establecería una Oficina –*Bureau*– de la Conferencia, cuya presidencia recaería en Rafael Altamira, y se aprobaba, asimismo, la publicación de un boletín[54]. La secretaría de la Conferencia tendría acomodo en el mismo lugar del Comité Internacional de Ciencias Histórica, es decir, en el Palais Royal, sede del Instituto Internacional de Cooperación Intelectual en París.

Aquel mismo año se presentaría el Boletín de la Conferencia Internacional para la Enseñanza de la Historia en cuyo sumario se incluía una breve puesta en escena de los orígenes y las motivaciones que condujeron a la celebración de la Conferencia en La Haya, el establecimiento de su *Bureau*[55] y los fines que habían alumbrado la edición

[54] UNESCO AG-I—IIGI-DD. Rapport sur le premier Congrès International pour l'Enseignement de l'Histoire.
[55] UNESCO AG-I—IIGI-DD. Bulletin. Conférence Internationale pour l'Enseignment de l'Histoire. El *Bureau* estaba conformado por: Rafael Altamira, como presidente; Colenbrander (Países Bajos), A. Friis (Dinamarca),

del boletín. Las motivaciones de la publicación y de la Conferencias no podían ser más permeables a la tensión internacional reinante, agitadas por la crisis de Manchuria y las dificultades para avanzar en la Conferencia de Desarme. "A l'heure actuelle, les différents peuples du monde et surtout d'Europe sont séparés non seulement par des frontiers politiques et des barrières douanières, mais par une muraille invisible de malentendus et d'ignorances mutuelles". Los participantes en la Conferencia estaban persuadidos de que para "renverser le mur ou au moins y faire brèche, pas de moyen plus efficace que d'agir sur l'enseignement, et notamment sur l'enseignement de l'histoire". Y en este sentido "Il s'agit, non pas d'éliminer de l'enseignement historique l'esprit national, mais tout parti pris national, toute déformation tendancieuse des faits, tout esprits d'hostilité contre les peuples étrangèrs". Se trata, en suma, de "faire passer, à travers les cadres nationaux d'éducateurs, un courant de vie internationale". La problemática de la enseñanza de la historia "n'est qu'un des aspects du nouveau *kulturkampf* dans la quel l'Europe et le monde civilicé sont engagés".

Cobraba vida de este modo el boletín de la Conferencia, cuya cadencia sería trimestral y en cuyas páginas se publicarían los artículos en la lengua original y, de acuerdo con los medios disponibles con traducciones en francés, inglés o alemán. En el plano más explicito de la revisión de los manuales de historia, se diferenciaban dos series críticas: una dedicada a la Edad Antigua y la Edad Media y otra a los tiempos modernos y contemporáneos. En cada serie y para cada cuestión, se publicarían extractos típicos de los manuales nacionales más utilizados y para cada país la crítica sería realizada por historiadores pertenecientes a otra nacionalidad[56].

Las sesiones de la Conferencia Internacional para la Enseñanza de la Historia tendrían lugar cada dos años, de modo que la segunda se había previsto que tuviera lugar en Madrid en 1934. No pudo ser así, como consecuencia de los problemas de salud de Rafael Altamira que le impidieron emprender los preparativos. Basilea, a raíz de la propuesta presentada por el consejero federal y presidente del Departamento de Interior del cantón de Basilea-Ciudad, A. Meyer, sería el destino de la II Conferencia. Basilea ocupaba un lugar relevante en la cartografía de las aportaciones científicas y pedagógicas y su candidatura armonizaba con la filosofía y los fines de la Conferencia. La agenda de trabajo gravitaría sobre dos grandes cuestiones: de un lado, ¿cuál debería ser el propósito y el carácter esencial de la enseñanza de la historia en las escuelas superiores ("Lycées, collèges, etc.,qui préparent au baccalauréat")?; y de otro, ¿qué parte de los manuales escolares de cada país debía dedicarse a la historia general? Esta última cuestión conducía a otros interrogantes como la capacidad del sistema de enseñanza vigente en aquellos momentos para facilitar

Gallavresi (Italia), Gustave Glotz (Francia), J. Gould (Gran Bretaña) y Schmidt (Alemania), como vicepresidentes; Bovet (Suiza), Carlgren (Suecia), Domanoswski (Hungría), Halecki (Polonia), Kassim-Bey (Turquía), Rawson (Gran Bretaña), Val Kalken (Bélgica) y Vignola (Italia), como asesores; Brandt (Alemania), Édouard Claparède (Suiza), Michel Lhéritier (Francia) y Ter Meulen (Países Bajos), como secretarios; Isaac y Lapierre (Francia) como miembros de la redacción del Boletín.

[56] Ibídem.

una información exacta y suficiente para el conocimiento de los pueblos extranjeros y en qué medida favorecía la comprensión mútua entre los pueblos. La Conferencia cuyo inicio tuvo lugar el 9 de junio, asimismo, atendería a otros aspectos más pragmáticos, pero muy relevantes para su institucionalización: la publicación de la revista trimestral y la fundación de una asociación internacional de sociedades de profesores de historia[57].

En Basilea tendría lugar la aprobación el 11 de junio de 1934 de los Estatutos de la Conferencia Internacional para la Enseñanza de la Historia. El objetivo de la Conferencia, según el documento, condensaba la filosofía que había guiado a la misma de su gestación: "développer la compréhension mutuelle des peuples, par la confrontation méthodique des point de vues nationaux dans tous les domains de l'histoire". En los Estatutos se concretaban las tres categorías de miembros: las comisiones nacionales de la Conferencia; las colectividades u organizaciones –Ministerios de Instrucción Pública, asocaciones profesionales de profesores y de educadores, entre otras-; y personalidades –"historiens, éducateurs, moralistes, pacifistes, citoyens de toutes les catégories qui voient dans le problème de l'enseignement de l'histoire l'un des eléments de l'éducation internationale et de la paix mondiale"[58].

Tras Basilea las miradas se tornaron de nuevo a la candidatura de Madrid para la celebración de la III Conferencia Internacional para la Enseñanza de la Historia. En septiembre de 1935 tenía lugar el lanzamiento desde Madrid de una circular desde la que se asumía el reto de los compromisos precedentes: el fomento de la comprensión mútua entre los pueblos a través de la confrontación metodológica de los puntos de vista nacionales; y la realización en cada país de las reformas en el ámbito de la enseñanza con el fin de allanar el camino hacia un mayor entendimiento internacional. La situación mundial en el otoño de 1935, con la Sociedad de Naciones comprometida con la mayor crisis de la seguridad colectiva hasta la fecha –la guerra ítalo-etiope–, no podía ocultar –en palabras de Rafael Altamira– que "les "circunstances actuelles ne sont pas favorables à la réalisation de ces buts, et qu'elles nous rendent même difficile d'attirer suffisamment l'attention de l'opinion publique dans la plupart des pays, sur l'importance des directives qui caractérisent la doctrina de notre conférence". Pero como presidente de la Conferencia era su responsabilidad dar continuidad a los compromisos adquiridos en las reuniones precedentes y garantizar un espacio a la "voix de la sagesse dans le tourbillon des passions qui remplissent le monde".

La Conferencia había de proseguir en su labor, dentro de los límites de lo posible de cada país para alcanzar los siguientes objetivos: el reclutamiento de nuevos miembros para la Conferencia; la constitución o reconstitución de las delegaciones nacionales afiliadas a la Conferencia; avanzar en los trabajos de reforma de los programas de enseñanza de la

[57] UNESCO AG-1—IIGI-DD. IIe Conférence Internationale pour l'Enseignement de l'Histoire. Basilea, 9, 10 y 11 de junio de 1934.

[58] UNESCO AG-1—IIGI-DD. Statuts de la Conférence International pour l'Enseignement de l'Histoire adoptés à la reunión de Bâle, el 11 de junio de 1934.

historia y de los manuales escolares; y por último, atraer nuevos recursos públicos y privados para financiar el boletín de la Conferencia. Cuestiones que polarizarían la atención de la tercera sesión de la Conferencia Internacional para la Enseñanza de la Historia que estaba previsto que se celebrase en Madrid en la primavera de 1937. Proponía como estrategia de trabajo pasar de los principios generales, que hasta ahora habían acaparado la atención de las reuniones precedentes, al estudio de cuestiones más concretas en torno a las cuales versarían los informes y las comunicaciones que se presentasen. Tales cuestiones a juicio del presidente del *bureau* de la Conferencia, deberían ser:

1. Comment l'histoire de l'Espagne –puisque l'Assamblée doit avoir lieu dans mon pays– se présente dans les manuels des autres pays;
2. Comment présenter dans les manuels l'histoire du monde depuis la guerre?
3. Le rôle respectif du proffesseur, du manuel et de l'élève dans l'enseignement de l'histoire;
4. Comment l'histoire mal enseignée arrive à deformer l'esprit de l'enfant[59].

Madrid no llegó a su cita con la historia. Atropellada por la historia misma, los acontecimientos de la dramática guerra civil española anegaron los esfuerzos de los intelectuales españoles que en el curso de los años de la República se habían comprometido a fondo en los foros de la cooperación intelectual y en la forja del espíritu internacional desde los cauces institucionales transnacionales de la Conferencia Permanente de Altos Estudios Internacionales y desde cauces adyacentes a esta en las iniciativas emprendidas desde la cooperación intelectual en la probemática de la enseñanza de la historia y la construcción de la paz.

[59] UNESCO AG-1—IIGI-DD. Circulaire de la Conférence Internationale pour l'Enseignement de l'Histoire. Madrid, septembre 1935. Le Président de la Conférence, Rafael Altamira, et, le Secretaire général de la Conférence, Michel Lhéritier.

9.
"WEST SIDE STORY": UNA RELECTURA DESDE ESPAÑA DEL DEBATE EN TORNO A LA GENEALOGÍA DE LOS ESTUDIOS INTERNACIONALES

La homologación de España en clave transnacional en los foros de cooperación intelectual y en los canales de expertos en el estudio científico de las relaciones internacionales, desde los cuales hemos tejido las problemáticas de análisis de la presente investigación, quedarían dramáticamente afectados e interrumpidos por la guerra civil en España como se evidenciaría en el colapso de la Junta para Ampliación de Estudios, la Federación de Asociaciones Españolas de Estudios Internacionales y el Instituto de Estudios Internacionales y Económicos. Y fue así pese a la perdurabilidad de inercias al acabar la guerra en el caso del Centro Superior de Investigaciones Científicas, pero ajenos al espacio de libre pensamiento y el afán consciente por vadear los vaivenes de la política que había caracterizado a aquellas instituciones desde su lance fundacional. La convivencia que había fraguado en aquel ecosistema entre los internacionalistas liberales y los internacionalistas católicos y conservadores españoles durante la República se fue agrietando con la polarización de la vida política y se consumaría con la guerra. Protagonistas centrales en el devenir de la participación española en los foros de cooperación intelectual sobre estudios internacionales como Antonio de Luna García pasó la guerra en Madrid filtrando información al bando sublevado y más adelante interviniendo activamente en la depuración de la universidad y, asimismo, otros miembros relevantes de la Asociación Francisco Vitoria, como Joaquín Fernández Prida, José María Trias de Bes o Wenceslao González Ontiveros participaron en la comisión de juristas creada *ad hoc* para demostrar la ilegitimidad de los poderes de la República.

En nuestra primera hipótesis partíamos de la premisa de que el nuevo orden internacional que afloraba tras la Gran Guerra estuvo indisolublemente unido a un nuevo orden intelectual. La emergencia de la geocultura de la paz y la construcción de nuevos imaginarios de modernidad tras el descenso a los infiernos de la guerra mundial acelerarían debates y dinámicas culturales que promoverían e institucionalizarían la cooperación intelectual internacional. La creación de la Sociedad de Naciones en el entorno de la Conferencia de Paz de París y el establecimiento *de facto* de una suerte de *pax anglosaxonica* determinaría en buena medida el desarrollo y el afianzamiento de una cooperación intelectual sustentada en los valores, principios e intereses, no siempre convergentes, de las potencias demoliberales vencedoras en la Gran Guerra. En este horizonte geocultural se fraguaría la creación de la Comisión Internacional de Cooperación Intelectual y del Instituto Internacional de Cooperación Intelectual, este último con sede en París, vinculados al entorno de la Sociedad de Naciones y a las dinámicas de cooperación internacional de posguerra. Su desarrollo sería permeable a las tramas geopolíticas no solo de un mundo tensionado por la irrupción de nuevos imaginarios de modernidad –la revolución marxista y los milenarismos fascistas de las revoluciones nacionales, además del reformismo demoliberal de los vencedores– sino también de los encuentros y desencuentros entre las potencias demoliberales. La gravitación del nuevo sistema internacional, y por supuesto su propia dimensión geocultural, hacia el predominio político, económico y cultural del mundo anglosajón expresaría, asimismo, las inercias de un proceso de americanización que en el plano concreto de la construcción de conocimiento y de ciencia y en el desenvolvimiento de la cooperación intelectual cristalizaría en el impacto de la diplomacia filantrópica estadounidense –de la Dotación Carnegie y de la Fundación Rockefeller–.

En España el estado de ebullición en que se embarcó la cooperación intelectual tras la Gran Guerra en el entorno de la Sociedad de Naciones enlazaría coyunturalmente, de un lado, con la agitación política e intelectual que la contienda mundial había generado entre los intelectuales españoles alineados a *grosso modo* entre aliadófilos y germanófilos, y estructuralmente, de otro, con la atmósfera regeneracionista –en clave modernizadora– reinante en los círculos intelectuales, el impulso de cambio reformista del institucionismo –de la Institución Libre de Enseñanza y de la Junta para Ampliación de Estudios en su núcleo duro– y, finalmente, las versiones políticas del Regeneracionismo de la monarquía y la república.

Permeables en su conjunto con el entorno y los cambios en el sistema internacional el grado de implicación y el radio de acción de estas instituciones y asociaciones, aún con su componente transnacional, estuvo determinado por la evolución y la naturaleza de la vida política española y del sistema internacional. Desde estas coordenadas la implicación en las actividades de la Comisión Internacional de Cooperación Intelectual y del Instituto Internacional de Cooperación Intelectual de entidades como la Junta para Ampliación de Estudios y de asociaciones profesionales consagradas a los estudios internacionales no fue ajena a las expectativas políticas desde las que se abordó la actividad española en la Sociedad de Naciones. Habría, por tanto, una inmediata correlación entre el perfil, la intensidad y la representatividad de la presencia y la actividad española en la Comisión Internacional de Cooperación Intelectual y el Instituto Internacional de Cooperación Intelectual, en los que la Junta para Ampliación de Estudios se erigió desde un principio en el interlocutor más cualificado, y las directrices y objetivos de la política exterior española, en especial hacia la Sociedad de Naciones. En consecuencia, el perfil instrumental y utilitario que la política exterior de la España de Alfonso XIII, incluida la dictadura de Primo de Rivera, confirió a la Sociedad de Naciones y el perfil finalista con que la Segunda República asumió su política en la organización internacional incidieron de modo determinante en la participación española en los foros de cooperación intelectual.

Y, asimismo, la vocación internacionalista del mundo institucionista y, en particular, de la Junta para Ampliación de Estudios y su irradiación europea y americana sería especialmente sensible y receptiva a la diplomacia filantrópica estadounidense y al modo de hacer ciencia en el mundo anglosajón. Estas premisas serían especialmente visibles en el plano de la cooperación intelectual y los estudios internacionales, aun considerando las circunstancias singulares con las que estas se desarrollaron en España y el obvio impacto que supuso la guerra civil en España desde 1936.

La cooperación intelectual y los estudios internacionales nos conducirían a la segunda de las hipótesis propuestas. El nacimiento de la teoría de las relaciones internacionales, que recorrería su tiempo gestacional entre las dos guerras mundiales, ha trascendido desde un relato forjado tras la Segunda Guerra Mundial en plena eclosión del realismo. En torno a su origen se institucionalizó el mito del primer gran debate de la disciplina: idealismo *vs.* realismo. Un relato mítico y fundacional que desde la década de 1990 y a partir de miradas constructivistas ha sido objeto de revisión desde varios planos: en primer término, el desciframiento del "americanocentrismo" dominante en la teoría de las relaciones internacionales en el curso del siglo en consonancia con la americanización del conocimiento y de la ciencia; en segundo lugar, el trazado de una cartografía del conocimiento en torno a los estudios internacionales más riguroso y contextualizado de modo que la gestación de la nueva disciplina de las relaciones internacionales se incardinaría en un espacio discursivo y de debate con otras disciplinas de estudios internacionales sin estar mediatizadas por un relato hegemónico y simplificador en torno a la teoría de las relaciones internacionales; y el cuestionamiento en sí mismo del primer debate, idealismo *vs.* realismo.

El debate revisionista en torno a los orígenes de la teoría de las relaciones internacionales ha sido extraordinariamente sugestivo a la hora de estimular una mirada crítica hacia el pasado y proyectar un mayor rigor en la contextualización histórica del orden intelectual de la primera posguerra mundial en el estudio de las relaciones internacionales. Una de sus grandes aportaciones ha sido precisamente reconstituir la cartografía de los estudios internacionales y abundar en la pervivencia de debates fundamentales como el del imperialismo o la perdurabilidad de sensibilidades racistas y eugenésicas en las prácticas intelectuales, que habían sido silenciadas desde el relato tradicional sobre la teoría de las relaciones internacionales. Se ha llegado a cuestionar no solo la naturaleza del debate entre realistas e idealistas como tal sino la existencia misma de un debate nuclear y sustancial en el nacimiento de la teoría de las relaciones internacionales. Este ciertamente existió, pero lejos del mito narrativo fundacional resulta indispensable redimensionar su naturaleza y el modo en que se sistematizó e institucionalizó en el seno de los foros de cooperación intelectual, especialmente a raíz de la puesta en escena de la Conferencia Permanente de Altos Estudios Internacionales desde 1928. Un foro poco transitado por la historiografía sobre las relaciones internacionales y tratado solo puntualmente en ciertos estudios –muy sustanciales sin duda alguna en las aportaciones de Michael Riemens y Kathenria E. Rietzler– sobre la cooperación intelectual. En la agenda de trabajo de la Conferencia Permanente de Altos Estudios Internacionales, además del debate académico sobre cuestiones concernientes a la seguridad colectiva o la crisis económica, se prestaría una especial atención a la investigación y la enseñanza universitaria de las relaciones internacionales. En este foro se institucionalizaría un debate complejo y diverso, ilustrativo de una disciplina en gestación y en competencia con los saberes internacionales tradicionales, que no respondería tanto al enunciado tradicional del primer debate –idealismo *vs.* realismo–, sino que arbolaría una agenda en la que tendrían cabida: el debate ontológico sobre la naturaleza de las relaciones internacionales, en la que se contemplaban interacciones y actores más allá de la gravidez del estatocentrismo; el horizonte epistemológico de los estudios internacionales a tenor de las aproximaciones cientifistas, preeminentes desde las formulaciones y la práctica académica en el mundo anglosajón, y las sensibilidades y las tendencias hacia la contemplación de la dimensión moral del conocimiento; la encrucijada epistemológica en torno a la complejidad y la multidisciplinariedad de los estudios internacionales y el oleaje creciente desde el Oeste de la angloamericanización del conocimiento; los debates sobre la institucionalización de las bases metodológicas del estudio científico de las relaciones internacionales al amparo del fordismo cientifista auspiciado desde las fundaciones filantrópicas estadounidenses (véase cuadro n. 4); y la problemática de la enseñanza superior o universitaria de los estudios internacionales en un entorno académico fragmentado y pluridisciplinar. En este contexto se irían fraguando mapas conceptuales en los estudios internacionales que visibilizarían un cierto acervo común en el mundo anglosajón –en clave de americanización– en el modo de concebir el estudio científico de las relaciones internacionales. Un debate con múltiples aristas que en definitiva ilustraba el amplio radio del giro estructuralista en el ámbito del conocimiento y de la ciencia desde el tránsito del siglo XIX al siglo XX.

¿Cuál sería el lugar del debate idealismo *vs.* realismo, como lance fundacional de la disciplina de las relaciones internacionales evocado y codificado en el relato canónico desde las coordenadas institucionales y discursivas de la Conferencia Permanente de Altos Estudios Internacionales? Todo conocimiento es indisociable del espacio, el pensamiento y la práctica política, social y cultural de su tiempo. Todo conocimiento es una fibra ineludible en la construcción de relatos y discursos de veridicción por los actores sociales, y por supuesto de los actores gubernamentales. En 1939 la publicación de la obra de E.H. Carr *The Twentieh Year's Crisis* cristalizó unas imágenes y categorías, luego canonizadas por el realismo reinante en la teoría de las relaciones internacionales tras la Segunda Guerra Mundial, que correspondían a un contexto político y académico mediatizado por los debates en torno al *appeasement*. Una práctica y una concepción política sobre la que gravitaría la política exterior británica tras la Guerra del Catorce y que tendería a polarizarse a medida que el edificio de la seguridad colectiva fue demolido sin control en el curso de la década de 1930. Crítico con el liberalismo –especialmente en su dimensión económica– a finales de aquella década E.H. Carr no ocultó su interés por el estatalismo y el "colectivismo planificado" en la Alemania de Hitler y la Unión Soviética de Stalin. El 24 de mayo de 1936 escribiría desde las páginas del *Sunday Times* que el "fascismo, sean cuales sean sus reclamos y sus lemas, es tan revolucionario en esencia como el sistema soviético. Los procesos que han derrocado al liberalismo en Rusia, Italia y Alemania responden sin duda a una misma necesidad: la supresión del *laissez-faire* del Estado capitalista". Frente a las posiciones defendidas por Walter Lippmann en pleno *New Deal* –en una línea análoga a las tesis auspiciadas desde las fundaciones filantrópicas estadounidenses– abogando por el retorno del liberalismo y del *laissez-faire*, E.H.Carr argumentaba el 24 de diciembre de 1937 desde el *Spectator* que la solución no pasaba por el retorno a las utopías del pasado. "La solución a nuestros problemas –escribía– es más probable que se halle ahondando en la fase actual del colectivismo planificado que no retornando al lugar en donde nuestros ancestros ya parecieron errar setenta u ochenta años atrás". En clave más política que económica, su valoración de los acuerdos de Munich en 1938 como modelo de negociación de un cambio pacífico los interpretaba como "un cambio en el equilibrio europeo entre las distintas fuerzas y una aceptación de los cánones de la moralidad internacional". Firme defensor –afirma Jonatham Haslam– del "progreso pero con muy poco de liberal", E.H. Carr "recogió todos los rasgos que creyó positivos de los regímenes totalitarios". La invasión de Polonia el 1 de septiembre de 1939 coincidió con la finalización de *The Twentieh Year's Crisis.* El inicio de la guerra dos días después certificaba el fracaso de la política de *appeasement* defendida por E.H. Carr y el "paradigma realista" encarnado por el primer ministro Neville Chamberlain. En la feroz crítica que le dedicó Arnold J. Toynbee a la obra de Carr tras la publicación de su obra hacía referencia a la "sensación de vacío moral y político" que transmitía su obra[1]. Por aquel entonces Arnold J. Toynbee acaba de liderar y publicar un trabajo en *Chatham House* sobre la amenaza del nacionalismo, en particular el nazismo.

En la Conferencia Permanente de Altos Estudios Internacionales los vocablos idealismo y realismo habían sido ya utilizados por Alfred Zimmern pero con un sentido bien distinto para diferenciar a los teóricos y los académicos de aquellos que se dedicaban profesionalmente a la diplomacia. La permeabilidad del debate académico al entorno de la política sería una circunstancia recurrente en la actividad y las sesiones de la Conferencia Permanente y desde mediados de la década de 1930, cuando la temática de la misma había virado hacia los problemas de la seguridad colectiva y con una clara sensibilidad *appeaser*, acorde con el *appeasement* intelectual reinante en la cooperación intelectual. Las críticas de Walter Lippmann y de otros académicos al desbordamiento científico para dar cabida a puntos de vista nacionales en las intervenciones de académicos alemanes e italianos eran buen reflejo del modo en cómo se filtro la dialéctica idealismo *vs.* realismo. Era fiel reflejo de la atmósfera *appeaser* reinante en la Conferencia, donde no participaba formalmente Alemania, por ejemplo, tras su abandono de la Sociedad de Naciones. Sin embargo, esta filtración de las dinámicas y discursos de poder en clave nacionalista estuvieron presentes en mayor o menor medida entre los participantes en la Conferencia, como el propio Arnold J. Toynbee y otros internacionalistas liberales británicos, defensores del imperio británico como pilar fundamental del nuevo orden internacional tras la Gran Guerra, o

[1] J. HASLAM *E.H.Carr...*, pp. 122-133.

las conexiones implícitas de la influencia en la agenda de la Conferencia Permanente como consecuencia de la creciente presencia de las fundaciones filantrópicas estadounidenses y sus conexiones con los intereses y objetivos de la política exterior de Washington.

Cuadro n. 4

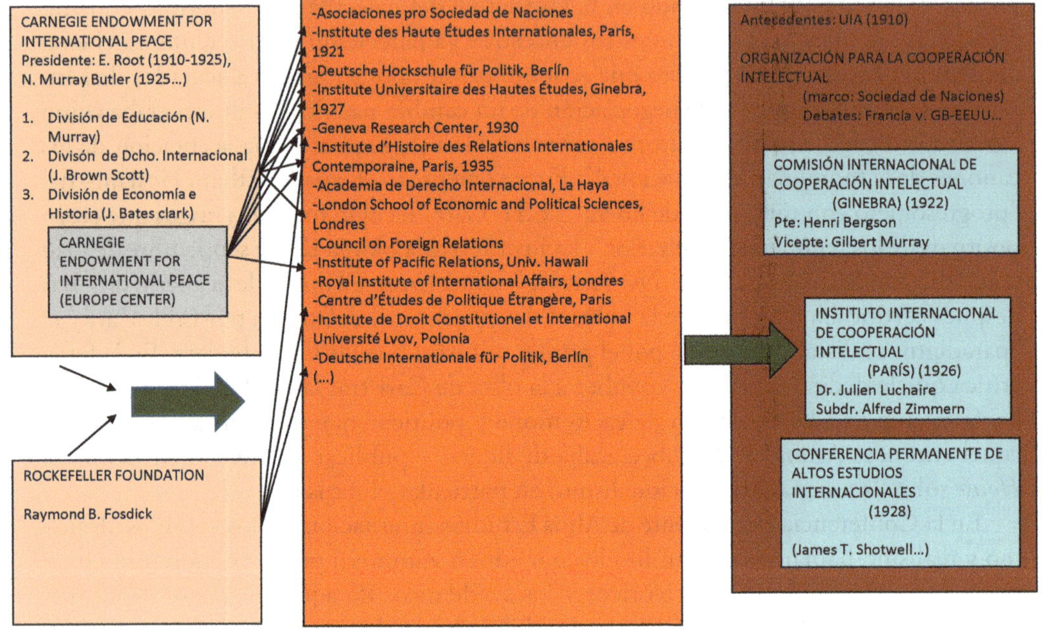

(Fuente: elaboración propia)

En España los círculos académicos e intelectuales vinculados a los estudios internacionales no fueron en modo alguno ajenos a aquellas transformaciones y debates en el orden intelectual, más aún a tenor de las profundas transformaciones en el sistema internacional tras la Gran Guerra. La dinámica modernizadora en clave regeneracionista en que se embarcaron tanto la Monarquía de Alfonso XIII como la Segunda República y los círculos institucionistas en aras a la reforma de la investigación y la enseñanza tendría lugar desde sus referentes internacionales, europeos y americanos fundamentalmente. Las dinámicas interestatales y transnacionales de la cooperación intelectual y de los estudios internacionales, en particular, permearían en la actividad, la presencia y las iniciativas adoptadas por las instituciones y las asociaciones españolas vinculadas con esta esfera del conocimiento. Desde las obvias singularidades de la sociedad y la historia de España y su condición semiperiférica en la cartografía del conocimiento en Europa y Norteamérica, en España los estudios internacionales –desde la preeminencia de disciplinas tradicionales como el derecho internacional y la historia, pero también desde la diplomacia, el pensamiento geopolítico, la economía o el orientalismo– acometieron el debate y la reflexión en torno a la naturaleza del sistema internacional –en especial la Sociedad de Naciones– y el lugar de España en el mismo. España, ciertamente con retraso respecto a otros países europeos y occidentales, ya había afrontado desde principios de siglo la adaptación de los estudios para la formación de especialistas para el ejercicio de la diplomacia o la administración colonial con la creación del Instituto Libre de Enseñanza de las Carreras Diplomática y Consular y Centro de Estudios Marroquíes, como una esfera más en la modernización de la administración exterior y la articulación de una política exterior. Tema este último objeto de debate durante todo el primer tercio del siglo XX español.

En nuestra opinión, la participación española en los foros de cooperación intelectual tras la Gran Guerra en el ámbito explícito de los estudios internacionales favorecería en primer término la dinámica asociativa interna y transnacional en los estudios internacionales en España –especialmente durante la Segunda República–, obviamente espoleados por la puesta en escena en 1928 de la Conferencia Permanente de Altos Estudios Internacionales. Asimismo, contribuiría a potenciar iniciativas de homologación internacional –como la creación del Instituto de Estudios Internacionales y Económicos– tendentes a fomentar e institucionalizar el estudio científico de las relaciones internacionales en consonancia con las aspiraciones reformistas y racionalizadoras en la gestión de la política exterior (véase cuadro n. 5). Y, por último, la incardinación e incorporación, modesta y limitada en su alcance real si se quiere, a los debates académicos en torno a los estudios internacionales en los foros de la cooperación intelectual (cuadro n. 6). De algún modo, la celebración de la IX Conferencia de Altos Estudios Internacionales en Madrid en mayo de 1936 pincelaría un retrato de las posiciones y sensibilidades académicas en los estudios internacionales en España y su lugar en los foros de debate institucionalizados sobre la materia en la cooperación intelectual. La Conferencia celebrada en Madrid explicitaría a través de las intervenciones de José de Yanguas Messía, Antonio de Luna García o José Gascón y Marín, la posición de los académicos y expertos españoles en temas sustanciales de la agenda de los estudios internacionales: la reivindicación de la dimensión moral en el estudio científico de las relaciones internacionales al socaire del presentismo desde el que se evocaba la doctrina iusinternacionalista de la Escuela de Salamanca; la defensa, en línea con las concepciones dominantes en el viejo continente, de un ecosistema multidisciplinar y holístico en la investigación y la enseñanza –superior– de los estudios internacionales; o la dimensión social de la educación –en sus diferentes peldaños– para influir en la toma de conciencia de la opinión pública y de los gobernantes respecto a los asuntos internacionales (véase cuadro n. 6). La actividad española –y el entramado de asociaciones e institutos que cristalizó con la República en la cooperación intelectual y, en particular, en la Conferencia Permanente evidenciaban el protagonismo intelectual e institucional del derecho en los estudios internacionales en concurrencia con otros saberes como la historia, la diplomacia, la geografía y la geopolítica o el orientalismo y la economía (véase anexo). Las iniciativas adoptadas durante la República, en plena eclosión de la actividad de la Conferencia Permanente, ilustraban asimismo la permeabilidad a la metodología de trabajo y el universalismo en el ámbito de la investigación y la enseñanza del productivismo cientifista del mundo anglsajón, que se había evidenciado en muchas de las iniciativas de la Junta para Ampliación de Estudios y, por supuesto, de la Fundación Nacional de Investigaciones Científicas y Ensayos de Reformas de la que emanaría el Instituto de Estudios Internacionales y Económicas. Todas ellas promovidas desde la constante inquietud de José Castillejo, y cuyo último eco vibraría con el proyecto para la creación de un Instituto de Relaciones Internacionales en España al amparo de la financiación de la Fundación Rockefeller.

Cuadro n. 5

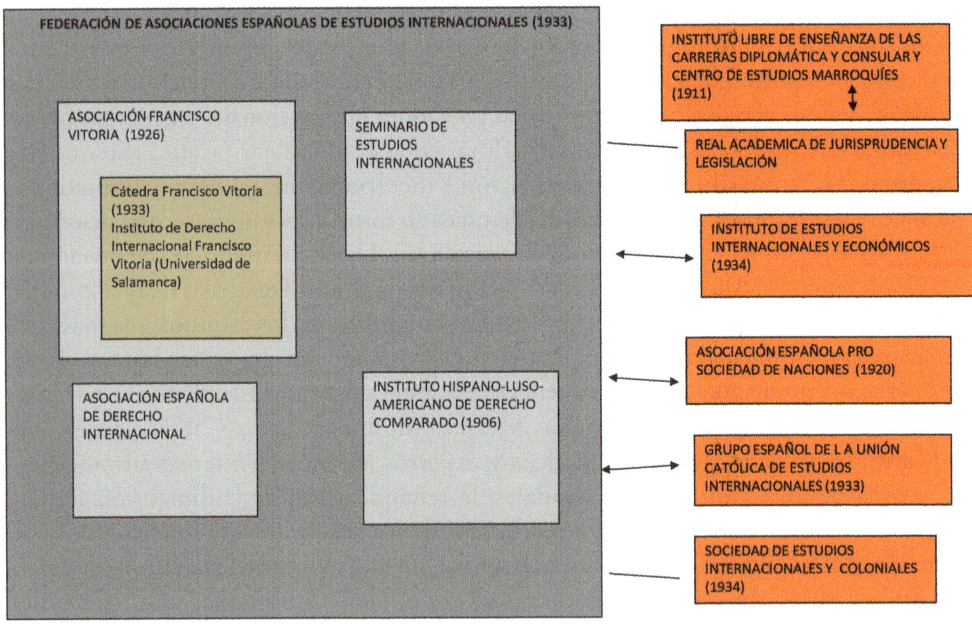

Fuente: elaboración propia

Cuadro n. 6

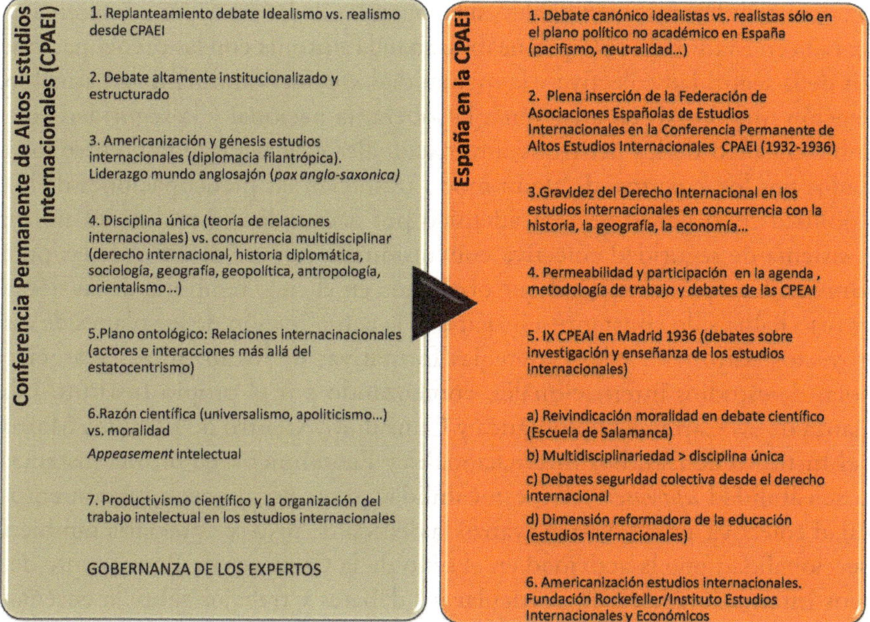

(Fuente: elaboración propia)

El discurso político e intelectual no fue ajeno a los debates en torno a los estudios internacionales en este momento gestacional y, en concreto, a la permeabildad en torno a la dialéctica idealismo *vs.* realismo. Un plano textual que en clave *appeaser* e indisociable del propio proceso de desleimiento de los cimientos de la seguridad colectiva se filtrarían al debate político e intelectual en torno a la política de paz de la República en la Sociedad de Naciones y en un plano más estructural sobre la propia noción y matices de la neutralidad. Así lo hemos podido constatar en las posiciones maximalistas de Salvador de Madariaga y el pragmatismo de las tesis de Manuel Azaña o Luis de Zulueta y en el progresivo repliegue hacia la neutralidad y la consecuente susceptibilidad hacia los riesgos emanados de los compromisos adquiridos con el Pacto de la Sociedad de Naciones en plena crisis de la seguridad colectiva. Los debates en torno a la reforma del Pacto de la Sociedad de Naciones en 1936 tras la crisis Ítalio-etíope y la remilitarización de Renania, presentes en los escritos de Salvador de Madariaga sobre la reforma del mismo, vendrían precedidos por gestos muy ilustrativos de la deriva hacia la *realpolitik* en la política exterior de la República en el tránsito del Grupo de los Ocho al Grupo de los Neutrales en el curso de la Conferencia de Desarme inaugurada en 1932. En el seno de la Conferencia Permanente de Altos Estudios Internacionales las intervenciones de los expertos españoles y extranjeros vinculados a las asociaciones e institutos de estudios internacionales en las agendas de las sucesivas conferencias hasta la celebrada en Madrid en 1936 permeabilizaban la sintonía con las preocupaciones por la crisis de la seguridad colectiva y la mentalidad *appeaser* dominante en aquel foro de cooperación intelectual. La atención a la soberanía nacional y la seguridad colectiva, el cambio pacífico de los acuerdos internacionales o la neutralidad, entre los temas abordados por los expertos, de algún modo traslucían las preocupaciones de la esfera de la política en el lienzo de lo académico por acomodar las realidades normativas de un sistema de seguridad colectiva convulsionado por los desafíos de las potencias revisionistas. Una permeabilidad que observada en el ciclo temporal de las décadas de 1920 y 1930 había sido constante a juzgar por la actualización de los planes de estudio, los proyectos editoriales y las estrategias formativas de los institutos y asociaciones españolas de estudios internacionales, comenzando por el propio Instituto Libre de Enseñanza de las Carreras Diplomática y Consultar y Centro de Estudios Marroquíes hasta el Instituto de Estudios Internacionales y Económicos, en última instancia.

La sensibilidad *appeaser* y la permeabilidad respecto al ensombrecimiento de la seguridad colectiva a medida que avanzó la década de 1930 se apreciaría también en la interseccionalidad que la actividad en el seno de la Conferencia Permanente de Altos Estudios Internacionales, y en particular los debates y trabajos sobre la enseñanza de los estudios internacionales, con las iniciativas que desde diferentes ámbitos se emprendieron desde la década de 1920 respecto a la enseñanza de la historia en capítulos tan señalados como el examen y revisión de los manuales de historia. Una actividad desarrollada siempre en el marco o en conexión con los foros de la Comisión Internacional de Cooperación Intelectual y el Instituto Internacional de Cooperación Intelectual, el Comité Internacional de Ciencias Históricas y posteriormente desde la Conferencia Internacional para la Enseñanza de la Historia, en cuyo seno transcurrió una más fluida colaboración con los foros de cooperación intelectual. La incidencia de la Resolución Casares en el debate y la revisión de los manuales escolares a mediados de la década de 1920 sincronizarían con el espíritu de Locarno, el talante moral del Pacto Briand-Kellogg y la atmósfera *appeaser*, en aras al afianzamiento de la paz y la forja de un espíritu internacional. Estas iniciativas a diferentes bandas en el curso de la década de 1930 en un contexto internacional agitado y a contracorriente continuarían bajo el paraguas de la Conferencia Internacional para la Enseñanza de la Historia, uno de cuyos impulsores fue Rafael Altamira y en las que Madrid asomaba como escenario de sus actividades primero en 1934 y posteriormente pospuesto a 1937 a una cita malograda con la historia.

Toda una inercia obviamente interrumpida de modo abrupto por la guerra civil en la que se sumiría España desde el 18 de julio de 1936, pero que considerada en su contexto internacional e intelectual mostraba una inequívoca sinergia con la dinámica de institucionalización de los estudios internacionales en el marco de la cooperación intelectual y el creciente radio de acción de la diplomacia filantrópica estadounidense en Europa y en la Sociedad de Naciones.

ANEXO
ASOCIACIONISMO Y PERFILES ACADÉMICOS DE LOS EXPERTOS ESPAÑOLES EN ESTUDIOS INTERNACIONALES

Nombre y apellidos	disciplina	JAE	FAEEI				IEIE	ILECDC/ CEM	GEU- CEI	AEPSDN	SEIC
			AFV	AEDI	IHLADC	SEI					
Alonso Getino, Luis	jurista		■								
Altamira y Crevea, Rafael	historiador/ jurista	■	■	■	■			■		■	
Álvarez de Cienfuegos, José	economista	■									
Barcía Trelles, Augusto	jurista/ político	■	■		■						
Barcia Trelles, Camilo	jurista	■	■								
Bayón y Chacón, Gaspar	jurista		■								
Becker y González, Jerónimo	historiador/ periodista/ diplomático							■			
Bermúdez de Castro, Salvador Marqués de Lema	jurista		■	■							
Bernis Carrasco, Francisco	economista	■									
Bullón y Fernández, Eloy	geógrafo		■					■			
Carande Thovar, Ramón	economista/ historiador	■									
Carrasco y Reyes, Manuel	jurista		■					■			
Castiella Maíz, Fernando María	jurista/ diplomático/ político	■	■				■				
Castillejo Duarte, José	jurista/ pedagogo/ escritor	■					■			■	

Nombre y apellidos	disciplina	JAE	FAEEI				IEIE	ILECDC/ CEM	GEU-CEI	AEPSDN	SEIC
			AFV	AEDI	IHLADC	SEI					
Cordero Torres, José María	jurista/ africanista										
Cortina Mauri, Pedro	diplomático/ jurista/ político										
Fernández Almagro, Melchor	historiador/ periodista										
Fernández Baños, Olegario	economista/ matemático										
Fernández Prida, Joaquín	jurista/ político										
Figueroa Torres, Álvaro Conde de Romanones	político/ empresario										
Franco López, Gabriel	economista										
García Gallo, Alfonso	jurista										
Gascón y Marín, José	jurista										
Gil Benumeya, Rodolfo	historiador/ arabista										
Goicoechea y Cosculluela, Antonio	jurista/ político										
González-Hontoria y Fernández-Ladreda, Manuel	jurista/ diplomático/ político										
González Ontiveros, Wenceslao	jurista										
González Posada, Adolfo	jurista/ sociólogo/ político										
Jaspe y Santomá, Ricardo	jurista										
Labra Cadrana, Rafael María de	jurista										

Nombre y apellidos	disciplina	JAE	FAEEI				IEIE	ILECDC/ CEM	GEU-CEI	AEPSDN	SEIC
			AFV	AEDI	IHLADC	SEI					
Larraz López , José	economista/ jurista	■									
López Oliván, Julio	diplomático		■								
Luna García, Antonio de	jurista	■	■				■		■	■	■
Madariaga y Rojo, Salvador de	ingeniero/ diplomático/ político/ polígrafo	■	■							■	
Marichalar y Monreal, Luis de Vizconde de eza	político								■		
Mendizábal Vi-llalba, Alfredo	jurista								■		
Menéndez Pi-dal, Ramón	historiador/ filólogo	■								■	
Moneva y Puyol, Juan	jurista								■		
Naharro Mora, José María	economista	■									
Olariaga y Pujana, Luis	economista	■									
Orúe, José Ramón de	jurista		■								
Ots Capdequí, José María	historiador	■									
Palacios Morini, Leopoldo	jurista/ político	■	■							■	
Perpiñá Grau, Ramón	economista	■								■	■
Plá, José	escritor/ periodista		■								
Prados Arrarte, Jesús	economista	■					■				
Queró Morales, José	jurista		■								
Raventós y Noguer, Manuel	jurista/ africanista	■	■						■		■
Reparaz Rodríguez, Gonzalo de	geógrafo										■

Nombre y apellidos	disciplina	JAE	FAEEI				IEIE	ILECDC/ CEM	GEU- CEI	AEPSDN	SEIC
			AFV	AEDI	IHLADC	SEI					
Ríos Urruti, Fernando de los	jurista/ político/ diplomático	■	■			■					
Riaza Martínez-Osorio, Román	jurista	■	■						■		
Rodríguez Matas, Antonio	economista	■					■				
Royo Villanova, Antonio	jurista		■								
Rubio Sacristán, José Antonio	economista	■					■				
Sánchez Albornoz, Claudio	historiador/ político		■								
Sangro Ros de Olano, Pedro	jurista/ sociólogo	■							■	■	
Sangróniz y Castro, José Antonio	diplomático/ historiador		■								■
Sebastián Herrador, Mariano	economista	■									
Sela y Sampil, Aniceto	jurista	■	■								
Semprún y Gurrea, José María	jurista								■		
Tallada, José María	economista	■									
Tejero Nieves, Julio	economista						■				
Trías de Bes, José María	jurista		■								
Ullastres Calvo , Alberto	economista	■									
Viñuales Pardo, Agustín	economista	■									
Yanguas Messía, José de	jurista/ diplomático/ político	■	■	■							

AEDI: Asociación Española de Derecho Internacional
AEPSDN: Asociación Española pro Sociedad de Naciones
AFV: Asociación Francisco Vitoria
FAEEI: Federación de Asociaciones Españolas de Estudios Internacionales
GEUCEI: Grupo Español de la Unión Católica de Estudios Internacionales
IEIE: Instituto de Estudios Internacionales y Económicos
IHLADC: Instituto Hispano-luso-americano de Derecho Comparado
ILECDC/CEM: Instituto Libre de Enseñanza de las Carreras Diplomática y Consular y Centro de Estudios Marroquíes
JAE: Junta para Ampliación de Estudios
SEI: Seminario de Estudios Internacionales
SEIC: Sociedad de Estudios Internacionales y Coloniales

FUENTES Y BIBLIOGRAFÍA

FUENTES

Archivo Histórico y Biblioteca Diplomática de Portugal (AHD-MNE)
AHD-MNE S.1 E.18 P8/84.683 Comité de Artes y Letras. Reunión de Madrid, 1933.

Archivo de la Escuela Diplomática (AED)

Archivo de la Junta Para Ampliación de Estudios e Investigaciones Científicas (1907-1939) (JAE)
Archivo digitalizado: http://archivojae2.edaddeplata.org/
Documentación del Archivo de la JAE (Secretaría)

Archivo del Ministerio de Asuntos Exteriores (Renovado) AMAE – R (localizado en el Archivo General de la Administración, en Alcalá de Henares)
AMAE R-246 exp. 1 y 2. Instituto Libre de Enseñanza de las Carreras Diplomática y Consular y Centro de Estudios Marroquíes
AMAE R-694 exp. 61 y R-791 exp. 2. Federación de Asociaciones Españolas de Estudios Internacionales e Instituto de Estudios Internacionales y Económicos
AMAE R-942 exp. 2. España y la Guerra del Chaco
AMAE R-1829 exp. 3. Asociación Española por la Sociedad de Naciones

Biblioteca de la Real Academia de Jurisprudencia y Legislación
Memorias del Instituto Libre de Enseñanza de las Carreras Diplomática y Consultar y Centro de Estudios Marroquíes (años 1915, 1916, 1917, 1918, 1919, 1923, 1924 y 1930)
Anuarios de la Asociación Francisco Vitoria

Centro Documental de la Memoria Histórica (Salamanca)
PS-MADRID 734,109 (Carta de la Federación de Asociaciones Españolas de Estudios Internacionales firmada por Rafael Altamira y dirigida a Ángel Osorio, 1933)
PS-MADRID 1008,21 (Memoria española ante el Instituto Internacional de Cooperación Intelectual, 1934).

UNESCO Archives AtoM Catalogue (https://atom.archives.unesco.org/)
(Fonds AG1-IICI: International Institute of Intelectual Co-operation fonds)

Código de referencia	Contenido
Subseries AG-1-IICI-K Subseries AG-1-IIICI-K-I Hasta Subseries AG-1-IIICI-K-XIV	Correspondance relative à la Conférence permanente des Hautes Études Internationales Conférence des Hautes Études Internationales
Subserie AG-1-IICI-A-I-124	Relations avec le gouvernement de l'Espagne (1925-1945)
Subserie AG-1-IICI-A-III-27	Commisison Nationale Espagnole de Coopération Intelectuelle (1926-1937)
Subserie AG-1-IICI-A-III-36	Commission Catalogne de Coopérationn Intelectuelle. Série B (1927-1945)
Subserie AG-1-IICI-A-XI-55	Pays. Relations diverses, Espagne (1927-1945)
Subserie AG-1-IICI-B-X-27	Statistiques intellectuelles en Espagne (1926-1933)
Subserie AG-1-IICI-C-II-8	Junta para Ampliación de Estudios (1925-1935)
Subserie AG-1-IICI-K-IV-12	Conférence Permanente des Hautes Études Internationales. Institutions nationales. Espagne. 1927-1935)
Subserie AG-1-IICI-K-IX-1 (folder 1)	IXè Conférence des Hautes Études Internationales tenúe á Madrid, 27-30 mai 1936
Subserie AG-1-IICI-K-IX-1 (folder 2)	IXè Conférence des Hautes Études Internationales tenúe á Madrid, 27-30 mai 1936
Subserie AG-1-IICI-K-IX-2	Notes biographiques sur les participants á la IXè Conférence des Hautes Études Internationales. Madrid, mai 1936.
Subserie AG-1-IICI-DD-IX-3	Commission Internationale des Sciences Historiques, 1930-1938
Subserie AG-1-IICI-DD	Conférence Internationale pour l'Enseignement de l'Histoire

BIBLIOGRAFÍA

HISTORIA CULTURAL DE LAS RELACIONES INTERNACIONALES

ACHARYA, A.-BUZAN, B. *Non-Western International Relations: Perspectives on and Beyond Asia,* Oxon and New York, Routledge, 2010.

APPADURAI, A. *Modernity at Large. Cultural Dimension of Gobalization,* Minnesota, University of Minnesota Press, 1996.

BURKE, P. *¿Qué es la historia cultural?,* Barcelona, Paidós, 2004.

BURKE, P. (ed.) *Formas de hacer historia,* Madrid, Alianza, 2003.

CHAUBERT, F. "La notion de transfer culturel dans l'histoire culturelle", PELLISTRANDI, B-SIRINELLI, J.F. (eds.) *L'Histoire culturelle en France et en Espagne,* Madrid, Casa de Velázquez, 2008, pp. 159-178.

CHAUBERT, F.-MARTIN, L. *Histoire des relations culturelles dans le monde contemporain,* Paris, Armand Collin, 2011.

DELGADO GÓMEZ-ESCALONILLA, L. "El factor cultural en las relaciones internacionales: una aproximación a su análisis histórico", *Hispania,* 186, 1994, pp. 257-278.

DOLLOT, L. *Les relations culturelles internationales,* Paris, PUF, 1964.

DULPHY, A.-FRANK, R.-MATARD-BONUCCI, M.-A.-ORY, P. (dirs.) *L'histoire des relations culturelles internationales,* Berne, PIE-Peter Lang, 2010.

FRANK, R. (dir.) *Pour l'histoire des relations internationales,* Paris, PUF, 2012.

IRIYE, A. *The Cambridge History of American Foreign Relations. Volume 3 The Globalizing of America 1913-1945,* Cambridge University Press, 1995.

—, *Cultural Internationalism and World Order,* London, The John Hopkins University Press, 1997.

—, "Transnational History", *Contemporary European History,* Cambridge, Cambridge University Press, 2004.

—, *Global Community: the Role of International Organizations in the Making of the Contemporary World,* Berkeley, University of California Press, 2004.

MILZA, P. "Culture et relations internationales", *Relations Internationales,* n. 24, 1980, pp. 361-379.

MITCHELL, J.M. *International Cultural Relations,* London, Allen & Unwin, 1986.

NIÑO, A. "Uso y abuso de las relaciones culturales en política internacional", *Ayer,* n. 75, 2009, pp. 25-61.

PREISWERK, R. "La place des relations interculturelles dans l'étude des relations internationales", *Le Savoir et le Faire. Relations interculturelles et Développement,* Genève, Institut d'Études du Développement, 1975, pp. 15-36.

RIOUX, J.-P.-SIRINELLI, J.-F. *Pour une histoire culturelle,* Paris, Seuil, 1997.

ROCHE, F. "Pour une géopolitique de la culture", monográfico dedicado a la "La culture dans les relations internationales", *Mélanges de l'École Française de Rome, Italie et la Méditerranée,* 114, 2002, pp. 11-38.

ROLLAND, D. (dir.) *Historie Culturelle des relations internacionales,* Paris, L'Harmattan, 2004.

ROTHSCHILD, E. "Arcs of Ideas: International History and Intellectual History", BUDDE, G.-CONRAD, S.-JANZ, O. *Transnationale Geschichte. Themen, Tendenzen und Theorien*, Göttingen, Vandenhoeck & Ruprecht, 2006.

SCHILLIAM, R. *International Relations and Non-Western thought: Imperialism Colonialism and Investigations of Global Modernitiy*, London and New York, Routledge, 2011.

SCHUMACHER, F. (dir.) *Culture and International History*, New York, Berghan Books, 2003.

SERNA, J.-PONS, A. *La historia cultural. Autores, obras, lugares*, Madrid, Akal, 2005.

TICKNER, A.B.-BLANEY, D.L. *Thinking International Relations Differently*, London and New York, Routledge, 2012.

TOBELEM, J.-M. *L'arme de la culture. La diplomatie culturelle non gouvernamentale*, Paris, L'Harmattan, 2003.

HISTORIA TRANSNACIONAL

COHEN, D.I.-O'CONNOR, M. "Introduction: Comparative History, Cross-National History, Transnational History – Definitions", *Comparison and History: Europe in Cross-National Perspective*, New York, Routdlege, 2004.

COLONOMOS, A. (dir.) *Sociologie des résaux transnationaux. Communautés, entreprises et individues, lien social et système international*, Paris, L'Harmattan, 1995.

DOUKE, C.-MINARD, P. "Histoire globale, histoire connectée: un changement d'échelle historiographie?", *Revue d'Histoire Moderne et Contemporaine*, 54-4bis, 2007, pp. 7-22.

GERNY, P.G. *World Politics. A Theory of Transnational Neopluralism*, Oxford-New York, Oxford University Press, 2010.

GUARDIA, C. de la-PAN-MONTOJO, J.L. "Reflexiones sobre una historia transnacional", *Studia Historia. Historia Contemporánea*, 16, 1998, pp. 9-31.

IRIYE, A.-SAUNIER, P.-Y. *The Palgrave Dictionary of Transnational History. From the mid-19th Century to the present day*, Palgrave Macmillan, 2009.

KEOHANE, R.-NYE, J. (dirs.) *Transnational Relations and World Politics*, Cambridge (Mass.), Harvard University Press, 1970.

NORTHEDGE, F. "Transnationalism: An American Illusion", *Millenium*, v. 5, spring 1976, pp. 21-27.

MILZA, P. "De l'international au transnational", BERSTEIN, S.-MILZA, P. (dirs.) *Axes et methods de l'histoire politique*, Paris, PUF, 1998.

PEYROU, F.-MARTYKANOVA, D. "Presentación", dossier *Historia transnacional*, *Ayer*, 94, 2014, pp. 13-22.

RISE-KAPPEN, Th. (ed.) *Bringing Transnational Relations Back In: Non-State Actors, Domestic Structures and International Institutions*, Cambridge, Cambridge University Press, 1995.

SAUNIER, P.-Y. *The Transnational History. Theory and History*, Basingstoke, Palgrave-MacMillan, 2013. (*La historia transnacional*, Zaragoza, Prensas de la Universidad de Zaragoza, 2021).

SANDRINE, K. "Les organizations internationales, terrain d'étude de la globalization. Jalons pour une approche socio-historique", *Critique Internationale,* 52-3, 2011, pp. 9-16.

LOS ESTUDIOS INTERNACIONALES Y COOPERACIÓN INTERNACIONAL EN LA PRIMERA MITAD DEL SIGLO XX

ACHARYA, A.-BUZAN, B. *The Making of Global International Relations: Origins and Evolution of IR at its Century*, Cambridge, Cambridge University Press, 2019.

ADDAMS, J. *Newer Ideals of Peace*, London, The Macmillan Company, 1915.

ADDAMS, J. et al. *The Overthrow of the War System*, Boston, the Forum Publications, 1915.

ADDAMS, J.-BALCH, E.G.-HAMILTON, A. (eds.) *Women and The Hague: The International Congress of Women and its Results*, New York, The Macmillan Company, 1915.

ADLER, E.-HAAS, P.M. "Conclusion: Epistemic Communities, World Order, and the Creation of a Reflective Research Program", *International Organization*, vol. 46, n. 1, 1992, pp. 367-390.

AGUET, J.-P. "Un *Combat pour l'histoire*: Lucien Febvre et l'histoire diplomatique", FRIEDLANDER, S.-KAPUR, H.-RESZLER, A. *L'historien et les relations internationales*, Genève, Institute Universitaire des Hautes Études Internationales, 1981, pp. 1-24.

AHMAD, S. "American Foundations and the Development of Social Sciences between the Wars: Comment on the Debate between Martin Bulmer and Donald Fisher", *Sociology*, august, 1991, vol. 25, n. 3, pp. 511-520.

ALCHON, G. "Foundations, Social Science, and Indicative Planning in the American 1920's", *Business and Economic History*, vol. 13, 1984, pp. 116-132.

ANGELL, N. *The Great Illusion*, London, G.P. Putnam & Sons, 1913.

—, "The International Anarchy", WOOLF, L. (ed.) *Intelligent Man's Way to Prevent War*, London, Victor Gollanez, 1933, pp. 19-66.

—, *The Defence of the Empire*, London, Hamish Hamilton, 1937.

ARENAL, C. del "La génesis de las relaciones internacionales como disciplina científica", *Revista de Estudios Internacionales,* 2 (4), 1981, pp. 849-982.

—, "Mundialización, creciente interdependencia y globalización en las relaciones internacionales", *Cursos de Derecho Internacional y Relaciones Internacionales de Vitoria-Gasteiz 2008*, Bilbao, Universidad País Vasco, 2009, pp. 181-268.

—, *Etnocentrismo y teoría de las relaciones internacionales: una visión crítica*, Madrid, Tecnos, 2014.

—, "Americanocentrismo y relaciones internacionales: la seguridad nacional como referente", ARENAL, C. del-SANAHUJA, J.A. (coords.) *Teorías de las relaciones internacionales*, Madrid, Tecnos, 2015, pp. 21-60.

—, "Relaciones internacionales: una disciplina líquida", LOZANO VÁZQUEZ, A.-SARQUÍS RAMÍREZ, D.J.-VILLANUEVA LIRA, J.R.-JORGE, D. *¿Cien años de relaciones internacionales? Disciplinariedad y revisionismo*, Madrid, Siglo XXI, 2019, pp. 45-83.

—, "Revisando la génesis y desarrollo de las relaciones internacionales como disciplina", GARCÍA SEGURA, C.-SANAHUJA, J.A.-VERDES-MONTENEGRO, F.J. *100 años de relaciones internacionales: una mirada reflexiva*, Valencia, Tirant lo Blanch, 2020, pp. 25-47.

ASHWORTH, L.M. *Creating International Studies: Angell, Mitrany and the Liberal Tradition*, Aldershot, Ashgate, 1999.

—, "Did the Realist-Idealist Debate Really Happen? A Revisionist History of International Relations", *International Relations*, 16, n. 1, 2002, pp. 33-51.

—, "Where are the Idealists In Interwar International Relations?", *Review of International Studies*, 32, 2006, pp. 291-308.

—, "Feminism, War and the Prospects for Peace; Helena Swanwick and the Lost Feminists of Inter-war Internationalism Relations", *International Feminist Journal of Politics*, vol. 13, n. 1, 2011, pp. 25-43.

—, *A History of International Thought. From the Origins of the Modern State to Academic International Relations*, London/New York, Routledge, 2014.

—, "A Historiographer's view: rewriting the history of international thought", GOFAS, A.-ATAYA, I.H.-ONUF, N. (eds.) *History. The Sage Handbook of the Philosophy and Sociology of International Relations*, London, Sage, 2018.

BADEL, L. (dir.) *Histoire et relations internationales. Pierre Renouvin, Jean-Baptiste Duroselle et la naissance d'une discipline universitaire*, Paris, Ed. Sorbonne, 2020.

BADIE, B. *Le diplómate et l'intrus. L'entrée des sociétés dans l'arène internationale*, Paris, Fayard, 2008.

BAKER, F.W.G. *Le Conseil International des Unions Scientifiques*, Paris, Sécretariat du CIUS, 1981.

BARBÉ, E. *Relaciones internacionales*, Madrid, Tecnos, 1995.

BARIÉTY, J-FLEURY, A. (eds.) *Mouvements et initiatives de paix dans la politique international (1867-1928)*, Berne, Peter Lang, 1987.

BARQUIN, S. "Realism, Prediction and Foreign Policy", *Foreign Policy Analysis*, 5, n. 3, 2009, pp. 233-246.

BAUER, H.-BRIGHI, E. (eds.) *International Relations at LSE: A History of 76 Years*, London, Millennium Publishing Group, 2003.

BEALES, A. C. F., *The History of Peace: A Short Account of the Organized Movements for International Peace*, London, G. Bells and Sons, 1931.

BEARD, Ch.A.-BEARD, M.A. *America in Midpassage*, New York, The Macmillan Company, 1939.

BEAT, J. *Liberal Internationalism: Theory, History, Practice*, Basingstoke, Palgrave, 2013.

BELL, D. "International Relations: the Dawn of a Historiographical Turn?", *British Journal of Politics and International Relations*, 3 (1), 2001, pp. 115-126.

—, (ed.) *Victorian Vision of Global Order: Empire and International Relations in Nineteenth Century Political Though*, Cambridge, Cambridge University Press, 2007.

—, *Reordening the World: Essay on Liberalism and Empire*, New Jersey, Princeton University Press, 2016.

BENDA, J. *La traición de los intelectuales*, Barcelona, Galaxia Gutenberg, 2008.

BERDAH, J.-F. "Diplomates et diplomatie durant l'entre deux guerres en Allemagne, en Espagne et au Royaume Uni (1919-1939)", *Bulletin d'Histoire Contemporaine de l'Espagne*, 28-29, 1998-1999, pp. 87-124.

BERGHAHN, V. "Philantropy and Diplomacy in the American Century", *Diplomatic History*, 23-3, 1999, pp. 393-419.

BERMAN, E.H. *The Ideology of Philantropy: The Influence of the Carnegie, Ford and Rockefeller Foundations on American Foreign Policy: The Ideology of Philanthropy,* Albany, State University of New York Press, 1983.

BERMEJO, J.M. *La política exterior de Portugal en la Sociedad de Naciones (1919-1939),* Madrid, Tesis doctoral leída en la UNED, 2020.

BIARD, A.-BOUREL, D.-BRIAND, E. (eds.) *Henri Berr et la culture du XXè siècle: histoire, science et philosophie,* Paris, Albin Michel, 1997.

BIREBENT, Ch. *Militant de la paix et de la SdN. Les mouvements de soutien à la Société des Nations en France et Royaume Uni, 1918-1925,* Paris, L'Harmattan, 2008.

BISCEGLIA, L. *Norman Angell and Liberal Internationalism in Britain, 1931-1935,* London, Garland Publishing, 1982.

BLATT, J. "To bring out the Best that is in their Blood: Race, Reform and Civilization in the Journal of Race Development (1910-1919)", *Ethnic and Racial Studies,* vol. 27, n. 5, 2004, pp. 691-709.

BOLI, J.-THOMAS, G.M. (eds.) *Constructing Worl Culture. International Nongovernmental Organizations since 1875,* Stanford, Stanford University Press, 1999.

BOOTH, K. "Security in Anarchy: Utopian Realism in Theory and Practice", *International Affairs,* 67, n. 3, 1991, pp. 527-545.

BOSCO, A. "From Empire to Atlantic 'system': the Round Table, Chatham House and the Emergence of a New Paradigm in Anglo-American Relations", *Journal of Transatlantic Studies,* vol. 16, n. 3, 2018, pp. 222-246.

BOURGEOIS, L. *Organization of Intellectual Work: report by M. Léon Bourgeois, French representative, adopted by the Council on September 2nd, 1921,* Geneva, League of Nations, 1921.

BOWMAN, I. *The New World. Problems in Political Geography,* Yonkers-on-Hudson, World Books Company, 1928.

—, *International Relations,* Chicago, American Library Association, 1930.

BOYCE, R. *The Great Interwar Crisis and the Collapse of Globalization,* London, Palgrave Macmillan, 2009.

BOYD RAYWARD, W. (ed.) *Information Beyond Borders: International Cultural and Intellectual Exchange in the Belle Époque,* Farhham, Ashgate, 2003.

BOYLE, F.A. *Foundations of World Order: The Legalist Approach to International Relations, 1898-1922,* Durham, Duke University Press, 1999.

BRAILSFORD, H.N. *The War of Steel and Gold. A study of the Armed Peace,* London, G. Bell & Sons Ltd., 1914.

—, *A League of Nations,* London, MacMillan, 1917.

BREHONY, K. "A New Education for a New Era: Creating International Fellowship through Conferences, 1921-1938", *Paedagogica Historica,* 40, 5/6, 2004, pp. 733-755.

BROCKINTONG, G. (ed.) *Internationalism and the Arts in Britain and Europe at the fin de siècle,* Oxford, Peter Lang, 2009.

BROWN, Ch.-AINLEY, K. *Understanding International Relations,* London, Palgrave Macmillan, 2009.

BUDDE, G.-CONRAD, S.-JANZ, O. *Transnationale Geschichte. Themen, Tendenzen und Theorien,* Göttingen, Vandenhoeck & Ruprecht, 2006.

BUELL, R.L. *International Relations*, New York, Henry Holt & Co., 1925.

BULMER, M. "Philantropic Foundations and the Development of the Social Sciences in the early Twentieth Century: A reply to Donald Fisher", *Sociology*, vol. 18, n. 4, 1984, pp. 572-579.

BUSESY, G.-TIMS, M. *Pioneers for Peace. Women's International League for Peace and Freedom 1915-1965*, Oxford, Alden Press, 1980.

BUTLER, N.M. "The United States of Europe: Interview with Nicholas Murray Butler", *New York Times Current History of the European War* I, n. 3 (1914/1915), pp. 565-571.

—, *The Basis of a Durable Peace*, New York, Charles Scribner's Sons, 1917.

BUZAN, B.-LAWSON, G. "Rethinking Benchmarking Dates in International Relations", *European Journal of International Relations*, vol. 20, n. 2, 2012, pp. 437-462.

—, *The Global Transformation. History, Modernity and the Making of International Relations*, Cambridge, Cambridge University Press, 2015.

CALLAHAN, M. *Mandates and Empire: the League of Nations and Africa, 1914-1931*, Portland OR, Sussex Academic Press, 1999.

—, *A Sacred Trust: the League of Nations and Africa, 1929-1946*, Brighton, Sussex Academic Press, 2004.

CANALES, J. "Einstein, Bergson and the Experiment that Failed: Intellectual Cooperation at the League of Nations", *MLN*, 120, 2005, pp. 1168-1191.

CARNEGIE ENDOWMENT FOR INTERNATIONAL PEACE *Year Book*, Washington D.C., Carnegie Endowment for International Peace, 1911-1942.

CARR, E.H. *La crisis de los veinte años, 1919-1939*, Madrid, Los Libros de la Catarata, 2004.

CARSTEN, F.L. *War against War. British and German Radical Movements in the First World War*, London, Batsford Academic Press, 1982.

CARVALHO, B.-LEIRA, H.-HOBSON, J.M. "The Big Bangs of IR: The Myths that Your Teachers Stills Tell you about 1648 and 1919", *Millenium: Journal of International Studies*, vol. 39, 2011, pp. 735-758.

CASIDIO, F.A. "The Place of the Union of International Associations in the Study of International Relations", UNION OF INTERNATIONAL ASSOCIATIONS *Sixtieth Anniversary, Union of International Associations (1910-1970). Past, Present, Future*, Brussels, Union of International Associations, 1970, pp. 10-13.

CEADEL, M. *Pacifism in Britain, 1914-1945: The Defining of a Faith*, Oxford, Oxford University Press, 1980.

CHABOD, F. *Storia della politica estera italiana dal 1870 al 1896*, Bari, 1951.

CHALMERS WRIGHT, F. *The International Studies Conference: Origins, Functions, Organization*, Paris, International Institute of Intellectual Cooperation, 1937.

CHARLE, Ch. *Les intellectuels en Europe au XIXè siècle: essai d'histoire comparée*, Paris, Seuil, 1996.

—, *La crise des sociétés impériales. Allemagne, France, Anglaterre (1900-1945). Essais d'histoire comparé*, Paris, Seuil, 2001.

CHATRIOT, A. "Une veritable encyclopédie économique et social de la guerre", *L'Atelier du Centre de recherches historiques* (en ligne), 2009.

CHAVEZ-PIRSON, M.E. "The League of Nations and Private International Organizations", Geneva, Institut Universitaire des Hautes Études Internationales, 1991.

CIOTTI, R.Ch. *Internationalism and the Quest for Peace. The United States and Collective Security in the Twentieth Century*, New York, St. John's University, 1997.

CLARK, Ch. *Sonámbulos.* Cómo Europa fue a la Guerra en 1914, Barcelona, Galaxia Gutenberg-Círculo de Lectores, 2014.

CLARK, I. *Globalization and Fragmentation: International Relations in the Twentieth Century*, Oxford, Oxford University Press, 1997.

CLAVIN, P. *The Failure of Economic Diplomacy: Britain, Germany, France and the United Sates, 1931-1936*, Houndmills – Basingstoke, Macmillan, 1996.

—, *Securing the World Economy. The Reinvention of the League of Nations, 1920-1936*, Oxford, Oxford University Press, 2013.

COHEN, W.I. *Empire Without Tears: America's Foreign Relations, 1921-1933*, Philadelphia, Temple University Press, 1987.

COHRS, P.O. *The Unfinished Pace after World War I. America, Britain and the Stabilization of Europe, 1919-1932*, Cambridge (UK)-New York, Cambridge, 2008.

CONVERSE, R. *World Government, Utopian Dream or Current Reality*, New York, Algora Publishing, 2011.

COSTIN, L.B. "Feminism, Pacifism, Internationalism and the 1915 International Congress of Women", *Women's Studies International Forum*, vol. 5, n. 3-4, 1982, pp. 301-315.

COOPER, J.M. Jr. *Breaking the Heart of the World. Woodrow Wilson and the Fight for the League of Nations*, Cambridge, Cambridge University Press, 2001.

COOPER, S.E. *Patriotic Pacifism: Waging War on War in Europe, 1815-1914*, Oxford, OUP, 1991.

COSTIGLIOLA, F. "The Other side of Isolationism: The Establishment of the First World Bank", *Journal of American History*, 59(3), 1972, pp. 602-620.

—, "U.S. Cultural Expansion in an Era of Systemic Upheaval", MERRILL, D.-PATERSON, Th. G. *Major Problems in American Foreign Relations*, vol. II, New York, Houghton Mifflin Company, 2000, pp. 104-113.

COSTIN, L.B. "Feminism, Pacifism, Internationalism and the 1915 International Congress of Women", *Women's Studies International Forum*, vol. 5, n. 3-4, 1982, pp. 301-315.

COX, R.W. "Social Forces, States and World Orders: Beyond International Relations Theory", KEOHANE, R.O. (ed.) *Neorealism and its Critics*, New York, Columbia University Press, 1986.

CRAIG, J.M. "The Woman's Peace Party and Questions of Gender Separatism", *Peace & Change*, vol. 19, n. 4, 1994, pp. 373-398.

CRAWFORD, E. *Nationalism and Internationalism in Science, 1880-1939: Four Studies of the Nobel Population*, Cambridge, Cambridge University Press, 1992.

CULBERT FARIES, J. *The Rise of Internationalism*, New York, W.D. Gray, 1915.

CURTI, M. *American Philanthropy Abroad: A History*, New Brunswick, Rutgers University Press, 1963.

D'AMICO, E.-BECKMAN, P.R. (eds.) *Women in World Politics: An Introduction*, Westport, Bergin & Garvey, 1995.

DALTON, H. *Towards the Peace of Nations: A study in International Politics*, London, Routledge & Kegan Paul, 1928.

DAVID, Ch.-Ph. *La guerre et la paix. Approaches contemporaines de la sécurité et de la stratégie*, Paris, Presses de Science Po, 2000.

DAVIES, Th. R. "A 'Great Experiment' of the League of Nations Era. International Nongovernmental Organizations, Global Governance and Democracy Beyond the State", *Global Governance*, 2012, 18, n. 4, pp. 405-423.

—, "Internationalism in a Divided World. The Experience of the International Federation of League of Nations Societies, 1919-1939", *Peace and Change*, 2012, 37, n. 2, pp. 227-252.

—, "Understanding Non-Governmental Organizations in World Politics: The Promise and Pitfalls of the Early 'Science of Internationalism'", *European Journal of International Relations*, 23, 4, 2017, pp. 884-905.

—, "The Union of International Associations and the Development of International Relations Theory", LAQUA, D.-VAN ACKER, W.-VERBRUGGEN, Ch. (eds.) *International Organizations and Global Civil Society. Histories of the Union of International Associations*, Bloomsbury Publishing, 2019, pp. 155-170.

DE BENEDETTI, Ch. "James T. Shotwell and the Science of International Politics", *Political Science Quarterly*, 89-2, 1974, pp. 379-395.

—, "The American Peace Movement and the State Department in the Era of Locarno", WANK, S. (ed.) *Doves and Diplomats: Foreign Offices and Peace Movements in Europe and America in the Twentieth Century*, Westport CT, Greenwood Press, 1978, pp. 202-216.

DEIBEL, T. *Le Secretariat de la Société des Nations et l'internationalisme américaine*, Washington, Carnegie Endowment for International Pace, 1972.

DER DERIAN, J.-SHAPIRO, M.J., *International/Intertextual Relations: Postmodern reading of World Politics*, Lexington, Lexington Books, 1989.

DOMÍNGUEZ BENITO, H. "El mundo necesita otro Grocio": el desencuentro entre derecho y política en el intercambio de proyectos para la constitución de una Sociedad de Naciones", *Revista de Estudios Políticos*, n. 176, 2017, pp. 223-251.

DONNELLY, J. "Realism and the Academic Study of International Relations", FARR, J.-DRYZEK, J.S.-LEONARD, S.T. (eds.) *Political Science in History*, Cambridge, Cambridge University Press, 1995, pp. 175-197.

DORFMAN, J. "The Role of the German Historical School in American Economic Thought", *The American Economic Review*, XLV, n. 2, 1955, pp. 17-28.

DU BOIS, W.E.B. "The African Roots of War", *Atlantic Monthly*, 115, May 1915, pp. 707-714.

—, *Black Reconstruction in the United States, 1860-1880*, New York, Atheneum, 1969 (1935).

DUBIN, M.D. "The Carnegie Endowment for International Peace and the Advocates of a League of Nations, 1914-1918", *Proceedings of the American Philosohpical Society*, vol. 123, n. 6, December 1979, pp. 344-368.

DUBOSCLARD, L.-GRISON, JEANPIERRE, L. *Entre rayonnament et reciprocité. Contributions à l'histoire de la diplomatie culturelle*, Paris, Sorbonne, 2002.

DUNNE, T. *Inventing International Society: a History of the English School*, New York, St. Martin's Press, 1998.

DUROSELLE, J.-B. "De l'*histoire diplomatique* à l'*histoire des relations internationales*", *Mélanges Pierre Renouvin. Études d'histoire des relations internationales*, Paris, PUF, 1966, pp. 1-15.

ELIZALDE, Mª.D. "Diplomacia y diplomáticos en el estudio actual de las relaciones internacionales", *Historia Contemporánea*, n. 15, 1996, pp. 31-52.

ETHERINGTON, N. *Theories of Imperialism: War, Conquest and Capital*, London, Longman, 1983.

FACOS, M.-HIRSH, S. (eds.) *Art, Culture and National Identity in fin-de-siècle Europe*, Cambridge, Cambridge University Press, 2003.

FISHER, D. "The Role of Philantropic Foundations in the Reproduction and Production of Hegemony: Rockefeller Foundations and the Social Sciences", *Sociology*, May 1983, vol. 17, n. 2, pp. 206-233.

FOSDICK, R.B. *An Expert Approach to International Relations. The League of Nations as an International Clearing House*, New York, League of Nations Non-Partisan Association, 1924.

—, *The Old Savage and the New Civilization*, New York, Double-day, Doran, 1928.

FOSTER, C. *Women for All Seasons: the Story of the Women's International League for Peace and Freedom*, Athens, University of Athens Press, 1989.

FOSTER, C.A. *The Women and the Warriors: The U.S. Section of the Women's International League for Peace and Freedom*, Syracuse, Syracuse University Press, 1995.

FOX, R. *Science without Frontiers: Cosmopolitanism and National Interests in the World of Learning, 1870-1940*, Corvalis, Oregon, 2016.

FRANK, R. "Penser historiquement les relations internationales", *Annuaire Français des Relations Internationales*, volume IV, 2003, pp 43-65.

—, "L'Historiographie des relations internationales: les écoles nationals", R. FRANK (dr.) *Pour l'histoire des relations internationales*, Paris, PUF, 2012, pp. 5-40.

—, "Histoire et théories des Relations Internationales", R. FRANK (dr.) *Pour l'histoire des relations internationals*, Paris, PUF, 2012, pp. 41-82.

FRIEDRICHS, J. *European Approaches to International Relations Theory. A House with many Mansions*, London-New York, Routledge, 2004.

FUCHS, E.-LINDMARK, D.-LÜTH, Ch. "Informal and Formal Cross-Cultural Networks in History of Education", *Paedagogica Historica: International Journal of the History of Education*, vol. 43, n. 2, 2007, pp. 185-197.

GARCÍA SEGURA, C.-SANAHUJA, J.A.-VERDES-MONTENEGRO, F.J. *100 años de relaciones internacionales: una mirada reflexiva*, Valencia, Tirant lo Blanch, 2020.

GATLING BOOK, J. *Utopian Dreams, National Realities: Intellectual Cooperation and the League of Nations*, University of Kentucky, 2016.

GELFAND, L. *The Inquiry, American Preparation for Peace 1917-1919*, New Haven, Yale University Press, 1963.

GEMELI, G. (ed.) *American Foundations and Large-Scale Research: Construction and Transfer of Knowledge*, Bologna, Clueb, 2001.

—, *Fernand Braudel*, Paris, Éditions Odile Jacob, 1995.

GEMELI, G.-MACLEOD, R. (eds.) *American Foundations in Europe: Grant-Giving Policies, Cultural Diplomacy and Trans-Atlantic Relations, 1920-1980*, Brussels, European Interuniversity Press-Peter Lang, 2003.

GIDDINGS, F. "Imperialism", *Political Science Quaterly*, 13, n. 4, 1898, p. 585-605.

GINNEKEN, A.H.M. van *Historical Dictionary of the League of Nations*, Oxford, Scarcrow Press, Inc., 2006.

GIRAULT, R. "Le difficile mariage de deux histoires. Économie et relations internationales dans le monde contemporaine", *Relations Internationales*, n. 41, 1985, pp. 13-28.

GIUNTELLA, M.C. *Cooperazione intellettualle e educazione alla pace nell'Europa Della Società delle Nazioni*, Padua, CEDAM, 2001.

GORDON LEVIN, N. *Woodrow Wilson and World Politics: America's Response to War and Revolution*, London-New York, Oxford University Press, 1968.

GORMAN, D. *International Cooperation in the Early Twentieth Century*, London, Bloomsbury, 2017.

GOTTLIEB, J.V. *Guilty Women, Foreign Policy, and Appeasement in Inter-War Britain*, Palgrave Macmillan, Houndmills, 2015.

GRAEBNER, N.A. *The Versailles Treaty and its Legacy: the Failure of the Wilsonian Vision*, New York, CUP, 2011.

GRAM-SKJOLDAGER, K.-TONNESSON, O. "Unity and Divergence: Scandinavian Internationalism, 1914-1921", *Contemporary European History*, 17, 2008, pp. 301-324.

GRANDJEAN, M. *Les résaux de la coopération intellectuelle. La Société des Nations comme actrice des échanges scientifiques et culturels dans l'entre-deux-guerres*, tesis doctoral leída en la Universidad de Lausanne, 2018.

—, (ed.) *Centenary of the International Committee on Intellectual Cooperation of the League of Nations*, Geneva, United Nations Library and Archives Geneva/University of Laussanne, 2022.

GRAZIA, V. *Irresistible Empire: America's Advance Through Twentieth Century Europe*, Cambridge, Harvard University Press, 2005.

GREENAWAY, F. *Science International. A History of the International Council of Scientific Unions*, Cambridge, Cambridge University Press, 1996.

GREAVES, H.R.G. *The League Committees and World Order: a Study of the Permanent Expert Committees of the League of Nations as an Instrument of International Government*, London, Oxford University Press, 1931.

GROSE, P. *Continuing the Inquiry: The Council on Foreign Relations from 1921 to 1996*, New York, Council on Foreign Relations, 1996.

GUIEU, J.-M. *Les apôtres de l'esprit de Genève. Les militants pour la Société des Nations dans la première moitié du XXe siècle*, Thèse doctoral, Université de Paris-I, 2004.

—, *Le Rameau et la glaive. Les militants français pour la Société des Nations*, Paris, Press de Sciences Po, 2008.

GUILHOT, N. "The Realist Gambit: Postwar American Political Science and the Birth of IR Theory", *International Political Sociology*, vol. 2, 2008, n. 4, pp. 281-304.

—, (ed.) *Invention of International Relations Theory: Realism, the Rockefeller Foundation and the 1954 Conference in Theory*, New York, Columbia University Press, 2011.

GUILLEM, P. "La SDN et les relations interuniversitaires en Europe", SCHIRMANN, S. (ed.) *Organisations internationales et architectures européennes 1929-1939*, Metz, Actes du Colloque de Metz 31 mai-1er juin 2003, pp. 153-162.

GUZZINI, S. *Realism in International Relations and International Political Economy: the Continuing Story of a Dead Foretold*, London, Routledge, 1988.

HAAS, E.B. *When the Knowledge is Power. Three Models of Change in International Organizations*, Berkeley, University of California Press, 1990.

HAGIS, J.-MIDGLEY, C.-ALLEN, M.-PAISLEY, F. *Cosmpolitan Lives on the Cusp of Empire. Interfaith, Cross-Cultural and Transnational Networks, 1860-1950*, Palgrave MacMillan, 2017.

HAGMANN, J.-BIERSTEKER, T.J. "Beyond the Published Discipline: Towards a Critical Pedagogy of International Studies", *European Journal of International Relations*, 2012, pp. 9-15.

HARMON, E.A. *The Transformation of American Philantropy: From Public to Private Foundation*, University of Michigan, 2017.

HASLAM, J. *E.H. Carr. Los riesgos de la integridad*, Valencia, Universidad de Valencia, 2008.

HATHAWAY, O.A.-SHAPIRO, S.J. *The internationalists. How a Radical Plan to Outlaw War Remade the World*, New York, Simon & Schuster, 2017.

HEATLEY, D.P. *Diplomacy and the Study of International Relations*, Oxford, Clarendon Press, 1919.

HEILBRON, J.-G., NICOLAS-JEANPIERRE, L. "Vers une histoire transnational des sciences sociales", *Sociétés Contemporaines*, 2009, n. 73, pp. 121-145.

HELLAWELL, S. "Antimilitarism, Citizenship and Motherhood: the Formation and Early Years of the Women's International League (WIL), 1915-1919", *Women's History Review*, vol. 27, n. 4, 2018, pp. 551-564.

HENDERSON, E.A. "Hidden in Plain Sight. Racism in International Relations Theory", ANIEVAS, A.-MACHANDA, N.-SHILLIAM, R. (eds.) *Race and Racism in International Relations. Confronting the Global Colour line*, London/New York, Routledge, 2015, pp. 19-43.

—, "The Revolution Will Not Be Theorised: Du Bois, Locke and the Howard School's Challenge to White Supremacist IR Theory", *Millennium Journal of International Studies*, vol. 45, n. 3, 2017, pp. 492-510.

HERMAN, E. "Le Comité d'entente des grandes assocations internationales. Un chapitre de l'histoire du mouvement transnational d'éducation pour la paix et la coopération intellectuelle internationale", *Associations Transnationales*, 1987, pp. 68-78.

—, "Aspects du movement international de l'éducation pour la paix dans l'entre-deux-guerres", BARIÉTY, J.-FLEURY, A. (eds.) *Mouvements et initiatives de paix dans la politique international 1867-1928*, Bern, Peter Lang, 1987, pp. 171-200.

HERRERA LEÓN, F. "México y el Instituto Internacional de Cooperación Intelectual 1926-1939", *Tzintzum*, n. 49, enero-junio 2009.

HERVÉ, G. *L'Internationalisme*, Paris, V. Giard & E. Brière, 1910.

HIRST, A. "Intellectuals and US Foreign Policy", PARMAR, I.-MILLER, L.B.-LEDWIDGE, M. (eds.) *New directions in US foreign policy*, New York, Routledge, 2009.

HOBDEN, S. "Historical Sociology: Back to the Future of International Relations?", HOBDEN, S.-HOBSON, J. (eds.) *Historical Sociology of International Relations*, Cambridge, Cambridge University Press, 2002, pp. 432-62.

HOBSON, J.A. *Imperialism. A study*, London, Nisbet, 1902.

—, *Towards International Government*, 1915.

—, *La era del imperio (1875-1914)*, Barcelona, Labor, 1989.

HOBSON, J.M. *The State and International Relations*, Cambridge, Cambridge University Press, 2000.

—, *The Eurocentric Conception of World Politics. Western International Theory 1760-2010*, Cambridge, Cambridge University Press, 2012.

HOFFMAN, S.H. "An American Social Science: International Relations", *Daedalus*, 106, 1977, pp. 41-59.

—, *Jano y Minerva: Ensayos sobre la Guerra y la paz*, Buenos Aires, GEL, 1991.

HOLDEN, G. "Who contextualizes the contextualizers? Disciplinary history and the discourse about IR discourse", *Review of International Studies*, 28 (2), 2002, pp. 253-270.

HOLSTI, K.J. *A Pioneer in International Relations Theory, Foreign Policy analysis, History of International Order, and Security Studies*, Berlin, Springer, 2016.

HOLTON, R.J. "Cosmopolitism or cosmopolitanism? The Universal Races Congress of 1911", *Global Networks*, 2, 2, 2002, pp. 153-170.

HUDSON, M.O. *Current International Cooperation*, Calcuta, University of Calcuta, 1927.

HUGHES, Th.L. "The Twilight of Internationalism", *Foreign Policy* n. 61, (winter 1985-1986), pp. 25-48.

HULIKAL MURALIDHAR, S. "Interwar Internationalism: Origins and Impact of a 'Scientific" Approach to the Study of International Relations", *Journal of Politics & Governance*, vol. 5, n. 3, 2016, pp. 77-81.

IKENBERRY, J.J. *After Victory: Institutions, Strategic Restraint, and the Rebuilding of Order after Major Wars*, Princeton, Princeton University Press, 2001.

—, "Liberal Internationalism 3.0: America and the Dilemmas of Liberal World Order", *Perspectives on Politics*, vol. 7, n. 1, marzo 2009, pp. 71-87.

IRISH, T. *The University at War 1914-1925. Britain, France and the United States*, New York, Palgrave MacMillan, 2015.

—, "Peace through History? The CIEP's Inquiry into European Schoolbooks, 1921-1924", *History of Education*, v. 45, n. 1, 2016, pp. 38-56.

IRIYE, A. *Cultural Internationalism and World Order*, Baltimore, MD, John Hopkins University Press, 1997.

—, *Global Community: the Role of international Organizations in the Making of the Contemporary World*, Berkeley CA, University of California Press, 2006.

JACKSON, R.-SORENSEN, G. *Introduction to International Relations Theories and Approaches*, Oxford, Oxford University Press, 2013.

JAMES, H. *The End of Globalizations. Lessons from the Great Depression*, Cambridge (Mass.), Harvard University Press, 2001.

JOHN, I.-GARNETT, J.C.-WRIGHT, M. "International Politics at Aberystwyth, 1919-1969", PORTER, B. (ed.) *The Aberystwyth Papers*, London, Oxford University Press, 1972.

JOHNSON, J.T., *The Quest for Peace: Three Moral Traditions in Western Cultural History,* New York, Princeton University Press, 1987.

JOHNSON, R.D. *The Peace Progressives and American Foreign Relations,* Cambridge (Mass.), Harvard Historical Studies, 1994.

JONES, Ch. *E.H. Carr and International Relations: A Duty to Lie,* Cambridge, Cambridge University Press, 1998.

JORGENSEN, K.E.-KNUTSEN, T.B. *International Relations in Europe: Traditions, Perspectives and Destinations,* London, Routledge, 2006.

JOSEPHSON, H. *James T. Shotwell and the Rise of Internationalism in America,* London, Associated University Press, 1975.

JOSSELINE, D.-WALLACE, W. (eds.) *Non State Actors in World Politics,* London, Palgrave, 2001.

KALLEN, H.M. *Culture and Democracy in the United States,* New York, Transaction Publishers, 1924.

KARL, B.D.-KATZ, S.N. "The American Private Philanthropic Foundation and the Public Sphere 1890-1930", *Minerva,* 1981, Vol. 19, Issue 2, pp. 236-270.

—, "Foundations and Ruling Class Elites", *Daedalus,* I 16, 1987, pp. 1-40.

KEARNS, G. *Geopolitics and Empire. The Legacy of Halford Mackinder,* Oxford, Oxford University Press, 2009.

KECK, M.E.– SIKINK, K. *Activists Beyond Borders: Advocacy Networks in International Politics,* Ithaca and London, Cornell University Press, 1998.

KENDALL, E.M. *Liberal internationalism, the Peace Movement, and the Ambiguous Legacy of Woodrow Wilson,* Ohio, 2012. (https://etd.ohiolink.edu)

KENT, R.-NIELSSON, G.P. *The Study and Teaching of International Relations.* London and New York, France Pinter y Nichols, 1980.

KERR, P.H. "Political Relations between Advanced and Backward Peoples", GRANT, A.J (eds.) *An Introduction to the Study of International Relations,* London, Macmillan and Co., 1916, pp. 141-182.

KLOPPENBERG, J.T. *Uncertain Victory: Social Democracy and Progressivism in European and American Thought, 1870-1920,* Oxford, Oxford University Press, 1988.

KNOCK, Th.J. *To End All Wars: Woodrow Wilson and the Quest for a New World Order,* New York, Prince ton University Press, 1992.

KNUTSEN, T.J. *A History of International Relations Theory,* Manchester and New York, Manchester University Press, 1997.

—, "A Lost Generation? IR Schoolarship before World War I", *International Politics,* vol. 45, 2008, n. 45, 2008, pp. 50-74.

KOLASA, J. *International Intellectual Cooperation: the League Experience and the Beginning of UNESCO,* Wroclaw, Zakład Narodowy im. Ossoli skich, 1962.

KUEHL, W.F. *Seeking World Order: The United States and International Organization to 1920,* Nashville, Vanderbilt University Press, 1969.

KHUEL, W.F.-DUNN, L.K. *Keeping the Covenant: American Internationalists and the League of Nations, 1920-1939,* Kent OH, Kent State University Press, 1997.

LAGEMAN, E.C. *Private Power for the Public Good: A History of Carnegie Foundation for the Advancement of Teaching*, Middletown, Connecticut, Wesleyan University Press, 1983.

—, *The Policies of Knowledge: The Carnegie Corporation, Philanthropy, and Public Policy*, Middletown, Connecticut, Wesleyan University Press, 1989.

LAKE, M. "Universal Races Congress", IRIYE, A.-SAUNIER, P.-Y. (eds.) *Palgrave Dictionary of Transnational History*, Basingstoke, Palgrave, pp. 1079-1080.

LAMBERT, D.-LESTER, A. "Geographies of Colonial Philantropy", *Progress in Human Geography*, n. 28 (3), 2004.

LANDER, E. (comp.) *La colonialidad del saber: eurocentrismo y ciencias sociales. Perspectivas latinoamericanas*, Buenos Aires, CLACSO, 2000.

LAQUA, D. (ed.), *Internationalism Reconfigured: Transnational Ideas and Movements between the World Wars*, London, I. B. Tauris, 2011.

—, "Transnational Intellectual Cooperation, the League of Nations, and the Problem of Order", *Journal of Global History*, 6, 2011, pp. 223-247.

—, "Internationalisme ou affirmation de la nation? La coopération intellectuelle transnationale dans l'entre-deux-guerres", *Critique Internationale*, n. 52, 2011.

—, *The Age of Internationalism and Belgium, 1880-1930: Peace, Progress and Prestige*, Manchester, Manchester University Press, 2013.

—, "Activism in the "Students' League of Nations": International Student Politics and the Confédération Internationale des Étudiants, 1919-1939", *The English Historical Review*, 132, 556, 2017, pp. 605-637.

LAVELLE, K.C. "Exit, Voice, and Loyalty in International Organizations: US Involvement in the League of Nations", *Revue of International Organizations*, 2, 2007, pp. 371-393.

LEAGUE OF NATIONS, *International Studies Conference. Collective Security. A record of the Seventh and the Eight International Studies Conference*, Paris 1934-London 1935, editado por Maurice Bourquin, Paris, 1936.

LENIN, V.I. *El imperialismo, fase superior del capitalismo,* Madrid Fundamentos, 1974.

LEVERING LEWIS, D. *W.E.B. Du Bois: The Fight for Equality and the American Century 1919-1963*, New York, Henry Holt, 2000.

LINKLATER, A. *The Transformation of Political Community*, Cambridge, Cambridge University Press, 1998.

LONG, D "J. A. Hobson and Idealism in International Relations", *Review of International Studies*, 17, 1991, pp. 285-304.

—, "Who killed the International Studies Conference?", *Review of International Studies*, 32, n. 4, 2006, pp. 603-622.

LONG, D.-SCHIMDT, B. (eds.) *Imperialism and Internationalism in the Discipline of International Relations*, Albany, N.Y., State University of New York Press, 2005.

LONG, D.-WILSON, P. (eds.) *Thinkers of the Twentieth Years' Crisis Inter-War Idealism Reassed*, Oxford, Clarendon, 1995.

LONG, D.-SCHMIDT, B. (dirs.) *Imperialism and Internationalism in the Discipline of International Relations*, Albany, State University of New York Press, 2005.

LÓPEZ-CORDÓN, Mª.V. "Bases sociales e ideológicas de la política internacional española", ASOCIAÇAO PORTUGUESA DE HISTORIA DAS RELAÇOES INTERNACIONAIS-COMISIÓN ESPAÑOLA DE HISTORIA DE LAS RELACIONES INTERNACIONALES (eds.) *I Encuentro peninsular de Historia de las Relaciones Internacionales*, Zamora, Ministerio de Asuntos Exteriores, Fundación Rei Afonso Henriques, Banco Espiritu Santo, 1998, pp. 195-217.

LOWCZYK, O. *La fabrique de la paix: du Comité d'études à la Conference de la Paix. L'élaboration par la France des traités de la Première Guerre Mondiale*, Paris, ISC, 2010.

LOZANO VÁZQUEZ, A.-SARQUÍS RAMÍREZ, D.J.-VILLANUEVA LIRA, J.R.-JORGE, D. ¿Cien años de relaciones internacionales? *Disciplinariedad y revisionismo*, Madrid, Siglo xxi, 2019.

LUCHAIRE, J. *Confession d'un français moyen*, Florence, Leo s. Olschiki, vol. 2.

LUTZKER, M.A. "The Formation of the Carnegie Endowment for International Peace: A Study of the Establishment-Centered Peace Movement 1910-1914", ISRAEL, J. (ed.) *Building the Organization Society: Essays on Associational Activities in Modern America*, New York, The Free Press, 1972, pp. 143-162.

LYNCH, C. "The Promise and Problems of Internationalism", *Global Governance*, vol. 5, n. 1, (january-march 1999), p. 83-101.

LYONS, F.S L. *Internationalism in Europe 1815-1914*, Leyden, 1963.

MACMILLAN, M. *Peacemakers. The Paris Conference of 1919 and its Attempt to End War*, London, John Murray, 2001.

MAGHROORI, R.-RAMBERG, B. (eds.) *Globalism versus Realism: International Relations' Third Debate*, Boulder CO, Westview, 1982.

MALKKI, L. "Citizens of Humanity: Internationalism and the Imagined Community of Nations", *Diaspora: A Journal of Transnational Studies*, vol. 3, n. 1, spring 1994, pp. 41-68.

MANUELA, E. *The Wilsonian Moment: Self-Determination and the International Origins of Anti-Colonial Nationalism*, New York, Oxford University Press, 2007.

—, "Dawn of a New Era: The 'Wilsonian Moment' in Colonial Contexts and the Transformation of World Order, 1917-1920", CONRAD, S.-SACHSENMAIER, D. (eds.) *Competing Vision of World Order*, Houndmills, Palgrave Macmillan, 2007, pp. 121-149.

MANNING, C.A.V. *Les sciences sociales dans l'enseignement supérieur. Relations Internationales"*, Paris, UNESCO, 1954.

MANSON, J.M. "Leonard Woolf as an Architect of the League of Nations", Clemson University L., 2007, pp. 1-13.

MARCHAND, C.R. *The American Peace Movement and Social Reform 1898-1918*, Princeton, Princeton University Press, 1972.

MAY, E.R. *Imperial Democracy: the Emergence of America as a Great Power*, New York, Harcourt/Brace and World, 1961.

—, *Politics and Diplomacy of Peacemaking. Containment and Counterrevolutions at Versailles, 1918-1919*, London, Weidenfeld and Nicolson, 1968.

MARQUES-GUEDES, A. *Raising Diplomats: Political, Genealogical and Administrative Constraints on Patterns of Training for Diplomacy*, Viena Diplomatische Akademie, 2008.

—, "Raising Diplomats as Fit, Raptures and Torments in the Evolution of Formal Diplomatic Training", *Themis,* (6), 2008, pp. 139-166.

MAZON, B. *Aux origins de l'École des Hautes Études en Sciences Sociales: le rôle du mécénat américain, 1920-1960*, Paris, Cerf, 1988.

MAZOWER, M. *Dark Continent: Europe's Twentieth Century*, London, Allen Lane, 1998.

—, *No Enchanted Palace: the End of Empire and the Ideological Origins of the United Nations*, Princeton NJ, Princeton University Press, 2009.

—, *Gobernar el mundo*, El Puig –Valencia–, Barlin Libros, 2018.

McCOURT, D.M. "The Inquiry and the Birth of International Relations, 1917-1919", *Australian Journal of Politics and History*, vol. 63, n. 3, 2017, pp. 394-405.

McKERCHER, B. "Reaching for the Brass Ring: The Recent Historiography of Interwar American Foreign Relations", *Diplomatic History*, 15-4, 1991, pp. 565-598.

MEAD, L.A. "The Woman's Peace Party", *The Advance of Peace (1894-1920)*, vol. 77, n. 2, 1915, pp. 19-20.

METHA, U.S. *Liberalism and Empire: A Study in Ninetheenth Century British Liberal Thought*, Chicago, University of Chicago Press, 1999.

MIDDELL, M.-NAUMANN, K. "Historians and International Organizations: the International Committee of Historical Sciences", LAQUA, D.-VAN ACKER, W.-VERBRUGGEN, Ch. (eds.) *International Organizations and Global Civil Society. Histories of the Union of International Associations*, Bloomsbury Publishing, 2019, pp. 133-151.

MILLER, J.D.B. "Norman Angell and Rationality in International Relations", LONG, D.-WILSON, P. (eds.) *Thinkers of the Twentieth Years' Crises: Interwar Idealism Reassessed*, Oxford, Oxford University Press, 1995, pp. 100-121.

MILZA, P. "Mentalités collectives et relations internationales", *Relations Internationales*, n. 41, primavera de 1985, pp. 93-109.

MOREFIELD, J.M. *Families of Mankind: Liberal Idealism and the Construction of Twentieth Century Internationalism*, Cornell University, 1999.

—, *Covenants without Swords: Idealist Liberalism and the Spirit of Empire*, Princeton NJ, Princeton University Press, 2005.

MÜLLER, K.-J. "La situation dans la République fédérale d'Allemange", *Relations Internationales*, n. 42, 1985, pp. 145-148.

MURPHY, C.N. *International Organization and Industrial Change: Global Governance since 1850*, Cambridge, Polity Press, 1994.

—, "Seeing Women, Recognizing Gender, Recasting International Relations", *International Organization*, vol. 50, n. 3, 1996, pp. 513-538.

MURPHY, E.L. "Women's Anti-Imperialism, 'The White Man's Burden', and the Philippine-American War Theorizing Masculinist Ambivalence in Protest", *Gender & Society*, vol. 23, n. 2, 2009, pp. 244-270.

MURRAY BUTLER, N. *The Path to Peace: Essays and Adresses on Peace and its Making*, New York, Scribner, 1932.

—, *The International Mind: An Argument for the Judicial Settlement of International Disputes,* Nueva York, Scribner, 1912.

NAUMANN, F. *Mitteleuropa,* Berlin G. Reimer, 1915.

NEILA, J.L. *El destino manifiesto de una idea: Estados Unidos en el sistema internacional,* Madrid, UAM Ediciones, 2018,

NICAUT, C. "Léon Bourgeois, militant de la paix", NIESS, A.-VAÏSSE, M. (eds.) *Léon Bourgeois, du solidarisme à la Société des Nations,* Langres, Éditions Dominique Guéniot, 2006.

NIELSON, J.M. *American Historians in War and Peace. Patriotism, Diplomacy and the Paris Peace Conference, 1919.* Dubuque (Iowa), Kendall/Hunt Pub. Co., 1994.

NINKOVICH, F.A. *The Diplomacy of Ideas, US Foreign Policy and Cultural Relations, 1938-1950,* Cambridge, Cambridge University Press, 1981.

—, *Global Dawn. The Cultural Foundation of American Internationalism, 1865-1890,* Cambridge, Harvard University Press, 2009.

—, *The Wilsonian Century. U.S. Foreign Policy since 1900,* Chicago, The University of Chicago Press, 1999.

NOLAN, M. *The Transatlantic Century. Europe and America, 1890-2010,* Cambridge, Cambridge University Press, 2012.

NORTHEDGE, F.S. *International Intellectual Co-operation within the League of Nations: Its Conceptual Basis and Lessons for the Present,* University of London, 1953 (tesis doctoral no publicada).

NORTHEDGE, F.S. *The League of Nations: its life and times, 1920-1946,* Leicester, Leicester University Press, 1986.

O'HAGAN, J. *Conceptualizing the West in International Relations: from Spengler to Saïd,* New York, Palgrave, 2002.

OLSON, W.C.-GROOM, A.J.R. *International Relations Then and Now: Origins and Trends in Interpretation,* London, HarperCollins, 1991.

OTLET, P. "L'Organisation international et les associations internationals", OFFICE CENTRAL DES INSTITUTIONS INTERNATIONALES (ed.) *Annuaire de la Vie Internationale, 1908-1909,* Brussels, Office Central des Institutions Internationales, 1909, pp. 37-38.

—, *La société intellectuelle des nations,* Paris, Alcan, 1919.

OTLET, P.-LA FONTAINE, H. "La vie internationale et l'effort pour son organization", *La Vie Internationale,* 1,1, 1912, pp. 9-34.

OWENS, JP. "Women and the History of International Thought", *International Studies Quarterly,* vol. 62, n. 3, 2018, pp. 467-479.

PAISLEY, F. *Glamour in the Pacific: Cultural Internationalism and Race Politics in the Women's Pan-Pacific,* Honolulu HI, University of Hawaii Press, 2009.

PALOMARES, G. "Hegemonía y cambio en la teoría de las relaciones internacionales", *Afers Internacionals,* n. 22, 1990.

PARMAR, I. "The Carnegie Corporation and the Mobilization of Opinion in the United States' Rise to Globalism, 1939-1945", *Minerva,* 37-4, 1999, pp. 355-378.

—, "Anglo-American Elites in the Interwar Years: Idealism and Power in Intellectual Roots of Chatham House and the Council on Foreign Relations", *International Relations,* 16, 1, 2002, pp. 53-75.

—, "Foundations Networks and American Hegemony", *European Journal of American Studies,* v. 7, n. 1, 2012, pp. 1-29.

—, *Foundations of the American Century: the Ford, Carnegie and Rockefeller Foundations in the Rise of American Power,* Columbia University Press, 2012.

PASQUALE, M.A. Di "De la historia de las ideas a la nueva historia intelectual: Retrospectivas y perspectivas. Un mapeo de la cuestión" Revista *UNIVERSUM,* Nº 26, Vol. 1, Universidad de Talca, 2011, pp. 79-92.

PATTERSON, D.S. "Andrew Carnegie's Quest for World Peace", *Proceeding of the American Philosophical Society,* 114, n. 5, 1970, pp. 371-383.

—, "Woodrow Wilson and the Mediation Movement, 1914-1917", *The Historian,* vol. 33, n. 4, 1971, pp. 535-556.

—, *The Search for Negotiated Peace: Women's Activism and Citizen Diplomacy in World War I,* New York, Routledge, 2008.

PEDERSEN, S. "The meaning of the Mandates System: an Argument", *Geschichte und Gesellschaft,* 32, 4, 2006, pp. 560-582.

—, "Back to the League of Nations", *American Historical Review,* 112, 4, 2007, pp. 1091-1117.

—, "Metaphors of the Schoolroom: Women Working the Mandates System of the League of Nations", *History Workshop Journal,* 66, 2008, pp. 188-207.

—, *The Guardians: the League of Nations and the Crisis of Empire,* Oxford, Oxford University Press, 2015.

—, "Review Essay: Back to the League of Nations", *The American Historical Review,* 112-4, 2007, pp. 1091-1117.

PEMBERTON, J.A. *The Story of International Relations,* 3 vols., Cham, Palgrave Macmillan, 2019.

PEREIRA, J.C. "De la Historia Diplomática a la Historia de las Relaciones Internacionales: algo más que el cambio de un término", *Historia Contemporánea,* 7, 1992, pp. 155-182.

—, (ed.) *La Historia de las Relaciones Internacionales,* Madrid, *Ayer* n. 42, 2001.

PERNET, C.A. "The Spirit of Harmony" and the Politics of (Latin American) History at the League of Nations", MCPHERSON, A.-WEHRLI, Y. (eds.) *Beyond Geopolitics: New Histories of Latin America at the League of Nations,* Alburquerque, University of New Mexico Press, 2015, pp. 135-153.

PETTMAN, R. "Competing Paradigms in International Politics", *Review of International Studies,* 7 (1), 1981, pp. 39-49.

PHAM-THI TU, *La Coopération intellectuelle sous la Société des Nations,* Genève, Droz / París, Minard, 1962.

PICÓ, J. "El protagonismo de las fundaciones americanas en la institucionalización de la sociología (1945-1960)", *Papers,* 63/64, 2001, pp. 11-32.

PORTER, B. (ed.) *The Aberystwyth Papers: International Politics 1919-1969,* London, Oxford University Press, 1972.

POTTER, P. "Political Science in the International Field", *The American Political Science Review,* 17 (3), 1923, pp. 381-391.

PROHENS, B. *Ideología racista del imperialismo. El biologismo racista de Boulainvilliers a Gobineau,* Palma, Prensa Universitaria, 1988.

PRUDHOMMEAUX, J. *Le Centre Européen de la Dotation Carnegie pour la Paix Internationale, 1911-1921,* Paris, Centre Européen de la Dotation Carnegie pour la Paix Internationale, 1921.

QUIRK, J.-VIGNESWARAN, D. "The Construction of an Edifice: the Story of a First Great Debate", *Review of International Studies*, 31 (1), 2005, pp. 89-107.

RASMUSSEN, A. "Jalons pour une histoire des congrès internationaux au xixe siècle: Régulations scientifique et propaganda intellectuelle", *Relations Internationales*, n. 62, 1990, pp. 115-133.

—, *L'internationale scientifique, 1870-1914*, PhD Thesis, EHESS Paris, 1995.

REGUERA, A.T. "Orígenes del pensamiento geopolítico en España. Una primera aproximación", *Documents d'analisi geográfica*, (17), 1990, pp. 79-104.

REINSCH, P.S. *World Politics at the End of the Nineteenth Century as Influenced by the Oriental Situation*, New York and London, Macmillan, 1900.

—, *Colonial Government*, New York, Macmillan, 1902.

—, *Colonial Administration*, New York, Macmillan, 1905.

—, "The Negro Race and European Civilization", *American Journal of Sociology*, 11, n. 2, 1905, pp. 145-167.

—, *American Love of Peace and European Skepticism, International Conciliation*, n. 68, july 1913.

RENOLIET, J.-J. *L'UNESCO oublié. La Société des Nations et la coopération intellectuelle (1914-1946*, Paris, Publications de la Sorbonne, 1999.

RENOUVIN, R. *Historia de las relaciones internacionales*, Madrid, Aguilar, t. I, v. I, 1967.

RENSHAW, P. *America in the Era of the Two World Wars 1910-1945*, New York, Longman, 1996.

RENTEZI, M. "A Diplomat Turn in History of Science", *Newsletter of the History of Science Society*, 47 (1), 13-15.

REYNOLDS, D. *The Long shadow. The Legacies of the Great War in the Twentieth Century*, New York, Norton, 2014.

REYNOLD, G. de "La reconstruction intellectuelle, les Catholiques et la Société des Nations", *La Revue Générale*, 15 juin 1922, pp. 617-633.

RICHARD, A.-I. "Competition and Complementary: Civil Society Networks and the Question of Decentralizing the League of Nations", *Journal of Global History*, vol. 7, n. 2, 2021, pp. 233-256.

RICH, P.B. "Reinventing Peace: David Davies, Alfred Zimmern and Liberal Internationalism in Interwar Britain", *International Relations*, 16 (1), 2002, pp. 117-133.

RICHARDSON, M. "The Humanities and International Understanding: Some Reflections on the Experience of the Rockefeller Foundation", WAGNER-MARTIN, L. (ed.) *Philanthropy and Culture: The International Foundations Perspective*, Cambridge, Cambridge University Press, 1984.

RIEMENS, M. "International Academic Cooperation on International Relations in the Interwar Period: the International Studies Conference", *Review of International Studies*, vol. 37, issue 02, April 2011, pp. 911-928.

RIETZLER, K. *American Foundations and the "Scientific Study" of International Relations in Europe, 1910-1940*, London, University College London, 2009.

—, "Experts for Peace: Structures and Motivations on Philantropic Internationalism in the United States and Europe", LAQUA, D. (ed.) *Internationalism Reconfigured: Transnational Ideas and Movements between the World Wars*, London, I. B. Tauris, 2011.

ROCKEFELLER FOUNDATION *Annual Report*, New York, Rockefeller Foundation, 1918-1942.

RODRÍGUEZ MANZANO, I. "La institucionalización de las Relaciones Internacionales y el 'mito' de 1919: ¿dónde están las mujeres?", GARCÍA SEGURA, C.-SANAHUJA, J.A.-VERDES-MONTENEGRO, F.J. *100 años de relaciones internacionales: una mirada reflexiva*, Valencia, Tirant lo Blanch, 2020, pp. 251-275.

ROOT, E. "The Effect of Democracy on International Law", *International Conciliation* 4, n. 117 1917/1918, pp. 153-167.

ROSATI, J.A.-SCOTT, J.M. *The Politics of United States Foreign Policy*, Boston, Wadsworth Cengage Learning, 2011.

ROSENBERG, E. *Spreading the American Dream: American Economic and Cultural Expansion, 1890-1945*, New York, Hill and Wang, 1982.

ROUGEMONT, D. de *Tres milenios de Europa. La conciencia europea a través de sus textos*, Madrid, 1968.

RUPP, L.J. *Worlds of Women: The Making of an International Women's*, Princeton, Princeton University Press, 1997.

SABINE, J.-SCOT, M. "Les relations internationals à Sciences Po. La naissance du CERI et l'essor d'un champ disciplinaire (1945-1968)", *Revue Historique*, n. 691, 2019, pp. 669-704.

SACRISTE, G.-VAUCHEZ, A. "The Force of International Law: Lawyers' Diplomacy on the International Scene in the 1920s", *Law and Social Inquiry*, Vol. 32, Issue 01, winter 2007.

SÁNCHEZ RECIO, G. *La Internacional Católica. Pax Romana en la política europea de posguerra*, Madrid, Biblioteca Nueva, 2005.

SÁNCHEZ ROMÁN, J.A. *La Sociedad de Naciones y la reinvención del imperialismo liberal*, Madrid, Marcial Pons Historia, 2021.

—, (ed.) *La Sociedad de Naciones: Nuevas miradas*, dossier *Ayer*, n. 131, 2023.

—, "La Sociedad de Naciones y los orígenes del siglo americano", n. 131, 2023, pp. 1-27, DOI: 10.5559/ayer/1489, (http://www.revistasmarcialpons.es/revistaayer/issue/view/avance-en-linea)

SANDELL, M. "A real meeting of the women of the East and West: Women and Internationalism in the Interwar Period", LAQUA, D. (ed.) *Internationalism reconfigured: transnational ideas and movements between the World Wars,* London, I.B. Tauris, 2011, pp. 161-185.

SCHMIDT, B.C. *The Political Discourse of Anarchy. A Disciplinary History of International Relations*, Albany New York, SUNY Press, 1998.

—, "Lessons from the Past: Reassessing the Interwar Disciplinary History of International Relations", *International Studies Quarterly*, 42, n. 3, 1998, pp. 433-459.

—, "Anarchy, World Politics and the Bird of a Discipline: American International Relations, Pluralist Theory and the Myth of Interwar Idealism", *International Relations*, 16, n. 1, 2002, pp. 9-31.

—, "Paul S. Reinsch and the Study of Imperialism and Internationalism", LONG, D.-SCHMIDT, B. (dirs.) *Imperialism and Internationalism in the Discipline of International Relations*, Albany, State University of New York Press, 2005, pp. 43-70.

—, "Political Science and the American Empire: a Disciplinary History of the 'Politics' Section and the Discourse of Imperialism and Colonialism", *International Politics*, 45, 2008, pp. 675-687.

—, (ed.) *International Relations and the First Great Debate*, London, Routledge, 2012.

—, "On the History and Historiography of International Relations", CARLSNAES, W.-RISSE, T.-SIMMONS, B. (eds.) *Handbook of International Relations*, Los Angeles, Sage Publications, 2013, pp. 3-28.

—, "Revisando la historia temprana de las relaciones internacionales: imperialismo, colonialismo y raza", LOZANO VÁZQUEZ, A.-SARQUÍS RAMÍREZ, D.J.-VILLANUEVA LIRA, J.R.-JORGE, D. ¿Cien años de relaciones internacionales? Disciplinar*iedad y revisionismo*, Madrid, Siglo xxi, 2019, pp. 250-264.

SCHMIDT, B.-GUILHOT, N. (eds.) *Historiographical Investigations in International Relations*, New York, Palgrave Macmillan, 2019.

SCHOTT, L. "The Woman's Peace Party and the Moral Basis for Women's Pacifism", *Frontiers: A Journal of Women Studies*, vol. 8, n. 2, 1985, pp. 18-24.

SCHROEDER-GUDEHUS, B. *Les scientifiques et la paix: la communauté internationale au cours des années 20*, Montréal, Presses de l'Université de Montréal, 1978.

—, "Pas de Locarno pour la science: la coopération scientifique internationale et la politique étrangère des États pendant l'entre-deux-guerres", *Relations Internationales*, n. 46, 1986, pp. 173-194.

SCOT, M. *La London School of Economics and Political Science. Internationalisation universitaire et circulation des savoirs en sciences sociales 1895-2000*, Paris, PUF, 2011.

SEALANDER, J. *Private Wealth and Public Life. Foundation Philantropy and the Reshaping of American Social Policy from the Progressive Era to the New Deal*, The John Hopkins University Press, 1997.

SHARP, I. "Feminist Peace Activism 1915 and 2010: Are we nearly there yet?", *Peace & Change*, vol. 38, n. 2, 2013, pp. 155-180.

SHILLIAM, R. (ed.) *International Relations and Non-Western Thought. Imperialism, Colonialism and Investigation of Global Modernity*, London, Routledge, 2011.

SHOTWELL, J.T. *At the Paris Peace Conference*, New York, MacMillan, 1937.

—, *Economic and Social History of the World War: Outlines of Plan. European Series*, Washington, Carnegie Endowment for International Peace, 1924.

—, *The Autobiography of James T. Shotwell*, Indianapolis, Boobs-Merrill, 1961.

SHOUP, L.H.-MINTER, W. *Imperial Brain Trust. The Council on Foreign Relations and the United States Foreign Policy*, New York, Monthly Review Press, 1977.

SIRINELLI, J.-F. *Intellectuels et passions françaises: Manifestes et petitions au* XXe *siècle*, Paris, Fayard, 1990.

—, *Génération intellectuelle: Khâgneux et normaliens dans l'entre-deuxguerres*, Paris, Quadrige, 1988.

SLUGA, G.-CLAVIN, P. *Internationalisms: A Twentieth-Century History*, Cambridge University Press, 2017.

SMITH, S. "Paradigm Dominance in International Relations: the Development of International Relations as a Social Science", *Millenium. Journal of International Studies*, 16, 1987, pp. 189-206.

—, "The United States and the Discipline of International Relations: Hegemonic Country, Hegemonic Discipline", *International Studies Review*, 4, 2, 2002, pp. 67-85.

STAPELTON, J. "The Classicist as a Liberal Intellectual: Gilbert Murray and Alfred Eckhard Zimmern", STRAY, Ch. (ed.) *Gilbert Murray re-assessed: Helenism Theatre, and International Politics*, Oxford, Oxford University Press, 2007, pp. 261-292.

STEIGERWALD, D. *Wilsonian Idealism in America*, Cornell University Press, 1994.

STEINSON, B.J. *American Women's Activism in World War I*, New York, Garland Publishing, 1982.

STERN, F. "Los historiadores y la Gran Guerra", *El mundo alemán de Einstein. La promesa de una cultura*, Madrid, Paidós, 2003.

STEWARD, J. (ed.) *Race Contacts and Interracial Relations: Lectures on the Theory and Practice of Race*, Washington DC, Howard University Press, 1992 (1916).

STORM, E. "Painting Regional Identities: Nationalism in the Arts, France, Germany and Spain, 1890-1914", *European History Quarterly*, 39, 4, 2009, pp. 557-582.

STROMBERG, R.N. *Redemption by War. The Intellectuals and 1914*, Lwarence, The Regent Press of Kansas, 1982.

SUSMAN, W. *Culture as History: The Transformation of American Society in the Twentieth Century*, New York, Smithsonian Books, 1984.

SWANWICK, H.M. *New Wars for Old*, London, Womens' International League, 1934.

—, *Collective Insecurity*, London, Jonathan Cape, 1937.

SYLVEST, C. "Continuity and Change in British Liberal Internationalism, 1900-1930", *Review of International Studies*, 31, 2005, pp. 263-283.

TESCHKE, B. *The Myth of 1648: Class, Geopolitics and the Making of Modern International Relations*, London/New York, Verso, 2003.

THIES, C. "Progress, History and Identity in International Relations Theory: The Case of the Idealist-Realist Debate", *European Journal of International Relations*, 8, n. 2, 2002, pp. 147-185.

—, "Myth, Half-truth, Reality or Strategy?", THIES, C. *International Relations and the First Great Debate*, New York, Routledge, 2012, pp. 118-132.

TICKNER, J.A.-TRUE, J. "Century of International Relations Feminism: From World War I Women's Peace Pragmatism to the Women, Peace and Security Agenda", *International Studies Quarterly*, vol. 62, n. 2, 2018, pp. 221-233.

TICKNER, A.B.-WAEVER, O. (eds.) *International Relations Scholarship around the World*, London, Routledge, 2009.

TOURNÉS, L. "La foundation Rockefeller et la naissance de l'universalisme philantropique américain", *Critique Internationale*, 35, 2007, pp. 173-197.

—, (dir.) *L'argent de l'influence. Les foundations américaines et leurs résaux européens*, Paris, Autrement "Mémoires/Culture", 2010.

—, *Science de l'homme et politique. Les foundations philantropiques américaines en France au xxè siècle*, Paris, Classiques Garnier, 2013.

—, *Les États Unis et la Société des Nations (1914-1946). Le système internationale face á l'emergence d'une superpuissance*, Berna, Peter Lang, 2016.

TOVAR RUIZ, J. "El idealismo wilsoniano en la política exterior estadounidense, ¿una doctrina recurrente?, *Revista Española de Ciencias Políticas*, n. 35, 2014, pp. 137-160.

TOYE, J.-TOYE R. "One World, Two Cultures? Alfred Zimmern, Julian Huxley and the Ideological Origins of UNESCO", *History*, 95, 319, 2010, pp. 308-331.

TRACHTENBERG, M. "A New Economic Order": Etienne Clementel and French Economic Diplomacy during the First World War", *French Historical Studies*, vol. 10, n. 2, 1977, pp. 315-341.

TRONCHET, G. *Savoirs en diplomatie. Une histoire social et transnationale de la politique universitaire internationale de la France (années 1870-années 1930)*, Thése Doctorat, Université-Paris 1 Panthéon-Sorbonne, 2014.

—, *André Honnorat. Un visionnaire en politique*, Paris, Maisonneuve & Larose Nouvelles Éditions-Hémisphères Éditions, 2020.

TRONCHET, G.-KÉVONIAN, D. (eds.) *La Babel étudiante: la Cité Internationale Universitaire de Paris (1920-1950)*, Rennes, PUR, 2013.

—, (eds) *Le campus-monde: la Cité Internationale Universitaire de Paris de 1945 aux années 2000*, Rennes, PUR, 2022.

TYRRELL, I. *Transnational Nation: United States History in Global Perspective since 1789*, New York, Palgrave MacMillan, 2007.

—, *Reforming the World. The Creation of America's Moral Empire*, Princeton, Princeton University Press, 2010.

ULUORTA, H.M. "La teoría crítica de las relaciones internacionales: panorama histórico, revisionismo y escenarios futuros", LOZANO VÁZQUEZ, A.-SARQUÍS RAMÍREZ, D.J.-VILLANUEVA LIRA, J.R.-JORGE, D. ¿Cien años de relaciones internacionales? *Disciplinariedad y revisionismo*, Madrid, Siglo xxi, 2019, pp. 265-284.

VAÏSSE, M. (dir.) *León Bourgeois et la paix*, Paris, Direction des Archives-Ministère de l'Europe et des Affaires Étrangères-CTHS, 2022.

VAUGHAN-WILLIAMS, N. "International Relations and the 'Problem of History'", *Millenium*, 34, 1, 2005, pp. 115-136.

VERGA, M. "Manuels d'histoire pour la paix en Europe, 1923-1938", PETRICIOLI, M.-CHERUBINI, D. (eds.) *Pour la paix en Europe / For Peace in Europe. Institutions et société civile dans l'entre-deux-guerres / Institutions and Civil Society between the World Wars*, Bruxelles, Peter Lang, 2007, pp. 503-524.

VIGEZZI, B. "Quelques remarques sur l'histoire des relations internationales en Italie: formation et perspective", *Relations Internationales*, n. 42, 1985, pp. 187-199.

VILLANUEVA, J.R. "1919: ¿La fundación de la disciplina de Relaciones Internacionales?", *Revista de Estudios Internacionales de la UNAM*, 125, 2016, pp. 11-34.

—, "El primer gran debate en relaciones internacionales: ¿mito disciplinario?", LOZANO VÁZQUEZ, A.-SARQUÍS RAMÍREZ, D.J.-VILLANUEVA LIRA, J.R.-JORGE, D. *¿Cien años de relaciones internacionales? Disciplinariedad y revisionismo*, Madrid, Siglo xxi, 2019, pp. 195-211.

VITALIS, R. "The Gracefull and Generous Liberal Gesture: Making Racism Invisible in American International Relations", *Millenium: Journal of International Studies*, 29 (3), 2000, pp. 331-356.

—, "Birth of a Discipline", LONG, D.-SCHMIDT, B.C. *Imperialism and Internationalism in the Discipline of International Relations*, Albany, NY, SUNY Press, 2005, pp. 159-181.

—, *White World Order, Black Power Politics: the Birth of American International Relations*, Ithaca, Cornell University Press, 2015.

—, "Beyond Practitionner Histories of International Relations. Or, the Stories that Professors Lide to Tell (about) themselves", DYVIK, S.L.-SELBY, J.-WILKINSON, R. (eds.) *What's the Point of International Relations?*, London/New York, Routledge, 2017, pp. 98-106.

WAEVER, O. "The Sociology of a not so International Discipline: American and European Developments in International Relations", *International Organization*, 52 (4), 1998, pp. 687-727.

WALES, J.G. *Continuous Mediation Without Armistice*, Madison, Woman's Peace Party, 1915.

WATT. D.C. "America and the British Foreign Policy-Making Elite, from Joseph Chamberlain to Anthony Eden, 1895-1956", *The Review of Politics*, 25, 1, 1963, p. 3-33.

WEAVER, W. (ed.) *U.S. Philantropic Foundations. Their History, Structure, Management and Record*, New York, Harper & Row, 1967.

WELLS, H.G. *The Way to World Peace*, London, 1930.

—, *An Englishman looks at the World*, London, Cassell & Co, 1914.

WERTHEIM, S. "The League of Nations that Wasn't: American Designs for a Legalist-Sanctionist League of Nations and the Intellectual Origins of International Organizations, 1914-1920", *Diplomatic History*, 35-5, 2011, pp. 797-836.

WIARDA, H.J. "The Eurocentrism of the Social Science Implications for Research and Policy", *Review of Politics*, 43, 2, 1981, pp. 163-192.

WILSON, P. "Introduction: The Twenty Year's Crisis and the Category of 'Idealism' in International Relations", LONG, D.-WILSON, P. (eds.) *Thinkers of the Twenty Year's Crisis: Inter-war Idealism Reassessed*, Oxford, Clarendon Press, 1995.

—, "The Myth of the First Great Debate", *Review of International Studies*, 24 (5), 1998, pp. 1-13.

—, "Carr and His Early Critics: Responses to the Twenty Year's Crisis, 1939-1946", COX, M. (ed.) *A Critical Appraisal*, London, Palgrave, 2000, pp. 165-197.

—, *The International Theory of Leonard Woolf: a Study in Twentieth Century Idealism*, New York, Palgrave Macmillan, 2003.

WILLETS, P. *Non-Governmental Organizations in World Politics: The Construction of Global Governance*, Abingdon, Routledge, 2011.

WINTER, J. *Imagining Peace in the Twentieh Century*, New Haven, Yale University, 2008.

WINTER, J.-PROST, A. *The Great War in History: Debates and Controversies, 1914 to the Present*, Cambridge, Cambridge University Press, 2005.

WOOLF, L. *International Government: Two Reports*, Westminster, Fabian Society, 1916.

—, *Imperialism and Civilization*, London. Hogarth Press, 1928/1933.

—, (ed.) *The Intelligent Man's Way to Prevent War*, London, Victor Gollanez, 1933.

YERLY, F. "Les Catholiques et la Société des Nations: l'exemple de l'Union Catholique d'Ètudes Internationales", CHOLVY, G. (dir.) *L'éveil des catholiques français á la dimension de leur foi, XIXe et XXe siècles*, Ed. du Centre Regional d'Histoire des Mentalités, 1996.

ZIMMERN, A. "The Development of the International Mind", COMMITTEE OF THE GENEVA INSTITUTE OF INTERNATIONAL RELATIONS *The Problem of Peace: Lectures Delivered at the Geneva Institute of International Relations at the Palais des Nations*, august 1926, Oxford University Press, 1927.

—, *The Third British Empire*, Oxford, Oxford University Press, 1926/1934.

—, "Democracy and the Expert", *Political Quarterly* v. 1, n. 1, 1930, pp. 7-25.

—, *The Study of International Relations*, Oxford, Clarendon Press, 1931.

—, *Prospect of Civilization*, Oxford, Clarendom Press, 1939.
—, "The League and International Intellectual Co-operation", COMMITTEE OF THE GENEVE INSTITUTE OF INTERNATIONAL RELATIONS, *Problems of peace.*
ZORGBIBE, Ch. *Wilson. Un croisé à la Maison Blanche*, Paris, Presses de Science Po, 1998.
ZUCKERMAN, P. (ed.) *The Social Theory of W.E.B. Du Bois*, London, Sage, 2005.

COOPERACIÓN INTELECTUAL Y LOS MODERNOS ESTUDIOS INTERNACIONALES EN ESPAÑA HASTA LA GUERRA CIVIL

AFFAYA, N.-GERRAOUI, D. *La imagen de España en Marruecos*, Barcelona, CIDOB, 2005.
AGUADO, E. *Don Manuel Azaña*, Madrid, Sarpe, 1986.
AGUILAR OLIVENCIA, M. *El ejército español durante la II República*, Madrid, Econorte, 1986.
ALBARRACÍN TEULÓN, A. "Las ciencias biomédicas en España de 1800 a 1936", SÁNCHEZ RON, J.M. (ed.) *Ciencia y Sociedad en España de la Ilustración a la guerra civil*, Madrid, El Arquero-CSIC, 1988, pp. 143-156.
ALBEROLA, A. (ed.) *Estudios sobre Rafael Altamira*, Alicante, Diputación Provincial de Alicante, 1987.
ALCALÁ-ZAMORA, N. *La crisis de las ideas en los fundamentos del ejército*, Madrid, s.e., 1919.
—, *Los intentos del pacifismo contemporáneo*, Madrid, Imprenta de Ratés, 1925.
ALGUACIL CUENCA, P. "España: de la Sociedad de Naciones a Naciones Unidas", *Anales de Derecho*, Universidad de Murcia, n. 24, 2006, pp. 303-318.
ALPERT, M. *La reforma militar de Azaña (1931-1933)*, Madrid, Siglo XXI, 1982,
ALTAMIRA, R. *Historia de España y de la civilización española*, 4 vols., Barcelona, Juan Gil, 1900-1911.
—, *Cuestiones modernas de Historia*, Madrid, Daniel Jorro, 1904.
—, *Cuestiones internacionales: España, América y los Estados Unidos*, Madrid, Jaime Ratés, 1916.
—, *El proceso ideológico de creación del Tribunal Permanente de Justicia Internacional*, Madrid, Revista de Derecho Privado, 1921.
—, "Direcciones fundamentales de la Historia de España en el siglo XIX", *Boletín de la Institución Libre de Enseñanza*, XLVII, 1923.
—, *La Sociedad de Naciones y el Tribunal Permanente de Justicia Internacional*, Madrid, 1931.
—, "Les répercussions internationales du changement de régime en Espagne", *L'Esprit International*, n. 20, octobre 1931, pp. 578-591.
—, "Observaciones sobre la realidad internacional presente" (escrito en 1925), ALTAMIRA, Rafael *Cuestiones internacionales y de pacifismo*, Madrid, C. Bermejo, 1932.
—, *La enseñanza de la historia V. 1. Introducción. Informe general España – Repúblicas hispanoamericanas*, Madrid, Imp. de E. Maestre, 1934.
ÁLVAREZ JUNCO, J. "La nación en duda", PAN-MONTOJO, J. (coord.) *Más se perdió en Cuba. España 1898 y la crisis de fin de siglo*, Madrid, Alianza Universidad, 1998, pp. 405-476.
—, *Mater Dolorosa. La idea de España en el siglo XIX*, Madrid, Taurus, 2001.

ÁLVAREZ LÁZARO, P. "La Institución Libre de Enseñanza y el universalismo masónico europeo", *Revista de Occidente*, n. 101, 1989, pp. 88-106.

ANÉS Y ÁLVAREZ DE CASTRILLÓN, G. "Ramón Carande. Historiador y humanista", FUENTES QUINTANA, E. (dir.) *Economía y economistas españoles. 6. La modernización de los estudios de economía*, Barcelona, Galaxia Gutenberg-Círculo de Lectores, 2001, pp. 471-517.

ARENAL, C. del *La teoría de las relaciones internacionales en España*, Madrid, International Law Association (sección española), 1979.

—, "El estudio de las relaciones internacionales en la España del siglo XIX", *Revista de Política Internacional*, n. 163, 1979, pp. 7-45.

ARÓSTEGUI, J. "La teoría de la historia en Francia y su influencia en la historiografía española", PELLISTRANI, B. (ed.) *La historiografía francesa del siglo XX y su acogida en España*, Madrid, Casa de Velázquez, n. 8, 1980, pp. 365-406.

ARROYO ZAPATERO, L.A. "Los juristas de la Junta para Ampliación de Estudios", REBOK, S. *Traspasar fronteras: un siglo de intercambio científico entre España y Alemania*, Madrid, CSIC, 2010, pp. 267-290.

AUBERT, P. "Madrid, polo de atracción de la intelectualidad a principios de siglo", BAHAMONDE, A.-OTERO CARVAJAL. L.E. (coords.) *La sociedad madrileña durante la Restauración 1876-1931. Terceros Coloquios de Historia Madrileña*, Madrid, Consejería de Cultura CAM-Alfoz, vol. 2, 1989, pp. 101-138.

—, *Les intellectuels espagnols et la politique dans le premier tiers du XX siècle*, Lille, ANRT (Thèse de Doctorat d'État), 1996.

—, "¿A La Sorbona, a Marburgo o a la Alpujarra? La Junta para Ampliación de Estudios", *Circunstancia*, año V, n. 14, 2007, pp. 9-33.

AZAÑA, M. *Obras Completas*, 4 vols., México, Oásis, 1966-1968.

BACHOUD, A. *Los españoles ante las campañas de Marruecos*, Madrid, Espasa Calpe, 1988.

BALCELLS, A. "El catalanismo, la Sociedad de Naciones y las minorías nacionales", revista *IDEES*, n. 58, 2022 (https://revistaidees.cat/es/el-catalanismo-la-sociedad-de-naciones-y-las-minorias-nacionales/)

BALFOUR, S. *El fin del imperio español (1898-1923)*, Barcelona, Crítica, 1997.

—, "España y las grandes potencias y los efectos del desastre de 1898", BALFOUR, S.-PRESTON, P. (eds.) *España y las grandes potencias en el siglo XX*, Barcelona, Crítica, 2002, pp. 1-16.

—, *Abrazo mortal. De la guerra colonial a la guerra civil en España y Marruecos (1909-1939)*, Madrid, Editorial Península, 2002.

—, "España, Marruecos y las grandes potencias, 1898-1914", GÓMEZ-FERRER, G.-SÁNCHEZ, R. (eds.) *Modernizar España. Proyectos de reforma y apertura internacional (1898-1914)*, Madrid, Biblioteca Nueva, 2007, pp. 143-151.

BARCIA TRELLES, C. "Francisco de Vitoria et l'École du Droit International", *RCADI*, v. 27, 1928.

—, "Francisco Suárez (1548-1617): les théologiens espagnols au XVIe siècle et l'école moderne du droit international", *RCADI*, v. 43, 1933.

—, "Fernando Vázquez de Menchaca. L'École espagnole du Droit International du XVIe siècle", *RCADI*, v. 67, 1939.

BECKER, J. *España en Marruecos. Sus relaciones diplomáticas durante el siglo XIX*, 1903, Analecta, 2016.

—, *Colección de tratados, convenios y demás documentos de carácter internacional firmados por España (1868-1874),* 1907, Alicante, Biblioteca Virtual Miguel Cervantes, 2007.

—, *Historia de Marruecos. Apuntes para la historia de la penetración europea y principalmente de la española en el Norte de África,* Madrid, Jaime Ratés, 1915.

—, *Tratados, convenios y acuerdos referentes a Marruecos y la Guinea española,* Madrid, Publicaciones de la Liga Africanista, 1918.

—, *Historia de las Relaciones Exteriores de España durante el siglo XIX (Apuntes para una historia diplomática),* 3 vols., Madrid, Jaime Ratés, 1924.

—, *Causas de la esterilidad de la acción exterior de España,* Madrid, J. Cosano, 1925.

BERNIS, F. *Las consecuencias económicas de la guerra: las teorías económicas de los hechos desde 1914 respecto al ciclo económico, producción, distribución, renta y consumo,* Madrid, Junta para Ampliación de Estudios, 1923.

BORDEJÉ MORENCOS, F. *Vicisitudes de una política naval. Antecedentes, desarrollo de la Armada entre 1898-1936,* Madrid, Editorial San Martín, 1978.

—, *España, poder marítimo y estrategia naval,* Madrid, Ed. Naval, 1982.

BRAVO MORATA, F. *La República y el Ejército,* Madrid, Ed. Fenicia, 1978.

CACHO VIU, V. "La JAE entre la ILE y la generación del 14", SÁNCHEZ RON, J.M.(coord.) *1907-1987. La Junta para Ampliación de Estudios e Investigaciones Científicas 80 años después,* 2 vols., Madrid, CSIC, 1988, p. 3-26.

—, *La Institución Libre de Enseñanza,* Madrid, Fundación Albéniz-Sociedad Estatal de Conmemoraciones Culturales, 2010.

CAGIAO VILA, P. *Diplomacia y acción cultural americana en la España de Primo de Rivera,* Madrid, Marcial Pons, 2021.

RAMÓN Y CAJAL, S. *Los tónicos de la voluntad. Reglas y consejos sobre investigación científica,* Madrid, Gadir, 2005.

CARDONA, G. *El poder militar en la España contemporánea hasta la Guerra Civil,* Madrid, Siglo XXI, 1983.

CARRERO BLANCO, L. Blanco *España y el mar,* vol. 1, Madrid, Instituto de Estudios Políticos, 1962.

CARRILLO SALCEDO, J.A. *El derecho internacional en perspectiva histórica,* Madrid, Tecnos, 1991.

CASANOVA, M. "El ingreso en la Carrera Diplomática durante la II República", *Cuadernos de la Escuela Diplomática,* n. 1, junio 1988, pp. 129-138.

CASTILLEJO CLAREMONT, D. *Los intelectuales reformadores de España. III. Fatalidad y porvenir (1913-1937),* Madrid, Castalia, 1997-1999.

CEREZO MARTÍNEZ, R. *España y el poder marítimo,* Madrid, Editora Nacional, 1975.

CERVERA, P. "El 'poder naval' y los 'acorazados'", *Revista General de Marina,* abril de 1930, pp. 567-578.

CIRUJANO, P.-ELORRIAGA, T.-PÉREZ GARZÓN, J.S. *Historiografía y nacionalismo español, 1834-1868,* Madrid, CSIC, 1985.

CLAVERO, B. "Derecho bajo asedio, 1936-1939. República española y Sociedad de Naciones en el escenario europeo entre constitucionalismo y dictadura", *Quaderni Fiorentini,* 47, 2018, pp. 257-315.

—, "España en la Sociedad de Naciones, 1920-1939", *Conversación sobre la Historia,* https://conversacionsobrehistoria.info/2020/02/09/espana-en-la-sociedad-de-naciones-1920-1939/

COMÍN COMÍN, F. "Album", FUENTES QUINTANA, E. (dir.) *Economía y economistas españoles. 6. La modernización de los estudios de economía*, Barcelona, Galaxia Gutenberg-Círculo de Lectores, 2001, pp. I-LXIII.

COUTAU-BÉGARIE, H. *La potencia marítima (Castex)*, Madrid, Ediciones Ejército, 1987.

DALMAU, R. (marqués del Olivart) *La Sociedad de Naciones*, Madrid, Imprenta Patronato de Huérfanos de la Intendencia e Intervención Militares, 1919.

DELAUNAY, J.-M. "La mer dans les relations franco-espagnoles au début du Xxè siècle", *Relations Internationales*, n. 60, hiver 1989, pp. 457-472.

DELGADO GÓMEZ-ESCALONILLA, L. *Diplomacia franquista y política cultural hacia Iberoamérica, 1939-1953*, Madrid, CSIC, 1988.

—, *Imperio de papel. Acción cultural y política exterior durante el primer franquismo*, Madrid, CSIC, 1992.

—, "De la regeneración intelectual a la legitimación ideológica: la política cultural exterior de España (1921-1945)", *Spagna Contemporanea*, n. 6, 1994, pp. 51-71.

—, "Las relaciones culturales de España en tiempo de crisis: de la II República a la Guerra Mundial", *Espacio, Tiempo y Forma*, Serie V, Historia Contemporánea, t. 7, 1994, pp. 259-294.

—, "América como estímulo: regeneración nacional y tierra de oportunidades", *España e Italia en la Europa contemporánea desde finales del siglo XIX a las dictaduras*, Madrid, CSIC, 2002, pp. 455-475.

—, *Un siglo de diplomacia cultural española: de la Junta para Ampliación de Estudios al Instituto Cervantes. Estudios internacionales y estratégicos*, Madrid, Instituto Elcano, 2014.

DOMÍNGUEZ DOMÍNGUEZ, C. "La enseñanza de la geografía y la historia durante la II República", *Iber: Didáctica de las Ciencias Sociales, Geografía e Historia*, n. 19, 1999, pp. 5-20.

EGIDO, Mª. de los A. *La concepción de la política exterior durante la II República*, Madrid, UNED, 1987.

—, "Madariaga reivindicador de la figura de Vitoria como fundador del Derecho Internacional", MADARIAGA, S. de *Exposición. Libro homenaje*, La Coruña, Ayuntamiento de La Coruña (imprenta Mundo), 1987, pp. 107-111.

ELORZA, A. *La razón y la sombra. Una lectura política de Ortega y Gasset*, Madrid, Anagrama, 1984.

ENGLEKIRK, J.E. "El Hispanoamericanismo y la generación del 98", *Revista Iberoamericana*, II-4, 1940, México, pp. 321-325.

ESCULIES SERRAT, J. "¿Un relato internacional para la Mancomunitat?", revista *IDEES*,N. 58, 2022" (https://revistaidees.cat/es/un-relat-internacional-per-a-la-mancomunitat-de-prat-de-la-riba/)

ESPADAS BURGOS, M. "La política exterior española en la crisis de la Restauración", *Historia de España y América*, vol. XVI, 2, Madrid, 1981, pp. 581-614.

—, *Franquismo y política exterior*, Madrid, Rialp, 1987.

ESPÍN, E. *Azaña en el poder. El partido de Acción Republicana*, Madrid, Centro de Investigaciones Sociológicas, 1980.

FERNÁNDEZ ALMAGRO, M. "Política naval de la España moderna y contemporánea. VI. Afanes de Maura", *Revista de Estudios Políticos*, vol. XII, año 4, 22-23, 1945, pp. 37-70.

FERNÁNDEZ CIENFUEGOS, P.A. "La guerra inevitable", *Memorial de Infantería*, n. 230, t. 39, marzo de 1931, pp. 176-182.

FERNÁNDEZ CLEMENTE, E. "Agustín Viñuales, un economista irreductible", FUENTES QUINTANA, E. (dir.) *Economía y economistas españoles. 6. La modernización de los estudios de economía*, Barcelona, Galaxia Gutenberg-Círculo de Lectores, 2001, pp. 449-466.

FERNÁNDEZ GALLEGO, A. "La formación de profesorado como clave de renovación pedagógica. El Instituto-Escuela (1918-1936) y su reestructuración de 1936", OTERO CARVAJAL, L.E.-MIGUEL SALANOVA, s. de (eds.) *La educación en España. El salto adelante, 1900-1936*, Madrid, Ediciones La Catarata, 2022, pp. 87-101.

FERNÁNDEZ PÉREZ, J.M. "La 'Revista Nacional de Economía' el nacionalismo económico", FUENTES QUINTANA, E. (dir.) *Economía y economistas españoles*, v. 6, *La modernización de los estudios de economía*, Barcelona, Galaxia Gutenberg, 1999, pp. 1043-1052.

FERNÁNDEZ SORIA, J.M. "Fundar la ciudadanía, formar al hombre, construir la democracia: Europa como solución para las escuelas de España", *Revista de Educación*, n. extra 1, 2007, pp. 241-264.

FERNÁNDEZ TERÁN, R.E.-GONZÁLEZ REDONDO, F.A. "La Junta de Ampliación de Estudios e Investigaciones Científicas en el centenario de su creación", *Revista Complutense de Educación*, vol. 18, n. 1, 2007, pp. 9-34.

FIGUEROA Y TORRES, A. –Conde de Romanones– *El Ejército y la política*, Madrid, s.e., 1920.

FORMENTÍN IBAÑEZ, J.-VILLEGAS SANZ, J.M. *Las relaciones culturales entre España y América: la Junta para Ampliación de Estudios*, Madrid, Mapfre, 1992.

FORMENTÍN IBAÑEZ, J.-RODRÍGUEZ FRAILE, E. *La Fundación Nacional para Investigaciones Científicas (1931-1939)*, Madrid, CSIC, 2001.

FUENTES, C.M. *España en la Primera Guerra Mundial. Una movilización cultural*, Madrid, Akal, 2014.

FUENTES QUINTANA, E. "Flores de Lemus en el Ministerio de Hacienda", FUENTES QUINTANA, E. (dir.) *Economía y economistas españoles. 6. La modernización de los estudios de economía*, Barcelona, Galaxia Gutenberg-Círculo de Lectores, 2001, pp. 165-268.

—, "Francisco Bernis: el tercer intérprete de la modernización de los estudios económicos en España", FUENTES QUINTANA, E. (dr.) *Economía y economistas españoles. 6. La modernización de los estudios de economía*, Barcelona, Galaxia Gutenberg-Círculo de Lectores, 2001, pp. 345-425.

FUNDACIÓN NACIONAL DE INVESTIGACIONES CIENTÍFICAS Y ENSAYOS DE REFORMAS *Legislación, 1931-1934*, Madrid, s.f.

—, *Libro de Actas del Consejo de Administración*, Archivo de la Junta para Ampliación de Estudios, Residencia de Estudiantes, Madrid.

—, *Memorias correspondientes a los años 1932, 1933 y 1934*, Madrid, Gráficas Ulloa, 1935.

FUSI, J.P. *España. La evolución de la identidad nacional*, Madrid, Temas de Hoy, 2000.

GABILONDO, J. "Genealogía de la 'raza latina': para una teoría atlántica de las estructuras raciales hispanas", *Revista Iberoamericana*, v. LxxV, n. 228, 2009, pp. 795-818.

GAMARRA CHOPO, Y. "Rafael Altamira, un historiador del Derecho en el Tribunal Permanente de Justicia Internacional (1921-1939)", *Revista Internacional de pensamiento político*, n. 6, 2011, pp. 303-326.

—, "Rafael Altamira (1866-1951), un divulgador del pacifismo", estudio preliminar a la obra de ALTAMIRA Y CREVEA, R. *La guerra actual y la opinión pública española*, Pamplona/Madrid, Analecta/Centro de Estudios Políticos y Constitucionales, 2014.

—, "La ilusión española de la Sociedad de Naciones", GAMARRA CHOPO, Y.-FERNÁNDEZ LIESA, C.R. (coords.) *Los orígenes del Derecho Internacional Contemporáneo. Estudios conmemorativos del Centenario de la I Guerra Mundial*, Zaragoza, Instituto Fernando El Católico, 2015, pp. 275-288.

—, "Rafael Altamira (1866-1951): un defensor de los Derechos Humanos en el Tribunal Permanente de Justicia Internacional", GAMARRA CHOPO, Y.-FERNÁNDEZ LIESA, C.R. (coords.) *Los orígenes del Derecho Internacional Contemporáneo. Estudios conmemorativos del Centenario de la I Guerra Mundial*, Zaragoza, Instituto Fernando El Católico, 2015, pp. 327-342.

GAMERO MERINO, C. "Castillejo a través de su correspondencia como secretario de la Junta para Ampliación de Estudios", *Historia de la Educación: Revista universitaria*, n. 5, 1986, pp. 375-400.

GARCÍA DELGADO, J.L.-JIMÉNEZ JIMÉNEZ, J.C. "La llamada de la racionalidad económica", E. FUENTES QUINTANA, E. (dir.) *Economía y economistas españoles. 6. La modernización de los estudios de economía*, Barcelona, Galaxia Gutenberg-Círculo de Lectores, 2001, pp. 7-40.

GARCÍA MORENTE, M. "La universidad", *Revista de Libros*, II, 1914, pp. 14-33

GARCÍA SÁEZ, J.A. "A propósito del paso de Hans J. Morgenthau por España: *Positivismo mal entendido y teoría realista del derecho internacional*", *Anuario de Filosofía del Derecho*, n. 30, 2014, pp. 217-239.

GARCÍA-VELASCO, J. "La Junta para Ampliación de Estudios, la Institución Libre de Enseñanza y la modernización de la cultura", *Boletín de la Institución Libre de Enseñanza*, n. 63-64, 2006, pp. 13-40.

—, (ed.) *Redes internacionales de la cultura española 1914-1939*, Madrid, Publicaciones de la Residencia de Estudiantes, 2014.

GIL GRIMAU, R. *Aproximación a una bibliografía española sobre el norte de África: 1850-1980 I*, Madrid, Ministerio de Asuntos Exteriores, 1982.

GOICOECHEA, C.A. *La política internacional de España en noventa años (1814-1904)*, Madrid, Ed. Reus, 1922.

GONZÁLEZ CALLEJA, E.-LIMÓN NEVADO, F. *La Hispanidad como instrumento de combate. Raza e imperio en la prensa franquista durante la Guerra Civil*, Madrid, CSIC, 1988.

GONZÁLEZ CALLEJA, E.-RIBAGORDA, A. (eds.) *La Universidad Central durante la Segunda República. Las ciencias humanas y sociales y la vida universitaria*, Madrid, Dykinson-Universidad Carlos III, 2013.

GONZÁLEZ CAMPOS, J.-MESA GARRIDO, R.-PECOURT GARCÍA, E. "Notas para la historia del pensamiento español: Aniceto Sela y Sampil (1863-1935)", *Revista Española de Derecho Internacional*, 1964, pp. 561-583.

GONZÁLEZ HONTORIA, M. *El protectorado francés en Marruecos. Sus enseñanzas para la acción española*, Madrid, Publicaciones de la Residencia de Estudiantes, 1915.

GONZÁLEZ POSADA, A. "Relaciones científicas con América (Argentina, Chile, Paraguay y Uruguay), *Anales de la Junta para Ampliación de Estudios e Investigaciones Científica*, t. III, 1911.

HERNÁNDEZ SÁNCHEZ-BARBA, M. "Los orígenes sociales del hispanoamericanismo español a finales de la Modernidad", *Mar Océana*, n. 1, 1994, pp. 85-133.

HERNÁNDEZ SANDOICA, E. *Pensamiento burgués y problemas coloniales en la España de la Restauración: 1857-1887*, Madrid, Ed. de la Universidad Complutense de Madrid, 1982.

HERNANDO DE LARRAMENDI, M.-AZAOLA, B. "Los estudios sobre el Mundo Árabe y Mediterráneo contemporáneo en España", VV.AA. *Investigando el Mediterráneo*, monografías, Barcelona, CIDOB, 2006, pp. 87-147.

HUGUET, E. "El factor geográfico y el gran problema de España", VELARDE FUENTES, J. *Lecturas de economía española*, Madrid, Gredos, 1969, pp. 82-98.

HUGUET, M.-NIÑO, A.-PÉREZ, P. (coords.) *La formación de la imagen de América Latina en España, 1898-1989*, Madrid, OEI, 1992.

JEVENOIS, P "Nuevas orientaciones sobre organización militar", *La Guerra y su preparación*, marzo, abril y mayo de 1926, pp. 247-254, 339-348 y 451-458.

JIMÉNEZ FRAUD, A. *Historia de la universidad española*, Madrid, Alianza, 1971.

JORGE, D. *Inseguridad colectiva. La Sociedad de Naciones, la Guerra Civil de España y el fin de la paz mundial*, Valencia, Tirant Humanidades, 2016.

JOVER ZAMORA, J.Mª. "Menéndez Pidal y la historiografía española de su tiempo", VV.AA. *El legado cultural de España al siglo XXI.I. Pensamiento, Historia y* Ciencia, Barcelona, Colegio Libre de Eméritos-Círculo de Lectores, 1992, pp. 43-103.

JOVER ZAMORA, J.M.-GÓMEZ-FERRER, G.-FUSI, J.P. *España: sociedad, política y civilización (siglos XIX y XX)*. Madrid, Areté, 2001.

JULIÁ, S. "La aparición de 'los intelectuales' en España", *Claves de razón práctica*, n. 86, 1988, pp. 2-10.

—, *Historias de las dos Españas*, Madrid, Taurus, 2004.

—, "La nueva generación: de neutrales a antigermanófilos pasando por aliadófilos", FUENTES CODERA, M. (ed.) *La Gran Guerra de los intelectuales: España en Europa*, *Ayer*, n. 91, 2013, pp. 121-144.

LABRA, R.M. de *De la representación e influencia de los Estados Unidos de América en el Derecho Internacional*, conferencia impartida en la ILE, 1 de abril de 1877.

—, *Introducción a la historia de las relaciones internacionales de España*, Madrid, Imp. del Asilo de huérfanos del S.C. de Jesús, 1897.

—, *La crisis colonial de España (1869-1898). Estudios de política palpitante y discursos parlamentarios*, Madrid, 1901.

—, *La orientación internacional de España*, Madrid, Tip. de Alfredo Alonso, 1910.

—, *La personalidad internacional de España*, Madrid, Fortanet, 1912.

LACALZADA DE MATEO, M.J. "Concepción Arenal en la Institución Libre de Enseñanza", *Boletín de la Institución Libre de Enseñanza*, n. 16, 1993, pp. 57-72.

LAPORTA SAN MIGUEL, F.J. *La Junta para Ampliación de Estudios e Investigaciones Científicas (1907-1936)*, 6 vols., trabajo inédito depositado en la Fundación Juan March, 1980.

LAPORTA SAN MIGUEL, F.J.-RUIZ MIGUEL, A.-ZAPATERO, V.-SOLANA, J. "Los orígenes culturales de la Junta para Ampliación de Estudios", *Arbor*, n. 493, 1987, pp. 17-87.

—, "Los orígenes culturales de la Junta para Ampliación de Estudios (2ª parte)", *Arbor*, n. 499-500, 1987, pp. 9-137.

LAPSUS SANTOS *La cláusula "rebus sic stantibus" y el artículo XIX del Pacto de la Sociedad de Naciones*, Madrid, tesis doctoral, 1919.

LEMUS LÓPEZ, E. "La experiencia americana de las pensionadas de la JAE a través de su correspondencia", *ARENAL*, 26:2, julio-diciembre 2019, pp. 541-574.

—, *Ellas. Las estudiantes de la Residencia de Señoritas,* Madrid, Cátedra, 2022.

LLEIXÁ, J. *Cien años de militarismo en España*, Barcelona, Anagrama, 1986.

LOBERA GIRELA, C. *El problema rifeño*, Melilla, Telegrama del Rif, 1909.

LÓPEZ SÁNCHEZ, J.M.-CARPELLO, H.M.-DE PEDRO ROBLES, A.E. "Intelectualidad española en América. La Junta para Ampliación de Estudios y sus redes culturales", *Sociotam*, v. XVII, n. 1, 2007, pp. 115-140.

LÓPEZ-CORDÓN, M.V. "España en las conferencias de La Haya 1899 y 1907", *Revista de Estudios Internacionales*, v. 3, n. 3, julio-septiembre 1982, pp. 703-756.

LÓPEZ-OCÓN CABRERA, L. "La ruptura de una tradición americanista en el CSIC: la evanescencia de la revista *Tierra Firme*", *Arbor*, n. 631-632, 1988, pp. 387-411.

—, "El cultivo de las Ciencias Humanas en el Centro de Estudios Históricos", *Revista Complutense de Educación*, v. 18, n. 1, 2007, pp. 59-76.

—, "Mobilizations and Divisions of the Scientific Community in Wartime", *Culture and History Digital Journal*, 3 (1), june 2014, pp. 1-9.

—, "Introducción. Reflexiones sobre la modernidad en las aulas de bachillerato en el primer tercio del siglo xx", LÓPEZ-OCÓN, L. (ed.) *Aulas modernas. Nuevas perspectivas sobre las reformas de enseñanza secundaria en la época de la JAE (1907-1939)*, Madrid, Dykinson-Universidad Carlos III, 2014, pp. 9-46.

—, "Blog JAEINNOVA. Cuaderno de investigación de Leoncio López-Ocón sobre las reformas educativas y científicas de la era de Cajal", 2016 (https://digital.csic.es/handle/10261/171025)

—, *El cénit de la ciencia republicana. Los científicos en el espacio público (curso 1935-1936)*. Madrid, Sílex, 2024.

LÓPEZ-OCÓN CABRERA, L.-RIBAGORDA, A. "Conexiones entre los institutos de enseñanza secundaria y el mundo universitario en la sociedad española durante el primer tercio de siglo", *CIAN. Revista de Historia de las Universidades*, v. 16, n. 1, 2023, pp. 6-16.

MADARIAGA, S. de *Disarmament*, London, Oxford University Press, 1929.

—, *Las ciencias morales y políticas y la sociedad internacional*, Madrid, Academia de Ciencias Morales, 1935.

—, *Theory and practice in International Relations*, London, Oxford University Press, 1939.

—, *The World's Design*, London, Allen & Uniwin, 1940.

—, *Memorias. Amanecer sin mediodía (1921-1936)*, Madrid, Espasa-Calpe, 1974.

—, *España. Un ensayo de historia contemporánea*, Madrid, Espasa-Calpe, 1979.

MAINER, J.C. "Un capítulo regeneracionista: el hispanoamericanismo (1892-1923)", *VII Coloquio de Pau, Ideología y sociedad en la España contemporánea. Por un análisis del franquismo*, Madrid, Edicusa, 1977, pp. 125-180.

MAINER BAQUÉ, J. *La forja de un campo profesional: pedagogía y didáctica de las ciencias sociales en España (1900-1970)*, Madrid, CSIC, 2009.

MANONELLES I TARRAGÓ, M. "Prólogo: Cataluña y la Sociedad de Naciones", revista *IDEES*, n. 58, 2022, (https://revistaidees.cat/es/proleg-catalunya-i-la-societat-de-nacions/)

—, "Josep Puig i Cadafalch y los orígenes de una diplomacia de la Cataluña autónoma", revista *IDEES*, n. 58, 2022, (https://revistaidees.cat/es/josep-puig-i-cadafalch-i-els-origens-duna-diplomacia-de-la-catalunya-autonoma-1917-23/)

L. MANZANEQUE "La guerra futura (III)", *Madrid Científico*, n. 1.295, diciembre de 1931, pp. 353-355.

MARAVALL, J.A. *Teoría del saber histórico*, Madrid, Revista de Occidente, 1968.

MARCILHACY, D. *Raza hispana. Hispanoamericanismo e imaginario nacional en la España de la Restauración*, Madrid, Centro de Estudios Políticos y Constitucionales, 2010.

MARSÁ VALCELLS, P. *Concepción Arenal y la Institución Libre de Enseñanza*, Madrid, Torremozas, 1992.

MARTÍN, C.-MARTÍN, Mª.R.-SOLANO, Mª.T. "El hispanoamericanismo, 1880-1930", *Quinto Centenario*, 8, 1985, pp. 149-165.

MARTÍN, S. "La modernización del discurso jurídico en la Universidad Central durante la Segunda República", GONZÁLEZ CALLEJA, E.-RIBAGORDA. A. (eds.) *La Universidad Central durante la Segunda República. Las ciencias humanas y sociales y la vida universitaria (1931-1936)*, Madrid, Universidad Carlos III, 2013, pp. 169-213.

MARTÍN CORRALES, E. *La imagen del magrebí en España. Una perspectiva histórica. Siglos XIX-XX*, Barcelona, Bellaterra, 2002.

MARTÍN ECHEVARRÍA, L. *Geografía de España*, 3 vols., Barcelona, Labor, 1937.

MARTÍN RODRÍGUEZ, M. "Gabriel Franco: un economista del exilio del 39", FUENTES QUINTANA, E. (dir.) *Economía y economistas españoles. 6. La modernización de los estudios de economía*, Barcelona, Galaxia Gutenberg-Círculo de Lectores, 2001, pp. 431-447.

MARTÍNEZ ALFARO, E. *Un laboratorio pedagógico de la Junta para Ampliación de Estudios: el Instituto-Escuela, sección Retiro de Madrid*, Madrid, Biblioteca Nueva, 2009.

MARTÍNEZ ALFARO, E.-LÓPEZ-OCÓN, L.-OSSENBACH, G. (eds.) *Ciencia e innovación en las aulas. Centenario del Instituto-Escuela (1918-1939)*, Madrid, CSIC, 2018.

MARTÍNEZ CARRERAS, J.U. "España y Marruecos a comienzos del siglo xx", MARTÍNEZ CARRERAS, J.U (coord.) *Relaciones entre España y Marruecos en el siglo XX, Cuadernos Monográficos. Asociación Española de Africanistas*, n. 4, 2000, pp. 9-21.

—, "El africanismo español", PEREIRA, J.C. (coord.) *La política exterior de España (1800-2003)*, Barcelona, Ariel, 2003, pp. 357-370.

MARTÍNEZ DE VELASCO, A. "Política exterior del Gobierno de Primo de Rivera en Iberoamérica", *Revista de Indias*, 149-150, 1977, pp. 788-798.

MARTÍNRREY Y DEL YERRO, L. *La Sociedad de Naciones*, Madrid, tesis doctoral, 1919.

MEDINA, M. "Notas para la historia del pensamiento internacional español: la teoría de las relaciones internacionales en Ortega y Gasset", *Anuario de Derecho Internacional*, 1976, pp. 349-375.

MERINO ÁLVAREZ, A. *La Sociedad de Naciones. Antecedentes históricos*, Madrid, Imp. del Patronato de Huérfanos de la Intendencia e Intervención Militares, 1919.

MIRKINE-GUETZÉVITCH, B. *La technique parlamentaire des relations internationales*, Paris, Librairie du Recueil Sirey, 1937.

MOGA ROMERO, V. *La cuestión marroquí en la escritura africanista. Una aproximación bibliográfica y editorial española al conocimiento del norte de Marruecos (1859-2006)*, Barcelona, Bellaterra, 2008.

MONTERO JIMÉNEZ, J.A. *El despertar de una gran potencia. Las relaciones entre España y los Estados Unidos (1898-1930)*, Madrid, Biblioteca Nueva, 2011.

MONTOLIÚ, C. "La Liga y la Sociedad de Naciones", *Nuestro Tiempo*, n. 245, 1919.

MORALES, V. "Historia de las Relaciones Internacionales: España Contemporánea", *Revista de Estudios Internacionales*, vol.7-2 (1983), pp. 575-582.

—, 'La rehabilitación de un campo de estudio", *Revista de Estudios Internacionales*, vol.6-3 (1985), pp. 665-670.

—, *Africanismo y Orientalismo español en el siglo XIX*, Madrid, UNED, 1989.

—, "El Norte de África, estrella del Orientalismo español", *AWRAQ*, anejo al v. XI, 1990, pp. 17-34.

—, *España y el mundo árabe: imágenes cruzadas*, Madrid, AECI, 1993.

MORENO, A. "La historia de las relaciones internacionales y de la política exterior española", PEREIRA, J.C. (ed.) *La historia de las relaciones internacionales*, *Ayer*, 42, 2001, pp. 71-96.

MORGENTHAU, H.J. "Postivisme mal compris et la théorie réaliste du droit international", *Colección de estudios históricos, jurídicos, pedagógicos y literarios (Mélanges Altamira)*, Madrid, Bermejo, 1936.

MUELA, M. *Azaña. Estadista*, Madrid, Nueva Cultura, 1983.

NARANJO OROVIO, C.-LUQUE, M.D.-PUIG-SAMPER, M.A. (eds.) *Los lazos de la cultura. El Centro de Estudios Históricos y la Universidad de Puerto Rico, 1916-1939*, Madrid, CSIC-Universidad de Puerto Rico, 2002.

NAVARRO GARCIA, R. "Lluís Nicolau d'Olwer en la Sociedad de Naciones", revista *IDEES*, n. 58, septiembre de 2022 (https://revistaidees.cat/es/lluis-nicolau-dolwer-a-la-societat-de-nacions-2/)

NAVARRO MARGATI, E. "La política internacional del desarme y nuestro poder naval", *Revista General de Marina*, mayo de 1931, pp. 723-733.

NEILA, J.L. "España y el modelo de integración de la Sociedad de Naciones (1919-1939)", *Actas de la Jornadas "Cincuenta años de historiografía española y americanista, 1940-1989*, *Hispania*, vol. L/3, n. 176, septiembre-diciembre de 1990, Madrid, pp. 1373-1391.

—, "España y el conflicto del Chaco en el marco de la Sociedad de las Naciones (1932-1935)", *Homenaje a los Profesores José Mª. Jover Zamora y Vicente Palacio Atard*, Madrid, Departamento de Historia Contemporánea de la Facultad de Geografía e historia de la Univ. Complutense de Madrid, 1990, pp. 677-699.

—, "España y la Sociedad de Naciones: un tránsito historiográfico inacabado", *Cuadernos de Historia Contemporánea*, n. extraordinario, 2003, pp. 49-67.

-------- "La política exterior de la España republicana (1931-1936): excepcionalismo y normalidad historiográfica", *Studia Historica. Historia Contemporánea*, vol. 22, 2004, pp. 47-83.

—, "La Junta para Ampliación de Estudios como interlocutor privilegiado en la presencia española en la cooperación intelectual tras la Gran Guerra", MORAL RONCAL, A.M.-URIA, E. (coords.) *La historia contemporánea en perspectiva múltiple. Homenaje a Javier Paredes Alonso*, Madrid, Editorial Universidad de Alcalá UAH, 2022, pp. 257-274.

—, "Americanización del conocimiento, cooperación intelectual y los estudios internacionales en España tras la Guerra del Catorce", MERCADO, J.C.-AGUASACO, C. (eds.), *España y Norteamérica en el corredor transatlántico. Relaciones internacionales, derechos humanos y cartografías de representación*, Madrid, Editorial Universidad de Alcalá, 2023, pp. 19-44.

—, "Spain, Imperialism and the Genealogy of International Studies in the First Third of the 20th Century", MADUEÑO, M.-GUERERO, A. (eds.) *Examining Colonial War and Their Impact on Contemporary Military History*, Hersey PA, 2023, pp. 97-116.

—, "Los estudios internacionales en la II República española, la paz y la cooperación intelectual: reescribir el presente desde el tiempo perdido", AZCONA PASTOR, J.M.-MADUEÑO ÁLVAREZ, M. (eds.) *Historia de la sociedad presente. El mundo y sus desvelos desde 1990*, Madrid, Dykinson-Universidad Rey Juan Carlos, 2024, pp. 295-316.

NIÑO, A. "L'expansion culturelle espagnole en Amérique hispanique (1898-1936)", *Relations Internationales*, n. 50, été 1987, pp. 197-213.

—, *Cultura y diplomacia. Los hispanistas franceses y España. 1875-1931*, Madrid, CSIC-SHF-Casa de Velázquez, 1988.

—, "La II República y la expansión cultural en Hispanoamérica", *Hispania*, n. 181, 1992, pp. 629-653.

—, "Hispanoamericanismo, regeneración y defensa del prestigio nacional (1898-1931)", *España/América Latina: un siglo de políticas culturales*, Madrid, AIETI/Síntesis-OEI, 1993, pp. 15-48.

—, "La europeización a través de la política científica y cultural en el primer tercio del siglo xx", monográfico sobre *Europa-España, en la perspectiva del siglo xx*, *Arbor*, n. 669, 2001, pp. 95-126.

—, "Las relaciones culturales como punto de reencuentro hispano-estadounidense", *España y Estados Unidos en el siglo xx*, Madrid, CSIC, 2005, pp. 57-94.

—, "El protagonismo de los intelectuales en los proyectos de reforma educativa y modernización cultural", *Modernizar España. Proyectos de reforma y apertura internacional (1898-1914)*, Madrid, Biblioteca Nueva, 2007.

—, "La reforma de la Facultad de Filosofía y Letras y sus referentes internacionales", GONZÁLEZ CALLEJA, E.-RIBAGORDA, A. (eds.) *La Universidad Central durante la Segunda República. Las ciencias humanas y sociales y la vida unviersitaria (1931-1936)*, Madrid, Universidad Carlos III, 2013, pp. 67-106.

—, "Historiografía de las relaciones internacionales españolas en democracia", ORTÍZ HERAS, M.-GONZÁLEZ, D.A. (coords.) *La transición exterior. La asignatura pendiente de la democratización*, Granada, Comares Historia, 2022, pp. 3-34.

NÚÑEZ SEIXAS, X.M. "Nacionalismo y política exterior: España y la política de minorías de la Sociedad de Naciones (1919-1936)", *Hispania*, n. 189, 1995, pp. 229-265.

—, *Internacionalizant el conflicto. El Catalanisme i la qüestió de les minories nacionals a Europa (1914-1936)*, Valencia, Editorial Afers, 2010.

OCHOA BRÚN, M.A. *Historia de la diplomacia española*, (publicada entre 2003 y 2017), vol. XI y XII, "La edad contemporánea, siglo xix", Madrid, Ministerio de Asuntos Exteriores, 2017.

ONÍS, F. de *Ensayo sobre el sentido de la cultura española*, Madrid, Publicaciones de la Residencia de Estudiantes, 1932.

ONTAÑÓN, E. "La Institución Libre de Enseñanza y Europa", *Boletín de la Institución Libre de Enseñanza*, n. 15, 1992, pp. 59-66.

ORDOÑEZ. J.-ELENA, A. "Técnica y Poder en la España del siglo xix: la Aventura Colonial", ORTEGA, Mª.L.-ELENA, A.-ORDOÑEZ, J. (eds.) *Técnica e* imperialismo, Madrid, Ediciones Turfan, 1993, pp. 49-71.

ORÚE Y ARREGUI, J.R. *La Sociedad de Naciones*, Madrid, Centro Editorial de Góngora, 1925.

—, "Preceptos internacionales en la Constitución de la República Española (9 de diciembre de 1931)", *R.G.L. y J.*, 1932, 160, n. IV.

ORTEGA CANTERO, N. "La Junta para Ampliación de Estudios e Investigaciones Científicas y la modernización de la geografía española", *Boletín de la Institución Libre de Enseñanza*, n. 63-64, 2006, pp. 153-174.

OSSENBACH, G.-SOMOZA, J.M. "Una aproximación al estudio de las relaciones e intercambios pedagógicos entre España e Hispanoamérica a través de la Junta para Ampliación de Estudios", SÁNCHEZ PASCUA, F. et al. (coords). *Relaciones internacionales en la historia de la educación. Junta para Ampliación de Estudios e Investigaciones Científicas (1907-2007)*, XIV Coloquio Nacional de la Educación de la Universidad de Extremadura, 2007, t. II, pp. 125-141.

OTERO CARVAJAL, L.E. "La Junta para Ampliación de Estudios y la Universidad Central", GONZÁLEZ CALLEJA, E.-RIBAGORDA, A. (eds.) *La Universidad Central durante la Segunda República. Las ciencias humanas y sociales y la vida unversitaria (1931-1936)*, Madrid, Universidad Carlos III, 2013, pp. 33– 65.

OTERO CARVAJAL, L.E.-MIGUEL SALANOVA, S. de (eds.) *La educación en España. El salto adelante, 1900-1936*, Madrid, Ediciones La Catarata, 2022.

OTERO URTAZA, E. "El institucionismo en las redes internacionales de educación", GARCÍA-VELASCO, J. (ed.) *Redes internacionales de la cultura española 1914-1939*, Madrid, Publicaciones de la Residencia de Estudiantes, 2014, pp. 225-233.

PALACIOS BAÑUELOS, L. "José Castillejo Duarte", *Circunstancia*, año IV, n. 14, 2007, pp. 35-46.

—, *La España soñada. José Castillejo, un regenerador desde la Institución Libre de Enseñanza*, Ciudad Real, Diputación de Ciudad Real, 2019.

PARADINAS FUENTES, J.L. "El pensamiento económico español y el descubrimiento de América. Las nuevas teorías de la Escuela de Salamanca", s.f., (https://fundacionorotava.org/media/web/files/page109__Paradinas.pdf)

PARDO, E. "La doctrina militar española después de la guerra de 1914-1918", *Memorial de Infantería*, t. 4, n. 1, enero de 1935, pp. 22-23.

PASAMAR, G. "Los historiadores españoles y la reflexión historiográfica. 1880-1980", *Hispania*, LVIII/1, n. 198, 1998, pp. 13-48.

—, *La historia contemporánea. Aspectos teóricos e historiográficos*, Madrid, Síntesis, 2000.

PAYNE, S.G. *Ejército y sociedad en la España liberal 1808-1936*, Madrid, Akal, 1977.

PEDRAZ MARCOS, A. *Quimeras de África. La Sociedad Española de Africanistas y Colonialistas. El colonialismo español de finales del siglo XIX*, Madrid, Ediciones Polifemo, 2000.

PEIRÓ MARTÍN, I. *Historiadores de España. Historia de la historia y memoria de la profesión*, Zaragoza, Prensas de la Universidad de Zaragoza, 2013.

PEREIRA, J.C. *Introducción al estudio de la política exterior de España (siglos XIX y XX)*, Madrid, Akal, 1983.

—, "Diplomacia, Organizaciones Internacionales, Política Internacional y Relaciones Internacionales: un ensayo metodológico y bibliográfico", *Cuadernos de Historia Moderna y Contemporánea*, 4 (1983), pp.283-297.

—, "Primo de Rivera y la diplomacia española en Hispanoamérica: el instrumento de un objetivo", *Quinto Centenario*, 10, 1986, pp. 131-156.

—, "Reflexiones sobre la historia de las relaciones internacionales y la política exterior española", *Cuadernos de Historia Moderna y Contemporánea*, n. 8, 1987, p. 269-290.

PEREIRA, J.C.-CERVANTES, A. *Relaciones diplomáticas entre España y América,* Madrid, Mapfre, 1992.

PÉREZ DE ARMIÑÁN, G. "El profesor Luis Olariaga y Pujana. Una aproximación a su vida y a su obra", FUENTES QUINTANA , E. (dir.) *Economía y economistas españoles. 6. La modernización de los estudios de economía*, Barcelona, Galaxia Gutenberg-Círculo de Lectores, 2001, pp. 521-571.

PÉREZ GARZÓN, S. "La creación de la historia de España", *La gestión de la memoria. La historia de España al servicio del poder*, Barcelona, Crítica, 2000, pp. 63-110.

PÉREZ GIL, L.V. "El primer decenio de España en la Sociedad de Naciones (1919-1929)", *Anales de la Facultad de Derecho*, n. 15, 1998, pp. 175-218.

PÉREZ MONTERO, J. "Internacionalistas asturianos", *Libro del Bicentenario del Ilustre Colegio de Abogados de Oviedo*, Oviedo, 1975.

PÉREZ-VILLANUEVA TOVAR, I. "Un lugar para la modernidad estudiantil. La educación universitaria integral, independiente y tolerante se ensayó en Madrid gracias a la Residencia de Estudiantes y la Residencia", *El Diario.es*, 23 de diciembre de 2021 (https://www.eldiario.es/sociedad/hogar-modernidad-estudiantil_130_8588278.html consultado el 30 de septiembre de 2023).

PERPIÑÁ I GRAU, R. "Zumalacárregui (1879-1956): Del equilibrio económico estático a la econometría", FUENTES QUINTANA, E. (dir.) *Economía y economistas españoles. 6. La modernización de los estudios de economía*, Barcelona, Galaxia Gutenberg-Círculo de Lectores, 2001, pp. 273-318.

PETROVICI, Z. *Mundo nuevo, ¿diplomacia nueva? La influencia de la Gran Guerra en las prácticas diplomáticas del Reinado de Alfonso XIII. Un estudio comparado con la diplomacia francesa*, Madrid, Universidad Complutense de Madrid, 2019.

—, "Un défi après la Grande Guerre: renouveler la diplomatie. Approche comparée des cas espagnol et français", *Relations Internationales*, n. 178, 2019, pp. 27-40.

PIKE, F.B. *Hispanismo, 1898-1936. Spanish Conservatives and Liberals and their Relations with Spanish America*, Indiana, University of Notre Dame, 1971.

POSADA, A. *La Sociedad de Naciones y el Derecho Político*, Madrid, Ed. Cario Raggio, 1925.

PRADO, G.H. "La Universidad de Oviedo, Rafael Altamira y la JAE: controversias en torno a la gestión de las relaciones intelectuales hispano-americanas (1909-1911)", *Revista de Indias*, v. 67, n. 239, 2007, pp. 33-58.

PUELL DE LA VILLA, F. *Historia del ejército en España*, Madrid, Alianza, 1995.

PUYOL MONTERO, J.M. "La Facultad de Derecho de la Universidad Central en sus actas (1931-1936)", GONZÁLEZ CALLEJA, E.-RIBAGORDA, A. (eds.) *La Universidad Central durante la Segunda República. Las ciencias humanas y sociales y la vida universitaria*, Madrid, Dykinson-Universidad Carlos III, 2013, pp. 301-321, pp. 309-310.

QUINTANA, F. "La historia de las relaciones internacionales en España: apuntes para un balance historiográfico", COMISIÓN ESPAÑOLA DE HISTORIA DE LAS RELACIONES INTERNACIONALES

La Historia de las Relaciones Internacionales: una visión desde España, Madrid, CEHRI-Ministerio de Asuntos Exteriores-Ministerio de Educación y Ciencia, 1996, pp. 9-65.

QUINTANA, F. "La política exterior española en la Europa de entreguerras: cuatro momentos, dos concepciones y una constante impotencia", TORRE, H. de la (coord.) *Portugal, España y Europa. Cien años de desafío (1890-1990)*, Madrid, UNED, 1991, pp. 51-74.

REGUERA, A.T. "Orígenes del pensamiento geopolítico en España. Una primera aproximación", *Documents d'analisi geográfica*, 17, 1990, pp. 79-104.

REPARAZ, G. de *Política de España en África*, Madrid, Espasa-Calpe, 1924.

RIBAGORDA, A. "Los cafés de Madrid y las primeras vanguardias", *Revista de Occidente*, n. 274, marzo de 2004, pp. 183-213.

—, "Una ventana abierta hacia Europa: la Residencia de Estudiantes y sus actividades culturales ((1910-1936)", *Circunstancia*, año V, n. 14, 2007, pp. 47-60.

—, "El Comité hispano-inglés y la Sociedad de Cursos y Conferencias de la Residencia de Estudiantes (1923-1936)", *Cuadernos de Historia Contemporánea*, vol. 30, 2008, pp. 273-291.

—, "La Fundación del Amo y las residencias de la Ciudad Universitaria", GONZÁLEZ CALLEJA, E.-RIBAGORDA, A. (eds.) *La Universidad Central durante la Segunda República. Las ciencias humanas y sociales y la vida universitaria (1931-1936)*, Madrid, Universidad Carlos III, 2013, pp. 107-135.

—, "Los intelectuales en la crisis. El debate público en torno a la guerra europea y la situación española", GONZÁLEZ CALLEJA, E. (ed.) *Anatomía de una crisis. 1917 y los españoles*, Madrid, Alianza, 2017, pp. 27-66.

—, "La Gran Guerra y el desarrollo del hispanismo francés: la creación del *Institute d'Études Hispaniques* en perspectiva comparada", *Iberic@l. Revue d'Études Ibériques et Ibéroamericaines*, 15, 2019, pp. 17-29.

—, "La participación política de los intelectuales españoles. La proyección de la Gran Guerra, la Revolución Rusa y Versalles en la crisis de la Restauración", *Historia Contemporánea*, 69, 2022, pp. 469-504.

RIBAGORDA, A.-LÓPEZ-OCÓN, L. (eds.) *La Universidad Central durante la Segunda República: las facultades de ciencias y su contexto internacional*, Madrid, Dykinson-Universidad Carlos III, 2022.

RÍOS URRUTI, F. de los *La 'Comunidad' internacional y la Sociedad de Naciones*, (Conferencia pronunciada en el Ateneo de Madrid el 19 de noviembre de 1935), Madrid, Imp. Madrid-Aragón, 1935.

RIVADULLA, D. *La "amistad irreconciliable". España y Argentina, 1900-1914*, Madrid, Mapfre, 1992.

RIVERO GARCÍA, C. *La Sociedad de Naciones. Su valor jurídico y positivo y el problema de la paz*, Madrid, 1927.

RODRÍGUEZ CAMPESINO, A. *España, Estados Unidos y Latinoamérica. Un triángulo (des)amoroso a través de las exposiciones universales del cambio de siglo*, Madrid, Biblioteca Benjamin Franklin, 2021.

RODRIGUEZ DE LECEA, T. "La enseñanza de la historia en el CEH: Hinojosa y Altamira", SÁNCHEZ RON, J.M. (coord.) *1907-1987. La Junta para Ampliación de Estudios 80 años después*, Madrid, CSIC, v. II, 1988, pp. 519-534.

—, "Las relaciones culturales entre España y América Latina a través de la JAE", AYMES, J.-R.-GUERENA, E.-M.-J.-GUERENA, L. (dirs.) *L'université en Espagne et en Amérique du moyen âge à nos jours*, I, Presse Universitaires François-Rabelais-Open Edition Book, 1991, pp. 285-303.

RODRÍGUEZ ESTEBAN, J.A. *Geografía y colonialismo. La Sociedad Geográfica de Madrid (1876-1936)*, Madrid, UAM, 1996.

—, "La Institución Libre de Enseñanza y la Sociedad Geográfica de Madrid: la Geografía decimonónica en la regeneración interior y exterior de España", *Boletín de la Institución Libre de Enseñanza*, n. 19, 2006, pp. 33-44.

RODRÍGUEZ LAGO, J.R. *World Citizen. Salvador de Madariaga y las redes pioneras del mundialismo (1927-1950)*, Madrid, Sílex, 2022.

RODRÍGUEZ OCAÑA, J.-BERNABEU MESTRE, J.-BARONA, J.L. "La Fundación Rockefeller y España, 1914-1936. Un acuerdo para la modernización científica y sanitaria", *Estudios de la historia de las técnicas, la arqueología industrial y las ciencias*, v. 2, Salamanca, Junta de Castilla y León, 1998, pp. 531-539.

RUIZ TORRES, P. (ed.) *Discursos sobre la historia*, València, Publicacions de la Universitat de València, 2000.

—, "La renovación de la historiografía española: antecedentes, desarrollos y límites", ROMERO MATEO, Mª.C.-SAZ, I. (coords.) *El siglo XX: historiografía e historia*, València, Universitat de València, 2002, pp. 47-76.

SAÏD, E.W. *Orientalismo*, Barcelona, Debolsillo, 2002.

SALGADO ALBA, J. "Evolución estratégica de la Marina española entre las dos guerras mundiales", *Les armées espagnoles et françaises. Modernisation et réforme entre les deux guerres mondiales*, Madrid, Annexes au mélanges de la Casa de Velázquez, 1989, pp. 135-148.

SANAHUJA, J.A. "Relaciones internacionales en España: una aproximación disciplinaria e institucional", *Revista de Relaciones Internacionales de la UNAM*, n. 133, enero-abril 2019, pp. 159-184.

SÁNCHEZ, O. *Diplomacia y política exterior: España, 1890-1914* (tesis doctoral), Madrid, Universidad Complutense de Madrid, 2004.

SÁNCHEZ RODRÍGUEZ, A. "La Sociedad de Naciones y la guerra civil española: entre la no intervención europea y la neutralidad continental americana", HERRERA LEÓN, F.-WEHRLI, Y. (coords.) *América Latina y el internacionalismo ginebrino de entreguerras: implicaciones y resonancias*, México, Dirección General del Acervo Histórico Diplomático Ciudad de México-Secretaría de Relaciones Exteriores México, 2019, pp. 159-197.

SÁNCHEZ RON, J.M. (coord.) *1907-1987. La Junta para Ampliación de Estudios e Investigaciones Científicas 80 años después*, 2 vols., Madrid, CSIC, 1988.

—, "En defensa de la JAE: la política científica de José Castillejo", *Boletín de la Institución Libre de Enseñanza*, n. 63-64, 2006, pp. 67-96.

—, "La Junta para Ampliación de Estudios e Investigaciones Científicas un siglo después", *Circunstancia: Revista de Ciencias Sociales del Instituto de Investigación Ortega y Gasset*, n. 14, 2007.

SÁNCHEZ RON, J.M.-GARCÍA-VELASCO, J. (eds.) *100 JAE. La Junta para Ampliación de Estudios e Investigaciones Científicas en su Centenario*, Madrid, Fundación Francisco Giner de los Ríos (Institución Libre de Enseñanza)-Publicaciones de la Residencia de Estudiantes, 2010.

SANZ DÍAZ, C. "Relaciones internacionales y formación para la diplomacia en torno a la Primera Guerra Mundial: un estudio de caso", LOZANO VÁZQUEZ, A.-SARQUÍS RAMÍREZ, D.J.-VILLANUEVA

LIRA, J.R.-JORGE, D. ¿Cien años de relaciones internacionales? Disciplinariedad y revisionismo, Madrid, Siglo xxi, 2019, pp. 285-299.

SANZ Y ESCARTÍN, E. *La educación moral. Memoria. Primer Congreso Internacional de la Educación Moral*, Madrid, *Anales*, t. 1, Madrid, Junta para Ampliación de Estudios e Investigaciones Científicas, 1909.

SECO SERRANO, C. *Militarismo y civilismo en la España contemporánea*, Madrid, Instituto de Estudios Económicos, 1984.

SEPÚLVEDA MUÑOZ, I. *Comunidad Cultural e Hispanoamericanismo, 1885-1936*, Madrid, UNED, 1994.

—, *El sueño de la madre patria: hispanoamericanismo y nacionalismo*, Madrid, Marcial Pons, 2005.

—, "La JAE en la política cultural de España hacia América", *Revista de Indias*, v. LXVII, n. 239, 2007, pp. 50-80.

SERRANO, C. "El 'nacimiento de los intelectuales': algunos replanteamientos", dossier *El nacimiento de los intelectuales en España, Ayer*, n. 40, 2000, pp. 11-23.

SOCIEDAD DE ESTUDIOS INTERNACIONALES Y COLONIALES *Estudios Internacionales y Coloniales III*, Madrid, Imp. Hijos de V. Mas, 1954.

SOLÉ, G. "La incorporación de España a la Sociedad de Naciones", *Hispania*, n. 132, 1976, pp. 131-174.

SOLER, J. "Internacionalismo y solidaridad. La participación española en el III Congreso Internacional de la Educación Moral (1922)", CID FERNÁNDEZ, X.M.-CARRERA FERNÁNDEZ, Mª.V. (coords.) *Identidades, internacionalismo, pacifismo y educación (siglos xix-xx)*, Ourense, SEDME, 2019, pp. 471-476.

SPOTTORNO, R. *Consideraciones generales y de carácter histórico acerca de la Diplomacia*, Madrid, Ed. Reus, 1921.

SUANZES, P. "Los submarinos y la estrategia naval de España", *Revista General de Marina*, septiembre de 1931, pp. 371-384.

SUEIRO SEOANE, S. "Retórica y realidades del hispanoamericanismo en la Dictadura de Primo de Rivera", *Mélanges de la Casa de Velázquez*, École des Hautes Études Hispaniques. Époque Contemporaine, tome xviii-3, Madrid, 1992, pp. 143-159.

—, "La historia de las relaciones internacionales en España. Un balance. Tendencia actuales y perspectivas de futuro", RÉMOND, R.-TUSELL, J.-PELLISTRANDI, B.-SUEIRO, S. *Hacer la historia del siglo xx*, Madrid, Biblioteca Nueva (UNED), 2004, pp. 95-118.

TABANERA, N. *Las relaciones entre España e Hispanoamérica durante la Segunda República, 1931-1939: la acción diplomática republicana*, tesis doctoral, València, Unviersitat de València, 1991.

TABANERA, N.-DELGADO, L. (eds.) *España/América Latina: un siglo de políticas culturales*, Madrid, OEI, 1993.

TOGORES, L.E.-NEILA, J.L. *La Escuela Diplomática: cincuenta años de servicio al Estado (1942-1992)*, Madrid, Escuela Diplomática, 1993.

TRIAS DE BES Y GIRÓ, J.M. "La organización internacional. Discurso leído en el acto de su recepción como académico de número por el Excmo. Sr. D. José María Trias de Bes y Giró y contestación del académico de número Excmo. Sr. D. José de Yanguas Messía, Vizconde de Santa Clara de Avedillo, Madrid, Imp. Viuda de Galo Sáez, 1947.

TRUYOL SERRA, A. "Don Antonio de Luna García (1901-1967)", *Revista Española de Derecho Internacional*, v. 21, n. 2, abril-junio de 1968, pp. 157-179.